学校心理学实用手册：

21 世纪的有效实践

肖晶 译

PRACTICAL HANDBOOK OF

SCHOOL

PSYCHOLOGY

Effective Practices for the 21st Century

Editor：

Gretchen Gimpel Peacock

Ruth A. Ervin

Edward J. Daly Ⅲ

Kenneth W. Merrell

中南大学出版社

www.csupress.com.cn

·长沙·

作者简介

Gretchen Gimpel Peacock，博士，犹他州立大学心理学教授，在校负责由美国学校心理学家协会批准的相关专家级项目，参与经联合心理学（学校/临床/咨询）美国心理学会授权的博士项目。她是通过资格认证的心理学家和学校心理学教师。她曾管理学校心理学系的学生实习，还负责监督该系学生在社区诊所的实习过程。她的著作和专业讲座着重于儿童行为问题、与儿童行为相关的家庭问题，以及学校心理学方面的专业问题。目前在几家学校心理学相关期刊的编辑咨询委员会任职。

Ruth A. Ervin，博士，不列颠哥伦比亚大学副教授。她进行了一系列研究以帮助当地学区解决从理论到实践的问题，并针对儿童和青少年的学业和情绪-行为需求，提出了一种预防和问题解决的方法。她的专业教学和研究兴趣主要涉及以下几个领域：推进学校内的系统性变革，实现从理论到实践的跨越；与学校工作人员、家长和其他服务提供者进行联合咨询，以预防并治疗情绪-行为障碍（注意缺陷/多动障碍、对立违抗性障碍）；并将评估和干预联系起来，以提高学龄儿童的学习成绩和社会能力。她曾担任《学校心理学评论》和《学校循证实践杂志》的副主编，并任职于《学校心理学评论》《应用行为分析杂志》《行为教育杂志》和《积极行为干预杂志》的编辑委员会。

Edward J. Daly Ⅲ，博士，内布拉斯加大学林肯分校教育（学校）心理学教授，研究方向是开发针对阅读问题的功能性评估方法，以及对学业和行为干预的测量和评估。他已与人合著了两本书，发表了许多相关主题的章节和期刊文章。他目前是《学校心理学杂志》的编辑，还担任《学校心理学评论》和《学校心理学季刊》的副主编。此外，他任职于多家编辑委员会，是美国心理学会 Division 16（学校心理学分会）的成员。在 1995 年任教之前，他曾作为学校心理学家工作了 5 年，并在辛辛那提大学和西密歇根大学为学校心理学家进行了培训。

Kenneth W. Merrell，博士，曾任俄勒冈大学学校心理学教授，特殊教育和临床科学系主任，学校心理学项目联合负责人，主要研究方向是学校内的社会-情绪评估和干预。他在学校心理学领域发表了大量文章，也接受了不少大众媒体的采访；还曾担任吉尔福特出版社《学校实用干预》丛书的编辑。此外，他曾在尤金的俄勒冈社会学习中心担任董事会主席。

致 谢

感谢所有曾对编写本书给予支持和帮助的人。感谢吉尔福特出版社的编辑们，尤其是 Craig Thomas 和 Natalie Graham，他们在整个过程中一直鼓励并支持我们。此外，还要感谢学校心理学及相关领域的众多优秀专业人士对本书做出的贡献。感谢大家在整个编辑过程中的耐心和回应。我们也感谢来自各个大学的同事和研究生的支持。最后，感谢我们的家人让我们有时间全身心投入编写本书。学校心理学是一个令人振奋的领域，我们很感谢有这样的机会与有才华的同事们一起工作，并帮助培养未来的从业者和训练师。

译者简介

　　肖晶，首都师范大学心理学院临床心理学教授，博士生导师，应用心理学研究所所长、心理测量实验室负责人。主要从事儿童青少年心理健康预警与干预、心理健康数字疗法的科研与成果转化实践，并在心理人工智能以及儿童心智与行为程序化训练工具开发等新兴交叉领域开展工作与合作。近年来，多项青少年儿童心理训练研究获国家自然科学基金等项目资助，儿童行为矫正技术获北京市教育委员会社科重点计划项目支持，儿童心理健康预警与识别工具建设科学成果获北京市第十五届哲学社会科学优秀成果二等奖。担任几十家知名中小学学校以及十余家世界500强企业的心理顾问，同时担任中国心理卫生协会评估专业委员会中小学学校评估组组长，帮助中小学构建学校心理健康工作体系。

　　邮箱：xiaojingcnu@163.com

　　微信号：xiaojingcnu

译者序言

我下定决心要引进这本书最重要的原因有两点。

第一个原因：近年来，国家对基础教育育人理念、方式、目标以及儿童青少年心理健康的工作非常重视，提出了新的要求、政策导向。2019 年国务院办公厅发布《关于新时代推进普通高中育人方式改革的指导意见》，2019 年国家卫生健康委、教育部等部委联合发布《健康中国行动——儿童青少年心理健康行动方案（2019—2022 年）》，2021 年中共中央办公厅、国务院办公厅印发《关于进一步减轻义务教育阶段学生作业负担和校外培训负担的意见》，以及近年来教育部发布的学校心理及教育的系列文件，对学校应该培养什么样的学生、如何培养学生给予了充分的阐述。从这些文件来看，国家对基础教育育人过程与评价体系会有深入的重要变革，尤其对科学循证导向的育人理念与方式以及数据驱动、综合评价方式的改革提出了更高的要求。而多部委联合发布的儿童青少年心理健康行动计划对中小学心理健康教育的工作起到了更重要的作用，也提出了新的要求。这些政策的发布，对学校学生管理工作以及学校心理工作提出了新的要求，学校心理学从业者需要更新知识，适应新的时代育人要求。

第二个原因：从学校教育发展趋势与中小学现实需求来看，学校心理学的发展即将进入黄金十年，好的工具书的编制与引进非常迫切。过去十年中，国内中小学心理工作的高速发展，主要源于社会各界对儿童青少年心理健康的认同与现实需求。学校心理学工作主要是心理健康老师负责，主要做心理健康教育课程、心理及生涯辅导与咨询、心理活动与学生管理三个方面的工作。而心理老师接受的培训以及相关教材和工具书也是大多围绕这三项工作来编制。近年来，我帮助北京市各大知名中小学以及全国各省市区学校建设心理工作体系，发现国内中小学学校心理学工作有以下两个方面急需改善。一是所学知识过于零散，不成体系，此处所说的"体系"不是某个心理咨询理论体系，也不是心理健康教育课程体系。目前国内这些工作都做得很成熟完善，但是特别缺乏从儿童青少年心理健康与成长出发的整体工作体系以及相关工具书。在学校从事管理学生工作，做心理工作的同行们实在是太辛苦了，缺少工具性、系统性的知识体系是普遍现象，国内学校心理学工作者特别缺少整体工作框架以及基于整体框架下的自上而下的系统工作模块的内容建设。因此，我特别想给在学校做心理工作以及给儿童青少年做心理工作的心理专业工作者找到一本工具书，来提高工作效率。二是学校心理学工作没有充分融入学校发展与学生成长的核心工作中去。学校心理学工作绝对不能只是学校的一两位心理老师懂、心

1

理老师做。儿童青少年的心理健康与成长的工作应该是学校领导顶层设计，班主任、德育干部、学科教师的工作基本功。儿童青少年的心理健康与行为管理已成为学校的一项重要工作，不仅仅只是心理老师关注，而是从学校、家庭到社会，从心理老师、班主任到校长，都非常关注的一项重要工作。所以，近年来我把能找到的国内外如何在学校开展心理工作的教材、参考书都找出来浏览了一遍，同时也跟国外从事心理健康及学校心理学的专家进行了深入沟通。想要找到一本工具书，目的就是一个，为国内在学校从事心理工作以及学生管理的专业工作者提供工作思考框架、方法工具与解决方案。所以，这些知识学校管理者应该学，班主任、德育干部应该学，学校心理工作者的工作理念应该尽快转型。而我感觉这些工作目前在学校一线确实是急需完善的。

从最近政策导向来看，国家对心理学在中小学的工作提出了新的要求，也给中小学学校心理学的发展提供了新的发展机会：基于学校发展目标，从心理科学视角，采用科学循证理念，将学校发展与育人目标的关键问题进行评估，形成数据驱动的决策-干预的科学模式。将儿童青少年心理健康教育工作与学校育人目标的科学化评价与干预完美结合，形成数据驱动-知识体系-解决方案的学校发展与教书育人的心理科学特色体系。

基础心理科学与教育理论研究者近年来对儿童青少年在心理健康与行为矫正、学习与素质教育的培养等方面有很多重要的科学研究成果突破，尤其是认知神经科学与统计方法的革新之后，对儿童青少年心理过程、学习规律与个人成长的实验室研究成果异彩纷呈，但教育与心理工作者需要一本系统的、权威的学校心理学工具书，来理解中小学的心理工作的顶层设计、科学框架以及一线实际需求与解决干预方案。

基于这些原因，我们团队下定决心，一定要给国内学校心理学找到一本合适的工具书。在整理国内外学校心理学工具书的过程中，我们发现了美国犹他州立大学心理学系主任 Gretchen Gimpel Peacock 教授领衔出版的这本《学校心理学实用手册：21 世纪的有效实践》(*Practical Handbook of School Psychology: Effective Practices for the 21st Century*)，顿时眼前一亮。我们感觉这本书特别合适。这本书首先是美国很多大学学校心理学推荐使用的经典教材，也是美国学校心理学家协会 NASP 的推荐用书。这本书最大的优点就是很适合作为工具书使用。它解决了在学校开展心理工作的整体框架性思路问题，并且提供了系统的方法论与工具箱。这是目前国内学校做心理学工作最缺的内容。我们认为，学校心理学的实践应遵循以数据为导向的问题解决方法，就如医学中实验室检测进医院对临床医学的发展意义一样。这本书汇集了学校心理学和特殊教育领域的专家，以实际的方式展示了解决问题的模式在个别儿童、小团体和更大层面(如整个学校)上是什么样子。这本书将学校的心理学实践纳入问题解决模型，并拓展了作为解决问题的学校心理学家这一角色的作用。后面的章节讨论了在实践中应用问题解决模型的具体方面，提供了更广泛、更具体的内容，以非常实用的方式向读者展示了学校管理者、心理工作者的问题解决模型，以及如何在实践中实施这个模型，解决学校心理老师可能遇到的各种问题。我们的目标是向读者展示学校心理实践的可能性，并要求读者考虑在自己的实践中"尝试"这个角色。

首先，这本书适合学校心理老师、高校心理学本硕博学生学习使用，对构建系统的学校心理学工作开展的思考框架与工作推进指南特别有帮助，尤其是本书推行的循证、数据导向的心理工作开展方法，对未来学校心理学工作提供了重要指导。

其次，这本书适合学校管理者、德育干部与班主任老师学习。不懂学生的心理规律与数据，就无法实现育人方式与目标的转型，而这本书对如何在学校解决学生心理与教育问题提供了非常具有可行性的指导方案。

最后，这本书还可供心理学爱好者与教育工作者使用，它对理解如何在学校等组织开展心理工作提供了很好的方法。掌握这些规律与理念，对心理健康及教育类别的产品研发、项目开展以及儿童青少年心理健康促进都有重要作用。

本书的引进要特别感谢我的研究生张婉滢、李叶等同学的大力支持！她们做了大量工作，为本书的顺利出版立下了汗马功劳。一本经典工具书的引进都得付出几年的辛苦工作，团队精益求精的工匠精神，才有书稿的不断完善，在此还要特别感谢中南大学出版社编辑团队的大力支持和辛勤工作，使本书得以付梓。

肖晶

2021 年 8 月

目 录

第五部分　评估干预

第六部分　构建支持问题解决模式的系统

问题解决取向的未来学校心理学家：
理论框架构建与工作愿景

第1章

问题解决取向的未来学校心理学家：
理论基础和角色定位

Ruth A. Ervin
Gretchen Gimpel Peacock
Kenneth W. Merrell

存在就会有变化，变化就会成长，成长就是不断地创造自己。

——Henri Bergson

未来不是那些我们正在前往的地方，而是我们正在创造的结果，通往未来的途径不是被发现的，而是被创造出来的。

——John H. Schaar

正如上述引言所述，如果未来是由我们现在的行动所创造的，那么作为**学校心理学家**(school psychologist)的我们到底是谁，以及我们究竟在做些什么，都将决定我们在未来的角色。换句话说，我们现在采取的行动以及指导我们做出决定的想法，为日后我们成为一个什么样的专业人士奠定了基础。在 2006 年出版的《21 世纪的学校心理学》(*School Psychology for the 21st Century*：*Foundations and Practices*，Merrell et al.，2006)一书中，我们就提倡，学校心理学的实践应遵循以数据为导向的问题解决方法，这与 40 多年前学校心理学家的角色定位是一致的(Gray，1963)。目前，基于数据的问题解决方法被该领域的著名学者认为是"最佳实践(best practice)"(e. g.，Tilly，2008；Reschly，2008；Ysseldyke et al.，2006)。

这本手册可以独立使用，也可以作为已出版的《21 世纪的学校心理学》的配套学习资料。我们汇集了学校心理学领域和特殊教育领域的专家，以实践案例方式展示了**问题解决模式**(problem-solving model)在儿童个体层面、小团体层面和更大范围层面上(例如整个学校)是如何开展工作的。本章作为导入章节，将学校心理学实践纳入问题解决模式框架，并拓展了作为"问题解决取向的学校心理学家"这一角色的定位与功能。后面的章节讨论了在实践中应用"问题解决模式"的具体内容。鉴于《21 世纪的学校心理学》一书已经对学校心理学实践进行了整体的概述，本书将提供更系统的、具体的知识内容。全书 34 章将以实用的方式向读者阐述"问题解决模式"的具体内容与实践操作方法，以及学校心理学工作者如何在实践中应用这个模式开展工作，来解决遇到的各种问题。我们的目标是向读者展示哪些学校心理学的实践是可行的，并引导读者思考在自己的工作实践中进行尝试。

为了确定一个"问题解决"角色的愿景，我们可以问自己以下几个问题：
- 问题解决取向的学校心理学家会有哪些日常工作安排？
- 这样的学校心理学家会怎样处理工作任务？
- 这样的学校心理学家会采纳或持有什么样的理念与立场？
- 他会使用什么工具进行测评和干预？
- 学校心理学家在他的工作环境中如何与其他人互动并被他人认可？

- 他将会面临什么样的挑战？

为了回答这些问题，本章首先以一个宏大的视角描述了问题解决取向的学校心理学家的角色。之后我们讨论了问题解决模式的演变，包括其哲学思想和理论基础，重点强调了这种方法如何塑造心理学家的行为，以及该模型如何匹配**干预响应模式**（response-to-intervention，RTI）实现多层次工作的开展（参阅 Hawkins et al.，第 2 章）。在此讨论之后，我们简要回顾了问题解决的步骤，并说明本书其余章节的结构和内容安排。为了进一步说明问题解决模式在实践中的应用，我们在本章结尾处呈现了几位学校心理学家的实际工作片段。本章为全书各章节提供了一个结构框架，这对问题解决取向方法在学校心理学各方面的工作应用是至关重要的。

愿景：问题解决取向的未来学校心理学家

根据学校心理学的发展规划蓝图Ⅲ（Ysseldyke et al，2006），学校心理学家应具备"采用问题解决与科学方法，来创建、评估和合理地应用基于经验形成的干预措施的能力，无论是在个人层面还是在系统层面"（第 14 页）。此外，他们应该"成为优秀的问题解决专家，收集有助于理解问题的相关信息，就恰当干预措施做出决策，评估教育的成果，并帮助他人学会对自己做出的决定负责"（Ysseldyke et al.，2006，第 17-18 页）。尽管从传统的"测试-安置模式（test-and-place model）"转向问题解决模式（problem-solving）、数据驱动模式（data-driven model）的呼声已经有好多年，但是许多学校心理学家仍然在重复与过去相同的模式。我们的理念是，通过对问题解决模式的理解和应用经验，学校心理学家真正开始"言行一致"，而不仅仅是"嘴上说说"。

在这一节中，我们总结了学校心理学的实践发展趋势。具体来说，我们展示了一个成功的问题解决取向的学校心理学家的愿景。为此，我们将描述他的想法和工作理念，以及他会如何思考和对待问题。我们使用的描述词并不是相互排斥的，问题解决专家可以同时具备许多方面的特点。我们希望这一愿景有助于向当前和未来的学校心理学家阐述作为问题解决取向的学校心理学工作者的关键特征，为本书所讨论的具体的问题解决实践工作提供一个总体框架。

作为成功的问题解决专家的学校心理学家应具备的特点：

- 他们开放、灵活，能够对新信息或不断变化的环境做出反应。为了有效地解决根本问题（即了解情况并采取行动，让现状变得更好），成功的问题解决专家会对新信息和变化的环境保持关注并做出反应。他们把每个问题的情况和其所处背景都看作是独特的，并且不预设自己知道这个问题的解决方案。"在你不知道的时候你却假设自己知道，并根据这个假设采取行动，这是一条通往错误的道路。即使你知道，但是却假设自己不知道，并根据这个假设采取行动，将更有可能形成一系列更慎重、探索性、理性的行动计划，从长远来看，这会使人们朝着正确的方向前进。"

- 他们愿意承认失败。问题解决取向的学校心理学家开放地接受反馈，在制定干预措施时，他们总是会问自己："这样做有效吗？"如果答案是"不，这样不起作用"，学校心理学家会愿意承认这一点，并继续致力于解决问题。因此，问题解决取向的学校心理学家在寻找答案时，会更多地关注解决方案的有效性而不是"正确性"（即对先验假设的确认）。缺乏进展或未经证实的假设并不被视为失败，而是被看作关于问题情况的新的重要信息。问题解决取向的学校心理学家承认，当一种干预不起作用时，他会继续参与问题解决的过程，以找到一个可行有效的解决方案。

- 他们很乐观。成功的问题解决专家认为问题都能够被解决。他们相信所有的儿童都具备学习能力，并能在恰当的支持下表现出合理的行为。他们坚持不懈地尽力改善他们所服务的儿童的生活，并不断努力，直到找到解决办法。

- 他们聚焦结果，以目标为导向，关注解决方案。问题解决取向的学校心理学家会制定目标，并以目标来指导他们的工作——他们知道正在努力解决的问题和期望的解决方案——这样学校心理学家就会知道自己什么时候"解决了"这个问题。

- 他们重视数据，并且会进行自我反省。问题解决取向的学校心理学家在评估问题、制定和实施潜在解决方案时，会不断地利用经验数据。他们的自我反省贯穿整个问题解决过程，以界定问题、分析问题及了解问题的背景信息，制定干预措施，并评估这些干预措施的有效性。
- 他们致力于循证实践。问题解决取向的学校心理学家应了解"学习是如何发生以及行为是如何形成并维持"的实证文献。他们还应该了解改善学习和行为问题的循证策略，以及如何收集数据、解释数据并使用数据做出决策。
- 他们认识到学习和行为不是孤立发生的。问题解决取向的学校心理学家明白，学习和行为是在一个环境(或多个环境)中发生的，问题的有关数据以及环境因素(例如，和谁在一起、在哪里、在什么时候、在什么活动中)对有效地解决问题非常重要。
- 他们专注于测评和分析可改变的因素(即我们可以改变什么)去解决问题。问题解决取向的学校心理学家不会偏离主题，去描述可能与该问题相关但无法改变的变量(例如，儿童的家族史)。相反，他们专注于识别可以改变的变量，来改善问题的现状(例如，儿童接受的教学)。
- 他们致力于与他人有效地合作。问题解决取向的学校心理学家，特别是那些成功的心理学家，知道一个人单独开展工作很难解决问题。他们意识到团队合作的重要性，并且深刻理解与他人合作需要灵活变通。

问题解决取向的学校心理学家能够将这些不同的特点和技能运用到：

- 处理那些反复出现的问题。学校心理学家利用自己的技能，努力解决那些已经出现的问题(即三级和二级预防)，并降低风险，防止问题发生。
- 处理大规模团体、小规模目标群体或个体的问题。学校心理学家认识到问题解决的方法不仅适用于以儿童为中心的个别案例。他们知道，基于数据的问题解决可以且应该适用于所有的实践目标群体(例如，以学校为分析单元的多层次模型)。

问题解决模式在学校心理学实践中的演变

值得注意的是，尽管在过去的十年，有关教育中的问题解决方法已经有诸多讨论，但这种进行学校心理学实践的方法并不是凭空产生的。相反，它是大量前人的思想、理论模式和观点的体现。本节简要概述了问题解决模式各方面内容的"过去和现在"：这种方法是如何发展起来的，以及它对学校心理学家的日常工作产生了怎样的影响。

如前所述，著名的学校心理学学者、训练师 Susan Gray 主张，学校心理学家在日常实践中应该是"面向数据的问题解决专家"(e.g., Gray, 1963)。鉴于 Gray 在 40 多年前就提出了这一概念，她对于"问题解决取向的学校心理学应该如何实践"的观点与我们现在的观点显然有些许不同。这样的差异是意料之中的。即使是当时最精明的预言家，也预料不到未来发展会对我们的领域产生如此重大的影响。美国《残疾人教育法》(Individuals with Disabilities Education Act)于 1975 年首次颁布，随之而来的是学校心理学领域的不断扩张和专业化的发展；从业者"守门人(gatekeeper)"角色的压力增大；被认定为有教育障碍的学生人数空前增加；咨询模式的改进；干预技术的不断发展；以功能为基础的测评方法的扩展；以及结合用来识别和支持学生的干预响应模式(RTI)；等等。这些都是我们这个领域中意想不到的变化，这些变化构成了实践的需求。但是，即便考虑到时间的推移和本专业领域的重大变化，Gray 指出的"实践应该由有意义的测评和结果导向的数据来指导"这一有影响力的观点，仍与我们现在提倡的最佳实践惊人的一致。

Deno(2002)关于问题解决是一种"最佳实践"的理念被广泛地引用，他将我们领域当前问题解决范式的根源追溯到 20 世纪 50 年代，并指出，那个时代的心理学家受到了"**失调减少(dissonance** reduction）"理论的影响。这些理论阐述了人们是如何应对挑战的，即如何处理他们所想和所得之间的差异的。这一观点与当前问题解决导向的理念相当一致，因为它是解决"想要什么"和"正在发生什么"之间差异的一种努力（Tilly，2002，2008）。Deno 还指出，在 20 世纪 60 年代末，当时的**美国心理学会**（American Psychological Association，APA）主席 Donald Campbell 建议心理学家将自己的方法视为"有待检验的假设"，因为新计划和新干预措施的结果通常是不可预测的。再者，我们看到了早期倡导的最佳实践与当前具体的、数据驱动的个案处理方法之间的明确联系，后者也被称为"短期经验主义"（Cronbach，1975），是现代问题解决方法的基础。从理论上说，我们认为学校心理学的问题解决方法**符合功能性情境主义**（functional contextualism）的哲学假设。这种方法重视科学分析的使用，不仅用于预测，还用于干预行为以达成目标（Biglan，2004）。

Bransford 和 Stein（1984）提出的假设驱动和基于数据的问题解决方法（也叫作"IDEAL 问题解决模型"），被认为是最接近当代问题解决理念的。IDEAL 模型的标题对应着五个基本步骤的首字母缩写，分别是：识别（Identify）问题、定义（Define）问题、探索（Explore）问题的替代解决方案、应用（Apply）解决方案，以及检查（Look at）所选方案的影响或效果。我们的观点是，几乎目前所有在学校心理学中有影响力的问题解决取向的方法，本质上都是对这一早期模型的改进，是从它的基本组成部分中衍生出来的。

在学校心理学实践中，问题解决模式演变的最新发展是：**工作开展的三层模型**（three-tiered model of service delivery）与评估和支持有学习问题学生的干预响应模式（RTI）方法的有机结合（e.g.，Shinn & Walker，2010；Tilly，2008）。RTI 是一种工作开展模式，在这种模式下，学生对教学和干预的响应决定了他们接受服务的强度。根据 Gresham（2007）的观点，"在任何 RTI 模型中，最重要的部分是对干预强度、问题的严重性以及问题的改变阻力三者的综合考虑"（第 17 页）。

Hawkins 等人在本书第 2 章中将充分讨论工作开展的三层模型，符合这种将干预强度与问题严重程度相匹配的方法。正如在第 2 章以及许多其他文献（e.g.，Batsche et al.，2006）中讨论的，多层模型的第 1 层级，是提供整体测评和干预的一个层面（例如，全校或全班）。在第 1 层级干预中，所有学生每年都要接受多次筛查，并由学校心理学家实施预防性干预措施（例如，完善学校层面的规章制度，更改数学课程以确保尽早学习必备技能）。这一水平的干预工作预计将满足约 80%～90% 的学生的需要。在第 2 层级干预中，识别出对第 1 层级干预措施没有响应的学生，并针对学生特定的需求提供小规模团体干预。对于那些未对第 1 或第 2 层级的干预作出响应的学生（1%～5%），第 3 层级的干预措施将提供更高强度的、个性化的支持（可能包括特殊教育等）。

在学校心理服务工作的每一层级，学校心理学家都应该参与到问题解决过程中，以确保准确地识别问题，并且确保所实施的干预措施对大多数学生都是有效的（如果情况不是这样，则应改变干预措施）。尽管**问题解决过程**（problem-solving process）和干预响应模式（RTI）并不完全是一回事，但是问题解决过程通常被视为高效的多层工作开展模型的组成部分。本书的章节介绍了问题解决模式在多层工作开展模型中的应用。正如读者将看到的，在某些领域（如对内化性障碍的测评和干预），这个理论结构框架是新引入的，对其进行的研究较少；而在其他领域（如学业测评和干预，尤其是阅读方面）相关的研究更为丰富。总的来说，我们希望读者从这样的视角来思考，即问题解决模式（以及它在 RTI 框架中的应用）既简单实用又构造精妙，既灵活又具有很好的适用性。事实上，问题解决方法正在不断发展，它可以与教育实践的发展方法相结合，这充分说明了它的实用性。

作为本书框架的问题解决过程的步骤

如前所述，我们相信问题解决模式为学校心理服务工作的开展提供了一个很好的结构框架。因此，我们选择使用该模型作为本书的组织框架，将各章归纳到问题解决模式中相对应的部分。为了给各章节的讨论提供背景信息，我们在这里简要概述问题解决的步骤。根据 Tilly（2008）的说法，在问题解决方法中，决策是由一系列问题的答案引导的：

- 这个问题是什么？
- 为什么这个问题会发生？
- 对于目前状况应该做些什么？
- 采取的干预措施有效吗？

问题解决取向的学校心理学家能够按照前面描述的愿景来完成每一个步骤。因此，问题解决取向的学校心理学家关注那些可以改变的行为，清晰地识别这些行为，确保对结果的准确测量，并使用数据来持续指导工作过程（即采用形成性反馈而不仅仅是总结性反馈）。接下来，我们将对每一个问题解决阶段进行详细说明。

这个问题是什么？

要回答问题解决过程中的第一个问题，重点是确定实际或当前表现与预期表现之间的差异。差异应以有助于确定问题的严重性和制定目标的方式进行量化。客观而清晰的描述，对于确保过程中每个人都在谈论相同的行为并朝着相同的目标努力非常重要。由于问题是在一定情境中发生的，因此还需要评估和描述围绕问题的具体情境；这些信息将进入第二阶段，即确定问题发生的原因。

在本书中，第二部分"评估和分析：关注学业表现"的6章内容，以及第三部分"评估和分析：关注社会-情感与行为的结果"的4章内容，阐述了问题解决过程的第一阶段。这些章节将论述有关学校层面的评估（VanDerHeyden，第3章；McIntosh等，第9章），以及在预防和干预过程中各个层面的具体技能的测评。

为什么这个问题会发生？

一旦识别了问题，学校心理学家就需要从功能的角度来关注为什么这个问题会发生。这一阶段关于"为什么"的相关内容，不涉及那些无法改变的部分（例如，儿童在认知能力测试中得分很低，或者儿童天生容易抑郁），而是侧重可以改变的导致儿童出现问题的背景和环境条件。例如，一个儿童的认知能力测试得分很低，是因为他没有分配足够的时间在学校和家里练习阅读；一个有家族抑郁史的青少年患有相当严重的抑郁症，因为她告诉自己，自己一文不值，并且没有参与任何令人愉快的活动。所有这些变量（通过适当的干预）都是可以改变的，这样学生的学习和情绪就能得到改善。本书第二部分和第三部分的章节也介绍了问题解决过程的第二阶段。特别是第8章（Daly et al.）和第12章（Jones & Wickstrom）具体阐述了使用测评数据来确定问题功能的过程，这反过来促使问题解决取向的学校心理学家基于需要改变的功能性行为来制定干预措施。

对于目前状况应该做些什么？

选择解决具体问题的干预策略时很重要的一点是，干预很可能会改善问题（即减少实际表现和预期表现之间的差异）。因此，应根据干预措施的功能关联性（即它们与问题发生原因的联系）、成功的可能性（即它们基于研究文献中的证据）以及它们的背景信息契合度（即它们与问题情况和环境的匹配性）来选择。我们假定，问题信息的收集、问题发生的原因指向一个假设，即一个特定的策略可能有助于改善问题情况。基于这一点，仔细规划策略是很重要的。

干预规划应该描述干预的各个方面。例如，一个非常全面的干预规划应包括对以下内容的描述：（1）干预的步骤和程序（干预将是什么样子）；（2）所需的资源和材料及其来源；（3）实施干预的人员的角色和责任（例如，谁将实施干预、准备材料、收集结果数据等）；（4）干预时间表（一天中的什么时候、持续多久、每周几次）和干预情境（在哪里、组织什么活动、和谁一起）；（5）如何监测干预措施及其效果（采取什么措施、由谁收集、按什么时间表收集）；（6）实施干预和达成目标的时间安排；（7）如何分析和调整信息。

第四部分"实施预防和干预策略"的16章中，每一章都阐述了问题解决过程的第三阶段。这一部分首先概述了循证实践以及预防和干预策略，随后各章强调使用循证技术以及持续的数据收集，以确定预防和干预策略是否适用于特定目标（如学校、班级、小团体、个别儿童）。

采取的干预措施有效吗？

只有在我们实施干预并评估其效果之后，我们才能知道干预是否对具体的问题有效。为了确定学生对干预策略的响应，持续评估干预是否按计划进行实施（即干预完整性）以及学生表现是否改善（预期表现与实际表现之间的差异是否缩小）这些过程是重要的。持续的监测和评估是任何问题解决过程中必不可少的部分。为此，学校心理学家应收集以下有关数据：（1）目标学生的表现；（2）干预措施的适当实施情况；（3）干预措施和学生表现的社会效度（可行性和可接受性）。"评估干预措施"这一部分的两章内容讨论了问题解决过程的最后阶段。

"问题解决"在系统水平的实施

问题解决取向的学校心理学家不仅要了解问题解决过程中的每一个步骤，而且要意识到在区域层面和学校层面建立支持问题解决模式持续实施体系的重要性（并参与其中）。"构建支持问题解决模式的系统"这一部分的4章内容，涵盖了确保问题解决模式得到充分实施的系统层面的各个问题。这部分的最后一章概述了实践中的问题解决模式。在每一部分的每个章节中，笔者的讨论都与学校心理学的问题解决模式保持一致。

工作片段：采用"问题解决"的方法

要理解我们为什么在本书中强调问题解决，以及这种模式如何影响学校心理服务与工作的开展，最佳方法可能是，介绍那些在日常工作中采用问题解决方法并从中受益的从业者的工作情况。这一节介绍了3个学校心理学的新入职者（他们都是研究生学历，并且从业时间不到5年）的工作情况，3位新人都接受过基于问题解决方法进行服务工作的训练，他们的实践显然受到了这些理念与方法的影响。Jennifer Geisreiter是加拿大不列颠哥伦比亚省天主教私立学校温哥华大主教管区的一名学校心理学家。Jon Potter是美国爱荷华州约翰斯顿 Heartland 教育机构的一名学校心理学家。Moira McKenna是美国俄勒冈州梅德福市南俄勒冈教育工作区的学校心理学家和 RTI 专家。他们每个人都欣然接受了我们的采访请求，让我们有机会了解他们为改善学生、家庭和教育工作者的生活所做的努力。

Jennifer 指出，"我的大部分工作都是基于问题解决模式进行的"，她补充说，"有时我试图从系统层面而不是学校层面来解决问题"。她描述了最近在学校为学生修改教育规划工作中所做的努力，作为如何使用问题解决策略开展工作的一个例子。"我工作的地区最近修改了为儿童编写个人教育计划的流程，这样会让计划更有效。我运用问题解决策略的一个方式是参加学生的**个别化教育计划**（IEP）会议……并试图为这些学生制定清晰、可测量和合适的目标。"Jennifer 认为效率和早期干预的机会都是问题解决取向实践下的关键优势。她说："这似乎是一种更高效的处理现有问题的方法，尤其对于某些学业问题而言……它使得问题在更早的阶段得到解决，远在这些问题变得严重到需要更深入的努力之前。"在谈到最后一个问题时，她强调，传统的学校心理实践导向可能不会给她提供同样的机会，她指出，"相比在传统模式下，我更早接触到了儿童"。

Moira 目前大部分的时间是被指派为 RTI 专家，这意味着与实习阶段以及第一次担任学校心理学家相比，她更多地参与了咨询、训练和系统层面的工作。在她的工作中，问题解决是一种灵活的方法，适合于适当的变化，而不是僵化或单一的执行模式。作为俄勒冈州大学的一名研究生，Moira 与 Roland Good 密切合作。Roland Good 协助开发了结果驱动模型（outcomes-driven model, ODM；Good et al.，2002），它比其他某些方法的**变式**（variation）更接近问题解决的全貌。Moira 指出，"问题解决模式和预防性的、以系统为导向的结果驱动模型的演变，对于全校系统层面和学生个人层面的干预制定和实施（我的工作）是至关重要的"。

她注意到了在工作中使用问题解决方法和结果驱动模型的几个关键优势，包括"与本地或者更大规模的同龄组相比，能够评估学生的表现，及早使用预防性和系统性的方法进行干预，为学生提供所需的支持"。她还指出，这种模式可以使用"足够灵敏的测量方法，在决策指南下确定学生是否每周都在进步"。尽管 Moira 在职业选择上很谨慎，她一直选择让她有机会利用所学技能进行实践的工作环境，但她以前曾作为一名特殊教育教师工作过几年，接触过各种学校心理学模型，包括传统的守门人/心理测量师模型（gatekeeper/psychometrician model）。她清楚地看到了问题解决取向的学校心理学实践表现出的优势："传统学校心理学实践中的测评通常不会涉及干预。"

和 Jennifer 和 Moira 一样，Jon 的日常工作也深受问题解决取向的影响。"问题解决取向指引着我所做的一切工作。我做的所有有关教育的决定……都以问题解决过程为指导。"Jon 举了一个例子，说明问题解决过程在日常生活中是能发挥作用的，他提到了他是如何使用问题解决取向来指导自己的思考和实践的，"当处理学生的行为问题时，我采取的第一步是通过与教师和教职员工的访谈以及对学生的观察，明确界定问题行为是什么。然后，我通过与同龄人的典型行为和行为预期进行比较，从而验证学生是否存在严重问题"。

之后，他会重点了解问题行为发生的原因，包括"确定哪些事件能够可靠地预测行为，以及课堂上的哪些变量强化了行为。所有这些信息都能帮助我理解为什么会出现问题行为，如果我理解了问题行为发生的原因，我就能帮助制定一种干预措施来有效地减少（问题）行为。一旦制定了干预措施，我们将付诸实施，并随着时间的推移评估干预措施的效果"。Jon 发现，他和同事们的工作方式与传统学校心理学相比有很大的不同。"在我看来，主要的区别在于，在问题解决模式下，我所做的所有测量和评估都是为了制定干预措施。尽管我的一部分工作是评估学生是否需要特殊教育，但更重要的是确定哪些教学策略对学生有效，而不是简单地确定这些教学策略是否合乎规范。"

尽管 Jennifer、Moira 和 Jon 都认为，作为学校心理学家，他们所提倡的、指导他们实践的问题解决取向有很多优点，但他们也承认，实施起来并不是那么容易。Jon 说，他在我们这个领域看到的关于问题解决实践常见的误解是，"它耽误了为需要支持的儿童提供额外的帮助"，而且"仍然存在一种普遍的想法，即特殊教育是最适合所有特殊学生的支持"。

同样，Jennifer 指出，与她共事的许多教育工作者"将测评视为一种干预，而不是问题识别过程的一部分"，并提到"基于数据的决策仍然很难让人们接受"。此外，Moira 还指出，她有时会观察到"教师对变革的抵制"，承认这"需要更多的思考、工作和责任感"；此外，许多教育工作者"仍然依赖**儿童内部取向**（within-child orientations）去解决学生学习的问题，不考虑环境的变化，不考虑如何重新分配资源和调整变量，以创造可预测的、安全的环境"。无论他们在工作中面临什么样的挑战，这 3 位学校心理学从业新人都相信，他们为支持学生、家庭和教师所做的努力，显然是基于问题解决的方法，并且是有效的，正在产生积极的影响。鉴于他们都采用了基于数据的过程，所以当他们认为有积极的效果时，这不仅仅是一种主观感觉。

最后的思考

为了去完成伟大的事情，我们必须先要有梦想，然后在脑中具象，接下来去计划、相信和行动！

——Alfred A. Montapert

在本导入章节中，我们的主要目的是提供一个广阔的视角，即问题解决取向的学校心理学家的角色是什么样的，并为本书的其余章节提供一个结构框架，这些章节扩展了学校心理学问题解决方法能够发挥作用的领域。我们不遗余力地完成了这本书，提供了一个愿景，以及问题解决取向的学校心理学家所需的知识和工具的实用性描述。我们热衷于探索这种方法可以为学校心理学实践提供的内容，以及它在促进学生获得更好的教育和心理健康结果方面发挥的真正作用。我们希望本书读者——无论是刚开始接受训练还是正在实践的学校心理学工作者，都能受到启发，尝试并最终接纳和实施我们正在推行的愿景。

第 2 章

选择评估和干预的目标：
促进学生的关键发展

Renee O. Hawkins
David W. Barnett
Julie Q. Morrison
ShobanaMusti-Rao

本章的目的是指导专业人员通过**关键决策点**（decision points），确定哪些问题应该作为干预目标，以及如何测量这些目标。这些决策点以现有研究成果和数据驱动的问题解决为指导，对学生的干预和表现产生直接影响。

不管问题是发生在学生个体、班级还是学校水平，目标变量选择（target variable selection）都涉及问题解决团队如何确定干预目标以及测量这些目标的方法。目标变量的选择要考虑教育风险的结构，并且需要制定具体测量方式或观察方法，来识别需要干预支持的学生并追踪干预效果。团队需要谨慎选择目标变量和测量方法，因为测量结果将用于监测和评估干预计划的数据库的建设。因此，目标变量和测量方法决定了团队的行动方案，并且能作为教育服务工作的"心脏监测器"——根据学生的学业问题或行为问题的预估风险，以及持续的干预效果反馈，实施者可以及时地修改行动方案。

在大多数情况下，我们选用目标"变量"来代替传统的目标"行为"，这是因为基于数据的问题解决越来越与学校、班级或是其他场景特征相关联，而这些特征可能是问题解决和学校范围的变革发展带来的。在对学生的行为问题或学业表现进行转介或筛查时，需要对这些干预的场景特征进行进度监测。例如，学生可能因为学业失败被转介，这种情况下，学校可能不仅需要衡量学生的学习现状，还需要衡量提供给学生的教学数量和质量，因为教学本身也可能是需要改善和监测的。与传统的理念保持一致，具体的教学过程是对目标学生的干预（intervention），学生的表现聚焦于行为（behavior）。但是，在学校、班级和个体水平上不断变化的选择、监测和调整教学计划的需求，模糊了传统上对典型干预目标（如学生行为或教学）的划分。目标变量的测量包括对环境中的行为及其功能的测量，并且在教育计划中，教学环境的关键特征可能是重要的变革目标。

有关学生及其相关人员的目标变量选择的决策是十分重要的，并且，团队需要考虑不同变量或测量变量的可选方法的合理性。对目标变量测量的**科学性**（technical adequacy，例如，信效度、抽样）进行讨论，可以提高团队做出正确决定的信心。

问题解决团队的一项任务是根据具体的风险指标，确定需要干预的学生。基于学业成就相关的目标变量数据，团队不仅可以确定哪些学生需要支持，还可以确定需要干预的学生数量以及干预的级别，从而有效地进行测量并解释干预结果（即学校、班级、团体和个体层面）。**风险指标**（risk indicators）是反映学生学业成功或失败可能性的因素或标准。团队需努力确保准确识别需要干预的学生，以免他们的情况变得更加糟糕，并通过有效的规划来改善对学校资源的使用。如果大多数学生都存在风险，则需要对学校或班级进行干预以改善学生表现。

第一，本章概述了目标选择的基础知识和选择目标变量的指南。第二，本章描述了筛查需要干预的学生的方法，因为筛查方法和结果会影响目标变量以及合适的干预和监测水平的确定。第三，本章基于干预响应模式（RTI）对目标变量选择的进展进行了讨论。

目标变量选择

通常来说，问题解决团队会从需要改变的一系列目标开始，使用"**漏斗法**（funneling）"（Hawkins，1986）来缩小选择目标变量的范围。目标变量的测量是直接的、情境化的、功能性的，即：在所关注的具体情境下发生了什么？什么是应该且能够被改变的？具有社会意义的行为表现的改变是很重要的。当团队做出有关**目标变量**（variables targeted for change）的具体决定时，需要充分考虑环境、教学变量以及科学性（例如可靠性和有效性证据）的相关数据。需要干预的学生和情境具有高度挑战性，目标变量的选择需要逐步进行，并且根据需要重复问题解决的相关步骤。

概述：问题解决中选择目标变量的基础知识

目标变量的选择以干预研究和行为的问题解决的应用为基础。在工作团队中接受过训练的学校心理学家与教师一起解决问题，在某些情况下，也会与专业人士、学生和父母等合作。问题解决步骤可以重复进行，帮助学生实现长期发展目标，例如那些有多方面的、社会和教育相关缺陷的学生（Kratochwill & Bergin，1990）。

在传统观念中，学生的独特特征和所处环境是目标变量选择的指导因素。Kanfer（1985）写道："每一位来访者都给临床医生提出了新的基本任务，即确定最有效干预的焦点。"目标变量选择的步骤通常包括：问题识别和分析、计划的制定、实施和评估。在这个创造性的过程中要考虑备选方案，并且该进程中的所有步骤都要严格地与最佳经验证据相关联。

在问题识别步骤中，团队将阐明问题行为和期望的替代行为。在问题分析步骤中，团队需要决定如何监测与问题情况相关的环境变量，因为环境变量这一重要因素有助于理解观察到的行为与期望的行为表现之间的差异。在**应用行为分析**（applied behavior analysis，ABA）中，我们强调使用高质量数据进行决策、使用单一被试方法进行干预评估（基线后干预；请参见 Daly et al.，本书第 29 章）。此外，在做出有关行为的预测时，应考虑各因素的功能关系。通过功能性行为测评（functional behavioral assessment，FBA；请参见 Jones & Wickstrom，本书第 12 章）和分析法，可以生成功能性假设，有助于我们理解目标行为与环境变量之间的关系。功能性假设是针对"问题行为发生并持续存在的原因"所做出的解释，例如为了获得关注或逃避困难任务（本章稍后有详细论述）。应用行为分析还强调社会效度，这在一定程度上意味着，在考虑预防和干预计划的目标、方法和结果时，与学生接触密切的人是有发言权的（Wolf，1978）。

合理规划目标变量的选择范围

在对目标变量进行了全面慎重的选择之后，团队必须制定测量的计划。这里所说的全面性（comprehensiveness）是指要考虑各种可能性，以及与在校学业和社会性表现的干预有关的影响因素（例如，药物问题；干扰睡眠、营养、家庭作业完成的家庭环境事件；社会或学业技能的泛化，等等；Gresham，2007）。根据层次分析（level of analysis）的理念，在检视情境或行为时，可以进行"放大"或"缩小"的描述。当目标变量是复杂的技能，或者团队聚焦于具体的目标变量在问题解决中的作用时，可以对目标变量进行拆分（splitting）或整合（lumping）。举个例子，社会能力由许多社会技能（例如解决社交问题、眼神交流）组成，干预计划必须考虑到这些技能的使用情境和发展状况。根据学生需求的功能和经验假设，可以将阅读拆分为必要的技能，如词汇、音素意识等。团队通过使用有效的改进措施和干预方法（例如，通过增加练习时间来提高阅读流利度；通过运用问题解决技巧来减少与同龄人的争执），在结构水平上监测进度（例如，"阅读和社交行为正在改善中"）。

对于某些问题而言，可能需要测量一系列行为（Kazdin，1985）。例如，学生的焦虑或抑郁可能有不同的程度、不同的显性行为和隐性事件的表达，并可能因学校或家里发生的事件而加重。

刺激和响应模式或协变量（Kazdin，1985）有时也需要测量。例如，将学生的依从性作为目标变量进行衡量时，团队可能需要检查以下内容：课堂规则或预期是否清楚阐述；学生对预期行为是否熟知；教师在提出要求时的不同特点（例如，是否带有眼神交流、贴近学生、语气友好但却坚定，学生是否在没有支持的情况下完成要求，以及教师要求的时间是否合适）；学生的行为或对要求的依从情况；依从性的同伴规范（Bell & Barnett，1999）；教师对依从的强化；依从的持续性。确定目标以及提高学生依从性的干预措施的决定，需要考虑到学生在情境中的依从性数据结果。

进度监测：制定目标变量测量计划

在选择了目标变量和测量方式后，团队要决定测量的时间和程度以及在什么时候分析数据。通过测量目标变量，团队可以建立当前表现的基线并密切监测干预效果或"正在发生的事情"，以便根据需要及时更改计划。在实践中，决策规则是团队成员一起制定的，这些规则包括：充分的计划实施的构成，该计划需要多长时间进行尝试，以及可测量目标或表现的标准。决策规则可以将数据与教学决策联系起来。比如通过精心计划的教学试验，判断是否需要改变教学方法或内容（Fuchs & Fuchs，1986）。因此，决策规则是一种协议或计划，通过在设定的时间（或试验次数等）内仔细尝试干预计划来获得数据，根据数据来查看计划需要进行哪些更改。决策规则可以告诉团队"什么是有效的"，并通过及时反馈促进决策完善。每次评估完干预点之后，团队都要重新设定决策规则。

收集有关目标变量数据的时间表可能会有很大差异。监测时间表应基于对干预和目标变量测量的具体研究，并根据实际情况来制定。此外，团队应评估目标学生以及环境中其他人的问题行为持续发生的风险程度。以下内容可作为指导原则：高风险行为可以每天监测一次；学业表现可以每周或每两周监测一次，以实现学业筛选计划中每三年的显著增长。例如，每周监测一次写作流利度是可以接受的，而对于极具破坏性的行为或对同伴的身体攻击行为则需要每天监测，以快速确定有效的干预计划并确保所有学生的安全。根据数据的显示（例如水平或趋势的变化），可以在需要时对时间表进行修改。使用不同来源的数据有助于应对计划中的挑战。随着情况的改善，后续的测量也不需要频繁进行。例如，对于严重的问题行为，可以使用教师的每日报告数据以及学校心理学顾问的定期直接观察数据（数据源不应合并，而应单独显示结果）。数据收集的时间安排和管理也可以运用到单一被试设计之中（请参见 Daly et al.，本书第 29 章）。

选择目标变量的指南

指南可以帮助团队做出有关目标变量选择的合理决策。目标变量应与问题的直接测量方法相关联，该方法应可靠、敏感并足以测出干预措施产生的变化以及有效的结果（Macmann et al.，1996）。表2.1 在传统观点的基础上总结出了选择目标变量和测量方法的实践指南（e. g.，Hawkins，1986；Kratochwill，1985）。基本的信度、效度信息以及其他测量属性都有助于目标变量的选择。

表 2.1　选择目标变量的实践指南

专业标准	需要查看的内容
目标变量的测量需符合"高质量数据"的科学性和专业性标准	● 效度：团队使用具体的预防和干预研究中的变量，或确定变量的功能有效性（即证明变量对于个体的有效性；说明因果关系）

续表2.1

专业标准	需要查看的内容
运用问题解决形成经验性有效的计划	● 根据需要，目标变量可以包括环境、教学和学生变化的标准 ● 推论的有效性和水平：结果应该是可以直接观察的，并且是显著的 ● 有效性和敏感度：团队应使用可以追踪行为或成绩变化的测量方法，这对于持续和及时的决策非常有用 ● 社会效度：有关当事人（即学生、教师和家长）也可以评估干预目标、方法和结果 ● 信度：团队可使用已有的、具有较高信度的测量方法，或通过持续的检查（即观察者之间的一致性检验）确保可靠性
选择时要考虑成本−效益和可持续性	● 通过考虑潜在结果来估算成本。为了获得高质量的结果，为学生和学校带来最终的"节省"，可能需要高质量数据的支持，因为干预失败会付出高昂的代价
仔细监测决策	● 团队可以使用决策规则，并在干预研究的基础上，在达成一致的过程中尝试干预措施 ● 图表通常被用来显示正在进行的决策过程，包括基线（如果可能的话）和每种情况的结果
干预是否起效？	● 具有内部效度的研究设计可以对干预措施进行检查。学校可以使用"负责制（accountabilitydesign）"，通过仔细选择目标变量并进行干预来测量表现或行为的变化（参见 Daly et al.，本书第29章）
干预的效果如何？	● 与基准、同伴规范和当事人的判断相比，团队可以解决的问题包括效应大小及其显著性。这些数据将引导团队采取下一步行动 ● 考虑更广泛的结果，包括计划内和计划外的结果，这些结果可能是正面的或负面的，也可能是长期存在的

目标变量可以被明确定义

目标变量要以可观察、可测量并且问题解决团队所有成员都能理解的方式进行界定。操作性定义要清楚客观地描述行为的可观察特征。它们包括行为的正例和反例，并提供目标行为的完整描述（Hawkins & Dobes，1975）。

目标变量可以被显著改变

受环境的影响，团队选择的目标变量可以发生显著改变。目标变量的测量方法应足够敏感，以反映预防和干预计划所带来的行为变化。许多例子都说明了为什么"可塑性"的理念很重要。在与家长或教师商讨的过程中，个性、气质、智力和自我概念经常作为问题或原因被提及。但是，这些属性不容易作为干预目标进行改变，而且通常，测量这些结构对于进度监测没有用处。通过有效的问题解决，我们既可以选择想要的变量，又可以找到对进度监测有价值的测量方法。这样的例子包括：聚焦并改善学生的学业和课堂表现、社会技能，以及为教师和学生提供支持。考虑到家长和教师普遍提出的问题，选择与该问题相关的目标变量以及基于监测进度的干预措施，是问题解决的基本功能。

目标变量可以被直接测量

通过精心选择的测量方案，目标变量与问题现状直接关联。为了提高对测量方法和干预计划的信心，我们采用基于高质量数据评估教学和行为结果的干预研究。就学业领域而言，**基于课程的测量**（curriculum-based measurement，CBM）是一种经研究证实的、可靠和直接的方法，用于测量学生在核心学业领域的表现，包括阅读、数学、书面表达和拼写（Deno et al，1985—1986；另请参见 Marcotte & Hintze，第5章，Burns & Klingbeil，第6章，Gansle & Noell，第7章）。表2.2描述了常见的 CBM 变量。CBM 允许频繁收集数据以评估干预措施。例如，对于在数学 CBM 中表现欠佳而被选入小组数学教学（small-group math instruction）的学生，继续使用数学 CBM 进行每周的监测。

表 2.2　学业目标变量和基于课程的测量

变量	基于课程的测量（CBM）
阅读流利度	每分钟正确的字数：1 分钟定时阅读测试中正确朗读的字数
数学流利度	每分钟正确的位数：定时（2~5 分钟）测试中，运算正确的位数
书写流利度	书写总字数：定时（3~5 分钟）测试中，在给定故事开头之后所写的字数
拼写流利度	正确的字母序列：在定时听写拼写测试中，正确的字母序列个数

对于行为领域而言，用于评估干预措施的高质量数据源于直接观察。收集观察数据有几种可用的方法，它们都基于选择重要且一致的观察环境、时间、条件或活动。首先，通常使用**时间取样法**（time-sampling）来提高观察数据的科学性。观察过程被分成几个时距（例如 10~30 秒），以结构化的程序记录所关注的变量（Cooper et al.，2007）。当采用**全时距记录**（whole-interval recording）时，观察者记录行为是否在整个时距（例如 10 秒）中持续发生；当采用**部分时距记录**（partial-interval recording）时，观察者记录行为是否在时距中的某个时间点发生；当采用**瞬间时间取样**（momentary time sampling）时，观察者记录在时距结束时行为是否正在发生。其次，在**事件记录**（event-recording）程序中，观察者需记录行为特征，例如行为出现的频率。无论是时间取样法还是事件记录程序，均使用通过基线和干预过程收集的数据（例如，学生在 20 分钟的课程中以一定百分比的时距参与；在 20 分钟的课程中该学生发言 5 次）对课程进行总结。图 2.1 展示了一个参与度观察系统以及在该系统下如何绘制数据图表的示例。正如在下面的小节中所讨论的，图表也呈现了另一个观察者进行的可靠性检验的结果，由图中代表额外数据点的方格所标注。观察者也可以使用更复杂的代码同时测量多个变量。例如，在图 2.1 中，"积极参与"被视为不专心、破坏性行为或其他相关行为的替代行为，这些行为、教学变量或是教师有效使用积极管理实践的情况，也可以编码后进行测评，而"积极参与"这一变量也可以通过测量实践活动的质量来细化（e.g.，Daly et al.，2007）。

目标变量可以被可靠测量

在一定程度上，团队成员就目标变量以及如何测量变量、检查和解决差异方面达成一致，这就是团队成员之间进行目标变量选择的一致性过程（Macmann et al.，1996）。有证据表明，就目标变量达成一致意见是关键的一步，因为团队成员可能对"行为发生的原因"以及"就原因来决定对什么进行测量"有不同的看法（e.g.，Wilson & Evans，1983）。当目标变量选定之后，团队将在整个问题解决过程中，检验目标变量测量的可靠性。先前的研究已经对目标变量测量的某些方法（即 CBM）进行了可靠性估计。可靠性检验（reliability check，也称为一致性检验）增强了问题解决团队对测量目标变量（例如，在表现、频率、持续时间上的一致、与典型同伴表现的差异）以及干预效果的信心。为了确保一致性，可靠性检验需比较两个观察者独立地对同一行为样本进行编码或评分所得到的结果，例如，让两名专业人士观察同一节课堂，并在课堂结束时比较所得出的数据。**永久性资料**[①]（例如完整的数学 CBM 探针）可以进行独立的评分和比较。而持续收集的 CBM 样本或观察样本可以提高个体决策的可靠性。

当目标变量是课程、教学技能和行为管理时，教育计划的科学性检验（technical adequacy checks）被认为是干预依从性、保真度和完整性的保障。这些检验通常是基于一致性系数进行的，与执行计划、工作脚本和时间安排相比，一致性系数表明了执行步骤的一致程度（Barnett，et al.，2007）。

目标变量的操作定义和所选择的评估系统会显著影响测量信度。将行为精准概念化之后，目标变量数据的可靠性和基于这些数据做出决策的有效性就会提高。如果对行为的界定不清楚，那么收集的

[①]　译者注：永久性资料，是指在行为反应或刺激后附带产生的具体结果。

数据更有可能是不可靠的，并且团队也不能很好地对干预措施的效果做出解释。

对目标变量评估方法的选择也会影响数据的可靠性（Cooper et al.，2007）。例如，对于没有明显开始和结束界定的行为（如学生参与度）而言，采用时间取样法（如前所述）进行评估将是最合适的；若是对此类行为使用频率计数可能会导致信度较低，因为观察者将难以确定何时为一次参与行为的结束，何时为另一次参与行为的开始。教师对干预计划的自评依从程度可能不等同于顾问的观察数据。对负责数据收集和信度检验的人员进行充分的训练可以帮助提高可靠性。图2.1提供了一个关于参与度的操作定义的示例，并显示了如何绘制可靠性数据以评估主要观察者和其他观察者做出的决策的一致性。除此之外，干预依从性数据和学生表现数据也可以采用图表绘制或汇总（Barnett et al.，2007）。

代码	行为	定义	记录方法
√	课堂参与度	学生通过写作、阅读、举手、提问或回答问题、与同学讨论、听教师或同学讲课、查看学术资料等方式参加指定的任务/活动	每10秒为一个时距，全时距记录

分钟	1	2	3	4	5	6
1						
2						
3						
4						
5						
6						
7						
8						
9						
10						

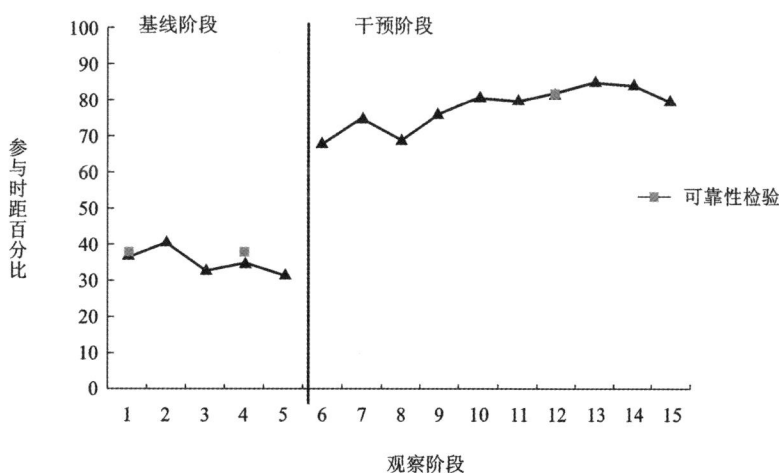

图2.1　观察代码以及图表数据的示例

研究指南（Kennedy，2005）建议，对整个基线和干预过程中20%～33%的观察样本进行的可靠性检验，至少应达到80%的一致性标准。然而，在问题解决过程的早期，较频繁地进行可靠性检验可以帮助团队评估目标变量和数据收集系统的操作定义的恰当性，并且给观察者提供反馈。可靠性检验的频率也可能取决于问题行为的风险大小或严重程度。对于需要精细干预的问题行为，可靠性检验可以提高对使用资源促进学生积极表现的决策信心。

目标变量与现在及未来的表现相关联

直接和可靠的测量是必要的，但是学生积极表现的效度证据是更重要的目标变量选择的标准。干预的研究成果指导着团队设置与短期和长期的学生积极表现相关的目标变量（Kazdin，1985）。为了实现这个目的，目标变量的选择和测量，应与能够带来显著变化的循证干预方法相关联（Barnett et al.，2007）。团队根据最新的具体干预研究对证据进行综合考虑，准确判断当前风险、预测未来后果，从而帮助选择测量方法。例如，许多研究将特定的干预程序与基于课程的测评反映出的行为改善联系在一起（Shapiro，2004；Shinn et al.，2002）。因此，尽管"参与度"经常被选做目标变量，但为了增加参与度所提供的实践机会的质量既可以进行进度监测，也可能是干预成功的促进因素（Daly et al.，2007）。团队可以选择对学业促进因素做出反应的时机（e.g.，Greenwood，1991）作为目标变量，对应的干预重点是向学生提供额外的、指导性的、独立且普遍的技能实践，对难度逐渐递进的干预活动进行进度监测，所有这些都将与积极的结果相关（e.g.，Daly et al.，2007）。举例来说，选择口语阅读流利度作为目标变量时，应使用实证支持的干预方法，如重复阅读、同伴辅导、预习策略、单词录音等，并且通过对熟悉和不熟悉的材料多加练习，增加学业进步的机会（请参见 Linan-Thompson & Vaughn，本书第 16 章）。此外，尽管被转介的问题是非常具体的（例如，攻击行为），但目标变量可能会更广泛，以确保更显著的积极行为改变的发生（例如，致力于提高社会能力的问题解决）。其他标准还包括对周围环境中的其他人（如教师和同龄人）可能带来的益处。当团队成员和数据提供者一致认为目标变量、测量方法和改变的目标是可接受的时候，目标变量的社会效度就建立起来了（Wolf，1978）。

使用功能假设严格检查可能的目标变量

通过功能性行为测评（FBA），来自各种测量方法的信息（包括访谈、问卷调查、评定量表和直接观察）都可用来对问题行为与环境特征之间的关系做出假设。看起来一样的行为或表现，其发生原因可能天差地别。FBA 就是识别这些原因从而创建有效干预措施的一种手段。通过使用与变量相关的功能信息来制定干预计划，可以减少问题行为并增加适当替代行为的发生（请参见 Jones & Wickstrom，本书第 12 章；Gresham et al.，2001；Watson & Steege，2003）。FBA 的强度取决于问题行为的严重程度。从完全依靠访谈到进行多次直接观察，团队可以根据学生的需要定制 FBA 流程。此外，可以直接评估功能性假设来清晰地构建功能关系。构建功能关系意味着要测试挑战性行为的具体原因。在功能分析中，可以通过实验控制前提事件和结果来验证行为的功能关系（Gresham et al.，2001；Horner，1994）。在某些情况下，团队还可以进行简要实验分析，在分析中提出不同的干预条件，并对其效果进行比较，以提高干预选择决策的有效性（请参见 Daly et al.，本书第 8 章）。通过这种方式，可以明确与干预措施相关的、功能关联性显著的目标变量。

对目标变量进行优先级排序和组合

团队需要考虑研究表明了哪些目标变量与积极表现以及特定的干预措施相关。选择关键变量的思路是：优先考虑那些相对具体的，并且有可能为当事人带来更多积极变化的变量（e.g.，Barnett et al.）。常见的例子包括：教师的有效教学和管理技能，学生的阅读流利度，实践的参与度，社会问题的解决，对成人要求的依从性，通过自我管理独立遵守课堂规则。选择一个关键变量作为初始目标可能会产生积极的伴随效果，从而减少对额外干预措施的需求。

在许多情况下，学生往往表现出不止一个问题行为，即呈现出多个可能的目标变量。团队成员可以基于多种考虑对目标进行优先级排序，或者制定多个目标变量。首先，团队可以考虑问题行为的严重性。在这种考虑下，危险行为和高风险行为应被及时列为紧急目标。与同龄人有显著差异的行为应被及早确定为目标，从而为产生干预效果提供更多时间。

有时，团队可能从一开始就瞄准了多个变量。例如，学生在数学和阅读方面都表现出学业能力缺陷，而这两个领域是学业成功的关键，因此需要立即进行干预。在这种情况下，团队必须谨慎行事，确保拥有必要的条件，来同时针对两个目标变量或根据相对风险的顺序（例如，先阅读后数学）来制定计划。有研究证明，学习成绩和社会行为问题之间存在反比关系（Sugai et al.，2002），这是多目标变量的另一种情况。当一个学生同时存在学业问题和行为问题时，团队可以在实施两种不同的干预计划之前，先选择对学业进行干预，看看社会行为是否会在没有直接干预的情况下发生改变，反之亦然。为了帮助做出这一决定，团队将进行功能性测评，根据假设（通过数据确认）规划目标变量，评估学生是否具备完成学业任务所需的技能，或者是否需要将学生的表现作为目标变量。

选择接受干预的学生

学校是应该根据学生的行为或表现来选择接受干预的学生，然后找出目标变量、测量方法和干预措施，还是应该首选与行为、表现和教育风险相关的关键变量和措施，然后筛查所有学生，并根据结果选择学生进行干预？这两种策略都有可取之处，并且筛查和决策方面的最新进展已经证明这两种策略都是可行的。本节介绍了选择接受干预工作的学生的方法，展示在"目标变量选择"部分讨论过的基础知识的应用里。

学校通常会根据教师、父母或学生的自我报告，确定相关行为或表现，并选择学生进行干预。直接从最了解情况的人员那里获得信息，并运用问题解决步骤来识别重要变量，获得所需的结果是有优势的。与此同时，个人自我报告的过程会导致谁来接受干预以及干预过程设置的差异性。遗憾的是，按照传统做法，只有等学生落后于同龄人或学业失败之后，教师才会运用基于文化背景、本土或个人对失败的理解，来教他们如何应对失败，这其中就包括了对目标变量的干预。这种情况在学校是很常见的，比如学生因为学业或行为问题被转介去接受测试、分类，并被安置在特殊的计划中。变量选择的指导方针不一，不同的、经不起推敲的测量决策，薄弱的系统层面的干预（如留级），团体干预和个人干预在质量上的不平衡，干预效果未知，以及哀叹"他只是被遗漏了"的现象已经司空见惯。最后，在为学生提供系统有效的特殊教育方面，个人转介系统、教育问题的诊断测试以及由此产生的归类和安置制度受到了广泛的批评（e. g.，Heller et al.，1982）。此外，许多人认为，这一有瑕疵的过程导致一些小众群体在特殊教育中被过度强调，反之，加强预防、教育和行为干预，不给他们贴上不必要的、可能被污名化的标签，是非常有意义的（e. g.，Hosp & Reschly，2004；Newell & Kratochwill，2007；Skiba，et al.，2008）。

本节将讨论选择学生接受干预工作的各种方法，包括使用教师提名法、基于课堂规范以及风险指标进行选择的优缺点。如果需要干预的对象不是单个学生，而是班级甚至学校，也要制定决策规则，而这些决策是根据估计的目标变量的发生率或基础概率得出的。

方法的选择

通过教师提名法来识别需要干预的学生

教师是问题解决的重要参与者，由于他们能在平常的课堂中与学生保持频繁且特有的交流，因此教师对学生表现的观察对于问题解决过程至关重要。在报告学生的学业和行为方面，教师通常表现出中高等水平的准确性（e. g.，Feinberg & Shapiro，2003；Gresham et al.，1987）。但是，不同教师对学生行为和学业表现的目标、期望以及容忍度的差异，可能会导致转介原因和转介率的不同。诸如"班级中同伴的表现或行为"等因素会影响教师对单个学生的看法以及转介该学生接受干预的可能性（e. g.，VanDerHeyden & Witt，2005）。此外，教师在与学生互动的过程中，可能会不自觉地加重学生的问题行为和不良表现。关于干预决策，VanDerHeyden 等人（2003）指出，教师对"谁将对干预做出适当响应"的预测不是很准确，但也可能是因为许多教师的具体干预经验有限。尽管如此，当与学生表现的直接测量数据(例如学业成绩数据、行为的直接观察数据)结合使用时，从教师观察中获得的信息可以帮助我们有效地识别需要干预支持的学生。为了达到能够准确选择学生所需的数据质量，教师提供的信息需获得相对于同龄人的学生表现的相关数据(本地和全国)的支持，例如 CBM 和独立观察。

通过基于课程的方法来选择需要干预的学生

前文提到的基于课程的测量(CBM)通常用于选择学生参加学业干预计划，并在干预期间监测学生的进展(Deno et al.，1985—1986)。CBM 目前已被广泛用于学业筛查(e. g.，Ardoin et al.，2004；Glover & Albers，2007)。CBM 筛查的优势包括简便(1~5 分钟)、可重复、对学生的进步敏感。例如，在阅读 CBM 中，学生大声朗读一篇文章，时间为 1 分钟，实施者需记录正确朗读和错误朗读的单词数。CBM 是通过使用研究中的各种常模和表现标准来解释的，这将在后面进行讨论。

使用全国常模确定需要干预的学生

在过去，为了指导学生是否需要干预或特殊教育的决策，我们通常将学生的表现与已发布的标准参照测试中的全国常模进行比较。全国常模提供了与同年龄和同年级同伴相比，学生相对行为表现的信息。但是，全国常模并不一定能够反映具体学校、班级或学生的教育和社会环境，并且它们也没有直接表明学生学业失败的潜在风险程度。此外，在对存在文化和语言差异的学生的行为表现进行解释时，使用全国常模可能会出现问题。全国常模必须基于学校和学生的人口统计数据进行有意义的比较，而且必须有助于制定目标和评估进展。为了实现预防和干预，全国常模应与其他常模(如学校、年级、班级或同伴规范)和能够识别风险学生的有效标准一起使用。

如今，大多数的 CBM 都可以找到大样本常模，即 DIBELS(dibels. uoregon. edu)和 AIMSweb(aimsweb. com)，这些常模基于订阅早期基本读写技巧的动态指标(dynamic indicators of basic early literacy skills，DIBELS)和 AIMSweb 数据系统的学校的数据。尽管这些常模可以为学生的表现提供更广泛的比较点，但是学校必须考虑到，学生群体和资源的差异会导致他们出现显著不同的表现。尽管 DIBELS 和 AIMSweb 数据库中包含的学校在地理位置上各不相同，但它们有可能并不代表本国学生的表现。订阅这些系统的学校有可能更强调阅读成绩，包括采用基于研究的课程，以及使用筛查和进度监测(Good et al.，2002)。

使用本地常模来识别需要干预的学生

本地常模是对学校群体在一系列任务中的表现的描述，这些任务的制定是为了得出代表特定学校或学校系统的学生的平均水平(Habedank，1995)。制定本地常模的理由是，行为和学习成绩是学生与具体、独特的环境进行持续互动的结果。与全国常模和风险指标相比，本地常模可以用来评估学校和班级在一段时间内的表现，并为表现欠佳的学校、班级或学生建立适当的短期目标。

例如，学校可以使用 CBM 筛查数据来确定每个年级的平均口语阅读流利度，或者学校可以使用档案数据来确定每个学生的平均办公室转介次数(每月、每个学期、每年)。本地常模可以将单个学生的表现与同一个教学环境中的同伴的表现进行比较。因此，对于许多干预决策(包括选择干预学生)而言，本地常模提供了比全国常模更直接和恰当的比较点。但是，本地常模应该与有效的风险指标一起解释，这些指标可以可靠地估计学生学业成功或需要干预的可能性(e. g.，Kame'enui et al.，2005)，或者不是单个学生，而是班级或团体水平成为干预工作重心的可能性。

总而言之，在选择学生进行干预帮助以及为学校和个别学生设定成就目标时，重要的是要考虑与有效的教育风险指标相关的全国常模和本地常模。在具体学校环境下，可以使用本地常模来精准识别学困生。此外，一旦选择了学生进行干预，就可以根据本地常模设定可以达到的初始表现目标，然后根据全国常模和经验推导出的与学业成功典范相关的表现标准，逐步提高表现目标，以此降低干预过程中的风险。同样，行为目标变量、测量方法和目标行为要根据当地实际情况进行设置(例如，在教室或其他学校环境中出现破坏性行为的学生人数；Bell & Barnett，1999)。

使用有效的教育风险指标来识别需要干预的学生

研究人员已经确定了许多可能影响学生学业表现的教育风险指标。由于学生可能处于/不处于风险情境中，因此，学校不可能评估所有潜在的风险指标。但是，通过精心选择具有明显实证支持的风险指标，问题解决团队可以提高正确识别需要干预帮助才能实现学业成功的学生的概率。早期筛查、精准的风险评估和有效的计划制定，可以在一定程度上预防学业失败。尽管本地常模和全国常模可以提供有价值的、相对于同龄人的学生行为表现的信息，但风险估计可能比学生的相对表现更重要。

当选择学生进行干预时，数据可以被用来进行经验性预判，即学生在有额外支持的情况下才会成功或此时不需要支持。在选择学生时应参照常模和标准，同时考虑目标学生和同伴表现之间的比较，以及与预测需要干预或改善的具体表现水平的比较。**基准法**（benchmark）是一种经验方法，表明如果继续当前的教学水平，学生的表现将步入正轨；与之类似，对于具体表现的测量也可以表明当前表现的风险水平（Kame'enui et al.，2005）。除此之外，还可以通过重复 CBM 来评估风险，并通过记录行为水平和表现趋势（或进步斜率）的变化来确定有风险的学生是否赶上了同龄人和年级基准。

举个例子，DIBELS 的基准是基于各种早期阅读指标的表现与后期读写能力结果的相关性研究。这些基准提供了一个评价学生表现的标准。与仅根据全国常模或本地常模进行比较筛查不同，基于标准的筛查为问题解决团队提供了风险水平的经验估计，可用于制定学校规划（Kame'enui et al.，2005）。同样，AIMSweb 系统可以通过报告各年级在不同 CBM 下的行为表现水平的百分等级，来帮助问题解决团队进行基于标准的筛查。实证证据表明在 CBM 中的表现与短期和长期的学业成就相关，在了解到这点之后，团队可以选择学生进行干预，设定目标，并利用这些表现数据监测进度。

基础概率的重要性

基础概率估计（base-rate estimates）通过恰当地聚焦于教学或干预措施（包括目标变量）以及筛查、选择和程序设计的方法，可以帮助我们最大限度地利用筛查程序（Macmann & Barnett，1999；VanDerHeyden & Witt，2005）。基础概率是对客观定义的特征（如阅读功能不良的风险）、社会风险（如辍学）或诊断类别（如学习障碍）的发生率的估计。这些具体的基础概率是针对人群或区域（例如学校）的估计（Meehl & Rosen，1955）。在决定哪些学生需要干预时，学校应考虑到预期表现有学业困难或行为问题的学生的基础概率估计。如果发现基础概率很高或很低，则需要更改筛查方法和干预计划。例如，根据过去的毕业率，有两所学校估计了高中辍学的基础概率。学校 1 的基础概率为 10%，而学校 2 的基础概率为 60%。对于辍学率相对较低的学校 1，干预将集中于有辍学风险的个别或小部分学生。相比之下，鉴于学校 2 的高辍学基础概率估计，干预计划将着眼于全校范围的预防规划。在这种情况下，重点不仅是学生个人，而是作为一个系统的学校，以及如何有效地筛查并为学生群体提供更好的支持，以提高毕业率。通过对基础概率的考量，团队可以评估早期筛查过程，以确保需要干预的学生不会被忽视，不需要干预的学生不会得到不必要的额外支持（Glover & Albers，2007）。当班级存在较高或较低的学业问题发生率时，考虑基础概率有助于确保使用适当的筛查方法，并确保干预和支持计划能够有效地针对学校需求，在班级、团体或个人层面（视情况而定）处理目标变量，实施干预措施（e.g.，Newell & Kratochwill，2007；Skiba et al.，2008；VanDerHeyden & Witt，2005）。

总而言之，学生的选择应以提高目标变量以及测量方法的准确性和可行性为基础，其决策应考虑到哪些学生需要干预以及什么干预对学生才是有益的。在某些情况下，如果有许多学生存在问题行为表现，例如学业失败率或违纪转介率高，则可以选择以学校或班级为单位进行干预。

RTI 的背景

干预响应模式（RTI）基于其目的和方法改变了目标变量选择的框架。目前，RTI 是美国联邦法律（《残疾人教育促进法》，2004 年）为地方教育机构提供的一种选项，以帮助识别具有特定学习障碍

(specific learning disabilities, SLD)的学生，但是 RTI 实际影响的范围可能更广(e.g., Batsche et al., 2005)。与"以学生转介为出发点，找出目标变量再进行下一步计划"的方法不同，RTI 是一种决策方法，它将通常的早期筛查、经验性预防计划的结果和干预序列作为确定工作开展的数据库，通过基于研究所得出的客观标准对目标变量和学生进行选择。而风险(例如阅读流利度差，具有挑衅行为)的概念和测量会得到数据的支持，这些数据表明目标可能会受到环境变化的影响，并且有证据显示这些影响可能会为学生带来积极的结果。基于研究的预防计划和干预措施被用于判断学校所需的计划质量。因此，目标变量以及需要干预的学生的选择以有效教育、基于研究的风险结构以及对有效方法的研究为前提。

首先，学校会使用 RTI 对所有学生进行筛查，并及时开展对应的工作。也就是说，学校评估所有学生在整个系统、高优先级的目标变量上的表现，并为识别出的"有风险"的学生安排有效的教学计划或干预。这与过去许多学校采取的方法形成了对比，在过去，目标变量是由转介者独立确定的，更具体地说，是在学生被转介来寻求帮助之后确定的。其次，通过基于研究建立的服务层级，学生的 RTI 干预进度可以用作评估数据，以做出更专业的服务决策或不再需要进行干预的决策。这些干预数据将被用来代替在某一时间点收集的与干预有关的、可疑的诊断测试结果。收集到的数据集各不相同，其中包括对基于研究的干预措施实施的详细信息、学生对干预措施的响应的信效度数据，以及表明谨慎实施干预措施的证据。分层干预进度的结果是基于数据的、对目标变量的有效描述，必要时，可根据先前的结果在所有水平上(学校、班级、团体和个人)制定下一步计划。

RTI 仍在不断发展，但是一般而言，RTI 模型的第 1 层级旨在涵盖整个学校和班级，通过预防策略、核心课程、循证教学和课堂管理实践，影响最大数量的学生。指南建议，有效的全校支持应满足特定学生群体中 80%~90%的学生需求，而剩下 10%~20%的学生需要额外的支持(e.g., Kame'enui et al., 2005; Sugai et al., 2002)。需要额外支持的学生将进入第 2 层级，接受经验性的、有选择的或有针对性的短期干预(e.g., Batsche et al., 2005)。第 2 层级中更常见的例子是，基于有效的教学干预的标准方案，在第 1 层级的课程、数据以及决策规则的基础上，增加小团体练习(例如阅读技能)的机会(e.g., Vaughn et al., 2007; 另请参见 Linan-Thompson & Vaugh, 本书第 16 章)。对在前两个层级没有得到充分帮助的 1%~5%的学生，会在第 3 层级接受更密集的个性化服务，或是为小规模学生群体提供的服务。第 3 层级中将增加与第 1 层级课程相关的具体技能的练习。图 2.2 展示了一个典型的分层模型。

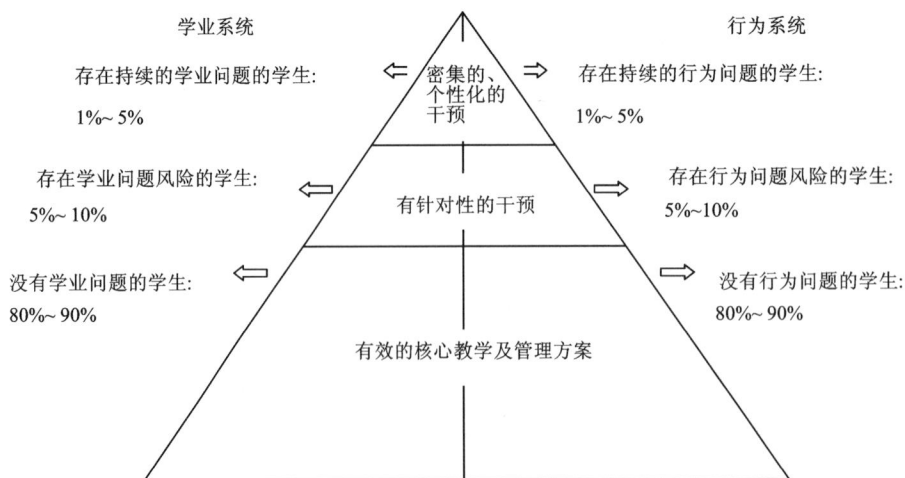

图 2.2　典型的分层模型

数据和团队决策将表明需要增加或减少的干预强度（例如时间、专业资源）。理想情况下，学生的表现将以学校可接受的方式进行追踪或监测，以便在每一层级进行高质量的干预研究，以期获得与先前研究类似的结果。在干预过程中可以设定多个目标，包括短期的目标，如在典型环境中取得成功，以及长期的目标，如最终能够成功维持目标变量的表现并泛化到对新情境的响应中。通过处理干预实施的计划问题和后勤工作（例如，实施频率、地点、人员、计划可靠性检查和干预依从性检查的时间安排），以及干预在学校和个体水平上的表现，团队合作和问题解决的方法可以增加 RTI 成功的几率。问题解决也有助于满足改变教学内容以及特定情况下学生的需要。

同样，**积极行为支持**（positive behavior support，PBS）框架对社会行为的预防和干预工作进行了概念化，要求在实证的基础上为干预措施和分层工作构建高质量的计划（Sugai et al.，2002）。首先，团队需要构建并实施有效的学校层面系统。在第 1 层级中，对课堂进行精心设计和管理，直接告知对学生的行为期望，并确保所有学生接受关键社会技能的有效教学。在第 2 层级中，基于有效的课程或干预计划，以团体或嵌入式的方式让学生进行更多练习，对有难度的课堂活动（例如课堂过渡）的干预也是如此。第 3 层级的干预基于与社会行为有关的增强计划和个性化计划。某些 RTI 模型融合了干预响应模式（RTI）和积极行为支持（PBS），这两者之间确实存在许多共性（Batsche et al.，2005）。

RTI 和目标变量的选择

整体筛查

RTI 的成功依赖于早期准确地识别出有风险的学生（Compton et al.，2006）。**整体筛查**（universal screening）确定了将用于 RTI 干预决策的初始目标变量。变量可能包括早期关键读写能力的教学和掌握、技能提高的速度和水平，以及与教学和支持学生社会能力有关的变量。

例如，为了识别需要干预的学生，团队每年使用（本地和/或全国）常模和/或标准参照的划界分来对学业表现进行 3 次整体筛查（Ardoin & Christ，2008；Good et al.，2002）。通常，在关键领域（如阅读和数学）使用 CBM 探针或 3 次 CBM 探针的中位数，得分低于划界分的学生考虑将其划入第 2 层级接受干预（e.g.，Ardoin et al.，2004）。其他 RTI 模型包括仅在学年开始时进行整体筛查，以识别存在潜在风险的一组学生。然后，对这组学生进行严密监测，以确定是否需要进行预防性干预（Fuchs & Fuchs，2007）。为了确定学生对第 1 层级教学的响应以及对第 2 层级干预的需求，Fuchs 和 Fuchs（2007）建议使用基于以下两个方面的"双重差异"标准：（1）学生成长趋势，定义为随时间变化的表现差异，在图表上显示为斜率（即每周绘制学生每分钟阅读的单词数，这些数据能够反映阅读流利度随时间的变化）；（2）表现水平（例如，目标学生与同龄人或常模相比表现出的平均水平）。在此模型中，如果一个学生经过了至少 5 周的通识课程的进度监测后，其进步斜率和最终成绩水平都比同龄人低至少 1 个标准差，则该学生将进入第 2 层级。在另一个示例中，VanDer Heyden 等人（2007）使用班级 CBM 数据来决定接下来的各个步骤，这些步骤可能包括一个为期 10 天的、简短的（10 分钟）班级学业干预，以便在班级表现不佳时帮助做出筛查决策。正如前面的例子所表明的，目前还没有一种统一的 RTI 模型，但是在关键教学、课程和社会变量的早期筛查，以及使用这些变量的测量方法来监测进度的步骤方面，学校心理学家已经形成了强烈的共识。

不同层级的变量

尽管 RTI 模型之间存在差异，但目标变量和学生的选择，是由 RTI 团队针对上述各个层级，使用 RTI 模型描述的特定过程来进行的。如前所述，RTI 和 PBS 的特征是结构化的成分或层级，根据这些成分可以组织学校、班级、团体及个人的目标变量，并且通过查看学生的成绩来分析决策点的顺序（Gresham，2007；Sugai et al.，2002）。因此，学校团队根据改善阅读和社交行为以及减少挑战性行为的研究，对学校、班级、团体以及个人的环境进行了分析。表 2.3 列出了 RTI 的层级，以及在各层级上学校或团队可以使用的通用目标变量。

表 2.3　各层级目标变量及其测量内容的示例

层级	学业领域		行为领域	
	变量	测量内容	变量	测量内容
1	• 阅读 • 数学 • 学科领域的成就 • 教学	• 三年一次的 DIBELS 基准点数据 • 三年一次的阅读和数学 CBM 基准点数据 • 成就测试分数 • 课程计划实施的依从性	• 破坏性行为 • 教学	• 办公室纪律转介 • 教师转介 • 适当社会行为的练习机会 • 班级管理程序实施的依从性
2	• 阅读 • 数学 • 学科领域的成就 • 教学	• 每周一次的 DIBELS、数学和阅读 CBM 的进度监测数据 • 课堂作业和家庭作业的完成度和准确性 • 测试分数 • 对学业促进因素做出反应的机会	• 破坏性行为 • 参与度 • 依从行为 • 同伴互动 • 教学	• 每周一次对学生参与度、依从行为、同伴互动的直接观察 • 教师的每周行为报告 • 适当社会行为的练习机会
3	• 阅读 • 数学 • 学科领域的成就 • 教学	• 每周两次的 DIBELS 和阅读 CBM 的进度监测数据 • 课堂作业和家庭作业的完成度和准确性 • 测试分数 • 对学业促进因素做出反应的机会	• 破坏性行为 • 参与度 • 依从行为 • 同伴互动 • 教学	• 每周两次对学生参与度、依从行为、同伴交往的直接观察 • 教师的每日行为报告 • 适当社会行为的练习机会

在 RTI 中，除了与学生学业技能和行为的直接测量相关的目标变量外，教学和课堂变量(课程、学生对课程的依从性、教学的质量和普及程度、课堂管理、纪律规范等)也可能是干预的目标。第 1 层级的变量包括与以科学为基础的学业技能和社会行为教学相关的变量(Kame'enui et al.，2005；Sugai et al.，2002；Vaughn et al.，2007)。与第 1 层级类似，第 2 层级目标变量的选择将加入与特定学业或社会问题相关的测量。此外，随着从第 1 层级到第 2 层级的干预强度的增加，进度监测的强度也将增加(例如，对目标变量的测评更加频繁；对早期识字技能等学业上的进步或社会行为的进步进行更精细的衡量；更加频繁地进行可靠性检查和干预依从性检查)。在第 3 层级，有关目标变量的数据收集将进一步加强，因为团队将尝试在有效利用资源的同时，仍可促进学生的积极结果。第 2 层级和第 3 层级中其他重要的变量，都包括在泛化和维持技能的计划以及典型教育环境下的技能表现中(第 1 层级)。例如，当实施阅读干预时，团队可以通过监测学生阅读练习过和未练习过的文章的流利度来评估其泛化能力，并制定在其他教学环境(例如数学应用题)中提高其泛化能力的计划。在第 2 层级的小规模团体中所阐明的社会行为目标，将在课堂和其他学校环境中进行进度监测。在所有层级上，都需要收集按计划实施 RTI 程序的程度以及表明结果质量的数据；这些都是传统的转介决策不常有的干预工作特征。

与学生学业、社会学习及表现的功能性和可测试性假设相关的问题解决，可能在 RTI 的所有层级都适用，而对于第 3 层级(个性化和密集化)而言则更为重要，因为在第 3 层级中多为更具挑战性、更复杂的学业和社会问题行为。换句话说，当先前的干预尝试失败，并且导致问题行为的环境变量不明确时，除了增加特定的练习外，本章中所描述的问题解决和功能性行为测评(FBA)可能会提供有关如何快速识别有效干预措施的信息。

结论：树立决策信心

目标"行为"选择与传统的针对学生的问题解决讨论相一致。然而，鉴于学校面临的诸多挑战，以及基于教学和环境系统变化的学业干预和社会干预，我们使用了"目标变量选择"这一广义的术语。目标变量的选择、测量和测量时间表为干预决策提供了数据。专业人员会注意到学生相关的行为或表现，随之确定目标变量；学校也可以提前选择目标变量，并采取措施对学生进行筛查并制定干预决策。根据 RTI 确定的目标变量能够在不同水平上进行进度监测，以解决具体的问题，如：学校水平（哪些可行，哪些无效）；班级水平（更多或更少的教师支持、教学质量）；学生水平（改变干预措施或层级，所需干预和支持的质量）。强调科学性是提高决策过程有效性和可靠性的一种方法。科学性是团队在复杂决策过程中整体信心的体现。

评估和分析：关注学业表现

第 3 章

分析整体学业数据以计划、实施和评估学校变革

Amanda M. VanDerHeyden

学术研究和政策制定都显示了，在公共教育中，学生的学习成就得到越来越多的关注、评估和优先考虑。对于学者、从业人员以及密切关注教育的社会各界而言，这种教育改革的发展是令人兴奋的（Messick，1995）。尽管这样的理念在公共教育中似乎是不言而喻的，但是评价儿童教育工作的结果的理念是更为本质的（Macmann & Barnett，1999）。关于如何将学术研究与教育实践完美结合，学界一直存在着巨大的争议（Feuer et al.，2002；Odom et al.，2005）。现在，学校要求学术研究提供有关"如何开展实践才能够产生可量化和有意义的结果"的实用信息。

作为变革推动者的学校心理学家

在这种背景下，数据驱动的教育实践受到了学校的高度认同。学校系统正逐渐转变为高效的数据使用者；学校心理学家也正经历着一种角色的改变，这种角色转变由 Deno（1986）、Lentz 和 Shapiro（1986）首次预测，并且被写进实践指南（请参见 School Psychology Review，第 33 卷；Dawson et al.，2004；Kratochwill & Shernoff，2004；Thomas & Grimes，2008）。当前学校心理学最佳实践的基础是干预响应模式（RTI）中基于数据的决策（Hojnoski & Missall，2006）。因此，学校心理学家有机会担任学校层面和系统层面的数据顾问和决策顾问。

学校心理学家和特殊教育团队特别适合担任数据顾问这个角色。事实上，这一角色必须有人担任，否则可能会造成系统过度评估且干预不足的情况。如果把所有时间都花在测评上，将是对教学实践的一种浪费，因此系统必须强调测评的效率——力求在尽可能短的时间内获得最精准的信息，以达到最佳的测评目标（Shinn & Bamonto，1998）。作为制度变革的推动者，数据顾问必须认识到资源是有限的，因此要引导决策者最大限度地利用资源和现有成果（VanDerHeyden & Witt，2007）。有效的顾问是可以为系统做出贡献的人。

关注学业成就

尽管学生在整个学习过程中可能会获得许多重要技能（例如，社会发展、同伴关系、沟通和个人组织技能），但教师、父母和学生通常会有这样一个观点：学业教学的主要目的是关注学习。如果教学的目的是有效促进学习，帮助学生建立一套适应性的、有用的技能和知识库，那么就需要通过学业成就来评估该目标实现的程度。在最近的政策声明中，我们可以找到将重点放在关键学业成就上的重要依据，包括《国家阅读小组报告》（*National Institute of Child Health and Human Development*，2000）和《国家数学咨询小组报告》（*U. S. Department of Education*，2008）。学生在教学的特定阶段应该出现的关键技

能已经被识别，并且可以预测学生功能性技能的持续发展。这些技能及其预期的发展时间提供了评估儿童学习情况的参考标准，以确保教学能够促进儿童对基本技能和概念的掌握，并以恰当的速度进行学习。儿童的学习表现可以通过两种方式进行评估：（1）静态成绩可以根据教学计划中对该时间点的既定表现预期进行评估；（2）学习轨迹可以与在一段时间内达到关键基准所需的轨迹相比进行评估，也可以与没有学习问题风险的学生的轨迹相比进行评估。

关键技能是具有发展性的技能，这意味着，如果掌握了这些技能，儿童的表现就会在各种环境中得到强有力的改善（Slentz & Hyatt，2008）。早期阅读技能（early reading skills），包括识别和使用音位（声音）来理解单词并最终流利地阅读单词和相关课文的能力，对从阅读的内容中获取意义至关重要。独立理解课本内容的能力为学生在学习过程中通过阅读获得信息奠定了基础，并有助于学习诸如历史或自然科学等领域的内容。因此，音素意识（phonemic awareness）是早期读写教学关键结果的一个示例，应对其进行监测以确保成功达到了教学目标。当学生能够阅读课文后，我们就可以把流利地阅读对应年级水平（grade-level）的课文和理解内容的能力作为功能性（functional）和发展性（generative）学习结果，对其进行定期评估，确保学生能够顺利实现阅读教学目标。在数学领域，我们可以将计算能力的逻辑顺序作为早期数学教学的功能性和发展性学习结果（例如，加法、减法和乘法算式及运算步骤）。这些技能都属于发展性技能，因为儿童通过重组熟练地进行乘法运算的能力，与他掌握技能的能力高度相关，这些技能将在以后的教学计划中引入，例如转换分数或计算百分比。此外，流利地进行乘法运算的能力提高了学生从将来的数学教学中受益的能力，以便建立对类似因子（factors）等数学概念的理解。因此，计算技能为评估数学学习表现提供了合理的目标（关于这一主题的更多内容，请参见 Burns & Klingbeil，本书第 6 章）。

美国各州已经建立了指导教学工作的学生学习表现标准，这些表现标准可以通过美国教育部网站在线查询。对于许多学校和地区而言，表现标准（performance standards）提供了一种可以跨年级识别关键学习表现的合理方法，并对这些表现进行监测，以确保教学达到了促进学生学习并为他们的将来建立有效技能体系的预期目标（例如，查阅 www.ade.az.gov/standards/）。早期和定期的整体筛查可以防止在以后的学校教育过程中出现更复杂或棘手的学习问题（Torgesen，2002）。学校教育可以比作马拉松比赛。在学校教育的早期，我们离预期目标有很长的路要走，而且要花很长的时间才能到达，所以进度慢一些看起来并没有问题，也不会让人感到担忧。正是因为这样，学生很容易落后。马拉松运动员发现，在比赛的前半段，就算每英里只稍微落后一点，他们也必须在后面的几英里里以快到不可能的速度才能达到最终目标。同样，教学贯穿于学校教育的各个阶段，如果学生不能达到预期的学习目标，不能按照预期的速度增长，就预示着需要尽早进行干预，以免这些不足积累起来，在实现最终目标之前造成不可逾越的障碍。

在下一章中，我们将介绍一个使用数据在整个系统范围内促进学习表现的模型。该模型的第一阶段涉及检查学校范围或系统范围的数据；第二阶段涉及选择和实施干预措施；第三阶段是评估变革工作；最后一个阶段是基于结果进行的修改或迭代，以确保期望的表现随着时间的推移保持不变。

获取和检查整体筛查数据

筛查的目的是提供信息以识别需要教学的领域，并指导多层干预模型（multitiered intervention models）中的教学工作来满足所有学生的需求。正如 Hawkins 等人在本书第 2 章中详细讨论的那样，多层干预模型大体上描述了工作开展的三个层级。第 1 层级是针对所有学生的测评和教学活动，有时也被称为**核心教学**（core instruction），因为它是所有学生都需要接受的教学。第 2 层级是针对未成功响应第 1 层级的部分学生进行的测评和教学活动。第 2 层级的教学活动与第 1 层级的区别在于，第 2 层级的教学强度更高，测评更加频繁，并且通常以小团体的形式进行，以此作为第 1 层级教学的补充。第 3 层级是指针对少数未能成功响应第 1 和第 2 层级教学的学生进行的测评和干预活动。通常，第 3 层级的教学活动是单独进行的，并且是根据每个学生的需求量身定制的；它们代表了学校环境中最高强度的干预支持水平。筛查是践行"以学生为中心来检验教学效果"的机会，是促使团队寻求"如何最好地帮助学生学习"这一问题的答案的机会，同时还是引起（或保持）对"改变后可改善学生学习表现的有效教学变量"的关注的机会（Gettinger & Seibert，2002）。

步骤1：选择有效的筛查方法

筛查方法必须：（1）与教学计划中该时间点的课堂表现期望相匹配；（2）具有适当的难度，以准确识别相对于同龄人而言，学业风险特别大的个别学生。根据笔者过去的经验（VanDerHeyden& Witt，2005），如果系统中普遍存在学习问题，那么我们无法通过单一的筛查方法来完成有效的筛查。因此，第一步是选择能够反映学生在教学计划中该时间点的学习内容的方法。查阅国家规定的表现标准，并与教师讨论正在进行的教学计划，是确定学生在教学计划中应掌握技能的有效方法。如果学生的分数是正态分布的（即如果不存在班级范围的学习问题），则使用这种单一的方法就足以做出筛查决定。因此，例如，在一年级的冬季学期，一位教师解释说，尽管数学教学侧重测量、时间和货币等各种各样的概念，但还是希望学生掌握10以内求和的快速计算，这项技能将最大程度地有利于之后的数学教学（例如，20以内的加法、减法，加减法组合运算，解决涉及加法运算的测量问题）。如果该班级得分的中位数高于"10以内求和"测试的标准，那么我们可以很容易地确定，表现最差的学生需要进一步测评和潜在的干预才能提高数学学习能力。

干预/ RTI团队（数据顾问、学校领导、年级教师）应按照学科领域（阅读、数学和语言艺术）来检查每个年级的表现标准。数据顾问的职责是指导该小组从可用方法库中选择与这一学年关键表现标准非常匹配的筛查方法。这些数据能够帮助团队确定学生的表现不符合预期的地方（定义学习问题），然后团队可以着手制定最有效的方案来解决该学习问题。有些教师可能会担心他们的学生无法成功完成任务，即使这些任务只反映了这一学年中该时间点的预期学习效果。尽管有些团队可能会倾向选择更简单的任务，但变革过程中的领导者（例如，学校领导、年级组长、数据顾问）应指导团队选择筛查方法来回答问题，帮助学生顺利完成任务。这些问题包括"目前对学生的期望是什么？"和"大多数学生是否能够运用当前预期的技能？"。通过这两个问题，团队可以确定干预工作是否可以在第1层级（针对所有学生），第2层级（针对表现不如预期的小规模学生团体）或第3层级（针对那些表现不如预期的个别学生）中最有效地进行。虽然更简单的筛查任务可能会更好地识别出相对于同龄人而言风险最大的个别儿童，但它也可能会使团队得出错误的结论，即认为大多数学生不存在消极学习结果的风险。因此，第一个筛查任务应该是一项能够反映该年级儿童在教学计划中这一时间点的预期表现的技能。

随着RTI对基于数据的决策的重视，量化关于学生进步的决策准确性和筛查任务的干预响应模式的准确性非常重要。为了确定对RTI决策有效的筛查任务，团队需要检测诸如**敏感度**（sensitivity）、**特异性**（specificity）、**阳性预测力**（positive predictive power）和**阴性预测力**（negative predictive power）之类的估计值。敏感度和特异性是指测试分别检测**真阳性**（true positives）和**真阴性**（true negatives）的能力①。在做出达到RTI判断的筛查决定的情况下，真阳性数据反映的是那些被预测在没有干预的情况下会出现问题而事实上确实出现问题的学生；真阴性数据反映的是那些预测将在没有干预的情况下不会失败并且实际上确实没有失败的学生。阳性预测力是正确筛查出有问题的学生的能力。阴性预测力

---

① 将年度测评作为比较标准、敏感度的计算方法是：既没有通过筛查又没有通过年度测评的学生人数除以未通过年度测评的学生总数。因此，敏感度是筛查正确检测到的真阳性（未通过年度测评的学生）的比例。特异性是指既通过筛查又通过年度测评的学生人数除以通过年度测评的学生总数。特异性是通过筛查正确检测到的真阴性的比例。从功能上说，敏感度和特异性被认为是与特定测试相关的更静态的变量（不太可能在不同的环境中发生变化），对于选择测试非常有用。

是指正确筛查出没有问题的学生的能力①。实际上，量化预测力的估计值(例如敏感度、特异性、阳性预测力及阴性预测力)对理解划界分对筛查决策准确性的影响至关重要。**划界分**(cut score)是用于做出判断的分数依据。高于划界分的分数与低于划界分的分数会产生不同的决策。如果使用每分钟正确阅读 105 个单词的划界分来确定谁将获得额外的帮助，则分数等于或大于 105 的学生将不会获得帮助，而分数小于 105 的学生将获得帮助。筛查工具将用于对学生是否处于风险中(即未通过筛查或通过筛查)做出二分判断。我们可以确定一个对整体有意义的划界分标准，例如达到或未达到年度期末评估的全国标准。基于筛查任务所做决策的准确性可以通过计算与标准的匹配百分比、敏感度、特异性、阳性预测力及阴性预测力来量化。筛查任务必须良好地与课堂上的表现期望相匹配，并且在得出关于哪些学生需要干预的结论之前，必须对结果的数据分布进行评估。如果一项筛查工作与表现期望相匹配，并且能产生正态分布的数据，则可以确保预测力的估计值在描述筛查工具价值时的意义。

步骤 2：明确比较标准

监督筛查的学校团队应将班级或年级的总体表现，与反映预期结果或学习目标的某种表现水平进行比较。有两种方法可以用来建立**外部标准**(external criterion)。第一种方法是，地区或学校使用他们自己的数据来建立一个与对他们的体系而言有意义的结果的相关标准。使用基于课程的测量(CBM)和年度测评分数，我们可以进行统计分析以确定与年度测评的高通过概率相关的得分。例如，通过调查筛查结果与国家能力测试分数之间的关系，地区工作人员可能会发现，在阅读一篇四年级的文章时，每分钟能正确阅读 105 个单词的儿童，有 99% 都在春季学期通过了阅读的高风险测试。地区工作人员可以建立一个标准，即每分钟正确阅读 105 个单词(words read correctly，WRC)，作为筛查时比较学生表现的标准。因此，任何在筛查时每分钟正确阅读少于 105 个单词的儿童都被认为需要某种阅读干预。

建立外部标准的第二种方法是采用文献中已报告的方法。例如，Deno 和 Mirkin(1977)提出的，最近被验证的挫败标准、教学标准和掌握标准(Burns et al., 2006；Deno et al., 2001；Fuchs et al, 1993)，可用于评估在不改变课堂教学的情况下，该班级学生是否能够成功学习。

步骤 3：解释筛查数据

回想一下，筛查后的数据将用于识别大范围干预的需要(在第 1 或第 2 层级)，然后识别哪些学生需要在第 3 层级进行个性化干预。因此，筛查数据被用来做两个判断：一个班级、年级和学校的大多数学生的表现是否达到预期的学习标准，以及哪些学生需要干预。为了得出有效的结论，筛查任务必须反映课堂上预期的学习目标，并且必须具有适当难度，才能使分数大致呈正态分布。有时我们可以使用一个筛查任务来完成这两个决定(例如，当大多数学生都在快速进步并且达到学习期望时)。然而，有时我们需要分阶段做出筛查决定。请思考下面的例子。

图 3.1 显示了在秋季学期全校范围的筛查中，某个四年级班级在实施的 0~9 乘法运算测试中的表现。所有得分在该图较低阴影区域(每 2 分钟正确位数低于 40 位)的学生都处于挫败范围(Deno & Mirkin, 1977)，这表明在没有干预的情况下，这个班里许多儿童的数学成绩很差。0~9 的乘法运算是学生在完成三年级学业之前应该掌握的基本技能(Shapiro, 2004)。如果学生不能流利地进行基本的乘法运算，那么他们很可能会犯错误，并且无法掌握更复杂却与此相关的技能(例如，需要重组运算的多位数乘法，解决需要乘法的应用题，小数乘法，求最小公分母)。由于得分的中位数落在挫败范围内，因此这个班级可以被确定为需要额外教学以提高数学计算技能的班级。此外，在计算流利度任务中表现不佳可能表明学生在数学学习中存在其他缺陷(例如，其他计算任务的流利表现、对相关数学概念

---

① 阳性预测力的计算方法是，未通过筛查和年度测评的学生人数除以未通过筛查的学生总数。从功能上讲，阳性预测力在解释个别未通过筛查的结果时是有用的，因为它代表了未通过筛查的学生在年度测评中失败的概率。阴性预测力的计算方法是，通过筛查和年度测评的学生人数除以通过筛查的学生总数。每一个值都是相互依赖的，敏感度和阴性预测力、特异性和阳性预测力呈高度正相关，敏感度与特异性、阴性预测力与阳性预测力分别呈负相关。当作出筛查决定时，理想结果是最大程度地识别真阳性，因此在选择筛查工具时，敏感度优先于特异性。对于筛查，我们的想法是尽可能以最有效的方式(即以最低的特异性成本)最大程度地减少假阴性错误(或未能识别在没有干预的情况下无法通过年度测评的学生)。

的理解）。下一步应该检查整个年级的表现。

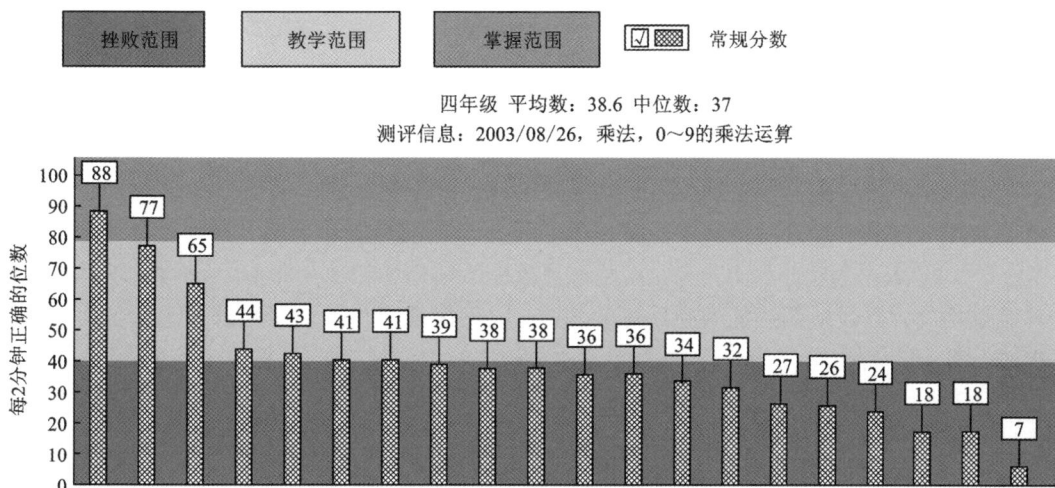

四年级 平均数：38.6 中位数：37
测评信息：2003/08/26，乘法，0~9的乘法运算

图 3.1 整体筛查数据（1）

注：该图表明，该班存在全班范围的数学学习问题。

图 3.2 显示了在秋季学期筛查过程中，所有四年级学生在实施的 0~9 乘法运算测试中的表现。整个年级中只有 6 名学生的表现属于掌握范围（Deno & Mirkin，1977），大多数学生的表现处于挫败范围，即每 2 分钟正确的位数少于 40 位（Deno & Mirkin，1977）。这些数据应该作为一个预警信号，表明整个年级都需要补充额外的教学。接下来应检查所有年级的年级水平数据，以确定该问题首次出现的时间，以及这些问题是否继续存在于所有后续年级。

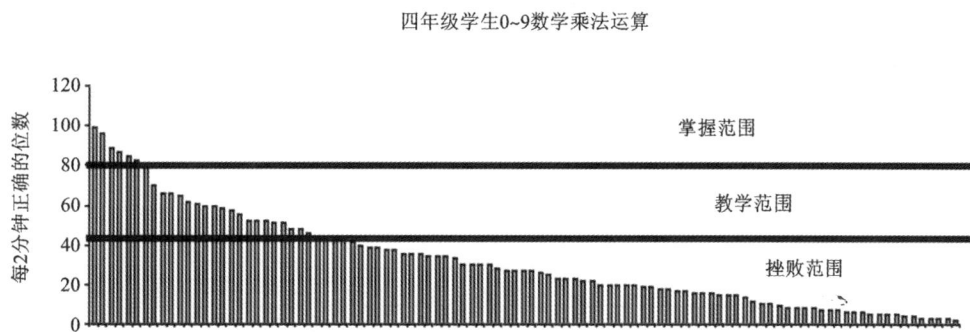

四年级学生0~9数学乘法运算

图 3.2 整体筛查数据（2）

注：该图表明，四年级中有多个班级存在全班范围的数学学习问题。也就是说，这个学校的四年级存在年级范围的数学学习问题。

回想一下，第一种比较是将学生的表现与一些反映预期学习结果的外部标准（在适当的表现水平上拥有适当的技能）进行比较。如果班级中许多儿童的表现在风险范围内，那么在进行第二种比较之前，需要额外的数据（即全班干预数据或对一项更简单的先决任务的测评）。第二种比较是一种标准性比较，将学生的表现与班级、年级或地区中其他学生的表现进行比较，以确定在班级、年级或地区中，谁在学业上的风险最大。一个班级里如果有许多学生的表现低于学习预期，那么就会产生一个正偏态的数据集（其中大多数学生的分数出现在分数范围的低端）。当数据集呈现正偏态时，我们很难准确地区分个别儿童的学习问题（VanDerHeyden & Witt，2005）。这种标准性的比较对于识别正在苦苦挣扎并需要强化干预的个别学生来说很重要，当大多数班级的分数在筛查时高于外部标准但低于上限（即一个无法检测到学习进步或更高分数的分数）时，这种比较就很容易实现。例如，在班级得分的中位数超过外部标准(如教学标准)的情况下，我们可以进行标准性比较以识别需要强化和个性化干预的特定儿童。但是，如果班级中位数低于该外部标准，则需要额外的数据(例如，全班干预数据)来识别风险最高的学生。当许多儿童的表现低于预期时，可以通过第1或第2层级的干预策略解决学习问题，并使用由此产生的趋势数据或后续筛查数据来评估：(1)全班学习问题的改善程度；(2)哪些儿童没有成功响应并需要额外的测评和/或干预。这是合乎逻辑的也是最有效的方法(Fuchs & Fuchs，1998；VanDerHeyden & Witt，2005)。

在对全班或全年级进行干预之后，我们可以简单地进行重复筛查，来确定计划的干预是否对干预目标产生了预期的效果。在这种情况下，对0~9乘法运算的后续测试表明，在仅仅几周的额外干预之后，大多数学生的表现就达到了教学范围甚至掌握范围。结果如图3.3所示。我们可以对期望学生掌握的更具挑战性的计算或应用技能实施后续的测试，以确保他们持续取得足够的进步，并且确保在教学过程中进行更有挑战性的充分学习(例如，在学生学习了十进制的乘法之后，进行小数的乘法运算)。此外，如图3.4所示，我们可以检查每个班级以确保目标技能有充分的增长。我们也要对计划进行有效地测评，以确保对第1层级或数学中的核心教学计划所做的修改，对数学和阅读方面的学习产生理想的效果。

四年级学生0~9数学乘法运算

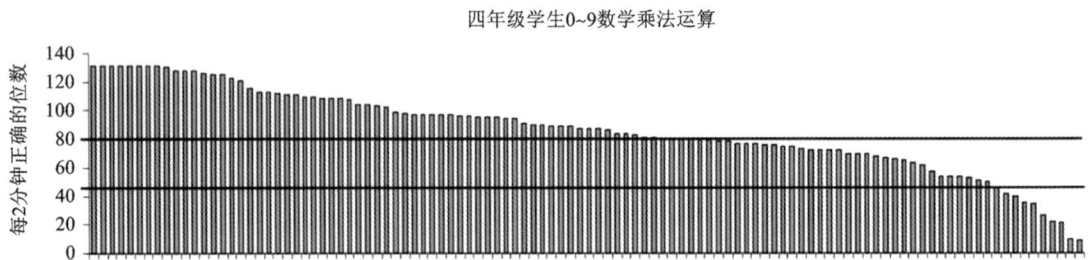

图3.3　整体筛查数据(3)

注：该图为对所有四年级班级进行系统的全班干预后，全年级在筛查探针中的表现。

Jones所在班级数学加减法组合的表现

掌握范围：每2分钟正确的位数>80

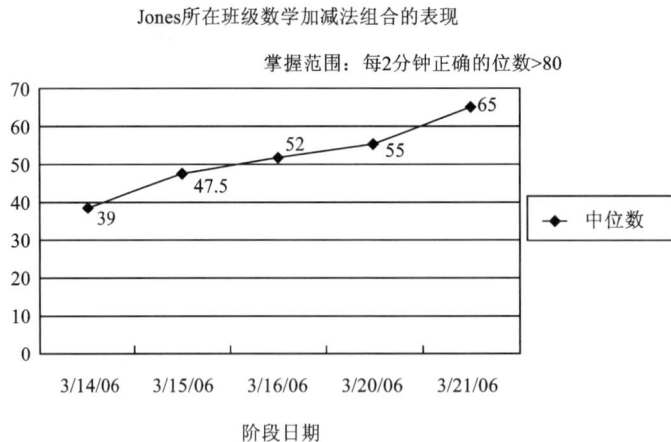

图3.4　整体筛查数据(4)

注：该图显示在对全班进行数学干预期间单一技能的增长情况。

再举一个例子，某个一年级班级接受了全班阅读测试。图3.5中的第一模块显示了班上所有学生在筛查时的表现，反映为每分钟正确阅读的单词数，阅读材料为一年级教师团队从一组标准阅读文章中选出的一篇合适的文章；第二模块显示了同一批学生在几周的**班级同伴辅导**(classwide peer tutoring)后的表现，反映为每分钟正确阅读的单词数(干预方案可在 www.gosbr.net 上找到)。每一次测试都使用了学生没有学习过的段落，图表中包含的所有数据均由学校心理学家和教师收集得来。得分的中位数从每分钟正确阅读 18 个单词增加到了 52 个单词。这些数据表明，大多数儿童在干预后改善效果显著。他们还明确指出哪些学生需要在第 2 层级进行更多的干预，包括阅读资源教师每天 30 分钟的小团体教学。

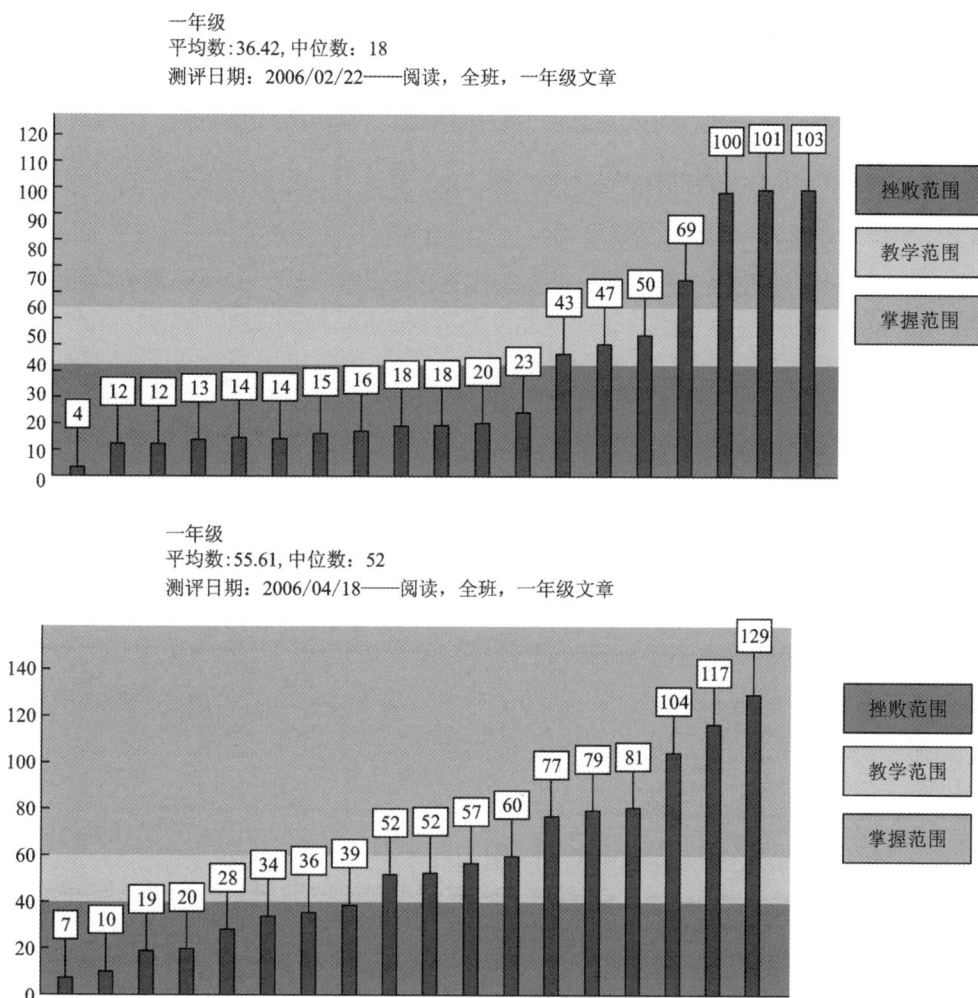

一年级
平均数：36.42，中位数：18
测评日期：2006/02/22——阅读，全班，一年级文章

一年级
平均数：55.61，中位数：52
测评日期：2006/04/18——阅读，全班，一年级文章

图 3.5　整体筛查数据（5）

注：该图第一模块显示了一年级学生在阅读筛查过程中的表现；
第二模块显示了同一个班级在两周的全班阅读干预后的表现。

当团队一起解释每个儿童的筛查数据时，数据顾问要强调在筛查过程中获得的数据，是如何与可改变的有效教学变量相联系。例如，数据顾问可以指出，学生在开学时存在技能不足的情况，如果没有额外教学，他们不可能赶上进度并掌握该学年必须学会的所有新技能。例如，顾问会说："在常规教学下，大多数儿童每周每分钟都能正确提高 1.5 个单词。平均而言，您班上的学生每周每分钟需要正确提高大约 2.3 个单词，以便在年底之前赶上进度。因此，这些学生需要额外教学才能跟上。"对教师来说，"新内容或技能的有效教学节奏、为了巩固旧技能进行的复习，以及确保有足够的教学时间教学生掌握关键技能"这三个概念并不陌生，但年级团队会议是一次强调"这些工作是教师最重要的职责，如果持续进行，随着时间的推移将产生显著的学习效果"的机会。

在收集和评估筛查数据时，干预计划就可以开始制定了。在这个阶段，数据顾问、学校领导和学校 RTI 团队的其他成员需要共同完成以下工作：（1）向年级团队介绍基于数据的问题解决方法；（2）具体说明与表现标准相关的学习目标；（3）组织筛查数据，将其作为学校的基准数据。由于数据顾问、学校领导和团队中的其他成员已经与教师一起选择和实施筛查任务并对筛查数据进行了评分，因此，未来决策的依据对教师来说是公开的，并且该过程应该拥有一定的可信度和推动力。数据顾问的一项关键职能是通过从筛查到干预的过程，使学校的这项工作迅速运作起来。团队的目标是尽快获得干预结果，因为教师和其他被要求参与问题解决工作的人在看到结果之前会对变革过程保持谨慎。筛查后，数据顾问应将有关结果的图表交给教师并提供直接反馈，对筛查数据进行整理，将其呈现给学校领导和学校 RTI 团队的其他成员，并提出建议的干预目标。

步骤4：对筛查数据进行整理和展示

数据顾问应根据有意义的外部标准或基线水平，绘制学生表现的年级图表。顾问应准备好展示某一特定技能的典型增长率，这种技能与他所在学校的学生为达到预期表现而必须进行的增长相关。顾问应准备好按性别、种族、经济水平和语言类型呈现的学生的数据。一般来说，最好的方案是提供：年级整体水平的数据图表、班级水平的数据图表、关键学科领域(如阅读和数学)中个体学生水平的数据图表。在提供这些数据后，数据顾问应指出有许多学生表现低于预期的重点领域，并鼓励讨论如何才能最有效地为这些学生提供干预(例如，通过第1或第2层级的干预)。数据顾问应该向团队报告这些图表。例如，表现问题是按学科领域、年级还是学生人口统计学变量分类的？如果问题是按学科领域、年级或学生人口统计学变量分类的，则应该提供对应图表。表 3.1 提供了一个问题排除流程的示例，团队可以使用该列表来组织数据以确定问题普遍发生的原因，从而规划解决和预防这些问题的措施。

如果一年级学生的班级阅读筛查得分的中位数只有在秋季学期低于外部标准，而且连续几年都不需要更高层级水平的干预，那么这一发现可能表明第1层级的阅读教学起到了效果。如果某个教师班级的学生在某个特定年级的表现远远低于其他教师班级的学生，则团队应排除出现这种情况的可能的原因(例如，故意按能力水平对学生进行分班，教师可以从支持资源或其他资源中获益)，并确定能帮助学生在班级中提高的措施(例如：确保那些因为表现不佳而被追踪的学生得到额外的、持续的教学，这样相对于普遍发展中的同龄人，可以加速他们的学习；为教师提供一个现场的数学指导教练)。如上所述，本阶段工作的交流会本质上是一项行动计划。理想情况下，团队中的一个人负责起草行动计划，并收集实施行动计划所需的材料和资源。数据顾问可能是这个角色最合适的选择。交流会结束后，数据顾问应总结潜在目标，阐明解决方案的成本，与团队确认目标的优先级。

数据顾问必须组织学校的干预计划，具体说明将对哪些学生实施什么样的干预，以及将收集哪些数据来了解干预是否有效。在检测到问题的地方进行更频繁的进度监测，必然是干预计划的一部分。数据顾问应列出可用于干预的现有资源。如果确定学生需要学校提供的额外干预措施(例如辅导、特殊阅读教学)，那么筛查数据就可以被视为选择哪些学生接受专门干预的依据。数据顾问或学校 RTI 团队的其他成员应与年级教师团队会面，制定工作计划，集思广益，为筛查期间表现不佳的儿童提供干预措施。通常学生可以在上午完成在校学习(例如，交卷子、交午餐费、交作业)，其余的空闲时间和灵活的分组方式使得为有需要的学生提供额外教学成为可能。**个别同伴辅导**(individual peer tutoring)和班级同伴辅导是将额外干预带入课堂的高效方法。我们可以根据筛查数据使用网络资源，这对在关键学习领域存在困难的学生会非常有帮助(例如，Headsprout 早期阅读项目：www. headsprout. com/；数学加油站：www. renlearn. com/am/)。最后，学校可以提供辅导工作或其他专门的阅读干预措施，不断改进以提高其效果，并更有效地针对有风险的学生(请参见 Linan-Thompson，本书第16章)。

步骤5：制定实施计划

有效实施的指导原则包括：(1)认可学校教学领导作为有效计划实施的第一负责人；(2)确保干预计划能反映出已发现的问题和系统内的重点问题；(3)确保所制定的计划如果实施得当是有效的；(4)确定一个大家都认同的进度监测体系，以评估干预措施的效果；(5)确定实施计划的日常开展落实到个人。被指派负责日常后勤工作的人员可以直接接触到计划的主要决策者(计划负责人)，并且有时间、资源和技能来持续解决实施过程中的问题。因为没有一个计划是完美的，所以明智的做法是先进行小规模试点，验证可行之后再做推广(Neef, 1995)。

表 3.1 整体筛查数据（6）

年级范围的问题？			
如果是：	解决当前问题的措施	检查图表	预防复发的措施
	• 检查课程安排 • 检查教学日程表（是否给学生充足的时间掌握所有讲授的技能？学生是否对掌握的技能进行了充分的复习？） • 检查先决技能的掌握情况 • 通过每周向教师提供图表反馈来加强进度监测 • 在核心教学过程中检查教学基本因素（例如，学生参与度、教学材料的难度、反馈频率、对新技能的充分解释以及与技能熟练程度相匹配的反馈）	• 它反映了某一年级还是所有年级的情况？ • 是否存在受人口统计学变量影响过大的学生？如社会经济地位（socioeconomic status，SES）、语言类型、性别 • 是否与灵活分组或无意的追踪相关？ • 是否受前一年技能缺陷的影响？	• 如何能更早地识别学生（哪些预测因素可以区分在这个年级水平上表现低于标准的学生）？ • 在前一学年或前一学期，是否可以有效地向所有或部分学生提供额外的干预措施，以防止未来技能缺陷的发生？ • 教学日程表是否需要修改？在上一学年或本学年是否应该为这项技能分配更多的教学时间？ • 教学材料和教学计划是否合适，或者是否可以对其进行修改或更换，以使教学效果最大化？ • 专业发展活动可促进学生积极参与，增加教学时间 • 保持更频繁的进度监测，以确保解决方案得以持续一致地实施，并尽早筛查出问题复发的学生 • 调整计划周期，使其服务于基于数据的问题解决团队，并指导学校和年级领导的工作
如果不是：考虑班级范围问题			
班级范围的问题？			
如果是：	解决当前问题的措施	检查图表	预防复发的措施
	• 检查对课程安排的实施情况 • 检查对教学日程表的实施情况（是否给学生充足的时间掌握所有讲授的技能？学生是否对掌握的技能进行了充分的复习？） • 检查先决技能的掌握情况 • 通过每周向教师提供图表反馈来加强进度监测 • 在核心教学过程中检查教学基本因素 • 提供基于方案的全班干预，并对其完整性进行监测，直到学生的学习表现提高到基准水平	• 教师的特点或教学环境（教师的教龄、出勤状况） • 只反映了一个班级还是多个班级的情况（如果反映了多个班级，他们有哪些共同点）？ • 是否存在受人口统计学变量影响过大的学生？如社会经济地位、语言类型、性别 • 是否与灵活分组或无意的追踪相关？ • 是否受前一年技能缺陷的影响？	• 更加频繁地监测 • 若该问题只发生在第一年授课的教师身上，那么增加对第一年授课教师的支持和指导。将出勤审查与学生结果数据收集和干预或教学完整性检查相结合 • 如果许多教师的教学基础知识薄弱，那么就要开展专业发展活动，并对实施的完整性进行监控。考虑学校范围内的积极行为支持计划 • 继续增加对班级的进度监测，以更快地检测出问题复发，并评估正在进行的措施 • 确保为存在问题的班级分配足够的教学资源 • 调整计划周期，使其服务于基于数据的问题解决团队，并指导年级领导的工作
如果不是：考虑小团体和个体干预			

注：总结并确定优先考虑的目标清单。参见 VanDerHeyden 和 Burns（2005）关于提高所有学生学习成果的教学特点的概述。

• 学校教学领导作为变革的主要推动者，如果没有管理层的支持，干预和教学计划很难开展。如果将变革工作视为安装在操作系统上的软件，那么可以想象，对于某些操作系统而言，变革工作几乎是完美的。但是，其他系统可能需要大量的修补、重启以及持续的跟进，以确保变革工作能够顺利进行并保持稳定。不注意小问题可能导致重大偏离和系统层面的问题。实施有效的系统干预的关键在于计划负责人。负责人必须引领工作人员并认可他们的付出，为干预提供理论依据，并清晰阐述基于何种目标，需要收集和处理哪些数据。重要的是，一旦提供了工作的依据，教师将会尽可能具体地了解他们将需要采取哪些行动以及何时开始实施。负责人应该提示以结果数据为导向并应该提供如何做到这一点的具体信息，比如表明成功的数据是什么样子，表明失败的数据是什么样子。负责人还应指出对实施的准确性进行监测，以确保在实施计划方面做出了最大的努力。最关键的是，负责人必须为干预提供足够的资源和时间，并且必须重视两类数据：学生学习的数据和有关实施完整性的数据。

数据顾问必须将所需的数据交给 RTI 团队，以达成将系统推向预期结果的决策。负责人或 RTI 团队的其他成员应定期向教师呈现学生学习表现数据和实施过程数据，并积极指导"哪些是有效的，哪些需要修改"的讨论。负责人应在年级小组会议和全体教员会议上征求反馈意见。不仅是征求意见，而且最重要的是，回应或利用反馈意见来改进 RTI 工作，将确保 RTI 的成功和可持续性。即使在所有为问题解决奠定基础的工作都已经完成的情况下（例如，教师参与筛查任务的选择和实施；通过与年级规划团队的合作将筛查数据与干预措施联系起来；通过年级团队和全体教师的演示，向教师单独频繁地提供关于学生学习的沟通和反馈），对于某些系统来说，变革过程仍然是一个挑战。在某些系统中，我们也许需要付出相当大的努力来应对可能导致干预失败的任何行为或事件，并加强正确的实施和改进现场学习。如果负责人被视为学校的教学领导者，那么他的支持对计划的有效实施至关重要。如果没有这一重要支持，大规模的实施工作可能会受到影响。因此，在负责人不支持实施的情况下，团队应考虑从很小的规模（例如，单个班级）开始，并将该实施视为试点工作，可以用来为更广泛的实施提供持续的支持。

- 干预计划以基于数据的问题定义为目标，反映学校的重点问题。干预计划应针对被负责人和教师确定为主要目标的一到两个关键适应性行为（例如，二年级的数学表现，一年级学生的阅读发展轨迹）。数据顾问可以帮助聚焦和重新定义目标，来反映一个包括所有学生的学习目标，并与有意义的学生表现（如阅读表现、数学问题解决能力）相联系。

- 如果实施得当，干预计划就可以奏效。对实施完整性的研究发现了几种增强完整性的有效方法（有关这一主题的讨论请参见 Noell，本书第 30 章）。首先，干预应尽可能简单。在给定了重要的学习目标之后，团队应确定干预的重中之重，确定可在何处修改和利用现有的干预工作或计划，并在小范围内试点干预。一旦选择了有科学研究支持的干预措施，RTI 团队应指导学校集中精力掌握大规模干预的实施情况，将干预与持续的教学工作相结合，并监测进展情况。选择并大规模实施的单一干预措施是一项显著成就，并且如果选择了正确的干预措施，则应该取得成果。教学领导者和决策者可能倾向制定各种干预计划，这种做法可能会适得其反。增加干预措施的数量可能会使得每一项干预措施都不能得到很好的实施。因此，选择并致力于正确实施一种干预措施是首选。仔细选择一种在系统中使用的干预措施有着显著的价值，并且有多种方法来确定可能有效的干预措施（请参见 Daly et al.，本书第 8 章）。然而，适当的选择并不能确保有效的实施。

通过整体筛查、问题识别和定义以及干预选择，大多数系统都能够良好运行。许多系统会过分强调在实施干预之前发生的活动，干预实施阶段也往往存在着计划不周、管理不善的情况。有效的实施需要积极的培训管理、学生成绩的进度监测，以及正确实施的后效①（contingency）管理。干预实施的后勤保障必须由单人负责，此人的职责是排除实施开始时出现的障碍。再多的计划都无法预见所有可能的挑战，因此该负责人必须积极克服困难，确保干预顺利开展。有了正确的数据和投入，问题就不再是系统干预"是否"有效，而是"如何"有效。RTI 团队和实施干预的教师应根据系统数据积极指导对干预措施的修改，以确保通过干预来促进和维持学习表现。

- 确定进度监测系统。在实施过程中，我们需要监测进度数据来评估干预措施是否具有预期效果。至少，数据顾问可以使用整体筛查数据来跟踪干预措施对学生学习的影响。收集到的学生表现数据将作为评估干预效果的依据，并为将来干预过程的优化提供信息，以确保干预持续有效。这些数据

---

① 译者注：后效，指的是操作行为与其控制变项间的依赖关系，及/或时间上的关系。

可用于形成、测试和评估有关学生在校学习情况的假设。负责人和教师可以为他们的工作制定并确定目标。例如，该系统决定以经常未能通过整体筛查的儿童为目标，采取更持久的干预措施，或以已经接受特殊教育的儿童、英语学习者或社会经济背景较差的学生为目标。请思考图 3.6 中的数据。这些数据来自一所学校，该学校决定使用专业阅读资源，为在秋季学期筛查中表现低于基线水平的一年级和二年级学生提供小规模团体的阅读干预。每 3 或 4 名学生组成一组，接受 45 分钟的教学，由阅读资源教师选择干预措施。学生每周被安排一段时间阅读文章，以此来记录他们阅读成绩的增长情况。这些数据可以与每个学生在持续干预期间"赶上同龄人"所需要的增长进行比较。图 3.6 显示了这所学校的学生能够达到其年级阅读表现的最终干预目标的百分比。在这种情况下，大多数学生都对该系统的干预措施做出了充分的响应。问题解决可以用在这一小部分学生身上，对他们来说，根据计划的结果实施的干预计划不足以弥补他们的阅读缺陷。如果检测到相反的情况，那么团队将检查实施完整性数据；如果干预措施得到正确实施，团队将建议更改干预措施。

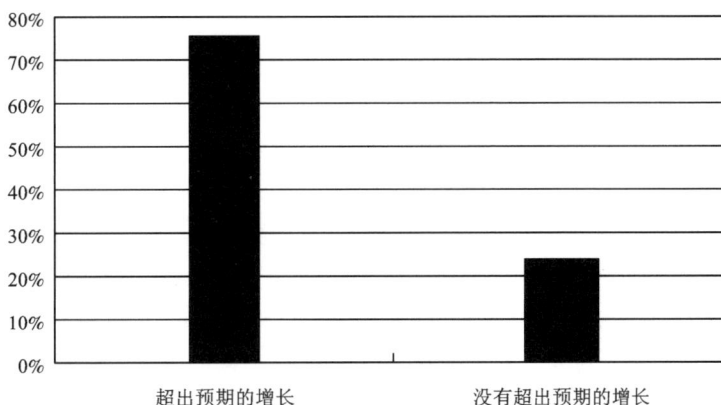

图 3.6 整体筛查数据(7)

注：该图显示，该校接受第 2 层级干预工作的学生中，约 80% 的学生有望达到年级阅读水平这一干预目标。

结论

教育经历了一个令人兴奋的转变，即审视我们的专业工作在多大程度上对那些我们想要帮助的学生和家庭产生了积极影响(心理测量学文献中将这一概念称为 consequential validity，即结果效度)。学校心理学家的独特定位是将数据带到班级的日常教学实践中，并帮助教学领导者制定系统变革计划，以改善学生的学习表现。这种角色的演变要求学校心理学家在学业测评和干预、有效教学以及系统变革方面学习新技能，并且需要学会运用旧技能(例如测评)解决新问题。学校心理学家有机会利用他们的技能为所有学生，尤其是有风险的学生提高学习表现。本章介绍了如何获取和分析整体筛查数据以确定系统目标；与学校或地区的教学领导者合作；确定系统目标的优先级并制定计划；实施计划以获得最佳效果；与所有相关人员(父母、教师、管理人员)进行沟通，以了解系统解决方案对该系统是否有效。

第4章

认知能力和认知过程的测评： 基于问题解决模式的问题提出、应用和匹配性

Randy G. Floyd

似乎没有什么比发布一项新的测试更能激发学校心理学家的热情了。能够真实地描述人和事物的图片、精心设计过的模板、实用的折叠手册、精准的协议以及方便快捷的现行规则都足以帮助普通学校心理学家更快地步入正轨。测试，似乎已经成为学校心理学家特征中重要的一部分，并且是他们进行智力评估不可或缺的工具。

——Flanagan，Ortiz(2002，第1352页)

学校心理学源于在监狱中的一个测试，尽管牢房有所扩大，但它仍然是一个监狱。我想，Alfred Binet可能会非常惊讶地发现，他推动了学校测试者这个角色的发展，使他们变得越来越专业、越来越严格。他们提出了分析、数字和分类，而这些对儿童们在教室里发生的事情几乎没有影响。

——Sarason(1976，第587页)

学校心理学家历来都是评估专家，他们的评估通常包括认知能力测试(cognitive ability tests)，例如斯坦福-比奈测验(Stanford-Binet)和韦氏儿童智力量表(wechsler intelligence scale for children，WISC；Fagan & Wise，2007)。正如Sarason所说，测试者的角色一直以来都是学校心理学领域的定义者，同时也是限制者(Reschly & Grimes，2002)。尽管人们越来越重视使用替代评估方法和工具(e. g. ，Shapiro & Kratochwill，2000)，并且对常模参照测验(norm-referenced tests)提出了大量的批评(Brown Chidsey，2005；Shapiro，2005；Shinn，1998)，但毫无疑问，学校心理学家作为测试者的历史在很大程度上会继续影响当前的实践。例如，对学校心理学家的调查显示，他们的测试活动会占到工作时间的一半以上(e. g. ，Hosp & Reschly，2002)。社会心理学的研究告诉我们，熟悉感会导致感情和吸引力的产生，所以测试会经常激发学校心理学家的热情也就不奇怪了。

通过常模参照测验进行的认知能力测试为学校心理学家提供了有用的信息。第一，认知能力测试从诞生之初(Binet & Simon，1905)就是被设计用来进行客观测量的。因此，认知能力测试可以客观地确定谁最需要帮助，谁表现出最大的潜力，而不是依赖于教师对学生课堂表现的评价。Binet和其他人认为后者很容易受到偏见的影响。第二，认知能力测试可以进行标准性和发展性比较，例如，将儿童的总成绩放到基于年龄的预期成绩分布范围内进行比较。正如儿科医生用来追踪儿童的身高体重是如何随时间推移的生长曲线可以提供有关儿童体型的指标一样，认知能力测试使得学校心理学家可以做出推论：在完成相对新颖的任务时，一个儿童相对其他同龄人，是如何在单个时间点上以及跨时间阶段内"堆叠知识"。因此，认知能力测试使学校心理学家从具体的解释(例如，"John知道'窗口'这个词的定义，但不知道'假定'这个词的定义")转向标准的解释("John的得分远远低于我们对他这个年龄的儿童的预期")。第三，认知能力测试为学校心理学家提供了一个标准的方法，在受控环境下捕捉表明知识和技能的行为。因此，认知能力测试近似于一个控制良好的实验，在这个实验中，除去了与课堂环境中知识和技能的简单展示无关的变量(如同伴或教师的影响)，从而使自变量(如测试项目)

可以被精确地呈现，来引起被试的反应。第四，越来越多的证据表明，认知能力测试尤其是智商测试的分数，使得学校心理学家和其他测试使用者能够自信地预测许多结果。例如，大量的研究表明，智商可以预测许多重要的社会变量，包括学业成就（例如，成就测试分数、水平等级和受教育年限）、工作绩效、职业和社会地位以及收入（Jensen，1998；Neisser et al.，1996；Schmidt，2002）。因此，认知能力测试使得学校心理学家能够提出假说来解释学习问题出现的原因。一些人声称，当认知能力测试，如韦克斯勒–贝勒维量表（Wechsler-Bellevue，Wechsler，1939），除了提供单一的智商分数，还开始提供分测验或综合分数时，学校心理学家提出假说的这一过程就得到了支持。第五，认知能力测试使得学校心理学家能够提供一些关键的信息，这些信息可以帮助识别学习障碍（learning disabilities）、智力低下（mental retardation）或智力超常（intellectual giftedness）的个体。

一些研究表明，学校心理学家使用认知能力测试的某些原因缺乏支持。例如，尽管在 20 世纪 60 年代出现了根据测试结果量身定制干预方法的承诺，但大部分承诺都没有兑现（Kavale & Forness，1999；cf. Naglieri，2002）。此外，由于多种原因，在识别学习障碍时，利用智商来预测成就这一做法似乎存在问题。Fletcher、Francis 和其他人的大量研究表明，这种识别方法在不同时间和不同工具中都是不可靠的，因为它无法区分有学习障碍的儿童和在关键阅读能力方面成绩较差的儿童（Fletcher et al.，2005；Fletcher et al.，2006；Francis et al.，2005；Hoskyn & Swanson，2000）。鉴于这种识别学习障碍的方法存在问题，学校心理学家似乎正在转向一种新的模式——根据儿童对经验性干预的响应情况识别学习障碍（Fletcher，2004；Fletcher et al.，2006）。

尽管越来越多的证据表明，认知能力测试的使用受到了限制，但现在的学校心理学家比过去任何时候都更容易接触到许多完善的认知能力测试，这些测试能够提供可靠的且被充分验证过的结果。这些认知能力测试得益于大量的研究和典型的认知能力模型的结合（Flanagan & Ortiz，2002）。鉴于这些进展，本章的首要目标是阐明对以下问题的初步回答：这些发展得非常完善并得到证实的认知能力测试是否有助于学校心理学家应用问题解决模式来提高学生的阅读、数学和写作技能。本章的第一个目的是回顾和强调认知能力测试常用的测量结构之间的区别。为此，本章对卡特尔–霍恩–卡罗尔理论（Cattell-Horn-Carroll theory）进行了概述，这也许是构成当代认知能力测试基础的最重要的模型。第二个目标是在运用问题解决模式来处理学生在阅读、数学和写作方面的困难时，提供学校心理学家对认知结构的思考。

界定主题范围

这一部分介绍了认知能力测试在学校心理学应用中常见的几个关键术语。其中一些术语在学校心理学和相关文献中经常被错误或不当地使用。

个体差异（individual difference）被定义为“在任何特定群体成员之间发生的变量或维度上的偏差或差异”（Corsini，1999，第 481 页）或“人与人之间的不同之处”（Colman，2001，第 389 页）。人与人之间的这些差异通常可以用正态曲线、高斯曲线或钟形曲线来概念化，其中大部分人的数据落在曲线的中间部分（即“驼峰”），而在我们关注的变量上表现出极端值的人则分布在曲线的尾部。这些差异被认为是随着个体的成熟以及时间的推移与周围环境的互动而“自然地”表现出来的，因此，它们并不会像在实验研究中一样受到操控。物理科学中的个体差异包括体重、头围、脚码、心率和血压（Kranzler，1999）。此外，学校心理学家用来表示完成学业任务和其他“智力”行为所需的知识和技能的大多数变量都代表个体差异。

智力（intelligence）是用于描述个体内部结构和差异变量的一个通用术语。然而，从 Thorndike（1921）到 Sternberg 和 Detterman（1986）的调查来看，专家们对智力的定义大不相同。《美国心理学会心理学词典》（*APA Dictionary of Psychology*，VandenBos，2006）将智力定义为一系列一般属性：“获取信息、从经验中学习、适应环境、理解并正确运用思维和推理的能力。”（第 488 页）智力不仅难以非常详细地定义，而且在使用时还有过多的限制，例如对一个人的价值或潜力的判断，以及对少数族裔群体的偏见问题（Jensen，1998）。因此，学校心理学家最好选用其他词汇。

能力（ability）被定义为"已形成的完成某件事情的技能、胜任力或力量，尤其是……在没有接受进一步教育或训练的情况下，展现现有能力的某种功能，无论是生理、心理还是两者的结合"（Colman，2001，第1页）。Jensen（1998）将能力定义为一种可直接观察的行为，可以根据熟练程度进行判断，随着时间的推移，能力是稳定的，并且在各种行为表现中保持一致（Jensen，1998，第51~52页）。从最基本的角度出发，能力可以被看作是在适当的情境中一个独立行为的一致表现（例如，在回答问题时说"否"或者听从指令写出字母"X"）。然而，能力通常反映了在不同任务难度条件下这些行为表现的个体差异（Carroll，1993，第8页）。

认知能力（cognitive ability）被定义为"与某类任务有关的任何能力……其中正确或适当地处理心理信息对于成功表现至关重要"（Carroll，1993，第10页）。相比之下，心理能力（mental ability）被定义为一种认知能力：（1）与单一的感觉输入机制或单一的输出机制没有复杂的联系；（2）与相关的感觉或身体机能的测量（如感觉敏锐度和灵巧度）没有显著的相关性（Jensen，1998）。因此，心理能力反映了认知能力的一部分，针对视觉加工能力和听觉加工能力的测试可能被认为是认知能力的测试，而不是心理能力的测试。

在区分认知能力和成就方面存在许多挑战。Carroll（1993）指出，所有认知能力实际上都是后天习得的成就，这一论点很难反驳——尤其是当以陈述性知识和程序性知识来考虑成就时。陈述性知识（declarative knowledge）可以被定义为知道该做什么，它包括记忆和基于语言的知识，如事实等。程序性知识（procedural knowledge）可以被定义为知道如何执行一个行为，它包含了用于实现目标的"如果-那么（if-then）"规则或策略。因此，大多数认知能力测试都要求在不同程度上应用陈述性知识和程序性知识。Carroll补充说，认知能力和成就之间的区别可能是程度而不是类型。这种程度上的差异可能取决于这种能力的一般属性或专业属性。例如，对流体推理能力的测量可能反映了推理能力、形成概念的能力以及解决多种不同类型任务的能力。这种能力测试似乎在本质上更具认知性，因为它与特定类型的概念或项目中的问题无关。与此相反，数学能力的测量需要更加具体的项目范围内的术语、符号和算法的专业知识，而这种专业知识可能来源于规范的学习经验。以教学或自学所产生的专门知识为目标的认知能力的测量可以被认为是对成就的测量。

大多数的认知能力被认为是重要的，因为人们将它们视为能力倾向。能力倾向（aptitude）可以定义为"影响被试对实验处理条件响应的任何特征"（Cronbach，1975，第116页），但Carroll（1993）更严格地将能力倾向定义为"一种可能预测未来某些类型学习成就的认知能力……超出了之前对学习水平的预测"（第16~17页）。因此，能力倾向包含着对未来的考虑，而成就包含着对以往学习的思考（Corno et al.，2002）。虽然能力倾向、智力、认知能力和心理能力通常被认为是意思相同的词语，但是能力倾向包含的特征并不局限于智力行为，还包括个性、动机、性别、身材，在某些情况下，还包括以往的成就。

认知过程（cognitive processes）可以被定义为"认知学家用来描述人们如何理解、区分、选择和关注大量杂乱刺激的某些方面的假设性结构，这些刺激冲击感觉中枢形成内部表征，这些内部表征可以在心理上被操作、转化，与先前的内部表征相联系，储存在记忆中以及从记忆中检索并影响人在特定情况下的决策和行为"（Jensen，1998，第205~206页）。因此，认知过程可以被认为是一个基本的心理活动，在这个过程中，信息被加工从而产生响应（Carroll，1993）。所有的主动行为都是一系列认知过程的结果，因此，所有认知能力的测量（包括成就的测量）都可以说是认知过程的结果。虽然能力通常代表个体差异，并且只能通过比较个体与其他人的表现来确定，但认知过程可以只依靠个体的表现来推断（Jensen，1998）。

术语使用的说明

学校心理学家和其他专家在使用前面提到的术语时，似乎并没有进行过多的区分。此外，有些通用术语确实包含了一些更具体的定义。例如，"认知能力"这一术语可以包含"成就"这一术语，而"能力倾向"一词与这些术语的意思基本重叠，但还包括其他内容。也许"认知过程"这一术语的使用是最常见的偏离原来定义的例子（Floyd，2005）。例如，许多当代的认知能力测试都会得出带有"视觉加工（visual processing）""听觉加工（auditory processing）""同时性加工（simultaneous processing）"等标题的分数，但是最好避免将认知能力测试的常模参照分数解释为一种有意义的认知过程（Jensen，2006）。大部分的测试分数更倾向被看作是对认知能力的测量。这些认知能力的测量代表了完整的一系列认知过程中的个体差异，这些认知过程通常被整合为一个分测验的分数，或者是一个整体得分，又或是两者兼而有之，并与一些常模群体进行比较。由于这种整合和随后的相对比较，能力分数不应该被看作是对不同认知过程的单独测量。认知过程相关术语的持续误用也许源于许多因素：（1）智力测试的各种限制；（2）倾向弱化对个体差异（即能力）的测量；（3）希望我们正在测量的内容不同于我们以往测量的认知能力和心理能力。我们应该使用术语"过程（process）"或"加工（processing）"来指代完成一项任务中许多看不见的步骤，而不是用这些术语表示步骤的总和或结果。

CHC 理论、成就与认知过程

源于卡特尔-霍恩-卡罗尔（Cattell-Horn-Carroll，CHC）理论的研究（McGrew，2005，2009；McGrew & Woodcock，2001）可能为人类探索认知能力提供了最有力的理论模型支持。这个理论以因素分析的证据为基础，并且得到了发展、认知神经、遗传和外部效度等证据的支持。它为描述和理解认知能力及其测量方法之间的关系提供了通用的命名和分类（Carroll，1993；McGrew，2009）。

CHC 理论描述了一个认知能力的层次模型，根据一般性水平将认知能力分为：狭窄能力（narrow abilities）（层次Ⅰ）、广泛能力（broad abilities）（层次Ⅱ）和一般智力（g，层次Ⅲ）。狭窄能力包括大约70个高度专业化的能力。最常被引用的 CHC 狭窄能力是语音编码（phonetic coding），这是一种分解和组合语音的能力。这种狭窄能力与良好的早期阅读有关，并且很可能是通过针对语音意识、语音加工等任务来测量的能力（Floyd et al.，2007）。另一对狭窄能力——记忆广度（memory span）和工作记忆（working memory），为特定类型的任务和他们所测量的狭窄能力之间的关键联系提供了证据。记忆广度任务的目标是，通过要求被试重复口头呈现的数字，测量在短暂的瞬时记忆内保持信息的能力。与此相反，工作记忆任务要求被试按照相反的顺序重复口头呈现的数字，其目标是测量在短时间内转换或处理瞬时记忆中的信息的能力。因此，狭窄能力并不是由于使用了不同的刺激（如数字）或不同的输入机制（如口头呈现的信息）或输出机制（如口头回应）而产生的；相反，它们似乎只是在所需的认知过程方面有所不同。

反映 CHC 广泛能力的指标比反映狭窄能力的指标得到了更多的研究和关注。广泛能力包括以下内容（McGrew，2009）。流体推理（fluid reasoning）是指运用不熟悉的信息进行抽象推理、形成概念和解决问题的能力。两种与记忆相关的能力分别是短时记忆（short-term memory）及长时存储和提取（long-term storage and retrieval），短时记忆是指对瞬时记忆中的信息进行保持和操作的能力，长时存储和提取是指可以长时间保存记忆并从中提取信息的能力。与感官模式相关的两种能力包括视觉加工（visual processing），即感知、分析和合成视觉呈现的信息和图像的能力，以及听觉加工（auditory processing），即感知、分析和合成声音的能力。两种广泛能力反映了完成认知任务的速度差异。认知加工速度（cognitive processing speed）指的是快速重复完成一系列简单任务的能力，而决策反应的时间（decision and reaction time）指的是在多个独立任务中对环境线索做出快速反应的能力。以下三种能力在很大程度上都反映了对陈述性知识的积累。理解-知识（comprehension-knowledge）是指与所获得知识的全面性相关的能力，口头交流知识的能力，以及利用以往经验进行推理的能力。定量知识（quantitative knowledge）是指完成数学运算和"故事题"以及用数字推理的能力。阅读和写作能力（reading and writing）指的是与一般读写相关的能力，它包含了一些更狭窄的能力，如阅读理解（reading decoding）、拼写（spelling）和书面表达（written expression）。值得注意的是，最后两个广泛能力反映了大多数人所认定的成绩，因为掌握读写能力和数学能力是学校教学和学习的主要目标。

与广泛能力相反，一种单一的、更高级的一般因素（general factor）的存在一直是许多争论的焦点（McGrew，2005）。Carroll（1993，2003）和 Jensen（1998）等一些研究人员声称：（1）这种一般因素很好地代表了广泛能力之间的共同点；（2）这是所有能力测验都涉及到的唯一认知能力。尽管 Horn（1991）和其他人提出了一些合乎逻辑的论点和经验证据，但经过了 100 多年的研究和争论，这种在广泛能力和个别测试中表现出来的共同差异最好被定义为一般因素（Floyd et al.，2009）。因此，一般因素是 CHC 理论中最不具体的能力，而且因为它是最综合、最普遍的因素，所以它可以在一定程度上表明个体在发展过程中积累了多少陈述性知识和程序性知识。

认知过程本身并不包括在 CHC 理论中，但是关于它是否适合被纳入 CHC 理论的建议已经在之前出版的书籍中被提及过（Floyd，2005）。许多认知过程都适合被纳入诸如 CHC 理论等的认知能力的层次模型。虽然认知能力并不是代表某个必然的认知过程，但是能力可能来源于相似过程的组合。随着认知能力测试领域朝着标准分类的方向发展，如 CHC 理论，认知过程可能会与狭窄认知能力（层次 I）有更清晰的联系（Carroll，1993；Sternberg，1977）。例如，Sternberg（1977）的模型调整之后，强调了 CHC 理论中一般智力、广泛能力和狭窄能力因素水平下的任务和组成成分的重要性（Floyd，2005）。促进类比推理（analogical reasoning）的认知过程被标记为编码、推理、映射、证明和准备-响应。类比推理已被证明是测量 CHC 狭窄能力中归纳能力（induction）的一种方法，而归纳能力又包含在广泛能力中的流体推理能力中。流体推理的测量往往与一般因素高度相关。尽管认知过程与认知能力之间可能存在着联系，但是对于认知过程中的推理，人们提出了一些批评。最值得注意的是，由于在描述认知过程时涉及到推理，它们的识别和标注似乎有点武断和特殊。

认知能力、认知过程及其在学校心理学实践中的潜在应用

美国自 1975 年通过《全体残障儿童教育法案》（*Education for All Handicapped Children Act*）以来，学校心理学家一直在进行鉴定认知能力的测试，以便按照法律规则，确定儿童是否需要接受特殊教育服务。例如，一般因素（即智商）的测量被要求用于识别有学习障碍和智力低下的学生。尽管在 2004 年修订的《残疾人教育法》中，识别学习障碍的要求不受限制，可以采用干预响应模式（RTI），但自 1975 年以来，学习障碍的定义一直没有改变：

特定学习障碍是指一种或多种基本心理过程的障碍，这种障碍包括不能理解或使用语言（口语或书面语），可能表现为听、说、读、写、思考、拼写或数学计算的能力缺陷。

虽然学习障碍的病理学指标被认为是智商-成就的差异，但正如前面所述，这个指标由于某些原因已经不受青睐了。然而，这个定义仍旧为基本的心理过程提供了参考，这似乎要求学校心理学家完善针对这些过程的评估。美国学校心理学家协会（national association of school psychologists，NASP；2007）发表了一份声明，在很大程度上符合美国对学习障碍的定义，声明传达了以下内容：

人们普遍认为：特定学习障碍本质上是内源性的，其特征是认知过程中的神经基础的缺陷，而且这些缺陷是特定的，也就是说，它们影响特定的认知过程，干扰正式学习技能的获得（第 4~5 页）。

该声明还建议使用识别学习障碍学生的多层次模型，其中第 3 层级涉及认知能力测试。第 1 层级包括在一般教育环境中提供的教学和行为支持。第 2 层级包括针对未能在第 1 层级做出响应的儿童的干预措施，如重点帮助计划。第 3 层级包括全面评估和由此产生的高强度的干预。该声明后续如下：

第 3 层级综合评估的目的是提供那些可能对学生有效的教学干预措施的信息……NASP 建议对疑似患有特定学习障碍的学生进行初步评估，包括由评估小组指定的个人综合评估。这项评估可以包括学业技能的测量（常模参照和标准参照）；认知能力和过程，以及心理健康状况（社会情感发展）；学业和口语能力的评估（视情况而定）；课堂观察；间接数据来源（例如，教师和家长报告）（第 4~5 页）。

在第 1 层级和第 2 层级中越来越强调儿童对经验性干预的响应（又称 RTI）并不意味着认知能力测试的结束。事实上，正如 NASP 的声明所指出的，认知能力测试的许多支持者都提倡使用一种互补的

方法（Mather & Kaufman，2006；Willis & Dumont，2006）。无论如何，那些主张要使用认知能力测试的人和正在使用认知能力测试的人，都不应该继续混淆特定的认知能力和认知过程。如前所述，认知过程促进认知能力的形成，但能力的测量通常过于复杂，无法以任何程度的可靠性来推断其过程。因此，它们是相互关联但又不同的概念。

对认知能力和认知过程的理解在以学业成就为中心的问题解决模式中的应用

在这一部分中，我们将讨论以下两个方面：（1）对认知能力测量的解释；（2）从任务表现到问题解决的认知过程的推论。尽管存在许多关于问题解决模式的描述（e.g.，Bransford & Stein，1984；Brown-Chidsey，2005；Deno，2002；Shinn，2002），但是我们选用了 Tilly（2002）提出的问题解决模式中包含的步骤，与本书配套的学习资料（Merrell，Ervin，Gimpel Peacock，2006）以及 Ervin、Gimpel Peacock 和 Merrell 撰写的本书第 1 章保持一致。某些认知能力的测量——主要是在最通用水平上（即智商）——对儿童是否符合特殊教育服务条件的鉴定以及一些精神疾病的诊断同等重要，但是很少有专家将认知能力的测量和认知过程的考量纳入问题解决模式的所有步骤中（cf. Hale & Fiorello，2004；Reschly，2008）。我相信，如果学校心理学家考虑到认知能力的测量和问题解决过程相关结构的潜在匹配度，以及考虑到这些测量方法目前不适合这样一个过程的诸多原因，他们将从中获益。

存在问题吗？

Tilly（2002）提出了四个指导学校心理学家问题解决过程的通用问题：（1）是否存在问题以及是什么问题？（2）为什么会出现这个问题？（3）对这个问题应该做些什么？（4）干预有效吗？第一个问题指导问题解决专家确定是否存在一个已知的问题，并区分"是什么"和"应该是什么"之间本质的差别（Deno，2002）。

匹配的领域

用于识别高发性残疾（例如学习障碍和智力低下）并确定对特殊教育服务需求的传统模型的通用要求：（1）基于常模参照测量的表现缺陷；（2）确定识别此类缺陷所必需的相对偏差程度的划界分（例如智商为 70 或更低）。很少有人会认为常模参照的成就测试分数在问题解决的过程中不能提供识别问题存在的有用信息。这些测试的结果是反映阅读、数学和写作表现相对水平的记录。更重要的是，这类测试的常模参照分数提供了关于儿童在测试期间的表现（即"是什么"的一个样例）与一般的、相对期望（即"应该是什么"）之间的关系。

在阅读、数学和写作能力的发展阶段，一些与阅读、数学和写作测量无关的特定认知能力测试可能有助于发现问题或潜在的风险，这是符合逻辑的。例如，表达和接收语言以及掌握基本概念知识的能力对学生的学业十分重要，可以将其作为幼儿期和学龄前期的评估和干预的目标。如果与同龄人相比，一个年幼的儿童在这些能力的测量中表现出低水平，那么问题就显而易见了。此外，由于大多数幼儿和学龄前儿童还不能阅读单词，因此可以进行与语音或音素意识相关的能力的测量（例如识别口语中音位的能力），来筛查表现出严重问题的儿童，以便进行早期干预（Good & Kaminski，2002）。

对一般因素的测试能让学校心理学家识别出总体上未能达到环境预期的情况。例如，一个智商低于 70 并且在适应性功能方面与同龄人相比表现出明显缺陷的儿童可以被认为是智力低下（American Psychiatric Association，2000）。智商得分低可以提供一个实质性的证据，证明儿童不太可能像其他同龄人那样积累陈述性知识和程序性知识。因此，当你问出"是否存在问题以及是什么问题"时，认知能力测试可以给出合理的答案。

匹配面临的挑战

尽管认知能力测量在问题解决过程的第一步中存在一些潜在的应用，但在许多情况下，这些应用与接受特殊教育的条件密切相关，而这并不是整个问题解决的目标（Shinn，2008）。与这些应用相比，在问题解决模式的这一步骤中，认知能力的传统常模参照测量方法的匹配性存在许多挑战。使用传统认知能力测量方法的第一个挑战是，认知能力测试的内容，无论是阅读理解、数学推理还是视觉加工的测试，都不能很好地代表班级或其他学校环境中所讲授的内容。例如，成就领域的常模参照测验中的项目内容往往与学校和班级的课程不匹配(Shapiro & Elliott，1999)。此外，对成就之外的认知能力的测试，例如视觉加工测试，往往需要使用物块来构建图案，并不能很好地反映课堂上要求的地图阅读作业或几何作业，尽管它们有明显的相似之处。因此，当这些指标是从全国性的标准测试中获取时，在所关注领域的测量、学生的教学和需要教学的课程之间可能缺乏一致性(Ikeda，Neesen，& Witt，2008)。

第二个挑战是，认知能力得分中反映的常模参照比较(基于国家标准)可能无法有效地反映班级、学校或地区内的相对比较。例如，一个基于国家标准的单词识别测试的平均分数并不能很好地代表一个儿童与其他同学相比在阅读方面的表现好坏。另外，在一项基于国家年龄标准的阅读理解技能测试中，使用85分作为划界分(比平均值低1个标准差)可以识别班级或年级中大多数有阅读困难的儿童。总的来说，关于认知能力的常模参照测验，目前尚不清楚的是，在测试分数中观察到的相对薄弱之处是否表明在不同的环境(如班级)中存在真正的问题。真实发生的问题是从一个测试或一系列测试的表现中推断出来的，但有时候人们并没有收集信息来验证超出报告者感知的问题和这些测试分数之外的问题(Ikeda et al.，2008)。

使用传统认知能力测量的第三个挑战是，它们是在单一时间点进行的。这种做法往往是有问题的——实际上这种做法经常犯错误——并且这个问题会因划界分的使用变得更加严重(Macmann & Barnett，1999)。Francis 等人(2005)说：

不管使用何种测试，测量误差都会存在。……由于这种测量上的偏差，任何设定临界点的尝试都会导致分类的不稳定性，因为分数会随着反复的测试在临界点附近变化，即使对于区分成绩差或智力缺陷这样简单的决定也是如此。这种变化不是重复测试的问题，也不是选择理想的临界点或者本质上有意义的划界分的问题。这个问题源于以下事实：没有一个单一的分数能够完美地反映学生在某一领域的能力(第99-100页)。

这些结论从针对智商的分数转换性和测量CHC广泛认知能力的综合分数的研究中可以明显看出(Floyd et al.，2005；Floyd et al，2008)。相比之下，在基于课程的测量(CBM)和一般成就测量(general outcome measurement)的传统方法中，进度监测和对成就的操作性定义似乎克服了这些限制，它促进了对关注的结构进行有效的、重复的测量，以便随着时间的推移比较相同的能力。从某种意义上说，这种连续测量比单次测试和总结性评价更加有效，因为重复测量保证了它们的精确性(Fletcher et al.，2006，第54页)。

使用传统认知能力测量的最后一个挑战是，学校心理学家使用的认知能力常模参照测验似乎并不具有时间和成本效益(Gresham & Witt，1997；Yates & Taub，2003)。这些测试是单独进行的，而且时间很长，它们似乎经常提供一些教育工作者已经知道的信息。尽管智商已经被证明可以预测一些重要的社会变量，包括学业成就、工作绩效和收入(正如本章前面所提到的)，但要注意的是，儿童表现出来的这些成绩，通常需要他们连续9到10个月每周花5天时间待在学校里。所以，如果实际的成就是已知的，有些人可能会问，我们为什么要在已知的情况下去预测成就呢？也许这种能力倾向测试在学校环境中已经失去了效用，因为在这种环境中，我们可以使用CBM探针来设定基准并监测进度。然而，在诊断和选择过程中，这种能力倾向测量可能更好地应用于其他环境，例如诊所和商业组织。小组实施和单独实施的CBM探针可以进行快速筛查、基准测试和进度监测，而且它们代表了一种比传统的认知能力测试组合更经济的方法。

为什么会出现这个问题？

问题解决的第二步是回答"为什么会出现这个问题"，这促使问题解决专家基于数据提出假设，以解释上一步中发现的问题的原因。

匹配的领域

在问题解决的这一阶段，基于认知过程的解释可以提供极大的便利，而代表某些认知能力的测量可能有助于理解某些儿童的问题，特别是在使用过其他方法（如直接观察和 CBM 探针）之后（Brown-Chidsey，2005）。

大多数从事问题解决、特殊教育资格判定或学习障碍诊断的学校心理学家，可以根据他们对儿童任务表现的观察（例如，在不同项目上）或从其他人（例如教师）的报告中，来推断认知过程是否缺失（Floyd，2005）。这些行为观察针对的是认知过程以及相关行为。无论是被叫作子技能分析（subskill analysis）、任务分析（task analysis）还是错误分析（error analysis），这种考察任务表现和强调认知过程的标准参照方法都最有可能加深我们对于"个体为什么会在阅读、数学和写作方面出现问题"的理解（Busse，2005；Howell et al.，2008；Howell & Nolet，2000）。例如，根据输入到认知系统的内容以及输出的反应来检查项目水平的表现是有意义的。例如，人们通常认为一个有视力问题的儿童读单词时缓慢且不准确，一个精细运动控制有问题的儿童很难正确书写字母。对认知能力测试的输入和输出过程中的变量的标记已经有了完善的模型构建（e. g.，Hale & Fiorello，2004；Kaufman，1994；Kaufman & Kaufman，2004）。

一系列用来完成阅读、数学和写作任务的标准认知过程和相关行为相对容易识别，而且在不同个体之间相对统一。测量这些领域的大多数任务所需的过程范围比测量大多数认知能力的任务所需的过程范围要窄得多。许多成就测试关注任务表现的基本水平和功能性水平，主要是针对所关注领域的程序性知识，这些测试限制了可使用的操作和策略的数量。任务刺激（即输入）在所关注领域（如阅读、单词或句子）内通常是一致的，而反应模式（例如输出）在相关的任务中是相似的。例如，对数学计算项目的回答通常需要书面回答。这些成就领域内的任务所需的共同过程使它们成为"基于认知过程的解释方法"的可行目标（Floyd，2005）。

比起关注儿童为什么在构建组块设计时缓慢或不准确，并试图将这些发现概括为完成学业任务（在测试阶段和在课堂中）期间的表现，首先关注学业任务的实际成绩以及成功完成这些任务的过程似乎是更谨慎的做法。例如，我们可以假设，在空间关系（spatial relations）测试期间识别的视觉-空间定向问题（相对于同龄人）会影响数学计算测试中的表现，因为数学计算需要这样的视觉-空间定向，例如在进行竖式求和时。然而，类似的结论可以从一个更权威的数学计算测评的结果中得出。因此，如果一个儿童在进行竖式求和时总是出错，但他似乎已经掌握了加法计算准则，那么在数学计算测试中他可能会被视为存在视觉-空间定向问题。因为这个结论是建立在成就任务的过程之上的（也就是说，它"近似于任务"），所以它可能会带来实实在在的益处。总的来说，对于那些要求识别过程中的缺陷或障碍的学习障碍而言，基于成就任务的表现所得到的过程分析最能反映这种诊断标准，就像前面所举的例子那样。

与关注作为阅读、数学和写作测试基础的认知过程，以及作为更多远端能力的认知加工相比，许多测试的编制者和学校心理学的其他专业人士在回答"为什么会出现这个问题"的评估中加强了对认知成分的测量。如果使用认知成分法（cognitive-components approach），那么：（1）认知能力测量代表完成阅读、数学和写作任务所需的认知过程；（2）认知能力测量在统计学上与学业任务的成绩有实质性的关联；（3）上述两方面都包含在评估组合中，以形成有关问题原因的假设。在 Berninger（2001，2006）的著作中可以找到认知成分法的一个例子。当采用 Berninger 的成分技能法（component-skills approach）时，研究者会要求儿童完成相对狭窄的认知能力任务，这些任务可能涉及一些与成就任务相同的认知过程或任务刺激。例如，可以通过阅读任务对二年级的学生进行筛查，包括要求他们阅读真词、伪词和连续段落的任务。接着对在这些任务中表现不佳的学生实施额外的评估任务，以查明是哪些具体的认知能力导致了这些成就领域中的缺陷。这些任务可能包括要求学生识别两个单词拼写是否相同，识别口头表达的单词中的音节、音素以及是否押韵，快速命名字母和单词，以及回答有关单词含义的问题。从 CHC 理论（Floyd et al.，2007）的角度来看，按照这种成分技能方法，如果一个小学适龄儿童在阅读理解方面表现出低于标准的分数，而在语音编码方面的得分也相对较低，则可以假设语音编码能力的缺失导致了阅读理解的问题。

匹配面临的挑战

对于用来揭示认知过程的项目水平表现的解释和对认知能力测试分数的解释通常基于大量的推理。Christ（2008）很好地解释了所有在测评过程中产生的假设（通常在问题解决的过程中）都是推断，因为人们对"问题"的原因知之甚少。而高程度的推理假设（high-inference hypotheses）往往是来源于对不可见结构（如认知能力和认知过程）的考虑，低程度的推理假设（low-inference hypotheses）则源于对外显行为以及环境中影响它们的前提事件和结果的考虑。因此，保守的问题解决方法是先穷尽与直接可观察行为相关的低程度的推理假设，然后再用高程度的推理假设来解释问题。这种方法是谨慎的，因为心理学家和其他临床医生的推论经常受到启发式、偏见和决策错误的影响，这些错误所导致的推论有很大差异（请参见 Macmann & Barnett, 1999；Watkins, 2008）。因此，最谨慎和有效的假设是，如果学生在做加法时无法正确地在竖式中放置数字，只需通过解释、示范和指导练习来教他们如何正确地进行。

人们越来越认识到，几乎每个认知能力测验分数都会反映某些部分的一般因素、某些部分的广泛能力以及某些部分的狭窄能力（除了随机误差），这会导致学校心理学家放弃使用认知成分法和相关方法（Floyd et al., 2009）。在其他层面的认知能力测量中产生的与结构无关的差异，使得人们无法准确地测量目标认知能力，这就导致了这种方法的可行性被明显削弱（Watkins et al., 2006）。例如，对于知识-理解能力的测量（例如源于词汇测试的测量）通常与一般因素密切相关。知识-理解能力的测量也可能在很大程度上涉及同名的广泛能力或包含在广泛能力中的狭窄能力，但所获得的分数与这些广泛或狭窄因素之间的关系往往比所获得的分数与一般因素之间的关系要弱得多。即使是智商这种最受推崇的一般因素的测量方法，平均也只有50%~90%归因于一般因素，其中10%~50%的差异是由于智商形成的特殊方式和误差（Jensen, 1998）带来的。尽管表明测试分数部分归因于认知能力的不同部分的证据在理论上可能是有吸引力的，但是不同能力层次之间的差异来源混淆了测试和综合分数的临床解释（Floyd et al., 2009），因此，还需要更复杂的方法来确定 CHC 理论模型中每个层次的认知能力的影响。

也许关注认知能力和认知过程最不利的影响，是解释学业问题原因的可行替代假设通常不会被考虑。因此，评估人员可能将因果关系归因于儿童内在的缺陷，并且认为这些缺陷并不具备可塑性。此外，大多数学校心理学家不太可能在测评期间对学习者的教学、课程和教育环境进行追加评估（Howell et al., 2008）。例如，一些学校心理学家不会过多考虑儿童所处的环境（例如，教室）以及他们与环境的相互影响（Ysseldyke & Elliott, 1999）。以下可能是导致儿童在班级中数学成绩不佳的原因：（1）儿童不想完成数学作业；（2）缺少完成数学作业的外部动机，或者（3）数学作业清单让儿童厌恶，因此儿童避免或逃避它们（Witt, Daly, & Noell, 2000）。同样，问题的发生也可能是因为更广泛的班级或系统层面的变量（Shapiro, 2000）。相对于把儿童内部归因作为主体，而不是关注可改变的变量的认知能力测试或任何其他类型的个人评估而言，关注对行为的直接和间接的环境影响可能会促进形成对成就问题更有效的解决方案（Howell et al., 2008）。

对这个问题应该做些什么？

第三个问题"对这个问题应该做些什么"，讨论了干预的制定和实施，并从逻辑上遵循问题解决前一步得出的结论。正如前面提到的，尽管有根据认知能力测试结果量身定制干预方案的承诺，但这些承诺大部分都没有兑现，毫无疑问，这一问题解决的步骤揭示了那些主张认知能力测试及其分数重要性的人的弱点。目前，还没有大量的证据表明，影响成就的间接认知能力测量分数和有效的学业干预（也称为干预效用；Braden & Kratochwill, 1997；Gresham & Witt, 1997）存在直接的关系。尽管有合理证据表明学校心理学家和其他专业人员是将结果与干预措施（即不是测试或测试结果本身）联系起来的人，但是我们希望这些测试的结果为干预决定提供信息，并且有研究设计可以证明认知能力测试分数的干预效用假设(Hayes et al, 1987；Nelson-Gray，2003)。Naglieri 和其同事做出了重大努力，通过证明认知评估系统(cognitive assessment system，Naglieri & Das, 1997；Naglieri & Johnson，2000)的结果能够产生帮助某些儿童带来积极干预效果的决定，从而预防或克服了这种局限性。Berninger(2001)的成分技能法(前面提到过)也已经积累了大量的经验性证据来支持整体筛查、深入评估和干预的过程。CHC 理论应用的倡导者(e.g., Mather & Wendling, 2005)提供了将测量 CHC 广泛能力和狭窄能力的测试分数与干预措施联系起来的有用的建议，但是据笔者所知，他们并没有提供新的经验性证据。

许多学校心理学家和其他专家受限于测量的局限性，并被要求提出高程度的推理假设——他们拥有解释大规模认知能力测试分数的技能，以便制定出良好的干预措施来处理阅读、数学和写作问题。他们完成了对任务表现的分析，仔细考虑了与学业领域相关的关键认知过程的模式，并整合了来自各种来源和工具的信息。这些专家甚至可能建议采取以下干预措施：(1)利用由测试分数证明过的相对优势或标准优势；(2)弥补相对劣势或标准劣势；(3)纠正相对劣势或标准劣势。另一方面，他们可能只是简单地推荐那些对大多数参与其中的人都能产生积极效果的干预措施。尽管这种做法没有多少实证支持(并且有一些证据表明这不是一种有效的实践，如下文所述)，但在问题解决的这一阶段，基于认知能力和认知过程考虑的干预措施的选择不一定有问题，只要收集证据来确定这些干预措施在问题解决的下一个步骤中的效果(Hale & Fiorello, 2004)。不管选择干预措施的证据来源如何，那些基于学习原则并有确切实证支持的干预措施将可能是最有效的。

尽管认知能力分数的干预效用得到了验证，但同时有学者对能力倾向×干预的交互作用(aptitude×treatment interactions，ATIs)提出了批评(Cronbach, 1957；Corno et al., 2002；Reschly, 2008；Reschly & Ysseldyke, 2002；Whitener, 1989)。ATIs 反映了由于接受干预的人所表现出的能力而导致的不同的 RTI，它们是差异化教学的核心。一些倡导在学校环境中进行差异化教学的人受到 ATI 研究结果的鼓励，他们寻求并应用他们认为与干预结果有合理联系的认知能力倾向测量(参见 Kavale & Forness, 1999；Mann, 1979)。学校心理学家和特殊教育工作者历来是学校环境中最强有力的倡导者。尽管这些认知能力倾向测量方法在过去有过应用，但在研究中发现，至少有 4 个影响 ATIs 应用的严重挑战。这些挑战涉及：(1)能力倾向构造的测量和这些测量的使用；(2)可能的能力倾向的绝对数量；(3)使用认知能力测量来指导差异化教学的现有证据；(4)是否有一种更好的方法来确定是否需要差异化教学。前 3 个挑战将在本小节中讨论，最后一个挑战将在题为"干预有效吗？"的小节中讨论。

第一，如前所述，对认知能力测量的解释有其局限性，而对相关认知过程的推断是具有特异性的，并且最容易出错。此外，尽管大多数认知能力倾向是连续变量，而且测量结果很可能在人群中呈正态分布，但实际上认知能力倾向已被概念化为分类变量(例如，高能力倾向和低能力倾向)。将连续变量转化为分类变量的过程侧重分布的极端情况，而未能告知在实践中如何处理那些能力水平不高也不低的个体(他们可能是最大的群体，因为他们处于正常曲线的峰值之下)。此外，似乎没有任何合理的方法来指导关于确定代表能力水平的适当类别的决策。

第二，所有可能的学习能力倾向与所有可行的干预措施的乘积结果不计其数。为了证明这一点，Cronbach 和 Snow 提到，在检查交互作用时就好像进入一个镜子大厅，需要应对大量的 ATI 假设，并竭尽全力地追踪与任何能力倾向有关的四阶交互。CHC 理论的分类——10 种左右的广泛能力和 70 种左右的狭窄能力——只会使认知能力的选择复杂化。除了众多的能力之外，更复杂的是：(1)基础研究中关于 ATIs 的概括可能不适用于课堂；(2)更多应用研究中关于 ATIs 的概括可能不适用于其他学校或课堂——这种有限的概括很可能是由于额外的、不受控的相互作用所致。对主要能力倾向的研究正在进行；然而，即使一种主要能力倾向已被研究成果可靠地识别出来，在课堂环境中，这个主要能力倾向也会与许多其他更有可能影响儿童表现的变量竞争(例如，已具备的学业技能，教学练习的清晰程度，以及用于教学任务的时间)。

第三，当使用学校心理学家常用的认知能力测试来识别能力倾向时，一系列的结果通常不支持基于认知能力倾向的差异化教学实践。因此，尽管许多能力倾向和复合能力倾向的研究都能提供 ATIs

的证据（Corno et al. , 2002；Cronbach & Snow, 1977），但是基于认知能力倾向的差异化教学的广泛使用似乎并没有太多的实践经验来支持（Good et al. , 1993；Gresham & Witt, 1997；Kavale & Forness, 1999）。虽然在理解认知能力倾向或复合能力倾向方面的进展（例如，基于 CHC 理论）可能会产生更支持这种差异化教学的研究结果，但是目前基于大多数认知能力倾向的有关 ATIs 的考量，对于那些从事研究问题解决的人来说似乎没有什么成效。

干预有效吗？

"干预有效吗？"这最后一个问题将问题解决专家的重点放在收集数据上，以确定基于最可行的假设实施的干预措施是否可以减少问题。这一步需要在相对较短的时间内重复测量问题的某些方面。这一步也最能代表 Cronbach（1975）的实践建议，他建议着重于实施对最大数量人群产生最大影响的干预措施，通过使用与进度监测相一致的频繁数据收集，来考虑那些参与干预措施的个体的特质（Reschly, 2008；Reschly & Ysseldyke, 2002）。如前所述，在开始干预措施（即 ATIs）之前识别特定的学习能力可能不会有成效，但在干预措施实施之后，考虑个体对干预措施的响应是至关重要的，因为干预措施并不总是显示出预期效果。

大多数认知能力的测量并不是针对短时间内多次重复实施制定的。在这一步骤中，传统的认知能力测试目前已不能完全满足问题解决专家的需要。CBM 在这一步以及在问题解决模式的不同步骤中更好地满足了问题解决专家的测评需求（Shapiro & Lentz, 1985）。

结论

总体而言，学校心理学家比学校里的其他任何一个群体都更了解评估和测量，而且可以说，学校心理学家比心理学和教育学领域的其他任何专业人士更了解评估和测量。此外，我们历来都是把我们自己定义为测试者，我们在评估和测量方面的知识是毋庸置疑的。现在，从"传统评估"和由此产生的对接受特殊教育服务的考虑，到在问题解决的背景下使用评估的范式转变正在顺利进行（Reschly, 2008；Reschly & Ysseldyke, 2002）。这种范式的转变是由修订后的《美国残疾人教育法》推动的，在检查一个有学习障碍的学生是否符合接受特殊教育服务的标准时，该法案允许在没有智商-成就差异的情况下考虑 RTI 的使用。

虽然这些变化并不会导致认知能力测试的消失，但是"该领域对认知能力测试的依赖并以此作为心理教育评估的焦点"这一做法将告一段落。即使有研究证明并建议在支持良好的模型（如 CHC 理论）中考虑认知能力的 3 个层次（即一般智力、广泛能力和狭窄能力），但这似乎也不能满足我们作为学校心理学家的需要。除此之外，仍然有许多的限制，比如"对于智商相关的偏见的指责，认为个体差异不能通过干预改变"的想法。也许我们把认知能力测试的标准定得太高，或者在学校环境中不恰当地应用了它们的分数，但显而易见的是，学校心理学家更多地参与观察教学实践和课堂表现，以及参与进度监测，将使我们能够克服从一对一测试过程中获得认知能力和认知过程推论的依赖。

在这一章的开头，笔者问道："这些特别完善且理论严谨的认知能力测试能帮助学校心理学家应用问题解决模式来提高学生的阅读、数学和写作技能吗？"对此，笔者现在可以有信心地说，当学校心理学家有更多具有生态效度的、可有效实施的测评技术时（如成熟的访谈和 CBM 探针），这些认知能力测试就不应该放在我们的测评系统中的首要位置。相反，许多人主张在问题解决的各个阶段使用 CBM 是有充分理由的（e. g. , Shinn, 2002, 2008）。从 CBM 角度进行的简短筛查探针可以重复实施（而不是在单个时间点），以确定儿童对干预措施的反应进展程度。他们往往比全国范围内的成就测试更匹配学校或班级的课程（Shapiro & Elliott, 1999）。CBM 测试发现了个体差异的证据，这些差异通常基于国家，有时是基于地方性的比较群体。CBM 探针的实施和评分只需要几分钟，而常模参照的成就测试通常包括各种各样的任务，但每种类型的项目很少，而且实施和评分所需的时间更长。最后，CBM 的数据经常被用来直接将结果与干预联系起来，而认知能力测试经常被用于特殊教育资格判定，但由此产生的建议经常被搁置在心理教育评估报告中无人问津。

笔者相信，大多数习惯基于常模参照的认知能力测验的学校心理学家，将受益于新兴的 CBM 基准和进度监测测试。这些评估材料很可能与传统测试中所用工具的预期相一致。此外，那些喜欢做测评结果整合工作的学校心理学家可能会喜欢学习更多的基于课程的评估，他们需要这些技能，并且有各自的关注点（请参见 Howell & Schumann，本书第 14 章）。学校心理学家也不应该忘记，只对学习者进行评估是有局限性的，如果进一步考虑学业成绩以及教学和学业表现的课堂环境，我们将从中受益（请参见 Howell & Schumann，本书第 14 章；Linan-Thompson & Vaughn，本书第 16 章；Chard，et al.，本书第 17 章；McCurdy et al.，本书第 18 章），而且随着测评技术的发展，我们已经可以相对清楚地了解儿童的生态环境（Ysseldyke & Elliott，1999）。

虽然基于认知过程和认知能力测验的解释可能与关注学业的问题解决没有太大的相关性，但学校心理学家和其他教育专业人员不应该忽略认知理论或那些具有良好认知机制的理论，如社会认知理论（social-cognitive theory，Bandura，2001）及其侧重自我调节学习（self-regulated learning，Zimmerman et al.，1996）的扩展，以及完成学业任务所涉及的关键过程的具体模型（e.g.，Kintsch，1998）。相反，他们应该仔细考虑这些认知研究成果在实践中的应用。

最后，在对本章内容进行了一年多的思考和几次修改之后，笔者谦卑地问自己，如果我的女儿在读一年级时就开始在阅读、数学或写作上苦苦挣扎，我希望学校心理学家问她什么问题呢？我是否希望他主要关注认知能力和认知过程，然后问：她的智商是多少？在 CHC 理论包含的广泛认知能力中，她的优势和劣势分别是什么？她的智商和成就之间有差异吗？与同龄人相比，在理解-知识和流体推理能力方面，她的排名如何？她是否有听觉加工问题或视觉加工问题？她的工作记忆力很弱吗？或者，我更希望学校心理学家确认感知到的问题是否真的存在，完成一个具有环境意识的测评，并发展出低推断性假设来解释问题的原因，利用基于经验的干预措施来纠正问题，并收集数据来确定干预措施是否成功改善了问题。毫无疑问，笔者更喜欢第二种选择，因为它代表了问题解决的过程。我希望在不久的将来，学校心理学家将过去对认知能力测试的热情转向问题解决模式在学业问题中的应用。

第5章

阅读领域在问题解决模式下的学业技能测评

Amanda M. Marcotte

John M. Hintze

对于问题解决专家来说，测评和教学决策是密不可分的。测评包括对学生进行测试，得出可量化的分数，这些分数反映了学生在一系列测试中的表现。然而，测评过程不仅仅是简单地进行测试。测评是在更广泛的课程和教学背景下收集数据、检查学生表现和做出决定的过程。高效的评估者能掌握评估的领域、任务难度的范围以及学生能够和不能够完成的任务类型。他们还知道学生的典型表现是怎样的，以便区分学困生的表现。通过全面了解导致学习问题的因素，评估者可以对学生持续处于困境的原因做出假设。

本章旨在考察问题解决方法背景下的发展性阅读过程，在这个过程中，问题解决是一种动态的、多步骤的测评方法。由于这样的综合测评需要对与阅读问题相关的技能和缺陷有一个广泛的了解，因此，本章总结了读写能力教学的5个要素。通过对早期读写能力发展的深入了解，问题解决取向的测评人员应该能够更好地识别出存在阅读困难的学生的具体技能缺陷所在，并确定教学重点。此外，本章还介绍了各种测评工具，可以帮助评估者量化阅读问题，并检查学生的表现以推动教学变革。对于问题解决取向的教育工作者来说，形成性评价是有效决策的渠道。在这一过程中，评估需要对课程的各个维度、要教的内容、已教的内容和学生已习得的内容有一个全面的体现。

问题解决是一个动态的、多步骤的评估过程

在问题解决模式下，教育工作者测评学生有5个目的：(1)识别问题；(2)确认问题；(3)探索解决方案；(4)设定目标；(5)监测学生的进展(Deno, 2002；Shinn et al., 1990)。为了识别问题，教育工作者需要收集数据，通过检查学生目前的表现水平和期望水平之间的差异，来确定是否存在问题。期望(expectations)可以基于典型同龄人的表现或学生预期应该达到的重要学习目标。利用这些数据，问题解决专家检查所观察到的差异大小，从而确定问题的严重程度。因此，问题的严重性可以用观察到的目标学生与同年级学生之间的差异或他们未能达到重要的学业标准来描述。后面的这些工作是确认问题的一部分，其中包括确定差异大小，证明该差异确实是一个需要解决的问题。

问题解决专家参与测评的目的是通过检查当前的表现以及呈现出的差异，为学生设定有意义的目标。根据分析结果，评估者可以确定一个学生在学习中为缩小差距而需要达到的增长量，最好的目标应该是，既让他们有足够的雄心壮志，能够以一种有意义的方式减少观察到的差异，同时又立足于现实，以便能够通过策略性的教学计划将其实现。有效和可靠的测评对于问题解决专家收集数据是至关重要的，这些数据提供了当前技能评估的基线，他们据此为学生设定有意义的目标。有效的目标必须是可测量的，并且应该被设定为针对已出现问题的特定技能进行评估的结果标准。因此，对目标设定

最有用的测试是在问题解决评估的前两个步骤中，用来帮助确定问题严重程度的测试。在选择用于收集初始数据的测试时，需要考虑的另一个问题是，用于监测进度的测评工具必须有多种等效形式，以便反复测量学生朝着目标的进步情况。问题解决专家参与测评的目的是确定具体的技能缺陷所在，而不是专注于用以识别学困生的潜在障碍的测评过程。在此过程中，收集的数据可以用来设计针对学生缺乏的基础技能的教学。对学生阅读能力习得的测评有助于我们观察学生在读写技能基本要素发展上的表现，包括语音加工技能、自然拼读能力、阅读流利度、词汇量和理解能力。

一旦制定了合适的针对技能缺陷的教学计划，就需要密切监督学困生的学习过程，以确保取得显著进步。进度监测工作的目的是根据学生所接受的教学仔细检查学生的进展。**进度监测**（progress monitoring）是一种在学生为既定目标努力过程中监测其成绩的持续性评价策略。学生定期接受简短的测评（形式和内容均相同），来评估更广泛学业领域的重要通用指标。这种连续测评的方法产生了一组反映学习趋势的数据并且能够对计划的有效性进行评估。当学生朝着既定目标不断取得进步时，他们的学业计划可以被认为是有效的。对于那些没有取得预期进步的学生，应该重新设计学业计划。

有效的问题解决评估需要使用一套独特的测试工具来进行形成性评价，其中测评可以在教学过程中进行，从而就其教学计划有效性为教育工作者提供频繁的反馈。为了构建一种有效的、可靠的数据收集系统，从而将教师对学生学习的观察与测试程序的信效度结合起来，研究人员创造了基于课程的测量（CBM；Deno & Mirkin, 1977）。CBM 可以被广义地定义为一种测试过程，我们在该过程中多次收集数据，从而收集目标技能领域中学生学业表现的数据库（Deno, 1985）。更具体地说，就是我们在所关注的学业领域中进行了简短的测评，并将初始测试的分数绘制在折线图上，与问题识别的决策标准进行比较。

根据初始分数，我们基于预期的学习速度和判断进度的时间线确定目标，并将它绘制在统计图上，每隔一段时间（如每周或每月），使用同一测试的等效形式对学生进行测评。这样，分数的变化就能反映出学生在具体技能领域的学习情况。每个测试分数都要绘制在折线图上，以便将学生的学习速度和预期的学习速度进行比较。随着数据库的扩大，问题解决评估所必需的教学与学习之间的动态交互作用也得到了反映。研究人员将 CBM 描述为"提供了在整个问题解决过程中可操作化决策所必需的测量技术"（Kaminski & Good, 1998）。

对 CBM 决策过程有用的测试必须是标准化且可靠的测试程序，并且必须以多种等效形式存在。也就是说，每种形式的测试都必须能得出可靠的分数，以便将测试分数的差异归因于学生的学习情况。该测试必须得出能够反映具体学业领域重要指标的有效分数，这样，任何测试分数的提高都可以被可靠地解释为发生了有意义的学习。当测试反映出课程内容的基本技能时，CBM 的结果可用于广泛的教学决策中。由于 CBM 要求经常进行测试，因此可用的测试必须是简短的并且能够有效地进行实施和评分。最后，当随时间推移频繁进行测试时，测试必须得出反映学生学习情况的分数，以便制定教学计划，及时做出教学决策。

CBM 能够有效地让教育工作者在问题解决评估的每个步骤中得出结论，在检查持续存在的阅读问题时，另外两种类型的测试也被证明是有用的。标准化的**常模参照测验**（norm-referenced tests, NRTs）和**标准参照测验**（criterion-referenced tests, CRTs）通常被用来检验涵盖更大学业领域的广泛技能。NRT 往往包含大量的测试条目，其中每个子技能只包括少量的条目。例如，用于评估阅读能力的 NRT 可能包括非词解码和真词阅读、词汇、句子理解和段落理解，测试分数将作为对整体阅读能力的评估。CRT 倾向选取一个相对具体的学业领域作为样本，并提供更多的条目来评估每个子技能。例如，可以设计一个 CRT 来评估拼读技能，并提供一系列测试条目——要求学生阅读并以不同拼写模式拼写各种单词，以帮助识别已掌握的拼读技能和薄弱之处。

NRTs 和 CRTs 对于分数的解释方式不同。NRTs 用来比较个体学生和典型的朋辈群体的表现。CRTs 用于检查与期望的内容掌握水平相比，学生的技能习得水平如何。两种测试均能得出分数，并且这些分数可以根据测试进行的时间来解释，与 NRTs 相似，CBM 也可用于进行学生之间的比较，并且类似于 CRTs，可用于检查在更广泛的学业领域取得成就所必需的基本技能的掌握程度。但是，CBM

最有用的特征是它允许教育工作者检查学生内部的比较。也就是说，CBM 能够让教育工作者在不同的背景因素中（例如教学内容和授课方式）确定个体学生的学习速度。NRTs 和 CRTs 通常很费时，并且不存在能够持续实施的多种等效形式，而 CBM 设计的目的通常是对个体学生的表现进行持续反馈。

虽然 NRTs 和 CRTs 无法有效回答动态问题解决测评的每个问题，但有一些阅读技能是很难观察和量化的，这种情况下就可以用到这些测试。例如，在测量词汇技能时，CBM 技术是有局限性的。对于怀疑词汇量不足是导致阅读问题因素之一的问题解决取向的评估者而言，NRTs 有助于量化这一领域的差异。当一个学生的表现可以与那些标准的朋辈群体进行比较时，某些 NRTs 可以确定问题的严重程度。当与掌握水平的标准相比，可以得出关于学生技能习得水平的结论时，CRTs 也可以用于问题识别。此外，某些 CRT 还可以用来收集有关技能缺陷的信息，从而设计有针对性的教学程序。因此，问题解决取向的评估者必须开发一系列对 CBM 有用的测评方法，以便完成问题解决测评的每个步骤，并学习相关的专业知识，以便有目的地选择和使用其他有效的测试工具。

最初，有两个 CBM 测试可用于评估学生的阅读能力和读写能力——朗读流畅性测试（CBM-R 或 oral reading fluency，ORF）和 CBM 拼写测试（CBM spelling，CBM-S）。与所有的 CBM 一样，这两个测试的目的都是在有限的时间内对学生进行测评，从而得到一个随着学习而增加的流利度的估计值。ORF 测试要求学生阅读一篇符合该年级标准的文章，时长 1 分钟，正确读出的单词数即测试的分数。CBM-S 测试要求学生拼写一系列符合年级标准的单词，并根据学生的年级水平，给他们 7~10 秒的时间来拼写每个单词。通过计算每个单词中正确的字母顺序得出测试分数。ORF 和 CBM-S 测试都有助于观察学生在整体读写能力发展的重要指标上的表现，以确定是否存在问题，建立可量化的目标，指导教学决策，并监测学生的进度。然而，这两种方法都只能用来评估那些已经达到相对较高读写水平的学生。虽然 ORF 和 CBM-S 对处于阅读行为发展初期的学生很有用，但对于尚未识字的学生或存在潜在技能缺陷并可能导致学习失败的学生不太有用。

研究人员开发了一套基于 CBM 技术的测量方法，这套方法可以反映阅读过程的发展性。**早期基本读写技巧的动态指标**（dynamic indicators of basic early literacy skills，DIBELS；Kaminski & Good，1998）和类似于 DIBELS 的测评方法可以用来评估处于阅读学习初级阶段的学生的进步情况。这些早期读写能力测试也是一种流利度测试，因为学生需要在有限的时间内回答问题；因此，这些分数为评估者提供了评估学生每项技能的习得水平和流利度的依据。有助于测量早期拼读技能的 DIBELS 测试包括**字母命名流畅性测试任务**（letter-naming fluency task，LNF）和**无意义单词流畅性测试任务**（nonsense-words fluency task，NWF）。在实施 LNF 时，给学生一个测试探针，这个探针由随机呈现的大写字母和小写字母组成，并要求学生在 1 分钟内说出他们认识的所有字母。NWF 的设计旨在测试学生对简单单词的解析能力。与 LNF 类似，NWF 给学生呈现一个测试探针，要求学生进行 1 分钟的答题。施测者会在这 1 分钟里计算学生在每个无意义单词中正确读出的字母发音的数量。

DIBELS 还包括两个语音意识测试，即**初始音流畅性测试**（initial sound fluency，ISF）和**音素分割流畅性测试**（phoneme segmentation fluency，PSF）。在 ISF 中，测试者向学生展示一块包含 4 张图片的测试板，并告诉他们每张图片的名称，要求学生指出以测试者呈现的发音开头的图片。例如，为他们提供一个探针，然后测试人员问："这是鼠标（mouse），花朵（flower），枕头（pillow），字母（letters）。哪张图片以 /m/ 开头？" PSF 的实施采用标准的测试程序，通过向学生口头呈现单词，然后要求他们对每个单词中的每个发音成分进行细分。例如，要求学生"告诉我 /that/ 中的发音"，学生应该回答 /th/、/a/、/t/ 这 3 个不同的发音。学生回答的每个部分和独特的发音单元都应该进行计分。

除了 DIBELS 涵盖的测试以外，其他早期读写技能测试对于 CBM 也很有用。例如，与 LNF 类似的字母发音流利度测试；区别在于，字母发音流利度测试要求学生说出每个字母的发音而不是读音。另一个测试是**单词识别流利度测试**（word identification fluency，WIF；Deno et al.，1982），该测试要求学生阅读真词列表，时长 1 分钟。每一项有助于问题解决评估的早期读写能力测试，都是为了评估发展性阅读技能的重要指标而设计的。每项测试的反应时间相对较短，这使得评估者可以检查学生的技能习得程度并得出动态测试分数。随着学生对每种技能的熟练程度的提高，他们能够快速、准确地回答更多的问题,从而形成敏感的学习指标。

　　虽然问题解决专家必须知道如何实施这些测试并进行评分,但他们得出的分数只能在教学内容和授课方式的背景下解释,并且需要他们深刻理解阅读发展的本质。一个高效的评估者必须有一系列可用的测评,这些测评使他能够处理问题解决测评中的动态问题,但他也必须能够在阅读的背景下将这些问题解释为一个广泛的发展性构想。因此,问题解决评估需要对有效教学有一个正确的理解,从而在学生所处的教学背景下得出有关其表现的结论。了解教学中的最佳实践可以让问题解决专家判断教学的质量、恰当性和有效性,并为学困生设计替代性方案。

基本读写技能的发展与阅读测评的关系

　　有效阅读教学是在深入理解口头语言和书面语言之间的相互作用的基础上设计的,从最小的发音单位到口语和书面语的语义和语法机制。口语中的发音通过字母和字母组合在书面语中表现出来。字母以可预测的方式组合在一起形成单词,而单词以有意义的方式组合在一起形成句子。书面语是我们在纸上编码的口语。这个简单的概念由于语言理解、词汇发展、音素意识和机械拼读之间抽象而重要的相互作用变得意义不明。在任何学习阶段,学生都有可能出现无法建立这些联系的状况。因此,问题解决取向的评估者必须了解阅读能力的发展,以便识别出学生无法取得进步的具体方面。此外,他们必须了解有效阅读教学,以便慎重地检查传授给学困生的阅读内容,并确定可能导致阅读失败的环境因素。

　　虽然阅读的学习在某种程度上是一个自然发生的过程,但实际上它是一个有目的的过程,在这个过程中,儿童学习如何使用书面语来表达口语(Moats,2000)。有效的读写教学会考虑到口语和书面语之间的复杂交互作用并兼顾两者。它包括大量的口语沉浸式学习、稳健的词汇发展和听力理解策略,还包括直接和系统的拼读教学,以实现对单词的自动阅读并提高单词阅读的流畅性。最佳读写能力教学的目的是通过拼读法解决解码的基本组成部分和稳健的口语发展,从而战略性地将两者结合起来。大规模的元分析已经确定了有效的早期读写教学最基本的组成部分(National Reading Panel,NRP,2000;National Research Council,NRC,1998;请参见 Linan-Thompson & Vaughn,本书第16章)。至少,必须确保所有早期阅读课程中都包含有关音素意识、自然拼读法、流利度、词汇和理解力的教学。对这些技能的测评,在确保所传授的教学内容与学生的教学需求相适应方面起着至关重要的作用。

音素意识

　　音素意识(phonemic awareness)是一种必不可少的阅读准备技能,是能够帮助我们学习连接口语与书面语言的字母代码(Adams,1990;Brady,1997;NRC,1998)。音素意识是感知口头语言中各个发音单位的知觉能力(Moats,2000;NRP,2000)。这是一个复杂的认知过程,它属于更大的语音意识范围(Goldsworthy,2003)。**语音意识**(phonological awareness)可以被定义为对口语中可以被分解为更小发音单位的所有方式的识别(Goldsworthy,2003;NRP,2000)。语音中包含较小的发音单位,例如,句子可以分解为单词,单词可以分解为音节,而音节可以分解为单独的发音单位(Goldsworthy,2003)。音素意识是感知这些最小的发音单位(称为音位,phoneme)的能力。

　　阅读包括一个发音加工系统,在这个系统中,学生识别字母串,将这些字母转换成它们所代表的单个发音,并将这些发音混合成单词这一更大的发音单位(Moats,2000)。音素意识教学通过教学生理解字母代码中难以捉摸的发音-符号(sound-symbol)关系来促进单词阅读过程(Adams,1990;NRC,1998)。研究不止一次表明,当幼儿能够感知和控制语言中的发音时,他们就能够更好地学习字母与发音的对应关系,更好地混合发音来造词,并在写作中更好地拼写单词(Ball & Blachman,1988;Bradley & Bryant,1983;Ehri,2004;Lundberg et al.,1988;Nation & Hulme,1997)。对于许多儿童来说,音素意识是通过语言交流和阅读教学发展起来的;然而,如果没有对音素意识的明确教学,这种抽象的发音感知概念将会难倒许多儿童(Adams,1990;Juel et al.,1986)。音素意识的缺乏与阅读障碍密切相关;然而,研究表明,这种技能缺陷并不总会导致阅读障碍,因为音素意识可以传授给所有的儿童(Ball & Blachman, 1988, 1991)。

音素意识教学的目标是确保儿童发展音位加工技能，以便他们能够识别、分离和运用他们听到的发音。为了让学生掌握音位，全面的语音意识教学从帮助学生了解更大的发音单位开始，教导学生听、识别和巧妙地处理句子中的单词和单词中的音节。

在学龄前和幼儿园的最初几个月，语音意识教学开始于教导儿童听环境中的发音、理解听的意义、理解相同和不同的概念，并提高他们记住所听发音的能力(Adams et al., 1998)。一旦学生发展出了学习的听力技能，教学就应该把语音意识活动融入他们的日常生活中。一些语音意识活动旨在帮助学生认识句子中的单词和单词中的音节，还有一些则通过押韵活动帮助幼儿发展他们的发音控制技能。

语音意识活动让幼儿能够练习控制语言中的发音，包括识别和控制个别语音，为音素意识中最复杂的语音技能做好准备。音素意识任务包括分割、混合、删除和替换口语单词中的单个发音。当学生能够从口语单词中分离并产生单独的发音时，就实现了分割。例如，将单词 cat 分割为/c/、/a/和/t/。混合活动包括口头向学生展示个别的发音，然后让他们将这些发音混合在一起形成单词。例如，向学生口头呈现单个发音/f/、/i/、/t/，并提示他们将这些声音混合在一起以生成单词"fit"。发音控制活动可能要求学生从单词中删除发音，并用新的发音代替它们来创造新的单词。例如，教师口头演示单词 can，并要求学生在不发/c/这个音的情况下说"can"，然后将/c/替换为/p/以生成单词"pan"。

美国国家阅读小组(NRP, 2000)的元分析研究结果发现，与其他音素意识任务相比，混合和分割教学更能帮助学生做好学习阅读的准备(Ehri, 2004)。分割音位的能力有助于幼儿更好地理解字母表中的字母以及它们在口语和书面语中所起的作用，并最终支持策略性拼写技能的发展。另一方面，混合能力有助于解码。那些能够感知语音中的个别发音并将这些发音混合在一起组成单词的学生，能通过识别书面语中出现的单个发音，并将它们合成完整的单词，来更好地解码未知单词。

对语音缺陷的测评

当观察到一个学生在早期阅读发展的解码阶段遇到困难，并且怀疑音素意识可能是问题产生的原因时，问题解决取向的学校心理学家将开始进行评估，包括通过选择测试程序来帮助识别问题，检查问题的严重程度，并为教学计划提供有用的信息。此外，学校心理学家需要检查音素意识的教学方式。一个全面的评估需要检查已向学生传授了哪些语音技能，以及授课方式的明确性和系统性。此外，评估者需要了解语音技能发展的逻辑顺序，以便识别学生可能存在的任何技能缺陷。

DIBELS 旨在帮助教育工作者识别那些未能发展基本的早期读写技能的学生，预防阅读问题的发生(Kaminski & Good, 1998)。由于音素意识对于阅读习得至关重要，DIBELS 包括两个测试，让教育工作者能够识别那些未能发展出这一基本技能的学生。ISF(Good & Kaminski, 2002)可以通过测量儿童识别单词首音的能力来识别早期语音发展中的问题。使用 ISF，问题解决取向的评估者可以通过本地常模比较学生和典型同龄人的表现(Shinn, 1988)。他们可以设定一个目标，以提高学生识别单词首音的能力，这对教学规划有直接的影响。ISF 测试存在多种形式，因此教育工作者可以经常收集数据，并评估学生随着时间的推移在这一特定技能上的成长。

ISF 对于测量首音识别的早期语音意识技能非常有用，而 PSF(Good & Kaminski, 2002)让教育工作者可以评估不同的音位分割技能，设定表现目标，并经常监测学生朝着这些目标的进展。当学生能够更好地识别每个单词中的单个音位，音位分割熟练度也会随之提高。与 CBM 测量一样，PSF 的结果可以与典型的学生表现、基准表现标准、标准增长率进行比较。

学生可能被要求进行大量的语音意识活动，这些活动代表了语音意识发展的整个过程。DIBELS 提供了两种测量方法，可以帮助量化学生对首音的认识以及他们分割单词发音的能力。然而，问题解决取向的评估者通常会寻求更多关于学生语音意识技能的信息。常模参照的测评可为识别语音意识问题提供证据，并且可以提供一种工具来量化学生与典型发展水平的同龄人在相关问题上的差异。允许学校心理学家在语音意识领域进行朋辈比较的两个 NRT 的例子包括**语音加工综合测试**(Comprehensive Test of Phonological Processing, CTOPP；Wagner et al., 1999)和**语音意识测试**(Test of Phonological

Awareness，TOPA；Torgesen & Bryant，1993）。判断学生语音意识发展的标准参照测验包括**音素分段的 Yopp-Singer 测试**（Yopp-Singer Test of Phoneme Segmentation；Yopp，1995）和《Ekwall-Shanker 阅读清单》（Ekwall-Shanker Reading Inventory；Shanker & Ekwall，2000）的**早期读写能力测试**（the Emergent Literacy Tests）。音素意识课堂课程《幼儿音素意识》（Phonemic Awareness in Young Children；Adams et al.1998）中的评估测试也是一种有用的资源，可用来检查学生在一系列语音任务中的表现——从听出韵脚到计算音位。

自然拼读法

语音意识教学对于帮助学生理解自然拼读法、提高拼读法教学效率至关重要（NRP，2000）。拼读法明显不同于语音或音素意识，后者纯粹是关于口语中的发音，而拼读法指的是书面符号和我们的发音之间可预测的联系（Moats，2000；NRP，2000）。书面英语通过基于规则的字母代码来表示。这种书面语音系统的优势在于，学生能够通过学习字母代码的规则，阅读和书写所有他们认识和不认识的单词。

有效的拼读教学为学生提供了基本的策略，来识别他们第一次遇到或由于很少遇到而看起来陌生的书面语。当学生掌握了策略，他们就掌握了独立解决新问题的技能。因此，对于刚开始学习阅读的学生来说，拼读教学是必不可少的，这为他们提供解开书面语言代码的钥匙。对所有学生来说，拼读对于破译我们不熟悉的单词是必要的。拼读教学的最初目的是教儿童解码的策略。解码是一个单词识别过程，通过这个过程，读者将字母转换成它们所代表的发音，然后将这些发音合并在一起形成单词（Brady，1997）。解码所需的子技能包括通过视觉识别字母表中每个字母并进行语音翻译，以及组合各种字母和将书面语中的发音合成单词的策略。拼读教学的另一个重要的目标是为学生提供足够的常用单词和拼写模式的解码练习，使学生不再需要解码他们所看到的每个单词就能够自动识别单词（NRP，2000；Ehri，2004）。帮助学生自动阅读单词需要给学生足够的机会来成功应用所教给他们的解码策略。

教儿童解码的第一步是讲授字母表中的字母和它们所代表的发音。关于儿童字母-发音对应的教学有两个重要的原则。首先，音素意识活动应直接与字母教学相联系；其次，应该向儿童展示在单词不同位置（开头、结尾和中间）字母发音的一致性（Beck，2006）。许多存在阅读困难的学生能够识别字母作为首音时的正确发音，但当其位于单词中间位置或结尾位置时，却无法识别其发音（Mc Candliss，et al.，2003）。

当儿童能够用视觉识别并读出几个字母的发音时，他们就应该能够在辅助下阅读**辅音-元音-辅音**（consonant-vowel-consonant，CVC）模式的简单单词，在这种模式下，所有的字母都使用他们最常见的发音进行解码。拼读教学为儿童提供了混合不同发音的策略。最常见的混合技巧是教儿童通过指向每个字母，然后手指在单词下滑动，把单词的每个发音都清晰地表达出来，在联合表达（混合）发音时，将这些发音作为一个整体的单词发音（Beck，2006）。

一旦学生能够解码最常见的 CVC 词型，他们就获得了后续拼读教学的重要基础技能。我们语言中的发音与字母表中的字母并不是一一对应的。如果是一一对应的话，我们的语言中将只有 26 个独立的发音。事实上，英语语音模式中大约有 44 种发音（Moats，2000）。许多字母有多种发音，而许多发音又有多种表现方式。两个或多个字母代表一个单一的发音是很常见的。据估计，在英语语言系统中有 200 多种发音-拼写（sound-spelling）对应关系（Adams，1990）。综合拼读教学旨在以系统的方式向儿童传授这些规则，以便儿童不断发展理解字母系统规则和自动识别这些对应关系的能力。

自动化对拼读教学的各个方面都很重要。**自动化**（Automaticity）是指快速、准确地识别事物的能力，同时在识别过程中需要的认知能量很少。要使学生能够准确地识别单词，他们必须在几乎无意识的情况下通过视觉识别字母表中每个字母的发音。快速单词识别是有效拼读教学的首要目标。当观察到自动化发生时，表明学生已经获得潜在的单词阅读技能，可以进一步发展更复杂的技能。

对拼读缺陷的测评

评估未掌握拼读技能的学生的表现需要对教学内容和授课方式进行分析，包括检查教学范围和顺

55

序、适当技能习得的节奏以及为掌握技能所提供的练习量。一些学生可以通过阅读经验中无意学会的拼读模式来学习阅读，而另一些学生则需要以一种系统的、有目的的方式来呈现每项技能。对于这些学生，知道技能传授的顺序可以检查他们对以前课程的掌握程度。如果他们没有按照需求系统地接受拼读教学，则检查者必须揭示不在他们教学计划中的每项技能。这个认识可以提供有关学困生教学需求的具体信息，以便重新设计更系统的拼读课程。

有多种 CBM 工具可用于帮助测评单词阅读发展的各个领域。对于那些具备早期解码技能的学生，可以使用 DIBELS 中的 NWF（Good & Kaminsk，2002）或使用 WIF（Fuchs et al.，2004）来监测进度。对于那些能够连贯地阅读文章但存在解码问题的学生，可以使用 CBM-ORF（Deno，1985）。对于那些难以使用语音策略拼写单词的学生，CBM-S（Deno，1985）是一种有效的问题解决评估工具。

NWF 测试旨在测量学生对无意义的 CVC 单词（例如，nom，yim，ot）的阅读情况。通过 NWF，评估者可能会观察到学生将发音混合在一起，将它们作为完整的单词进行阅读。NWF 测试的良好完成度表明学生能够用简单的 CVC 拼写模式来解码单词。与其他形式的 CBM 一样，NWF 测试的分数可以与标准样本以及表明这些基本技能成绩的标准进行比较。初始分数可以用来确定一个目标；测试存在多种等效形式，以便进行进度监测。

WIF 是一种简单的 CBM 测量方法，用于测量单词阅读的自动化程度。WIF 是通过向学生展示高频单词表并让他们大声朗读来实施的（Deno et al.，1982）。学生在 1 分钟内准确阅读的词数代表了他们单词自动化阅读的分数。WIF 也存在多种等效形式，对于那些已经掌握了 NWF 最基本的解码技能但仍在努力学习阅读的学生来说，它是一个有效的测量工具。事实上，研究表明，与 NWF 相比，WIF 可能是衡量学生阅读能力的一个更有效的指标，并且能更可靠地预测存在阅读困难学生的阅读技能的提高（Fuchs et al.，2004）。

如果需要进一步的分析来证明解码存在问题，那么单词阅读技巧的 NRTs 可能有助于量化问题的严重程度。包括**韦氏个人成就测验**-Ⅱ（Weschler Individual Achievement Test-Ⅱ，WIAT；Weschler，2001）中的单词阅读和伪单词解码分测验或 Woodcock-Johnson **成就测验**-Ⅲ（WJ-Ⅲ；Woodcock，McGrew，& Mather，2001）的真词识别和假词辨认分测验。单词阅读效率测验（Test of Word Reading Efficiency，TOWRE；Torgesen et al.，1999）可用于测评自动识别单词的技能。此外，诸如《Ekwall-Shanker 阅读清单》（Shanker & Ekwall，2000）这样的 CRTs 可以提供更具体的关于学生已掌握或未掌握的拼读技能的信息。

流利度

阅读流利度已被认为是熟练阅读的最显著特征（Adams，1990），并且是早期读写能力发展的一个重要且复杂的组成部分。从理论上讲，它涵盖了阅读的所有子成分，包括低阶的单词识别过程和高阶的思维能力。由于流利度依赖于单词阅读技能中的高效加工，因此它反映了学生对音素意识和拼读技能的掌握程度（Fuchs et al.，2001），但流利阅读也是综合阅读理解的重要指标（Fuchs et al.，1988）。**流利度**（Fluency）可以被定义为以恰当的表达方式快速准确地阅读文章的能力。阅读流利度的三个基本亚成分包括自动化、阅读速度和韵律（Hudson et al.，2005），它们促进了解码、单词阅读和理解力之间的相互作用。**自动化**（automaticity）是指单词识别加工的速度和准确性。尽管自动化的单词识别通常可以提高阅读速度，但许多学生仍然需要支持，才能够在提升阅读速度的同时理解文章的意思；因此，**阅读速度**（reading rate）反映了学生阅读文章的灵活性。**韵律**（prosody）是人们在阅读时使用的语调，指的是人们对文章中的措词、标点、对话和语音的适当关注程度。如果没有在课文阅读中达到单词水平的自动化，学生就无法成为掌握韵律的朗读者。因此，自动化是阅读速度和韵律的基础成分。

当学生能在看到单词时立刻识别出单词，就表明自动化已经实现了。如前所述，自动化是通过对字母序列中的单词和拼写模式的逐个重复解码发展而来的。大多数学生通过接触一些单词来发展自动化，尤其是那些在口语中常见的单词，但是，许多存在阅读困难的学生无法实现单词阅读自动化。对于这些学生来说，阅读仍然是一项艰巨的任务，因为这些学生在较低水平的单词识别过程中就消耗了宝贵的认知能量，使得他们几乎没有余力去理解所阅读单词的含义，从而对他们的阅读成绩产生了长期的负面影响（LaBerge & Samuels，1974；Cunningham & Stanovich，1998；Stanovich，1986）。

自动化包括两个重要元素：单词水平的阅读速度和准确性。以流利阅读为目标的教学包括精心设计的拼读教学，可以教给学生正确的解码技能，并提供大量包含新技能的单词和文章的阅读练习。一旦学生能够正确地解码，他们就会进行足够多的、有效的练习，直到阅读单词的速度加快，以至于他们凭借新的拼读技能就能达到自动化阅读单词的程度。

一些学生可能已经在单词层面上实现了自动化，但仍需要教学支持来提高阅读文章的速度。提高学生阅读速度的课堂活动包括重复阅读活动和日常口语练习。重复阅读可以使儿童多次接触单词和文章特点，从而提高他们的流利度。此外，重复阅读不仅能提高日常阅读文章的流利度，还能让学生流利地阅读新文章。若在阅读速度提高时能给予反馈和鼓励，则重复阅读将是最有效的方法（Morgan & Sideridis，2006）。

当学生能够自动识别文章中的大多数单词时，他们就可以在阅读时注意到韵律特征。韵律是指在阅读文章时使用的表达方式。有些学生很快就能像说话一样阅读文章；但有些人在发展阅读的韵律时可能需要教学和反馈。流利度通常被认为是解码和意义阅读之间的桥梁，特别是在学生发展阅读韵律的时候。某些韵律被视为读者理解他们所读内容的证据（Kuhn & Stahl，2000）。

对流利度的测评

流利度可以通过测评学生口语阅读的速度和准确性来观察。虽然其他已发布的 NRTs 也可用来测评学生的阅读速度，比如 WJ-Ⅲ 的阅读流利度测试，但在问题解决方法每一个步骤中，CBM-ORF（Deno，1985）都是评估口语阅读流利度最有效和可靠的工具。ORF 能够让评估者观察到学生在年级水平材料的口语阅读速度是否与同年级的学生有显著差异。ORF 易于实施：一名学生被要求朗读一篇标准的年级水平的文章，时长 1 分钟。在 1 分钟结束时，学生**正确读出的单词数**（words read correctly，WRC）就是测试的分数。该分数可以与标准数据样本以及每个年级预期流利度的标准进行比较，因此可以进行朋辈比较和标准参照比较来识别存在问题的学生。

此外，根据 ORF 的基线分数，问题解决专家可以使用已发布的标准增长率为学生建立有意义的目标（Deno et al.，2001）。这些增长率为教育工作者提供了关于典型学生进步速度的信息。例如，典型的一年级学生的 ORF 分数每周可能会增加大约 1.8 个单词。这些信息可以为存在阅读困难的学生的目标设定提供指导。通过确定评估的时间线（例如，10 周），评估者可以知道，按照一年级学生的 ORF 增长率，他们在 10 周内应该能增加大约 18 个单词。通过将这种增长与基线阅读速度相加，我们可以为学生设定一个目标——在 10 周的时间里把他目前的阅读速度提高 18 个单词。然而，为他们设定与同龄人相似的增长目标意味着，阅读困难的学生和他的同龄人之间的差距将持续存在。通过将目标设定为比典型同龄人更高的阅读增长率，评估者期望能实施一个更长远的教学计划来缩小目标学生与同龄人之间的差距。

对于解码过程中涉及的许多子技能，ORF 是一项很好的综合测量方法。Fuchs 等人（2001）将 ORF 描述为"语音分割、重新编码以及快速单词识别的直接测量"（第 239 页），因为他们有证据证明 ORF 是整体阅读能力的可靠指标。尽管测试本身的性质简单，但 ORF 代表了对音素意识技能（如分割和解码）、混合和重新编码所必需的字母发音规则的应用以及自动化单词识别的有效测评。因此，ORF 也是一个有效的测评工具，可用于监测那些被观察到在拼读和音素意识方面有特定技能缺陷的学生。

此外，ORF 可以很好地测量阅读理解能力。研究人员发现，ORF 与阅读理解标准测试的关系比其他专门设计用来测量阅读理解的测试更密切。其他测试包括问答测试、口语复述任务和完形填空测评（Fuchs et al.，1988）。Jenkin 等人（2003）进行的另一项研究，支持了"ORF 是综合阅读能力的良好指标"这一假设。这些学者探讨了列表阅读和语境阅读之间的关系。结果表明，对于阅读理解来说，语境阅读流利度是一个更强的预测指标，也就是说理解能力在口语阅读流利度中起着重要作用。研究人员得出结论，熟练的文本阅读反映了学生快速解码的能力和理解的过程，快速解码体现了灵活的单词识别技能。

词汇量

尽管能够流利地阅读文章是独立进行阅读理解的一项必备技能，但学生的词汇量也同样重要。一进入幼儿园，学生的词汇量就被确定为学习阅读的重要指标（National Research Council，1998）。词汇在阅读发展过程中的作用值得进一步研究，因为词汇可能会影响阅读习得的每个组成部分，包括音素意识、解码、单词阅读、单词水平的自动化和理解力。

语音意识和音素意识的教学活动旨在吸引学生注意口语中的发音。在典型的活动中，教师口头呈现单词并让学生控制他们的发音。如果学生知道如何用口语表达这个单词，那么该学生的工作记忆就能仅仅专注于发音控制任务。如果学生无法识别单词的含义，则词汇量不足会迫使工作记忆执行两项具有挑战性的任务。第一个是保持生词的声音表征，就好像学生在完成目标任务时必须记住一个无意义的单词一样。第二个是控制单词中的发音。由于词汇量不足，任务的完成难度大大增加；因此目标技能更难习得。即使在口语中培养发音意识可能很容易，但存在词汇量不足的学生也可能会在这项重要的基础技能上落后。

词汇量不足也可能会阻碍基本解码技能和单词阅读自动化的发展。在学生学习解码时，他们会进行单词阅读活动，在活动中，学生被要求将纸上的字母转换成单个发音，将单个发音混合成单词，然后将新解码的单词作为完整的单词朗读出来。如果学生不知道词义，则无法检验其解码技巧的准确性。当学生知道单词的含义时，将更容易识别单词的拼写模式，并且只需要较少的解码练习就能实现自动识别。

最后，词汇量对于阅读理解至关重要。文章中熟词的比例直接关系到学生理解该文章的能力（Anderson & Freebody，1981）。此外，在课文中学生熟悉的单词越多，他们就越有可能在阅读时根据语境和其他单词的含义推断出未知的单词，这是发展词汇量的一个重要过程（Nagy et al.，1987）。因此，词汇量较大的学生比词汇量不足的学生更容易在阅读中增加词汇量。

我们所知道和使用的口语词汇可以分为两种类型。**口语接受性词汇**（oral receptive vocabulary）是发展最早、数量最多的词汇，包括能听懂的所有单词。**口语产出性词汇**（oral productive vocabulary）是指我们能够在口语中使用的词汇。学生入学时，他们的口语接受能力和口语产出能力各不相同。

在 Hart 和 Risley（1995）开创性的追踪研究中，他们观察并量化了美国儿童的词汇发展，为我们理解美国儿童的读写能力成就差距增加了一个重要因素。Risley 和 Hart 的研究小组以月为单位，观察了婴儿从出生到 3 岁的过程中与家人互动的情况。研究人员发现，儿童在 3 岁时，他们的接受性词汇存在显著的差异。在一个小时的观察中，一些父母对婴儿讲话总计超过 3000 个单词，而另一些父母的讲话则少于 200 个单词。这意味着，随着时间的推移，一些儿童可能会听到超过 3300 万个单词，而另一些儿童只会听到大约 1000 万个单词。

这些研究人员还发现，与婴儿交谈的次数越多，他们说的话就越多。谈话为产出性词汇的发展提供了实践。他们发现，平均每个美国儿童在一小时内说大约 400 次话，但是在交谈较多的家庭中生活的婴儿每小时表达超过 600 次，而那些在交谈较少的家庭中生活的婴儿每小时大约只表达 200 次。在不鼓励口语交流的家庭中，儿童的表达性语言词汇量只有普遍水平的一半。

当学生开始接触书本时，他们的词汇发展为书面接受性词汇和书面产出性词汇。**书面接受性词汇**（written receptive vocabulary）是指学生能够阅读并理解其含义的词汇。书面接受性词汇在解码和单词识别过程的相互作用中得以发展，在这个过程中，学生第一次阅读没见过的词汇，并从存储在他的记忆里的口语词汇中识别出新读到的单词的发音。学生掌握单词阅读技能的速度越快，他们的书面接受性词汇发展就越快。最后发展出的**书面产出性词汇**（written productive vocabulary）是指在写作中使用的所有单词，包括我们在措辞时回想起来的单词以及我们能够拼写出来的单词。

学生在广泛接触口语的过程中，口语接受性和产出性词汇量得到了提高，而书面词汇量则随着书面语的广泛接触而提高。我们的大部分词汇都是通过大量的说话机会发展而成的；我们的心理词典（内部词汇）越丰富，我们参与语言互动的机会就越多，词汇量的增长就越大。此外，词汇量越大，我们就越容易发展阅读技能，参加阅读活动并扩展我们的心理词典。由于词汇发展的互惠性，词汇量的增加会促进词汇的进一步发展，因此，有策略、针对性的词汇教学对词汇量不足的儿童至关重要。对于这些儿童来说，他们的先验知识不能很好地支持新词汇的习得，而且可能会阻碍他们学习阅读能力的发展；因此，词汇的教学与支持是早期阅读教学的重要组成部分。

许多学生都能通过广泛阅读来扩展词汇量。对于那些能从独立阅读中获得意义的学生来说，鼓励广泛阅读是很重要的。但是，对于那些难以解码单词的学生和对很多单词都不认识的学生，广泛阅读并不是扩大词汇量的手段。对于后者而言，太多生词会阻碍学生推断词义。实际上，研究人员估计，在阅读过程中遇到的每100个生词中，学生大约能习得5个单词的词义（Nagy et al. , 1987；Swanborn & deGlopper, 1999）。尽管这个比例很小，但每天遇到100个新单词并在每一天都完成阅读的学生每周可以学习35个单词，每年最多可以学习大约2000个单词。但是，对于那些阅读困难的学生来说，阅读经验作为培养强大的词汇量以支持熟练的读写能力发展的工具，却很少为他们所用。

Beck 等人（2002）提出了一个有效的教学模式——通过"文章对话"将直接和系统的教学融入广泛的语言交流中。他们鼓励教师通过直接的教学策略，从朗读的故事中选择生词，并将生词呈现给学生。他们建议教师选择不同领域中都能够使用代表成熟语言的单词，以及学生能清楚地理解其基本概念的单词。首先，在故事的语境下重新审视选定的单词，然后使用方便学生理解的定义向他们解释这些单词。教师会讨论与故事相关的单词的含义，以便学生可以观察新词在上下文中的作用。接下来，教师通过在不同领域的不同句子中提供单词的各种示例，来描述在通用语言中使用的单词含义的不同表达方式。最后，教师帮助学生在个人层面上理解新词。教师通过对话、角色扮演和写作活动为学生提供在有趣的语境中使用新词的机会。

对词汇量不足的测评

口语缺陷通常是导致学生无法获得阅读技能的一个重要因素。评估学生的词汇量可以提供导致阅读失败的口语缺陷的相关信息。迄今为止，已经有各种各样的已发布的 NRTs 可以评估学生的表达性和接受性词汇量。其中一些测试包括：综合的感受与表达性词汇测试（第二版）（Comprehensive Receptive and Expressive Vocabulary Test-Second Edition, CREVT-2；Wallace & Hammill, 2002）、表达性单词图片词汇测试（the Expressive One-Word Picture Vocabulary Test, EOWPVT；Gardner, 2000）和接受性单词图片词汇测试（the Receptive One-Word Picture Vocabulary Test, ROWPVT；Brownell, 2000）。Peabody 图画词汇测验（The Peabody Picture Vocabulary Test, PPVT-Ⅲ；Dunn & Dunn, 1997）也可以用来测量接受性词汇。

尽管测量词汇量的测试有很多，但监测学生词汇习得进度的测试尚未被广泛应用，并且词汇发展的预期增长率还不得而知。事实上，通过目前有限的词汇问题测试，能否发现词汇发展中有意义的结果，这一点还有待确定。但是，怀疑学生存在口语缺陷和词汇量不足的问题解决取向的评估者可以使用 NRTs 来量化这个问题。一旦确定了问题的严重程度，评估者就应判断词汇量不足可能对阅读发展产生的负面影响，并检查学生对于关键促进技能（critical enabling skills）的习得。他们需要检查学生在音素意识、单词阅读技巧和流利度测试中的表现，以确保词汇量不足不会妨碍阅读发展。词汇量不足使学生面临阅读失败的风险。通过为有风险的学生提供最优的阅读教学，并监测他们阅读所必需的基本技能的发展，教育工作者为这些学生提供了重要的武器——阅读能力，这可能会对他们随后的词汇增长产生巨大影响。

理解力

理解力无疑是成功阅读的原因。熟练的读者能够阅读文章并理解文章所要传递的信息。阅读理解是一个复杂的过程，涉及词汇识别过程、先验知识、词汇和一般语言知识的整合以及认知监控策略之间的交互作用（Adams, 1990）。成功的阅读理解过程可分为两类：使用促进理解过程的技能和使用认知策略来理解所读文章（Howell & Nolet, 2000）。

学生具备从书面文字中获取内容的能力。在文章理解任务中，熟练的认词技能和词义的通达都起着重要作用。儿童在阅读文章时会运用促进理解的先验知识库，这个知识库在不同的阅读任务中会有不同的动机和维持水平。因此，为学生理解文章做准备的教学包括为学生提供单词识别策略、丰富的词汇和深厚的背景知识。同样重要的是，以确保学生顺利阅读文章为目的的教学更有可能维持学生的阅读动机。阅读的反复失败会降低学生阅读文章和完成困难阅读任务的动力。大多数存在阅读问题的儿童在阅读时都不能很好地维持注意力（McKinney et al.，1993）。

大多数与有效理解教学相关的研究都聚焦于最能促进理解的认知策略（Lysynchuk et al.，1989）。认知策略教学的目标是为学生提供一套特定的、有组织的活动，促进理解和帮助学生解决智力任务中的问题（Torgesen，1982）。NRP（2000）发现了至少5种可以教给儿童的策略，这些策略可以使儿童在理解力上取得显著成果，包括：（1）监控自己在阅读过程中的理解；（2）在阅读时和阅读后回答问题；（3）提出问题；（4）总结阅读内容；（5）在阅读过程中使用多种认知策略。以上这些策略都会对理解产生积极的影响。

理解监控（comprehension monitoring）是个体对自我理解力的认识，也是人们在积极寻求阅读意义时进行的认知活动。理解监控策略教学的目的是帮助学生在有效理解遇到障碍时发展自我意识，并为学生提供纠正错误的方法。这类教学的步骤通常包括教学生认识自己已经了解的、识别他们还不了解的、补充他们所困惑的，以加深理解（Baumann et al.，1993；Paris et al.，1983）。

在许多有阅读困难的学生身上往往能看到理解监控技能的缺陷。Torgesen（1977）将存在学习障碍的学生描述为"不活跃的学习者"，即被动地感知新信息，而不是有目的地将信息整合到他们的知识库中。他和Tarver等人（Tarver et al.，1976；Wong，1980）证明了学困生没有用目标导向策略（goal-directed strategies）来帮助他们完成知觉、注意力和记忆任务。重要的是，许多同样的研究表明，当传授给学生主动学习的具体策略时，他们往往会使用这些策略。

在NRP认证的所有有效策略中，教学生在阅读时提出问题显示出了最强有力的实证支持。Singer和Donlan（1982）教学生具体的故事元素——包括人物、目的、事件、结果和主题，以及一般的对应问题。在每次训练阶段，实验组的学生都会学到一个新的问题框架，并被要求写出关于即将听到的故事的问题，然后在故事的结尾写出更多的问题。控制组的学生被要求回答由教师提出的问题。每个小组在每个故事结束后都要完成10个问题的测试。在前两次试验之后，实验组学生的表现有所提高，并且在所有测试环节中均产生了显著的效果。

教学生总结阅读的内容也是一项有效的策略，可以通过围绕文章主要观点和主题的教学来让学生理解文章的含义。归纳教学的目的是教导儿童通过筛选琐碎的细节和多余成分来发现文章中最重要的特征，从而确定中心思想。归纳教学源于可靠的认知理论基础，该理论主张个体对文章的总结是由于理解而自然发生的（Kintsch & Van Dijk，1978）。一项研究在分析了以归纳作为有效策略的文献后表明，以具体的一系列步骤进行直接、明确的教学，效果最好，包括更好的总结、文章细节的记忆和将策略应用于新情境中（Hare & Borchardt，1984）。

作为一个有目的和有策略的读者，需要积极地运用任何可用的手段来寻找阅读的意义。有效的理解教学为学生提供了多种策略以适应他们可能遇到的各种问题解决的情境。许多关于多重策略教学的研究都将同伴互动纳入其中，以增加学生对话，并为"教师对话"和"儿童对话"提供了框架（Klingner & Vaughn，1998；Klingner et al.，1998）。这种教学方法通常被称为互惠教学（reciprocal teaching，Palincsar & Brown，1984），教师通过对每种教学策略进行示范，然后让学生彼此示范，教给学生一套认知策略（即做出预测、生成问题、使用澄清策略和总结）。

对阅读理解力缺陷的测评

与测量单词阅读技能相比，测评阅读理解要更复杂，因为理解力主要是一种无法直接观察到的认知活动。在阅读理解测试中，测试人员会要求学生阅读一段文字然后回答有关文章的问题，而在评估句子阅读理解的测试中往往采用填空题的形式。已发布的阅读理解NRT包括小组阅读测评和诊断评估（Group Reading Assessment and Diagnostic Evaluation，GRA+DE；Williams，2001）和阅读理解测试-3（Test of Reading Comprehension-3，TORC-3；Brown et al.，1995）。遗憾的是，目前可用的理解力测试未能充分捕捉到这一结构的复杂性，因此需要继续研究，来找到能够测量与理解力相关的潜在认知过程的测试（Snow，2002）。

　　研究反复表明，ORF 是测量阅读理解能力的有力指标(Fuchs et al.，1988；Hintze et al.，2000；Hintze et al.，1997；Hintze et al.，2002；Jenkins et al.，2003；Shinn et al.，1992)。因此，ORF 已被用作测量学生成长过程中阅读理解水平的一种手段。然而，研究人员发现，随着解码效率的提高，对于三年级以上的学生来说，ORF 不再是一个有效的测量阅读理解力的测量方法(Fuchs et al.，1993；Shinn et al.，1992；Stage & Jacobsen，2001)。因此，问题解决取向的教育工作者需要进行测评以帮助量化理解过程中所包含的潜在技能，而不仅仅是课文阅读的流利度。

　　迷宫测试(Maze)是一种基于课程的测量方法，可以有效地检查问题解决评估过程中的理解力。该任务可以频繁地实施，以便随时间推移可靠地测评学生的进步(Shin et al.，2000)。迷宫任务包括一篇年级水平的阅读文章，在这篇文章中删除每第 n 个单词(例如，每第 7 个单词)并将其替换为 3 个单词选项。学生必须阅读文章，圈出最符合句子意思的单词。Howell 和 Nolet(2000)将此任务描述为对学生的词汇知识和语法技能，以及对他们在阅读时应用积极阅读策略进行意义监测的能力的测量(Howell & Nolet，2000)。研究人员发现，当 ORF 的预测效用开始减弱时，迷宫任务能够反映学生的成长，并且与低年级学生阅读能力差异相比，它对高年级学生阅读能力差异更敏感(Jenkins & Jewell，1993)。

　　Fuchs 等人(1988)发现，书面复述是一项仅次于 ORF 的、有效的阅读理解测试，因为他们观察到书面复述和斯坦福成就测试第七版(the Stanford Achievement Test-Seventh Edition)的阅读理解子测试之间具有强相关性($r = 0.82$)(Gardner et al.，1982)。此外，Fuchs 等人(1989)表明书面复述测评在持续测量系统中为教师提供了有用的反馈。通过使用标准化的书面复述，教师能够根据基线测评结果为学生设定长远的目标并调整教学活动以支持学生的需要。

　　虽然这些测试反映了阅读理解中的一些重要过程，但显然缺乏测试来测量复杂的阅读理解结构。对于高效的问题解决取向的评估者而言，他们需要的不仅是反映阅读理解成分的测试，还需要敏感度高的测试、有助于教学的测试，以及能够用于评估随教学变化而变化的学生学习情况的测试。

结论

　　从根本上来说，问题解决取向的教育工作者认为，每个儿童都能够学习并且会学习。他们从事的活动旨在解决学习问题而不是寻找失败的原因。由于发生问题的个体与问题发生的环境之间存在相互作用，问题解决专家将每个问题都视为多方面的、动态的。

　　问题解决方案的发现依赖于对发生问题领域的基本技能的关注。通过设计教学内容，以确保使用有目的的、战略性的方式学习基本技能，问题往往可以得到解决。问题解决专家试图通过战略性测评，了解阻碍学生成功的基本技能的缺陷，并找到可能解决所观察到的缺陷的教学方法。一旦识别了以上内容，由教师主导的教学方法就可以被确定为对没有达到课程目标的学生是有效的，其目标是帮助这些学生达到与典型同龄人一致的学习速度(Howell & Nolet，2000)。

　　问题解决专家将测评视为一个数据收集过程，该过程直接反映了课程、教学和学习之间千丝万缕的联系。对于问题解决专家来说，测评用于指导教学决策，系统测评用于评估教学决策。这种测评与教学的结合对所有学生都很重要，但是对于那些在学习成绩上与同龄人之间存在差异的学困生来说，这种结合对于确保他们取得进步尤其重要。

第 6 章

数学领域在问题解决模式下的学业技能测评

Matthew K. Burns

David A. Klingbeil

教育的目标和期望的结果是什么？这是一个复杂的问题，答案出人意料地具有争议性，但大多数答案都表明，学习是让学生为未来的职业抱负做准备。尽管阅读是学习技能的基础，但数学正越来越与各种领域的成功就业联系在一起(Saffer, 1999)。然而，在过去的十年，数学研究在学校心理学中的地位远不如阅读研究(Badian, 1999；Daly & McCurdy, 2002)；在 2003 年的美国国家教育进展评估(National Assessment of Educational Progress)的测试中，只有不到 1/3 的四年级学生在数学方面达到了熟练水平(Manzo & Galley, 2003)，这一点令人不安。此外，阅读中经常讨论的成绩差距似乎也存在于数学中：非裔和拉丁裔美国儿童的成绩水平明显低于与他们同龄的欧美儿童，尽管这个差距正在慢慢缩小(Lee et al., & Dion, 2007)。

数学技能直接关系到儿童在小学低年级接受教学的质量(Fuchs et al., 2001)。"什么是高质量的数学教学"是一个有争议的问题(关于数学教学的更多信息，请参见 Chard et al.，本书第 17 章)，而美国数学教师协会(National Council of Teachers of Mathematics, NCTM, 2000)提出的标准进一步推动了这场争论，该标准强调数学和语言、推理、问题解决的能力一样重要。尽管有些人质疑这些标准的研究基础(Hofmeister, 2004)，但绝大多数人都同意其中一些提议，包括教师高质量的准备工作、精心设计的课程和基于数据的教学(NCTM, 2000)。最后一种提议对于学校心理学家来说非常重要，因为基于数据的决策是该领域的基础(Ysseldyke et al., 2006)。因此，本章的目的是讨论可以更好地用于指导数学教学和干预的数据类型。

如果一个章节只讨论数学学业技能，而不讨论数学学习的过程，这样的一章是不完整的。此外，测评目标与适当干预措施的一致性是很重要的，并且干预决策应考虑到学生正在发展的功能。因此，本章首先介绍了学生如何从具备一般的数感发展到具备理解复杂数学任务所必需的概念性知识和程序性知识。接着，读者将看到对常用数学测评类型的描述，以及进行这些测评的相应步骤。最后，我们强调如何在分层干预系统中运用这些测评。

数学学习

数学学习始于数感(number sense)的概念，这个概念很难定义，但却易于观察(Shapiro, 2004)。一般来说，数感包括理解数字的含义，这样，儿童就能够对其周围环境中的数量和图表做出准确的判断；它类似于阅读中的音素意识(Gersten & Chard, 1999)。当儿童能够成功地理解 5 大于 2，或者当他们计算环境中的物体时(例如，在走楼梯时数台阶)，他们就具备了数感。幸运的是，大多数儿童在上学时已经具备了一定程度的数感，但是那些不具备这种意识的儿童，在学习任何其他概念或应用之前，需要先学习数字的基本概念，与不具备音素意识的儿童的学习过程类似。

一旦建立了数感，儿童就可以进行有关计算和问题解决的更高级概念的学习。尽管之后的这些技能能够并且应该相互促进，但是在特定技能或领域内的学习过程也遵循一种可预测的模式，并且教学也应该遵循这种发展。技能的学习通常是从一个频繁出错、费力繁琐的过程，发展到更精确但执行缓慢的过程，并最终达到熟练表现的程度。Haring 和 Eaton(1978)的开创性著作将这一过程概念化为教学层次，并提出了四个阶段。第一阶段称为习得阶段，代表对技能的初步学习，其特征是速度缓慢且准确性不高。这个阶段的儿童需要教师的示范、明确的指导和即时的反馈，来提高回答的准确性。但是，准确的回答通常在一开始完成得很慢。此时的教学目标是提高精准技能形成的速度，也就是所谓的流利度(第二阶段)。当儿童能够在习得技能的环境中准确、快速地表现，并开始将技能应用于各种材料和环境时，就会出现新习得技能的泛化(第三阶段)。第四阶段是应用阶段，学生要学会在没有指导的情况下将概念或基本原理应用于新情境来解决问题。

刚刚描述的教学过程可以解释为，机械式背诵公式代表学习的开始，而概念性的理解是最后的阶段。但是，运算步骤的成功完成和概念性理解代表两种相关但截然不同的知识类型，它们之间的关系有些复杂。概念性知识是对数学的理解，即数学包含着一个相互关联的层次网络，它是所有与数学相关的任务的基础，而程序性知识是将概念性知识组织以实际解决数学任务的过程(Hiebert & Lefevre, 1986)。虽然我们并不清楚哪一种类型的知识首先发展，在某些领域或个人身上也可能有特定的发展顺序，但两者显然是相互关联的——对概念的理解通常在成功应用操作和步骤之前(Boaler, 1998; Moss & Case, 1999)。如图 6.1 和 6.2 所示，教学层次适用于概念性知识和程序性知识，以此指导学生学习。

概念性知识的教学层次 →				
学习阶段	习得阶段	流利阶段	泛化阶段	应用阶段
教学活动示例	对基本原则和概念进行明确教学(例如，时间、大于和小于、测量)。 使用数学教具和具体对象进行说明和示范(例如，使用时钟；给学生展示两个物体并让他们讨论哪个更大)。 立即反馈学生的回答是否准确。	使用教具和物体独立练习(例如，让学生数硬币或练习 10 个基本操作)。 对学生的反应速度进行立即反馈，但延迟反馈准确性。但是，在进行其他练习之前需要更正学生的所有错误。 进行及时强化提高反应速度。	使用与教学过程中不同刺激的教学游戏(例如，说出钟表上的不同时间；让他们把加法改写为乘法：4+4+4+4+4=5×4)。 提供与概念相关的数学应用问题。	使用概念来解决实际应用问题(例如，提问学生某样东西是否适合放在较小的容器中，或者提问需要多少物品才能使班级中的每个人都有一个)。

图 6.1　概念性数学知识的学习阶段和相关教学活动

		程序知识的教学层次 ————→		
学习阶段	习得阶段	流利阶段	泛化阶段	应用阶段
教学活动示例	明确教学任务的计算步骤（例如，解释如何计算 5+5）。 用书面问题进行示范，其中教师与全班一起完成第一个问题（例如，演示 5+5＝10），接着与全班一起完成第二个问题，然后让每个学生完成几个示例问题，教师根据需要提供帮助。 立即反馈做题的准确性。	运用书面答题技能进行独立练习（例如，比昨天更快地完成书面问题，通常称为"数学分钟"练习）。 对学生的反应速度进行立即反馈，但延迟反馈准确性。但是，在进行其他练习之前需要更正学生的所有错误。及时强化可以被用来提高反应速度。	将数字运算用于应用题（例如，让学生为故事问题编写数字方程式）。 在课堂上完成真实的和人为的数字问题（例如，"如果我作业中的 10 个问题有 6 个回答正确，那么我还需要答对多少个才算正确地回答所有的问题？有 20 名学生获得了奖励，还有多少人需要像他们这样做，整个班级就能都获得奖励？"）。	用数字来解决课堂上的问题（例如，"现在是 10:30，我们 11:15 去吃午饭；那么距离我们吃午饭还有多长时间？"）

图 6.2　程序性数学知识的学习阶段和相关教学活动

数学测评的类型

　　测评对于教学至关重要（Linn & Gronlund，2000），数学也不例外。用于指导和评估数学教学的数据可以通过一般成就测量（general outcome measures，GOM）收集，也可以通过特定次级技能掌握测量（specific subskill mastery measures，SSMM）收集；前者评估与整个课程相关的整体熟练度，后者根据预先确定的掌握标准评估具体的学习领域（例如，两位数的加法）（Fuchs & Deno，1991）。尽管使用 GOM 数据监测学生的进步有助于改善学生的学习效果（Fuchs et al.，1991；Fuchs et al.，1991；Fuchs et al.，1988），但是 SSMM 似乎在数学干预中发挥着特别重要的作用，因为数学课程由一系列标准、明确的目标和建立在它们之前的技能组成（NCTM，2000）。SSMM 的关注范围很集中，因此教师和学校心理学家可以利用这些数据对所关注的具体领域进行诊断性评估，并决定是否应该讲授教材内容（Burns，in press）。但是，在监测学生进度方面，SSMM 的作用有限，而 GOM 数据更加合适（Hosp et al.，2007）。

　　从 SSMM 获得的数据已表现出足够的心理测量属性（Burns，2004；Burns et al.，2000；Burns et al.，2006），并且通过 SSMM 获得的数据对于该技能的标准参照决策是可靠的（Hintze et al.，2002）。VanDerHeyden 和 Burns（2005）曾使用 SSMM 方法来确定学生已经掌握的目标以及需要额外学习的目标。对学生进行每一种技能的教学，直到全班 SSMM 的中位数达到或超过某个标准为止，此时该课堂的教学将进入数学课程的下一阶段。与前几年相比，这项工作的成果是，这些学生的数学技能在这一年内得到了提高。

数学测评的步骤

程序性知识

　　基于课程的测量（CBM；Deno，1985）是一种常用的、基于研究的测评程序，它帮助评估者收集学业行为的标准化样本。数学 CBM 是通过创建多技能（即 GOM）或单技能（即 SSMM）样本来完成的，这些样本被称为探针。教育工作者可以选择已发布的数学 CBM 探针（e.g.，AIMSweb，2006；

Edformation, 2005)，或使用基于网络的系统来创建一个(e. g., www. mathfactscafe.com)属于自己的系统。关于如何创建 CBM 数学探针存在一些争论。通常，数学 CBM 探针根据课程难度至少包含 25 个问题，并且多技能探针中的问题是随机排序的(Fuchs & Fuchs, 1991；Hosp et al., 2007)。但是，有研究表明，创建用于数学的多技能 CBM，应该通过按技能排列试题并将它们放置在对应的纵列中来完成(Christ & Vining, 2006)。例如，一个多技能探针可以包含个位数加法，个位数减法，两位数加法和两位数减一位数。所有个位数加法问题都放在第一个纵列，个位数减法放入第二个纵列，依此类推。此外，试题的数量并不是固定的，学校心理学家应确保提供足够的试题，以根据个别学生的熟练程度对其技能进行充分采样。

构造好探针后，教师给学生 2~4 分钟的时间，使其尽可能多地完成试题。有研究认为可以给学生 4 分钟的时间完成任务(Christ et al.)，但有些研究建议给 1~3 年级的学生 2 分钟完成任务(AIMSweb, 2006)。大多数教师发现数学 CBM 探针高效且易于实施(Hosp et al., 2007)，并且该探针可用于测试个人或整个班级。实施过程包括向学生提供要完成的试卷，并引导他们：(1)写出他们对某些问题的答案；(2)在回答每个问题之前进行仔细阅读；(3)从第一个问题开始作答；(4)在无法完成的问题上画 X；(5)继续作答直到他们完成所有试题或被叫停(Shinn & Shinn, 2004)。2~4 分钟后，学生停止作答，教师收集探针进行评分。

CBM 数学探针通过测量每分钟正确的位数(digits correct per minute, DCPM)得出流利度得分。之所以对 DCPM 进行测量，是因为相较于对正确答案的数量的测量，它对变化更加敏感。如果一个加法问题的答案是 1185，则正确的总位数为 4。如果有儿童回答 1180，则正确的位数(digits correct, DC)等于 3；尽管这个答案是错误的，但这个儿童显然比回答 500(DC=0)的儿童更理解加法。在解题的关键过程中，所有正确的数字都将进行评分，占位符将计算为正确的数字。图 6.3 中展示的解题过程有 17 个正确的数字，而不是 5 个：第一行有 3 位，第二行 4 位，第三行 5 位，答案行有 5 位。这种情况下，学生可以获得第二行占位符 0(1 个正确数字)和第三行占位符 00(2 个正确数字)的分数。

图 6.3 多位数乘法问题中正确位数的例子

为了确定 DCPM，我们将探针中正确数字的总位数除以测试的时间(例如，在 4 分钟的测试时间内有 80 个正确位数则得到 20 DCPM)。数学 CBM 的一些判定标准以 DCPM 表示(e. g., Shapiro, 2004)，而另一些以每 2 分钟 DC 表示(e. g., Edformation, 2005)。创建一个 DCPM 度量使得数据可以用任何一种方式进行解释，因为分数可以简单地加倍从而得到一个"每 2 分钟正确位数"的分数。

概念性知识

前面讨论的数学测评主要是程序性的，目的是测评学生的计算能力(Helwig et al., 2002)。概念取向的 CBM 直接测评概念性知识和运算步骤的应用。对概念取向的测评的研究比较有限，但这些数据已经被证明是全州测评结果的重要预测因素(Shapiro et al., 2006)。从业人员可以很容易找到一些完善的、概念取向的探针，如"监测基本技能的发展：基本数学概念和应用"(Fuchs, et al., 1999)，也可以开发一些新的探针。

概念取向的 CBM 探针应包括 18 个或更多的问题(取决于年级水平)，用来评估概念和应用的掌握情况(Shapiro et al.，2006)。概念取向的探针涵盖了除计算之外的各种数学概念，例如测量、图表、货币、应用计算和数学应用题(Shapiro et al.，2006；Helwig et al.，2002)。概念取向的测评通常需要6~8分钟(Shapiro et al.，2006)。与前面讨论的测评类似，评估者会在实施之前就任务的本质给出标准化的指导。概念取向的CBM数据是指正确回答的试题数目。

除了概念取向的CBM探针之外，要求学生判断试题是否正确完成也是一种测评概念理解的有效方法(Bisanz & LeFevre，1992；Briars & Siegler，1984；Canobi，2004；Canobi et al.，1998，2002，2003；Cowan et al.，1996)。例如，能够正确计数的5岁儿童中有10%不能识别其他人的计数错误，例如漏题、数字重复或对试题进行二次计算(Briars & Siegler，1984)。这种概念性理解的测评方法的一个例子是，通过提供给学生同一类数学等式的3个例子并要求他们圈出正确的一个(例如，$3+7=12$，$4+7=10$，$3+7=10$)，或者提供一个正确和错误等式随机排序的列表，并要求他们在正确的试题后写出或圈出"对"，在错误的试题后写出或圈出"错"(Beatty & Moss，2007)。

三层数学测评

分层干预系统，如在干预响应模式(RTI)中使用的系统，依赖于测评数据(Gresham，2002)。然而，所需的测评类型取决于所做的决策。随着学生的问题变得越来越严重，解决这些问题所需的干预措施力度变得越来越强，测量也愈加频繁和精确，由此对问题的分析也会更加详细(Burns & Gibbons，2008)。

问题解决模式是RTI的基础概念框架，通常包括问题识别、问题分析、干预实施和评估(Tilly，2002)。问题分析是问题解决模式的一个阶段，在这个阶段中，影响问题的变量被认为是选择干预措施的基础(Kratochwill & Bergan，1990；Tilly，2002)。这一点最好通过对教学变量和动机变量的系统分析来实现(Barnett et al.，2004；Howell et al.，2008；Howell & Nolet，2000；Upah & Tilly，2002)。随着学生的需求越来越强烈，设计干预措施所需的测评数据的特异性也越来越大(Burns & Gibbons，2008)。因此，如表6.1所示，在RTI模型的第1层级(整体)测评中，通常需要每年收集三次基准数据和整体筛查数据，以确定学生的综合技能水平是否与标准组存在差异。当然，教师可能会收集额外的数据，但至少应该收集所有人的基准测评数据。

表6.1　多层次干预措施的综合测评系统的描述

层级	谁将被测评	谁实施测评	测评的频率	探针的类型
第1层级	所有学生以小组形式接受测评	教师	每年三次	• 多技能的一般成就测量(GOM)
第2层级	15%~20%的学生以小组形式接受测评	干预者	至少每两周一次	• 识别干预目标的单技能的特定次级技能掌握测量(SSMM) • 使用GOM和SSMM监测进度
第3层级	大约5%的学生单独接受测评	干预者	至少每周一次	• 使用SSMM识别干预目标 • 通过错误分析识别学生的程序性知识问题 • 通过概念性测评来确定学生对基本概念是否理解 • 使用GOM和SSMM监测进度

第2层级(筛查出来的)的数学数据应识别这些遇到问题的学生中技能存在不足的类别(例如，一位数乘法、三位数加三位数)。然后，这些数据被用于确定针对小规模学生团体的干预措施，并在通识课程中实施这些干预措施。最后，第3层级(有针对性)的数学数据应该将特定技能和导致这种不足的

环境变量分离开来，然后为每个学生制定具体的干预措施。例如，来自第1层级的数据可以识别数学学习困难的学生；第2层级的数据可能表明学生没有正确地完成多位数减法问题；在第3层级进行的测评可以将数字的重组运算确定为目标技能，进一步的分析可能表明，学生还没有充分学习这项技能，需要在这方面进行额外的教学。除了收集这些旨在表明干预所需技能的形成性数据外，还应对各个层级干预措施的有效性进行越来越频繁的监测。

第1层级

由于RTI模型第1层级测评的主要目的是评估已经发生了多少学习，因此该层级中使用的数据在本质上应该是整体性的。此外，与单技能探针相比，多技能探针与数学表现的整体测量关联性更好（VanDerHeyden & Burns，2008）。因此，多技能探针的CBM作为一种整体筛查工具，应每年实施三次。

有三种方法可以解释第1层级中的数学CBM数据：一种是检查团体的成绩，另外两种是关注个别学生的数据。VanDerHeyden和Burns（2008）收集了多技能CBM数据，并将这些数据与分组实施的数学测试分数进行比较，以基于经验得出熟练程度的标准。结果表明，二、三年级学生超过17DCPM即达到熟练掌握程度；四、五年级学生需要达到29DCPM。只有大约7%的二、三年级学生以及13%的四、五年级学生的成绩高于这些数学CBM标准，但他们在国家统一考试中却没有达到熟练标准（VanDerHeyden & Burns，2008）。因此，解释第1层级数学CBM数据的第一种方法是将班级中位数与这些标准进行比较。

第1层级学生的DCPM分数要记录下来，并计算班级中位数、年级平均分和年级标准差。接下来，这些数据将被用来排除潜在的班级或年级问题，对于数学来说，完成这一排除的最好的方法是将班级中位数和年级平均数与前面提到的熟练标准进行比较。使用班级中位数是因为一个班级的学生人数通常很少（例如，少于30名学生），平均数可能会受到极端分数的影响。用平均分来衡量年级水平可能是可靠的，因为两个或两个以上班级的合并通常会产生足够的数据（即超过30名学生），这样就会使平均值稳定在可接受的范围内。

如果存在班级范围的问题，那么直接在课堂上进行干预，可能比将学生单独挑出来实施筛查级别（第2层级）的干预措施更有效率。例如，VanDerHeyden和Burns（2005）实施了一种同伴互助学习策略（peer-assisted learning strategy），在存在班级问题的课堂中讲授数学基本算式。课堂干预使得学生的技能立即得到提高，因此在几周之后，班级层面的问题不再明显，学生的分数在学年内和同龄人中都显著提高（VanDerHeyden & Burns，2005）。

实施班级干预的第一步是使用单技能探针测评数据，以更好地确定具体的教学需求（即到底要教什么）。SSMM探针按照课堂讲授技能的顺序实施，从当前技能开始逐步向后回溯（例如，先是两位数加法，然后是个位数减法，再是个位数加法），直到班级中位数落在教学水平内（二、三年级学生为14~31 DCPM，四、五年级学生为24~49 DCPM；Burns et al.，2006）。之后，课堂教学和全班干预措施将侧重班级中位数落在教学水平范围内的技能（例如，个位数减法）。每周应进行一次SSMM探针，以监测技能的进展。一旦SSMM的班级中位数超过相关的熟练程度标准，教学重点就会发生变化，此时将讲授序列中的下一个技能，并且至少每周对该技能施行一次SSMM。VanDerHeyden及其同事（VanDerHeyden & Burns，2005；VanDerHeyden et al.，2007；VanDerHeyden et al.，2003）一致认为，在使用SSMM监测学习进度的同时，他们能够有效地识别和纠正数学课堂上的问题。

在整个班级的问题得到纠正或排除之后，就可以使用规范的方法检查学生的个人成绩，以确定学生是否需要第2层级的干预。成绩位于或低于某个标准（例如，20%，25%或低于平均值1个标准差以上）的学生被认为需要更多的干预。或者，学校可以简单地将个别学生的成绩与教学水平标准（Burns et al.，2006）进行比较（如下节所述），任何得分低于适当标准的学生都将被认定为需要第2层级的干预。

第2层级

第2层级的测评依赖于 GOM 数据来识别需要干预的学生，但第2层级和第3层级的教学决策在很大程度上依赖于 SSMM 数据（Burns & Coolong-Chaffin，2006）。此外，单技能和多技能探针都会产生对教学决策可靠的数据，但两者似乎不能相互替代（Hintze et al.，2002）。因此，第2层级的数学综合测评系统将包括 SSMM（单技能）和 GOM（多技能）数据。

在全班范围内的问题得到解决后，或者如果一开始就不存在问题，那么个别学生将被确定为需要第2层级的干预。年级 GOM 最低的 15%～20% 的学生将接受更有针对性的干预，SSMM 探针将用于识别在教学顺序中哪种技能是合适的起点。因此，SSMM 探针以由难到易的顺序实施（例如，先是不需要重组运算的两位数减法，之后是两位数加法，然后是个位数减法，最后是个位数加法），直到特定 SSMM 的分数落在教学水平内，然后干预过程就以该技能开始。

Deno 和 Mirkin（1977）提出了流利度标准，确定一至三年级学生的数学教学水平为 21～40 DCPM，四至十二年级学生为 41～80 DCPM。然而，Deno 和 Mirkin（1977）的标准并非以研究为基础。2006年的一项实证研究指出，二、三年级学生的教学水平标准为 14～31 DCPM，四、五年级学生的教学水平标准为 24～49 DCPM（Burns et al.，2006）。低于最低教学水平的分数属于挫败水平，表明该技能对儿童来说太难，超过最高教学水平的分数属于掌握（或独立）范围。从业人员应实施单技能探针，直到根据 Burns 等人（2006）的标准，确定代表教学水平的任务适合第2层级的学生。当该技能被确定在教学水平范围内，则可以对一个小规模团体实施针对该技能的干预措施，并应经常（例如，每周或每两周一次）实施适当的单技能探针，直到证明小团体中的学生掌握了该技能；然后就可以继续学习下一个技能。

多技能 CBM 探针用于收集第2层级的 GOM 数据，以监测干预措施的有效性。这些数据可以通过检查分数的水平和干预期间学生进步的斜率来解释。分数的水平可以用 VanDerHeyden 和 Burns（2008）的学生熟练程度标准（例如，二、三年级学生为 17 DCPM，四、五年级学生为 29 DCPM）来解释说明，也可以通过一种标准方法来检验，即一旦分数达到或超过本地或国家常模（例如，达到25%或以上），就被视为掌握了足够的技能。Fuchs 等人（1993）提出了以数学增长率作为现实和远期的目标，该增长率可用于判断干预期间分数增长的斜率。

第3层级

与第1层级和第2层级一样，监测学生的进步至关重要，而且多技能数学 CBM 数据比单技能测评更能达到这一目的（Fuchs et al.，2007）。但是，接受第3层级干预措施的儿童的问题分析水平，应与需求的严重程度相匹配，多技能数据可能无法为教学计划提供足够的信息。此外，单技能探针可能有助于确定技能缺陷的领域，但可能无法识别错误模式。Rivera 和 Bryant（1992）提出了一种主动和一种被动的方法来测评学生完成任务的步骤。被动方法是通过检查已完成的多技能探针来检测错误模式，以确定技能领域的预期和实际表现之间的差异（Howell & Nolet，2000）。例如，学生可以完成试卷上涉及多位数加法和个位数乘法的所有问题，但无法正确完成个位数乘两位数的乘法运算，尽管这一知识点也是该年级课程的一部分。然而，这种被动的错误分析只表明技能领域存在差异，可能还需要额外的信息（Kelley，2008）。因此，Rivera 和 Bryant（1992）建议被动地识别导致学生未能正确完成问题的错误模式，并重新讲授该技能（例如，重组运算）。

识别错误模式的第二种方法是更主动的测评，在测评中学生要完成两项任务中的一项。首先，要求学生在完成问题时"有声思考"。这就使得学生能够口头表达所犯的错误（Rivera & Bryant，1992）。例如，思考以下问题：

$$\begin{array}{r} 3\;2 \\ -\;1\;5 \\ \hline 2\;3 \end{array}$$

学生可能会说"5 减 2；我不能从 2 中减去 5，所以我将从 5 中减去 2，也就是 3"。然后，重组运算的步骤就可以明确地教给学生。这是一个简单而常见的错误，虽然这个特殊的例子也可以用被动的方法来评估，但它展示了主动测评的第一种方法。如果儿童没有清楚地表达出错误，他将被给到第二个问题类型的例子，此时要求他成为教师，并教给评估者解决问题的方法。这两种方法中的一种可以识别出所犯的具体的步骤错误(Rivera & Bryant，1992)，然后这些错误就可以被直接和明确地纠正。

第 3 层级的数学 CBM 数据也应用于确定学生在学习层次中的功能，这可以通过流利度和准确性得分来实现。尽管有一些学者强调使用学习层次来推动学业干预(Ardoin & Daly，2007；Christ，2008；Daly et al.，1996)，但判断学生在层次中的功能位置的标准并没有很好地确立。辅助学习工作往往侧重学习层次的习得和流利阶段。技能的准确性是习得阶段的主要结果，而在流利阶段，快速完成任务至关重要。因此，关于试题完成的准确性的数据被用来评估学生的功能是否处在习得阶段。元分析研究发现，只要任务中包含至少 50% 的已知项，对数学计算等训练任务的效应就很大，而包含 90% 的已知项的任务的平均效应最大(Burns，2004)。因此，完成一项任务的正确率至少为 90%(例如，在一次有 20 个试题的测试中，有 18 项在 1 分钟内回答正确)表明学生已经成功地掌握了该技能，而低于 90% 的正确率则意味着需要进行习得干预。当然，错误率高的学生需要强化习得干预，或者他们应该接受必要技能的辅导(如果他们在三位数乘法探针上只能正确完成 30 个数字中的 10 个，则可能需要对个位数乘法进行干预)。此外，如果学生表现出较差的准确性，也可以对其进行概念性测评，以确保他们理解基本概念，而不是仅错误地完成计算步骤。

当使用灵敏的测量标准来衡量，比如位数正确的数目而不是试题正确的数目，如果一个学生正确地完成了 90% 的题目，那么他正在该技能方面变得更熟练(即快速)，此时流利度数据变得至关重要。Burns 和他的同事(2006)发现的教学水平标准同样可以作为有用的指南。得分在教学水平内的学生正处于熟练阶段并且不断进步，在单个技能探针中得分超过教学水平范围最高点(例如，四、五年级学生为 24~49 DCPM)的学生被视为精通该技能。当学生在三个连续的单技能探针中得分高于教学水平范围(例如，四年级学生为 55 DCPM)时，那么重点就要转移到保持和泛化上，并每月使用保留探针(Burns et al.，2006)。

结论

学校心理学一直致力于进行有质量的测评实践，但是过去实践中的数据与学生的学习没有太多的直接联系。RTI 代表了一种范式的重大变化——现在测评的主要功能是确定有效的干预措施，而不是诊断是否存在障碍。换言之，"诊断"这一术语可能不再专门用于识别障碍儿童，而是代表着确定具体缺陷的领域，并为解决这些缺陷制定干预措施。有效的诊断范式基于已有成效的干预的数据(Cromwell et al.，1975)。对第 2 层级和第 3 层级儿童进行基准程序性测评、SSMM 和概念性测评，并监测 GOM 干预措施的有效性，就可以发展出一个具有高度可预测结果的、完善的教学计划。

精准教学研究一贯表明，确定任务组成、提供明确的教学和个性化的实践机会，能够提高数学技能(Chiesa & Robertson，2000；Johnson & Layng，1992，1996；Miller & Heward，1992)。然而，关于高质量的数学测评、教学和干预还有很多需要研究的地方，目前也正在进行当中。使用基于测量和人类学习原则的、具有充分针对性的数学干预措施，我们可以促进所有儿童的学习，这是教育、RTI 和学校心理学的最终目标。

第7章

书面表达领域在问题解决模式下的学业技能测评

Kristin A. Gansle

George H. Noell

美国的学者、政策制定者和教育工作者越来越认识到儿童的读写能力是当前教育最紧要的任务之一（No Child Left Behind, 2001; Snow et al., 1998）。读和写是识字的必要条件。正如人们对数学和科学的期望越来越高，随着时间的推移，人们对学生读写能力的期望也在稳步上升。早期的写作教学往往侧重教师口述、学生抄写，在学生学会了简单的文本形式写作之后，教师会进一步强调文章的创作（Bransford et al., 2000）。20世纪30年代，期望不断变化，书面表达成为小学教学的重点（Alcorta, 1994; Schneuwly, 1994）。随着20世纪和21世纪的发展，在课程、标准化测评和教育论文中，人们对于学生创作日益复杂的文章、与读者交流情感、为指定目标写作以及产生原创性思想的期望变得越来越明显。

从美国国家教育进步评价（the National Assessment of Educational Progress, NAEP）等的相关资料中可以明显看出，重点、期望、课程和测评不一定转化为结果。例如，2002年NAEP的数据表明，在四年级、八年级和十二年级的学生中，只有24%~31%的学生在写作测评中达到熟练水平（美国国家教育统计中心（National Center for Education Statistics, NCES），2003）。显然，许多学生在基础教育（K-12）中既没有达到年级预期的水平，也难以进行有效的书面沟通（Greenwald et al., 1999; Persky et al., 2003）。书写能力不佳所带来的影响非常普遍，而且可能对学生的教育、职业培训机会、工作绩效和未来收入都产生很严重的影响（Graham & Perin, 2007）。在信息时代，写作能力是工作和社会化过程中越来越必要的技能。

既然表达能力对于充分参与社会生活至关重要，而且许多学生并没有获得这种能力，那么学校心理学家就必须要采取行动了。然而，要在书面表达方面进行有效的测评和干预，教育工作者必须解决至少两个不同于以往在阅读和数学领域面临的挑战。第一个挑战是，在学业和政策方面，与阅读相比，书面表达似乎一直受到轻微的忽视（参见National Institute of Child Health and Human Development, 2000;《不让一个儿童掉队》的"阅读优先"部分，2001）。尽管教育工作者、家长和政策制定者都赞同写作很重要，但他们似乎认为阅读是两项任务中更重要的一项。事实上，教师和家长转介儿童进行评估和干预时，主要关注的是阅读而非写作（Bramlett et al., 2002; Noell et al., 1999）。无论是在个人层面还是在系统层面，学校心理学家都很难说服家长和教育工作者像对待阅读一样在写作方面投入资源。

对写作进行测评和干预的第二个主要挑战。与阅读、数学和社会科学不同，写作是极具开放性的，没有标准的答案。对于大多数写作要求，学生可以给出无限多的正确、部分正确和不正确的回答。书面表达不像进行"3+4=7"这样的计算一样容易。正如下面关于书面表达测评策略的部分所描述的，如何判断"什么是好的或者什么是足够好的书面表达"，是学生、教育工作者和学校心理学家经常面临的挑战。它对选择用于量化的写作维度以及设定可接受的表现标准有一定影响。指出评估写作的哪些维度本身就存在困难，这也导致没有一致认可的书面表达测量方法，类似阅读测试中 1 分钟正确读出的单词数（WRC）。对于哪些指标可以代表有效的写作技能，学校心理学家之间存在着相当大的分歧，而且每种指标可以用多种方式测量。此外，与阅读或数学不同，小学不同年级的学生在书面表达的流利度方面没有普遍认可的标准。

本章描述的测评过程，尝试将问题解决测评的几个经典阶段分别对应到特定的写作过程中。问题解决过程的阶段包括问题识别、问题分析、计划执行和进度评估/监测（Bergan & Kratochwill，1990）。对于写作而言，这些阶段中的测评过程涉及技能、动机变量和写作的背景。本章描述的一般方法强调在写作中作者与文秘工作者之间的角色区别（Smith，1982）。作者的角色强调叙事的发展和组织，文秘工作者的角色强调产生作为执行计划的文本。

写作过程的测评需要考虑多阶段的写作过程，至少包括制定计划、书写、检查和修正（Isaacson，1985）。制定计划通常是指根据作文的目的来计划、组织和铺陈信息，然后通过手写、听写或打字呈现出来。书写取决于手写、拼写、大小写、语法和标点符号等技能。检查包括评估文章与作文目的的匹配程度，以及作文与写作惯例的匹配程度。修正包括进行任何必要的修改，以改进在检查阶段被认为不足的内容。虽然这一过程具有顺序性，但各阶段并不相互排斥；事实上，有能力的写作者往往会同时做所有的事情（Howell & Nolet，2000）。

本章其余部分描述了一种基于问题解决模式进行书面表达测评的问题解决方法（Bergan & Kratochwill，1990）。本章讨论的主要问题是构成问题解决过程主干的常见核心问题（见表 7.1），内容依次侧重确定写作问题何时会表现出来，具体说明问题是什么，确定哪些行动可能改善学生表现，以及评估干预措施的效果。在问题解决过程的各个阶段，选择书面表达的测量方法和制定适当表现标准的挑战日益突出。

表 7.1　书面表达测评的阶段

阶段	测评重点	数据源
问题识别	筛查并前瞻性地识别学习困难的学生	国家：已发布的，常模参照成就测验（例如，ITBS） 区域：已发布的，针对特定州的常模参照成就测验 本地：教师提名，CBM-WE 测量方法的地区常模
	测评问题以识别写作表达中需要关注的地方	师生访谈 永久性资料审查 直接观察 任务分析驱动的技能测评
问题分析	环境的哪些变化可能有助于提高学生的成绩？	通过整合问题测评中的数据得出的假设：描述环境和学业表现的数据 简要实验分析
干预实施和进度监测	提供的干预措施是否有效？	通过额外教学产生的短期结果数据 通过长期全面测量（例如，CBM）产生的长期结果数据

问题识别

就学生的成就而言，教育计划在前瞻性（以先决知识为基础）与反应性（以结果为基础）的程度上存在很大差异（DuPaul & Weyandt，2006）。教育中的反应模式可以描述为传统的"等待失败法（waitto-fail approach)"。在该反应性模式中，学校向所有学生提供核心的学业课程，并且将其他资源也集中在学生身上。当学生表现出明显的落后，即与同龄人有质的差别时，才会引起教师和/或父母的关注。问题解决模式、干预响应模式(RTI)和预防性工作开展模式在教育中出现的部分原因是"等待失败法"的效果不佳(Elliott et al.，2007)。在学生出现问题、但问题规模较小且能够对干预做出响应时，"等待失败法"不会为学生提供资源。与此相反，问题解决或预防性方法则试图在学业问题开始出现时就加以查明，并在进展预测乐观时仍然加以干预。

从概念和逻辑上说，当问题较小且能够通过预防性方法和问题解决方法进行改善时，理解干预的益处对我们来说并不困难。我们面临的挑战是创建和维护一个在问题不太严重时提供早期识别和干预的系统。在学校心理学中，人们习惯于将早期识别过程称为筛查。筛查通常是向大部分或所有学生提供简短、简单并且可重复的测评。这些简短的测评旨在识别那些在当前学业任务中的表现远远落后于其他人，需要进行额外的测评或干预的学生。值得注意的是，为了使筛查测评切实可行(即它们不会消耗大部分可用的干预资源)，我们必须利用已有的或相对简单的任务。

筛查：谁可能在写作方面遇到麻烦？

在过去，学业筛查用于识别可能需要额外帮助才能在普通课程中取得优良成绩的儿童。在筛查过程中，学生的技能通常被拿来与同龄人进行比较。良好筛查工具的理想特性是准确、高效以及在学生学业生涯早期使用(Elliott et al.，2007)。尽管及早、前瞻性地识别出存在失败风险的儿童有显而易见的优势(e.g.，Campbell et al.，2002)，但教育工作者经常等到学生出现问题才进行干预和/或使用缺乏效度的测评(Donovan & Cross，2002；Elliott et al.，2007)。有多种方法可以筛查儿童的写作技巧，如教师提名、学校常规收集的标准化成就数据等。筛查方法倾向使用对学生技能的总体评估，而不是基于具体技能的测评，因为这样可以快速收集大量学生的数据。

作为筛查者的教师

筛查可以采取对课堂写作进行非正式审查的形式，其中教师负责测试学生是否符合期望。要求教师提供的关于学生技能判断的精确度范围，可能包括从简单地要求教师提名存在写作困难的学生，到要求对与学生当前年级密切相关的具体写作技能进行结构化评分。例如，在一年级期末，教师对学生进行评分时，可能会检查其编写简单句子时的拼写、笔迹、大小写和标点符号。相比之下，对五年级学生进行评分时可能会更全面地检查其写作技巧，包括语法、大纲、叙事结构、校对和文章表达的明晰程度。当被提供一种描述学生成就的结构时，教师往往能更准确地判断学生的成就(Elliott et al.，2007)。例如，对学生技能的结构化教师评分与标准化成就分数的相关系数超过 0.6(Demaray & Elliott，1998；Hoge & Coladarci，1989)。对于希望设计简短的教师评分表来筛查学生的从业人员，以下建议可能会有所帮助：

1. 参考国家教育部门、学区和/或教材出版社发布的针对年级写作的要求。

2. 确定要筛查的学生所在年级的高级写作技能。

3. 将高级写作技能分为四到六个关键的技能成分。

4. 创建一个包含高级写作技能的五个维度左右的表格，通过圈出每个学生在各项写作技能领域的得分，使得我们可以在一张纸上对整个班级的写作技能进行评分。

图 7.1 为路易斯安那州三年级学生的年级水平的写作期望筛查评分表的一个示例。鉴于实施成本低且容易获得，写作技能的结构化教师报告数据应成为学校范围内学业筛查的一部分(Elliott et al.，2007)。

三年级英语语言艺术课程的年级水平期望

要求学生撰写由两个或两个以上段落组成的文章，需要包含以下要素：中心思想；合理的逻辑顺序；描述想法的支持性细节；段落内和段落之间的过渡词。

请根据学生在写作时出现表格第一行操作的频率，对其进行评分。

1＝从不　2＝偶尔　3＝经常　4＝通常　5＝几乎总是

学生	书写两个或两个以上段落	传达中心思想	清晰的逻辑顺序	提供描述想法的支持性细节	在段落内和段落之间使用过渡词	总分
A						
B						
C						
D						
E						
F						
G						

图7.1　年级水平期望的评分表示例

标准化成就测验

显而易见，标准化成就测验不是最佳的筛查工具。它们昂贵且数量较少，并且完成测试和得出评分之间的时间间隔太长，所以并不理想，因此学校心理学家通常不建议采用标准化成就测验作为筛查工具。但是，标准化测试在美国很普遍，如果不使用现有数据来提供所测年级的学生需求指标，筛查将十分低效。

出于筛查的目的，我们可能会使用团体测试来提供有关学生技能的一般信息。国家年度期末评估系统通常由学区进行管理，这些测试的细节程度各有不同，它们往往会为筛查人员提供有关学生写作技巧、习惯、表达和总体语言能力等方面的分数。例如，爱荷华州基本技能测试(the Iowa Tests of Basic Skills, ITBS; Hoover et al., 2005)是全国通用的学业技能团体测试，可提供拼写、大小写、标点和习惯/表达方式方面的语言分数。ITBS被普遍认为具有高效度，其内部一致性信度和复本信度为0.80~0.90，而分测验的信度较低(Engelhard & Lane, 2004)。

在过去，团体成就测试的分数是基于常模参照或报告为标准分数、百分位数以及年龄或年级等值的分数，它们可用于筛查和标记成绩低于同年龄组一定百分比或低于预期水平的临界值的学生。尽管这些分数提供了比较个别学生的分数与其年级/年龄组的分数的信息，但他们在提供有关目标技能的建议或干预目标时，效度或实用性有限(Cone, 1989; Hayes et al., 1987)。然而，它们可以用来识别哪些表现不佳的学生需要进一步的测评。

基于课程的测量

基于课程的测量(CBM)旨在为特殊教育工作者提供一种测量具体技能发展的方法，这是常模参照测验无法实现的。它提供了对学生表现的有效测量，并且可以通过重复实施来评估教学效果(Bradley & Ames, 1977; Christ & Silberglitt, 2007; Deno, 1985; Deno et al., 1985)。但是，CBM也已成功用于筛查各种学业技能领域的学生。随着CBM的发展，其使用也越来越普遍，人们开始思考在较大的学生群体中应如何使用CBM，以便在班级、学校和地区之间比较那些在通识课程中遇到困难的学生的表现(Shinn, 1988)。这些团体的数据被认为是"常模"，因为它们提供了一个标准，可以将单个学生的表现与来自其特定教育系统的学生的表现进行比较(Stewart & Kaminski, 2002)。常模尤其适用于筛查存在学业缺陷的学生，因为它可以提供系统水平的数据，这些数据能够帮助教育工作者分辨出那些在基础技能方面需要额外的教学或练习的学生。各地区可能会自行设置临界值，以确定需要获得额外的评估或帮助的学生人数。

根据 Shinn(1989)最初描述的 CBM 写作的标准程序，学生会收到一张图片、半句话的故事开头或一句话作为写作的提示。首先，测试人员在不告知学生要写作的情况下给他们 1 分钟思考该主题，然后要求他们在特定的时间段内写作。当从学生那里收集到 3 分钟或 5 分钟的写作样本，并且所使用的提示类型类似时，CBM 书面表达(CBM-written expression, CBM-WE)测量的效度系数最高(McMaster & Espin, 2007)。例如，书面语言测验(the Test of Written Language, TOWL; Hammill & Larsen, 1996)的同时效度系数为 0.69~0.88，而发展性计分系统(the developmental scoring system, DSS; Lee & Canter, 1971)的同时效度系数为 0.76~0.88(McMaster & Espin, 2007)。

一些最常见和最有效的 CBM-WE 测量包括书写单词总数(total words written, TWW)、正确拼写单词数(words spelled correctly, WSC)、正确单词序列(correct word sequences, CWS)以及它们占总数的百分比。TWW 的结果报告为学生在此期间写的单词总数，包括拼写错误的单词，但数字不计算在内。WSC 是 TWW 的子集，仅包括拼写正确的单词，即使所选择的单词不适用于当前句子的语境也是如此。结果可以报告为在此时间段内学生的 WSC 数量或拼写正确的 TWW 的比例(正确拼写的单词数除以 TWW×100＝%WSC)。测量 CWS 的目的是，当出现"语词杂拌"(Shinn, 1989)的情况时，减少对绝对数量的关注来评估写作样本的语法正确性：在写作中正确拼写且在语法上正确的任何两个相邻单词被视为一个正确的书写序列。结果报告为在 3 或 5 分钟的测评时间内写出的 CWS 数量。例如：

"^ Save ^ som ^ pie ^ for ^ him ^ and ^ I ^"

在上面这个例子中有 8 个单词序列，每个单词序列都带有一个插入符号。第二个和第三个不正确，因为"som"是一个拼写错误的单词，而第七个和第八个也不正确，因为这里的"I"应该是"me"。通过将 CWS 的数量除以单词序列的总数并乘以 100(%CWS)来计算 CWS 的百分比。这个示例的得分是 4 个 CWS，准确度为 50%。正确的单词序列减去不正确的单词序列(在前面的示例中为 4 减去 4，也就是 0)被发现与中学生分区写作测试有中等相关性(Espin et al., 2000)。研究者已经发现诸如 TWW、正确的字母序列，CWS 和 WSC 之类的测量与诸如 TOWL 或斯坦福成就测验(Stanford Achievement Test)之类的标准写作测量具有显著的相关性，并且具有足够的信度(Deno et al., 1982; Deno et al., 1980; Gansle et al., 2002; Marston & Deno, 1981; Videen et al., 1982)。此外，越来越多的文献描述了各种常见和替代性的基于课程的测量方法，包括它们的信效度数据，以及普遍接受的书面表达标准化测评(e.g., Espin et al., 2005; Espin et al., 1999; Espin et al., 2000; Gansle et al., 2002; Marston, 1989)。尽管在这些替代措施中，有一些已展示出作为测量书面表达工具的潜力，但在学校测评团队将其广泛应用之前，还需要进行更多的研究。

Parker、Tindal 和 Hasbrouck(1991)评估了几种 CBM-WE 测量方法，目的是进行筛查，以识别写作困难的学生。他们测量了秋季学期和春季学期收集的学生写作样本的多个方面：TWW，WSC，CWS，%WSC 和%CWS。尽管大多数测量并未将成绩不佳的学生区分开，但 Parker 等人(1991)发现在二至五年级中，%WSC 是最佳的筛查工具，因为它的分数分布近似于正态分布，而其他测量方法的分数则根据年级水平呈正偏态或负偏态分布。

问题识别：写作中存在什么问题？

一旦识别出书面表达有困难的学生，就需要进行更多且更详细的测评，以识别出所需关注的具体方面。此阶段测评的一般方法可以描述为基于课程的测评(curriculum-based assessment, CBA)。相比之下，之前描述的 CBM 是一系列整体结果测量方法，旨在使用一系列任务对学生进行频繁的进度监测，这些任务符合心理测量学标准并且与关键的整体教学结果(如读写能力)密切相关。CBA 是一个测评程序的集合，它采用 CBM 和其他直接的学业表现测量来回答测评问题，指导干预设计并评估计划的成功与否(Mercer & Mercer, 2005)。CBA 是一个笼统的术语，其中包含了各种可能的方法，包括访谈、永久性资料审查、基于流利度的探针、基于准确性的探针和基于课程的测量(Shapiro, 2004)。CBA 还需要对课程进行任务分析，然后再多次测量学生在这些课程任务上的表现(Salvia et al., 2007)。CBA 研究发生在特定事件之前和之后的、与之相关的学业行为，检查环境背景中的行为以及日复一日发生的事件(Sulzer-Azaroff & Mayer，1991)。它建议进行教师访谈、永久性资料审查、流利度和准确性探针、在课堂上直接观察以及学生访谈，以测评书面语言的问题。

最初，CBA测评着重于识别和定义写作过程中的问题。测评最终要考虑的要素之一是对于作者和文秘工作者的写作要求的区分(Howell & Nolet，2000；Smith，1982)。作者角色要求学生产生想法，组织想法，然后以清晰有趣的方式进行交流。相比之下，文秘工作者这一角色需要将这些想法转化为可以理解的文章，至少不能模糊作者的想法，并且最好是将其突出。不同的学生在写作中存在困难的方面不同。有些学生报告说他们根本想不出要写什么，而有些学生报告说他们会产生很好的想法，但是很难将他们的想法组织成连贯的文章，还有一些学生在语法、拼写和标点符号等基本问题上遇到困难。

要检查写作技能，先了解教师的要求、课程的要求、学生技能和学生写作习惯的相关信息会很有帮助，因为每种信息都可能与学生在课堂上的不良表现有关。换句话说，对问题的评估不应该仅包括对学业技能的测评，因为教学环境可能也会影响学生的表现(Shapiro，2004)。在某些情况下对技能的需求会更为明显，在问题分析过程中，该信息具有不可估量的价值(本章稍后将介绍)。

访谈

由于访谈简单、快捷和高效，因此通常被用作测评过程的第一步(Shapiro，2004)。访谈阶段应包括与写作有关的各种焦点的询问。表7.2中包含了这些焦点，并列举了一些可能的问题示例。测评人员应该从教师那里了解学生出现写作问题时的课堂情况，因为这可能有助于问题分析。访谈者应收集与所关注领域相关的更多具体信息，以帮助聚焦更直接的测评活动(Witt et al.，2000)。例如，访谈者通常会询问写作习惯、作业完成的及时性、写作内容的成熟度、语法、技巧和组织能力。如果学生通常能够在课堂上努力学习并能按时完成作业，但他的写作样本在内容和组织结构上并不成熟，这就意味着在后续评估中，应将他们与经常分心且几乎不能完成作业的学生区别开。

表 7.2　通过教师访谈进行有关写作问题的数据收集

焦点	问题示例
课程	• 您使用的是已发布的课程吗？如果是的话，使用的是哪一个？ • 目前学生正在学习哪些技能？
典型课堂表现	• 从整体来讲，您会如何形容班级学生的行为表现？ • 从整体来讲，您会如何形容班级学生的学业表现？ • 您现在所在班级的学业表现与行为表现与您过去几年所在的其他班级相比是否具有可比性？
课堂管理	• 您是否正式地、系统地向学生讲授过课堂要求与规则？ • 您对学生的行为表现有何反馈？ • 您对学生的学业表现有何反馈？
进度监测	• 您如何监测学生在语言艺术方面的学业进度？ • 您是否采取了不同的措施来监测被转介学生的进度？
学习目标	• 您的课堂是否制定了学习目标？如果有的话，是什么？
目标学生：写作习惯	• 请描述目标学生的语言艺术学科的写作习惯。 • 这些写作习惯是否与其他学科(例如数学)的习惯一致？ • 作业对学生来说困难吗？
目标学生：学业表现	• 目标学生是否按时完成了语言艺术作业？ • 目标学生是否听从指导？ • 目标学生写作的哪些方面存在问题？ • 这些问题是只出现在写作中，还是在其他领域也很明显？

尽管许多学生对自己的写作困难没有实质性的了解，但在早期测评过程中对学生进行简短访谈会很有帮助。在某些情况下，学生能够找到可能影响干预设计的关键因素。如果学生报告难以产生思路或无法理解题目，和/或只是不喜欢写作，那么在干预设计期间需要解决的因素就能够确定下来。访谈者不仅应该要求学生描述写作时使用的步骤，也应该要求他们描述在写作过程中的哪些方面存在问题。如果学生的写作样本在大小写和标点符号方面存在许多错误，则应询问学生如何纠正错误。如果学生无法纠正错误，那么学校心理学家应该就此进行教学，而不是使用基于结果的程序，例如对于具备必要技能且能够纠正错误但是在做作业时却没有这样做的学生，当他们能正确纠正错误时，应给予奖励。

写作样本审查：永久性资料

写作样本将提供有关学生当前写作表现和技能的信息，并有助于指导评估人员进行更详细的测评。审查永久性资料时应注意以下问题。

1. 学生是否完成写作？是作业完成质量的问题还是作业完成速度的问题？
2. 学生是否遵循指导？失败可能是由于未遵循指导而导致的，学生不遵从指导的原因可能是对指导缺乏理解、缺乏遵从的技巧或缺乏激励。让教师重新给予指导或许是必要的，因为在他们检查作业时，这些问题可能并不明显。
3. 学生能够流利地进行写作吗？他们的行文数量是否能够达到作业要求？
4. 作业难度是否符合年级期望？如果相对于学生的技能和先前的教学而言难度过高，则学生可能无法完成足够的作业，以获得及格分数。
5. 学生写得清楚吗？显然，如果教师无法读懂文章，则学生无法获得完成作业的学分。
6. 学生是否遵循书面语惯例（包括技巧、语法、拼写和标点符号）？
7. 学生是否能够完整地组织一篇文章（包括组织句子、段落以及记叙文和说明文）？

永久性资料审查应该能帮助识别学生最终写出的文章中所存在的问题。例如，学生不能通过写作很好地传达想法。重要的是查看写作样本中出现的具体错误，以获取有关学生犯下的诸如技巧、语法或拼写错误等的信息（Howell & Nolet，2000）。但是，关于内容、组织和风格等方面的问题，最初可能不清楚具体发生在写作过程的哪个部分，需要进行额外测评才能分离出此问题。要承认的是，在审查永久性资料时，我们在很大程度上不知道资料是在什么情境下获取的。在已知的情境下进行直接测评可能是获取更准确的学生写作技能概况的有效途径。

设定表现标准是评估学生写作样本时出现的另一个问题，并且关乎之后测评活动的程度。标准设定的问题尤其棘手，因为写作是一项多维活动，随着学生年龄增长，日渐成熟，对他们的期望也会发生变化。如果学校心理学家没有花大量时间阅读"我暑假里做了什么"的三年级作文的初稿或最终稿，那么他们可能不清楚面前的样本是有效的还是无效的。要解决这一测评问题，学校心理学家可能需要借鉴优秀同行的工作以及已经发布了的标准，以针对特定问题设定合理的测评标准（有关该内容的详细讨论请参见 Kelley et al.，2003）。

直接观察

在写作教学和独立写作时间内对学生和教师的直接观察，可以帮助测评人员弄清学生在不同情境下的写作习惯，并且有利于随后的问题分析阶段。实际上，有助于测评写作习惯的观察场合同样有助于对背景进行描述性测评。因此，本节将讨论环境和学生水平的变量。这些数据可能保留或消除对学生的写作习惯、教学、课堂环境以及这些变量如何相互作用的担忧（Kelley et al.，2003；Witt et al.，2000）。

有关环境变量的信息可以通过直接观察学生的写作习惯来收集，并且可以提供与学生的技能问题测评相关的信息。学校心理学家会发现，与推测的问题原因无关的变量可能会对观察到的缺陷产生重大影响。如果学生在被要求写作时没有参加任务或处在不利于持续进行写作的教室中，那么无论是否存在技能问题，其写作都可能会受到负面影响。教学变量也可能是导致该问题的原因。例如，对于尚不能区分动词和名词的学生，关于不规则动词的时态的教学可能不太有效。

教师在写作作业中提供的提示或指导以及学生的写作习惯将是直接观察写作问题的重点。直接观察可用于收集在课堂写作期间教师行为、学生的依从性和写作习惯以及同伴行为的有关信息。进行观察是为了客观地描述写作问题的前提事件、写作行为本身以及随之而来的结果，写作行为包括适当的行为（例如，学生认真地完成写作作业）和不适当的行为（例如，学生写日记时在房间里闲逛）。与严格遵循时距记录程序相比，以更常规的方式查看以下变量能更好地评估写作行为：

1. 教师行为。教师在开始上课时通常会做什么？教师是否清楚地表明学生在写作期间应该做什么？如果学生不了解所期望的行为是什么，那么依从性就会减弱。此外，教师是否向教室里的学生提供了正确和积极的反馈？是否有足够的积极反馈来维持期望的学生写作行为？

2. 学生的依从性和写作习惯。学生是否遵循教师的指导？如果学生一开始能够遵循，那么在整个写作期间他是否一直保持投入？如果依从性开始时良好，但是随着写作时间的延长而降低，这可能表明该作业不在学生的教学水平上，它对于学生注意力的要求太容易或太难。

3. 同伴行为。教室里的其他学生在做什么？目标学生周围的学生在做什么？目标学生可能对附近学生在做什么比对作业更感兴趣，或者教室中的活动水平太高，以至于所有学生都无法很好地进行写作。如果附近的学生过于活跃，使目标学生无法保持对写作的关注，那么类似于将学生的书桌移到房间中更安静、更易获得教师帮助的位置这样简单的方法，也许就能解决问题。

任务分析和详细技能测评

对于许多学生来说，问题识别阶段的最后一部分是对具体技能的更详细的测评。但是，如果将标准化的任务分析和技能测评应用于所有学生，效率会很低。例如，先前的测评数据表明写作量巨大是由于学生缺乏写作技巧和难以理解语法，在这种情况下，详细测评可能会集中在先前技能的指导上，以确定学生是否缺乏校对和纠正其写作问题的必要技能。在另一种情况下，测评数据可能表明学生的写作技巧、语法和拼写都达到或超过了年级水平的期望，此时我们需要关注的显然就是其想法的质量和组织想法的能力。本节概述了一种详细测评的方法，这种方法是围绕作者功能与文秘工作者功能（Smith，1982）以及先前介绍的四阶段写作过程（Isaacson，1985）的概念进行组织的。

矛盾的是，对写作的详细测评通常不是从写作开始，而是从讲话开始。要想写作，个体必须有要表达的东西。这对应作者的角色和写作的计划阶段。初步测评通常从向学生展示适合他们所在年级的写作任务开始，并鼓励他们在计划阶段说出自己的想法。通常情况下，学校心理学家此时应担任记录员，这样学生就可以专注于自己的思路。计划阶段评估的目标是让学生在尽可能减少写作要求的情况下，制定一个适合于其发展水平的写作计划。一年级学生在这个阶段的任务可能只是大声说出要写的句子，二年级的学生可能需要精心构思一段话，而对于五年级的学生来说，他们可能需要论述一篇短文。设定这一阶段的原因是，在学生制定出完善的计划之前，对写作技巧的考虑可能为时过早。

写作过程的第二阶段由文秘工作者角色主导：将想法转化成文字。出于测评目的，任务只是要求学生写出他们在提出和计划阶段的构思。根据学生的年龄、背景和期望，这个任务可以通过手写、打印或打字来完成（Howell & Nolet，2000）。在评估的这一阶段，学校心理学家的重点是观察学生的写作习惯，并确保干扰最小化，以便技能评估不会受到竞争行为和课堂干扰的影响（Noell et al.，2009）。

一旦初稿完成，下一阶段就是观察"检查"步骤的完成情况。重要的是要与学生交谈，以迅速描述有关写作内容的想法，并了解标点符号和内容等技巧问题是否正在改善。测评的这一阶段有两个主要目标。第一是确定学生是否可以识别和纠正他们的语法和技巧问题。第二是确定学生是否可以对他们的写作内容进行校正。换句话说，学生是否提出并回答了以下问题：文章是否有意义，以及文章是否充分表达了最初的想法或目标。

测评的最后阶段应包括指导学生对初稿进行适当的检查、评估和修正。在此阶段的关键考虑因素是学生是否可以认识到并纠正自己的错误。一些学生可能会认识到自己有单词拼写错误，并且段落没有意义的问题，但仍然不知道如何纠正这些问题。通过写作过程测评对学生进行观察和互动的最后一个目标是考虑学生的写作习惯。在变得疲劳之前他们能进行多长时间的写作？他们是否坐立不安，无法集中注意力？他们是能够自己组织语言写作，还是要依赖于指导和提示？

问题分析

　　问题分析通常被描述为旨在确定问题行为发生原因的评估和分析，这是问题解决、RTI和二级预防的共同特征（Beavers et al.，2004；Bergan & Kratochwill，1990）。问题分析是一种经典的框架，它可以识别学生出现问题行为的原因，并且与功能测评是同义词（Carr & Durand，1985；Iwata et al.，1982；O'Neill et al.，1997）。例如，学生可能会出现破坏性行为，以逃避学业要求或获得关注。问题分析可检查学生出现目标行为后获得了什么（正强化）或逃避了什么（负强化）。但是，在学业技能问题的背景下，关注的目标通常不是行为的发生，而是行为不发生或行为不良。当行为不发生时，就不可能通过分析环境背景来确定维持行为的原因。此外，对许多学业缺陷来说，问题的根源可能出现在学生复杂的学习经历中，但这却是难以从寥寥数次测评中获得的（Daly et al.，1997）。但是，在某些情况下，课堂观察、访谈和永久性资料审查可能会揭示干扰学生表现的主要问题。例如，模棱两可的教学、较少的反馈、有限的练习机会以及嘈杂的、会分散注意力的课堂环境都可能导致学生表现不佳。在实施个性化干预之前，将课堂因素作为目标是明智的，这些因素可以解释转介问题，并可能对所有学生的表现产生不良影响。

　　在许多情况下，被转介学生的不良写作能力不会涉及任何环境因素，此时测评将转向对个性化干预的规划。对学业技能缺陷的问题分析通常侧重技能问题的具体说明，确定有效的教学支持，并设计教学策略，以最大限度地利用反馈来练习技能，从而改善已识别的缺陷。如果学生的薄弱之处在于校对和改正，则学校心理学家可以创造实践机会，以覆盖-复制-对比法（cover-copy-compare；e. g.，Skinner et al.，1997）或同伴辅导形式（e. g.，Harris et al.，2006；Saddler & Graham，2005）来进行干预。相反，如果主要缺陷与主旨产生和文章组织有关，则最初的主要干预活动可能包括确定文章主题，并使用传统的提纲或故事地图（e. g.，Vallecorsa & deBettencourt，1997）为这些主题制定大纲，然后可以由教师或同伴辅导者对这项工作进行检查、修正和强化。该过程的重点是分离出需要快速发展的关键技能，设计提供有效提示和反馈的练习策略，并制定练习时间表以使学生赶上同龄人。对满足学生需求的干预要素的描述超出了本章的范畴，我们建议读者阅读由McCurdy、Schmitz和Albertson编写的本书第18章，该章节描述了有关书面表达的干预措施。

　　简要实验分析（brief experimental analysis，BEA）是用于问题分析的另一项工具，可以帮助检查环境条件对学生表现的影响。BEA已越来越多地被用来测评不良的学业表现（e. g.，Duhon et al.，2004；Malloy et al.，2007）。功能分析是一套流程，旨在识别控制行为发生的变量（Hanley et al.，2003）。BEA是一种简化的流程，其中每个阶段或条件通常只进行一次，而在完整的功能分析中，其阶段的数量很容易达到40~60个，且时间周期更长（Northup et al.，1991），因此不太可能在学校环境中使用。Noell等人（2001）将BEA应用于口语阅读流利度的测评。在这项研究中，学生将面临基线条件、奖励条件、教学条件和综合教学-奖励条件。每个条件都对应一个简单的阶段，然后重复整个流程，构成最小的倒返条件。随后的扩展分析（extended analyses）测试了在BEA中被确定为最有希望的条件的有效性，83%的情况下，扩展分析都支持了在BEA中获得的结果。

　　Duhon及其同事（2004）提供了一个基于测评的干预设计示例，其目标行为包括书面表达。该测评不包括完成BEA所需的倒返条件（e. g.，Daly et al.，1997；Eckert et al.，2006），而是在单个阶段中实施了所有条件，并且，这项非实验性测评提出了有关缺陷的"技能-表现（skill-versus-performance）"假设。测评的目的是区分出那些有技能但是缺乏动力的学业表现不良的学生，我们将其称为表现缺陷（performance deficit），而不是技能缺陷（skill deficit）。当得知会获得奖励时，表现有所改善的学生将被视为具有表现缺陷的学生。这些学生具备良好表现所必需的技能，但是环境后效使得他们无法适当地表现。随后围绕此测评驱动的启发式方法进行的扩展实验分析支持了这个假设。

　　BEA可以用来区分在学生的写作问题中可能涉及到的不同技能组合的困难。例如，可以创造对写作中的作者角色或文秘工作者角色的要求更高的条件。这种类型的 BEA 将从提供有关要写的作文的特定信息开始。在一种情况下，可以使用有关想法、具体内容的口头指导甚至是图片形式的清单或大纲来要求学生进行写作。当学生获得丰富的内容并被要求写作时，他们是否能够创造出合格的文章？在另一种情况下，可以采用结构化检查表的形式。学生将获得一个简单的写作提示，其中包含一个详细检查表来说明在文章中需要哪些文本结构。对于段落写作，检查表可能包括一个主题句，三个或四个辅助句以及一个结尾句。对于句子写作，检查表可能包括主语、谓语或动词、二者的描述符(如果需要的话)、第一个单词和专有名词的大小写以及结尾标点符号。诸如此类的检查表将根据所布置写作作业的必要部分进行调整。这些数据都需要被检查，包括每种条件下的写作内容、质量和数量。如果在给予作者角色相当大的支持下，学生写出了优秀的作业，那么干预可能会着重于发展这些技能。或者，如果在提供程序性支持的情况下，学生写出了更优秀的作品，那么干预将集中在语法、句法和技巧上。

进度监测

进行本文所述的这一类问题解决过程的主要目的是制定和实施可改善学生功能的干预措施。成功的干预需要有一个合理的计划，接着实施该计划并对学生的表现进行监测，以评估学生的进度以及干预的适当性。本章重点介绍测评。本书的其余章节对有关写作测评和支持干预实施的干预设计进行了更详细的讲解。

进度监测之所以至关重要，是因为它与学生的学业成果有着明显的联系(Fuchs et al.，1993；Jones & Krouse，1988)。但是，认识到并接受其重要性并不意味着应在进度监测中使用某种特定的评估。我们建议使用同时包括短期和长期因素的混合策略。将短期策略嵌入到额外教学策略中是最有利的。如果学生正在校对和纠正句子，那么他们检测到和纠正的错误的百分比是多少？或者，如果目标是生成文章主题和辅助性提纲，则在每个阶段学生会想出多少个适当的标题和具体的子标题？实施这种类型的近端短期评估的关键在于，它应该自然而然地成为额外教学的组成部分，并提供关于即时干预目标(例如，生成文章主题和辅助性提纲)的丰富信息。

理想情况下，进度监测还将包括一项或多项长期整体成果测评，例如 CBM。在较长的干预期内，该长期策略的实施频率应少于短期策略，且应设计得相对稳定。长期测评策略将 CBM 写作探针与测评准则相结合，该测评准则可捕获有关写作的关键发展性的合适维度。理想情况下，长期进度监测策略应被频繁实施，但是鉴于其复杂性和持续时间，每周实施一次以上可能不切实际。在高年级的写作领域中尤其如此，在该领域中，完成和修改文章是一项耗时的任务。长期进度监测策略的使用应足够频繁，以帮助指导决策，策略应足够简单，以便可以频繁重复地实施，并且应该以足够高级的技能为样本，以便保持一段相对较长的时间。

结论

问题解决的过程通过许多重要步骤来指导书面语言测评。筛查可以确定与国家、地区和/或本地数据相比学生的写作是否存在问题。之后可以通过使用教师访谈、审查写作样本、技能和准确性测评、学生访谈以及在教室中直接观察来进行问题识别。简要功能分析会提供一些重要的信息，来说明问题发生的原因，包括环境对期望行为和不期望行为的支持，以及它们与学生技能的相互作用。在测评过程中，重要的是意识到所收集的数据必须符合测评的目的。理想情况下，通过直接选择针对测评过程中所观察到的缺陷而专门设计的干预成分，书面语言测评将带来有效的干预(Cone，1989；Hayes et al.，1987)。

第 8 章

在个体学生层面选择学业干预措施

Edward J. Daly Ⅲ

Kristi L. Hofstadter

Rebecca S. Martinez

Melissa Andersen

相比于夸耀自己的疗法，智者有更重要的事情要做，即永远保持自我批评。

———Philippe Pinel(1749—1826)

这是一章关于选择学业干预措施的章节，开头引用的一句相当严肃的名言提醒我们，应该对假定的"疗法"持自我批评态度，这似乎有些奇怪，但所有协助实施学校干预的工作者都知道，如果学校心理学家未能仔细审查他们提出的干预建议，那么来访者、支持者和公众将会替他们做这件事情。尽管这句话引人深思，我们还是有充分的理由对学校心理学家使用的干预工具充满热情。然而，人们须小心谨慎，不应对自己选择有效干预措施的能力过于自信。长期以来，心理学一直热衷于根据现有的心理测评信息来预测哪些干预措施能起作用。学校心理学家通常会根据测试信息得出学生的心理状况，然后自信地与教师和家长分享干预建议。遗憾的是，即使是那些具有很大直观吸引力的干预想法，结果也往往无法达到预期(Kavale & Forness，1999)。

对某项干预措施过分自信(在证明它确实对某个学生有效之前)的危险在于，无效的干预措施可能会让我们的来访者感到失望，更糟糕的是，因延误或拒绝适当的服务可能会造成对来访者实际上的伤害。考虑到某项干预措施需要教师或家长做辅助性的工作，但是他们不太可能在长期容忍了一系列无效的干预措施之后才向其他人寻求帮助。因此，我们作为专业人员，理应在冲动地只选择引起我们注意的第一个干预措施之前，以批判的眼光来选择和推荐干预措施。

了解将要应用干预措施的背景(此案例中为班级和学校)对于选择有效的干预措施至关重要。目前，干预响应模式(RTI)正在引导学校采用多层预防和干预模型，作为满足所有学生教学需求的基础(Glover et al.，2007；Jimerson et al.，2007)。RTI工作开展模型的特点是：(1)通过普遍筛查和进度监测进行定期评估；(2)策略性地选择干预措施，因为不同层级的措施干预强度不同；(3)用于改变干预措施和确定特殊教育服务资格的基于数据的决策规则。本书的其他章节涉及 RTI 模型的第一和第三个要点(即定期评估和基于数据的决策规则)。因此，尽管 RTI 的这些方面与选择干预措施的主题有关，但本章的重点是解释并展示在 RTI 和问题解决系统框架内，构建策略性地选择干预措施的三个原则的使用。如果学校心理学家遵循表 8.1 中列出的三个有效干预原则，那么他们在多层干预模型中选择干预措施的有效性将会更高。在我们解释如何根据个人情况选择学业干预措施时，每个原则都将依次涉及。

表 8.1　选择高质量学业干预措施的 3 项原则

1. 了解学业干预策略为什么以及何时起作用。
2. 选择符合学生教学需求的干预成分。
3. 证明干预对学生是有效的。

了解学业干预策略起作用的原因和时机

有效干预成分的作用

策略性地选择干预措施的理念意味着，为了利用现有资源，干预措施是在组织和管理框架内基于学生的教学需求做出的（例如，在支持这一做法的学校中，首席教师将协助进行更高层级中的额外干预）。在学校里进行 RTI 的最常见方式是使用一个标准干预方案，在全校范围的筛查中，该方案将提供给所有未能达到标准表现水平（"基准"）的学生（Daly et al. , 2007；Wanzek & Vaughn, 2007）。标准干预方案是一种预先计划的、综合的干预（意味着它包含多个教学成分），通常按照惯例对所有未能达到基准表现水平的学生进行实施（请参阅 Linan-Thompson 和 Vaughn，第 16 章；Chard 等，第 17 章；McCurdy 等，第 18 章，了解关于阅读、数学和写作领域应包括哪些标准干预方案的具体内容的建议）。

更高层次的标准干预方案与核心课程的区别在于：（1）标准干预方案补充（而不是取代）已有课程；（2）对核心课程中没能有效响应常规课堂教学的学生，标准干预方案以某种方式"强化"教学。因此，如果第 1 层级是核心课程中的常规教育教学，那么第 2 层级的教学应该比第 1 层级更严格（部分原因是它是对常规教育教学的补充）。同样，第 3 层级的干预力度应比第 2 层级的干预力度更强。强化教学或干预本质上是提高干预强度的问题。Yeaton 和 Sechrest（1981）将干预强度定义为"干预可以达到预期结果的先验概率。强有力的干预包含大量纯粹的可以带来改变的那些成分"（第 156 页）。设计一种具有适当强度的可持续干预措施或调整正在进行的干预，意味着正确地安排干预阶段合理的持续时间、强度（就干预阶段的数量和频率而言），了解多成分干预措施的复杂性，以及对干预有效的"成分"。

有效的干预成分是导致行为改变的原因。表面上看似强烈的干预可能根本不是一种强有力的干预。比如，让学生进行需要粗大动作的活动（例如，在地板上适当地练习爬行）来提高阅读成绩（一种干预）可能比教师迄今为止为解决阅读问题所做的工作都更为激烈（当然是身体上的），但这显然是一种比"示范正确的响应和让学生正确练习朗读读错的单词"更弱的干预方法。选择适当的干预强度取决于学校心理学家是否拥有识别"什么使干预有效以及为什么有效"的能力。如果在干预前没有这样做，那么即使是表面上很强烈的干预（例如，在地板上爬行）也可能与目标完全无关，并且使儿童和教师接受无效的干预。

干预强度的另一个要素是干预的完整性，它是指干预措施按计划实施的程度（Gresham，1989）。如果干预实施不当（例如，有些步骤经常被遗漏）或不一致（例如，每周仅执行一到两次干预，而不是按照计划每周执行四次），那么即使该干预措施包含了有效的成分，结果也是无效的。由于这一问题在其他章节有更详细的论述（参见 Noell，本书第 30 章），因此我们在这里只提出，相关人员（如教师和家长）对"干预是解决这一问题的合理办法"的信心程度，可能会对实施的一致性有部分影响。当学校心理学家能够解释为什么在特定情况下某种干预会起作用，教师和家长就更可能被说服，并按照计划进行实际的干预。当然，如果教师或家长不清楚干预为什么重要时，他们很可能会放弃不相关的干预，或者只进行最简单（但不是最必要）的部分。因此，干预不应该比必要的更复杂。此外，它应该能很好地适应当前的教学进程，同时尽量降低对干预人员的要求。

通过对学业响应的影响来识别积极的干预成分（一种功能性方法）

强有力的干预措施始于一个可靠的、有经验支持的概念基础，能够使人们确定有效的干预成分。例如，在应用行为分析（applied behavior analysis, ABA）领域中，分析环境事件与行为之间关系的概念基础是三期后效关联（three-term contingency, 前提事件-行为-结果；Cooper et al., 2007）。三期后效关联的核心过程是行为的发生，在本文中指代某种类型的学业响应（例如，在计算问题的正确栏中写出正确数字）。从这个意义上讲，学生的成绩仅仅是指学生在适当条件下（例如，教师让学生在课堂上完成练习时，参加学业能力倾向测验时，在化学实验室中正确解释测量结果时）得出正确答案的可能性。展开来说，学业表现问题只不过是一种行为缺陷，也就是说，在相关的环境事件（例如，教师指导学生回答一页纸上的所有问题）发生之后，响应发生的频率并不高。事实上，这种学业响应可能根本不会发生。

所有学业干预的目标看似简单：在教学期间增加学生的积极响应（Greenwood, 1996；Heward, 1994）。任何合适的课程练习、任何能增加积极响应的活动都是功能性干预的组成部分。在 ABA 中，干预成分被称为具有刺激功能的控制变量。能够引起、强化或惩罚行为的刺激物都被认为具有刺激功能，因为它们可以可靠地预测行为是否发生（Daly et al., 2009）。对于学业表现问题，刺激功能可在需要时增加正确的响应。例如，在写作技能较差（一种行为缺陷）的情况下，学校心理学家会进行分析，以确定儿童在高度激励的条件下能否执行这项技能（Lentz, 1988）。如果儿童可以在高度激励的条件下执行技能（例如，根据问题的完成情况给予他最喜欢的奖励），但却选择做其他事情，则可以采用差别强化（differential reinforcement）作为干预。如果即使给出"在问题完成后可得到奖励"这样的诱人承诺，儿童依然无法表现出期望的写作技能，那么示范、提示和错误纠正可以被添加到差别强化计划中。如果学校心理学家进行的测评能够准确识别问题行为的功能，那么他可以与教师、家长合作，重新布置环境，随着时间推移，以与问题发生原因直接相关的方式改善行为。如果写作缺陷的发生是由于行为结果安排不当造成的（即"不愿意做"的问题——儿童能做到但不愿意做），则可以考虑采取更有效的奖励措施。另一方面，如果在教师要求学生写作时，由于学生缺乏技能储备而出现写作缺陷（即"不能做到"的问题——儿童即使想做也做不到），则应通过示范、解释、纠错和调整任务难度等进行明确教学，而不是仅仅为"做得更好"提供奖励。

在功能性干预方法下为学业表现问题选择干预措施，能够更好地知道学业干预策略为什么以及何时起作用。本章概述的功能性方法基于功能性测评的原则。Miltenberger（2008）将功能性测评（functional assessment）定义为"收集在功能上与问题行为发生相关的前提事件和结果的信息的过程。它提供的信息可以帮助确定问题发生的原因"（第276页）。在了解了学业表现问题的前提事件和结果之后，我们就可以选择符合儿童教学需要的干预措施。虽然这并不意味着一对一教学，但它确实意味着干预是个性化的，可以用来解决这个学生的学业表现问题。当学生有相似的教学需求时，可能会以团体为单位进行分组。或者，如果功能性测评表明个别学生需要更多的练习，那么相对于同龄人而言，这些学生可以参与额外的练习作为课堂教学的补充。在这种情况下，学生可以与同伴、家长、任课教师或任何可以提供帮助的人一起练习。

功能性方法表明，由于教学不匹配造成儿童的学业表现存在问题，即问题不出在儿童身上，而是出现在与儿童当前教学需要相关的前提事件和结果的安排上。原因可能是：（1）适当行为的前提事件（例如，写作练习的指导、完成写作练习可获得的奖励的解释）不够清楚；（2）不适当行为的前提事件（例如，一个坐在邻座的学生向同伴扔回形针）可能过于明显，引发错误的行为（例如，与同伴一起进行恶作剧而不是完成课堂作业）；（3）适当行为的结果不够强烈或不够频繁（例如，获得好成绩或被教师表扬）；（4）不适当行为的结果（例如，看到同伴被回形针刺痛时的惊讶反应）比适当行为的结果更强烈。因此，选择正确的干预取决于理解为什么当前的教学安排在功能上与学生当前的教学和动机需求无关。

最后，请注意，功能性方法认为干预措施由各种成分组成，这些成分可以被分解为前提事件或结果。例如，示范(即演示)正确的响应，提供部分答案来帮助学生，并允许学生选择要做的教学任务作为前提事件；根据问题完成的准确率提供使用电脑的时间，纠正错误，让学生用图表记录他的表现，这些都是可能增加未来行为发生概率的结果。这些策略的任何组合都可能适用于存在教学不匹配情况的特定儿童。因此，功能性干预方法是一种寻求在当前教学中增加前提事件和结果的正确组合以提高学习成绩的方法。这样不仅可以提高干预强度(不超过必要的复杂程度)，还可以根据学生的需要进行差异化干预(因为它提供了特定儿童所需的前提事件和结果的组合)，并且该方法可以应用于多层干预模型中任何层级的学业干预。

选择符合学生教学需求的干预成分

多层干预模型包含不同层级的差异化干预措施，以满足学校所有学生的不同需求。因此，虽然有教学分组和标准的干预方案，但干预的目的是满足每个学生的需求。RTI敦促学校确认对所有学生的教学是否合适(基于整体筛查和进度监测)，并使差异化成为全校有效教学的组织结构的一部分。因此，即便学生以小团体为单位，也不可避免地需要个性化的干预措施(Daly et al.，2007)。同样，差异化可以且应该发生在干预层次内部，例如，教师可能会在核心课程(第1层级)的阅读团体教学之前使用同伴辅导进行干预，来增加学生阅读文章的练习，然后再尝试更复杂、成本更高的干预(例如，安排第2层级的干预)。关键在于，不管是哪个层次，学生和他对教学的响应始终是教学和干预决策的基础。虽然个性化的一对一干预在学校很少见，但学校心理学家必须知道如何帮助教师修改或区分不同层次的干预措施。即使多层干预模型已经成为学校提供干预措施的主要模式，但是也总有解决个人问题的空间。

学生的教学需求是根据教师所能影响的教学和/或动机因素来定义的。只要这些需求在某种程度上是相似的，就可以将学生有效地分组以进行教学和干预，前提是干预措施阐明了问题产生的原因。在回顾有关学业干预措施的文献时，Daly等人(1997)指出了学生在应该得出正确答案时却得不出正确答案的5个原因(见表8.2)，他们称之为"学业缺陷的合理假设"，这5个合理假设可以作为选择干预成分的出发点。作为对第一个合理假设的说明(即"他们不想这样做")，以Chris为例，他通过在Ramirez的课堂上拒绝完成数学作业来证明自己"不想做它"，直到Ramirez因为他把完成的作业放置在作业箱中而奖励给他10分钟使用电脑的时间。在这个案例中，Ramirez改善了适当行为的强化结果，这足以解决问题且意味着她不需要尝试更复杂的方法，例如让学生在监督下进行练习。在另一个案例中，Sandy没有完成多项选择题中有关货币的数学练习(即选择合适的硬币组合)，直到Ramirez通过模拟购物活动让Sandy对实物硬币进行识别练习。结果，Sandy的硬币识别能力和货币计数技能大大提高了。自然条件下的练习(模拟购物活动)比纸笔练习更能调动学生的积极性。

表8.2 学生没有得出正确答案的5个原因

1. 他们不想这么做。
2. 他们需要更多的时间去完成。
3. 他们需要更多的帮助(因为他们需要更多的提示和反馈，或存在准确性问题、流利性问题或泛化问题)。
4. 他们以前从来没有这样做过。
5. 教学练习太难了。

有时，学生可能只是需要更多的时间来做这件事(第二个合理的假设)。例如，一年级学生Ronnie因阅读困难而被转介，因为教师确信他有学习障碍。课堂观察显示，在整个语言艺术课程的阅读教学中，Ronnie每天只朗读4分钟。尽管Ronnie最终可能被确认患有学习障碍，但更简单的解决方案可能是从增加他每天朗读的时间开始，前提是已经使用了高质量的课程进行阅读教学。

有些问题需要更复杂的解决方案：学生需要某种特定形式的帮助（第三个合理的假设）。需要帮助至少可以表现为以下四种方式中的一种：需要更多的提示和反馈、存在准确性问题、流利度问题和泛化问题。例如，Jim 在美国历史考试中一直获得 D 等级，但是他很少被点名，就算被点名，他的答案大多数时候也是错误的；直到教师让全班同学使用回复卡（要求他回答教师的所有问题）为止，教师开始对他的正确答案表示明确的称赞。增加对响应的激励和反馈足以改善 Jim 的表现。Jim 现在更加积极地参与课堂（通过频繁回答问题），并收到更多关于答案正确性的反馈。

有些学生存在准确性问题，因此他可能需要帮助。例如，Tanika 在教师解释语音规则、示范正确的单词阅读、让她的阅读小组练习各种单词、并对错误的回答进行纠正之前，她用辅音组合阅读语音规则的单词的准确率只有 60%。

有时，学生并不存在准确性问题，而是对这项技能不太熟练。例如 Jake 完成 5 道数学计算题总共花了 20 分钟。以这样的速度，Jake 永远无法完成更困难的数学题。在这种情况下，Jake 的教师应该尽可能地让他多练习以此提高流利度。教师可以通过对他回答问题的准确性和速度给予反馈，来提高他的流利度，又或者在他的流利度（基于时间）提高时（例如，在规定时间内超过上一个得分）给予奖励。

学生也可能需要其他类型的帮助。例如，尽管 Matthew 十分擅长阅读单词卡片上的长元音单词，但他很难将这些单词的正确读法运用到文章当中。因此，除了进行单词卡片的教学，他更可能受益于明确让他练习阅读相关文章中这些单词的教学。

第四个合理的假设"他们以前从来没有这样做过"，涉及课程练习是否真的传授了学生需要学习的知识（Vargas，1984）。如果 Emily 的拼写教学只是在 3 个备选拼写单词之间勾出正确的选项，那么在写作中要求她正确拼写单词的可能性就低于她在实际练习中拼写单词的可能性。以 Bill 为例，他认为他比教师聪明，因为他发现，如果他把词汇练习中的空格数与单词的字母数相匹配，他甚至不需要知道单词的意思就能得到正确答案。这也是学生因错误原因得到正确答案的情况。这样的例子应促使我们调查教学练习的质量，以确保教师实际上是在教给学生正确的响应方式。

最后，一些学生没有进步，是因为教学练习太难了（第五个合理的假设）。例如，一项口语阅读流利度测评显示，四年级学生 Zach 在典型的四年级阅读材料中每分钟只能正确阅读 19 个单词。在这种情况下，除非调整材料的难度级别，否则 Zach 不太可能进步。

刚才描述的学业缺陷的原因和可能的解决方案的例子是基于前面描述的行为分析的三期后效关联。学习试验（learning trial），与三期后效关联表达的内容相同，并且已被证明是学业学习的重要因素（Heward，1994）。当学习试验增加时，学生会学到更多的知识（Skinner et al.，1996）。学习试验包括一个教学前提事件（通常是教师提出问题或教学练习），学生的响应，以及一个既能强化正确响应又能纠正错误响应的结果。在功能性方法中，学习试验是所有学业干预措施的核心。如前所述，当存在学业表现缺陷时，表明教学的前提事件和结果与学生的熟练水平不相匹配。因此，需要正确地建立教学练习（应该引起响应的前提事件）和学生响应之间的功能性关系。我们可以使用学习试验来判断教学上的不匹配。首先，检查在有问题的教学期间学生有多少积极响应发生。但这种可能性是很低的（这就是转介学生的原因）。如果学生积极响应的可能性很低，则意味着练习和反馈（对学习试验结构的非技术性描述）也很低。因此，寻找增加练习和反馈的方法是开始干预时一种简单但功能性相关的方法。

但干预能这么简单吗？显然，学业干预措施，特别是对有严重问题的学生来说，要比这复杂得多。尽管如此，学习试验是所有学业教学的核心，所有的干预措施都只是对学习试验的详细阐述，原因如下。ABA 中用于学习试验（或练习和反馈的序列）的专业术语是差别强化。差别强化建立在对人类和动物约 75 年的研究历史基础之上（Catania，1998；Rilling，1977），是指行为受环境刺激控制的过程。当一个响应（例如，口头朗读"Willie"）在有先行刺激物的情况下（例如，写有单词"Willie"的单词卡片）得到强化（例如，教师说"正确"），或有不正确响应时得到纠正，这个字母序列就会控制这个响应，这样，在未来有先行刺激物的情况下，这个反应就更有可能发生。随着时间的推移，在有效教学下，这个响应使得该单词在其他语境中被正确地应用，然后在完成其他任务时发挥作用（例如，在名单上识别名字"Willie"）。差别强化是管理学习的核心行为过程。然而，这并不是唯一的过程。这就是为什么通常需要更复杂的干预措施。

在继续说明如何详细制定差别强化来加强学业干预之前，我们要强调对行为施加有效结果的重要性。行为之后的结果会对行为本身造成影响（Miltenberger，2008）。响应之后结果的可靠程度决定了该行为是否会在未来发生。如果提高响应是一个特定结果的功能，那么该结果就是一个强化物。如果额外的计算时间取决于问题完成率的提高，并且如果问题完成率有所提高，那么额外的时间就是一种强化物。如果降低响应是一个特定结果的功能，那么结果就是一种惩罚。例如，让一名学生练习拼写她曾经拼写错的单词，实际上是为了让她在以后更加小心，减少拼写的错误。关键是，如果不能给学习者带来功能性的结果，即使是最复杂的干预也不会产生任何效果。因此，最好将学习试验的简单模型作为干预的核心，并根据相关前提事件或结果的属性来理解干预措施的组成部分。因此，在开始实施学业干预措施时，最有效的方式是强化对学生期望行为的积极结果。如果结果是有效的，则学生的积极响应将会增加。

在前面的例子中，我们对比了写作缺陷出现的两种情况：一种是学生有能力完成这项技能，但却选择不按照预期完成，另一种情况是，无论结果多么"有趣"，学生都无法完成这项技能。这些例子说明了 Lentz（1988）在表现缺陷（即"不愿做"）和技能缺陷（即"不会做"）之间做出的启发式区分，这对于指导干预的选择非常有用。采用更有效的结果进行差别强化足以解决表现缺陷。这种类型的干预可以通过多种方式进行。教师可以提供学生想要的课堂特殊待遇（例如，担任班长、将考勤名单交给校长、增加使用电脑的时间），或者当学生在学业上达到标准表现水平时，可以让其他人来提供结果（例如，父母允许学生在家中享有特殊待遇，让学生拜访学校心理学家）。对于技能缺陷而言，解决方案更为复杂。区分表现缺陷和技能缺陷的方案可以从 Daly 等人（1997）和 Duhon 等人（2004）处找到。Duhon 等人的方案特别有用，因为它可以应用于整个班级。

对于有技能缺陷的学生来说，差别强化是不够的，因为差别强化首先假设行为的发生有一定的规律性，这样才能在随后进行强化。我们需要对干预进行调整，以增加出现响应的可能性，以便响应能得到加强。因此，我们需要采取响应提示策略（response prompting strategies；Wolery et al.，1988）。响应提示是一种行为修复，它让一种响应更有可能发生，使得外界可以适当地对其进行处理（例如，对期望的行为进行强化）。例如，一个学生不会阅读某个单词，如果教师示范了该单词的正确读音，那么该示范（教学前提事件中附加的一个前提事件）增加了学生在教师重新呈现单词时正确阅读的可能。它是刺激的附属物，应该能引起正确的响应（即一张纸或一张单词卡片上的单词）。最终，响应提示需逐渐降级，以便自然的刺激（例如，单词阅读题、一道数学题）在没有任何额外帮助的情况下引起正确的响应。采用前提事件提示策略，简单地激发学生的主动响应，使其得到强化，并受自然发生的课堂后效的控制。

在学业干预文献中，教学层次（instructional hierarchy，IH；Ardoin & Daly，2007；Daly et al.，1996；Haring & Eaton，1978）已经成为一种特别有用的启发式方法，用于理解如何通过响应提示和连续的结构化后效来增加学习试验。根据教学层次，对行为缺陷的响应强度从不存在到准确到流利，再到可以通过有效的教学得到泛化。对教学目标的熟练程度进行概念化，教师首先需要帮助学生做出准确的响应。当学生最初的响应准确时，响应速度通常不是很快。熟练程度的下一水平是流利度。此时学生响应速度变快是因为教学组织的目的就是为了提高学生响应速度。如果学生的响应准确且流利，则他们更有可能将响应泛化到不同时间和不同任务中。提高初始准确性的响应提示包括示范、部分提示和延迟提示。在这一时间点上，每个响应都应该有结果（强化或纠正性反馈），所有的练习都应该受到监督，以防止学生犯错。

当学生的响应大致正确但速度缓慢时，教师应该通过增加练习机会（由于回答准确因此无需仔细监督）和根据反应速度的提高（例如，在 5 分钟内正确回答 30 个问题）来转向以流利度为基础的教学。在图表上记录自己的表现可能会强化计划的效力，因为它可以直接反馈学生的流利程度，而且在图表上看到表现的进步可能会使学生得到强化。响应流利度是教师在课堂教学中希望看到的一种泛化能力的先决条件；有关泛化策略更广泛的讨论，请参见 Daly et al.，29 章（有关泛化策略及其工作原理，另请参见 Daly et al.，2007）。表 8.3 列出了可以在学习试验中添加的与功能相关的策略，可以使得干预措施更充分地匹配问题的原因。读者可以参考 Witt、Daly 和 Noell（2000）对该主题进行的更广泛的讨论。

表 8.3　与学生未能得出正确答案的 5 个原因相匹配的干预成分

先行事件	功能性因素	结果
• 让学生选择任务或选择如何完成任务 • 让任务更有趣/刺激，和/或更贴近现实	他们不想这么做	• 提高对期望的学业行为的奖励（质量、频率和及时性），而不是那些会强化不期望行为的奖励 • 对每个时间单位的正确数量给出表现反馈（例如，4 分钟内完成的计算问题数量）
• 增加分配给积极响应的时间	他们需要更多的时间	
• 更清晰、准确地解释如何完成练习，示范，提示正确回答（例如，提供部分答案，让学生完成回答） • 教会学生寻求更多的帮助 • 更仔细地监督问题的完成（例如，在让他们独立练习之前，先监督他们做 5 道题）	他们需要更多的帮助	• 提供表现反馈 • 纠正错误
• 修改课程活动以确保学生正确练习 • 使课程活动与现实要求相一致	他们之前从来没有这样做过	
• 调整难度	教学练习太难了	

　　在选择了干预成分之后，我们需要将其转变成一套流程。"操作化"干预的过程最好通过制定干预方案来完成，方案中需要明确规定干预负责人应该做什么。下面将介绍 Edward J. Daly Ⅲ（EJD）研究团队（e.g.，Daly et al.，2005）经常使用的阅读流利度干预方案的一个例子。在对学生进行干预工作时，我们实际上使用这种干预手段作为一种"混合和匹配"的干预方案。换句话说，干预成分是基于学生的教学需求选择的（通常通过一个简要实验分析来确定，这将在本章后面描述）。尽管有些学生可能需要所有的干预成分（即奖励、听力短文预习、重复阅读、短语练习纠错和音节分割纠错），但大多数学生只需要其中一部分干预成分的组合。然而，该方案说明了到目前为止所讨论的一些干预成分（前提事件和结果）。为了起到强化作用，在教学阶段之前需要解释奖励后效，并在该阶段的最后，学生阅读高词汇重叠度的测评短文（随后详细说明）之后实现奖励后效。

　　多或分阅读流利度干预方案的示例如下：

材料

☐教学短文的审查者副本

☐教学短文的学生副本

☐相应的高词汇重叠度的测评短文的审核者副本(带有预定目标＊)

☐相应的高词汇重叠度的测评短文的学生副本

☐秒表

☐钢笔或铅笔

☐荧光笔

☐奖品

☐录音机和磁带

＊筛查后，应该在**测评短文**每分钟正确阅读的单词数之后的第三个单词后面放一个括号。例如，学生在筛查过程中每分钟正确阅读 36 个单词，则在第 39 个单词后面放置一个括号。

记录开始时间_____

解释奖励后效

☐1. 在孩子面前放置几个奖品，并说："你将有机会通过阅读这个故事获得其中一个奖励"(*指向测评短文*)。

☐2. 说："选择其中一个奖品作为你努力的目标。"

☐3. 将所选的奖品放在学生可以看到的地方，如果可能的话，可以放在测评短文的前方，但要放在他够不到的地方。

☐4. 说："首先，我们将练习阅读这个故事(*指向教学短文*)。这个练习(*指向教学短文*)将使你在阅读另一个故事时更容易获得奖励(*指向测评短文*)。因为它们有很多相同的词。"

听力短文预习(教学短文)

☐5. 向学生展示教学短文的学生副本，并说："这里有一个故事，我想让你读一读。不过，我会先把这个故事读给你听。请在我朗读时，用手指指向我读到的单词，并跟随朗读。"

☐6. 使用教学短文的审查者副本，以合适的阅读速度(约每分钟 130 个单词)朗读整篇短文，并确保学生用手指跟着指向读到的单词。如果学生不这样做，则提示他跟着做。

学生阅读 1(教学短文)

☐7. 说："现在我想让你阅读这个故事。你要多读几次来帮助自己提高阅读能力。每次我都会告诉你，在阅读过程中你的速度以及你漏掉了多少单词。大声朗读这个故事。试着去读每个单词。如果你发现一个不认识的单词，我会告诉你。尽全力阅读这篇故事。你有什么问题吗？"

☐8. 说："开始!"并在学生读出第一个单词时启动秒表。

☐9. 当学生大声朗读文章时，请在审查者的副本上用荧光笔划出错误。如果学生在一个单词上犹豫超过 3 秒，审查者读出这个单词并划出该单词。

☐10. 在阅读的第一分钟后画一个括号并写上数字"1"，但是让学生继续大声朗读整篇短文。(数字 1 表示在第一次阅读后停止的位置。)

☐11. 说，"刚刚，你每分钟读了_____个单词并犯了_____次错误。"

☐12. 说："你遗漏了(若干个/两三个/零个)单词。我们将练习你漏掉的单词。"给学生强调每个错误的单词在短文中的具体位置。

☐13. 指着读错的第一个单词说："这个单词是_____。"让学生说出这个单词。指着包含错误单词的句子开头说："请把这个句子读三遍，一直到这里。"(*指出离句子最接近的标点符号：例如，句号、问号*)让学生把包含错误单词的句子读三遍。如果句子中出现多个错误，在句子中对每个单词进行示范并提示他们一次正确的阅读，让学生阅读该句子三次(无论句子中有多少错误)。对每个标记的单词执行相同的操作。

学生阅读2(教学短文)

□14. 说："现在我想让你把故事从头再读一遍。你准备好了吗？"

□15. 说："开始！"并在学生读出第一个单词时启动秒表。当学生大声朗读文章时，在审查者副本上**圈出**学生错误的地方。如果学生在一个单词上犹豫超过3秒，审查者读出这个单词并**圈出**该单词。

□16. 在阅读的第一分钟后画一个括号并写上数字"2"，但是让学生继续大声朗读整篇短文。(数字2表示在第二次阅读后就停止的位置。)

□17. 说，"刚刚，你每分钟读_____个单词并犯了_____次错误。"(做出两个关于流利度和错误的适当的陈述：)

□"这次你阅读故事的速度更快了，而且……"(或)

□"这次你阅读故事的速度没有加快，而且……"

□"这次你犯的错误减少了。"(或)

□"这次你犯的错误并没有减少。"

音节分割与混合课程(教学短文)

□18. 说："我们将练习一些难度较大的单词。"[你只需要处理学生在阅读中两次都漏掉的单词。这些单词同时被**划出**和**圈出**。]

□19. 把审查者的教学短文副本给学生看。对于文章中每个被**划出和圈出**的出错的单词，用索引卡覆盖错误单词第一个音节以外的所有字母，说，"这些字母读作_____。现在请你说出来"。等对方响应后说，"你很棒！"(如果学生犯了错误或没有响应，说，"这些字母读作_____。现在请你说出来。你很棒！")。对单词中的所有音节重复此步骤，依次展示每个音节，直到学生练习了单词中的所有音节。对每个**划出和圈出**的单词都执行此操作。

□20. 回到第一个错误单词，用一张索引卡除第一个音节外的所有字母都盖上，然后说："现在开始发音，并说出单词"。展示第一个音节，并让学生发音。(如果学生犯了错误或没有回答，说："不，这些字母读作_____，说出来。你很棒！")依次展示每一个音节，重复上述步骤。最后把所有音节都展示出来，说，"说出这个词"。(如果学生犯了错，就说："不，这个单词读作_____，说出来，你很棒！")对每个**划出和圈出**的单词都执行此操作。

听力短文预习要求教师准确、流利地进行示范。重复阅读技术(repeated readings technique)在该方案中是通过让学生朗读两遍短文(在两次阅读之间加入短语练习纠错程序)实现的。该方案中有两种纠错形式。在短语练习纠错中，出错的单词(基于之前对短文的阅读)由教师示范，然后让学生练习阅读三次包含错误单词的短语(以确保进行更多的练习)。对于第二次阅读错误的单词，教师将这个单词分解成音节，示范并提示学生先练习音节，然后再练习该单词。可以根据具体情况选择合适的成分，并将其组合为一系列干预步骤，以提供合适的前提事件(即解释、提示、示范)和结果(即纠错、奖励、表现反馈)。其他类型的学业表现问题(如数学、写作)，干预步骤虽然看起来有明显的不同，但是原理(前提事件和结果)是相同的。

证明干预对学生是有效的

按照法律和政策命令，在心理学和一些其他领域进行的干预措施应该是科学有效且基于研究的（Kratochwillet al.，2009），因此，RTI 的一个关键要素是使用科学有效的课程和干预措施（Batsche et al.，2005；Glover et al.，2007）。这意味着学校心理学家和其他教育工作者应该仔细研究文献，寻找最有效的干预措施，同时用最严格的标准进行谨慎的研究，以确保有足够的研究基础。遗憾的是，尽管回顾研究文献是必要的，但这还远远不够，因为一个得到充分支持的干预并不能保证它对特定的学生是有效的。自 1966 年以来，已存在超过 100，000 项关于阅读的研究（National Reading Panel，2000），然而，阅读研究在实际课堂环境中的推广十分不足（Lyon & Moats，1997），这一点并不奇怪，因为在实验研究和现实中因学业表现问题而被转介的特定儿童之间存在研究方法、参与者特征以及环境的差异。在一份关于 RTI 的有影响力的文件中，Batsche 等人（2005）指出：

选择和实施以科学为基础的教学明显增加了个体做出积极响应的可能性，但不能保证个体的积极响应一定发生。因此，要在 RTI 中评估个体的响应，并根据学生个人的结果对教学/干预或目标进行修正。（第 5 页）

从业人员不仅需要一份基于研究的干预措施清单；他们还需要一种方法来调查特定干预在特定的环境下是否对特定的儿童有效。直到一个基于研究的干预被证明对特定的学生有效，它才是一个有效的干预，我们将其称之为本地验证（local validation；Daly et al.，in press）。本地验证是通过强有力的评估设计在一个个案例的基础上进行的（参见 Daly et al.，本书第 29 章）。就选择干预措施而言，这意味着需要正确地选择积极干预成分的组合来为问题儿童工作。

用自我批评的方法来提供干预并不是学校心理学家工作的消极方面，而是涉及干预质量标准的应用和对我们遵守这些标准的能力的测量。当人们意识到"疗法"可能不起作用的时候，通过随时间推移重复测量（就像在问题解决模式中做的那样），从而直接将一个有效干预的想法交给客观和标准化测量进行公正的判断是相当谦卑的做法，但这也是坚持采用问题解决模式所付出的代价。成为一个有效的问题解决专家（也被称为科学家-从业者）意味着谨慎地对待自己的想法、计划、首选的做事方式和疗法，并着手收集关于"疗法"正确性的客观证据（本地验证），直到收集到明确的证据证明，实施这个方法实际上对特定的个人或学生团体来说是正确的。

使用简要实验分析来确定潜在的干预措施

干预有效性的最终测试是通过随时间推移重复测量学生表现来确定的（有关如何做到这一点的描述，请参阅 Marcotte & Hintze，第 5 章；Burns & Klingbeil，第 6 章；Gansle & Noell，第 7 章）。然而，最近的一项创新——简要实验分析（brief experimental analysis，BEA），即借鉴了单一被试实验设计元素（Daly et al.，本书第 29 章），在将潜在的干预策略推荐给教师之前对其进行测试。尽管不能保证教师在课堂上实施干预时它们真的能起作用，但 BEA 至少可以排除潜在的无效干预措施。从 ABA 的方法论出发，BEA 的主要焦点是维持学业行为的前提事件和结果的变量（例如，响应的机会、强化相倚），而不是有问题的学业行为（例如，阅读困难），且仅提供很少关于适当行为的信息（Gresham et al.，2001）。BEA 是一种使用单一被试设计元素对学业表现进行的简短的实验分析，它涉及直接控制与教学相关的前提事件与结果，同时测量对学业表现的影响，以此作为选择干预成分的基础。

先前的研究已经证明，BEA 对具有类似学业问题的学生进行干预时，会产生显著的特异性的响应，这在教学计划中可以并且应该予以考虑（Daly et al.，1998；Daly et al.，1999；Jones & Wickstrom，2002）。此外，在多个阶段实施和评估选定策略的拓展分析表明，BEA 的结果在长时间内通常是一致的（Daly et al.，2002；Jones & Wickstrom，2002；Noell et al.，2001；McCurdy et al.，2007；VanAuken et al.，2002）。尽管实验分析已经被应用于各种学业领域，如阅读理解、数学和写作（Daly et al.，1998；Duhon et al.，2004；Hendrickson et al.，1996；McComas et al.，1996；Noell et al.，1998；VanAuken et al.，2002），但 BEA 研究的主要焦点一直是阅读流利度，这使得基于课程的测量（CBM）中朗读流畅性（ORF）探针成为最常用的测量方法。虽然 BEA 已经发展出了许多变式，但是所有方法都包含相同的基础。BEA 的所有变式都以学业表现为目标，并结合了条件内和跨条件的重复测量，根据概念和/或逻辑考虑按顺序组织的循证干预措施，以及单一被试设计元素（Hendrickson et al.，1996；Wilber & Cushman，2006），每一项都将依次讨论。

尽管 BEA 文献中的干预策略在一定程度上有所不同，但已有一组常见的循证阅读干预成分被用于阅读流利度的干预（Daly et al.，2006）；表8.4 列出了这些成分。通过教学层次指导技能缺陷教学成分的选择，以及根据区分表现缺陷和技能缺陷的思路，BEA 中的可测试干预成分已经被概念化。在根据效率和功能相关性对干预进行选择和排序后，BEA 将连续快速实施基线条件和干预条件。每种条件都实施一次，直到确定有效的干预为止。为了证明其有效性，干预必须使得响应显著提高。在某些情况下，我们已经采用了改进后的标准。以往文献中使用的标准包括：比基准表现提高 20%（e. g.，Jones & Wickstrom，2002），比基线提高 30%（Daly et al.，2005）和基于文献的标准参考分数，这些都反映了掌握率（e. g.，Daly et al.，1999）。之后，帮助学生达到标准的最不具干扰性的干预被选择应用于自然条件中。进一步的分析，包括小幅度倒返（Daly et al. 1997）或拓展分析，可以用于在继续执行之前增强对已发现结论的信心。

表8.4　阅读的干预成分

成分	描述	目的
奖励	根据学生阅读表现的提高提供奖励	用于识别表现缺陷（Daly et al.，2002）
听力短文预习	在学生自己阅读段落之前，先跟随审查者大声朗读短文	提供流利、准确的阅读示范（Daly & Martens，1994）
重复阅读	学生反复读同一篇短文，读 2~4 遍	增加响应的机会（Rashotte & Torgeson，1985）
短语练习	审查者会高亮学生犯错的短语，并要求学生将每个短语（最多 15 个短语）读三遍，并立即纠正出现的错误	提供纠正性反馈并让学生练习准确响应（O'Shea et al.，1984）
教学难度水平	要求学生阅读比当前阅读水平低一年级的短文	通过分离降低难度水平的效果来测试教学匹配（Jones et al.，2008）
音节分割	审查者使用索引卡覆盖每个错误的单词，一次只展示一个音节，同时进行正确发音的示范。然后，学生阅读每个音节并独立发音该单词	提供纠正性反馈并让学生练习混合音节形成单词（Daly et al.，2006）

BEA 模型的变式

研究人员已经开发了若干 BEA 的版本，包括成分法（component approach）、交互法（interaction approach）、拆解法（dismantling approach）和单一教学试验法（single-instructional-trial approach）。成分法，即 BEA 模型的最初概念化（Daly et al.，1997），是一种按照强度递增的顺序分别实施每个干预成分的方法。然后确定干扰性最小但有效的成分，并进行小幅度倒返，包括返回基线水平并重新引入选定的成分，以重复干预的效果，提供实验控制的证据。在成功复制的情况下，可以自信地提出将该策略作为综合干预的主要组成部分。成分法的主要目的是为特定个体识别最有效的干预成分，例如奖励、实践、纠正性反馈或教学匹配（Jones et al.，2008）。

最常用的 BEA 模型是交互法，通常使用叠加方法按顺序添加干预成分（Daly et al.，1998；Daly et al.，1999；VanAuken et al.，2002）。该模型类似于成分法；但是，交互法使最有效的干预组合得到识别和重复，而不是仅仅识别单一的成分。交互法的目的不是为了分离出各个成分的影响，而是为了确定对学业响应能够施加最大控制力度的干预组合（Jones et al.，2008）。交互法更接近于自然课堂环境下的教学，因为它结合了多种策略（Daly et al.，2006）。当干预方法的交互作用产生的效益大于单独成分所产生的效益时，联合策略的评估特别有用。然而，由于并非对所有成分都进行独立评估，因此在某些情况下可能忽略了同样有效、干扰性较低的策略。

还有一种相对新颖的模式，即拆解法，包括首先引入一套强有力的干预组合，然后按强度递减的顺序移除部分成分，直到确定最易管理但最有效的干预为止（Daly et al.，2005；Daly et al.，2006）。这种方法的目的是在产生即时效果的同时识别出可持续实施的干预组合。拆解法提供了一个独特的机会——将一种强有力的教学组合的效果与一种包含较少成分的组合产生的效果进行比较。因此，可以选择干扰性较低的策略，并自信地预期其产生类似于更复杂的、多成分干预措施的结果。

单一教学试验法

Daly 等人（2006）提供了实施简要分析的指南，该分析已经被融合进单一教学试验法。他们评估了三个条件——干预组合条件、奖励条件和控制条件。Daly 等人（2006）使用一篇教学短文，其干预组合包括奖励、听力短文预习、重复阅读、短语练习和音节分割。接下来，使用三篇测评短文在每个条件下进行测量。其中一篇高词汇重叠度的短文用于评估教学期间实施的干预组合，两篇低词汇重叠度的短文用于奖励条件和控制条件。高词汇重叠度的短文包含许多与初始教学短文相同的单词（例如，80%的相同单词），但它是以不同的故事形式呈现的。这篇短文使得审查者可以测试学生在不同语境下流利阅读单词的泛化能力（即在不同的短文中阅读相同的教学单词）。低词汇重叠度的短文必须具有相同的难度水平，这样才能公平地测试教学条件相对于奖励条件（选用其中一篇低词汇重叠度的短文进行测量）和控制条件（另一篇低词汇重叠度的短文）的有效性。

可能的结果包括：将整个干预组合确定为最有效的条件、将奖励确定为与整个干预组合类似的有效的条件，以及获得无显著差异的结果，即三种条件产生相似的效果。这种方法的目的是在一次教学试验中使用技能-表现缺陷框架来确定一种有效的干预。尽管单一试验法大大减少了确定有效干预所需的时间，但如果干预组合过于繁琐而无法实施，节省的时间就没有多大用处。为了解决这个问题，我们提出可以选择性地拆解整套方案；然而，额外的拆解步骤抵消了这种方法节省时间的优势。

尽管没有一个通用的 BEA 模型，但根据各种因素，使用某种方法相对于使用另一种方法可能会更有优势。例如，在一个干预完整性普遍较低的学校环境中，提供最简单但最有效的干预，如成分法，最有可能产生效果。在这种情况下，推荐一个复杂的干预方案可能会导致干预依从性降低或是方案无法完整地实施。根据各种因素，如环境、学生变量和可用资源，还需要进一步研究以确定哪种方法是最佳选择。

扩展分析和持续进展监测的结果表明，简要分析可以帮助选择有效的干预措施（Daly et al.，2002；Jones & Wickstrom，2002；Noell et al.，2001；McCurdy et al.，2007；VanAuken et al.，2002）。然而，目前尚不清楚 BEA 的使用是否有助于选择比普遍有效的干预组合更能提高成绩的干预措施。例如，一个可行的循证干预组合和源自 BEA 程序的干预组合都使学生产生了类似的长期进步，在这种情况下，与其将 BEA 作为问题分析的第一步来实施，不如将 BEA 用在那些没有响应的学生身上，从而减少问题识别和初始干预实施之间的时间间隔。图 8.1 中展示了 BEA 结果的一个示例。在这种情况下，教学条件实施了两次，奖励条件实施了 4 次，而控制条件实施了两次。结果表明，学生对教学条件的响应最佳。

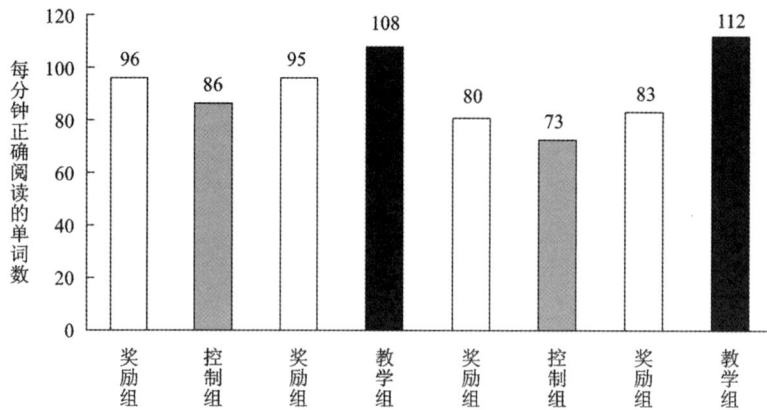

图8.1 简要实验分析("干预测试")的一个示例

结论

对于学习上遇到困难的学生来说，随着学校课程的难度逐渐提高，没有干预或错误的干预都可能带来长期的影响。那些在实践中采取批判性方法的人，更有可能对他们选择的干预措施和向其他人推荐的干预措施更加谨慎：对任何学生实施的任何干预措施，都应在经验、理论、理性和逻辑上寻求合理的干预理由。问题解决方法的使用促使学校心理学家对实践持批判的观点，并策略性地、持续地测试解决方案。只有我们选择了正确的解决方案，我们关注的学生才能变得更好。幸运的是，当我们把学生积极响应作为判断和解决问题的关键时，帮助学生正确解决问题的任务在概念上得到了简化。到目前为止，我们能做的最好的事情就是增加学生在教学时间内的积极响应。本章考察了一个强大而简单的概念模型——学习试验——作为干预的基础，并描述了学校心理学家可以详细阐述的一些方法，以选择一种比学生目前接受的教育更"适合"的干预方式。当然，确定是否适合的最好方法是进行实际测试，使其反映到客观的数据上。在心理学家向教师提出关于如何改进特定学生的教学方法之前，BEA方法论可以帮助他们做到这一点。

评估和分析：

关注社会－情感与行为的结果

第 9 章

学校层面社会性行为问题的数据分析：评估结果、选择干预目标、确认支持需求

Kent McIntosh

Wendy M. Reinke

Keith C. Herman

学校心理学家对学生的社会行为领域并不陌生，一直以来他们都被视为严重问题行为和心理健康方面的学校专家。这个专家模型的基本假设是，存在风险的学生与其他学生截然不同，只有接受过大量心理健康培训的工作人员才能理解和治疗他们。这意味着，为有严重行为问题的学生提供服务，超出了教师和其他学校工作人员的专业知识水平，而为这些学生提供支持的最佳方法是将他们转介，去接受心理教育评估。然而，数十年的研究表明，任课教师可以通过使用基于证据的教育实践来改善学生的行为（不管是轻微的还是严重的）（Alberto & Troutman，2003；Shinn et al.，2002；Sugai, et al.，2000；H. M. Walker，2004；H. M. Walker et al.，2005）。如今，在许多地方，学校心理学家不再被视为诊断和治疗行为障碍的心理学专家，而是被视为预防和处理问题行为以及提高所有学生社会能力的教育领导者（McNamara，2002；Sugai et al.，2002）。

传统的学校心理学模式是被动的。在过去，普遍的行为筛查就是查看学校办公室的邮箱里是否有新的转介申请。我们希望大家可以看出这种传统模式是对学生的无效支持，也是对学校心理学家技能的浪费。更符合时代背景的视角，是把学校心理学家置于重点关注社会行为领域的预防和早期干预的新角色中（National Association of School Psychologists，2006）。多层次的干预响应模式（RTI）为理解学校心理学家在这一领域的角色变化提供了非常清晰的描绘（参见 Ervin et al.，第 1 章；Hawkins et al.，第 2 章）。在过去，学校心理学家作为特殊教育守门人的角色，就好像晚会的保镖，守卫在第 2 和第 3 层级之间，赶走不符合情绪障碍标准的学生，让符合标准的学生进入。当代学校心理学家可以通过评估普遍行为支持的有效性并及早识别有风险的学生，从而在行为支持的各个层面采取措施，包括：（1）识别和明确提供给所有学生的核心行为课程；（2）评估学校为减少问题行为、促进亲社会行为的工作成果；（3）确保所有层级的工作开展都是符合规范的；（4）通过筛查确定哪些学生需要接受更多（或更少）的支持。

在刚刚描述的所有措施中，一个重要但常常被忽视的任务是协调数据收集、分析和制定行动计划，以改善学生的学习表现（Horner et al.，2001）。虽然学校心理学家可能对针对个人决策而收集的数据最熟悉，但出于以下几个原因，在全校范围内收集和分析数据是最佳的。第一，全校数据的使用使得有限的资源能够被有效地分配出去，从而产生更大的影响，而不是将资源集中在个别学生身上。如果分析是在班级水平上进行的，教师可能需要衡量他们自己的资源，以帮助班上少数有特殊问题的学生。如果分析是全校范围的，那么学校的资源可以用来帮助所有的学生，包括在必要时根据需要进行分组（例如，一个焦虑或抑郁学生的支持小组）。第二，在学校层面使用数据使得学校工作人员能够快

速且有效地在整个学校环境中定位到需要干预的地点(例如，走廊、会议室或校车)，从而支持所有学生。第三，收集全校范围的数据可以提供一些基本的信息(如筛查、基线数据、背景信息、已实施过的措施)来评估那些对全校范围的干预没有响应的个人。

本章描述了在学生社会行为领域中如何选择、收集和使用全校范围内的数据来进行决策。重点在于设计和调整有效、可靠、有用的数据系统，以便就以下问题做出重要决策：全校行为支持的有效性；如何提高对学生的行为支持；确定学生对支持的需求。本章特别强调了确定能用于回答多个问题的有关问题行为的事件(如办公室纪律转介和停学)的现有数据，以及选择其他措施来回答现有数据库没有解决的问题。最后，我们提供了一个案例研究，该研究使用行为数据来评估结果，确定干预的领域，并筛查需要更多支持的学生。

基于全校范围的数据来制定决策：3 个基本问题

尽管数据具有实用性和许多其他的优点，但如今学校的数据收集往往缺乏目的性：收集数据的成本很高，但不能用于决策(Horner et al., 2001)。数据的有效使用取决于谨慎的计划制定过程，从提出重要的问题开始，然后选择正确的工具来回答这些问题，最后使用这些数据做出明智的决策。为了预防数据的无效使用，我们探讨了在收集和使用数据时的几个重要问题。这些问题应该推动测量方法的选择、系统的创建和数据的定期分析，以做出明智的决策。表 9.1 列出了用于数据收集和决策制定的三个基本问题(以及团队可能提出的具体问题)，在下面的段落中对这些问题进行了描述。虽然这些用法和例子来自社会行为领域，但这些问题代表的是一个数据决策制定过程，可用于大范围的学校团队决策制定过程，如学业教学或特殊教育资格的确定。

问题 1：当前的计划是否达到了预期的结果？

这个问题的第一个目的是评估当前工作的结果。这是一个关键的步骤：它确定了当前的计划在支持学生行为方面的有效程度(一个相关的问题是，本书第 30 章 Noell 所提出的：计划是否按预期实施?)。即使没有正式的行为支持项目，但所有的学校都有非正式的、非公开的行为课程，当个别学校工作人员处理亲社会行为和问题行为的实例时，会讲授这些课程。问题 1 与问题解决模式的问题识别阶段相一致(Bergan & Kratochwill, 1990; Tilly, 2008; Gimpel Peacock et al., 本书第 1 章)。

表 9.1 关于数据收集和决策制定的问题(学校范围的社会行为)

基本问题	示例问题
问题 1：当前的计划是否达到了预期的结果？	• 该计划是否与去年一样有效或更好？ • 是否需要改变计划？ • 是否充分满足了所有学生的行为需求？ • 学生是否具备完成预期任务的技能？ • 是否至少有 80% 的学生得到了学校行为课程的有效支持？ • 第 2 层级焦虑组的学生是否能够有效地运用应对技巧？
问题 2：哪些方面需要改进？	• 哪些年级需要额外的社会技能训练？ • 学校的哪些硬件设施被认为不太安全？ • 学生需要重新学习哪些课堂惯例？ • 为什么家长管理训练课程的出勤率很低？ • 为什么学生在参加例会时表现良好，在用餐时却表现较差？

续表9.1

基本问题	示例问题
问题3：哪些学生需要额外的支持？	● 哪些学生在开学第一个月就收到了两个或更多的办公室纪律转介？ ● 哪些学生没有对第2层级的签入-签出干预措施做出恰当的响应？ ● 哪些学生一直表现出焦虑或抑郁的症状？

从确定结果开始似乎很奇怪，但从重要的、有价值的结果开始却是有效数据系统的一个关键特征（Sugai & Hohner，2005）。当团队从一个偏好的数据系统开始，而不是从考虑他们想要测量什么开始时，他们就要冒着"被测量的内容和他们想要知道的内容不匹配"的风险。一般来说，人们不会在买了手表之后才发现自己想用它做什么；人们想看时间，所以才买了一块手表。然而，在这个以数据为基础的追责时代，教育工作者更有可能犯这个错误。在没有一个清晰、一致目标的情况下实施的数据系统和教育改革不太可能持续下去（McIntosh et al.，2009）。但是如果在开始时就考虑到结果，团队就可以设计出最合适的系统来测量这个结果。只有在确定了结果和合适的数据系统时，团队才能看到当前的工作是否足够，或者他们的计划是否需要改变。

那么，对于学校团队来说，常见的期望结果是什么呢？显然，学生学业优秀、具备独立能力以及社会能力是被广泛认可的期望结果。在社会行为领域，一些常见的期望结果如下：（1）可预测的、有序的、安全的学校，能够进行教学，并且没有暴力、骚扰和药物滥用；（2）所有学生的社会能力，包括与同龄人建立和保持积极关系的能力，与成年人和高校及工作场所的管理者有效合作的能力，以及成为社区中有责任心、有爱心的公民的能力；（3）社会-情绪弹性，包括独立学习工作的能力，自我照顾的能力，以及保持身心健康的能力。学校对这些结果的重视程度各不相同。

团队还可以确定次级结果，或计划的其他有益效果。如果实现了主要的结果（例如，一个安全的学校环境，学生专注于学习，教师花在教学上的时间比花在行为矫正上的时间多），那么一些次级结果也可能会出现，比如学生读写能力的提高（Ervin et al.，2006；Goodman，2005；McIntosh et al.，2006）、学校工作场所的质量的提高（Bradshaw et al.，2008）和校外安置的转介减少（Lewis，2007）。测评这些结果可能就像将其他的学校计划连接到现有的数据系统一样简单，而且它可以将一个正在进行的计划的重要性与社会行为领域以外的更新的、更优先的计划的重要性联系起来，这对干预大有裨益（McIntosh et al.，2009）。

学业表现的结果测评可以在地区、学校、班级、项目或个人层面完成。问题1的答案可能是，当前的工作正在产生可接受的结果，或者已经达到了目标，或者数据可能表明，有必要规范或提高全校范围、班级范围、第2层级或第3层级行为支持的质量。如果发现未达到预期结果，团队可以收集并分析数据来解决问题2。

问题2：哪些方面需要改进？

一旦学校团队确定需要进行调整（基于对问题1的回答），分析的重点会顺理成章地转向确定目标未能实现的原因和需要关注的领域。初步分析可能会提供一些细节，但不足以确定为什么没有达到目标。利用学校范围的数据系统，可以在系统层面进行分析，以确定需要改进的地方。提这个问题的目的是识别当前计划没有发挥作用的具体领域，然后探讨问题的潜在原因。这个问题与问题解决模式中的问题分析阶段是一致的。

尽管我们描述了从测评结果到分析需要改进的领域的逻辑过程，但根据以往的经验，团队往往会绕过这个问题，直接提出解决方案。这一策略虽然因为高效而颇有吸引力，但经常会导致一些不符合学校实际需要的新项目被随意采用。在这种情况下，学校团队可能会放弃之前有效的实践，而错误地选择另一种实践，这种实践可能来自随机的因素，如最近参加的研讨会。例如，有强烈需求的中学可能会停止推行学校层面的期望，而采用一种受欢迎的、非循证的药物滥用预防课程，这可能会带来极其糟糕的后果(Severson & James，2002)。因为决策需要基于问题的性质，因此在选择干预措施或策略之前，应首先对全校范围的数据进行分析，以确定具体需要。只有在确定了具体目标领域并了解了这些领域，有效的改变才会发生。

学校团队可以通过仔细分析问题行为经常发生或亲社会行为不常发生的具体领域来了解问题的本质。这些领域可能是学校的硬件设施(如学校门口、食堂)，也可能是在学校课程中存在差距的具体行为(例如，缺乏同情心、破坏公物)，无效的干预措施(如考勤计划)，或一个全面计划中缺少的组成部分(例如，家长宣传和教育)。一旦确定了问题领域，团队就可以了解为什么这些部分是有问题的。根据现有的数据，问题可能显而易见，但也可能需要收集更多的信息来确定问题存在的原因。对这个问题的分析直接引导我们应该做什么(即测评数据引导干预选择)，而且实施后会再次衡量问题1。另外，它也有助于评估在其他领域行之有效、能预测成功并建立优势的措施。

问题 3：哪些学生需要额外的支持？

最后一个问题是关于个人对干预的响应。很明显，并不是所有的学生都会对全校范围的干预做出响应(Vaughn et al.，2003；Walker et al.，1996)，数据的一个关键用途是识别需要额外支持(第2或第3层级)才能成功的个人。一种前瞻性的学生支持方法是积极筛查不完善的 RTI。这一过程提高了学生在行为变得根深蒂固难以纠正之前，被及早识别和帮助的几率(Walker & Sprague，1999)。如果没有一个定期的、结构化的筛查过程，学校工作人员要等到问题非常严重时，才能识别出学生。这可能是由于他们忽视了一些难以观察到的症状，或是习惯了这种行为，又或者寄希望于在典型的支持下帮助学生取得成功(Sprague et al.，2001)。

根据系统中使用的数据，筛查也许只能生成一份学生名单，这些学生需要全校范围的干预以外的测评和支持。一个更有用的系统可以让学校团队成员确定学生的具体需求。例如，一个筛查系统可能会指出哪些学生需要额外的社会技能训练，哪些学生需要在一天中的特定时间进行再教学和监督，或者哪些学生需要焦虑行为的转介治疗。此外，系统可能会表明学生成功所需的额外支持水平。对一些学生来说，有效的第2层级水平的支持就已经足够(例如，规则和/或期望的重新教学、以特定社会技能为目标的小组，或每日报告卡干预)。而另外一些学生可能需要立即进行个性化的第3层级的干预。然而，即使有一个系统能表明学生所需支持的类型和水平，有时也需要进一步的评估来匹配学生的需求和现有的干预措施(Carter & Horner，2007；March & Horner，2002；McIntosh et al.，2009)。如果系统既能识别学生，又能指出所需的具体支持类型，则此问题可能涵盖了问题解决模式中的问题识别和问题分析阶段。

此外，有时(且令人高兴的是)有必要考虑到学生获得的支持可能超出所需的程度，因此需要降低学生获得支持的层级(Campbell，2008；McIntosh & Av-Gay，2007)。这对学校系统是有利的，因为它为其他需要帮助的学生腾出了资源；它对个别学生也是有利的，因为它增加了学生独立学习的机会并且可能降低了耻辱感。

注意事项

在提出这三个问题时，需要记住一些注意事项。首先，这些问题不是互斥的，数据最好能回答一个以上的问题。例如，团队可以通过计算没有对普遍干预做出响应的学生人数，并将这个数字与目标结果进行比较，从而回答问题1(例如，有80%的学生办公室纪律转介的次数低于两次)。该团队可以使用相同的数据来回答问题3，方法是将办公室纪律转介次数在两次或两次以上的学生作为需要额外支持的对象。此外，该团队还可以使用相同的数据来回答问题2，方法是识别出问题领域的行为模式或需要额外教学的群体(例如，学生不能独立乘坐公共汽车回家或难以正确地向教师寻求帮助)。考虑到收集数据的成本，可以用来回答多个问题的测量方法更有价值。同样，只有在确定了更有效的替代方案后，才能增加只用来回答一个问题的测量方法。

与目前处理学生行为的方法类似，数据应该被用来为学校工作人员提供额外的支持，而不是用于惩罚他们的行为。例如，对全校范围的数据进行分析可以查明存在较高问题行为水平的具体班级。尽管无效教学可能是这些问题的原因，但对于这种数据类型存在多种不同的解释，包括师生之间关系不和谐，有许多学生存在问题行为史，和其他环境影响（例如，班级人数的大幅增加）。学校团队可以利用这些数据在课堂上提供额外的支持（例如，对授课教师进行辅导或指点，在课堂上制定有针对性的干预措施），而不是指责教师的不足之处；并继续分析数据，以查明该计划是否有效。当学校工作人员认为这些数据是用来支持他们，而不是用来识别他们的弱点时，他们更有可能按照计划使用这些测量方法。但是，如果使用数据系统来引起人们对学校工作人员不足之处的注意，他们可能不会准确地报告数据，数据系统就会失效。如果管理者（学校、地区或各州）强调的是减少行为事件而不是精确的数据收集，这将特别危险。

数据收集的另一个注意事项是学校心理学家的时间。通常，在考虑添加新系统时，人们很自然地会对在已经很繁重的工作上增加另一个任务的价值提出质疑。那么，在构建和使用数据系统方面发挥主导作用是否意味着学校心理学家要做更多的工作？也许刚开始是这样，但当数据决策和预防实践得到有效实施时，这种投入就会减少昂贵且耗时的个人测评。我们的目标是在需要深入测评和支持之前进行干预。虽然这对某些人来说可能是一个重大的变化，但这种角色的转变以及由此产生的早期识别和干预很可能意味着今后严重案例的减少，这对学生有利并且能够节省学校心理学家的时间。

设计一个有效的数据系统

我们在这里使用数据系统（data system）这一术语来描述一个总体结构，其中包括使用的测量方法、数据收集方法、用于组织和整合原始数据的所有工具，以及使用数据制定决策的过程。做一个简单的生理学类比，数据系统的心脏就是实际选择的用于收集数据的测量方法和工具；传输这些数据的血管是收集和组织这些数据所采取的各种步骤；最后，系统的大脑是访问数据以做出重要决策的过程。因此，每一部分在系统的全面运作中都起着至关重要的作用。

数据系统中有效测量方法的适用性标准

在设计数据系统时，确定需要收集哪些信息是至关重要的，而首先要考虑的是怎么收集良好的数据。如果没有好的测量方法，设计系统和计划是没有价值的，甚至可能是有害的。因此，在选择这些测量方法时，考虑到使这些测量有用的要素是至关重要的。以下是确定测量方法是否对数据系统有价值的四个关键方面。我们将在这些标准的背景下讨论学校范围内常用的行为测评方法。虽然对所有这些方面的详细讨论超出了本章的范围，但是有几点值得注意。有效的测量应该：

1.回答重要的问题。

2.具有科学性（信度和效度）。

3.是高效的。

4.体现干预效用（改编自 Horner et al.，2001）。

回答重要的问题

应根据测量在多大程度上有助于回答前面提出的三个问题（最好是多个问题）来对其进行选择。不能积极用于决策制定的数据不应该成为数据系统的一部分。

具有科学性

为了有效地使用数据，数据必须准确且可靠；没有可接受的信效度水平的测量方法不符合这些标准。在某些领域，可能不存在有效和/或可靠的系统级测量方法。在这些情况下，应该从多个来源收集数据，与其他结果进行比较，并谨慎对待。

是高效的

创建一个强调数据使用的高效性而不是全面性的系统至关重要，因为教师的工作量很大，他们绝大多数的时间都花在了教学上。此外，数据系统应该易于转换成方便理解的图表。在这个数字时代，电子数据系统几乎是必不可少的，因为它可以帮助我们相对容易地对数字进行求和、平均和绘制图表

（Cordori，1987；May et al.，2006）。甚至将手写数据输入计算机程序也可能比手算效率更高，因为使用基本的电子表格程序很容易绘制图形。

体现干预效用

有关测量方法质量的另一个关键考虑因素是它们的干预效用，即一种测量方法在多大程度上提供了指导有效干预措施选择的信息（Hayes & Nelson，1987）。如前所述，高质量的测评工具不仅能告诉我们哪些结果已经实现以及是否需要改变计划，而且还能告诉我们需要进行哪些具体的更改。有关采取的步骤、重点关注的领域或使用的干预措施的可靠指标，将提高测量方法对学校团队的价值以及数据系统的效率和效用。

如何将测量方法融入连贯的、有效的数据系统

既然我们已经描述了要问什么问题以及如何评估测量方法的效用，现在就该探索选择测量方法以形成一个连贯的数据系统的过程了。设计数据系统主要有两种方法。第一种方法是使用前面提供的信息来选择一组测量方法（例如，观察法、评定量表和多门控筛查方法），这些测量方法是专门为完整地回答问题和满足前面描述的标准而选择的。这种方法费时费力，但它最有可能为决策提供准确、有用的数据。第二种方法是只确定学校目前使用的测量方法，这些测量方法通常是根据地区或国家的要求选择的（例如，当前的学科数据、出勤数据、成绩数据或分数）。这种方法虽然效率更高，但可能无法对重要问题给出准确有效的答案。

一种更现实的办法是将上面这两种方法结合起来，让效果和效率最大化。第一步是确定已经定期（每月或更频繁地）收集并可用于决策制定的测量方法。每一种测量方法都可以根据其回答基本问题的程度及其作为一项有效、快速的测量方法的适用性来进行评估。一旦完成了这个初始评估，团队就可以继续查看需要添加哪些其他测量方法（如果有的话）来以一定的准确率回答所有的问题。考虑到在收集数据以及输入、汇总和绘制结果时所要用到的资源（Horner et al.，2001）。在选择新的测量方法时，关键的是只实施最有效的方法来获得结果，因此，在权衡现有数据的有效性与添加新的测量方法时，最好尽可能地利用现有数据，同时也要认识到它们的局限性。

在教育领域之外的一个具有启发性的例子是，加拿大西北地区的纳汉尼国家公园管理员用来计算灰熊数量的数据系统。虽然公园管理员经常把给灰熊计数视为日常工作的一部分，但直接观察该地区灰熊的数量所需的资源不仅成本高昂，而且还会对这些灰熊和环境造成伤害。作为替代手段，管理员建立了一个系统来估计灰熊的数量，方法是识别灰熊用作抓柱的树木，并测试它们留下的毛发的DNA，这是灰熊活动的永久痕迹。将这些数据与现有的直接观测数据相结合，以估计该地区灰熊的数量。虽然该系统可能无法提供灰熊的准确数量，但产生的数据表明，增加一种测量来支持已经收集到的数据是一种有效的方法。

数据系统设计的最后一步，也是经常被忽视的一步，是创建一个使用数据系统的框架，即一个数据-决策制定周期。对学校团队有用的数据不仅需要符合标准且能回答重要的问题，还需要能够在定期的决策制定周期中使用（例如，每月的团队会议）。这一过程包括将数据图在会议上呈现，并在每次会议上将讨论数据作为优先事项。如果始终以这种方式使用数据系统，那么它通常会驱动整个会议的议程。有效的数据系统会指定：（1）由谁来收集数据；（2）由谁来输入和绘制数据图表；（3）何时对数据进行分析和讨论；（4）由谁在会议上呈现并报告数据；（5）谁将基于数据创建并执行行动计划。

在学校范围内制定行为决策常用的测量方法

以下是学校团队在学校范围的社会行为支持数据系统中常用到的测量方法的描述。对于每个通用数据组，我们均简要地描述了测量方法，以及对其决策适用性的评估，包括：（1）决策效用；（2）科学性；（3）效率；（4）干预效用。这绝对不是一个详尽的列表，而是一个对主要行为结果做出决策的清单。

办公室纪律转介

办公室纪律转介(office discipline referrals，ODRs)是一类用于记录学校重大问题行为事件的表格。大多数学校已经通过某种方式收集ODRs；它们可能被称为事件记录表、纪律追踪表或行为日志(Tobin et al.，2000)。如果ODR表格说明了关于事件的有用信息，并且被系统地、一致地使用，则它们代表了对快速且有效的全校决策具有独特价值的现有数据(Horner et al.，2001；Sugai et al.，2000；Wright & Dusek，1998)。在一定程度上，停学数据也可用于决策制定，尽管单独使用这些数据不如将其与ODRs结合使用更好——在单独使用停学数据时，极端行为已经发生，但可用于预测和预防问题的先兆行为未得到评估。

ODRs可以表明个人、学校的部分场所或整个学校的问题行为水平。在观察学生行为并确定该行为需要转介时，学校工作人员应完成ODRs表格(Sugai et al.，2000)。ODRs表格中有用的信息包括：学生姓名、提出转介的工作人员姓名、问题行为、日期、具体时间、地点、问题行为可能的前提事件、问题行为可能的功能(即行为发生的假定原因)，涉及的其他人员和处理意见(May et al.，2006；Tobin et al.，2000)。图9.1提供了一个包含这些特征的ODRs表格示例。

姓名：_____　　　　　　　　　　　地点

日期：_____　时间：_____　　　　□操场　　　　　　　□图书馆

教师：_____　□食堂　　　　　　　□浴室

年级：幼儿园 1　2　3　4　5　6　7　8　　□走廊　　　　　　　□学校门口

转介负责人：_____　□教室　　　　　　　□其他_____

轻微问题行为	重大问题行为	可能的动机
□不恰当的语言	□辱骂性语言	□获得同伴注意
□肢体碰撞	□打架/身体攻击	□获得成人注意
□反抗行为	□公然挑衅	□获得任务/活动
□破坏行为	□骚扰/欺凌	□逃避同伴
□不遵循着装规范	□不遵循着装规范	□逃避成人
□过度消费	□迟到	□逃避任务或活动
□迟到	□不适当地表达情感	□不知道
□违规使用电子产品	□违规使用电子产品	□其他_____
□其他	□撒谎/作弊	
	□逃课	
	□其他	
处理意见		
□失去某些特殊待遇		□个别化教学
□待在办公室		□校内停学(____小时/天)
□与学生谈话		□校外停学(____小时/天)
□与家长联系		□其他_____

事件涉及的其他人员：□无　□同伴　□教职工　□教师　□代课教师　□未知　□其他_____

备注：

图9.1　包含增强数据决策和干预效用特征的办公室纪律转介(ODRs)表格

注：来自 Todd 和 Horner(2006)。俄勒冈大学版权所有(2006)。经许可转载

在完成表格后，ODRs 通常会被输入到一个计算机程序中进行记录、汇总和绘图，以回答有关行为的问题（Cordori，1987）。有各种各样的计算机程序可作此用途，从专门为输入和分析 ODRs 而设计的基于网络的应用程序，如全校范围的信息系统（school-wide information system，SWIS；May et al.，2006），到使用普通计算机应用程序的电子制表软件。一旦图形生成并被使用，决策过程就会大大简化。对学校团队有帮助的具体数据是每日平均转介数（学生人数标准化）、问题行为类型、转介地点、具体时间点以及被多次转介的学生（Horner et al.，2001；Todd et al.，2005）。组合这些问题的程序（例如，按转介地点分类的问题行为类型）对于深入探索进一步的数据分析问题很有价值（Tobin et al.，2000）。

决策效用

ODRs 特别适合用于制定决策和回答学校范围数据的 3 个基本问题。为了回答问题 1（当前的计划是否达到了预期的结果？），团队可以使用许多不同的标准。首先，学校可以计算当年的 ODRs 总数，并将结果与过去几年进行比较（Wright & Dusek，1998）。这个过程可以给出一个改进的指标，并且可以确定当前的工作是否起效。其次，学校可以将每天的转介数量与标准化的通用标准（例如，每 100 名学生每天的 ODRs）进行比较。2007—2008 学年，SWIS 数据库记录的学校中，每 100 名学生平均每天的 ODRs 数量如下：小学，0.34；中学，0.92；高中，1.05（最新统计数据可以在 SWIS 网站上找到，www.swis.org）。因此，一所拥有 1000 名学生的中学可以将目标设定为平均每天不超过 10 个 ODRs（每月检查结果）。如果 ODRs 高于这些平均值，学校就能得出结论：他们在学校范围的工作应该需要改善。或者，学校可以查看有多次转介的学生数量，以确定当前全校行为支持计划所支持的学生的比例。学校团队可根据文献中报告的通用模型确定有效性标准（Horner et al.，2005）。如果 ODRs 数为 0~1 的学生人数低于某一标准（例如，85% 的小学生，80% 的初中生，75% 的高中生），则团队可能就会判定计划需要改进。

为了回答问题 2（哪些领域需要改进？），学校可以分析 ODRs 图表来确定问题发生的地点、具体时间或特定问题行为的发生率（Tobin et al.，2000）。这些图表可能表明，学校干预的目标领域包括一个特定的地点，一个特定的攻击行为，如果计算机程序能够进行精细分析的话，甚至包括一个特定年级的午餐时间。一旦确定了需要改善的领域，潜在的干预措施可能包括重新强调对这些领域或学生的期望，或增加针对特定问题性质的预期行为的额外监督和/或强化系统。本章结尾的一个案例研究中提供了有关此过程的一个更详细的示例。

ODRs 也可以用于回答问题 3（哪些学生需要额外的支持？）。学校团队可以设置标准来识别那些对全校干预没有做出响应的学生，以及那些需要更多支持才能在社会-情绪领域更加适应的学生（Tobin et al.，2000；Wright & Dusek，1998）。最常见的标准是学生在一年内收到两个或两个以上的 ODRs（Horner et al.，2005）。这一阈值已在研究中得到验证。研究表明，收到两个或两个以上 ODRs 的学生在诸如儿童行为评定量表-2（Behavior Assessment Scale for Children-2，Reynolds & Kamphaus，2004）和社会技能评定量表（social skills rating scale，Gresham & Elliott，1990）等行为量表上的问题行为评分显著高于没有收到或只收到一个 ODRs 的学生（McIntosh et al.，2009；B. Walker et al.，2005）。一些学校团队还增加了一个更具前瞻性的转介学生的标准：如果学生在一周内收到三次或三次以上的次要转介（针对不需要 ODR 的更低水平的问题行为），他们将被确定为需要进一步的测评和支持。

科学性

ODRs 的有效性已经得到了广泛的研究。在两项研究中，Irvin 和他的同事（Irvin et al.，2004，2006）得出的结论是，有证据表明在学校范围和个人层面的决策中使用 ODRs 的结构效度是可接受的。如前一段所述，有充分的证据表明标准化的个人行为评定量表具有同时效度（McIntosh et al.，2009；Walker et al.，2005）。此外，有相当多的证据证明了 ODRs 的预测效度：ODRs 与未来的负性结果（停学、开除、辍学和学业失败等）相关（McIntosh et al.，2006；Sugai，1999）。然而，值得注意的是，ODRs 与外化性行为（如攻击或破坏）的联系最为紧密，并且不总是能识别内化性行为（如焦虑、抑郁或躯体化），尤其是轻度的内化性行为（McIntosh et al.，2009）。

由于ODRs被各种学校工作人员广泛使用，所以它的可靠性面临许多挑战（Kern & Manz，2004；Martens，1993）。因此，学校有必要通过数据分析和进行准确使用ODRs的培训来提高可靠性。我们建议使用ODRs的学校定期完成可靠性培训，包括定义哪些特定行为应该使用ODRs，而不是警告或简单的重新教学（Sugai et al.，2001）。此外，学校和地区管理人员必须注意不要将减少ODRs的目标凌驾于准确使用ODRs的目标之上。如果可靠性是学校关注的问题，团队可以在特定的环境中完成对问题行为的直接观察，以确认或否定ODR数据（Cushing et al. 2003）。

ODRs可靠性面临的另一个挑战是偏见。鉴于特殊教育中惩罚和支持的群体比例失衡，考虑学生获得不同的ODRs比率是否基于偏见（而不是实际行为）是很重要的。人们可以使用一些数据系统分析基于种族的ODR数据。例如，SWIS的种族报告可以用来确定某些群体被转介或被停学的频率是否超出了他们在学生团体中所占比例的预期（May et al.，2006）。

效率

当学校被要求收集某种类型的行为转介数据时，利用现有信息是一种高效的数据收集方法。当使用清单（而不是叙述）格式时，通常更容易收集到ODRs数据。当学校工作人员可以通过在方框上标记而不是写出对行为的说明来完成表格时，教学更不容易受到文件记录的影响，并且在需要时更可能使用ODRs。通过使用恰当的和现成的技术，可以用最少的资源输入ODRs，并且使用容易生成图表的计算机程序有助于ODRs在决策中的使用（Cordori，1987）。

干预效用

反映足够信息领域的ODRs表格可用于选择恰当的系统级干预和个人干预。如之前对问题2的讨论所示，ODRs模式可用于针对学校的硬件设施、干预水平、具体时间或学生群体进行专业的支持（Tobin et al.，2000）。除了确定需要额外支持的学生外，ODRs还可以通过显示问题行为的功能来指出特定的干预措施。最近的研究表明，ODRs模式可用来产生初步的行为假设陈述（包括行为、前提事件和结果），并通过访谈和/或直接观察验证假设（March & Horner，2002；McIntosh et al.，2008）。

多门控筛查测量

与常见的个人行为评分量表（由于实施和汇总的时间点过于密集，不适合全校范围的分析）相比，多门控筛查测量作为评分量表系统，已被提出能增加全校范围的决策效用（Patterson & Reid，1992；Severson et al.，2007）。多门控筛查测量是一套逐步加强的测量体系，用来确定学生出现负性结果的风险。多门控筛查测量包括一系列的阶段。第一阶段（门控）涉及在全校范围内进行成本相对低廉的筛查。只有在这一阶段被识别出的学生才能进入下一阶段（包括更密集的筛查）。随着阶段的递进，测评变得越来越昂贵和耗时，但接受测评的学生越来越少（Sprague & Walker，2005）。

一种常用的多门控筛查测量方法是行为障碍系统筛查（systematic screening for behavior disorders，SSBD；Walker & Severson，1992）。SSBD被用于识别有较高外化或内化行为障碍风险的小学生，并且还有用于学龄前儿童的版本（Feil et al. 1998）。广泛的研究结果表明，SSBD在识别需要额外支持的学生方面具有准确性、成本效益和使用者接受度高的特点（Walker & Severson，1994；Walker et al.，1988）。SSBD的多门控包括三个阶段：（1）教师排序；（2）教师评分；（3）系统化的直接观察。在第一阶段，通识教育教师根据对学生行为的关注程度，将班上的学生分为两类：外化行为组和内化行为组，并分别进行排序。在第二阶段，教师在每个类别（第一阶段确定的）中对排名前三的学生进行适应性和非适应性行为检查表的评分。得分超过检查表的标准临界点的学生进入第三阶段。在第三阶段，一个训练有素的观察者（如学校心理学家）记录目标学生在课堂和操场上的学业投入时间和同伴社会行为。然后使用标准化的临界点来确定哪些学生需要转介进行个人评估。通过两个阶段的学生是第2层级干预的候选对象，通过所有三个阶段的学生是第3层级干预的候选对象。

目前，SSBD已经绝版，其常模也已经过时。因此，一些学校已经基于SSBD门控系统的逻辑设计了自己的测量方法，但在每个阶段都有更新的测量方法。在第一阶段，团队可以使用与SSBD相同的排名顺序（在外化类别和内化类别中选择前三名的学生），对于每个班进入第二阶段的6名学生，教师将进行一个简短的筛查，如行为和情绪筛查系统（behavioral and emotional screening System, Kamphaus & Reynolds, 2008），得分较高的学生将进入第三阶段。在第三阶段，教师将使用日常行为报告卡系统对学生进行频繁监测，例如在签入-签出（check-in-check-out）程序中使用的系统（Crone, Horner, & Hawken, 2003）。经过2周的监测，每个学生的支持需求可以通过适当行为和问题行为的每日评级来评估（Cheney et al., 2008）。尽管这种方法将SSBD的部分内容与最新的行为测量相结合，但在进行研究以评估整个系统之前，建议谨慎使用此类系统。

决策效用

多门控测量特别适合回答问题3（哪些学生需要额外的支持？）。SSBD等措施的目的是识别出有外化性问题和内化性问题的学生，仅基于ODRs的筛查系统可能无法发现这些问题。此外，与ODRs系统相比，SSBD等系统在早期识别需要额外支持的学生方面可能更具有前瞻性，因为团队可以识别出现早期行为问题症状的学生，而不需要等到ODRs的公布。然而，多门控系统可能无法回答问题1和问题2。如果这项措施在第一阶段总是产生相同的学生提名人数，那么这些数据就不能反映学校的整体倾向或学生的需求。对结果的仔细分析可以确定学生的行为需求模式，但是，由于时间的关系，以这种方式分析数据可能是不被接受的。

科学性

每个系统都需要被单独评估，以确定其心理测量属性。总的来说，有证据表明，教师能够准确提名需要额外支持的学生，尽管可能需要额外的培训才能准确地识别出存在内化性问题行为的学生（Davis, 2005）。SSBD有强有力的研究证据支持其作为筛查工具的可靠性和有效性（Walker & Severson, 1994；Walker et al., 1988；Walker et al., 1990）。

效率

实施多门控测量显然比使用现有数据的效率要低，但使用这些筛查工具比使用单个评分量表系统更高效、更划算（Walker & Severson, 1994）。当考虑到一些测量方法的特征时（例如，外化和内化行为的测评、早期识别的效用），特别是如果团队想使用它们来取代现有的筛查系统时，多门控测量是学校团队可以考虑的一个有价值的工具。

干预效用

虽然这些测量方法主要是为了识别有风险的学生，但也可能会产生一些可以指导干预设计的信息。例如，学校团队可能会利用在每个阶段实施的评分量表中的信息来识别具体问题或亲社会技能缺陷，以此来确定目标。此外，团队可以使用来自最后阶段的更直接的数据来确定关注的领域，并为进度监测确定行为的基线水平。但是，大多数多门控测量不太可能产生关于前提事件的信息和基于功能支持的维持问题行为的结果的信息。

评估亲社会行为水平的测量方法

大多数现有的学校范围的测量（包括前面描述的）都是专门测量问题行为的。虽然记录问题行为的程度很重要，但成功的学校干预不仅要关注问题行为的减少，还要关注亲社会行为的增加。最理想的情况是，有效的全校范围的数据系统既可以测量期望行为，又可以测量不良行为。目前，在学校同时具备效用和效率的测量方法很少，需要更多的研究来制定可以广泛使用的测量方法。以下各节简要描述了一些表明测量亲社会行为对全校决策的潜在效用的测量方法。

关注积极行为的评分量表

包括SSBD在内的传统评分量表的一个局限性是，它们往往过分强调问题行为，而无法探索亲社会行为。最近，Hosp、Howell和Hosp（2003）评估了常用的评分量表作为计划和监测行为支持工具的有效性。在两个量表——行为与情绪评定量表（the behavioral and emotional rating scale, Epstein & Sharma, 1998）和Walker-McConnell社会能力和学校适应量表（the Walker-McConnell Scale of Social Competence and school adjustment, H. M. Walker & McConnell, 1995）中包含了一系列评价亲社会行为的条目。然而，就全校的决策制定而言，这些评定量表的使用仍然存在前一节所提到的缺点（如时间点密集、难以汇总全校的量表数据等）。

积极行为的推荐

一些学校团队选择记录积极行为的推荐，作为他们追踪 ODRs 系统的补充。这些推荐通常以标签和卡片的形式出现，目的是展示期望的行为。例如，学生可能会因为帮助他们的同伴、第一次听从指示、妥善处理冲突或在走廊上安静地走动而得到积极的推荐。这样的系统有助于学校追踪成年人和学生之间积极互动和消极互动的比例、积极行为更可能被注意到或更不可能被注意到的地点和时间，以及积极行为受到注意或未被注意的学生。而这些内容可用于确定优势领域、需要进一步指导的目标技能以及全校干预措施的有效性。但是，很少有人以这种方式使用积极的推荐，而且迄今为止还没有研究检查积极推荐评估全校行为的心理测量属性。与 ODRs 一样，如果没有明确的培训，教师之间对积极推荐的使用可能不一致。

直接观察程序

虽然全校范围内的行为观察成本高昂，但我们可以用简短的直接观察措施来评估特定环境下的期望行为水平。如果数据系统确定了需要干预的领域（问题 2），团队可以使用直接观察来收集亲社会行为的信息。全校范围的观察系统（the school wide observation system; smith, 2007）可以评估学生亲社会行为和问题行为的水平，以及成年人与学生在学校公共领域的互动。该测量方法使学校团队可以根据成人监督水平和学生与教职工之间的互动，来计算学生亲社会行为和问题行为的概率。如果关注点是教学实践，团队可以通过简短的课堂互动观察（the brief classroom interaction observation; Reinke & Lewis-Palmer, 2007），评估期望的教学行为，如表扬和提供学业响应的机会。简短的直接观察法有助于追踪学生的积极行为，但使用者必须能够权衡使用这些方法的优势（例如，不需要做过多推理的测量、测评和改进特定领域的具体信息）与它们的相关成本（例如，资源投入强度、狭窄的关注点）（Wright & Dusek，1998）。

社会技能/社会–情绪技能清单

学校团队还可以使用简短的技能清单或评估准则来对学生亲社会技能的使用情况进行评分，并评估全校行为课程的效果。一些州和地区采用了社会–情绪能力的标准，所有的学生都被期望在一定的年级水平上获得这些能力，这类似于为学生学习建立的学业内容标准。例如，密苏里州学校辅导员协会（2007）明确了亲社会行为的年级期望，如尊重自己和尊重他人、保持健康和安全以及掌握应对技能。在这些标准中，幼儿园学生的能力标准的一个过渡概念是：识别学校期望与家庭、日托或学前班有何不同。不列颠哥伦比亚省教育部（2001）针对社会责任和特定行为的四个方面制定了一个评估准则，该准则通过四个等级（从"尚未达到预期"到"超过预期"）表明能力水平。当这些准则是基于技能并具体说明了学生的实际行为时，教师可以使用这些准则以一致、连贯的方式评估学生的亲社会行为。

教师可以使用观察和决策规则来决定是需要将行为期望重新教给所有学生，还是只需教给少数学生。如果能够流畅且独立地表现出某种行为的学生少于 80%，那么这种行为应该被重新传授给所有的学生。然而，如果超过 80% 的学生能够流畅地表现出这种行为，那么教师只需要将行为传授给那些需要额外指导或练习的学生（Haring et al.，1978）。通过这种方式，社会行为发展的能力标准就能与 RTI 方法高度兼容。但是，与其他着重于测量亲社会行为的方法一样，社会–情绪标准的建立还有很大的成长和改进空间。特别是，需要进一步的工作来明确界定每个年级的行为期望，这些期望如何根据地理和文化差异而变化，以及如何以可靠和有效的方式测量全校范围内学生的能力。

案例分析：肯尼迪中学

本节描述了一个使用数据来决定社会行为支持情况的应用示例。学校和数据都是虚构的，但这个示例提供的信息反映了我们在实际学校中观察到的一些趋势。肯尼迪中学是一所公立中学，有1000名六至八年级的学生。这已经是该学校实施全校范围的积极行为支持计划的第三年了（Horner et al., 2005）。

学校已经实施了一个通过SWIS来监测ODRs、停学和出勤数据的数据系统（May et al., 2006）。学校书记每天输入ODRs，副校长打印相关图表，并将其呈现在月度会议上，团队在会上审查数据并制定行动计划。所有的图表都是典型的SWIS输出图表。为了最大限度地提高数据的可靠性，学校管理部门在每学年开始时都会举行一次培训，培训目标如下：（1）描述如何使用数据；（2）强调使用ODRs的目的是准确描述严重事件而非减少严重事件；（3）提供流程图，指明何时填写ODRs以及何时可以在没有ODRs的情况下处理严重事件。除了前面描述的数据之外，团队还收集了记录实施的精确性和影响的感知数据（来自教职工、学生和家庭）。

在11月的月度全校行为团队会议上，该团队回顾了本学年前两个月和前一学年的所有数据。会议的目的是回答全校决策的基本问题，并做出必要的改变以改善行为支持。然后，研究团队将在下一次全体教员会议上报告这一信息的概要和选定的图表。

团队的第一个目标是回答问题1（当前的计划是否达到了预期的结果？）。为了解决这个问题，团队设定了三个目标：每个月每天低于10个ODRs的绝对目标（每月审查），与前一学年的数据相比有所改善（每月审查），80%的学生ODRs数为0~1（每年审查）。从图9.2中可以看出，9月的ODRs比率低于绝对目标和前一年的水平，但10月的ODRs比率高于绝对目标并与前一年持平。在以前的ODRs年度报告中，团队注意到只有60%的学生在前一年中的ODRs数为0~1。根据这些数据，团队断定，目前的计划没有达到预期效果，可以对全校计划进行修改，以便更有效地支持学生。

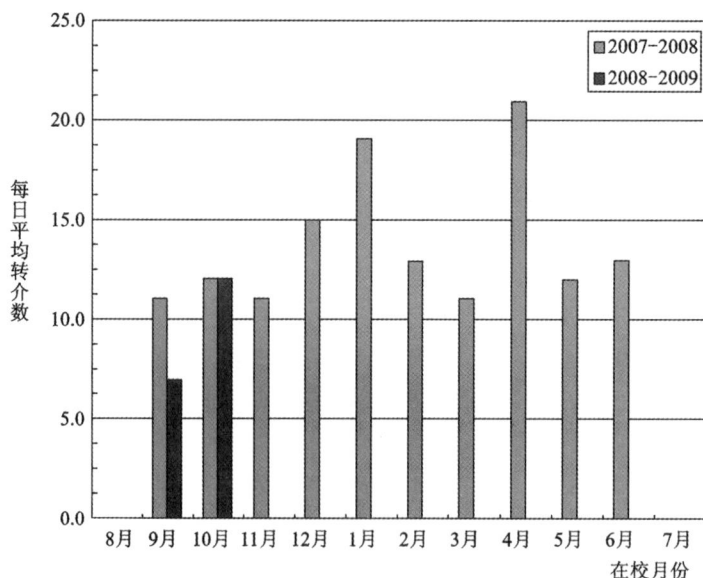

图9.2　多学年月度每日平均ODRs图

团队随后着手确定哪些具体领域可以作为改进学校目前工作的目标（问题2：哪些领域需要改进？）。回答这个问题的目的是分析问题的本质，并确定需要进行哪些更改。图9.3和9.4是按问题行为类型和发生地点划分的当前学年的ODRs分布图。从这些数据中，团队确定了学生打架和迟到是需要立即干预的问题行为，并且快餐厅是尤其需要关注的地方。

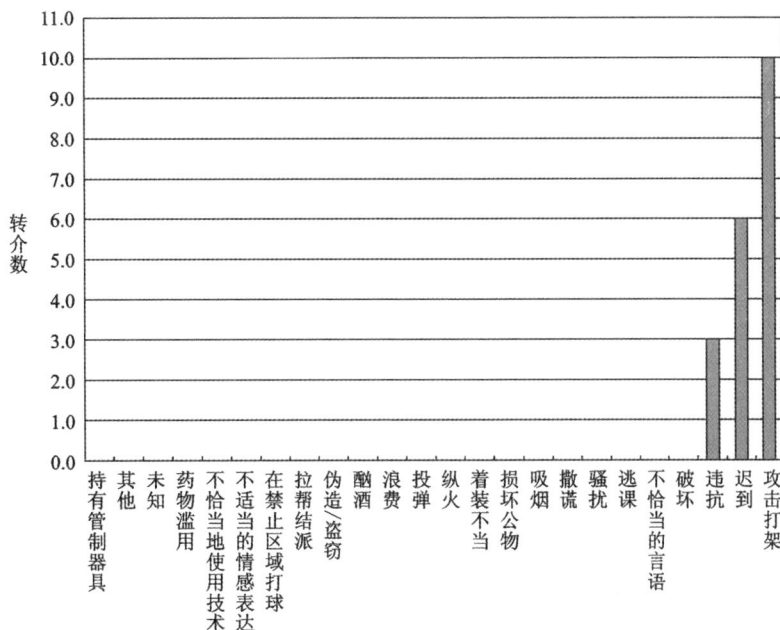

图 9.3 按问题行为类型划分的 ODRs 图

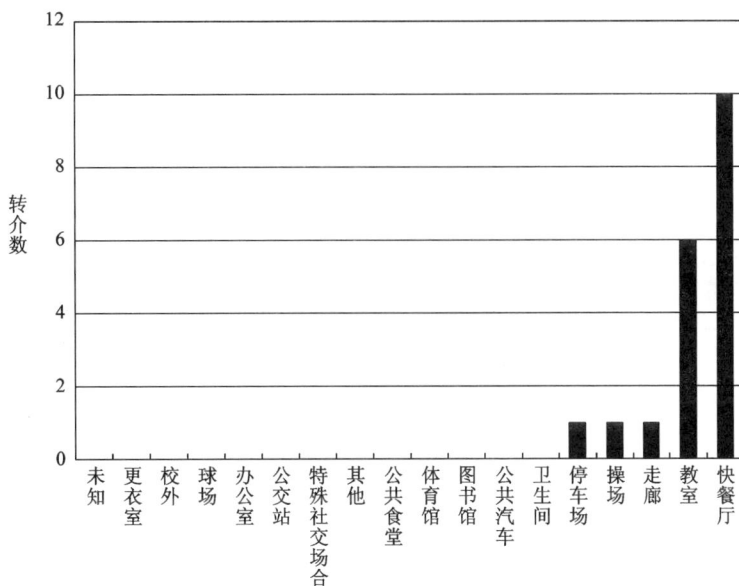

图 9.4 按行为发生地点划分的 ODRs 图

　　尽管这些数据为目标领域提供了一些指示，但是数据系统可以为团队提供更具体的信息。因此这个团队没有制定一个广泛的计划来解决这些问题，而是决定深入研究，进一步探索学校面临挑战的潜在原因。在 5 分钟的休息期间，副校长根据现有数据生成了图 9.5 至图 9.7。由于数据表明打架是最高频率的问题行为，副校长绘制了一张关于打架发生地点的 ODRs 图，即图 9.5。如图所示，打架频率最高的地方是快餐厅。这张图使得团队将快餐厅内的打架作为学校面临的重大挑战。副校长还生成了按年级划分的快餐厅 ODRs 图，即图 9.6，因为按时间划分的 ODRs 图表明，八年级的午餐时间是一个需要特别关注的问题。图 9.6 表明六年级和七年级的 ODRs 水平是可以接受的，八年级的午餐时间显然是一个需要解决的问题。图 9.7 显示了一天中不同时间的迟到情况，这引起了团队对学生到校时间的一些担忧，但大多数迟到都是在八年级的午餐时间之后。团队推测，这些人迟到可能是午餐时打架造成的混乱而导致的。

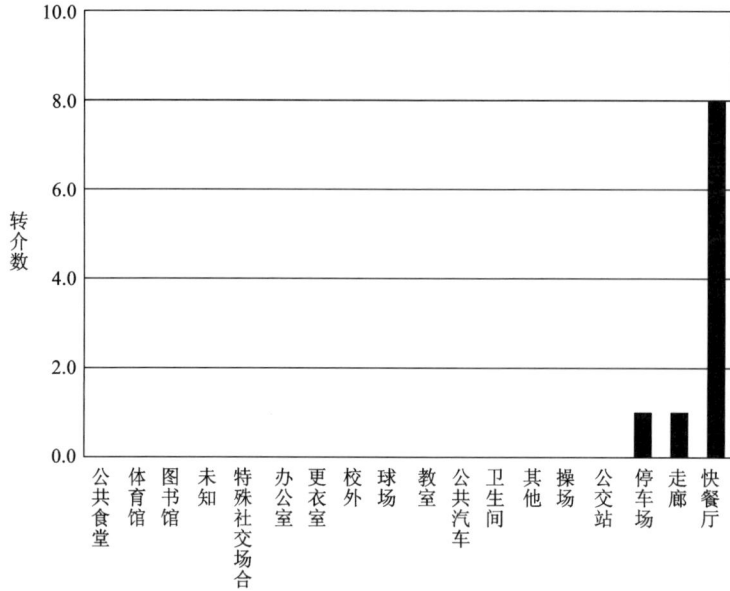

图 9.5　按发生地点划分的 ODRs 图（仅限于打架问题）

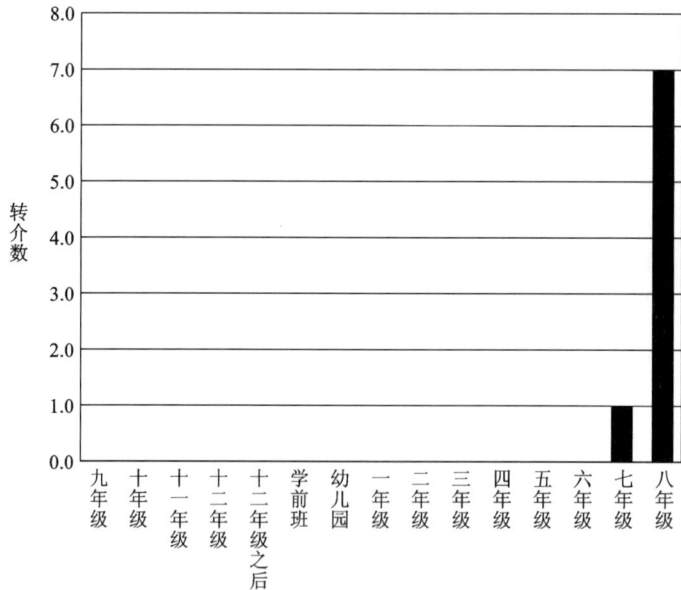

图 9.6　按年级划分的 ODRs 图（仅限于快餐厅）

　　然后，团队使用这些具体信息来制定行动计划，以解决明确的特定问题。在讨论过程中，团队还注意到走廊的 ODRs 水平较低，而前一年的图表显示走廊是 ODRs 最多的地方。这一地点在前一年被定为改进的目标，这代表干预措施实施的成功（在过去的一段时间里，教师重新向学生告知期望并对走廊进行监督；Colvin et al.，1997；Kartub，et al.，2000）。团队决定利用这一优势，为快餐厅实施一个类似的计划。由于只确定了一个年级的午餐时间，因此团队可以创建一个比针对所有年级更有效的计划。团队决定：（1）向八年级学生重新强调快餐厅的用餐要求；（2）让学校辅导员给八年级的学生传

AM：上午　PM：下午

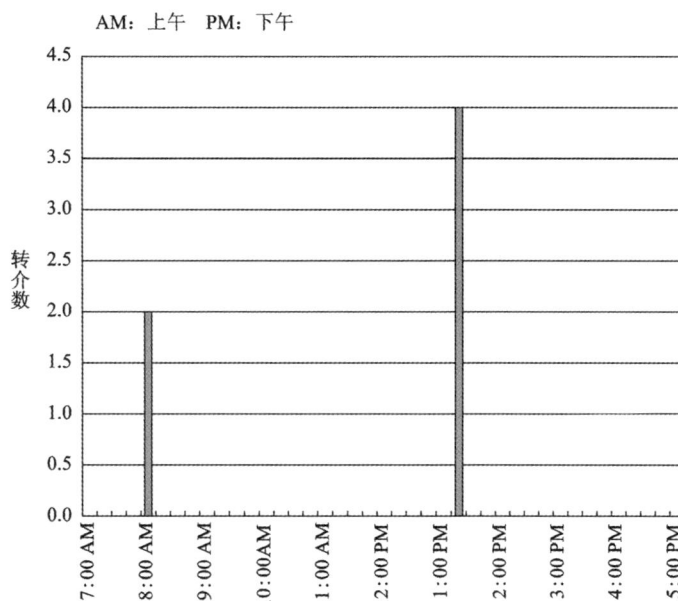

图9.7　按时间划分的ODRs图(仅限于迟到问题)

授解决冲突的技能(以典型的快餐厅纠纷为例)；(3)在八年级学生的午餐期间，通过重新分配助理来提高积极的成人监督水平；(4)如果11月份快餐厅的ODRs仍然最多，可以考虑实施午餐时间识别系统来强化亲社会行为。该团队还决定监测而不是干预11月份的迟到情况，因为他们推断，如果午餐时间打架减少，迟到人数可能会减少。

为了确定需要额外评估和支持的学生(问题3)，团队同时使用了ODRs和教师提名法进行筛查。团队确定了41名有中度行为需求的学生(2~3次ODRs或教师转介)，他们可能会从当前的目标干预、每日签入-签出反馈和指导干预中受益(Crone et al.，2003)；5名学生已经有5次或更多的ODRs，团队将这些学生转介给基于学校的行为支持小组，以获得个性化的行为支持，并利用现有的ODR信息，开始对问题行为的成因进行初步假设。

肯尼迪中学的学校团队创建的数据系统是学校评估全校系统运行情况、需要哪些支持以及谁将从额外支持中受益的关键手段。该团队并不仅仅依靠教职工的看法来确定支持的有效性和应该采取的措施，而是客观地使用数据来确定哪些变化可能会对学生在学校的行为产生最大的改善。

结论：主要观点

如本章所述，通过结构化的问题解决过程对数据进行检查，可以极大地促进学校在社会行为领域的数据决策。虽然采用资源密集型测量系统或在不分析数据的情况下实施计划可能是有吸引力的，但利用现有的、合适的数据来确定目标领域的谨慎方法是获得快速且有效行为支持的最有可能的途径。即使已经确定了测量方法，但如果没有一个制定决策的过程，即利用数据的可视化表示来驱动有关全校行为支持的决策，数据系统也是不完整的。利用数据提供前瞻性和预防性的行为支持，是创造一个安全的教学环境、培养学生互相尊重和发展同情心以及促进终身社会和情感能力的一种独特而有力的方法。

第 10 章

基于问题解决模式的破坏性行为评估

Brian K. Martens

Scott P. Ardoin

正如 Ervin、Gimpel Peacock 和 Merrell 在本书第 1 章中所讨论的，学校心理工作的模式正在发生重要转变(Reschly, 2004)。在过去，这些工作主要由转介-测试-安置(refer-test-place, RTP)模式主导，在这种模式下，常规教学教师识别需要额外服务的儿童(转介)，并由多学科的支持人员团队对其进行资格评估(测试)，最后由特殊教学教师提供服务(安置)。学生个案的不同方面由不同的人负责，这使得学校的专业人员能够独立地进行评估和干预，并且不受问题行为最初发生的环境的影响(Christenson & Ysseldyke, 1989; Erchul & Martens, 2002)。由于进行评估的个人很少参与干预，而且干预很少发生在常规教育环境中，因此这种模式提倡以儿童为中心的测评重点。也就是说，学校心理学家和其他测评人员会花大量的时间来描述儿童的特征和性格，这些内容独立于课堂环境但是与课堂行为有重要的关联。反过来，这一重点对特殊教育规划(即 RTP 模式的干预阶段)影响甚微，后者基本上是独立进行的，并未受益于系统的结果评估。

行为咨询的问题解决模式已经成为 RTP 流程的一个可行的替代方案，它将学校干预的大部分责任从特殊教育转移到了常规教育。这一转变要求学校专业人员之间更密切地协调活动，他们必须共同设计、实施和评估常规课堂环境下的干预方案。无论干预背景如何(转介前干预、干预响应模式或积极行为支持模式)，其中许多干预项目都是由常规任课教师实施，并且他们的教学、管理和评估活动都发生了重大变化(Martens & DiGennaro, 2008)。为了了解这些变化并评估干预效果，问题解决模式涉及的测评目标和策略与传统 RTP 模型中使用的目标和策略大不相同。

在 RTP 模型中，进行测试的主要目的是评估学生相对于标准样本所具有的心理特性、特质或结构的数量(常规测评)。用于此目的的测试通常由测量各种行为指标的条目组成。由于这些测试衡量的是学生表现的总体指标，而且所获得的分数是与国家样本相比较的，因此测评结果通常无法识别应进行针对性干预的具体行为。也就是说，尽管标准化测量可以指出需要额外教学的一般领域，但它们几乎没有提供"学生表现出某种具体行为的原因和/或学生具备和不具备哪些技能"的信息。RTP 模型的核心测量方法的另一个局限是，它们通常对学生行为的短期变化不敏感，因为它们旨在测量稳定的内部特征(Fletcher et al. , 1998; Hayes et al. , 1986; Marston et al. , 1984)。

在问题解决模式中，决策的制定基于与学生过去的行为以及与其同龄人行为相比较得到的数据。与采用国家标准样本相比，将学生的行为与其同龄人的行为进行比较，可以提供关于"当地环境因素在多大程度上支持所有儿童的适当行为"的信息(Ardoin et al. , 2005)。在问题解决模式中使用的测量方法聚焦在具体的行为或技能上，这些行为或技能会随着干预的进行而变化。在干预响应模式(RTI)的应用中，有关行为变化水平和速度的数据也会成为判断学生是否符合接受特殊教育的标准的主要信息来源(Ardoin & Christ, 2008; Speece et al. , 2003; Vaughn & Fuchs, 2003)。

本章的一个基本前提是，行为测评和应用行为分析领域的研究为问题解决模式在学生不适当的课堂行为管理中的应用提供了坚实的基础。这些领域的研究早就认识到在确定学生干预需求时评估行为发生情境的必要性。此外，学校心理学家还开发出了其他行为测评方法，它们既可以评估儿童行为的正常变化（即相对于其他人），也可以评估行为的独特变化（即随着时间推移相对于之前发生的变化），这是用于评估干预效果的测量方法必备的两个特征。

为了评估学生的问题行为并制定有效的干预计划，学校心理学家必须采取高质量的测评方法。然而，传统的信度和效度指标无法充分判断行为测评指标的质量，因为这些指标基于一组不同于心理测量的假设（Hayes et al.，1986）。在本章的开头，我们讨论了行为测评方法的开发、使用和解释所依托的基础假设。基于这一组假设，我们确定了儿童出现破坏性课堂行为的常见原因，这些原因可以被视为行为测评过程的目标。然后，我们描述了评价行为测评数据质量的三个标准，即准确性、敏感度和干预效用（Hayes et al.，1986）。每一节都讨论了在测评破坏性行为时满足这些标准的测量策略和数据解释方法。

行为测评的假设

表10.1列出了行为测评的四个主要假设。这些假设将在下一节讨论，并与传统的心理能力和特质评估方法（以下简称心理测评）采纳的相应理念进行对比。

表 10.1 行为测评的假设

1. 行为具有情境特异性，并且会随着周围条件的不同发生变化。
2. 行为本身是测评的一个重要焦点，而不仅仅是作为某种潜在障碍的指标。
3. 只有通过长期收集同一个人的重复测量数据，才能理解行为的情境决定因素。
4. 可以通过改变与行为相关的先行事件和结果使得行为产生符合期望的变化。

情境特异性和信号–样本的区分

所有测评策略都受限于无法从关注的行为群体中测量每种可能的行为。更确切地说，测量旨在对被认为是重要指标或代表特定领域（例如冲动、抑郁、攻击）的行为子集进行抽样。然而，如何获得并解释这些行为样本，是心理测评和行为测评之间的重要区别。正如Goldfried和Kent（1972）所述，心理测评主要是测量儿童潜在的人格特征或特质，以此作为预测行为的手段。因此，心理测量往往不用于评估行为的时间和地点，而是用于关注学生内在的特征；测量的目的是借此发现不同学生之间的差异，而不是儿童自身随时间的推移或跨情境表现出的差异（Goldfried & Kent，1972；Gresham & Carey，1988）。例如，不管是谁实施测试，在哪一天或在什么环境下，学生在有关焦虑的自评量表中的得分应该是相似的。同样，只要测试条目在理论上与学校心理学家关注的人格特质相关，那么无论使用哪些具体的条目，学生的测试分数也应该是相似的。事实上，评估所有测试信度的类似方法大多基于这种理念。从心理测评的角度来看，学生对测试项目的响应被视为其能力倾向或特征的"信号"，后者被认为比其所依据的行为样本更重要、更稳定、更具预测性（Goldfried & Kent，1972）。此外，这些"信号"可以在任何时间点或任何情境中收集，以揭示学生的真实分数。

相反，行为测评的第一个主要假设是，儿童的行为具有情境特异性，因此其行为可能会随着在场人员、测量行为时的环境或活动甚至测量方法本身而变化（Campbell & Fiske，1959；Chafouleas et al.，2007；Epkins & Meyers，1994；Kazdin，1979）。考虑到行为会发生跨情境的变化，学生对测试项目的响应被认为是在不同的条件下必须表现出的行为样本（Goldfried & Kent，1972）。与心理测评不同，行为测评认为在单一时间或单一环境中（即只收集一个样本）测量行为不太可能产生具有代表性的得分。相反，行为测评可以在照料者关心的所有情境下对行为样本进行收集（如教室、餐厅、操场）。完成收集后，可以对这些不同的样本取平均值，以产生代表儿童功能的整体指标或真实分数（Gresham &

Carey，1988）。然而，在行为测评中更常见的策略是检查行为在不同环境和不同时间下的差异程度（Cone，1977）。学校心理学家对这些差异进行研究后可以得出关于哪些情境变量可能导致问题行为的假设，从而提出潜在的干预方案。

直接测量和被试内变异

顾名思义，行为测评策略与测量学生的实际行为有关。也就是说，行为测评的第二个主要假设是，问题行为本身（诸如不服从、攻击或自伤等）就是评估的一个重要焦点，而不仅仅是某些潜在障碍的指标（Nelson & Hayes，1979）。在测量行为发生方面，行为测评策略往往比对应的心理测评策略更直接。Cone（1977）提出，心理测量可以沿着直接性-间接性的连续体进行排序，以便它们能够在实际发生的时间和地点测量与临床或教育相关的实际行为。在自然环境中对行为进行系统观察和自我监控位于连续体的直接性一端。自我报告或他人报告代表了更间接的方法，因为它们在时间和地点上都不依赖于行为发生的最初环境。相反，访谈、记录审查、标准化测量和投射测验则属于这个连续体的间接性一端。因此，直接、系统的观察是行为测评的必要条件也就不足为奇了（Hintze，2005；Martens et al.，2008）。

当使用间接性测量时，通过重复进行测量来收集多个行为样本（即不同的分数）是没有意义的。事实上，许多标准化的测量方法被设计成能够在重复的测试中产生相似的分数，从而显示出高水平的重测信度（Crocker & Algina，1986）。然而，更直接的行为测评方法都被设计成可重复实施。例如，观察性编码系统可用于在不同的学科领域（例如，数学和阅读）或在不同教师的陪伴下，连续几天测量儿童的任务参与时间和分心行为。同样，阅读流利度也可以通过每周几次的基于课程的测量方法（CBM）进行评估，或者通过不同的教学干预措施来评估阅读进度（Ardoin et al.，2004）。随着时间的推移对同一儿童的重复测量，与行为测评的第三个主要假设有关，即行为的情境决定因素只能通过与自身比较而不是相互比较来理解（Hayes et al.，1986）。

通过大多数心理测量，学校心理学家可以在某个时间点收集有关儿童的数据，并将该分数与标准化样本进行比较（即关注被试内变异）。尽管这些数据可以表明学生的分数是否高于或低于同龄人/同年级的人，但是它们并不能揭示学生的行为随时间或环境的潜在变化。只有在同一个儿童身上收集重复的测量数据，才能从水平、趋势和随时间的变化来评估行为的绝对变化（Johnston & Pennypacker，1980）。也许更重要的是，儿童的行为随时间的变化（即被试内变异）可以与其周围发生的事件相关联，从而表明可能控制问题行为发生或不发生的潜在变量。

对功能关系与结构关系的重视

如前所述，心理测量是用来衡量儿童与同龄人/同年级的人相比在某一能力或特质上的高低。当进行一系列测试时，学校心理学家可能会在不同的领域对一个儿童进行测量，以探究学生的相对优势和相对劣势。在此过程中，心理测评试图通过关注儿童心理概况的其他相关维度或特征结构（即结构关系），来理解儿童为什么会出现问题行为。因此，一个有严重攻击行为的儿童在抑郁和焦虑方面的得分可能明显高于同龄人，表明这些特征可能是导致他的问题行为的原因，但是事实上，它们仅仅是用来描述问题的通用术语。

行为测评的第四个主要假设是，问题行为与其所在环境中发生的其他事件相关，而不是由学生本身的特质所导致的结果（Nelson & Hayes，1979）。根据笔者作为研究人员和临床医生的经验，儿童问题行为不会经常发生，但也是有迹可循的。相反，行为的改变通常与其周围发生的一个或多个事件有关，从而形成了一种模式。广义地说，问题行为周围发生的事件可以分为前提事件和结果。前提事件（antecedent）是指行为发生前存在的一般情况，如一天中的时间、分配的工作难度或教学安排，以及行为发生前的具体事件，如发布命令、教师不关注或来自同伴的评论。结果（consequence）指的是在行为发生之后的事件，可以是教师或同学的反应（如训斥、大笑），也可以是参与行为的直接结果（如激励、焦虑减少）。

将行为的可变性与其周围发生的事件联系起来，可以揭示出同样复杂的行为-情境关系。因此，在问题解决模式中，行为测评的一个目标是通过关注问题行为的直接前提事件和结果来理解儿童为什么会出现问题行为。反映这些前提事件–行为–结果(antecedent-behavior-consequence，ABC)关系的测评被称为功能性行为测评(functional behavior assessment，FBA；Witt et al.，2000)。(读者可参阅 Jones 和 Wickstrom 撰写的本书第12章，了解关于 FBA 程序的详细讨论，以及如何使用所得数据来指导学校干预措施的设计。)FBA 需要一套不同于心理测评的策略，因为后者只关注儿童。此外，由于每个儿童的行为所处的环境是独特的，因此，有效的 FBA 评估策略必须足够灵活，以捕捉这些差异；同时又要足够结构化，以产生可靠的数据。基于这些原因，全面的 FBA 是一个多阶段的过程，包括与直接照料者的访谈、合作者的结构化报告、在不同前提事件条件下对问题行为的系统观察，以及在自然环境中对行为及其结果的有序记录(Drasgow & Yell，2001；Martens & DiGennaro，2008；Martens et al.，2008；Sterling-Turner，Robinson et al.，2001)。

如果处理得当，FBA 可以揭示与问题行为发生或不发生相关的前提事件或结果的模式。例如，FBA 可能会揭示出，学生的攻击行为在一般阅读教学中发生率很高，特别是在分配需要合作完成的课堂作业之后，但在午餐时发生率很低。当儿童在阅读过程中出现攻击行为时，教师会立即将其送出教室并送到办公室，让学生从任务中逃脱(对不适当的行为进行了消极强化)。

行为测评的第二个目标是如何解释 ABC 数据中的模式。具体来说就是，所观察到的前提事件和结果中，有哪些与问题行为是"功能相关"的？他们如何相关？功能相关(functionally related)这一术语在本文中有特殊的含义，指的是环境中发生的事件，经过更改或被操控时，将会导致儿童行为的变化(即行为是这些事件的函数)。功能关系指的是对学生学习重要的、可控的、存在因果关系的变量，操控这些变量足以改变行为(Christenson & Ysseldyke，1989；Erchul & Martens，2002；Johnston & Pennypacker，1980)。发展关于潜在功能变量的假设需要一个理论框架来解释 ABC 数据中所观察到的模式。由于应用行为分析关注的是行为前提事件和结果的刺激功能，因此它是解释 FBA 数据最常用的模型(Daly et al.，2009；Martens & Eckert，2000)。

课堂行为问题的常见原因

儿童出现异常或不恰当行为的原因多种多样，包括器质性疾病、身体疾病、技能缺陷、学业指导不良，甚至是因为直接照料者无意中强化了问题行为(Christenson & Ysseldyke，1989；Sturmey，1995；Witt et al.，2004)。后两类与破坏性课堂行为的测评和干预尤其相关，因为它们代表了教师和学校心理学家可以控制的功能变量(Daly et al.，1997)。因此，这些类别也代表了重要的测评目标，用于在问题解决模式中设计有效的基于学校的干预措施。

课堂教学不足

大量研究表明，许多课堂行为问题与教师教学和管理实践不足有关(Witt et al.，2004)。这些实践的关键是：(1)课程材料匹配不当；(2)未能根据学生的熟练水平调整教学；(3)缺乏课堂规则和惯例。教学匹配是指教学材料的难度水平与学生能力之间的对应关系(Martens & Witt，2004)。研究表明，当学生被分配到困难或挫败水平的任务时，他们会有更高水平的问题行为和更低水平的专注行为(Gickling & Armstrong，1978；Weeks & Gaylord-Ross，1981)。与此同时，当任务太简单或学生能够独立完成时，学生的参与程度也较低。出现这些问题的一个原因是过于困难或简单的任务(即教学匹配度较差的任务)包含了一些令人厌恶的属性，学生试图通过问题行为来逃避这些属性(Weeks & Gaylord-Ross，1981)。当教师通过终止任务、把儿童送出教室或分配更易完成的任务来允许他们逃避时，问题行为就被消极强化了。相反，当教师逐步引入困难的任务，并向学生提供足够的帮助来促使他们顺利地完成困难任务时，或者在简单的项目中穿插有困难的任务时，学生的参与度都会因此而增加(Gickling & Armstrong，1978；McCurdy et al.，2001)。

有效教学也是一个动态的过程，需要教师密切关注学生的表现，然后根据学生不断变化的熟练水平来调整教学实践(Fuchs & Fuchs，1986；Martens & Eckert，2007)。与教学匹配不良的结果类似，未能按照学生不断变化的需求调整教学也会使学生厌恶学习。根据教学层次（IH；Ardoin & Daly，2007；Daly et al.，1997；Haring et al.，1978）的划分，儿童在学习学业技能的过程中会经历一系列的阶段，每个阶段对应着不同的熟练水平。在习得阶段，儿童正在学习准确地运用一项新技能，并尽量做到不犯或犯很少的错误，因此他们需要示范、提示和纠错等形式的帮助。当儿童能够在重复的场景中准确地执行一项技能时，学习的重点就会转移到流利度的培养上。流利度是指准确性和速度的结合，这是在自然条件下表现出色的特征（Binder，1996）。提高流利程度要求技能练习超出准确性标准，也就是所谓的过度学习（Driskell et al.，1992）。随着不断练习，技能表现变得越来越有效率，并进入维持阶段。在此期间，他们需要不断地追求精通，这就需要在更苛刻的条件下练习。一旦达到了维持水平，儿童就必须学会在不同于训练的条件下流利地展示这项技能，或者称之为泛化。泛化很少自发出现，必须通过安排不同条件和不同材料下的实践机会来实现（Ardoin et al.，2007）。最后，为了真正掌握一项技能，学生必须能够应用技能来解决复杂的问题。

从教学层次的角度来看，对儿童已经可以流利完成的技能进行持续地示范和提示，可能会减慢学习进度并导致破坏性行为或分心行为。相反，在儿童仍处于习得阶段时分配复杂的应用问题（泛化级别的活动）可能会导致挫败和以逃避为动机的问题行为。

最后，关于有效教学的研究表明，运行良好和管理良好的课堂可以预防许多问题行为的发生，从而起到积极的作用（Gettinger，1988）。在运行良好的课堂中，教师对学生的期望行为有一套明确的规则，他们通过公开张贴和课堂讨论向学生传达这些规则，并为遵守这些规则的学生提供一致的结果（Witt et al.，2004）。同样，当学生不清楚教师对自己的期望和/或他们对自己的学业成绩不负责任时，问题行为就会经常出现。高效的教师已经明确知道日常惯例的流程，比如获得所需材料或从一项活动过渡到另一项活动，他们会要求学生在学年开始时就练习这些程序（e.g.，Emmer et al.，1980）。

直接照料者对问题行为的强化

如前所述，尽管问题行为最初可能由多种原因引起，但它们可能会持续存在，甚至通过来自直接照料者的社会强化而加强（e.g.，Carr et al.，1976）。换句话说，儿童根据行为的结果来学习怎么说和怎么做，同时也在发生这种情况的环境中学会了许多问题行为（即工具性学习）（Martens & Witt，2004）。

尽管维持问题行为的具体强化因素通常对每个儿童来说都是独特的（例如，与教师的"谈话"、被送去办公室等），但它们可以被分为三大类：社会正强化、社会负强化和自动强化（Iwata et al.，1990）。社会正强化（social positive reinforcement）包括儿童所处环境中的其他人（即社会中介的）根据问题行为给儿童提供期望的关注、有形的物品或活动所带来的任何结果。社会负强化（social negative reinforcement）包括他人根据问题行为造成的、使儿童能够逃避或避免不良情况（例如困难或无聊的任务）的任何结果。负强化结果的关键在于，它们使儿童逃避厌恶的事物，从而增加了导致逃避的问题行为的发生。最后，自动强化（automatic reinforcement）是指不以社会为中介，而是由于参与行为而直接产生的结果。自动强化的例子包括重复的身体运动产生的自我刺激的结果，或是自我指导的行为的缓解结果（如在出现皮疹时抓挠）。

在维持儿童问题行为方面，这些不同种类的强化有多普遍呢？Hanley、Iwata 和 McCord（2003）在2000年对277篇已发表的、报告行为功能分析的文献进行了回顾。功能分析（functional analysis）是一种测评程序，包括对问题行为的强化物进行实验操控。具体地说，儿童要经历一系列简短的（例如5分钟或10分钟）测试和控制条件，这些条件旨在模拟自然环境中对问题行为的强化。在每个测试条件下，根据问题行为的发生情况，提供不同类型的强化。当测试条件包含儿童在自然环境中期望和/或喜欢的强化类型时，问题行为预期会增加（Iwata et al.，1982/1994）。

Hanley 等人（2003）回顾的功能分析文章中，70%的研究涉及儿童，其中约1/3的研究是在学校环境中进行的。在研究报告的536个不同的个体数据库中，超过95%的被试在同一个测试条件评估期间出现了不同的结果或问题行为的明显增加。从强化类型的发生率来看，35.4%的行为是通过关注或给予有形物品的社会正强化维持的，34.2%的问题行为是通过逃避任务需求的社会负强化维持的，15.8%的问题行为是通过自动强化维持的。这些结果表明，在大约70%的案例中，个体环境中的重要成年人或同伴强化了问题行为的发生。在这种情况下，行为测评的质量取决于收集的数据在多大程度上有助于确定必须进行哪些改变，从而消除、逆转或削弱对问题行为的强化（Martens et al. , 1999）。

问题行为的测评策略

准确性

制定有效干预措施的关键是解决"干预应针对哪些行为"的问题。这个问题的答案似乎是显而易见的，因为人们期望干预的目标应该是消除需要转介的不良行为。然而，设计一种只针对消除不良行为的干预措施可能会增加对惩罚手段的依赖和学生行为的潜在恶化（Vollmer & Northup, 1996）。有效的干预措施可确保学生具备表现出适当行为的必要技能，并且与不适当行为相比，可以为适当行为提供更多的强化，从而增加其发生的可能性（Billington & DiTommaso, 2003）。

为了增加准确识别干预目标的可能性，必须进行测评以识别教室环境中促发和维持不适当行为的事件，以及适当行为发生率不高的原因。每个学生的行为会随着时间的推移和环境的不同而变化，学生行为的前提事件和结果也是如此。这种变异性要求从多个环境和渠道收集数据，从而增加了进行高质量行为测评的复杂性和时间需求。然而，识别学生行为的变异性以及与这种行为的前提事件和结果中的系统变异性的关系增加了干预成功的可能性（Cone, 1977）。为了确定这些系统性关系，高质量的行为测评包括通过教师访谈、行为评定量表、学生记录的评估，以及对教师、同学还有目标学生行为的直接观察来收集间接和直接的测评数据（Martens et al. , 1999）。

准确识别干预对象的第一步是对相关教师进行问题识别访谈。本次访谈的目的是：（1）明确了解教师关注的问题，并对这些问题进行优先级排序；（2）对目标问题行为下操作性定义；（3）获得问题行为的发生频率、强度和持续时间的估计值；（4）制定行为改变的初步目标；（5）识别问题行为的潜在前提事件、发展情况和结果（Erchul & Martens, 2002）。表10.2列出了有助于实现上述访谈目标的提问清单。通过这次访谈收集的信息无论其准确性如何，在假设和干预的制定中都很重要，因为它提供了教师对其自身行为、被转介的学生的行为和学生同伴的行为的看法。考虑到实施干预措施时需要向教师提供不同水平的资源，了解教师的看法也很重要。

表 10.2　问题识别访谈中有用的提问清单

目标 A：明确了解教师关注的问题，并对这些问题进行优先级排序。

1. 学生的哪些行为引起了你的关注？
2. 你能否按照这些行为对孩子和/或其同龄人的学习的影响程度进行从大到小的排序？你认为有什么行为会导致孩子伤害自己或他人？
3. 这些行为中有哪些是相关的，可以通过解决一个问题行为从而消除另一个问题行为？

目标 B：对目标问题行为进行操作性定义。

1. 你能否以代课老师告诉的这种行为是否发生过的方式来描述前面的两到三种行为？
2. 你的班上是否有任何课堂规则可能会干扰代课教师对学生是否表现出这种行为的理解？举个例子，如果我们要记录学生离开座位的行为，你会让学生在学习时站在桌子旁边，还是必须让他们待在座位上？
3. 你认为用一小时或一天内的发生次数、发生时长或强度水平来记录行为是最容易的吗？
4. 如果我们使用这种记录方法，会丢失任何信息吗？例如，如果只记录孩子离开座位的次数，那么即使他离开座位10分钟，我们也只记录了他离开了几次座位。

续表10.2

目标C：获得问题行为的发生频率、强度和持续时间的估计值。

1. 如果我们要估计每种行为发生的频率，那时间周期是一个小时、一天还是一周？

2. 在过去的一个小时、一天或一周内，学生表现出多少次这种行为？每种行为持续了多久？行为强度达到了什么水平？

3. 这种频率、持续时间或强度是否能够代表孩子的典型行为？如果不能，你能估计孩子的典型行为吗？

目标D：制定行为改变的初步目标。

1. 你认为其他学生出现这些行为的频率如何？你认为在你的课堂上什么水平的频率、持续时间和强度是可以接受的？

2. 如果意识到我们不可能完全消除这些行为，一个合适的短期目标可能是什么？

3. 与其将注意力完全集中在这些不恰当行为上，我们不如更多地关注孩子为了得到他想要的东西可能会做什么？这些行为可能是什么？它们目前发生的频率是多少？

目标E：识别问题行为的潜在先行事件、发展情况和结果。

1. 你认为一天中有没有哪个时候更容易发生这种行为？

2. 在每种行为发生之前是否有任何特定的事件？（例如，任务、指示、拿走玩具、被训斥）

3. 你认为有没有某种事件肯定会导致孩子出现这种行为？

4. 学生所做的某些行为是否让你觉得，如果不采取任何措施阻止这些行为的发生，可能引起其他的问题行为？

5. 当孩子表现出每一种行为时，周围的孩子如何反应？

6. 当孩子表现出每一种行为时，你会如何反应？

7. 当孩子表现出每一种行为时，他周围的成年人会如何反应？

8. 你目前是否有系统地采取措施来减少这种行为的发生？

9. 你过去有没有尝试过任何有效或无效的干预措施？你使用这种干预有多久了，你为什么决定不再使用它？

注：本表格改编自 Erchul 和 Martens(2002)，已获得 William P. Erchul 的改编许可。

遗憾的是，人们的感知和归因并不总是准确的，因此，通过教师访谈收集到的数据虽然不是故意误导，但可能并不能准确反映行为的严重程度及其前提事件和结果(Macmann & Barnett, 1999; Meehl, 1986; Nisbett & Ross, 1980)。所以，有必要收集额外的数据。学校心理学家应该要求教师协助收集这些数据，因为当问题行为发生时，他们是最有可能与学生互动的人。然而，制定程序让教师使用问题识别访谈中规定的操作性定义收集客观数据是很有必要的。当问题行为发生率不高(即每小时少于5次)时，让教师收集数据尤为重要。对于低频率行为，由学校心理学家进行的直接课堂观察不太可能产生足够数量的样本来提出关于行为功能的假设以及准确地选择干预目标。

收集数据的另一种有价值的间接方法是，对在不同环境中与儿童进行互动的个人使用行为评定量表，如《儿童行为评价系统第二版》(Behavior Assessment System for Children—Second Edition, Reynolds & Kamphaus, 2004)或《儿童行为检查表》(Child Behavior Checklist, Achenbach & Rescorla, 2001)。这类量表通常要求评分者估计特定时间段内(如1周、3个月)行为的频率和强度，所提出的每个问题都是为了评估学生在一系列不良行为(例如焦虑、注意力问题、行为问题、学习问题)或期望行为(社会技能、领导能力)中表现出的程度。这些信息可用于临床诊断，也可间接提供信息，从而准确地识别目标行为，并进行干预。例如，不同评分者和不同环境的相似结果表明，问题行为是普遍存在的，是需要技能训练(如社交技能、自我监控)的儿童的潜在缺陷。另一方面，不同评分者和不同环境的分数差异表明：(1)评分者对儿童行为的看法不同；(2)儿童的行为在不同环境之间可能存在差异，这是由于环境之间适当和不适当行为的前提事件和结果的不同。评分上的差异需要在不同的环境中进行直接观察，以确定差异的来源。对需要干预的目标行为的准确识别在很大程度上取决于对这些变异来源的准确识别。

收集有价值的间接评估数据的另一种方法是审查学生的在校记录(例如成绩、办公室转介记录、以前尝试过的干预措施的详细情况）。对这些记录的分析可能会突显出发生在问题行为之前的事件的模式，并且/或者可能有助于识别导致问题行为出现的特定生活事件（Irvin et al.，2006；Radford & Ervin，2002）。

间接评估方法之间的共同模式可以帮助简化后续的直接观察。如果间接评估数据的模式表明，在一种环境下的行为比在其他环境中的行为更糟糕，则应进行直接评估，重点关注被识别的环境与其他环境的区别。间接评估方法的模式不一致可能导致数据来源不准确，需要更全面的直接评估。

与间接评估数据的收集类似，直接评估数据应该使用多种方法跨情境收集。通过对目标学生所处的环境（如教学质量）进行直接评估，以及对学生行为特定的前提事件和结果的直接评估，可以提高确定适当干预目标的可能性。有关教学质量的信息有助于确定学生技能缺陷是目标学生特有的问题，还是所有学生的普遍问题。如果是所有学生的普遍问题，那么可能是由一般课堂教学造成的。对学习环境的观察应包括测评教师是否正在向学生示范所教技能，以及学生练习技能的机会，并结合响应准确性的表现反馈。教师教学的影响还应该通过对班上其他学生的表现进行抽样，并将同龄人的表现与目标学生的表现进行比较来评估。如果证据表明大多数学生在学业上存在问题，则表明教师向学生提供的是无效的教学和/或不匹配的教学（Martens & Witt，2004）。如果无法获得有关向学生提供的一般教学质量的信息，那么可能会导致学校心理学家将技能缺陷错误地归因于学生自身的特征（如记忆问题），而实际原因却是课堂教学质量低下（例如，没有纠正性反馈；Witt et al.，2004）。例如，教师在提供指导之前未能获得学生的注意，未能提供明确表达和以目标为导向的教学，和/或未能经常强调对指令的遵循，这些都可能会导致学生的不服从，而教师却将其归因于学生无法遵循多步骤的指示。

即使有高质量的教学，在没有合适的行为管理计划的情况下，问题行为也有可能会出现。高质量的行为管理计划既能确保学生具备表现出适当行为所需的技能，又支持适当行为而非不适当行为的发生。对行为管理计划的测评也很重要，因为针对个别学生制定的行为干预措施在与全校或全班计划一起实施时，更可能取得成效。对现有计划进行补充的干预措施更有可能按原本的计划实施，从而增加了干预成功的可能性（Detrich，1999）。为了评估行为管理计划的质量，应该要求教师列出他们的课堂规则、讲授规则的步骤，以及强化适当行为的方法。然后，通过测评学生对行为管理计划的了解（Nelson et al.，1998；Rosenberg，1986）以及出现适当行为的概率是否大于不适当行为来评估这些信息的准确性。即使存在适当行为的强化，如果异常行为需要的努力较少，或者其被强化的可能性更大，并且/或对异常行为的强化质量更高，则异常行为可能更频繁地发生（Martens & Ardoin，2002）。测评程序可能包括确定：（1）适当行为与不适当行为的强化发生比例；（2）相对于被动惩罚程序，教师是否更频繁地采用预防和强化程序；（3）当学生没有明确教学目标时，过渡时间、课堂教学和非结构化教学时间是如何分配的。

直接行为测评程序的最后一个组成部分是对目标学生进行系统的观察，以识别可能维持问题行为的前提事件和/或结果。ABC观察，包括对围绕学生行为的事件进行转录或编码，可用于识别学生行为常见的前提事件和结果（Witt et al.，2000）。尽管基于计算机的程序可用于辅助这些观察，但在学校环境中，通常使用书面ABC记录程序。正如Bijou、Peterson和Ault（1968）首次描述的，叙述性ABC记录程序是指将一张纸分成三栏，左边一栏标记为A（前提事件），中间一栏标记为B（目标学生的行为），右边一栏标记为C（结果）。在观察过程中，学生的行为记录在中间一栏，而在目标学生的每个行为之前（前提事件）和之后（结果）的其他人的行为分别记录在A栏、C栏中（Witt et al.，2000）。

通过记录在数据收集之前已进行操作性定义的积极和消极的学生行为，可以进行更加结构化的ABC观察（Martens et al.，2008）。在观察过程中要注意的重要先前事件和结果包括：（1）授课形式（小团体或大团体、课堂作业、主题、结构化或非结构化）；（2）教师、成人或同伴对目标学生的亲近程度；（3）注意的转移或集中；（4）教师指令的类型；（5）学科之间的过渡；（6）教师与目标学生和其他同学直接的积极或消极的语言和非语言交流；（7）目标学生与同伴之间积极或消极的语言和非语言交流。行为的前提事件和结果的自然变异性要求必须先进行多次观察，才能确信观察到的趋势和行为顺序准确地代表了可能维持问题行为的前提事件和结果（Hintze & Matthews，2004）。

干预效用

在收集了所有形式的间接和直接评估数据后，学校心理学家就应该再次与教师见面，进行问题分析访谈。访谈的目的包括：（1）基于行为基线水平制定合理的干预目标；（2）关于问题行为的功能假设；（3）基于假设的问题行为功能的干预（Erchul & Martens，2002）。请参阅表10.3中的提问，它们有助于构建此次访谈。这次访谈做出的决定大部分或完全基于上述的间接和直接评估程序所收集的数据。所收集数据的干预效用取决于这些数据在多大程度上准确地判断为什么会发生不适当的行为，以及为什么适当的行为没有在期望的水平上发生。

表10.3　问题分析访谈中有用的提问清单

目标A：基于行为基线水平制定合理的干预目标。

1. 根据收集到的数据，这个孩子大约每小时出现×次问题行为。在学生能达到的基础上，我们可以建立什么样的目标来减少学生的问题行为？

2. 根据收集到的数据，孩子在某一时间段内似乎做了×次更适当的行为。在学生能达到的基础上，我们可以建立什么样的目标来增加学生的适当行为？

目标B：关于问题行为的功能假设。

1. 查看收集到的数据，是否存在通常先于问题行为发生的事件？

2. 从收集到的数据来看，学生每次表现出问题行为之后，有哪一两件事情似乎一直发生？

3. 学生能从这些结果中得到什么？

a. 逃避：这些结果是否使得学生：（1）以某种方式逃避学习；（2）在学习上得到帮助；（3）减少作业量；（4）远离某些人；（5）离开教室

b. 逃避：我们是否有证据表明，在问题行为发生时，学生有能力完成被要求做的事情？

c. 关注：这些结果是否会让学生从同学、老师、父母或管理人员那里得到积极或消极的关注？（如果不这样做，他可能得不到这些关注。）

d. 关注：如果学生没有出现这些问题行为，他成功完成所做事情的可能性有多大？学生做了正确的事之后能得到肯定结果的可能性有多大？

e. 有形物品：这些结果是否使学生获得某种食物或有形的奖励，而这些食物或奖励是他本来不会得到的（即便表现出了适当行为）。

目标C：基于假设的问题行为功能的干预。

1. 我们是否有证据表明孩子知道如何表现出适当的行为？

2. 我们是否有证据表明孩子能够成功地完成分配给他的任务？

3. 信息表明，学生行为不当的原因是为了获得关注/逃避获得有形奖励，那么孩子可以采取什么样的适当行为才能让他获得同样的东西呢？

4. 怎样做才能使学生更容易地因为表现出适当行为而获得关注/逃避/获得有形奖励？

a. 我们知道学生有能力完成这种行为吗？

b. 你之前见过孩子这样做吗？

c. 学生做适当行为所需要的努力是否超过做不适当行为所需要的努力呢？我们怎样才能减少学生做适当行为所需要的努力呢？

5. 怎样做才能使学生不太想获得关注/逃避/获得有形奖励？

6. 当学生做出不恰当的行为时，如何降低他获得关注/逃避/获得有形奖励的可能性？

7. 你需要付出多少努力来实施这个干预？你需要什么资源才能成功实施这种干预？你愿意实施这种干预吗？

注：本表格改编自 Erchul 和 Martens（2002），已获得改编许可。

在解释间接和直接测评数据时，重要的是要记住制定有效干预的几个关键因素。首先，如果一种行为以某种频率发生，就意味着这种行为很可能被强化。在学校的每时每刻，学生都在选择表现什么行为。他们的决定基于几个因素，包括他们选择每种行为后获得强化的概率。Martens 和他的同事（2008）描述了一种潜在有用的技术，称为列联空间分析（contingency space analysis），用于确定如何为学生的适当行为和不适当行为分配强化。该程序首先进行一系列连续观察，在短暂的时距（例如 15 秒）内，无论是否存在问题行为，均将来自周围的潜在强化结果进行记录。例如，连续的记录显示，在一个儿童对同伴做出攻击性行为的 10 个时距中，有 8 个时距里，任课教师会发出训斥（即在有攻击行为的情况下，关注的概率为 0.80）。相反，在儿童没有出现攻击行为而是安静学习的 10 个时距中，教师只在其中的 1 个时距给予关注（即在没有攻击行为的情况下，关注的概率为 0.10）。我们可以进一步假设，教师很少允许学生因为攻击行为（0.10）或没有出现攻击行为（0.10）而逃避任务要求，并且在行为得当的情况下，通常让儿童单独待着（即没有结果的概率为 0.80）。当单独考虑时，这些条件概率表明了每一类行为可能得到强化的时间。在这个例子中，教师对攻击性行为的关注几乎是连续的，而对其他更适当的行为（例如，专注）的关注是间断的。综合考虑，这些概率可以绘制在坐标空间中，以表明存在攻击行为（沿 y 轴绘制）或不存在攻击行为时每种结果出现的偶然性程度（沿 x 轴绘制；Martens et al. , 2008）。图 10.1 展示了一个攻击行为结果的列联空间分析示例。如图所示，关注（圆圈）取决于攻击行为，无论有无攻击行为逃避（三角形）的概率都很小，适当的行为被忽视的程度远远超过攻击行为（即无结果，由正方形表示）。

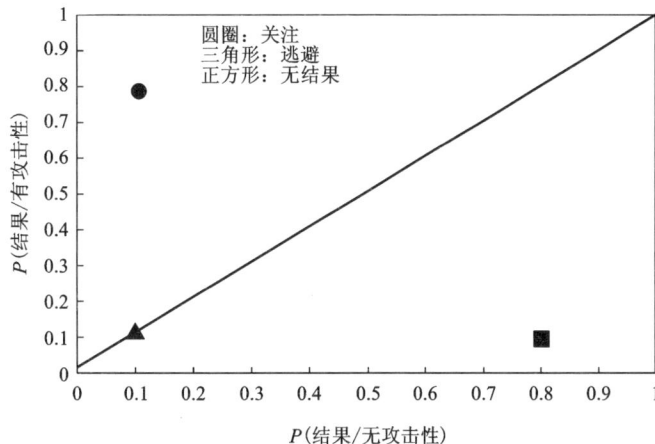

图 10.1 有无攻击行为的情况下的列联空间分析示例

虽然列联空间分析可以帮助确定强化在各种行为中的分布方式，但它没有考虑到其他因素，这些因素决定了儿童在任何给定时刻下可能会选择表现哪种行为（Billington & DiTommaso, 2003）。在制定干预措施时必须考虑的第二个因素是，学生是否具备表现适当行为技能，表现适当行为所需的努力是否超过异常行为。学生不会表现出他们不擅长的行为，并且在其他条件相同的情况下（例如强化的质量），他们不太可能选择比异常行为需要更多努力的适当行为（Billington & DiTommaso, 2003）。

在制定干预措施时必须考虑的最后一个因素是，学生行为的功能不一定在各种情况下保持一致。这种变化可能是由多种因素造成的，包括前提事件的变化、强化的来源、表现出适当或不适当行为所需的努力，以及由于饱和或剥夺而引起的强化物价值的变化（Fisher et al. , 1996；Ringdahl & Sellers, 2000）。例如，在一种情况下，计时隔离（time-out）使学生避免了繁重的任务要求，它是一种强化因素；而在任务要求不需要付出多少努力且时间强化充足的情况下，计时隔离就是一种惩罚因素。

测评数据的干预效用，基于其在制定干预措施（针对儿童和支持儿童不适当行为的环境）时的有效性。因此，干预效用取决于数据在多大程度上有助于确定：(1) 为适当和不适当行为提供强化的比例；(2) 为适当和不适当行为提供的强化质量；(3) 儿童表现出适当与不适当行为所需的努力；(4) 这些因素如何相互作用以促发高比例的异常行为；(5) 哪些因素可以通过干预来提高学生选择适当行为的可能性。

敏感度

尽管从多个来源收集了测评数据，但如果不通过实验操控行为的前提事件和结果，就无法确定其在识别潜在维持变量方面的准确性。因此，必须采用程序来评估干预的效果。无法评估干预措施可能导致无效的干预继续实施，或者更糟的是，这种干预会增加异常行为的出现。因此，在实施干预措施之前，必须考虑评估干预措施的方法。在考虑如何评估干预效果时，非常重要的一点是，尽管必须考虑教师对学生行为变化的看法，但鉴于教师参与干预措施的实施，这些看法很容易出错。如果所记录的行为是离散的、易于观察的（例如举手回答问题），并且是可以下操作性定义的，那么教师的偏差就可以减少。此外，教师还可以利用永久性资料来收集不带偏差的数据，包括收集学生的准确性百分比、完成任务的百分比以及完成任务和家庭作业的时间（Witt et al.，2000）。

遗憾的是，许多需要干预的行为（例如，花费在任务上的时间）不属于教师容易收集到的类别，因此需要更复杂的数据记录程序。虽然要求教师每天对行为进行观察是不合理的，但有一个合理的替代方法是使用教师行为报告卡（Chafouleas et al.，2007）。教师行为报告卡与行为评分量表的不同之处在于：（1）学生行为评定时间较短，例如每天一小时，而不是每月一周；（2）教师提供他们对学生参与目标行为的速度和水平的估计值，而不是评估被认为是潜在障碍迹象的行为；（3）他们对随时间变化的行为保持敏感。尽管研究表明，教师行为报告卡对行为的变化很敏感，但评分者之间的一致性很差（Chafouleas et al.，2007）。因此，一名教师提供的评分不一定与观察同一行为的另一名教师的评分相匹配。因此，完成评分的个人必须在整个监测期间保持稳定。为了提高教师评分的准确性和敏感度，提供目标行为的可操作性定义、相关量表中各种分数的具体说明以及表现反馈非常重要。与较长的（1天）评分周期相比，较短的（1小时）的评分周期准确性和敏感度也可能更高。使用 www.interventioncentral.com 上的行为报告卡生成器，可以创建并轻松地复制针对特定关注行为的行为报告卡。

教师收集的数据应该由训练有素的观察者进行行为观察来补充，他们使用的观察程序也应该是准确且对学生行为反应敏感的。数据收集程序包括延迟或持续时间的测量，以及时距记录过程。作为评估干预效果的一种手段，比较观察结果最好在一天中的同一时间和同一地点进行；否则，观察到的行为差异可能是时间或环境的函数，而不是真正的干预效果。尽管使用对行为变化敏感的测量是必要的，但要记住，敏感的测量对行为的变化也很敏感，这是变量的函数，而不是作为干预措施的一部分。

监测干预效果之所以重要，主要有以下几个原因。首先，对维持不适当行为的变量的识别不准确可能会实际增加不适当行为的发生率。其次，虽然干预可能会使行为朝着期望的方向发生变化，但客观数据可以确定行为是否达到了标准性水平。最后，通过监测干预的效果，教师就可以决定何时开始逐渐减弱干预的部分，最终使得学生在自然环境中依然能够保持适当的行为。

结论

根据 Hayes 等人（1986）的研究，用于问题解决模式中评估破坏性行为的策略旨在实现三个目标："选择目标行为、选择干预方案和评估干预效果"（第476页）。如本章所述，要实现这些目标，需要一种多维度、多来源的方法来收集有关儿童、儿童的教学环境以及儿童行为的直接前提事件和结果的信息。在评估的第一阶段，儿童行为的变异性与发生的事件相关，表明有潜在的维持变量。当清楚地知道了为了增加期望的行为和减少问题行为而需要操控什么以及为什么操控时，这个阶段就完成了。在评估的第二阶段，潜在的维持变量作为干预的一部分被操控，同时行为的预期变化被密切监测。当明确干预产生预期效果时，这个阶段就结束了。

进行全面的行为测评对学校心理学家和其他习惯进行心理测评的辅助工作人员提出了独特的挑战。我们认识到，行为测评的领域抽样和功能关系目标可能具有战略性要求。我们还认识到，从概念上来说，评估儿童行为随时间的变化（即被试内变异）并将 ABC 模式转化为潜在的维持变量可能是非常必要的。然而，正如 Wolery、Bailey 和 Sugai（1984）所指出的，任何行为改变策略的有效性在很大程度上取决于使用测评工具确定学生的需求并评估学生的进步。因为行为测评归根结底是为了"理解……和改变行为"（Nelson & Hayes，1979，第 13 页），我们认为它关注的是儿童所处环境中发生的事件，通过操控这些事件，从而产生期望的行为变化，这使得它特别适合用于问题解决模式。

第 11 章

内化性问题和幸福感评估

David N. Miller

儿童和青少年的内化性问题经常被学校工作人员误解和忽视。内化性(internalizing)这个术语表明，这些问题主要是在个体内部发展、维持、体验和表现出来的(Miller & Nickerson, 2007a)。与外化性问题(例如品行障碍、注意缺陷/多动障碍)相比，外化性问题是显性的、对他人具有破坏性的失控行为，而内化性问题(例如抑郁障碍、焦虑性障碍)则是隐性的、过度控制的行为，会给遇到这些问题的个体带来更高程度的主观痛苦(Merrell, 2008a)。学生的内化性问题在学校经常被忽视，很大程度上是因为它们通常很难被观察到，因此它们被描述为一种隐秘的疾病(Reynolds, 1992)。

内化性问题代表了人类情绪或情感的极端情况。在学校对儿童和青少年的传统测评和教育干预工作中，强调行为和学习问题的测量和弥补(Huebner & Gilman, 2004)，其中包括内化性问题。例如，对于一名临床上被诊断为患有抑郁症的中学生来说，干预目标可能是让学生报告在接受治疗之后不再感到抑郁。然而，一项能使学生不再感到抑郁的干预并不一定表明该学生正体验着高水平的幸福感。Greenspoon 和 Saklofske(2001)、Suldo 和 Shaffer(2008)发现了一组报告心理压力低但主观幸福感也较低的学龄儿童，这个发现表明，没有精神病性症状并不一定等于拥有最佳的心理健康水平(Huebner et al., 2006)。同样，并不是所有在心理病理学上具有临床显著性水平的儿童和青少年生活质量都较差(Bastiaansen et al., 2005)。

为了对人类的情绪和行为构建一个更全面的理论框架，倡导积极心理学(Seligman & Csikszentmihalyi, 2000)的心理学家主张应该增加对幸福感的积极指标的关注，以补充以往心理学对障碍和缺陷的消极指标的关注(Huebner & Gilman, 2004)。虽然积极心理学早期的研究对象是成年人，但最近开始更多地关注青少年发展的积极方面(Larson, 2001)，包括更加注重基于优势的测评(Jimerson et al., 2004；Nickerson, 2007)以及对儿童和青少年的幸福感、生活满意度和生活质量的测评(Gilman & Huebner, 2003；Gilman et al., 2009；Huebner & Gilman, 2004)。

本章的目的是提供一个广泛的概述，主要关于儿童与青少年幸福感和内化性问题的基于学校的测评。尽管心理学家对于儿童幸福感测评的关注明显增加，但该领域仍是学校心理学中一个新兴的领域。因此，目前有关该主题的信息较少，相应地，本章针对该主题的篇幅会少于内化性问题测评的篇幅。我们将从儿童和青少年内化性问题的概述开始。

儿童与青少年内化性问题的简要概述

专业术语：症状、综合征和障碍

要正确理解内化性问题及其测评，首先必须熟悉几个关键术语，包括症状、综合征和障碍。虽然这些术语有时会被错误地交替使用，但它们之间有着明显的区别。

症状(symptom)是与特定类型的障碍或与问题相关的具体情绪或行为特征。例如，抑郁的症状之一是情绪低落。相比之下，综合征(syndrome)是一系列症状的组合。例如，情绪低落、疲劳、睡眠不足和低自尊的综合表现代表了抑郁综合征。当个体症状的组合或综合征满足基于标准分类系统(如《精神疾病诊断与统计手册》，DSM-Ⅳ-TR；American Psychiatric Association，2000)的特定诊断标准时(Merrell，2008a)，则表明其存在障碍。障碍(disorder)通常包括症状和综合征，而综合征通常包括症状。然而，症状并不总是能够构成综合征或障碍，而且综合征也并不总是可以被正式诊断为障碍(Merrell，2008b)。在本章中，常使用问题(problem)这个词来代替症状、综合征或障碍。因此，内化性问题应该被解释为任何影响个人甚至在临床上表现为显著和持续的主观痛苦的内化症状、综合征或障碍。然而，应该注意的是，尽管通常没有必要区分症状、综合征和障碍这三个术语，但在测评内化性问题或与其他专业人员交流时，这种区分非常必要(Merrell，2008a)。

内化性问题的类型

虽然内化性障碍的症状众多而复杂，但研究人员发现，在这一通用类别中，主要有四类特定问题群，包括抑郁、焦虑、躯体问题(即不明诱因的生理问题)和社会退缩(Merrell，2008b)。在儿童和青少年中常见的抑郁障碍包括重度抑郁障碍、恶劣心境障碍和双相情感障碍；常见的焦虑障碍包括广泛性焦虑障碍、学校恐惧症/拒绝上学症、强迫症、创伤后应激障碍、惊恐障碍和分离焦虑症。躯体问题可能包括头痛、胃痛、病因不明的疼痛，以及其他身体不适。其他通常被认为具有内化性成分的问题包括选择性缄默症、神经性厌食症和暴食症等进食障碍。最后，尽管没有被描述为特定的障碍，但自杀行为(即自杀观念、自杀未遂、自杀死亡)和自伤行为(在没有蓄意自杀目的的情况下，对自我身体的损害)是影响大多数儿童和青少年的内化性问题(Miller & McConaughy，2005)。这些问题和其他内化性问题可能会以不同的症状形式出现，但它们往往表现为一种共生或共病的关系。因此，在一个共同的框架内对这些问题的测评进行研究通常是有用的(Merrell，2008b)。

关于儿童和青少年内化性问题的更详细的讨论，包括他们的发病率、性别问题、共病率以及这些疾病如何发生和维持的相关信息，请参考 Evans et al.(2005)，Mash & Barkley(2003)和 Merrell(2008a，2008b)。

测评目的

正如 Ervin、Gimpel Peacock 和 Merrell 在本书第1章所指出的，测评是问题解决中不可或缺的一部分(包括在初始阶段中识别问题是什么和为什么会出现问题，在后期阶段中判断干预是否成功)。因此，基于学校的内化性问题的测评应该为理解被识别的问题提供坚实的基础，并提供监测和评估循证干预的数据。一个全面的测评应该通过针对主要关注领域来制定有效的、社会认可的干预措施，从而帮助提供解决问题所需的大量信息(Tilly，2008)。

测评内化性问题给学校心理学家带来了许多挑战。其中最值得关注的第一个挑战是，许多与内化性问题相关的特征可能不容易被学生所处环境中的其他人观察到。因此，与外化性问题的测评相比，通过自我报告或个人访谈获得儿童或青少年的内在感受，对于内化性问题测评更重要，而外化性问题通常通过直接观察和教师-家长报告来评估(McMahon & Frick，2007)。第二个挑战是，疑似有内化性问题的学生往往不像有外化性问题的学生那样经常被学校工作人员转介，因此这些学生往往得不到有效的识别和足够的服务(Miller & Nickerson，2007a)。

第三个挑战是，许多学校专业人员可能没有得到足够的培训，无法对内化性问题进行全面的测评。例如，在 Miller 和 Jome(2008)对学校心理学家的全国调查中，他们发现，绝大多数的学校心理学家认为他们至少需要一些重要的额外训练，来测评各种内化性问题。最后一个挑战是，虽然有各种可靠和有效的测量方法可用于识别内化性问题，但目前关于如何准确地识别内化性问题的各种影响，以及如何在问题解决的框架内将这些影响与干预联系起来的研究较少。

一个测评内化性问题的模式

Merrell（2008a，2008b）描述了一个综合的问题解决模式，学校心理学家可以使用该模式来测评内化性问题。这个模式被称为多维度、多来源、多情境测评的模式，其本质特征是采用以广度为基础的方法测评，从而得到一个关于"功能"的综合描述。在该测评模式中，学校心理学家使用多种测评方法（例如，评定量表、自评量表、访谈、直接观察）对多个信息提供者（例如学生、教师、家长–照料者）和多个情境（例如学校、家庭、社区）进行测评。下面将简要概述在测评来源和情境方面要考虑的问题，随后对建议采取的测评方法和实践进行更广泛的讨论。

测评方法

由于收集测评数据所使用的每一特定方法、工具或来源都可能受到误差变量的影响，因此，使用全面和综合的方法有助于克服任何特定测评内容的局限性，从而减少测评解释和分析中的误差量（Merrell，2008b）。测评儿童和青少年内化性问题的方法可能包括直接观察、记录回顾、社会测量技术、行为评定量表、访谈、自我报告测量法和投射–表达技术（Merrell，2008b）。

测评信息来源

许多潜在的测评信息来源包括被评估的特定学生、父母或照料者、其他家庭成员、教师和其他学校工作人员、学生的同龄群体，以及社区信息提供者（例如，青少年团体的负责人或其他工作者）（Merrell，2008a）。这些来源中的一些测评信息通常会比其他来源更有价值。特别是，在基于学校的内化性问题测评中，最重要的测评对象通常是学生、父母或照料者以及教师。因为内化性问题涉及内在的感知和状态，所以获得学生的自我报告（通过访谈和自评量表）被广泛认为是最关键、最基本的方法。这一基本规则可能的例外情况是对非常年幼的儿童、不愿提供关于自己的信息的儿童或认知和语言能力有限的学生的测评。在这些情况下，父母、照料者和教师或许能提供最有用的信息（Merrell，2008a）。

测评情境

测评情境（assessment settings）指的是测评信息所对应的特定场景，而不是收集数据或召开会议的实际地点。例如，虽然家长或照料者可能会在他的办公室与学校心理学家会面，提供有关儿童情绪问题的信息，但测评所基于的情境是儿童的家。获取信息的可能情境包括学校、家庭、各种诊所或机构或其他社区环境。通常，学校和家庭将是进行内化性问题测评的重点情境（Merrell，2008a）。

推荐采取的测评方法与实践

测评儿童和青少年的内化性问题有多种可用的方法，包括记录回顾、社会测量技术和投射–表达技术（Merrell，2008b）。然而，与其他测评技术相比，这三种方法通常不能提供足够多的临床有用信息，缺乏对其效用的实证支持，并且与问题解决没有直接的关联。特别是，对儿童和青少年使用投射–表达技术（例如，罗夏墨迹测验、主题统觉测验或画人测验）是非常具有争议性的，并且经常受到批评，主要是由于它们的心理测量属性不可靠或不足（Knoff，2003；Lilienfeld et al.，2000；Merrel，2008b；Salvia & Ysseldyke，2001），增值效度和干预效度也有限（Gresham，1993；Miller & Nickerson，2006，2007a）。因此，我们提倡从业人员使用可靠且有效的（即循证的）方法来测评儿童和青少年的内化性问题，并参与有助于在问题解决框架内识别问题、选择干预方案和制定评估计划的测评实践。

儿童与青少年内化性问题测评的循证方法包括自我报告工具、访谈技术、行为评定量表、直接行为观察、功能性行为测评程序，以及将测评与干预联系起来的其他方法（如进度监测、模板匹配和基于关键行为的策略）。这些方法中的每一种都可以为问题解决过程做出有价值的贡献，下面将对这些方法进行更详细的描述。

自我报告工具

为儿童和青少年设计的自我报告工具已经越来越受欢迎，并且近几十年来，其技术性能有了很大的改进（Eckert et al.，2000）。这些工具不仅是测评儿童和青少年内化性问题所推荐的方法，而且被广泛认为是一种基本的或许是最受欢迎的方法（Merrell，2008b）。由于许多与抑郁、焦虑和其他内化性问题相关的症状很难甚至无法通过外化性测评方法（如直接观察、家长或教师的评定量表）检测出来，而精心设计的自我报告工具提供了一种结构化的、常模参照的方法来测评这些问题，所以这些工具特别适用于测评内化性问题（Rudolph & Lambert，2007）。

有几种经典的自我报告工具可供学校的学生使用。如人格问卷，包括内化性症状条目在内的通用问题问卷及其分量表（即通用测量），以及用于测量具体内化性问题（如抑郁和焦虑）的自我报告测量法（即具体测量）。通用的自我报告形式包括内化性综合征，作为涵盖各种障碍的广泛综合评估的一部分。这种类型的工具中最著名的也许是明尼苏达多相人格问卷-青少年版（Minnesota Multiphasic Personality Inventory-Adolescent，MMPI-A；Butcher et al.，1992），它包含10个基本的临床量表，其中4个（抑郁、转换性癔症、社会内向、疑病）是专门针对内化性问题的。此外，MMPI-A的15个青少年"内容量表"中有5个（焦虑、抑郁、强迫、自我低估、社会不适）与内化性问题显著相关。其他通用的自我报告测评工具有青年人格调查表（Personality Inventory for Youth，PIY；Lachar & Gruber，1995）、青少年自评量表（Youth Self-Report，YSR；Achenbach，2001a）、青少年心理病理学量表（Adolescent Psychopathology Scale，APS；Reynolds，1998）和儿童行为评价系统第二版（Behavior Assessment System for Children—Second Edition，BASC-2；Reynolds & Kamphaus，2004）。

每一种通用测量都被证明具有足够高的信度和效度，并且可以为学校工作人员提供有用的信息。这些通用测量的优势在于可以全面测评学生的整体情绪和行为功能。特别是，它们可以通过确定各种可能的情绪和行为问题的存在来发挥重要的"筛查"功能，然后学校工作人员就可以通过各种具体测量对其进行更充分的评估。但是，通用测量过于耗时，因此在专门针对内化性问题进行测评的情况下，可能不需要此类测量。此外，一些测评工具（如MMPI-A）的年龄范围比其他工具（如BASC-2）的年龄范围有更大的限制性，而且这些通用测量在作为问题解决模式中计划评估的持续测量时，都不是特别有用。

内化性问题的具体测量通常范围较小，旨在评估特定的内化性问题和领域。用于测评儿童和青少年抑郁的具体自我报告工具包括：儿童抑郁量表（Children's Depression Inventory，CDI；Kovacs，1991）、Reynolds儿童抑郁量表（Reynolds Children's Depression Scale，RCDS；Reynolds，1989）和Reynolds青少年抑郁量表-第二版（Reynolds Adolescent Depression Scale-Second Edition，RADS-2；Reynolds，2002）。测评焦虑的有效具体工具包括：儿童显性焦虑量表修订版（Revised Children's Manifest Anxiety Scale，RCMAS；Reynolds & Richmond，1985）、儿童青少年多维度焦虑量表（Multidimensional Anxiety Scale for Children，MASC；March，1997）和儿童状态-特质焦虑量表（State-Trait Anxiety Inventory for Children，STAIC；Spielberger et al.，1973）。儿童内化症状量表-修订版（Internalizing Symptoms Scale for Children-Revised Edition，ISSC-R；Merrell & Walters，in press）是一种自我报告的测量方法，旨在测评儿童的各种内化性问题及其对儿童的积极和消极影响。

这些工具都具有非常好的心理测量属性，其中一些有确凿的证据来支持它们在测评内化性问题中的应用（Rudolph & Lambert，2007；Southam-Gerow & Chorpita，2007）。此外，使用这些测量方法通常既不耗时也不耗费人力，而且测评者不需要具有大量的临床技能或经验。也许最重要的是，它们可以成为问题解决过程中的有效工具。例如，对抑郁症使用具体测量不仅可以识别出可能患有抑郁症的学生，还可以进行定期监测并评估干预效果。此外，学生对自评量表中特定条目的应答可能对干预有直接的影响。举例来说，学生对抑郁自评量表的应答表明她目前有自杀的想法，学校心理学家应立即进行自杀风险测评，并在必要时实施适当的自杀预防和干预程序。

尽管自我报告测量有明显的优点，但学校心理学家在对儿童和青少年使用这些测量方法时，需要注意几个问题。其中一个问题涉及到认知成熟度，这是一个儿童充分理解自我报告测量的各种要求和有效区分反应选项(response options)所必需的。在大多数情况下，8岁以下的儿童很难理解自我报告测量中的问题并完成这些测量，即使是8岁以上的儿童，如果他们有学习问题或认知缺陷，也可能难以完成自我报告测量(Eckert et al.，2000)。关于自我报告测量的另一个令人担忧的问题是可能发生的、各种类型的反应偏向(response bias)，包括学生可能给出不诚实的响应或以社会期望的方式认同条目的可能性(Merrell，2008a)。尽管存在这些担忧，但自我报告工具的使用仍应被视为测评儿童和青少年内化性问题的一个重要组成部分。有关儿童和青少年自我报告测量的更详细的讨论，读者可以参阅Mash & Barkley(2007)，Merrell (2008a，2008b)，Shapiro & Kratochwill(2000a，2000b)。

访谈

访谈与自我报告测量一样，应该被视为测评儿童和青少年内化性问题的一项基本技术(Merrell，2008a)。事实上，一些人认为个别学生的访谈是这一过程中最重要的部分(Hughes & Baker，1991)。访谈可能是最古老的测评形式，不同的访谈在长度、结构和正式或非正式的程度上各不相同(Merrell，2008a)。在自我报告测量中，个人对具体的、标准化的问题做出应答，与这种更具结构性的方法不同，访谈往往更灵活、更开放，允许更多种类的回答。

进行有效的访谈可能比其他任何测评技术需要的临床技能水平更高，包括人际交往技能、观察技能以及对发育正常与否的全面了解(Merrell，2008a)。特别是，在进行学生访谈时，被访谈学生的年龄和发展水平是需要考虑的重要方面(McConaughy，2005)。例如，当对中小学生(6~11岁)进行访谈时，访谈者应该：利用熟悉的环境和活动，提供背景提示(例如，图片、示例)，进行语言互动，避免抽象的问题，保持持续的眼神交流(Merrell，2008b)。

学校心理学家在进行访谈时应该注意到发展性因素，包括儿童的口语表达技能和"情感词汇"的发展程度(Merrell，2008a)。情感词汇(emotional vocabulary)指的是儿童在表达微妙的、甚至是复杂的情绪和反应方面的技能水平。例如，某种被成年人或成熟的青少年识别为"紧张"的特征和症状，可能会被较年轻或不太成熟的学生描述为"感到愤怒"。或者，被年龄较大的儿童描述为"失望"的特征或症状，年龄较小的儿童可能会将其称为"感到悲伤"(Merrell，2008a)。

此外，在对疑似有内化性问题的儿童进行访谈时，测评他们的发展性思维过程和自我对话是非常重要的(Hughes & Baker，1991)。

内化性问题的认知模型强调思维在情绪困扰的发生和维持中所起的作用，尤其是个人的信念系统、非理性思维以及对事件和行为的归因(Beck，1976)。比如，显示学生可能存在认知扭曲的回答(例如，"我的女朋友甩了我，我再也遇不到像她那样的人了"；"没有人喜欢我，也永远不会有人再喜欢我")表明，干预的重点可能是认知重构(Friedberg & McClure，2002)。对儿童和青少年进行访谈可能是测评认知变量及其在内化性问题发生或维持中作用大小的最好方法。

如上所述，访谈既可以是高度结构化的——每个问题都是有顺序的、标准化的(例如，儿童青少年诊断访谈-第四版，Diagnostic Interview for Children and Adolescents-Fourth Edition；Reich et al.，1997)，也可以是高度非结构化的、开放式的。为了测评内化性问题，Merrell(2008a)建议使用半结构化访谈或行为访谈技术，最好结合使用这两种方法。组合性访谈的优势在于，这两种访谈方法比无结构的开放式访谈更可靠，耗时更少，而且比结构化访谈更灵活，适应性更强。从本质上讲，它们：(1)提供了处理儿童以及家庭、教师具体关注问题的信息；(2)可以很容易地根据特定情况进行修改；(3)可能有助于制定特殊教育分类和干预决策。

半结构化访谈(semi-structured interview)是指学校心理学家不采用标准化问题清单，但仍有特定的关注焦点或目标(McConaughy，2005)。如果担心学生感到焦虑，访谈者可能会问学生一些具体的问题，这些问题与该学生经历过特定症状的程度有关。通过这种方式，访谈者可以在访谈中保持某种结构，而不是完全无结构的、开放式的访谈。

Merrell(2008b)建议，对儿童和青少年的半结构化访谈应包括以下五个方面的提问：人际功能

（interpersonal functioning）、家庭关系（family relationships）、同伴关系（peer relationships）、学校适应（school adjustment）和团体参与（community involvement）。例如，在评估学生对同伴关系的看法时，一般的提问应该包括亲密朋友的数量、喜欢和朋友一起参加的活动、感知到的同伴冲突、建立友谊的社会技能，以及关于同伴拒绝和/或孤独感的报告（Merrell，2008b）。虽然问题应该根据特定学生的具体需求和关注点进行调整，但在对疑似有内化性问题的学生进行访谈时，这五个方面的提问可以提供一些有效的结构。

行为访谈（behavioral interviewing）是一种特殊的半结构化访谈。行为访谈的目的是获得关于问题的描述性信息，以及促发和维持问题的条件。行为访谈的理念基础来自行为心理学，特别是应用行为分析。因此，尽管它可以被行为主义的其他理论取向的学校从业人员使用，但是使用行为访谈需要对行为理论有一个基本的了解才能产生最大的效果（Merrell，2008a）。行为访谈是一个过程，它可以告知访谈者内化性问题可能存在的"功能"，分析与问题行为产生和持续相关的各种前提事件和结果。通常，在行为访谈之后，我们有必要在发生问题行为的环境中对学生进行直接、自然的观察，并利用观察到的信息进一步发展和完善关于问题行为的假设，以及如何通过干预来改善这些问题行为（Merrell，2008a）。虽然许多内化性问题通常难以用外化的测评方法来识别，但行为访谈因其在干预制定中的灵活性和潜在可行性而被推荐使用。此外，行为访谈是全面的功能性行为测评的一个重要组成部分，在本章后面将对这个过程进行更详细地讨论。表11.1提供了一些进行行为访谈的建议步骤。

表11.1 进行行为访谈的建议步骤

为访谈做好准备
- 与被访谈者建立融洽的关系
- 描述访谈的目的
- 就如何回答问题进行指导说明（例如，"具体化"）

识别问题行为
- 明确存在的一个或多个问题
- 获得有关问题的客观描述
- 确定问题发生的环境条件
- 估计问题行为发生的频率、强度和持续时间

分析问题行为的准备工作
- 确定适当的策略，以便对问题行为进行后续观察
- 开始构建问题行为存在的功能假设
- 开始构建可能引发问题行为的前提事件假设
- 开始构建问题行为持续存在的结果假设
- 确定收集额外数据的时间和地点，并利用这些数据制定干预策略

最后，虽然访谈的主要焦点应该放在疑似有内化性问题的学生身上，但通常情况下，与学生的父母或照料者进行访谈也是必要的（Merrell，2008a）。在访谈过程中，家长或照料者可以提供宝贵的信息，因为他们最了解学生，并且通常是唯一能够提供学生完整的既往经历、知道学生表现长处和问题的独特方式，以及学生在不同的环境下如何表现的个体。Merrell（2008b）建议学校心理学家以非常实际、具体的方式向家长询问他们的孩子可能存在的内化性问题，并避免使用专业术语或分类术语。例如，与其问父母"你的孩子最近看起来抑郁吗"，不如询问父母或照料者他们对抑郁症的具体症状或特征的观察结果，例如，过度悲伤、低自尊、饮食和睡眠模式可能发生的变化、易怒和对以前感兴趣的活动失去兴趣。以这种方式向家长提问有助于将内化性问题操作化，从而更容易制定具体且可测量的干预目标。

成为一名有经验且高效的访谈者需要有大量的培训和督导经验。有关临床和行为访谈的发展和其他方面的详细信息，读者可参考 Hughes & Baker(1991)，McConaughy(2005)，Merrell(2008a，2008b)，Watson and Steege(2003)。

行为评定量表

与自我报告测量一样，近年来，行为评定量表在评估儿童和青少年的各种情绪和行为障碍(包括内化性问题)领域也非常流行。行为评定量表有时被称为"第三方"评估工具，因为它们是由了解学生并有机会在各种条件下观察学生的其他人(第三方)完成的(Merrell，2008a)。评定量表为测量特定情绪或行为问题和问题的发生频率和强度提供了一种标准范式。评分是由能够长时间观察儿童的个人进行的，通常是父母、照料者和教师。它们往往以常模为参照，这意味着学校心理学家可以将目标儿童的评分在各种变量下(年龄、年级和性别等)与全国范围内的其他儿童的评分进行比较。涵盖了内化性问题条目和子量表的通用行为评定量表有：BASC－2(Reynolds & Kamphaus，2004)、临床行为量表(Clinical Assessment of Behavior，CAB；Bracken & Keith，2004)以及 Achenbach 基于经验的评估系统(Achenbach System of Empirically Based Assessment，ASEBA)中的6~18岁儿童行为量表(Child Behavior Checklist，CBCL)和 Achenbach 教师报告表(Teacher's Report Form，TRF；Achenbach，2001b)。

儿童和青少年行为评定量表在用于测评内化性问题时具有许多优点，包括：成本低、效率高、可有效地从学生所在环境中的信息提供者处获得有意义的信息，以及与其他许多测评工具相比通常具有更高水平的信度和效度。此外，由成年人完成的行为评定量表可以提供有助于顺利解决问题的有价值的信息。例如，在学生所处环境中的成年人可能会观察到学生所表现出的某些行为特征，而这些特征是学生没有意识到的，或者是他没有准确感知到的。成年人也能更准确地觉察到学生的外化性问题，明确学生共患内化性问题和外化性问题的程度对干预有重要意义。最后，尽管学生的自我报告和成人对学生内化性问题的评分经常不一致，但它们提供了一些有用的信息——在不同环境和不同信息提供者中问题被识别的程度。

尽管行为评定量表具有许多优点，但它也存在一些缺点。首先，行为评定量表测量的并不是行为本身，而是人们对行为的看法。因此，他们容易产生潜在的反应偏向(Merrell，2008b)。其次，由于许多内化性问题不容易被其他人观察到，所以在使用评定量表评估内化性问题时，应该格外谨慎。一般来说，直接来自学生的报告，无论是通过自我报告还是访谈，在评估内在体验方面(如悲伤和低自尊)往往比来自其他信息提供者的报告更有效(Rudolph & Lambert，2007)。考虑到行为评定量表的许多优点，在测评儿童和青少年内化性问题时，它们通常是一种被推荐的且必不可少的方法。有关行为评定量表的更多信息，请参阅 Merrell(2008b)，Rudolph & Lambert(2007)，Shapiro & Kratochwill(2000a，2000b)，Southam-Gerow & Chorpita(2007)。

直接行为观察

虽然使用除自我报告和访谈以外的方法对内化性问题进行评估会出现各种各样的问题，但有一些内化性问题也可以被直接观察到。与自我报告法(评估个体对内化症状的感知)和评定量表(第三方对内化症状的感知)不同，直接行为观察的目的是在内化症状出现时对其进行评估(Merrell，2008b)。可以通过行为观察直接测量的抑郁症状包括运动和社交活动减少、与他人的眼神交流减少和说话速度减慢(Kazdin，1988)。可以通过直接观察进行评估的焦虑症状包括回避引起恐惧或焦虑的刺激、表情、哭泣、与他人的直接接触和某些声音(Barrios & Hartmann，1997)。这些行为和其他行为一样，也可以通过自我监控来评估(Cole & Bambara，2000)，虽然这一程序作为内化性问题的一种测评方法并没有受到研究者的广泛关注。

有几种观察技术可用于评估各种内化性问题。其中一个例子是用于评估焦虑的行为规避测验(Behavioral avoidance test，BAT)，它包括一些变式——让个体接近或接触引起恐惧或焦虑的刺激，并观察其后续行为(Hintze et al.，2000)。但是总的来说，在测评许多内化性问题时，直接观察法可能不会像其他方法(例如自我报告、访谈)那样有效。只有在评估那些更容易被直接观察到的内化性问题时，直接观察法才最有用，比如学校恐惧症/拒绝上学症或自伤行为。直接观察程序在通过使用功能性行为测评将测评与干预联系起来时也可能是有用的，这将在下文中讨论。

功能性行为测评

未来学校心理学的一个重点是将测评与干预联系起来（Merrell et al.，2006）。这种联系可能在功能性行为测评过程中得到了最好的体现，它可以被定义为"一系列收集关于前提事件、行为和结果的信息，以确定行为的原因（功能）的方法"（Gresham et al.，2001，第158页）。（有关此方法的讨论，请参阅 Jones & Wickstrom，本书第12章）。迄今为止，功能性测评方法在评估破坏性的外化行为问题上比在评估内化性问题时显示出了更大的效用。然而，一些研究表明，功能性的方法可能有助于将测评与干预联系起来，以应对一些内化性问题，如自伤行为（Nock & Prinstein，2004）。

在学校恐惧症的测评中可以清楚地阐述采用功能性方法来测评内化性问题的有效性，在许多情况下，学校恐惧症本身可能不是一种"恐惧症"，而是一种拒绝上学的形式（Kearney et al.，1995）或其他问题，如分离焦虑（Kearney，2001）。对经常缺课的学生的测评应该包括观察和行为访谈，从而识别他们缺课的前提事件和结果，以确定行为功能。将这种测评形式与评定量表、抑郁、焦虑自我报告表和前面介绍的其他推荐方法相结合，不仅对问题识别很重要，而且对有效的问题解决也很重要。

比如，缺课的原因可能包括与学校的社交方面相关的焦虑（例如，公开演讲）、对与父母或照料者分离的焦虑、对抗和不服从的行为，以及父母或学校的负面影响（Kearney，2003）。虽然一个学生可能会因为与公开演讲有关的表现焦虑而拒绝上学，另一个学生可能会因为害怕被欺负而拒绝上学，但在这两种情况下，行为的功能都是逃避或回避。此外，尽管两种情况下的功能是相同的，但每一种建议的干预措施将根据独特的环境后效以及其他导致和维持逃避行为的变量而有所不同。在第一种情况下，学校心理学家可以直接对学生进行干预，并提供放松训练、公开演讲技能训练和认知重构方面的干预措施。在第二种情况下，干预措施可能包括制定针对学生的认知行为策略，以及学校工作人员在学生可能受到欺负的环境进行更好的监测。

相比之下，另一名学生缺课的原因可能既不是因为与父母分离而感到焦虑，也不是因为学校的任何特殊变量，而是因为当他声称生病时，他就可以呆在家里看电视。在这种情况下，将这种行为描述为拒绝上学的一种形式而不是学校恐惧症往往更加准确，其维持是通过积极强化（即看电视）而不是逃避/回避实现的。临床行为分析（Dougher，2000）这一新兴技术越来越多地参与到内化性问题的测评中，学校心理学家也应该重视这些技术的发展。

其他的测评方法

除了功能性测评流程外，其他推荐的可用于测评内化性问题的方法包括进度监测、模板匹配和基于关键行为的策略，下面将对每一个方法进行简要描述。

进度监测（progress monitoring）在很大程度上是基于课程的测量（CBM）的结果，CBM 是从20世纪80年代发展而来的一套流程，用于测量、监测和评估学生的成绩（Shinn，1997）。关于学业技能进度监测的研究发现，进度监测可以带来教学过程的优化以及学生学业表现的改善（Fuchs & Fuchs，1986）。虽然到目前为止，关于进度监测效度的大部分证据来自学生在学业领域的表现，而不是社会-情绪-行为领域的表现，但在测评内化性问题的背景下，这一流程可能有潜在的意义。例如，学校心理学家在为一组患有抑郁症的高中生提供认知行为治疗时，可以教这些学生对他们的抑郁症状进行简短的每日自我测评，并在小组治疗期间让这些学生完成每周自评量表（Merrell，2008a）。

模板匹配（template matching）是一套测评流程，首先收集已被识别存在问题行为的学生的测评数据，这些学生需要有针对性地进行干预。然后将这些测评数据与没有表现出同样问题的高功能学生的测评资料进行比较。这些高功能学生的行为特征可以作为表现出问题行为的学生的"模板"。也就是说，高功能和低功能学生之间的行为差异是制定恰当干预措施的基础（Hoier & Cone，1987）。例如，学校心理学家试图为一个有特定社会技能缺陷的学生提供社会技能训练，那么他可能会将社会技能较好的同伴行为作为社会技能较差的学生期望行为的模板。虽然传统上模板匹配主要用于学业和行为问题领域，但没有证据表明它不能用于解决与内化性问题相关的社会和情绪问题(Merrell, 2008a)。

基于关键行为的策略(keystone behavior strategy, Nelson & Hayes, 1986)的核心理念认为，一系列反应或特征通常会与特定障碍相关联，而改变这一特定的反应或"关键行为"就可能在整个反应模式中产生积极的改变。Merrell(2008a)提供了一个使用该策略的例子，案例中涉及到对一名患有严重情绪困扰和社交问题的14岁女孩的治疗。在这个案例中，测评显示该女孩已出现社会退缩，并在进入社交场合时会感受到严重的焦虑。尽管她似乎有足够的社会技能，但她经常因为妨碍性焦虑(debilitating anxiety)而无法参与社交活动，这种焦虑似乎主要是由消极和不切实际的想法引起的，这些想法进而导致了社交焦虑的加剧和进一步的社交退缩。考虑到这些信息，学校心理学家可以做出决策，将干预目标的重点放在消极和不切实际的自我评价上，而不是进行社会技能训练或采取其他减少焦虑的行为方法，因为消极和不切实际的自我评价可能是一系列反应中的"关键"。

最后，尽管评估内化性问题需要关注消极情绪和主观痛苦的测评，但如果仅关注这一领域会使得我们对学生的情绪及行为的功能产生片面、扭曲的看法。因此，未来的学校心理学家需要逐渐掌握对积极情绪的评估，这与过去对消极情绪的测评同样重要，特别是考虑到没有疾患并不一定意味着感到幸福。幸福感的测评以及与之相关的变量将在下一节中讨论。

对幸福感的测评

近年来，心理学愈发重视人的积极心理品质(Linley et al., 2006)，这些理念的发展促使了积极心理学的诞生。积极心理学(positive psychology)被定义为"致力于研究个体的优势和积极品质的科学"(Sheldon & King, 2001, 第216页)，并且专注于研究诸如积极情绪体验、特征和环境等变量(Seligman & Csikszentmihalyi, 2000)。积极心理学是对应现在心理学领域盛行的"疾病模式"发展而来的，在"疾病模式"中，首要的关注点是对心理障碍的评估和治疗，而不是对心理健康及幸福感的评估与促进(Miller et al., 2008)。

自从《美国心理学家》杂志的专刊(Seligman & Cskiszentmihalyi, 2000)介绍了对积极心理学的定义和范畴之后，积极心理学就受到了包括学校心理学在内的各种应用心理学学科的极大关注(e. g., Chafouleas & Bray, 2004; Gilman et al., 2009; Huebner & Gilman, 2003; Miller & Nickerson, 2007b)。例如，人们越来越多地关注对儿童和青少年的积极心理结构的测评，如希望(Snyder et al., 2003)、积极的自我概念(Bracken & Lamprecht, 2003)、情绪能力(Buckley et al., 2003)以及感恩(Froh et al., 2007)。与积极心理学的发展一致，基于优势(而不是基于缺陷)的测评正日益受到学校心理学家的关注(Jimerson et al., 2004; Nickerson, 2007)。此外，有强烈的迹象表明，对积极情绪和心理幸福感的测评将是未来学校心理学实践的一个重要组成部分(Gilman et al., 2009)，其中两个特别重要的领域为主观幸福感和总体生活满意度。下面将对这两个领域进行讨论。

评估主观幸福感和生活满意度

在积极心理学中，一个引起人们极大兴趣的话题是"个体如何以及为什么以积极的方式体验生活"(Gilman & Huebner, 2003)。研究人员按常规区分了与生活质量和幸福感相关的客观和主观指标，大量的研究考察了客观条件(例如，收入水平、年龄、性别、地理位置)及其与幸福感的关系，结果均显示两者的关联较小(Diener, 2000; Lyubomirsky, 2007; Myers, 2000)。这些发现表明，幸福感在很大程度上是由内在机制而不是客观环境来调节的(Gilman & Huebner, 2003)。因此，幸福感的测评主要针对的是主观体验。尽管主观幸福感(subjective well-being, SWB)不足以反映心理健康，但它是必要的(Diener, 2000; Gilman & Huebner, 2003)。此外，主观幸福感领域的研究为以往心理学对障碍的关注提供了有价值的补充，促使人们呼吁制定旨在提升主观幸福感的有效干预策略，并将其作为综合学校计划的一部分(Gilman & Huebner, 2003)。

主观幸福感理论上包括三个成分：积极情感(positive affect)、消极情感(positive affect)和生活满意度(life satisfaction)(Diener et al.，1999)。积极和消极情感之间的区别是很重要的，因为研究表明，它们不仅仅是一个连续体上的两极(Huebner & Gilman，2004)。例如，在对三至六年级小学生(Greenspoon & Saklofske，2001)和六至八年级中学生(Suldo & Shaffer，2008)的研究中，根据他们的心理病理(psychopathology，PTH)水平和主观幸福感(SWB)水平将学生分为四组。这四组学生分别为：(1)高 PTH-高 SWB(有症状但感到满足)；(2)高 PTH-低 SWB(存在问题)；(3)低 PTH-高 SWB(全面的心理健康)；(4)低 PTH-低 SWB(易感)。第四组学生对心理健康的一维模型提出了挑战，因为如果仅依靠以心理病理学为基础的测量方法，低 PTH-低 SWB 学生也会显示为"健康"，即使他们的 SWB 水平很低。因此，积极关注 SWB 的测量方法的使用为学校心理学家提供了全面测评儿童和青少年以及他们对生活环境的适应情况的机会(Huebner & Gilman，2004)。

积极情感的体验可能是 SWB 的主要因素(Seligman & Csikszentmihalyi，2000)。越来越多的证据表明，积极情感"拓展了瞬间思维-行动指令库(momentary thought-action repertoires)，反过来又有助于他们建立持久的个人资源，包括物质与智力资源、社会与心理资源"(Fredrickson，2001，第 218 页)。然而，由于情感领域代表了个体积极和消极情绪的快速变化的体验，因此，生活满意度被认为是主观幸福感中较稳定的成分，也是评估青少年对其生活环境的看法时最适合采用的指标(Huebner et al.，2006)。

生活满意度(life satisfaction)可以定义为"个体基于自身设定的标准对生活做出的主观评价"(Huebner et al.，2006，第 358 页)。这种评价是主观的，它在很大程度上基于积极的体验和情绪，这些积极的体验和情绪共同促进了生活满意度和幸福感。研究表明，尽管大多数儿童和青少年总体上对自己的生活感到满意，但也有一小部分人表现出非常不满意(Huebner et al.，2004)。低生活满意度与内化性问题(例如抑郁、焦虑)和学校适应问题等不良后果有关。相比之下，高生活满意度是一种真正的心理优势，可以有效地促进心理弹性和幸福感(Huebner et al.，2006)。例如，Gilman 和 Huebner(2006)在一项调查整体生活满意度高的青少年特征的研究中，发现高生活满意度与心理健康的积极获益相关，而这种获益在生活满意度相对较低的青少年中没有出现。此外，学校经历对生活满意度有重要影响。比如说，与学校相关的行为背景(例如，获得的成绩、在校行为)、社会背景(例如，学校氛围)和认知背景(例如，对学业的个人信念、对学校的依恋)都与学生的整体生活满意度有关(Suldo et al.，2008)。

在过去的十年，心理学家已经在单维或多维模型的基础上编制了一些适合儿童和青少年的、符合心理测量学要求的生活满意度量表(与这些工具相关的心理测量学综述，请参阅 Gilman & Huebner，2000)。到目前为止，大多数测量方法都采用自我报告的形式，主要用于说明生活满意度和相关心理结构(如自我概念)之间的异同(Huebner et al.，2006)。鉴于生活满意度是儿童和青少年幸福感的一个有意义的指标和决定性因素(Huebner et al.，2006)，学校心理学家可以而且应该掌握对其测评的方法。

学校心理学家也会发现对于幸福感的测评在问题解决过程中很有用。例如，无论是抑郁的学生还是非抑郁但生活满意度较低的学生，都可以从旨在提高主观幸福感的干预中获益。一种可能有助于增加幸福感和其他积极行为的干预措施是体验和表达感恩(Froh et al.，2007)。研究表明，坚持写"感恩日记"(即个人自我监控并记录他们感恩的事件、人和事物)可以使成年人(Emmons & McCullough，2003)以及学生(Froh et al.，2008)有更强的主观幸福感并增加其亲社会行为(Froh et al.，2008)。同样，那些持有与现实不符的消极想法的儿童和青少年，可能从旨在提高其希望水平(Snyder et al.，2003)和乐观水平(Seligman，2007)的各种认知行为策略中获益。然后，可以使用各种积极情绪和/或生活满意度的自我报告测量来监测进度和干预效果。

儿童和青少年幸福感测评是学校心理学领域的一个新兴的发展方向，显然在这一领域还需要进行更多的研究。不过，显而易见的是，对幸福感的测评为情绪和行为提供了一个更广阔、更全面的视角。仅关注问题而忽略优势的测评，会带来对于儿童和青少年的不完整的、有偏差的现状评价。关于测评幸福感和生活满意度的更多信息，读者可以参考 Huebner 及其同事的几部著作（Gilman & Huebner，2000，2003；Gilman et al.，2009；Huebner & Gilman，2004；Huebner et al.，2007；Huebner et al.，2004）。

结论

对内化性问题的测评一直是并且将持续是学校心理学家的一项重要工作和职能，并且从业人员认识到将基于证据的测评实践（Klein et al.，2005；Mash & Barkley，2007；Mash & Hunsley，2005；Silverman & Ollendick，2005）应用于问题解决模式中，能够准确识别和有效处理这些问题。在学校心理学领域中，认为测评主观幸福感和生活满意度等积极情绪是一项有意义且有用的工作的理念才刚刚出现，但这种基于优势的理念可能会成为学校心理学实践的重要组成部分（Gilman et al.，2009）。鉴于学校的核心使命是促进所有学生的健康发展（Huebner et al.，2006），学校心理学家应同时具备对儿童和青少年的消极和积极情绪进行测评的知识和技能，其中包括对内化性问题和幸福感的测评。

第 12 章

使用功能性测评来选择行为干预方案

Kevin M. Jones
Katherine F. Wickstrom

本章列举了 7 种已经论证过的干预措施。随着循证实践的出现，心理或教育研究中出现的每一种"新"干预措施实际上是一种衍生的、独特的工具包，或者是由多个完善的行为改变过程组成的一个新颖应用。通过理清基本干预过程的数量和类型，将测评与干预联系起来的任务变得更加明确，多学科团队的问题解决过程也可能变得更加流畅。本章会介绍一种将测评与干预相联系的方法，即功能性行为测评(functional behavioral assessment，FBA)。文章首先简要介绍了 FBA 的基础，然后详细介绍了 FBA 中的每个必要步骤。

FBA 是什么?

FBA 是一个用于识别能够可靠预测和控制问题行为的变量的系统化过程。FBA 的目的是通过将干预与儿童的个体特征及其所处的环境相匹配，来提高行为干预计划的有效性、相关性和效率(Sugai et al.，2000)。一个主要的假设是，两个儿童表现出的相同行为实际上可以起到不同的功能，因此需要采取不同的干预措施。相反，两个儿童表现出的不同行为也可以起到相同的功能。通过识别与该个体的目标行为最密切相关的前提事件和结果，基于 FBA 的干预可以通过以下方式提高行为干预计划的有效性(Iwata et al.，1990)：

1. 维持适应性反应的前提事件和结果可以得到加强。

2. 维持不适应行为的前提事件和结果可以被弱化、避免或逆转，以使它们只与其他适当反应相关联。

3. 可以避免外部奖励和惩罚的不必要使用，这些奖励和惩罚可能暂时有效，但从长远来看，无法与目前维持问题行为的现有前提事件和结果相抗衡。

4. 可以避免那些无意中导致更多不适应行为(即起反作用)的治疗干预。

5. 通过解释测评和那些导致行为改变的条件，就有可能增加测评和干预之间的联系。

FBA 的基础

FBA 的概念框架始于 Skinner(1953)的激进行为主义(radical behaviorism)，它引入了强化、惩罚、消退和刺激控制的原理。这些原理在临床问题上的最早应用出现在 20 世纪 60 年代后期兴起的应用行为分析领域，主要针对令人烦恼的课堂行为和脾气暴躁的问题。Carr(1977)将这些原理扩展到精神病理学症状中最极端和长期的表现，提出了自伤行为可能是由离散的环境或感知事件来维持的。在短短的几年内，Iwata 等人(1982)提出了一种分离和测试这些促发因素的方法，并首次实现了预处理功能分析的技术。在接下来的 20 年里出现了大量的功能分析研究，但这些研究大多局限于严格控制的实验室研究或是针对最严重的疾病进行的。

这些早期的研究为 FBA 提供了概念性和经验性的基础，但是功能分析在主流教育和心理学领域的出现是基于教育工作者和临床医生向功能情境主义的哲学转变（Biglan，2004；Hayes & Wilson，1995），它假设应用科学的最终目标是有效的行动。基于这一假设，侧重分类和预测的传统测评范式不如直接有助于行为改变和改善儿童结果的测评范式突出。在过去的 20 年，学校里出现了与这一目标相一致的多项创新，包括行为咨询的出现（Kratochwill & Bergan，1990）、人格测评向行为方法的相对完整的转变（Shapiro & Heick，2004），以及特殊教育中基于结果的改革（Reschly et al.，1999）。

在这些改革中，一种"问题解决方法"已经成为循证实践和干预响应模式（RTI）的学校范围工作开展系统的核心基础。问题解决方法包括四个主要问题，这些问题为测评和干预决策提供了框架（Tilly，2008；另请参见 Ervin et al.，本书第 1 章）：

1. 存在问题吗？这个问题是什么？
2. 为什么这个问题会发生？
3. 对于目前状况应该做些什么？
4. 采取的干预措施有效吗？

该框架认为在决定对某个问题采取措施之前，应考虑到儿童、教师和环境因素的独特性。换句话说，对一种情况有效的方法可能对另一种情况无效，甚至起反作用。事实上，功能分析是少数在问题特征和干预效果之间建立交互作用的、经过研究证明的方法之一。

一个完整的 FBA 流程

你是否曾经做过自己不想做的事情？你是否曾经有想做却没做的事情？如果是这样，你可能会理解 FBA 与其他问题分析方法之间的区别。人们经常用思维、感觉、意图和特质来解释行为：一个儿童因为想要被关注、感到不安全或者患有注意缺陷/多动障碍（attention-deficit/hyperactivity disorder，ADHD）而表现得很出格或将自己隔离起来。思维、感觉和其他"个人事件"确实能可靠地预测行为，但仅限于某些情况下。例如，一个男孩每次打同伴都会感到生气，但是他不会在每次生气时都打同伴。一个十几岁的女孩在每次考试不及格之前都会焦虑，但并不是她每次焦虑的时候考试都会不及格。识别这些个人事件预测重要行为发生或不发生的条件是 FBA 的目标，也是问题解决的关键途径。

目前还没有一个普遍接受的模式来实施 FBA，而且 FBA 在学校中的实际应用差异很大（Weber et al.，2005）。然而，现有框架包括了以下几个步骤：

1. 明确测评的目的。
2. 定义问题。
3. 构建一个进度监测系统。
4. 识别与目标响应功能相关的变量。
5. 设计干预措施。
6. 评估干预措施。

步骤 1：明确测评的目的

FBA 的第一步是由基于学校的多学科团队明确测评的目的，这可能与更传统的测评策略有很大的不同。FBA 的明确目的是更好地理解增加或减少行为频率、持续时间或强度的条件。因此，用于评估环境的时间可能比用在儿童身上的时间要多。其目的不是要识别所有潜在的思维、感觉或行动，也不是将它们归入人格结构中。实际上，对儿童表现（例如，攻击行为、ADHD、心境等）的任何检查都可能与设计合适的干预措施无关，因为即使诊断相同，儿童之间的差异也是普遍存在的。例如，两个患有 ADHD 的儿童的攻击行为可能"看起来"相同，但是一个儿童是为了获得成年人的关注而表现出攻击，另一个儿童是为了逃避要求而表现出攻击。此外，当关注类型或任务难度改变时，同一个患有 ADHD 的儿童可能会表现出明显不同的破坏性行为。

步骤2：定义问题

问题可以根据技能缺陷、表现缺陷和过度表现来定义。FBA 的第二步是识别缺少的技能、表现缺陷和可能影响技能发展或表现的不适当响应。

技能缺陷

技能(skill)一词指的是一种行为的表现，如微笑、开车或与教师顶嘴。技能通常是通过教学或模仿获得的，而表现的流利度是通过重复、反馈和积极后效获得的(Witt et al., 2000)。因此，当一个儿童没有掌握适当的、期望的技能(比如接受教师的反馈、与他人合作、忽视干扰)时，就会出现一种问题。Witt 等人(2000)将这种情况称为"不会做"的问题，对技能问题的合理干预是提供教学要素。

表现缺陷

表现(performance)是指掌握了与情境期望或要求相关的技能。当一个儿童掌握了一项技能，但没有以适当的频率、持续时间或强度来表现该技能时，就会出现表现缺陷。例如，一个学生可能理解了某一章学习内容，并展示出熟练的写作技能，但他没有按时完成论文作业。因此，这些技能在学生的行为技能范围内，但预期的表现没有出现。Witt 等人(2000)将这种情况称为"不愿做"的问题，此时，合理的干预是为了加强动机。

过度表现

过度表现(performance excesses)是 FBA 文献中最常见的目标问题。当儿童掌握了一项技能，但表现超出了情境期望或要求时，就会出现过度表现。尽管"过度表现"一词似乎有些不太合适，但它比"过度行为"一词更为全面，因为它涉及以下情况：(1)单次发生是不可容忍的；(2)只有高发生率是不可容忍的；(3)视情境而定。哭泣、打架或自伤行为很少会成为问题行为，因为所有的儿童都会有这些行为。相反，当这些行为发生过多或在太多的环境中发生时，它们就成了问题。例如，当被嘲笑、亲人生病或考试不及格时，哭泣是一种发展适宜的反应。然而，如果一个月里每天都在悲痛地哭泣，无论是在工作还是在休息，这就需要引起关注。因此，过度的表现(即频率、持续时间、强度超出正常范围)通常会导致转介。这种情况一般被描述成"不会停止"的问题，合理的干预是为了削弱动机。

步骤3：构建进度监测系统

FBA 的第三步是构建一个测量系统，用来监测儿童在目标环境或自然环境中的进展和干预响应模式(RTI)。对于以表现而非技能为目标的干预措施而言，这项任务更具挑战性。技能可以很容易地通过模拟测评进行评估，这些测评以精心设计的任务、需求和反馈为特征，例如对学业技能的基于课程的测量和社会技能的角色扮演。然而，这些技能的表现对环境的变化非常敏感，因此进度监测也必须在自然条件下的教室或社会环境中进行。

直接观察

到目前为止，最流行的进度监测方法是直接观察行为的发生。直接观察策略可能包括频率统计、教师检查表、对永久性资料的分析或办公室纪律转介。一种常见的方法是时距记录，它包括将一个观察周期划分成相等的时距(如1分钟)，并在每个时距内对目标行为的发生情况进行编码。时距长度与观察持续时间大致成正比，且观察持续时间取决于目标行为的频率。例如，一次30分钟的观察，以15秒为一个时距，足以让学生在课堂上发言；而整个学校一天的观察，分为7个1小时的时距，足以监测同伴攻击的频率。图12.1展示了时距记录系统的一个示例。每个单元代表一个10秒的时距，每个时距内记录了四个子代码和六个环境代码。这四个子代码分别是专注、分心、目标1和目标2。"分心"被定义为至少连续3秒钟被动地远离教学焦点。后两种编码可以针对每个儿童进行个性化设置，因此无论目标对象如何，都可以使用相同的表格工具。有一种策略可以广泛应用于各种转介，即将目标1定义为"主动参与时间"，将目标2定义为"破坏性行为"。"环境代码"适用于中立的、消极的或积极的教师关注，同伴关注，以及"程序化的"消极或积极的课堂结果，如公布得"A"的学生名单或需要纪律转介的学生。部分时距记录用于除"专注"之外的所有代码，这意味着如果事件发生在10秒时距的任何时候，则相应代码会被圈出。反之，在时距的任何时候都未出现分心或破坏性响应的情况下，才圈出"专注"。通过这种定义方式，每个时距期间至少有一个代码将被圈起来，以防止观察者在使用耳麦或其他每隔10秒发出结束信号的设备时找不到上次标记的地方。标记为"专注"的时距百分比通常用于进度监测，干预目标可通过每隔两列（标记为"同伴"）观察三个随机选择的同龄人来确定。

学生姓名：_____　　　日期：_____　　　观察者：_____

目标行为　目标1 = _____　　　目标2 = _____

地点：_____　　　　　　　　　　同伴　　　　　　　　同伴　　　　　　　　同伴

1 on off t1 t2 T T- T+ P C- C+	2 on off t1 t2 T T- T+ P C-C+	3 on off t1 t2 T T- T+ P C- C+	4 on off t1 t2 T T- T+ P C-C+	5 on off t1 t2 T T- T+ P C- C+	6 on off t1 t2 T T- T+ P C- C+	7 on off t1 t2 T T- T+ P C-C+	8 on off t1 t2 T T- T+ P C- C+	9 on off t1 t2 T T- T+ P C-C+
10 on off t1 t2 T T- T+ P C-C+	11 on off t1 t2 T T- T+ P C-C+	12 on off t1 t2 T T- T+ P C-C+	13 on off t1 t2 T T- T+ P C-C+	14 on off t1 t2 T T- T+ P C-C+	15 on off t1 t2 T T- T+ P C-C+	16 on off t1 t2 T T- T+ P C-C+	17 on off t1 t2 T T- T+ P C-C+	18 on off t1 t2 T T- T+ P C-C+
19 on off t1 t2 T T- T+ P C-C+	20 on off t1 t2 T T- T+ P C-C+	21 on off t1 t2 T T- T+ P C-C+	22 on off t1 t2 T T- T+ P C- C+	23 on off t1 t2 T T- T+ P C-C+	24 on off t1 t2 T T- T+ P C- C+	25 on off t1 t2 T T- T+ P C-C+	26 on off t1 t2 T T- T+ P C-C+	27 on off t1 t2 T T- T+ P C- C+
28 on off t1 t2 T T- T+ P C-C+	29 on off t1 t2 T T- T+ P C-C+	30 on off t1 t2 T T- T+ P C-C+	31 on off t1 t2 T T- T+ P C-C+	32 on off t1 t2 T T- T+ P C- C+	33 on off t1 t2 T T- T+ P C- C+	34 on off t1 t2 T T- T+ P C-C+	35 on off t1 t2 T T- T+ P C-C+	36 on off t1 t2 T T- T+ P C- C+
37 on off t1 t2 T T- T+ P C-C+	38 on off t1 t2 T T- T+ P C-C+	39 on off t1 t2 T T- T+ P C-C+	40 on off t1 t2 T T- T+ P C-C+	41 on off t1 t2 T T- T+ P C-C+	42 on off t1 t2 T T- T+ P C- C+	43 on off t1 12 T T- P C-C+	44 on off t1 t2 T T- T+ P C-C+	45 on off t1 t2 T T- T+ P C- C+
46 on off t1 t2 T T- T+ P C-C+	47 on off t1 t2 T T- T+ P C-C+	48 on off t1 t2 T T- T+ P C- C+	49 on off t1 t2 T T- T+ P C-C+	50 on off t1 t2 T T- T+ P C- C+	51 on off t1 t2 T T- T+ P C-C+	52 on off t1 t2 T T- T+ P C-C+	53 on off t1 t2 T T- T+ P C-C+	54 on off t1 t2 T T- T+ P C-C+
55 on off t1 t2 T T- T+ P C-C+	56 on off t1 t2 T T- T+ P C-C+	57 on off t1 t2 T T- T+ P C-C+	58 on off t1 t2 T T- T+ P C-C+	59 on off t1 t2 T T- T+ P C- C+	60 on off t1 t2 T T- T+ P C-C+	61 on off t1 t2 T T- T+ P C-C+	62 on off t1 t2 T T- T+ P C- C+	63 on off t1 t2 T T- T+ P C- C+
64 on off t1 t2 T T- T+ P C- C+	65 on off t1 t2 T T- T+ P C-C+	66 on off t1 t2 T T- T+ P C-C+	67 on off t1 t2 T T- T+ P C-C+	68 on off t1 t2 T T- T+ P C- C+	69 on off t1 12 T T- P C- C+	70 on off t1 t2 T T- T+ P C-C+	71 on off t1 t2 T T- T+ P C-C+	72 on off t1 t2 T T- T+ P C-C+
73 on off t1 t2 T T- T+ P C-C+	74 on off t1 t2 T T- T+ P C-C+	75 on off t1 t2 T T- T+ P C-C+	76 on off t1 t2 T T- T+ P C- C+	77 on off t1 t2 T T- T+ P C- C+	78 on off t1 t2 T T- T+ P C-C+	79 on off t1 t2 T T- T+ P C- C+	80 on off t1 t2 T T- T+ P C- C+	81 on off t1 t2 T T- T+ P C-C+

有效性检查：　　　　　　　　　　　　　　　　　　　　　　　　　　T：中立的教师关注

与教师一起审查目标学生和整个班级的"执行任务率"的估计值。提出以下问题：　　T-：消极的教师关注

目标学生行为的估计值是否接近其平均水平？是　不是　　　　　　　　T+：积极的教师关注

整个班级（同龄人）行为的估计值是否接近他们的平均水平？是　不是　　P：同伴关注

C-：消极课堂结果

C+：积极课堂结果

图12.1　功能性行为测评的时距记录表样本

直接行为评级

监测行为干预的另一种方法是随机观察一个时距内的行为，然后根据主观的"锚点"对表现进行评分。直接行为评级（Direct behavior ratings, DBR et al., 2005）代表了一种混合测量系统，它结合了直接观察和顺序评级。尽管形式各不相同，但所有DBR的一个共同点是，使用顺序评级对指定的时距内观察到的行为频率、持续时间或强度进行汇总，例如在0（没有时间）到4（全部时间）之间使用李克特量表评级。

由于完成简短的等级评分比连续编码行为花费的时间更少，所以 DBRs 通常可以由教师或环境中的其他人完成。当用来总结整个学校一天的学习情况和行为时，这个系统可以作为一张每日报告卡。

步骤4：识别与目标响应功能相关的变量

行为和环境事件之间的关系可以用3个术语来描述。行为的功能包括正强化和负强化，前提事件是行为发生之前的事件或条件。

行为的功能

● 正强化

当某个事件出现在行为发生之后，并加强该行为的表现(频率、持续时间、强度)时，正强化(positive reinforcement)就发生了。表扬、反馈和特殊待遇是正强化的常见例子(如果这些结果增加了行为的发生)。值得注意的是，正强化描述的是教学或环境事件对行为的实际影响，而不是预期的影响，因此它也适用于那些正强化无意识发生的情况。教师的训斥实际上可能会加剧儿童发脾气的情况，而同伴的反应可能会增加扰乱课堂的滑稽动作——尽管我们不希望出现这样的影响，但两者仍被认为是正强化的例子。有学业缺陷的儿童特别容易因为正强化而无意中加强不适应行为，因为他们的技能库中缺乏成就导向的技能。

● 负强化

当一个事件随行为的发生而被移除或避免，而该行为表现因此得到强化时，负强化(negative reinforcement)就发生了。这一过程通常始于一些令人厌恶的情况，如具有挑战性的任务或人身威胁，从而建立了逃避这种情况或减轻不适感的动机。消除威胁、避免最后期限和避免物理接触是负强化的常见例子(如果这些结果增加了行为的发生)。值得注意的是，正强化和负强化都会增加行为的发生，尽管结果是不同的："正"指的是增加一个期望的事件，而"负"指的是移除或避免一个不期望的事件。

负强化也可以描述无意识的影响。如果教师允许一个发脾气的儿童"休息一下"，实际上可能会增加他将来发脾气的可能性。同样，停课、办公室转介和其他惩罚性结果(允许暂时逃避课业或表现要求)都可能会在无意中强化问题行为。过度表现的儿童尤其有可能因为负强化而无意中强化了不适应行为，因为他们的行为会引起教师和同龄人的注意。

● 非社会性强化

即使没有基于环境的正强化或负强化，某些行为似乎仍会持续。非社会性强化(nonsocially mediated reinforcement)是指行为的直接产物，而不是"外部"来源的正强化或负强化。吮吸拇指或做白日梦可能会提供感官刺激，而增加活动水平或做小动作可能会使人们摆脱不愉快的个人体验，如焦虑的想法或嗜睡。除了一些自伤行为、刻板印象和习惯性障碍的案例外，"自动"强化的经验被证明是罕见的，并不排除对 FBA 的需要。

非社会性强化并不是内在动机的同义词。内在动机(intrinsic motivation)也被用来描述在没有观察到任何外部或外在结果的情况下持续存在的行为(Deci, 1975)。的确，有些儿童读书是为了快乐，解决有挑战性的数学题或社交问题是为了乐趣，吃巧克力是因为它让他们感到幸福。但是，快乐、乐趣和幸福也可以描述与所有类型的强化相关的感知，无论它是社会中介的还是非社会中介的。因此，内在动机和强化这两个术语是多余的：所有的强化来源，无论是活动、物品还是社会关注，都是有效的，因为它们由于先天因素或是后天经验而具有内在价值。

表12.1 总结了在 FBA 中应该考虑的五类强化条件。虽然不可能仅仅根据外形来对强化物进行分类(例如，玩具是有形强化物还是活动类强化物？)，但此表根据具体的作用机制提供了明确的区分。如果行为的结果使得学生拥有某物，那么它就是有形强化物。如果行为的结果导致学生参与某项活动(但不拥有某物)，那么它是活动类强化物。该表提供了每个类别常见的正强化和负强化的示例。如果教师表扬一个儿童独立完成了一篇日记，并且独立完成的次数也有所增加，那么这种形式的教师关注就是一种正强化的来源。如果避免、减少或减弱了纠正性反馈(例如，措辞不那么严厉)，但是学生独立完成的次数依然有所增加，那么这种形式的教师关注就是负强化的来源。

表 12.1　强化物的分类

种类	作用机制	示例
注意类强化物	获得	• 表扬,积极反馈,公开展示,亲近 • 训斥,纠正性反馈,瞪视,记过
有形强化物	拥有	• 徽章,贴纸,玩具,奖品,珠宝,证书 • 通报单,纪律转介单
可食用类强化物	消耗	• 糖果,甜点,香料,甜味剂 • 蔬菜,一小份食物
活动类强化物	参与	• 游戏,值日,体力消耗,调动位置 • 作业,合作任务,家务活,留堂
感知类强化物	刺激	• 声音,气味,生理状态改变 • 极端温度,疼痛,瘙痒,禁闭

前提事件的作用

FBA 主要关注的是行为的结果,但在评估前提事件方面也具有潜在价值。前提事件(antecedents)是发生在行为之前并且能够可靠地预测行为发生的事件。前提事件的分类是一件麻烦的事情,但似乎存在两种类型,每种类型都是根据其对表现的预测和控制来定义的。

• 辨别性刺激

辨别性刺激(discriminative stimuli)是可以预测结果但不一定影响其有效性的事件。可以说,辨别性刺激是唤起某些行为的"线索",因为它们与更有效的强化联系在一起。例如,交通信号灯是一种辨别性刺激,用于提醒司机在红灯时刹车,或在绿灯时加速。在每种情况下,行为似乎都受到刺激的控制——尽管实际上,前提事件简单地预示了差异强化:过去,看见红灯刹车可预防交通事故或惩罚性的社会结果,例如其他司机的怒视、乘客的训斥或警察的罚款。这种行为对紧随其后的结果仍然非常敏感,如果其结果(或值)被改变,那么行为也可能会突然改变。例如,在空无一人的街道上,视线范围内没有警察或者乘客已怀孕 9 个月并且即将临盆,则红灯可能无法预测司机的刹车行为。

辨别性刺激包括重要的环境事件,例如一天中的具体时间、课堂教学的类型、接触榜样和提示物,但它们也可能包括其他只有个人才能观察到的行为,例如列出购物清单或给朋友发短信。因为这些事件发生在其他行为之前,比如去超市或下课后与他人见面,所以通常将行为归因于思维、感觉和意图。但是,需要再次注意的是,这些前提事件可能是辨别性的或预测性的,并且它们不能控制反应。

• 激发性操作

激发性操作是通过暂时更改强化物的值以控制反应的先决条件。这些通常是设定事件,而不是离散的、偶然的前提事件,但最重要的区别是它们实际上改变了强化物的有效性。激发性操作最常见的例子是剥夺:如果成年人的关注能够维持一种响应,那么如果儿童长时间没有受到这种形式的关注,当关注再次出现时,响应的效果会更好;就像如果儿童有一段时间没有吃东西,给他一个汉堡就能立刻解除饥饿感。Rhode、Jenson 和 Reavis(1992)提供了一些其他激发性操作以使任何强化物更有效的示例,包括即时性(即迅速伴随行为)、数量(多少)和时间(例如间歇的)。一方面,每一种操控都会改变人对强化物的渴望程度;另一方面,辨别性刺激会改变一个人获得强化物的机会(Michael,1982)。

Conroy 和 Stichter(2003)回顾了现有的文献,列出了在自然条件下有助于 FBA 的前提事件。研究者确定了可能是辨别性刺激或激发性操作的 5 类前提事件,包括改变的推动者(例如,父母、同伴)、教学因素(例如,个人学习和小组学习、被动与主动、时间长短)、环境因素(例如,噪音水平、过渡时期、座位安排)、社会因素(例如,同伴促进、表扬、性别)和生理因素(例如,缺乏睡眠、疾病),在进行 FBA 时,应考虑所有这些因素。

在学校中最重要和最突出的前提事件是学业要求的存在，在某些情况下，这可能会暂时改变负强化的值，增加逃避或回避的可能性（一种强化函数）。对许多儿童来说，完成长除法问题、动词变化和记忆历史事件是令人厌恶的，一些教学实践可能会使这些任务变得更令人厌恶或不那么令人厌恶。因此，在课堂作业中观察到的高频行为的"默认"动机可能会因负强化后效而变成逃避或回避，而难度水平或响应要求等关键教学因素则可作为激发性操作。即使在最小的个体层面上也是如此（Billington et al. , 2004）。

步骤5：设计干预措施

本节介绍了研究人员已经尝试过的7种干预措施。事实上，干预措施远不止这几种，《学校心理学的最佳实践》（Thomas & Grimes, 2008）一书中就汇编了141个章节。然而，针对无障碍儿童或高发性障碍儿童的FBA案例很少（Ervin et al. , 2001），因此针对最常见的学校关注问题的干预措施，通常在评估时不考虑行为功能。这是令人遗憾的，因为FBA的优势之一就是提高了测评与干预之间联系的流畅性，而在没有广泛的经验基础的情况下，任何将最佳实践与少数基本行为改变过程联系起来的尝试都是推测性的。尽管如此，我们还是进行了一次尝试，因为一个概念系统对于推进研究和实践是必要的（Baer et al. , 1968）。表12.2中详述的7个干预过程是基于Iwata等人（1990）提出的将非厌恶性方法与减少问题行为联系起来的模型。我们扩展了这个框架，纳入了技能缺陷和表现缺陷以及惩罚程序。在本节中，我们将介绍每种类型的问题及其相应的干预重点，以及一些已发表的、似乎能证明这些基本干预过程策略的实例。

表12.2 将功能性测评与行为干预联系起来

问题类型	对问题的描述	干预重点
技能缺陷	未习得技能 流利度差	• 教学互动 • 增加响应的机会
表现缺陷	缺乏表现适当行为的动机	• 改变激发性操作 • 差异强化
过度表现	过多的动机导致不适当的竞争行为	• 改变激发性操作 • 差异强化 • 消退 • 正惩罚 • 负惩罚

通过教学互动习得技能

如果在任何情况下都没有出现期望的反应，那么儿童可能是没有习得该技能。对于此类问题，干预的重点是加入教学互动，互动可能包括"示范、指导和反馈"中的一项或多项。有许多关于传授适当技能的基于研究的论证，例如自我管理、社会启蒙和认知问题解决。Kearney和Silverman（1990）提出了一种间接的FBA方法，它根据社会中介的结果对拒绝上学的案例进行分类。对于5名曾经有过过度恐惧或回避行为的儿童，通过示范、角色扮演和反馈，成功地让他们学会了放松训练以及适当的自我对话。Sheridan（1998）通过一个为期15天的行为社会技能训练项目，向3名ADHD儿童进行了合作游戏行为的教学。尽管数据不够稳定，但是如果数据显示儿童的行为在15天内逐渐地得到改善，那我们就可以预测儿童正在不断地习得技能。

通过增加响应的机会来提高流利度

如果学生习得了所需的技能，但是响应不够流畅，则可能会出现问题。当流利度较低时，如果一段时间不使用技能，则该技能很难保持，也无法泛化到其他情境中。例如，打高尔夫球需要练习，如果在两次打球之间有很长的休息时间，那么在此期间可以学习适当的技术，但掌握可能会延迟或永远无法实现。掌握重要的社交或适应技能需要经常练习，提高流利度的一个方法是经常提供响应的机会。虽然响应率在学术文献中是常见的研究目标，但在行为研究中很少有基于流利度的干预的例子。然而，一个重要的例外是 Girls & Boys Town 教学模式（Dowd & Tierney，2005）。这种教学模式可以说是现有的最有效的社会心理干预"一揽子计划"之一，它是一种纠正性教学策略，其中包括练习新的替代技能。在许多其他组成部分中，该策略通过将每次不良行为作为练习并提高适当替代技能的流利度的机会，以此增加做出响应的机会。

Gortmaker、Warnes 和 Sheridan（2004）提供了另一个使用这种策略来提高选择性缄默症儿童的言语表达率的例子。在基线期间，我们观察到儿童在教室里的言语表达率为零，但儿童在教室外就能说话，因此证明了他具有必要的会话技能。干预包括安排常见的刺激，通过向儿童介绍越来越多的情境，将辨别性刺激（例如，在外面）与新的刺激（如课堂教师）配对，从而增加参与言语互动的机会。在一个漫长的干预阶段观察到的逐渐增加的言语表达，表明干预提高了现有技能的流利度。

改变激发性操作以处理表现缺陷

如果儿童拥有必要的技能，但表现低于预期，干预的一个选择是，最大化那些激发强化效果的变量，从而达到改变动机的目的。这种策略不需要改变表现的结果，而是通过改变强化物的值来改变控制响应的前提事件。这种针对表现缺陷的策略的一个有用的例子是"行为动能"，它涉及在困难的请求之前使用一系列简单的要求。Ducharme 和 Diadamo（2005）将两名患有唐氏综合征的女孩的依从率从基线期间的不到 20% 提高到干预期间的 70% 以上——在最开始向儿童提出她们"几乎总是"能完成的要求（例如拿着某物），接着向儿童提出她们"通常情况下"能完成的要求，再接着向儿童提出她们"偶尔"能完成的要求，最后，研究人员重新建立一个基线条件，即仅向儿童提出完成率较低的要求。依从性的提高不是由于偶然的教师表扬（这种表扬贯穿于所有阶段），而是由于通过"无错误"的先前经验增强了要求-依从性-偶然表扬的强度。其他加强激发性操作的例子包括使用新奇的激励因素增强正强化的间歇性（Moore et al.，1994）和正强化的即时性（Rhode et al.，1992）。

差别强化以处理表现缺陷

也许最常见的、最广泛使用的提高表现的干预措施是差别强化。使用差别强化来建立对期望表现的刺激控制，可以说是积极行为干预的核心要素。其变式包括差别性强化替代反应（differential reinforcement of alternative response，DRA）、差别性强化零反应率（differential reinforcement of zero rates，DRO）和差别性强化低反应率（differential reinforcement of lower rates，DRL）。每一个从 FBA 派生出来的变式都会"逆转"强化条件，从而使维持问题行为的强化物不再伴随问题行为，并且只有在期望的表现出现时才会使用。差别正强化包括根据期望表现提供正强化。例如，Ervin、Miller 和 Friman（1996）通过安排同伴公开表扬儿童的亲社会行为来增加一个 13 岁女孩的积极社交互动。Swiezy、Matson 和 Box（1992）使用"良好行为游戏"立即显著地提高了 4 个学龄前儿童的依从性，该游戏使用奖励分数和教师对合作反应的表扬。

表现的提高也可以通过差别负强化来实现，差别负强化指的是当且仅当适当的反应或表现发生时，厌恶事件才有可能消除。这种策略的一个例子是在发布命令时使用"眼神交流"（Hamlet et al.，1984）。这个过程包括在传达指令时与儿童进行眼神交流；在儿童开始服从指令之前，不允许儿童逃避眼神交流。另一个例子是由 Doyle 等人（1999）提供的，他们根据学生的任务成果分发"圆点贴"，学生可以用它来掩盖和"逃避"数学试卷上的一些问题。可以想象，任何类似的策略都可能通过差别负强化提高行为增加的几率。

改变激发性操作以减少过度表现

对于过度表现的儿童，干预主要包括最小化那些激发强化效果的变量。这种策略既不需要改变结果，也不需要引入新的强化物，因此，在教师看来，它比其他干预措施更有利，干扰性更小。这种干预策略的一些例子包括提供选择、课程修改和非后效强化。Powell 和 Nelson（1997）让一个患有 ADHD 的 7 岁男孩在 3 个长度和难度相同的任务中进行选择。与不允许他做出选择的情况相比，提供选择时男孩的破坏性行为比例要低得多，波动也小得多，尽管在这两种情况下，教师的互动水平相同。Roberts 等人（2001）对 3 名在课堂上表现出严重的分心行为的男生采取了上述措施，取得了类似的效果。对每个儿童来说，课程修改包括在适当的教学水平上为儿童布置课堂作业。在这两项研究中，对儿童来说，提供选择或减少作业的难度可能会降低他们对要求的厌恶性，从而降低逃避相关行为的动机。

改变激发性操作也可以用来减少由正强化维持的不适应行为，其中一种具有无限干预意义的策略是非后效强化（noncontingent reinforcement，NCR）。Iwata 和他的同事（1990）提出，NCR 指的是固定时间提供强化物——无论是在适当行为还是在不适当行为之后。尽管它的效果可能是特殊的，但大多数证据表明，这种策略通过饱和来减少问题行为：当强化足够频繁时，先前导致该问题行为的动机就会减少。例如，Jones、Drew 和 Weber（2000）进行的一项实验性分析显示，一个患有 ADHD 的 8 岁男孩的破坏性行为是通过获得同伴关注来维持的。有一种干预方法是让儿童在固定的时间内与同伴一起玩耍，这种方法将儿童的破坏性行为从 100% 减少到 11%。NCR 已被广泛应用于各种问题行为，包括那些通过社会中介调节的负强化和感官刺激来维持的行为，但迄今为止，这些论证大多局限于有严重认知障碍的个人。

差别强化以减少过度表现

如果不适当反应的表现超出预期，一种干预的办法是通过逆转强化物来减少表现。这种干预在形式上与处理表现缺陷的差别强化策略相同，但其重点是减少问题行为。例如，Boyajian 等人（2001）通过给予玩具的正强化方式将儿童的攻击性水平从每小时 98 降到 0，并且仅在儿童提出适当的请求时才提供强化，每次的强化物相同。Broussard 和 Northup（1997）证明，在没有不良行为（即 DRO）的情况下，获得同伴关注可以有效地减少由同伴评论和同伴反对所维持的问题行为。

有时，创建一个新的强化物并成功地与现有的强化物"竞争"是有用的。例如，代币制或其他基于课堂的奖励制度并没有具体涉及行为功能，但可能会促进更恰当的替代反应，同时间接限制维持问题行为的前提事件和结果的发生。Stern、Fowler 和 Kohler（1988）提供的证据表明，传授一项新技能可以有效地减少问题行为。两个具有较高水平的分心行为和破坏性行为的儿童被指定为同伴监督的角色，他们的职责是评估同伴的行为和任务，并根据标准给分。研究人员观察到他们的问题行为立即显著地减少了（这也是儿童能够获得分数的条件）。这两种情况都是差别正强化的例子。作为被监督者，适当的行为通过反馈和得分得到强化。作为同伴监督者，一种与问题行为不相容的全新技能出现了：在进行破坏性行为的同时，不可能仔细评估另一个人的工作。

消退

通过抑制强化的来源减少过度表现也是可行的。这种策略很少单独使用，因为问题行为可能会加剧（至少在最初阶段），可能会严重到不可接受的程度或强度。Umbreit（1995）通过消退同伴关注的方法来减少一个患有 ADHD 的 8 岁男孩在教室里表现出的破坏性行为。一个简短的功能分析表明，儿童的问题行为是由同伴关注维持的，并且可以通过改变座位安排让儿童独自学习，或与忽视其不良行为的同伴一起学习来消除。在一些环境中，破坏性行为的减少是迅速且显著的。负强化的消退也有可能发生。Taylor 和 Miller（1997）评估了一个针对 4 个发育障碍儿童破坏性行为的"计时隔离"程序，但发现该策略实际上增加了其中两个儿童的问题行为。实验性分析表明，这两个儿童的问题行为是通过逃避任务来维持的，所以暂停实际上是通过负强化增加了破坏性行为。因此，教师提供了消退逃避行为的方法，其中包括手动提示儿童参与任务，从而使破坏性行为不再允许儿童逃避任务要求。结果表明，该策略能有效地将问题行为降低到零。

正惩罚

到目前为止，所有的干预措施都与维持技能和表现的可疑变量相关。然而，通过使用与行为功能无关的干预措施（如惩罚）来减少问题行为也是可行的。厌恶控制程序当然存在风险（Iwata et al.，1990）：惩罚可能使学生产生情绪反应，如退缩或攻击，并且不能直接传授或加强替代反应。然而，惩罚是一种已经成功使用的干预手段，并且必须在任何关于行为改变的讨论中提出。当一个厌恶的事件随着行为的发生而出现，并且削弱了该行为未来的表现(频率、持续时间、强度)时，就会发生正惩罚(positive punishment)。重做和罚写是正惩罚的常见例子，因为这些结果减少了不良表现。惩罚是由实际的而非预期的影响来定义的，并且可能有许多结果，例如训斥或责骂可能会无意中增加教师关注所维持的问题行为。

Sandler等人(1987)提供了一个正惩罚的例子。他们对3名经常出现破坏性行为的儿童实施了同伴面质程序(peer confrontation procedure)。同伴学会如何应对目标学生的问题行为，包括告诉目标学生他存在的问题，为什么这样的行为是有问题的，以及如何处理问题行为。对于这3名儿童来说，在与同伴面质的过程中，破坏性行为的发生率都降低了。Lobitz(1974)使用了一种更温和的策略，证明了视觉提示或线索可以起到正惩罚的作用。在这项研究中，只要两个目标儿童违反了指定的课堂规则，就会亮起红灯。观察表明，该策略显著减少了两个儿童的问题行为。尽管没有与红灯相关的程序化结果，但研究者假定公开展示具备令人厌恶的特性，因为这向儿童和整个班级表明，错误行为已经发生。

负惩罚

负惩罚(negative punishment)是指根据行为的发生而撤销一个事件，并削弱该行为的表现(频率、持续时间、强度)。"计时隔离"、罚款和取消特权是负惩罚的常见例子，因为这些结果减少了不良表现。当描述惩罚时，"负"这个词似乎是多余的，正如正惩罚可能被视为是一种矛盾。与强化一样，这两个术语指的是相同的效果。然而，在这种情况下，其效果是由于期望事件的消除(负惩罚)或不期望事件的施加(正惩罚)而导致的表现减少。再次强调，FBA的重要性是值得一提的，因为在学校中教师经常使用的许多结果，如取消休息或执行"计时隔离"程序，可能会在无意中增加因逃避任务所导致的问题行为(Taylor & Miller, 1997)。

负惩罚最常见的例子之一就是"反应代价法"。反应代价包括为儿童提供一些代币(或积分)，这些代币(或积分)可以在之后兑换成奖励。如果发生了问题行为，儿童会失去一个代币。Reynolds和Kelley(1997)对两个学龄前儿童使用了反应代价法，包括每次发生攻击性行为时从图表中删除一个笑脸，剩下的所有笑脸可以换成奖励。该方案有效地减少了目标行为，教师和儿童都认为该策略是高度可接受的。

步骤6：评估干预措施

FBA的最后一步是评估旨在处理目标行为功能的干预措施。实施FBA的最终目的是提高学生的学习成绩，这是通过实施积极行为支持计划来实现的，该计划包括一个或多个干预措施，用来解决技能缺陷、表现缺陷和过度表现。在非研究环境中，行为计划的影响经常通过"A-B责任制"设计进行评估，第一阶段代表基线条件，下一阶段代表干预计划的持续实施。干预措施的影响通常通过目测基线阶段和干预阶段之间水平、变异性和趋势变化来评估。可视化审查不仅可以让团队评估干预效果，还可以作为FBA的最终确认。

间接测评、描述性分析和实验性分析之间的关系是未知的，并且可能会一直保持下去。虽然比较不同方法的研究得出了不同的结果，但它们在实际应用中的关系是互补的而不是竞争的。如前所述，每一种方法都被用来系统地集中于一个特定个体和环境的少数假设。因此，每一种方法都会被下一种方法所验证，最终也会被干预评估期间观察到的响应模式所验证。图12.2显示了当干预方法与问题类型匹配时，与技能缺陷、表现缺陷和过度表现相关的典型响应模式。如果不同环境和时间的基线观察结果显示相对较低且稳定，则问题很可能是技能缺陷(模块A)。如果针对技能的干预起效，那么随着技能步骤的掌握和流利度的提高，斜率会逐渐增大。在表现缺陷的情况下(模块B)，基线期间的响应是高度可变的，这表明某个表现与在某些环境中出现而在其他环境中没有出现的动机变量相关。与此问题相匹配的处理方法，如对期望表现的差异强化，将导致响应突然而相对稳定地增加。在基线期间，过度表现(模块C)也可能是可变的，因为表现是一些(但不是所有)自然条件的前提事件和结果的关系函数。与行为功能相匹配的干预，如改变激发性操作，将导致响应的突然且相对稳定地下降。

实施 FBA 的方法

实施 FBA 有 3 种方法。目前学校中最常见的方法似乎是间接测评和描述性分析（Weber et al.，2005），而最严谨的、获取信息量最大的方法是实际的实验性分析。然而，这些策略并不是相互排斥的，因此将以逻辑顺序呈现。

FBA 的所有方法都试图针对那些影响技能缺陷、表现缺陷和过度表现的前提事件和结果，缩小具体的、可检验的假设范围。表 12.3 列出了 3 类问题中需要评估的一些常见变量。如果以技能习得和流利度为目标，则测评应侧重教学要素，如示范、练习和纠正性反馈。如果所掌握的技能在期望的环境中发生率很低，那么应该检查诸如期望值、对结果的理解以及激励措施等变量。针对过度表现的 FBA 应该彻底评估在不适应反应之前和之后发生的事件。FBA 的各种方法是根据其是否用于生成、观察或检验假设来区分的。

表 12.3　FBA 中要评估的关键变量

问题类型	对关键变量的描述
技能缺陷（不会做）	• 没有证据表明已经掌握了技能 • 给予过多的提示或帮助 • 所需技能的步骤不明确 • 展示技能的机会或动力很少 • 很少有机会观察他人展示技能 • 很少有机会练习该技能
表现缺陷（不愿做）	• 行为期望不明确 • 对预期表现的结果尚不清楚 • 未告知期望和结果 • 理解教学内容的动力很少 • 对预期表现的激励和积极结果很少 • 未明确传达预期表现的根本原因
过度表现（不会停止）	• 表现之后通常伴随教师的关注 • 表现之后通常伴随同伴的关注 • 表现之后通常伴随物质奖励和期望的活动 • 表现产生感官刺激 • 表现导致与他人孤立 • 表现使得合作完成任务 • 表现导致临时逃离任务 • 表现导致逃避要求或要求减少 • 当要求困难或重复出现时，表现更有可能发生 • 当请求或选择被拒绝时，表现更有可能发生 • 当存在惩罚威胁时，表现更有可能发生

间接测评

间接测评用于生成假设，常用策略包括详细描述目标行为发生情况的结构化访谈、关注最常见的前提事件和结果。这些信息可能是由教师、家长或儿童提供的，在一些衍生的方法中会使用李克特类型量表对假设进行实际评估。这种方法的主要特点是：由儿童、父母或教师回顾行为从而提供信息（不是直接观察行为）。

有许多已发布的访谈和检查表可以使用，但很少有一个单一的工具能同时找出影响技能习得和流利度、表现缺陷和过度表现的条件。不同的格式可以查看 Larson and Maag（1998），Witt et al.（2000）和 Watson and Steege（2003）。

描述性分析

在第二种方法中，当目标班级或社会环境发生变化时（比如某班教师换了一种教学类型），就可以观察到学生的表现。描述性分析的目的是通过系统的直接观察和实证量化来验证假设。在自然条件下，给定一个前提事件后某个表现出现的可能性（频率、持续时间、强度）或者特定表现之后某个结果出现的可能性可以被量化。

描述性分析方法就是简单地检查在明确定义的环境中的行为变化。Touchette、MacDonald 和 Langer（1985）描述了一种"散点图"观察，这种观察在功能上与时距记录相同，但时距与教学（例如，大团体教学 vs 小团体教学）或环境（例如，每节课都在不同的教室）的变化相对应。如果行为发生率总是与特定的时距相关联，那么团队可以通过检查这些时距中存在或不存在的因素来分离出特定的假设。如果破坏性行为在上午发生的频率低于下午，那么团队将进一步研究在上午更频繁发生的教学变量，例如独立练习或小组教学。如果破坏性行为在独立练习中比在小组教学中更频繁地发生，团队可能会检查在独立练习期间更可能出现的结果，例如同伴关注。通过这种方式，团队可以系统地观察到一系列假设。

Lerman 和 Iwata（1993）描述的另一种潜在有用的描述性分析方法是计算与特定结果相关的条件概率。在这种方法中，短时间时距记录（再次参考图 12.1）用于问题行为最频繁发生的教学或社交情境中。在观察之后，计算条件概率。例如，为了确定教师在"专注"行为的一段时间内关注的概率，可以使用以下公式：

$$\frac{\text{伴随教师关注的、被标记为"专注"的时距}}{\text{所有被标记为"专注"的时距}}$$

"伴随"是指在同一时距或下一个时距内发生。如果儿童在 40 个时距内处于"专注"状态，其中 6 个时距伴随着教师关注，那么教师对"专注"行为的关注概率为 0.15。通过替换每个行为代码（分心，目标1，目标2）和每个结果（来自教师、同龄人或程序化结果），我们可以比较给定目标行为发生时每种结果的概率。这种方法提供了结果发生概率的相对差异，可以帮助团队评估适当和不适当响应的最可能结果。

描述性分析方法的一个优点是收集定量数据而不是零星数据。第二个优点是该方法不引人注目——行为、表现和环境事件之间的"自然"关系是可以观察到的。然而，这种方法的一个缺点是这些关系是相互关联的，因此描述性分析揭示的是预测而不是控制。例如，我们可以想象某个事件肯定会伴随着某种行为的发生，但对表现没有影响。比如，打喷嚏不太可能是通过同伴的关注来维持的，即使打喷嚏之后同伴会说"祝你健康"或"捂住你的鼻子"的概率是 0.95，也不太可能确定高度间隔性的因果关系。再举一个例子，教师经常用提醒的方式来回应学生的不良行为，但很少用训斥甚至威胁的方式。然而，如果这种不良行为持续下去，教师有时会收回原来的要求（"我无所谓，你不完成作业成绩就会不好"）。在这种情况下，描述性分析揭示的结果是教师大多数时候对学生不良行为的关注造成了问题的延续，但事实上，这种不良行为持续存在的原因是较少的、间歇性的逃避。

实验性分析

最严格的 FBA 是一种实验性的或"功能性"的分析，在此过程中，团队通过操控教学和/或动机变量来直接检验特定的假设。这种方法包括施加和去除行为的前提事件或结果，例如困难的任务、教师的关注或同伴在场，同时观察这些变化对问题行为的影响。考虑到它的复杂性和干扰性，这一步骤通常只在其他方法无法明确提供关于最可能的因果变量的情况下进行。实验的严谨性是这种方法的主要优点，对严重破坏性行为、破坏性课堂行为和学业技能进行实验性分析的程序已被广泛应用和重复。

在学校环境中进行实验性分析的一个严峻挑战是必须控制环境事件，以便一次评估一个变量的影响。此外，在研究过度表现的问题时，往往使得攻击行为、破坏性行为或自伤行为迅速增加，这在课堂环境中是无法允许的。考虑到实验的严谨程度，和在某些情况下对目标儿童和其他人的潜在威胁，大多数结合了实验性分析的 FBA 模型都是在模拟环境中由研究人员进行的（Ervin et al.，2001）。

Iwata 等人（1982）对自伤行为的实验性分析是 FBA 最具影响力的技术进步之一。在这项研究中，9 名儿童被安排在一系列精心布置的模拟环境中，这些环境将研究人员的关注、获得玩具或活动的机会、教学要求和缺乏刺激的环境的影响分离开来。研究结果表明，相同的行为表现（自伤行为）是由不同个体之间显著不同的社会中介和非社会中介结果维持的。Iwata 等人（1982）提出的多元素设计包括一系列快速变化、简短和重复的条件，后来扩展到许多其他问题行为领域，如习惯性障碍、攻击行为、破坏性课堂行为和社会技能问题（Ervin et al.，2001）。

Northup 和 Gulley（2001）对模拟测评条件进行了描述，这些条件被用来分离破坏性课堂行为的功能，如离开座位、随意说话或做小动作。第一种条件是，将学生隔离在一间没有任务和玩具的空荡荡的办公室里，用来检验非社会中介或以感官刺激形式的"自动"强化的可能来源。第二种条件是，在学生表现出干扰行为之后伴随中立的指责或提醒，用来检验教师关注形式的正强化的效果。第三种条件是，在学生表现出干扰行为之后，其他学生立即提出不赞成的意见，用来检验同伴关注形式的正强化的效果。最后一种条件是，学生在面对困难任务时出现干扰行为，研究人员立即进行短暂的"计时隔离（time-out）"，这样就能以逃避任务要求的形式分离出负强化的效果。值得注意的是，隔离、训斥、同侪压力和"计时隔离"经常被用来阻止课堂上的不良行为，然而在这方面的研究清楚地表明，这些事件也可能使问题变得更加严重。

除了少数涉及 ADHD 或习惯性障碍儿童的例子外，对正常发育儿童的社会技能、表现缺陷和过度表现的功能分析很少。有趣的是，目前还没有公开的研究表明 FBA 方法的"金标准"如何被用于严重的行为问题（例如，药物滥用、霸凌、旷课），而这些问题在纪律处分中最可能受到审查。因此，目前尚不清楚个别化教育计划（IEP）团队在考虑对有障碍的儿童采取纪律处分时如何使用 FBA。然而现阶段，团队有足够的支持来利用广泛的 FBA 策略为基于数据的决策提供信息，并改进针对所有儿童的个人干预和支持的设计（Sugai et al.，2000）。

结论

FBA 在主要的教育政策和实践中的应用一直是研究、综述和教科书的一个重要课题。尽管大多数研究都集中在过度表现上，但是本章将功能性测评扩展到行为技能和表现缺陷领域中，从而突出了它对基于学校的积极行为支持（PBS）系统的更广泛的贡献。在本章中，我们提出了一种模式，用于将问题类型及其功能与 7 种干预措施中的一种相匹配。这种简单的模式旨在阐明行为功能和行为解决方案之间的概念联系。通过"规划"基于数据的决策，它可能会使团队更容易达成在问题解决方面的流畅性和对干预工作充满信心的目标（Barnett et al.，2007）。

这 7 种干预措施解释了最基本的行为变化过程，因此该模式的范围仅限于行为分析，而不是干预分析。在实际的学校环境中，专业工作还有其他同样重要的方面，例如，建立最具社会有效性的响应要求的方法，评估多种干预成分的设计，以及促进结果泛化的策略。回想起来，对行为变化的分析只是进行应用行为分析所需的 7 种工具之一（Baer et al., 1968）。再增加 100 个工具是不错的选择，并且可能使某些工作更容易或更快速地进行，但少一个工具就会使得学校心理学家无法解决至少一种常见的工作中的问题。

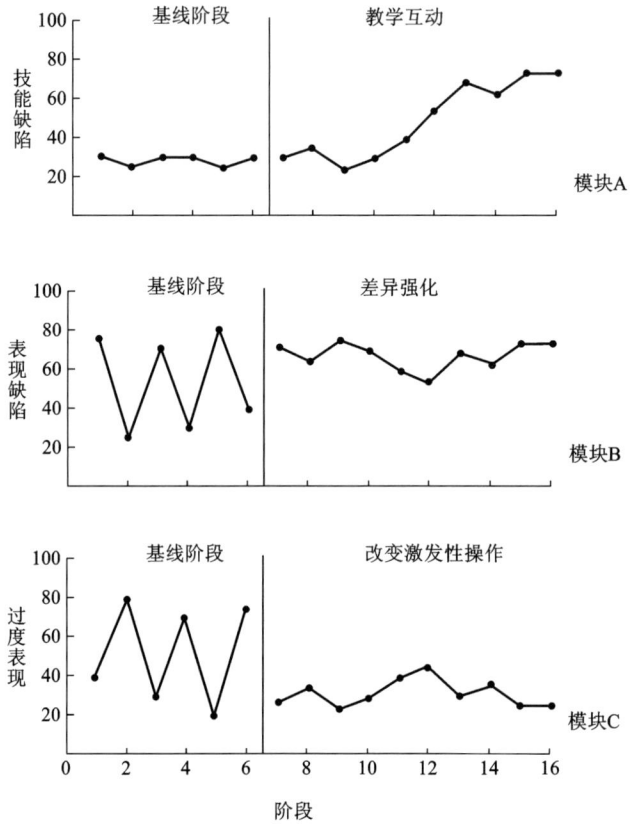

图 12.2　对技能缺陷、表现缺陷和过度表现的干预响应模式

第
四
部
分

⌄
⌄
⌄

实施预防和干预策略

第 13 章

选择干预措施的循证实践指南

Karen Callan Stoiber

Jennifer L. DeSmet

对于学校心理学家和其他心理健康从业人员来说，他们最关键的职能之一就是选择有效的干预措施。学校心理学家通常会参与到选择干预措施的过程中，并将其作为关键的工作开展实践的一部分，包括测评、咨询、预防和治疗。干预是指以提高目标领域的技能、能力或表现为目的的计划、工具、实践或政策（What Works Clearinghouse，2007）。关于儿童心理健康和学习困难的患病率数据至少部分证明了基于学校的干预措施的必要性。在所有学龄青少年（1500 万儿童）中，有 15%~20% 的人存在需要进行心理社会干预的发育性、情绪性或行为问题，而更多的人则面临着可能对个人和社会造成长期影响的问题的风险（President's New Freedom Commission on Mental Health，2003）。此外，近 300 万 6~21 岁的美国学生被诊断为患有学习障碍（U.S. Department of Education，2004）。儿童行为障碍和学习障碍患病率的急剧上升是因为这些儿童没有得到他们本应该得到的治疗。例如，在过去的某一年中，只有 20%~30% 的行为障碍儿童接受了心理治疗。对于来自低收入家庭、进过少管所、有药物滥用问题以及部分少数民族的青少年而言，这种情况更加糟糕（Masi & Cooper，2006）。

许多儿童和青少年遇到的困难是多种多样的，它们可能源于一系列广泛的因素，如贫穷、被侵害、社会能力有限和缺乏动力。此类问题在学校环境中通常会产生连锁反应，因为它们可能导致更高水平的破坏性行为、冒险行为、焦虑情绪、自杀和其他情感缺陷（U.S. Public Health Service，2001）。幸运的是，当学校提供以预防和干预为主的基于学校的心理服务时，学生的关键心理健康需求和行为需求就可以得到满足。但是，学校心理健康服务的质量通常取决于学校心理学家和其他主要心理健康工作者（例如，社会工作者、辅导员）选择适当干预措施的能力。

尽管干预措施的选择在提供基于学校的心理健康服务和特殊需求服务的方面发挥着关键作用，但学校心理学领域仍在努力解决如何最有效地促进基于研究的证据在学校和学生日常实践中的应用。首要障碍之一是解决学校心理学家重视的工作和日常中真正会做的工作之间的实践差距。根据最近的一项研究，在市区工作的学校心理学家指出，预防和干预是最有价值的工作，也是他们最希望能有专业性发展的工作，但他们仍将传统测评作为自己的职能（Stoiber & Vanderwood，2008）。此外，一些学者也认为，一个可行的从研究到实际应用的过程需要反映学校的生态多样性和复杂性，而这些性质往往不能通过使用"传统的"实验室程序和方法得到（Meyers & Grog，2004；Stoiber，2002；Stoiber & Kratochill，2000；Stoiber & Waas，2002）。造成青少年心理社会问题和学业困难的多种因素和原因，使得选择和实施干预措施的任务更加复杂。鉴于学校环境的复杂性和为困难儿童提供服务的复杂性，我们创建了一个框架，用于在社会生态模式下理解和实施有效的干预工作（如图 13.1 所示）。

在该模型中，学校从业人员的知识、技能、理解和决策与学校可用的资源结合在一起。这些远端

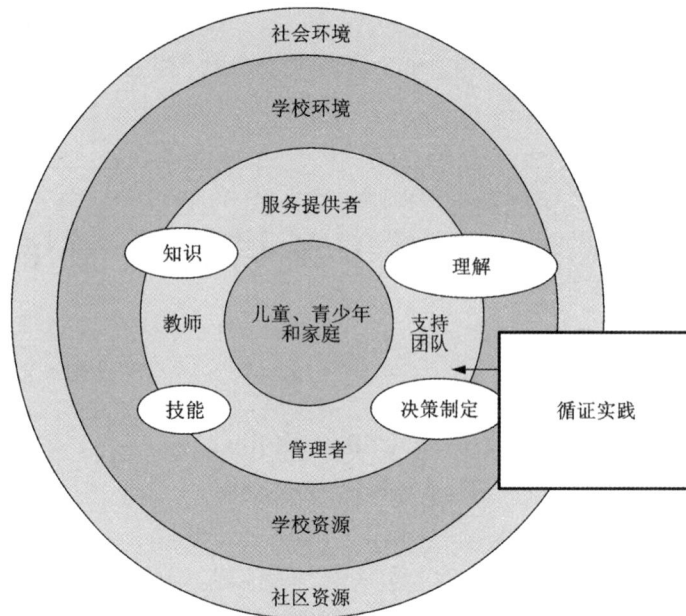

图 13.1　影响循证实践的环境因素模型

和近端的社会经济-文化因素在个体和系统层面上影响干预措施选择和实施方式的程度各不相同。在近端层面，学校心理学家通常在干预选择中直接发挥作用。然而，其他的影响因素，如儿童的家庭和教师、教育理念和价值观，以及社区-地区-学校资源都可能影响干预措施的选择以及干预是否能够有效地实施。例如，教师对计划或干预策略的接受和承诺，以及基于现场的管理支持，是高质量、持续使用循证实践的最有力的决定因素（Gettinger & Stoiber，2006；Kratochwill & Hoagwood，2006）。考察干预研究的哪些特征是循证设计所必备的，有助于我们将基于研究的干预应用于真实的学校中。在选择干预措施时，可以利用各种来源和不同类型的证据；因此，确定研究基础的特征以及由此产生的证据才是最重要的。

　　科学或研究的作用是为教育政策和实践提供信息。自 20 世纪初以来，干预研究层出不穷；但是，美国、加拿大、英国、澳大利亚和其他国家开展的循证实践（evidence-based practice，EBP）激发了学校心理学家将研究结果转化为有效的教学和干预实践的兴趣（参见 American Psychological Association Presidential Task Force on Evidence-Based Practice，2006；Gibbs，2002；Kratochwill，2006；Kratochwill & Stoiber，2000；Shavelson & Towne，2002；Stoiber & Kratochwill，2000；Stoiber & Waas，2002）。虽然 1900—1995 年期间，在 Medline 或 PsycINFO 中几乎没有关于 EBP 的引文，但自 1995 年起，引文的数量就有明显的增加（Hoagwood & Johnson，2003）。

评估干预研究的循证标准和研究标准

　　与循证实践相关的重要的活动之一是心理学领域内（包括学校心理学）的各个专家团体，已经制定了循证干预的标准并发布了相关信息（e. g.，Kratochwill & Stoiber，2002；Lonigan et al.，1998；Masia-Warner et al.，2006）。美国心理学会已经批准并发布了干预评估的准则/指南的标准（www. apa. org/ Practice/Guidals/Trerit. html）。与学校心理学的循证实践活动有关的一项主要任务是专家们编写了一本手册（Kratochwill & Stoiber，2002），标题为《审查循证干预的程序和编码手册》（*Procedural and Coding Manual for the Review of Evidence-Based Interventions*，以下简称为《程序和编码手册》）。《程序和编码手册》的目的是描述学校心理学循证干预专门工作小组开发的程序（Kratochwill & Stoiber，2002），这些程序是为了识别、审查和编码心理干预和教育干预的研究，所有干预研究都针对学龄儿童及其家庭经历的各种与学业、社会-情绪、身体和心理健康有关的问题。此外，其他组织，例如有前景的实践网络（Promising Practices Network；www. promisingpractices. net）和由联邦政府资助的有效教育策略资助中心（What Works Clearinghouse，WWC；www. whatworks. ed. gov），都遵循了医学领域（如牛津大学循证医学中心；www. cebm. net）和心理学领域的倡议（Nathan，1998；Weisz & Hawley，1999）。例如，WWC已经开始对学校实施的学业和行为方案进行审查；WWC网站上也提供了支持各种主题实践（例如，预防辍学、减少小学课堂中的行为问题、提高青少年的读写能力以及针对英语学习者的有效英语教学和读写教学）的研究水平的证据评级。此外，还有几本已出版的针对儿童和青少年的循证干预和治疗的书（e. g. Barrett & Ollendick，2004；Burns & Hoagwood，2005；Kazdin & Weisz，2003）。

各专业组织制定循证实践指南的目的是，告诉心理健康工作者和医护专业人员（包括学校心理学家）在评估干预措施时应考虑的标准，并促使他们进行有效的实践。制定循证实践指南的主要设想或理由之一，是指南有助于将治疗方法标准化以减少实践中的差异。一般而言，对能够支持干预措施的证据基础进行评估的重点在于，该干预是否采用了可靠和有效的方法以及干预措施是否产生了有效的结果。此类审查是以"循证"一词的命名标准为基础的。考虑此类指南的另一种方式是：通过系统的发现、评估研究结果并将研究结果作为选择干预措施的基础，来帮助个人确定特定干预措施的效果。

有趣的是，大多数旨在创建"循证干预"的审查工作都将重点放在了涉及随机对照试验（randomized controlled trial，RCTs）的多项研究结果上，并将其作为"证据"（Weisz et al.，2006）。也就是说，在证实一项治疗有效的过程中，RCTs被视为"金标准"。顾名思义，RCTs指的是将参与者随机分配（或安排）到不同的干预措施或治疗条件中。RCTs是得出干预效果的因果关系推断的科学标准。但是，这并不意味着那些尚未在对照试验中进行研究的干预措施是无效的，它们应该被认为是迄今为止未经过测试的干预措施（American Psychological Association Presidential Task Force，2006）。疗效（treatment efficacy）一词指的是在临床控制条件下，与不进行任何治疗或采取替代干预措施相比，给定的干预措施所产生的效果。评估疗效的主要目的是证明干预措施的有益效果是否能被科学地阐明。此外，在制定循证实践指南的过程中，使用多种研究设计可能是十分有用的，因为不同的研究设计适用于不同的研究问题。Greenberg和Newman（1996）认为不同的研究设计可能有以下一些用途：

- 临床观察，包括个案研究，可提供独特的创新资源和关于假设的科学发现
- 定性研究，用于描述性目的（例如，个人对干预策略的响应）
- 系统的案例研究，将具有相似特征的两组被试进行比较
- 单一被试实验研究，用于建立单一个体中的因果关系
- 公共卫生和种族研究，用于检查治疗的有效性、利用率和接受度
- 基于现场的有效性研究，用于评估生态效度和干预措施的实施
- 元分析，用于综合多项研究的结果，检验假设并定量评估效应的大小。

所有类型的研究的证据对于得出有关干预措施有效性的结论都很重要。但是，总的来说，更复杂的研究方法，包括准实验和随机对照研究及其同等效用的方法，被认为是评估特定干预措施时更严格的方法。与最初的临床观察和专家评定相比，后来发展出的RCTs是影响力最大的实验研究方法，因为它可以在单个实验中排除对内部效度的威胁，也就是说，对疗效结论的贡献程度与研究类型的复杂程度呈正相关。

除了RCTs的特征（在教育环境中通常意味着至少包括一个实验组和一个对照组）之外，广泛的研究标准也被认为与评估干预措施的有效性相关。以下是对标准类别及其纳入原因的简要说明。为了使概念清晰明了，学校心理学家将标准分为4组。这些用于评估研究证据的标准或指南的组别并没有反映所有可能考虑的标准，也没有反映将其分类的所有可能的组织方案。例如，美国心理学会（2002）发

布了 21 种不同类型的标准，其中一些具有 5 个或更多子标准，若使用美国心理学会指南（2002），则在评估干预措施时必须考虑 68 条标准。如此多的标准所包含的细节可能超过了大多数从业人员能检查或想检查的数量。

审查研究支持的指南和标准

表 13.1 提出了 4 类（4 组）建议考虑的因素，以检查证据基础是否支持预防或干预的计划/策略。这 4 个类别是：科学基础、关键特征、临床效用以及可行性和成本效益。这些类别与学校心理学专门工作小组（Kratochwill & Stoiber, 2002）建立的类别密切相关，同时也反映了这样一种理念：一份良好的选择干预措施的指南应该是灵活的，并且能够根据学校的实际情况和基于学校的实践及时作出调整（Stoiber et al., 2005）。具有科学头脑的从业人员不仅应考虑这些指南，而且还应考虑其自身的特征以及所要面对的单个学生或系统的独特特征，以最大限度地提高干预的效用。干预的成功不仅仅取决于干预质量。更确切地说，只有在从业人员和干预对象之间有牢固的治疗关系，并且他们对发生积极变化有共同期望的情况下，干预才最有可能成功。这种立场在美国心理学会发布的心理学循证实践的政策声明①（Evidence-Based Practice in Psychology；EBPP；在 2005 年 8 月的美国心理学会代表理事会上被批准为一项政策；American Psychological Association, 2006）中得到了明显的体现：

表 13.1　评估预防和干预研究的循证指标

指标	需要考虑的证据示例
Ⅰ.科学基础（一般特征）	
经验/理论基础	• 实证研究是干预的基础
	• 提供干预的理论基础
通用设计特征	• 随机对照组（实验设计）或准实验设计
	• 干预前后的测评
	• 规定干预时长
	• 评估治疗完整性
统计处理/数据分析	• 使用适当的统计方法
	• 有足够的样本量来检验效果（例如，治疗组和对照组的样本量均为 30）
干预计划的类型	• 计划或策略的目标（例如，风险预防、家庭支持、父母教育）
结果改善	• 结果得到改善（例如，学业、心理健康或行为改善）
Ⅱ.关键特征	
内部效度控制	• 控制影响内部效度的因素（例如，参与者的成熟度或发育水平、个人史、统计回归）
测量程序	• 适当的测评程序
	• 符合心理测量学标准的测量方法
对照组	• 对照组的类型（不治疗，等候治疗，替代治疗）
	• 被试匹配
	• 等效流失率

---

① 可以在 www.apa.org/practice/ebpreport.pdf Report of the Presidential Task Force on Evidence-Based Practice 中找到对该政策声明的扩展讨论，包括其依据和支持该声明的参考文献。

续表13.1

指标	需要考虑的证据示例
主要/次要结果具有统计意义	● 至少有一项结果达到 0.05 的显著水平
具有教育/临床/文化意义	● 结果对目标群体有实际益处
可识别的干预成分	● 说明哪些干预成分产生了哪些结果
实施保真度/完整性	● 表明干预按照预期实施的测量程序和记录程序的说明
进行后续测评	● 干预实施后一段时间(例如,6个月、1年)的评估结果
	● 效果持久性的证据
Ⅲ.临床效用特征	
被试因素	● 被试的随机选择
	● 被试的差异性
	● 被试的年龄/发育情况(例如,残疾)
	● 被试性别
	● 社会经济地位
实施地点的特征	● 环境类型(临床、学校)
	● 社区环境设置的类型
	● 在学校环境或现实世界的教育环境中的适用性
干预时长	● 合理的可以证明干预效果的干预时长
强度/剂量	● 合理的干预强度和/或频率
	● 为达到效果所需的具体阶段
干预者的特征	● 对干预者的培训要求及任职资格
	● 关于种族和性别的详细说明
重复	● 提供有关重复该干预可能性的信息
Ⅳ.可行性和成本效益	
治疗的可接受性	● 有关治疗可接受性的信息(例如,患者、实施者、父母)
成本分析的数据	● 实施干预的费用
	● 每个参与者、教室或其他装置的成本分析
培训和支持资源	● 材料的成本
	● 需要培训的次数
	● 需要的人员支持数量
情境匹配及可行性	● 与实际学校或教育环境或现有人员相匹配

心理学循证实践(EBPP)是在考虑了来访者特征、文化和偏好的背景下,将现有的最佳研究和临床专业知识相结合①。……当考虑到来访者的具体问题、能力、个性、社会文化背景和偏好时,心理服务是最有效的。众所周知,许多来访者的特征,如功能状态、寻求改变的意愿和社会支持水平都与治疗结果有关。……一些有效的治疗方法包括针对来访者所在环境中其他人的干预,例如父母、教师和照料

① 为了与其他医疗保健领域的循证实践讨论保持一致,循证实践专门工作小组使用来访者一词来指代儿童、青少年、成人、老年人、夫妇、家庭、团体、组织、社区或其他接受心理工作的人群。但是,循证实践专门工作小组意识到,在许多情况下,使用客户、消费者或个体这样的词来代替病人一词描述接受工作的人可能更合适。而在学校中,"学生"一词可能是最合适的。

者。EBPP 的一个核心目标是最大限度地增加来访者可选择的有效替代干预措施。(第 284 页)

基于循证实践的这些特征以及学校心理学循证干预专门工作小组所设定的特征(Kratochwill & Stoiber, 2002)，这 4 组标准旨在为以下措施提供组织框架：(1)检查干预研究的质量；(2)选择可在学校环境中应用的循证干预和/或实践。一般来说，由于标准的广泛性，进行一项以上的研究来确认某项预防或干预计划是否符合"循证"的最高标准是有必要的。也就是说，可以根据证据的从强到弱来对预防或干预计划进行评级。根据这一准则，我们可以基于研究支持的程度来对研究的证据进行评级：

1.强有力的支持：几项具有一致结果(即进一步的研究不太可能改变报告的结果)的高质量研究或一项多情境的高质量研究。

2.中等程度的支持：一项高质量研究或一些有轻微局限性的研究。

3.低程度的支持或没有支持：(1)几项有严重局限性的研究；(2)专家的观点；(3)没有直接的研究证据(例如，美国教育科学研究所的证据评级，参见 www.ies.ed.gov.ncee/wwc)。

但是，许多教育学和心理学研究者也认为，许多可用于得出综合研究结果的最先进的研究(例如包含 RCTs 的研究)并未解决现实世界中教育所面临的一些最重要的问题(American Psychological Association, 2006; Stoiber & Kratochwill, 2000)。对于研究人员和从业人员来说，在可用研究有限的情况下，熟悉本章所介绍的用于评估和选择预防或干预的计划/策略的指南是非常有用的。掌握了本章介绍的指南后，从业人员可以使用循证标准来选择尚未经过专家小组或团队审查的干预措施。

本指南旨在帮助读者理解：(1)用于确定经验支持原则，并确定预防或干预的计划/策略是否具有强大证据基础的实证研究的质量和特征；(2)选择干预计划或策略时应考虑的干预方案的特征；(3)在设计和实施高质量干预研究时应包括的研究参数。在这方面，指南可以帮助从业人员和研究人员利用最佳的研究证据来做出决策。有助于选择有效的干预计划和实践的研究证据有多种类型，例如效用、成本效益、治疗的可接受性和环境普遍性(American Psychological Association, 2006)。判断特定的预防或干预计划是基于研究还是基于证据的过程，可以从审查基于既定标准(例如本章介绍的四组标准)的单个研究开始。研究人员可以根据此类标准对现有的最佳研究(无论是一项研究还是多项研究)进行编码(请参见 Kratochwill & Stoiber, 2002; Lewis-Snyder et al., 2002)以记录其"证据基础"，从而检查特定预防或干预的计划/策略的效果。

如表 13.1 所示，用于评估干预研究的第一类注意事项与科学基础(经验/理论基础、通用设计特征以及所审查的预防或干预措施的统计处理)有关。这些标准为我们理解"所做的工作以及为什么这么做"提供了一个背景。主要问题是：这项研究在处理我们所关注的领域时是否具有相关性和目的性？对一项研究的理论或经验基础的考察可能会提供理论证据，例如，在对那些有欺凌行为和同伴关系问题的儿童进行干预时，认知行为理论在其中发挥的作用。判断测量方法和统计程序是否适当使用需要检查以下问题，例如是否采用了合适的分析单位，是否控制了统计误差率以及是否收集了足够的样本量以检验效果。

所采用的设计类型在通用设计特征范围内进行检查，包括是否采用了随机对照组实验。由于在学校环境中使用随机对照实验并不总是可行的/符合伦理的，因此还需要检查准实验设计的质量。准实验不涉及将学生随机分配至治疗条件，但是它包括了旨在降低内部效度威胁的其他性质。在评估研究设计时，系统化的临床观察比非系统化的观察方法更重要；权威专家对结果达成的共识或一致意见比个人观察更有说服力。严格控制的研究和适当的方法可能包括系统化的临床案例研究和临床重复系列研究，即对一系列表现出类似障碍或问题行为的学生进行干预。值得注意的是，即使是随机对照试验，也只有在设计和方法的所有特征(包括被试的人数)都得到充分体现时才是最权威的。其他通用设计的考虑因素包括：干预时长是否合理；研究人员是否对完整的治疗过程进行了评估(按预期实施了干预)。统计处理也在科学基础这一类别中，在统计处理中，重要的是检查：(1)研究人员是否采用了合适的统计方法；(2)研究是否包括了足够的样本量来检验效果；(3)合适的结果是否存在显著的积极效应(例如,阅读理解能力的提高、出勤率的提高、对学校态度的改善、对教师指令依从性的提高)。

第二类标准是关键特征,其重点放在了内部效度和结构效度的标准上(参见表13.1)。当研究人员控制了所有无关变量或影响研究结果的"噪音"时,就会产生内部效度。通过这样的方式,研究人员就能确保他们操纵的变量确实是影响结果的变量。内部效度(internal validity)是指一个人有证据表明干预治疗或程序导致了他所观察到的事件(即结果)的发生。结构效度(construct validity)指的是一个人观察到的结果是否是他想要观察的。因此,尽管大多数观察或描述性研究的结构效度是有意义的,其内部效度却并不显著。但是,在对预防或干预计划效果进行研究时,内部效度可能是首要考虑因素。内部效度与评估干预措施有关,因为我们希望得出这样的结论——与其他可能的原因相反,我们关注的程序是有意义的(即是观察到的结果的原因)。研究人员试图控制对内部效度产生威胁的几种因素,包括:参与者的成熟度、发育水平、个人史和统计回归。关于内部效度,最难把握的特征之一是它仅与所讨论的特定研究有关。

在关键特征中要考虑的第二组标准是对照组的治疗条件。首先,应该确定与空白对照组(仅接受测评组和等候治疗控制组)相比,治疗组的情况是否得到了改善。与空白对照组的比较可以告诉我们该干预是否有效,是否有不良反应。下一个层次的比较可以告诉我们干预措施是否能够带来改变,因此我们可以使用替代干预措施。结合一个替代性的干预措施,例如不使用积极干预成分的讨论小组,有助于探究积极结果是由于治疗关系之类的特征还是由"非治疗"成分(例如集中时间和注意力)引起的。最有力的建议来自那些表明所考虑的干预措施比已知的能产生有效结果的替代干预措施更有效的结果(American Psychological Association Presidential Task Force,2006)。

重要的是,为了辨别积极效应是否是由所评估的干预措施带来的,在治疗前,空白对照组或替代治疗组中的被试应在同一水平的表现或问题行为领域具有可比性或等效性(通常称为被试匹配)。在检查被试的等效性时,还应检查被试的等效流失率。与内部效度和结构效度相关的其他关键研究特征包括:(1)关键结果是否具有统计学意义,是否具有理想的特定临床意义(目标人群的实际获益);(2)可识别的干预成分,表明干预措施的哪些方面出现了哪些结果;(3)干预保真度或完整性的证据;(4)效果持久性的证据。在检查内部效度和结构效度的指标时,某些类型的问题行为或困难显然比其他类型的问题行为或困难更容易控制。此外,短期治疗比那些旨在解决多方面问题的长期治疗更容易研究(American Psychological Association Presidential Task Force,2006)。重要的是,即使是在基于小组水平的结果中得到很好支持的干预措施,也不一定会对单个学生产生积极的效果,因为有些学生更抗拒改变。除此之外,所有干预研究都涉及某种程度的主观判断,而这会影响有关"谁接受干预、如何实施干预以及以何种方式测量变化"的决策(American Psychological Association Presidential Task Force,2006)。一项研究可能会导致统计学上的显著变化,但可能并不代表临床上也会发生显著变化,因此变化的类型或水平很重要(即是否对单个参与者的功能或心理健康产生了影响)。

判断证据基础的第三类标准包括使用者以及从业人员在评估干预措施是否符合其特定需求时应考虑的信息(参见表13.1)。这些标准涉及治疗的临床效用(American Psychological Association Presidential Task Force,2006)。临床效用说明了相关人员对干预措施的可接受性及其适用范围。外部效度这一指标通常是检查研究的临床效用的有效特征。外部效度(external validity)是指不论研究环境中的效果如何,干预效果泛化到其他被试、其他背景或其他干预者的可能性(American Psychological Association Presidential Task Force,2006)。为了确定干预是否会在所考虑的实际情况下产生积极影响,研究中应该详细描述被试的特征,以方便其他研究人员和干预者确定招募被试的条件(例如,是否随机抽样),并确定干预发生的条件,从而检验其泛化到特定被试的可能性。

第三类标准中包含的信息解决了这样一个问题:在当前的环境条件下,干预将在多大程度上有效地应用于特定的学校或特定的儿童?为了收集干预能在少数民族青少年和家庭中使用的证据,我们强调在研究人员之间,特别是在不同被试之间重复干预计划的重要性。临床效用的检验提出了以下具体问题：被试的年龄、发育情况、种族和文化背景是怎样的？干预者需要多少次培训才能实施干预？被试需要参与多少个阶段才能有持久的改变？已经掌握专门技能的干预者或许能成功地得出结果，但是其他经验不足的专业人员可能不会成功。在某个种族、文化或语言群体中表现出功效的干预措施可能对另一群体而言并不那么合适，并且不能产生效果。Comas-Díaz（2006）发现，对文化背景不敏感的干预方法可能会导致干预者在不知不觉中选择那些反映治疗师而不是儿童或家庭的文化和背景的目标或价值观。研究人员发现，合理的循证干预措施通常对少数民族群体有效（Weisz et al.，2006），但是只有在能反映其群体价值观的环境下以其母语进行治疗时，这个发现才成立（Griner & Smith，2006）。由于研究是为了选择干预措施才被转换或应用的，因此对于从业人员来说，考虑那些能够很好地匹配自身特定情况的研究特征是很重要的。对研究特征的考察可以帮助从业人员判断干预措施是否会为其目标人群带来预期的结果。

对有关临床效用问题的回答不宜使用"是"或"否"，甚至用支持水平的评级（例如，强有力的支持、潜在的支持、不支持）来回答都不甚合适。但是，临床效用的相关信息可以提供更全面的有关"干预措施如何实施、目标群体是谁以及在什么条件下实施"的描述。在这方面，第三类标准对于在教育环境中工作的学校心理学家来说可能是最有用的。"一种尺寸不可能适合所有人"的观点符合这样的期望，即学生的人口统计学因素在确定干预措施的临床效用方面起着重要作用。尽管某一干预措施有充分的证据基础，但对特定的学生来说可能没有帮助，因为该学生不具备响应干预措施所需的认知或行为能力；或者这个儿童可能生活在暴力行为和犯罪率很高的社区中，这反过来又会影响儿童的心理弹性水平或想要改变的动机。另一个例子是，一个因学业成绩出现焦虑症的儿童可能需要不同的干预措施，并且我们可以预期他们的反应会与患有焦虑症同时还伴有严重抑郁和社会孤立的儿童不同。因此，学校心理学家应同时考虑儿童自身的情况和他们周围的因素，包括问题的严重性、共病情况和外部压力源。

选择指南的第四类标准考虑了在各种环境下干预的可行性和成本效益的证据。如果教师、学校心理学家或其他学校工作者不愿或拒绝实施干预，那么无论干预的有效性如何，支持该干预的证据都没有多大用处。同样，理想地实施干预所需的培训或临床技能的水平可能会影响干预的实施难度。尽管当学校预算紧张时，可行性和成本效益标准是很重要的，但应将其与干预有效性的科学证据分开。在实际的学校中，干预人员通常会在选择干预措施时探讨并权衡实施干预措施所需的成本。当成本成为主要考虑因素时，它们将取代其他标准。但是，良好的指南会考虑非货币成本，例如减少对特殊教育的需求和对残疾人的污名化或提高个人的功能水平。

第四类标准特别适用于学校的工作者，因为研究人员发现，大约70%被诊断为患有功能障碍的儿童从学校获得服务。此外，公立学校几乎成为50%患有严重情感障碍儿童的唯一心理健康服务提供者，并且被视为儿童心理健康服务的主要提供者（Burns et al.，1995；Hoagwood & Erwin，1997）。需要在学校环境中选择最可行的干预措施的另一个原因是门诊治疗缺乏追踪性，有40%~60%的门诊患者在参加了几次治疗后就不再继续治疗了（Harpaz-Rotem et al.，2004）。影响治疗效用以及是否继续治疗的因素包括个人和家庭特征以及对干预的满意度（Weisz，Jensen-Doss，& Hawley，2005）。例如，贫困状况与中断干预的趋势和治疗时间的缩短相关。西班牙裔/拉丁美洲裔和非裔美国儿童比白人儿童更容易过早结束心理健康治疗（Bui & Takeuchi，1992）。来自不同文化背景的家庭对于儿童的情绪和行为问题的认知以及是否不需要专业治疗就可以改善问题的看法有所不同（President's New Freedom Commission on Mental Health，2003；Weisz et al.，2005）。因此，学校心理学家促进学生持续参与治疗的工作应侧重干预措施是否以及如何对儿童和家庭的需求与期望进行响应。例如，尽管已显示有几种不同类型的干预方法可有效治疗存在破坏性问题或反社会问题的青少年（例如，多系统疗法（multisystemic therapy，MST）、功能性家庭疗法（functional family therapy，FFT）和多维照料（multidimensional foster care）），但干预程序的某些组成部分可能比其他干预方法更适合特定的学生和家庭（Chambers et al.，2005；Stoiber et al.，2004）。从这个方面来说，学校心理学家需要透彻了解研究的证据基础，这样既可以在自己的实践中进行决策，又可以在转介中提供外部干预工作。

总而言之，本章介绍的四类标准旨在为研究人员和从业人员提供一份综合的、但并非十分详尽的指南，用于设计和评估循证干预措施。该指南包含的标准可用于考察特定的干预计划或策略是否存在基于现有研究的经验支持。但是，如前所述，为支持干预计划或策略而对证据进行的评估通常涉及从多项研究中获得的研究证据，以便评估诸如普遍性、可行性和成本效益等因素。下一节通过比较针对类似问题和治疗人群的两个干预计划的证据类型和水平，论证这些建议的指南在循证选择干预措施中的应用。

应用循证标准选择干预措施

基于表13.1中的四组标准，学校心理学家对两种旨在改善儿童外化行为的干预措施，即亲子互动疗法（parent-child interaction therapy，PCIT；Brinkmeyer & Eyberg，2003）和不可思议的年纪系列（Incredible Years series，Webster-Stratton & Reid，2003）进行了研究。通过应用这些标准，可以比较这两种干预措施在研究支持方面以及在可能影响干预措施选择的其他重要特征方面（包括临床效用特征、可行性和成本因素）的差异。

PCIT计划在第一阶段采用了以儿童为主导的互动（child-directed interaction，CDI），该阶段基于依恋理论，致力于发展父母与子女之间积极的、有意义的互动（Herschell et al.，2002）。在CDI阶段，父母学着参与由儿童主导的游戏或非定向游戏，同时需给予称赞，对儿童的陈述给予回应，模仿儿童的游戏，描述儿童的行为并表现出热情（Eyberg，1988）。PCIT的第二阶段是基于社会学习理论的以家长为主导的互动（parent-directed interaction，PDI；Eyberg et al.，2001）。在这个阶段，父母需要忽略儿童不适当的行为，并积极响应儿童的适当行为（Eyberg，1988）。

PCIT包括两个教导训练课程，治疗师通过示范将CDI和PDI介绍给父母（Eyberg，1988），课程之后是每周一小时的训练，每位家长分别在游戏室与儿童进行互动，此时治疗师和另一位家长会通过单向镜对互动进行观察。治疗师通过家长佩戴的耳机来为他提供即时的反馈和建议。每节课结束时，治疗师与家长讨论进度。家庭作业是每天练习CDI和PDI，治疗通常包括10~16次训练（Herschell et al.，2002）。

多项研究都证明了PCIT的有效性。一项研究在进行了PCIT后对儿童问题行为进行测量，发现实验组儿童的指标已处于正常范围，而等候治疗组的儿童依然处于临床范围，这表明在减少儿童问题行为方面，PCIT组要优于等候治疗对照组（Eyberg et al.，1995）。另一项研究比较了实验组与正常课堂对照组和未经治疗的异常课堂对照组（McNeil et al.，1991）。PCIT不仅使得接受治疗后的儿童的家庭行为得到改善，而且这种改善也会延伸到学校中。最后，一个独立的研究团队重复了一项考察PCIT有效性的研究，结果表明与对照组相比，接受PCIT的儿童表现出显著改善，并且在6个月的随访中，接受治疗的儿童已无异于正常儿童（Nixon et al.，2003）。PCIT改善了亲子互动质量（Eyberg et al.，1995；Hood & Eyberg，2003），并且父母报告说他们作为父母的压力水平显著降低，养育能力感也明显提高（Nixon et al.，2003）。

研究表明，家庭从PCIT过程中获得的益处并不会随着时间的流逝而衰退。一项研究发现，母亲对治疗后儿童行为的评分显著预测了儿童3~6年后的行为（Hood & Eyberg，2003）。在该研究的样本中，有75%的儿童在治疗后表现出了临床上的显著改善，在随访中这种改善依然存在。在一项为期1年或2年的后续研究中，根据母亲的报告，儿童的行为问题在随访中仍保持在治疗后水平，并且54%的儿童在破坏性行为测量上的得分处于正常范围（Eyberg et al.，2001）。在一项旨在确定治疗后学校效果保持程度的研究中，研究人员发现，儿童在12个月随访中的问题行为评分和依从性评分与治疗后的评分一致（Funderburk et al.，1998）。在18个月时，除了依从性测验的分数没有变化，其他所有学校行为测验的分数均降至治疗前水平。同时，家庭行为保持在正常范围内。总体而言，随着时间的流逝，治疗给家庭带来的益处得以维持，但推及到学校时维持时间则无法超过 1 年。

不可思议的年纪系列是我们审查的第二项干预措施，这项干预措施是专为 2~10 岁的高风险儿童或有行为问题的儿童的父母和/或教师设计的。它基于以下理论观念：许多因素会导致行为问题，包括无效的教养方式、家庭因素、儿童风险因素和学校风险因素（Incredible Years，2008；Webster-Stratton，2001；Webster-Stratton & Reid，2003）。早期干预被认为是最有效的，因为随着时间的推移，行为障碍会变得越来越难以治疗。

不可思议的年纪计划中包括父母干预成分、教师干预成分和儿童干预成分。所有的干预都包括使用录像进行示范、角色扮演、实践演练以及训练方法的实时反馈（Webster-Stratton & Reid，2003）。"家长计划"的目的是改善亲子关系和教养方式，以更积极的策略代替消极的惩戒策略，提高家长的问题解决技能，改善家庭支持网络，增强家校合作，提高父母在儿童学业活动中的参与度（Webster-Stratton，2001；Webster-Stratton & Reid，2003）。家长计划包括"基础早期儿童训练项目"（针对 2~7 岁儿童，12~14 次，每次 2 小时），这是核心组成部分；"进阶儿童训练项目"（针对 4~10 岁儿童，持续 14 周）；以及"学龄儿童训练项目"（针对 5~10 岁儿童，4~6 节课）。"教师训练计划"使用《如何提高儿童的社交和情感能力》（Webster-Stratton，1999）一书，由为期 4 天、共 32 小时的工作坊组成。所有的父母课程均基于录像片段，每 8~12 个父母为一组。"儿童计划"为期 22 周，每 6 名儿童为一组，每周需进行 2 个小时的会面。

学校心理学家对不可思议的年纪计划中的父母、教师和儿童的干预进行了广泛的结果研究。Webster-Stratton 和 Reid（2003）发现，与等候治疗对照组相比，基础早期儿童训练显著改善了父母的态度和亲子互动，并显著减少了消极惩戒策略和儿童行为问题。其他研究人员将参与基础家长训练小组的母亲与对照组的母亲进行了比较，发现参与基础家长训练课程的母亲所报告的子女的问题和负面行为明显更少（Scott et al.，2001；Taylor et al.，1998）。此外，由 Webster-Stratton 进行的成分分析表明，与仅包含一种成分相比，小组讨论、训练有素的治疗师和录像示范的结合产生的治疗效果更持久（Webster-Stratton & Reid，2003）。此外，Webster-Stratton 和 Reid（2003）发现，与仅使用基础训练相比，进阶训练使得父母在面对儿童问题时，可以提出更多的亲社会型的解决方案，并且父母报告的满意度也要明显高于仅参与基础训练的父母。

与对照组的教师相比，参与教师训练（teacher training，TT）计划的教师的批判性、严厉性、不一致性明显降低，并且对儿童的正面影响也明显增多（Webster-Stratton，2001）。另一项研究表明，与课堂对照组相比，实验组中的教师与家长之间的联系明显更紧密（Webster-Stratton & Reid，2003）。总体而言，关于教师计划的研究结果与父母计划和儿童计划的研究结果一致，并且教师训练提高了教师的课堂管理技能。在 1 年的随访中教师的这些改变也得到了保持（Webster-Stratton & Reid，2003）。

在检查儿童训练成分的研究中，将儿童训练（child training，CT）和家长训练（parent training，PT）分别与 CT 和 PT 的组合进行了比较，并将三种治疗条件（即 PT + CT + T T）与对照组进行了比较（Webster-Stratton & Reid，2003）。与对照组相比，三个组中接受训练的儿童的行为均表现出明显的改善。CT 以及 CT 和 PT 的结合显著提高了儿童解决问题和处理冲突的能力。与单独使用 CT 相比，单独使用 PT 以及使用 PT 与 CT 的组合可显著增加积极的亲子互动。在 1 年的随访中，所有显著变化均得到维持，儿童行为问题显著减少。然而，在结合 CT 与 PT 的条件下，儿童行为问题减少的效果最显著。此外，初步证据表明，与对照组相比，在儿童训练和家长训练中增加教师训练内容可能会使得儿童在家中和在学校的问题行为得到更大的改善，而且只有这种治疗方法（PT+CT+T T）才能显著改善儿童的同伴社会能力（Webster-Stratton et al.，2004）。然而，由于其他计划中的组成部分（ADVANCE，CT，T T）的效果与基础家长训练组成部分混合在一起，因此无法就每个组成部分在改变参与者结果方面的各自贡献做出结论。尽管在不可思议的年纪系列的某些组成部分上缺乏强有力的结论，但 Beauchaine、Webster-Stratton 和 Reid（2005）的一项研究支持了家长训练部分在治疗患有早发性行为问题的儿童时的有效性。Beauchaine 等人（2005）还指出，儿童的年龄和性别无法对计划的结果起到预测或调节作用。

这两种干预措施（PCIT 和不可思议的年纪系列）针对的都是类似的行为，并且都包含针对父母和儿童的内容。在解决相同问题的两个类似干预措施之间进行选择可能很困难。这四组标准可用于说明干预选择中应考虑的一些因素（参见表 13.2）。首先，应该指出的是，这两种干预计划都具有强大的理论基础，尽管存在一些差异，但它们都强调行为原则，包括增加照料者对儿童积极行为的关注和对儿童的不适当行为给予相应的惩罚。检验这两个计划效果的研究均采用了合适的研究设计和统计程序。

其次，就内部效度而言，两种干预措施均具有可识别的成分并产生了具有统计意义的显著结果，并且两种干预措施均遵循一套特定程序的使用手册。此外，PCIT 和不可思议的年纪计划都与某种类型的对照组进行了比较，并由独立的研究团队进行了评估，因而加强了它们的证据基础。但是，与仅将 PCIT 和等候治疗对照组进行比较不同，研究人员通过比较以小组讨论治疗为成分的计划和在没有引导者的情况下使用录像带进行示范的治疗计划，对不可思议的年纪计划进行了成分分析。尽管对各种成分的比较并不能完全满足将不可思议的年纪计划与其他有效疗法进行比较的要求，但它确实提供了证据，表明 PT 和计划的组合（PT + CT + TT）比计划中其他组成部分更有效。由于有关 PCIT 成分作用的研究尚未出现，因此，以第二组标准来看，支持不可思议的年纪的证据较强。

表 13.2　选择标准在两种干预计划中的应用

标准	子标准	亲子互动疗法	不可思议的年纪系列
经验和理论基础，通用设计性质，统计处理	• 理论依据 • 统计处理 • 通用设计性质	• 依恋和社会学习理论 • 有力的证据 • 有力的证据	• 多种因素 • 有力的证据 • 有力的证据
内部效度和结构效度	• 治疗 VS 等候治疗 • 治疗 VS 替代治疗 • 具有统计意义的关键成果	• 有力的证据 • 无 • 家庭和学校行为得到显著改善	• 有力的证据 • 成分分析的一些证据 • 家庭和学校行为得到显著改善
临床实用性	• 被试的差异性 • 实施是否需要培训 • 是否适用于学校环境	• 受限 • 是 • 潜在的	• 受限 • 是 • 是
可行性和成本效益	• 在学校环境中的可行性 • 成本效益	• 潜在的 • 高成本	• 潜在的 • 中等成本

第三组标准侧重临床效用，要求检查功效研究中的样本儿童的特征与特定情况下的个体人口统计学特征是否具有可比性。在这方面值得注意的是，这两个程序不是很适用于少数民族。尽管有证据表明不可思议的年纪对高风险人群和处于劣势地位的父母有积极的影响（Reid et al.，2004），并且已在多个国家（例如澳大利亚、加拿大、英国、新西兰和瑞典）实施，但是很少有针对不同种族儿童的重复研究。同样，很少有研究人员探究对不同种族的儿童和家庭实施 PCIT 计划的效果（Brinkmeyer & Eyberg，2003；Matos et al.，2006）。

对两种干预措施的总体考察表明，不可思议的年纪的研究证据比 PCIT 稍强；然而，可行性和成本因素可能会影响具体实践场合的干预措施选择。两种干预措施都需要进行训练，但是不可思议的年纪计划所需的成本要高得多。PCIT 计划包含一个为期 5 天的工作坊，费用为 3000 美元，还需加上必要的材料和设备的费用（University of Florida，2008）。相比之下，不可思议的年纪包括 9 天的小组领导者训练，费用为 1200 美元，外加相关工具包的费用，成本最低为 3700 美元（儿童、父母和教师计划），但也可能会花费更多，因为这只涵盖了适用于一个年龄段的工具包的成本，但是大多数学校心理学家的目标群体通常在更大的年龄范围内。尽管不可思议的年纪计划的启动成本比 PCIT 高，但它的成本效益也更高，因为它以小组的形式进行管理，而 PCIT 一次仅为一个儿童和一个家庭提供服务。无论选择哪种干预措施，由于每种干预方案在不同人群和背景方面的应用有限，因此学校专业人员在实施选择干预方案时进行程序评估是有必要的也是有益的。

影响干预措施选择的因素有很多。尽管经验支持水平应该成为最重要的因素，但是在选择干预措施时忽视临床效用因素（包括学生和环境特征、成本和可行性）的做法是幼稚的。在选择干预措施时，专业人员应权衡更强的经验支持的潜在优势与实施干预计划所需的地点特征、资源和成本之间的关系。PCIT 和不可思议的年纪系列的比较表明，学校心理学家应充当循证实践者，将评估程序与实施干预措施相结合，因为许多"经证实的"干预计划可能并未在我们所需干预的类似参与者和环境中考察过。

证据基础应用于实践方法的出现

与一些研究人员和学者指出的亟需提高儿童和家庭的教育成果的观点一样，对于"从业人员作为研究者"或证据基础应用于实践（evidence-base-applied-to-practices，EBAP）方法的支持也正在出现。（Kratochwill & Hoagwood，2006；Meyers et al.，2004；Stoiber et al.，2005）。在这一过程中，人们认识到，不同的学校具有不同的生态性和复杂性，而这些通常是无法通过类似于实验室的程序和方法来掌握的。EBAP 方法在实际的教室情境中具有更广泛的应用，因为它们是基于科学原理和实证数据的干预策略。在这方面，可以使用基于数据的决策来评估具有强大理论基础的特定策略。在 EBAP 框架中，科学基础指导实践，而实践成果可以指导当前和将来的决策。这样，从业人员就能通过应用基于数据的方法来系统地规划、监督和评估所提供的服务的结果，从而充当研究人员的角色（Stoiber & Kratochwill，2002；Stoiber，2004）。当教育工作者看到他们科学的、基于数据的实践产生了积极成果时，他们更有可能坚持下去。Meyers 等人（2004）和 Stoiber 及其同事（Stoiber，2002；Stoiber et al.，2005；Stoiber & Waas，2002）认为，提出这种方法的原因是普遍缺乏在特定情况下对特定儿童进行特定干预的证据（即情境化知识）。

研究与实践的结合是使用 EBAP 进行干预选择的基础。EBAP 基于这样的假设，即在给个别学生、学生团体、班级或学校系统设计和实施有效的预防和干预工作时，应结合科学知识。EBAP 的范围比循证干预（evidence-based interventions，EBI）或循证治疗（evidence-based treatments，EBT）更广，因为它通常指的是具有强大经验基础的预防或干预计划（Kratochwill & Stoiber，2002；Kratochwill，2006；Kratochwill & Hoagwood，2006）。EBAP 这一概念承认了科学与实践相结合的重要性，但也认识到这种结合所固有的挑战。EBAP 方法结合了来自不同方法和来源的证据形式。这些来源既包括本身所用干预措施的数据，也包括临床观察、定性方法、过程-结果研究、单一被试设计、RCTs、准实验程序评估和元分析汇总的数据。重要的是，美国心理学会统筹工作组在 2006 年的循证实践汇报中强调，临床判断和临床专业知识在循证实践各个步骤中（评估和诊断、形成案例、干预措施的设计和实施、进度监测和制定决策）有重要作用。

在采用 EBAP 模型时，学校从业人员在确定其自身实践中所用的干预措施的有效性方面起着核心作用。"治疗有效性"一词通常是指治疗在现实环境（例如学校）中表现出积极的结果（American Psychological Association Presidential Task Force，2006）。鉴于在学校环境中直接应用基于功效研究的计划和实践的局限性，对于学校心理学家而言，制定、监测和评估适合学校环境并且能够为学生和家庭所接受的干预措施尤其重要（American Psychological Association Presidential Task Force，2006；Stoiber & Waas，2002；Stoiber，2004）。工作开展的 EBAP 模型具备科学基础，能够为干预措施的选择及其效果和效用评估的相关决策提供依据。EBAP 模型自然也包括一种基于数据的问题解决方法，该方法特别适合教师和教育工作者用来监测和检查儿童对干预的响应。

应用指南选择干预措施时的争议和注意事项

如果学校从业人员想在选择干预措施时应用循证标准，那么干预研究的质量和数量还需要有相当大的提升。例如，对教育干预研究（学习障碍、儿童早期阶段和自闭症）的单独考察表明，只有不到15%的研究评估了治疗的完整性（Snyder et al.，2002；Wolery & Garfinkle，2002）。当前以学龄儿童为被试的，尤其是在课堂环境下进行的干预研究很少，这可能是由于某些障碍在很大程度上限制了循证干预的记录和使用。目前已有记录的一个问题是教师对实施创新策略的抵制（Gettinger & Stoiber，2008）。同样，学校管理者很少愿意出于实验目的将学生随机分配到教室，特别是有些需要花费较长时间的实验（Gettinger & Stoiber，2006）。儿童在干预过程中可能会换教室甚至转学，这又带来了另一个问题——被试流失。也许，将研究成果付诸实践的最大障碍与研究的可接受性、可行性和可持续性有关（Gettinger & Stoiber，2009；Stoiber & Kratochwill，2000；Stoiber，2002）。如前所述，无论某项干预措施基于研究的效果如何，学校管理者都可能会评估其成本效益比，以确保干预措施切实可行。有关各种成本（例如材料、时间和训练成本）的问题通常排在干预决策中的首位。为了让学校和工作人员能够决定发起干预，成本必须与干预措施的预期效果匹配。

干预响应模式和 EBAP

为了干预响应模式（RTI）的有效实施，循证实践和 EBAP 的使用是必要的。首先，学校的从业人员或团队必须能够可靠地证明儿童已接受了高质量的教学和科学的干预。基于当前循证干预和方案的知识，确定此类策略并确保按预期实施这些策略都是不小的挑战。几位研究人员指出，在学校和班级水平上，最初应该使用干扰性较低的干预措施，然后根据需要使用更全面和更具强化性的干预措施（Gettinger & Stoiber，2009；O'Shaughnessy et al.，2003）。构建这样的强度层级需要理解教学程序，因为这些策略不需要太多的教师支持，并且在早期实施过程中不需要过多修改（Barnett et al.，2004）。

Stoiber（2004）提出，在确定干预重点时，要针对高优先级的学业或行为问题。在设计干预措施时，应考虑以下几点：（1）纳入的行为改变目标应是儿童能够学会并适应的；（2）注重发展"关键"能力：即那些可能会对儿童适应或融入有利环境的行为产生重要影响的能力；（3）确保选择的干预措施符合儿童的需求，而不是从业人员的干预偏好或偏见；（4）强调简便易行，因为这样通常可以提高干预的完整性和效率；（5）努力让所有相关的成年人参与并支持这种行为。最后，在针对挑战性行为构建个人积极支持计划时，研究支持使用包括不同类型策略的综合干预措施。其中包括三管齐下的"预防-教学-响应"（prevent-teach-respond，PTR），该方法旨在：（1）预防或消除引发首要问题的背景条件或触发因素（预防策略）；（2）传授与首要问题相关的替代能力（教学策略）；（3）更改维持首要问题的响应（替代响应策略；Getter & Stoiber，2006；Stoiber，2004；Stoiber et al.，2007）。重要的是，针对具有外化性行为问题的儿童设计的干预措施应尝试传授儿童新的技能（例如自我控制、灵活性、挫折承受力、团队合作和同伴合作），而不仅仅是减少挑战性行为。

一旦根据用于评估计划和策略的四项指南和标准选择了干预措施，学校心理学家或干预团队就应确定在社会和经验上均有效并可以在整个干预过程中反复可靠地测量的结果。此步骤要求从业人员和/或团队知道并理解被证实与长期结果相关的教育基准。如果选择常模参照指标（例如，阅读理解成绩的第35个百分位）作为结果，则干预者应该知道这是否构成了儿童在当前和未来的通识教育课堂上有效学习所需的熟练程度（Denton et al.，2003；Kratochwill & Stoiber，2002）。显然，为社会行为领域建立适当的基准可能会更加困难，因为我们很难得到一个分数水平标准。因此，从业人员可以参考诸如功能评估和干预系统（Functional Assessment and Intervention System；Stoiber，2004）之类的资源，该系统包含已由教育工作者进行社会验证的社会行为目标基准。

为了应用 RTI 原则来确定儿童是否需要特殊教育，我们还需要定义儿童行为改善或表现出预期水平所需的干预强度。通过 RTI 模型，当出现以下两种情况时，即可确定儿童存在障碍：(1)尽管实施了经过验证的干预措施，儿童在干预前后的表现没有显著变化；(2)需要强化干预才能使儿童以期望的表现水平进行响应时(Barnett et al., 2004; National Association of State Directors of Special Education, NASDSE, 2005)。在所需的资源和支持、时间、课堂教师以外的专业人员参与量以及促进进步的其他因素方面，强化干预或教学与常规教育有很大不同。RTI 的实施应该意味着儿童在决策过程以及最终的教育过程中所获得的服务发生了真正的变化。但是，只有通过研究人员、从业人员、高校教育工作者和政策制定者的共同努力，这种变化才能发生。尽管有许多令人信服的理由来重新考虑资格决策，但其中最重要的是传统方法未能与有效且持续的学校范围干预和个人干预计划联系起来，因此无法在学生中产生积极的结果(Barnett et al., 2004)。基于 RTI 的决策模型将学生对干预的响应质量和程度作为确定学生需求或识别障碍的关键标准。RTI 的成功实施需要结合通识教育，重新分配资源，并制定新的教育研究和训练计划。

EBAP 与"不让一个儿童掉队"法案

EBAP 方法除了为选择和实施干预措施确定科学方法的优先顺序奠定了基础外，它们还与当前联邦政府对"不让一个儿童掉队"法案的关注紧密相关(No Child Left Behind, NCLB, 2001)。NCLB 法案在一定程度上是对这样一种看法的回应，即教育作为一个学术领域，很少有文章能够提出精心设计且科学可信的方法(例如，具备强大的心理测量学性质和随机分配参与者到实验组，Shavelson & Towne, 2002)。NCLB 规定，学生必须接受有效的教学(即以科学或证据为基础的计划和干预措施)，以实现教育问责制并改善所有学生的学习成绩。

尽管 NCLB 的教育方案依赖于科学或基于研究的实践，但有迹象表明，如今的教育干预研究比 20 世纪七八十年代进行的研究还要少(Hsieh et al., 2005)。一些研究人员对影响学生教育成果的重要领域中研究的数量和质量进行了批判，例如阅读(Troia, 1999)、儿童早期阶段(Snyder et al., 2002)、情绪障碍(Mooney et al., 2003)、学习障碍(Tunmer et al., 2002)和特殊教育(Seethaler & Fuchs, 2005)等领域。Seethaler 和 Fuchs(2005)曾审查了 5 种著名的特殊教育期刊，发现只有 5%的文章以数学或阅读干预为主题。Seethaler 和 Fuchs(2005)的研究结果尤其值得注意，因为针对早期读写能力发展和阅读理解的干预措施被认为是长期改善学生成绩最需要和最可能有效的干预措施之一(Denton et al., 2003)。

结论

在教育领域，学校心理学家通常会制定干预措施，以改变并改善学生的功能和结果。在选择针对学生广泛表现(包括认知、行为和情感领域)的干预措施时，学校心理学家扮演着至关重要的角色。干预研究旨在通过比较一些针对关键结果的新兴的、改进过的或替代方法，来测试那些针对青少年及其家庭的计划、实践和政策的有效性。有效干预措施的推广和实施已成为下一个关键步骤，通过这一步骤，循证干预就可以在自然学校环境中进行。从业人员作为研究者的方法，和其他 EBAP 方法一样具有可观的前景，因为它们针对的是推行教育干预措施的几个重要阻碍，包括：(1)可接受性，即目标群体在日常生活中对干预程序和结果可接受的程度；(2)可行性，即在自然环境下实施干预措施的可能性；(3)可持续性，即在没有外部支持的情况下可以维持干预的程度。随着学校心理学家与常规教育和特殊教育教师的合作，EBAP 方法或许能使教学实践得到广泛改善，例如 RTI 的实施和对 NCLB 的采纳。从这个方面来说，研究人员、学校心理学家、学校教育工作者以及父母可以共同促进所有儿童的成功，这是在选择干预措施时应用循证实践指南的主要目的。

第 14 章

促进学习的前瞻性策略

Kenneth W. Howell

Joan Schumann

正如标题所示，本章提供了促进课堂学习的策略。思考一下，为什么学校心理学家会想要了解促进课堂学习的方法。首先，没有学习问题的学生很可能不需要这样的策略（尽管这些策略不会对他们造成伤害）。但是，那些没有按预期的速度完成课程学习的学生可能需要额外的帮助。所以关键问题是判断谁需要帮助以及需要什么帮助。对于学校心理学家来说，有两种常见的方法来解决这个问题：一是关注问题的解释和原因，二是集中精力寻找提高学习效率的有效策略。第三种选择是两者兼而有之；然而，当资源匮乏和时间限制迫使学校心理学家做出选择时，默认的选择应该是关注促进学习的策略。

在这一章中，笔者将呈现以下内容：(1)定义学习问题；(2)描述解决这些问题的推荐方法；(3)描述我们所称的"促进学习的教学策略"。我们还在表 14.1 中提供了两个快速指南，用于选择与本章内容一致的教学技巧。我们希望读完本章时，学校心理学家对促进学习的教学、如何支持学习以及在何处找到有关该主题的其他信息有深刻的了解。

学习问题

学习问题通常是从心理动力功能、知觉加工或语言加工甚至是神经损伤的角度来讨论。有时，教学范式要么被忽视，要么被肤浅地对待。在开始讨论时，我们需要对"学习问题"有一个清晰的印象和定义。

为了理解教育工作者是如何认识到学习问题的，我们从这样一个观点开始：学习(learning)被认为是由教学带来的相对永久的行为改变(Schunk，2008；Sternberg & Williams，2002)。在这里，术语"教学(instruction)"包括与环境产生的任何交互影响，因为该定义的关键属性是行为的改变。行为改变(即使拓展到认知行为)传统上也被用作学习的操作性定义。如果学生在教学后未能发生改变则被认为有学习问题。在学校，学习问题(learning problem)的操作性定义是指学生未能达到课程的要求。衡量学习问题严重程度的一个指标是学生表现与这些课程目标的差异大小。学习问题的严重性还表现在学生未能持续地以预期的速度完成课程，特别是在反复使用其他有效教学之后。这被称为"响应失败"。

教学是指授课的方式，课程是指讲授的内容(即有组织的目标)。即使是最受支持的循证教学干预，如果它针对的是错误的技能或课程的一部分，也不会起作用(Odom et al.，2005)。如果学生缺乏某项任务所需的先验知识(例如，必备的阅读、数学或社会技能等)，那么在掌握更复杂的知识之前，学生很可能需要先学习这些必备技能。这意味着学习问题甚至可以在不改变教学的情况下得到多次纠

163

正，因为我们需要的只是课程重点或水平的暂时转变。教学条件并不总是需要为填补缺失的知识而发生改变。在这一章中，我们主要关注的是对教学(而不是课程)干预措施的描述。

可改变的变量

当我们试图解决一个学习问题或计划纠正干预措施时，我们分析的单位不是学习者，而是教学/测评、课程、教育环境和学习者(instruction/assessment, curriculum, educational environment, and the learner, ICEL)的交互影响。因此，我们需要评估的问题不是"是什么原因导致这个学习者缺乏进步"，而是"为了提高学习者的进步，需要改变 ICEL 交互影响的哪些方面"(Heartland Area Education Agency 11, 2007)。改善学生学习的干预措施包括改变 ICEL 中的交互影响。这些可改变的变量是教育变革评估和规划中最富有成效的关注点和探究目标(Bahr & Kovaleski, 2006)。因此，本章不涉及学习者的特征，诸如智商、性别、出生顺序或加工偏好等。同样，本章也不关注环境条件，比如学校资金或班级规模。虽然这些因素在学生的生活中可能重要，也可能不重要，但它们通常被认为是"静态"因素，并且不在个别学生的教学干预措施的影响范围内(Sternberg & Hedlund, 2002)。

遗憾的是，作为学校心理学家和特殊教育工作者，我们花在测评学习者身上的时间要多于花在测评他的教学、课程和教育环境上的时间。此外，学生之间的差异(包括旨在探究心理、知觉和/或神经结构的测量所揭示的差异)也需要我们的高度重视，因为这些因素相对于缺失的技能和策略而言，可以解释学生成绩的细微差别(Duckworth & Seligman, 2005)。虽然关于知觉和/或神经结构以及诸如智商和学习风格等因素的相关性的争论将一直存在(Fletcher, Coulter et al., 2004; Naglieri & Johnson, 2000)，但由于这些测量的推论毫无依据，所以本应该在很早以前就停止了。

事实上，讨论不可改变的变量会减慢寻找学习问题解决方案的进度(Howell et al., 2008)。当所讨论的变量属于学生的能力范围内时尤其如此。传统的能力概念与技能不可改变的概念是不同的。能力通常被认为是不可以通过教学(特别是短期的)来改变的。二者的区别在于，技能和知识是需要传授和学习的。到目前为止，大多数教育工作者都遇到过关于误用能力结构的局限性以及风险的报告(Reschly, 2008)。这些报告涉及如下结论：经常采用的测量方法(例如，智商测试)信息不够充分或不可靠。此外，教育工作者试图从认知和知觉能力构建的测量(包括能力倾向与教学措施的交互影响)中得出教学建议，但并没有取得成效(Gresham, 2002; Reschly, 2008)。虽然没有理由在这里重复这些发现，但在实践中使用这些程序的理由就更少了(有关这个问题的更深入的讨论，请参见 Floyd，本书第4章)。

从教学角度看待学习问题

以下关于学习困难的讨论将从学习/教学的角度出发，以与教育相关的可改变的变量为基础。为了方便起见，我们在大部分内容中使用阅读作为示例。但是，该说明方法适用于所有学习领域。

如前所述，当学生在学业和/或社会课程中比预期的落后时，我们可以意识到他存在学习问题。低于预期的表现、进步不足或两者兼有都表明学生需要支持。最终证明学生符合接受特殊教育的条件是对特殊教育的需要，而非残疾(即不需要特殊教育支持的残疾学生无权获得特殊教育经费)。最常见的表现缺陷是长期缺乏进步的结果(即学生未能在预期的日期之前达到课程要求的水平)。值得注意的是，当学生转学(或转班)到使用不同课程顺序的学校(或班级)时，也可能会出现表现缺陷的情况。不管原因如何，当一个学生在课程中落后时(尤其是在阅读等基本技能方面)，有几个因素会使原来的缺陷更加复杂并且扩大。

第一个因素(以阅读为例)是学生无法通过阅读获取信息。这限制了学生从没有读过的内容中获得一致和/或相关的未来学习所需的背景知识。此外，阅读缺陷会导致学生阅读不准确和/或阅读缓慢，因此，即便他与成功学生的任务时间相同，但是他的实际参与时间更少。这里的问题不是任务的时间，而是给定时间单位内的练习密度。例如，一名在1分钟内能正确阅读60个单词的学生，其阅读量是在给定时间段内每分钟只能阅读20个单词的学生的3倍。所以，在15分钟的时间里，速度越快的阅读者会进行更多的阅读练习。随着时间的推移，两位阅读者之间累积的差距会成倍增加。

随着时间的推移，学习进度慢的学生缺乏足够的学习，导致背景知识和先验知识的不足。如果没有先验知识，学生的学习问题就会被放大，因为他没有准备好学习与该背景一致的和/或相关的目标。因此，其他人轻易能完成的任务对成绩差的学生来说变得越来越困难，因为任务难度的一个主要组成部分是背景知识的缺乏（即当我们不知道如何做事情的时候，事情会显得很困难），而且随着任务的增多，学生却没有做好学习准备，那么认知负荷也会增加（即缺少先验知识会使任务变得过于困难；van Merriënboer & Sweller, 2005）。最后，与任务相关的问题行为也会随之出现或增加，其中包括任务回避行为和其他通常被误认为缺乏动机的行为。

显然，学习问题的发展形势是严峻的。然而，当它被概念化为教学、课程、教育环境和学习者（ICEL 组成部分）之间的不一致时，学习问题就有望解决。有效的教学和学习问题都发生在这些变量的背景下，而学习问题可以通过调整这些要素来纠正。在问题解决的范式中，教育工作者致力于找出能为学生带来最佳改变和学习结果的 ICEL 变量的配置。相比之下，固定能力模型与注重教学环境的问题解决方法的应用是不一致的。

当较低水平的表现和较低的进步率表明学生存在学习问题时，实用的解决方案是加快进步的速度以达到目标表现水平。问题是如何在过去进步缓慢的情况下实现这一目标（Access Center, 2005）。在我们提出必要的教学干预措施和问题解决的策略之前，需要对 ICEL 领域进行进一步说明。

教学在 ICEL 中的作用

改变和/或改进教学是影响和加快学生学习速度的最直接途径。然而，和学生一样，授课的教师也有不同的技能和资源，这并不意味着所有的学习问题都是教师造成的。但是，为了解决学生的学习问题，通常需要教师改变行为或教学。如果课堂上没有足够的练习时间让学生提高书写流利度，那么学习问题很可能是通过分析教师的日常计划和时间分配（Hoadley, 2003）而不是通过学生的测试结果来发现的。

表 14.1 按信息类型和目标熟练程度划分的教学技巧

技术 / 熟练程度	信息传递	教师提问	教师响应	相关活动
习得： 1. 先决条件：掌握相关子技能 2. 目标准确性	1. 大量的解释和说明 2. 提供示范和程序性提示 3. 讲授记忆策略的使用	1. 询问策略和概念 2. 不强调答案 3. 强调如何找到答案	1. 表扬程序的正确使用 2. 使用详细的纠正程序	1. 学生在指导下完成精心设计的练习 2. 学生完成部分作业题目
流利度： 1. 先决条件：准确性 2. 目标：在保证准确性的同时保持一定速度	1. 确保掌握子技能 2. 巩固准确性 3. 跨情境练习	1. 强调答案正确 2. 强调流利地回答，但不需要强调速度	1. 表扬作业完成的流利度 2. 反馈速度 3. 出错时不使用纠正程序	1. 训练与练习 2. 独立练习
泛化和迁移： 1. 先决条件——掌握子技能 2. 目标：在目标情境中使用技能	1. 讲授相关概念和词汇 2. 解释如何泛化和/或运用现有技能	1. 询问如何运用现有技能 2. 在不同情境中进行练习	1. 无法进行泛化或迁移时，使用详细的纠正程序 2. 重复练习	1. 使用"现实世界"的例子 2. 不强调特定的课堂任务

续表14.1

技术\熟练程度	信息传递	教师提问	教师响应	相关活动
事实性知识	1. 术语 2. 数字说明 3. 工具技能 4. 试题和答案 5. 快速准确的响应	1. 问许多直接的问题 2. 快速提问 3. 从只需要确定答案的问题开始 4. 转到需要给出答案的问题	如果学生做法正确： 1. 对准确性和速度给予频繁的反馈 2. 给予最低限度的表扬来保持动机 如果学生做法错误： 1. 对错误或迟缓的响应给予即时的反馈 2. 不使用详细的纠正程序 3. 重复遗漏的试题	1. 学习并练习使用记忆策略 2. 包括训练和练习的简短而密集的课程 3. 用几节短课代替一节长课 4. 使练习切合实际 5. 改变练习的条件和情境 6. 提供流利度练习
概念性知识	1. 为概念命名，并在所有初始课程中使用相同的名称(之后使用同义词) 2. 复习相关的先验知识 3. 展示该概念的多个例子，并指出每个例子中的关键属性和非关键属性 4. 在早期的课程中使用清晰的例子，在之后的课程中使用模糊的例子 5. 与学生一起准备一个概念图(绘图) 6. 讲授如何将正例更改为反例(反之亦然)	1. 让学生识别哪些东西是概念的例子，哪些不是。 2. 询问为什么它是或不是概念的例子 3. 要求学生识别概念"一直有"、"有时有"或"从来没有"的属性 4. 要求学生提供例子和属性 5. 在整个信息传递过程中穿插问题 6. 向学生提问，但不要"训练"学生	如果学生做法正确： 1. 给出具体的反馈，告诉学生什么样的区别或信息是正确的 2. 定期质疑正确答案 3. 要求学生给出支持答案的证据 如果学生做法错误： 在早期课程中使用详细的纠正程序 1. 准确解释为什么某个响应是错误的 2. 注意并标记过度泛化的例子 3. 鼓励学生判断并改正自己的作业	1. 使用说明概念范围的活动 2. 让学生对题目进行分类 3. 让学生通过更改必要的属性将反例转换为正例 4. 学生是否对正例和反例进行"比较和对比" 5. 在早期的课程中使用清晰的正例和反例，在之后的课程中使用不明显的正例和反例
策略性知识	1. 命名策略 2. 使用解释和说明 3. 表现出对问题的认识 4. 写作业时放声思考 5. 表现出对替代策略的认识；展示自我监测和决策能力 6. 展示策略及其使用规则的局限性 7. 有必要的话做出示范	1. 要求学生讲出规则、步骤和程序 2. 问一些关于事情是如何完成的问题——不强调找到答案 3. 让学生预测省略或错误步骤的影响 4. 问："你要做的第一件事是什么？你下一步会怎么做？"	如果学生做法正确： 1. 说："很好，你做对了。"而不是"很好，你得出了正确的答案。" 2. 说："这是正确的——现在告诉我你是怎么得出的。" 如果学生做法错误： 1. 确保学生具备完成任务所需的技能 2. 要求学生认识并改正自己的错误 3. 重复该试题	1. 使用指导性练习(学生放声思考，教师提供反馈) 2. 让学生扮演教师的角色 3. 让学生找出遗漏的步骤 4. 不要强调得出答案或完成多少页 5. 让学生练习识别策略何时奏效或不奏效

不管是什么样的教学内容、方法或材料，都有一套公认的教学行为(惯例)可以对学生的学习产生重大影响。一个成功的惯例可以有许多特点，但在计划中必须始终考虑到四个关键属性，分别是一致性、形式、程序保真度和剂量因素。在接下来的讨论中，我们将介绍与这 4 个属性相关的各种教学程序。其他内容也可以在表 14.1 中找到。

一致性

一致性(Alignment)是指教学/测评、课程、教育环境和学习者需求的协调安排。首先要确立学习目标，使学生达到可接受的能力水平和独立性水平。这些目标代表了课程(即 ICEL 中的 C 成分)。当 ICEL 的所有组成部分与学生的需求(以及彼此之间的需求)相协调时，就建立了一致性。

形式

课程计划也可以有不同类型的形式，有时被称为教学惯例。这些形式可以看作是用来补充不同类别的内容或学习成果的模板。尽管所有的课程都应该包含某些组成部分(例如，信息传递、提问和活动)，但是这些组成部分的结构可以有所不同。教师在讲授概念性知识(如光合作用)时的提问方式应该与讲授事实性知识(如植物的某些部分)时的提问方式不同。同样，以提高流利度为目标的课程通常采用的教学惯例与以提高准确性为目标的课程不同。了解各种形式的模板可以让教师跨多个内容领域快速分析、评价或设计课程。

举一个例子：当制定了提高学生速度的目标(例如，在写作中快速写出单词或阅读时快速识别单词)时，可以使用流利度的形式或模板来组织课程。无论学生的学习内容或年龄如何，此类课程通常都会使用大量的训练和练习。此类课程的解释程度有限，而且纠错能力也很小(因为在达到合理的准确性之前，不应该培养学生的阅读流利度)。与此不同，准确性形式的课程将提供大量的解释和说明，以及即时而全面的纠正。围绕流利度模板设计的课程可能无法满足准确性不高的学生的需求，即使课程直接涵盖了学生需要学习的内容。准确性、流利度和泛化性结果由不同类型的课程形式补充。

如前所述，课程形式也可以与内容类别(事实性、概念性、策略性)保持一致。例如，在一堂关于学业必备技能的课上，如果 Dusty 不理解主要思想的概念，那么他可能在记笔记时会感到困难。概念是内容的一个类别(就像流利度是熟练程度的一个类别)。有一些特别的方法可以传授事实性、策略性和概念性的信息，这些都是相辅相成的。因此，一致性不仅限于内容。

有时学校心理学家需要检查教学，甚至需要就教学如何进行提供意见和/或建议。尽管期望学校心理学家了解课程的每个分支和所有教学技巧的细节是不合理的，但是每节课都会有目标，这些目标本身包含行为、条件和标准的说明。通过选择它们互补的教学形式，可以围绕这些说明来构建或调整课程。以下是基于共同目标组成部分的形式的简要概述：

- 内容通常分为事实性知识、策略性知识和/或概念性知识。
- 行为和/或展示通常分为说、写、做(识别、生成和/或泛化/应用)。
- 条件通常分为有无协助、相关或不相关、熟悉或不熟悉的情境。
- 熟练程度/标准通常分为准确性、流利度和/或泛化能力/应用能力。

这些都可以与教学程序和教师的行为联系起来。表 14.1 提供了多种形式的总结和比较，它可以用来指导课程分析和构建教学反馈。

积极参与是教学形式的另一个重要因素(Marks, 2000)。因为人们普遍认为学习者从积极使用信息中受益，所以"课程应该包括学生活动"这一点也被广泛接受。然而，关于这些活动的种类或定义存在相当大的混淆。但是，通过回忆一致性原则，我们可以很容易地消除这种混淆。

学习学业知识需要认知活动的参与，学习爬树需要肌肉活动的参与。尽管认知活动的必要性显而易见，但值得注意的是，许多教育工作者经常坚持让学生从事诸如裁剪、粘贴和画图等耗时的活动来学习学业知识。尽管这些活动和项目大多是有趣的，但如果它们取代或改变与内容一致的认知活动，则会适得其反。绘画等创造性活动因其自身的价值而在课程中占有重要地位；花在艺术上的时间应该用来提高艺术水平，而不是用于阅读、词汇、科学或其他不一致的学业内容领域。对于没有学习阅读的学生来说，时间是有限的，花在解释一个故事上的时间需要与学习内容联系起来，因为学习内容可能会被额外的解释、演示或快节奏的练习所遗漏（Hoadley，2003；Marzano et al.，2001）。

对于学业学习，"主动"响应、参与和/或实践是认知参与的结果。例如，当一个学生在阅读课上指着字母 E 时，我们不一定要用"指得好"来表扬他（虽然这种事情经常会发生），教师可以说"是的，你已经学会了哪个字母是 E"，这种话语更直接地表达了指向活动所要进行的思维过程（即认知，Walsh & Sattes，2005）。

与其他活动相比，某些活动（例如引导学生倾听、跟随或反思）更容易导致认知不活跃。教师说"我希望你在听到'树蛙'时举手"比较好，因为这个行为（即举手）可以验证期望的认知。相反，如果教师说"请注意青蛙的所有种类"可能根本不会引起学生任何形式的参与。

人们建议通过提问来提高主动参与度（Harrop & Swinson，2003；Walsh & Sattes，2005）。例如，通常情况下教师最好说："现在我要请某个同学告诉我为什么迪拜是中东的商业中心。然后，我将请其他人告诉我该答案是否正确。"这样的惯例能够使所有学生都思考问题，而不仅仅是被点名的学生。另一种方法是在提问后停顿一下，让所有学生思考一会儿，然后再要求某个学生给出回答。

程序保真度

研究已经确定了在呈现信息、解释、提问、纠正错误、提供反馈和管理常见课堂任务方面的有效和无效的程序。这些程序通常在特定的教学程序或系列材料中被指定使用。其他的程序通常与有效教学联系在一起（Subotnik & Walberg，2006；Vaughn & Fuchs，2003）。几乎所有在典型课堂中出现过的程序都被研究过。显然，我们应该使用那些有经验支持的教学惯例和程序，但这样做意味着它们的应用已经通过验证。使用经过验证的程序是不够的，还需要以保真度实现（Lane et al.，2004；有关这个问题的更深入的讨论，另请参见 Noell，本书第 30 章）。

剂量因素

与程序保真度有关的概念是足够的剂量因素，它在教学中的含义与在药学中的含义相同，在这里我们称之为教学量。如果一项干预措施完全按照其应有的方式进行，但数量不相同（例如，仅为所需时间的一半），则可能无法获得理想的学习速度。除了显而易见的结论——正确的教学量是有效学习所需的量以外，很少有关于设定最佳教学量的指南。时间是教学的一个重要因素（Gettinger，1984），但不是唯一的因素。如果学生需要花一半的时间来讲解一个题目，那么尽管将数学课的时间从每周 30 分钟增加到 60 分钟，实际上也只增加 15 分钟而已。教育工作者必须监测学生的进步以微调教学量（或干预措施的任何其他组成部分）。

课程在 ICEL 中的作用

当我们说一个学生"落后"时，我们的意思是"落后于课程进度"。在基于课程和问题解决的模型中，学生在特定任务上表现不佳的最可能原因是缺少先验/背景知识。由于这些先验知识存在于较低层次的课程中，评估者和教师需要熟悉课程，并找出正确教学水平所需的相关措施。在解决学习问题的过程中，传授和/或评估学科领域的知识是一个非常重要的考虑因素（Nelson & Machek，2007）。然而，课程的维度比大多数教育工作者意识到的要多。

如前所述，教学是指授课的方式，课程是指讲授的内容。课程通常分为产生一系列目标的学科领域。目标是特定的学习结果，包括：（1）内容陈述，具体说明要讲授的内容；（2）行为，规定学生必须做什么（即做什么、写什么或说什么）来展示对内容的理解；（3）条件，具体说明学生将在什么样的环境下完成任务（例如，作业期间、有无帮助）；（4）标准，规定了表现的质量（即预期的准确性、流利度或质量）。例如，"在历史考试期间（条件），Emily 将以 100% 的准确率（标准）写出（行为）问题的答案（内容）。"

目标通常是涵盖大部分课程内容的一般性陈述，但行为/表现目标的操作性定义是学生在教学结束时能够表现的行为。明确定义的目标对于有针对性的评估和直接明确的教学是必要的。尽管教师会按照目标进行教学，但他们是通过引导学生的思维过程和知识积累来进行教学的，而不是通过呈现原理或特定的行为来给知识下一个操作性定义。在与目标相关的措施下的表现改善被认为是知识和思维过程变化的必要指标(因为知识和思维过程本身是隐蔽的)。

在任何学科领域(例如乘法、标点符号用法),相同的内容可能包括不同类型的知识。多年来,人们提出了各种理论和分类法来构建和细分知识。这些分类系统背后的思想是,信息能够以有益于教学的方式进行分类和排序(通常不考虑与目标相关的行为-标准-条件成分)。其中,Bloom 的结果分类法是教师最熟悉的,尽管它不一定是最实用的(Anderson & Krathwohl, 2001)。

在某些情况下,用于分类和组织课程细分的模板可以帮助指导我们的计划和决策。例如,一个简单的"知道并应用"序列对于计划和评估大多数早期阶段的学习结果是有用的,因为它迫使学生思考知识及其应用。例如,"Jim 知道如何在历史考试中以 100% 准确率写出问题的答案",紧接着是"Jim 将在历史考试中以 100% 准确率应用与问题相关的知识"。另一种常见的分类形式是事实、概念和策略(有时也被称为知识、理解和做法)。例如:"Jenny Mae 将展示完成乘法问题所需的事实性知识",紧随其后的是"Jenny Mae 将展示完成乘法问题所需概念性知识",接着是"Jenny Mae 将展示完成乘法问题所应用的策略性知识。"

统一课程与教学

以学生准确性为目标的教学不同于以流利度和应用为目标的教学。同样,讲授事实、概念和策略的方法也不尽相同。即使在相同的内容中,教学和评估方法也经常需要根据对事实、概念或策略(以及准确性、流利度或应用)的强调进行调整或统一。一致性要求教师将教学和评估的条件与目标相匹配。一旦完成了匹配,就可以使用标准的评估形式和教学惯例,使课程计划既高效又全面。图 14.1 给出了一些用于讲授事实、概念和策略以提高准确性、流利度和泛化/维持的教学惯例。对此图进行回顾,可以使读者对各种教学形式之间的差异有所了解。该图还可以提供有关讲授特定类型的内容或达到特定结果所需的干预属性的快速信息源。这些信息可确保教学与预期结果的统一。

读者应该意识到,表 14.1 呈现的技巧和术语并不是在教学水平、范式和内容中统一定义的。此外,教师在使用它们的方法上也会有所不同。因此,对于学校心理学家来说,与教师讨论这些信息是一个好主意。在假设一项建议会被如预期采用之前,学校心理学家应该经常问这些问题:(1)教师能否区分是否正确地使用了技巧?(2)教师能否正确解释如何使用这项技巧?(3)教师能否正确演示如何使用该技术?

教育环境在 ICEL 中的作用

与教育环境相关的最重要的事情就是记住"教育"这个词。在不降低课堂外部环境重要性的情况下,教育工作者有时需要被提醒的是,课堂外发生的事情在很大程度上是不可改变的("不可改变"一词在前面已经有了定义),并且不受课堂教学和学习的交互作用的影响。教育环境中一些最重要的可改变的变量是:教育工作者的知识储备、技术熟练度;清晰的目标和教学计划;对所有学生进行常规基准监测;有效和密集的时间利用(可用时间、分配时间、参与时间和学业时间);提供一致且高质量(即经验支持)的教学材料;对有学习问题的学生进行持续的基于课程的进度监测,同时进行基于数据的决策;适当而灵活的分组选择(Johnson, 2002; Williams et al., 2005; Walqui, 2000)。

由于在寻找问题的原因时,学生通常是第一个被考虑的,所以学生/学习者这一因素刻意被放在 ICEL 讨论的最后。此外,对学生变量的关注经常导致教育工作者忽略有用的信息。将学习问题归因于不可改变的、非课程的学生或环境特征会使我们无法对学生的学习问题做出更清晰的解释。

学生没有学习或表现出某项技能的最直接和可能的原因是他不知道如何去做(学生缺乏表现和/或学习所需的先验背景知识; Marzano, 2004)。教育工作者通过教学向学生提供必要的先验背景知识。因此,当学生未能完成课程目标时,第一步应该是确定他是否缺少先决条件(背景)技能。请思考下面的例子:

- 问:"为什么 Dustin 不会读 e 不发音的单词?"

- 答："他从来没有学过 e 不发音的规则。"
- 问："为什么 Claire 不会做多位数加法的题目？"
- 答："她还没有掌握加法口诀。"

俗话说："有时最好的前进是后退一步。"通过大幅提高学生在未来的学习速度和学习质量，可以弥补花费在传授缺失的背景知识上的时间（Howell et al.，2004）。

传授学习策略并促进其在课堂上的应用

学生在学校里学到的不仅仅是学科知识，大多数学生还学会了如何进行学习。而且，一旦掌握了这些知识，他们学习其他学科的速度就会更快。这些技能被称为学业策略、学习策略、与任务相关的技能、学业促进因素以及学习和应试策略。它们属于隐性知识的范畴，代表了我们常认为的学生的技术诀窍或学业上的"明察秋毫"（Sternberg & Hedlund，2002）。有时这些学习策略被明确地传授给学生，但是仍有许多教育工作者和学生不熟悉有效研究和学习的内容。在这一内容及其教学的背景下，学习问题的概念改变了它的定义。它从一个信息加工问题转变成了一个课程和教学问题，在这样做的过程中，帮助解决了这些疑问，即"教育能给心理学带来什么？心理学能为教育提供什么？"（Mayer，2001）。

学习策略的传授通常是为了促进自适应注意、记忆和动机的应用，以及在研究和学业中的应用。许多学习策略是针对特定内容的（即它们的应用仅限于特定的任务），而其他策略的效用则更为"普遍"（Ericsson，2006）。例如，Bhattacharya（2006）通过讲授使用基于音节的形态信息来理解科学术语的策略，记录了学习该科学内容的积极成果。这一发现与其他研究的结论一致，表明类似的策略可以对高年级学生在内容领域的学习产生显著的积极影响（Mayer，2001；Pashler et al.，2007；Reed，2008）。然而，过去的经验表明，在讨论学习策略的评估或教学时，既要明确也要谨慎。学校心理学和特殊教育都有过尝试测评和传授各种假设的认知和知觉过程的失败经历（Arter & Jenkins，1979；Fletcher et al.，2004；Torgesen，2002）。

策略性知识与事实性知识不同，它不是关于答案的知识，而是关于如何得出答案的知识。策略性知识的重点是完成任务的过程，而不是完成任务本身。例如，由于完成计算的方法有正确和不正确的两种，所以专注于策略的教师应该关注学生如何计算 20+25＝45，而不仅仅关注学生得出正确答案的事实（正确的答案可能是从另一名学生的试卷上抄过来的，这是一种常见的不适应策略）。通常情况下，正确地完成同一件事可能有不止一种策略。例如，当在教学生重新排列数字以便在减法中借位（即重组运算）时，可以教给学生这样一条规则："当没有足够的数做减法时，允许借位。"教师也可以传授替代性的方案，即任务监测策略（称为"BBB"策略）："当大的数字是减数时，我们可以借位"（Stein et al.，2006）。

有许多学业策略可以应用于不同的内容领域（例如，阅读、数学、社会技能）。成功的学习者经常使用它们，然而，并不是所有的学生都能简单地掌握正确的用法。遗憾的是，目前还没有一套达成一致的学业学习技能来构成学业策略的"公认课程"。这意味着在学校和地区间流动的学生可能落后于其他学生（即需要额外教学），可能需要纠正（即现有技能是拼凑的），也可能领先于其他学生，这取决于他们接受的学校的教学内容和他们所就读学校的期望。

学业策略并没有统一的标准，因为无论课程好坏都会传授这些策略。尽管几乎每个学生都会得到一些关于学习和应试的建议，但有些学生学到了获取、处理和呈现知识的非常具体的方法，而另一些学生则没有学习到。在传授这些技巧的学校里，学生被期望在以后的所有课程中使用这些技巧（DiPerna et al.，2005）。这种教学的一部分通常包括教导学生停止使用错误的策略。这可能很困难，因为即使一个错误的策略不起作用，学生每次使用都是一次练习。（学生可以练习错误的策略，也可以练习正确的策略，以达到高水平的"熟练程度"。）策略教学的另一个重要目标是教会学生何时使用或不使用特定的策略（Hamman et al.，2000）。

学生在以下情况下无法正确使用策略：(1)不了解策略；(2)不知道何时使用该策略；(3)无法辨别正在使用的策略何时不起作用；(4)更喜欢其他策略。本章的所有读者都应该将阅读任务和自我监控的策略结合使用，对于缺少任务的先验知识的学生来说，运用这些策略显然是困难的(Hamman et al.，2000)。

在没有预先确定课程的情况下，可以考虑前面列出的四个问题，看看哪些问题适用于关注的某个学生的任务，然后可以将这些问题转化为目标。

策略教学

在策略获取过程中，提供指导性和独立性的练习是很重要的。由于许多学业策略是认知层面的并且具有隐蔽性，所以这些范式通常需要通过言语中介或自我对话来提供(Baker et al.，2002；Hamman et al.，2000；Wolgemuth et al.，2008)。这种练习还应包括识别错误的示例，因为这是自我纠正的先决条件(Kirschner et al.，2006)。提高教学效用的一种方法是要求或建议教师提出以下四个问题(例如如何在课堂上教学生寻求帮助，而不是打断报告)。我们的目标是仔细规划课程以便在课程结束后，学生对每个问题都能回答"是"：

1.学生是否知道寻求帮助的适当步骤？

2.学生能否说出什么时候适合提问？

3.在询问学生他是否犯错时，学生能否发现错误？

4.学生是否觉得提问比打断更可取？

此外，教育工作者通常需要在不同的情境下进行教学，以确保学生将学习策略泛化到多种环境中。这种情况在高年级学生中越来越普遍(可能还需要在一天中给学生提供多次练习的机会)。最后，随着学生通过练习和熟练程度的提高走向独立成功时，最终需要的支持和指导就会减少。当应用了错误策略而导致出错时，请记住，替代策略始终是在解决相同问题和完成相同任务上更有效的方法，如果期望学生在不同时间和不同环境中使用这种策略，这一点尤其重要。

注意

"注意"这一节说明了普遍存在的技能和能力的混淆。首先，尽管原因、症状和分类存在普遍争议，但"注意缺陷"一词在某种意义上是最不妥当的表达。前文的描述表明了，注意是一种能够激发固定能力思维的能力。对许多人来说，注意已经被认为是一种可以以某种方式损耗的物质(例如，"我的大多数儿童都有 8 磅的注意，但可怜的 Cheryl 只有 4 磅的注意！")

对有注意困难的学生的干预和/或调节大致分为三类：精神药理学方法、行为学方法和教学方法。基于课堂的方法强调行为和教学干预措施(Harlacher et al.，2006)。然而，推荐的教学干预措施(例如，同伴辅导、小规模团体教学、简短的课程和计算机的使用)通常是因为它们在减少活动和课堂破坏方面的有效性，而不是因为它们在提高学习效率方面的有效性(尽管同伴辅导非常有效)。每一位读者都很可能意识到，谁也不能保证在安静的课堂上不活跃的学生会注意或学习。许多干预措施的价值主要在于提供教学机会，而不是为了提高注意力或提高警觉性。如果教师不知道如何使用好的教学技巧使学生将精力集中于课程和任务的关键部分，那么他们会对注意干预措施感到失望。专心致志的非学习者不会长时间保持注意。

旨在传授注意技能的课程可能侧重自我监测、自我评估、提高任务毅力和选择性注意的适应性策略。选择性注意尤为重要。在教学过程中，注意力有两个相关的组成部分：唤醒和集中。尽管有一种倾向认为是过度唤醒造成了学生的"注意问题"，但在教学过程中，思考并引导学生的注意集中或注意选择可能更有成效(尽管出于注意缺陷与多动的联系，唤醒受到了更多的关注)。选择性注意是指将注意分配并维持在核心/关键信息(而非无关/非关键信息)上。注意的教学方法既可以讲授特定内容的技能，也可以针对更通用的注意技能。

通用的学业注意策略是那些可以应用于各种学业任务和/或环境中的策略。例如，教学生如何识别、选择并且划出文本中的关键术语被认为是通用策略，因为划线策略并不局限于社会研究或科学文献领域(同样，通过跨背景和跨情境的训练，可以促进任何策略的泛化(Deshler & Swanson，2003))。但除此之外，Gettinger 和 Seibert(2002)建议在教导学生时应告诉他们可以修改和定制策略，以满足他们自己的需求。

获得并引导注意

教师可以有效地获得学生的注意，并使用几种技巧中的任何一种来引导学生的注意。这在技能习得的早期尤其重要。这里有三种方法可以让教师一开始就获得或重新引导学生的注意：(1)使用新颖、变化和令人意外的刺激；(2)相反，使用统一的讲课惯例、信号和视觉效果来减少讲课中的不确定性(允许学生专注于课程内容，而不是教学方式)；(3)为学生的日常使用物品给予一致的命名。

当教师引导注意时，他需要将学生的注意转移到特定任务或概念的关键信息上。一个引导注意的错误示例是这样的：教师举起一个正方形说"这是一个正方形"，然后举起一个三角形说，"这是一个三角形"。一个正确引导注意的示例是这样的：教师举起一个正方形和一个三角形，并说："这是一个正方形，注意正方形有四个角。我指着角的时候，请同学们跟着数"。在这个任务中，关键的信息是一个形状包含的边和角的数量。第二个示例中的教师通过引导学生注意重要信息，在说明正方形属性的同时，又示范了如何选择和关注适当刺激。此外，教师还对比了正方形和三角形来说明什么不是正方形。这是至关重要的。不能只教什么是什么，而不教什么不是什么。教师不可能只教学生关注什么，而不教学生不关注什么。

以下是教师可以引导学生注意的一些其他方法：(1)要求学生标记或指出一项任务的相关属性(除非符合学生能力，否则不要使用相关术语属性)；(2)通过细化修改相关的属性(例如，添加颜色或大小)；(3)只在初始教学需要的时候这样做；(4)随着学生技能的提高而减少增加的内容；(5)在学生开始写作业(或犯错误)之前，通过提问任务的关键方面来进行预先纠正。

最后一种技巧，即使用预先纠正，也可以通过使用引导性问题来完成。引导性问题用于引导学生完成任务。例如，"一会儿我将向你展示一些形状。我希望你将它们分开并命名。你能告诉我一种你用来找到答案的条件吗？"如果学生说"这个条件是他们有多少面"，教师会说："你已经记住了一种辨别形状的方法。你能再说一个寻找答案的条件吗？"然后教师会展示这些形状，让学生完成任务。图14.1 提供了用于提高注意和传授自适应注意技能的其他方法。

存储和回忆

记忆包括信息的存储和回忆。成功完成记忆任务的学生会找到将新信息与现有知识联系起来的方法。与注意力一样，记忆包括一系列积极技能，教育工作者可以通过教学来提高这些技能(Wolgemuth et al.，2008)。与注意力一样，监测对于记忆策略的成功使用非常重要。在存储和检索信息方面不成功的学生通常对他们能或不能存储和检索信息抱有消极的想法。这是理解任务难度的一部分。在学生能够监测任务需求和他们自己的注意和记忆技能之前，他们没有任何根据来判断哪些事情需要或不需要使用他们所学的记忆方法。

对于无法回忆和存储信息还有另一种解释，尽管这一点显而易见，但始终需要强调。如果学生不理解信息，很可能不会记住信息。从根本上说，有效的教学是最基本的记忆辅助手段。

促进存储

鉴于将先前经验和新的信息结合起来是学习的核心，以这个交叉点为中心的活动尤其有用。例如，存储信息的策略包括主动预习和复习。在新材料呈现之前，预习活动唤起学生的背景知识，这为处理新信息提供了基础。复习使得学习者重新构建和形成现有信息。因此，这两种活动的教学策略可以帮助将现有知识和未来知识以及有组织的存储相结合(Marzano，2004；Schunk，2008)。在实践中，这可能需要教师在过渡课堂上复习以前的学习内容并预习或介绍新课程的目标。这种做法还可以突出关键概念，同时提醒学生当前课程中应该记住的部分内容。

为了使得预习和复习之间的联系更加紧密，教师也可以给课程设定一个学习目标："到本课程结束时，你将会知道……"然后通过提问来复习："现在，你记住了什么？"在这种情况下使用的一致的预习和复习提问可以在之后转化为一致的问题和/或练习的内容（例如，"今天我们学到了__"）。

促进回忆

创建有意义的组织结构或顺序来呈现内容对于回忆很重要。在教学过程中教导学生这些步骤同时让他们在实际中进行练习，可以帮助他们详细了解而不是死记硬背这些练习套路。此外，在教学过程中给予学生多种积极响应的机会可以提高回忆的能力。

传授记忆技巧

教师可以提供各种策略的教学，以促进存储和回忆的有效使用。这些策略包括：（1）离散信息和事实信息的记忆技巧（Wolgemuth et al.，2008）；（2）做笔记和其他复杂的复述程序；（3）信息组织程序；（4）总结方法，例如围绕关键概念的结构做注释。

有效率的教师在讲授材料的同时会教学生如何记住材料（"你还记得'BBB 策略'的用途和意义吗？"）。一位效率低下的教师可能根本无法提供记忆信息的策略，也没有提供关于课程的逻辑顺序或结构，和/或讲授那些学生还不具备学习的先决条件的目标（所有会导致信息被遗忘的既定教学程序）。

动机和毅力

有动机的学生在面对困难任务（以及其他任何形式的困难）时能坚持不懈。那些被认为没有动机的学生则不然（Blackwell et al.，2007）。对这些差异的普遍解释可以在对内隐智力理论的研究中找到（Dweck，2006）。有较少成功经验的学生将自己描述为无助的，并将他们失败的结果归因于不可改变的和/或外部原因，如愚蠢、任务困难、运气差、教师不好，甚至是糟糕的日子。对于一个有这种无助的解释的学生来说，面对感知到的困难选择放弃是完全合理的。不同的是，对于那些把失败和成就看作是可以控制的因素的学生来说（比如他们自己的努力和学习质量），困难就成为了学习时间更长、更好的标志（Dweck，2006，2007）。有趣的是，对成功的非适应性归因（例如，"我得了 A，因为我很聪明"）和对失败的非适应性归因（例如，"我得了 F，因为我很笨"）一样对动机产生不利的影响。因此，表扬努力和表现的改善（即进步）比表扬才华、智慧甚至超常表现更重要。表 14.2 是一些归因的示例。

表 14.2　归因示例

事件	学生的解释	归因类型
任务失败	"我太愚蠢了以至于我无法做到"	• 非适应性归因：归因于不可改变的因素（内部能力）。 • 应纠正为：内部努力。
任务失败	"考试的内容太难了"	• 非适应性归因：归因于不可改变的因素（外部任务难度）。 • 应纠正为：内部努力。
任务失败	"我没有很好地研究材料"	• 适应性归因：内部努力（缺乏努力）归因（可改变的因素）。
任务完成	"我很聪明"	• 非适应性归因：归因于不可改变的因素（内部能力）。 • 应纠正为：内部努力。
任务完成	"为了取得好成绩我真的非常努力"	• 适应性归因：内部努力（可改变的因素）。 • 应表扬：努力和进步。

总结

总之，本章是对在教学范式中(而不是以学生为中心的混合/障碍模型)理解学习问题的概述。在这一讨论中有人提出，对学习问题的理解是属于心理学范畴的；它只是基于学习和教学的基础和研究，而不是障碍和机能不全。

本章大部分的篇幅都在讨论通用的教学惯例和不同类别的授课内容。当我们假设授课教师在这些领域做了充分的准备时，我们的重点不在内容上，而是尝试为各种教学操作和目标提供惯例。此外，我们在技能库中提出了改善注意、记忆和动机的推荐方法，这些方法直接受到教学的影响。因为它们涉及所有的内容领域，所以这些方法也被视为提高学生普遍学习水平的关键领域。

提高学生的学习速度(我们的首要任务)主要是通过提高学生的先验知识和教师的教学行为来实现的。作为专业人士，我们鼓励学校心理学家专注于教师的行为，以最大限度地提高学生对关键内容和学业策略知识的学习。通过为学生提供学习通用策略的机会，教育工作者可以通过课程增强学生的能力并加快他们在课程中的进步。当然，我们的目标是让他们掌握必要的技能，以获得与同班同学一样程度的成功。

第 15 章

促进社会能力和心理弹性的前瞻性策略

Kenneth W. Merrell

Verity H. Levitt

Barbara A. Gueldner

当前，为有行为、社会和情感问题的儿童和青少年提供有效支持的需求非常强烈。造成这些需求增加的原因是多方面的，包括家庭结构的变化，在贫困家庭中出生和成长的儿童比例的增加，有关儿童养育方式的文化习俗的转变和适当行为的发展，对教育工作者提出的多样且复杂的要求，以及有时媒体和大众文化对儿童和青少年带来的不利影响（e. g. , Children's Defense Fund, 1997; Garbarino, 1995; Ringeisen et al. , 2003）。简言之，由于这些多样且复杂的风险因素，美国学校中的许多学生尚未发展出足够的社会能力，而且许多学生心理弹性较差，无法有效应对他们在成长初期可能会遇到的困难。

由于本章的重点是在学校环境中提高学生的社会能力和社会-情绪的心理弹性，因此有必要确定一下这些概念的基本定义，至少在本文中我们会提及。社会能力（social competence）是一个非常广泛的概念，它既包括社会技能和同伴关系，也包括其他人对于个体社会化的概括性判断（有关该主题的更详细的探讨，请参见 Merrell & Gimpel, 1998; Merrell, 2008a）。社会能力被定义为一个由多种行为和认知特征以及情绪调节的各个方面组成的复杂的、多维的结构，它对于发展适当的社会关系和获得理想的社会结果是有用且必要的。另一方面，心理弹性（resilience）是指个体积极适应重大逆境的过程（至少在应用于人类的社会-情绪行为时）。在定义心理弹性时，Luthar（2000）强调它包括两个关键条件：遇到重大威胁或逆境，以及"尽管这些威胁和逆境对个体的发展过程造成了很大的影响"但仍实现了积极适应（第543页）。在本章中，我们把社会-情绪心理弹性定义为一种"反弹"和有效应对各种困难的能力，这些困难如果没能得到有效解决就可能导致严重的社会和情绪问题，例如抑郁、焦虑、社会退缩和同伴问题。

和其他章节一样，本章聚焦于能够解决学校心理学家及其同行所面临的日常问题的可行方案，这些方案与本书所倡导的以问题解决为取向的观念一致。本章的另一个重点是，通过使用知名度越来越高的三层模型来制定和实施针对各种成就和行为问题的干预措施，从而为学校心理学家提供与社会能力和心理弹性相关的前瞻性或预防性策略。源自公共卫生领域的三层模型（也称为"三角支持"）的详细的基本信息在许多来源都可以查到，包括美国教育部的积极行为干预与支持中心的网站（www. pbis. org）。因为本书第1章和第2章已经对预防的三层模型进行了详细的介绍，所以我们在本章不过多叙述。想要将本章中有关社会和情绪性学习的内容与三层预防模型更好地结合的读者，请回顾第1章和第2章，并参考 Merrell 和 Buchanan 在 2006 年发表的文章。

除了制定积极行为支持的预防框架外，研究者还开发了各种策略、技术和干预措施，帮助教育工作者和心理健康专业人员提高儿童和青少年的社会能力和心理弹性。除了有效的行为管理以及使用个体咨询和团体咨询等一般策略外，以前的一些研究工作也直接指向我们感兴趣的概念。例如，在过去的至少三十年中，社会技能训练(social skills training)一直是学校社会-情绪干预的主要内容，通常效果不一。虽然只用这个方法还远远不够，但我们认为，结构化的社会技能训练是提高学校环境中学生社会能力的必要工具。有大量的社会技能训练程序包可用于学校的通识教育和特殊教育环境。这些程序在内容和方法上大同小异，因此我们不会论述或比较此领域中特定的程序包，而是对这类干预的一般性特征进行点评。

在先前的撰写工作中，本书的两位作者(G.G.P.，K.W.M.)已经对概念化、评估和治疗社会技能缺陷所必备的特征做了基本的总结和指导(Merrell & Gimpel，1998)，并详细介绍了关于社会技能训练中有效教学基本原理的"综合"模型。这些基本原理涵盖了在各种程序包中最常见的社会技能训练的组成部分，这些部分有理论支持，并且与研究有效教学和行为改变原理的文献一致。表15.1指出了有效的社会技能教学的八个核心特征，并提供了如何在实践中实施基本步骤的详细信息。

表15.1　社会技能训练中有效教学原理的综合模型

模型	内容
介绍与定义问题	·团队负责人介绍问题情况，协助参与者定义问题·团队负责人协助参与者制定替代方案并解决问题
确定解决方案	·团队负责人向参与者具体说明期望的社交行为 ·团队负责人协助参与者识别社交技能的组成成分
示范	·团队负责人向参与者示范期望的社交行为 ·团队负责人既要示范认知/言语预演成分，也要示范行为实施成分
预演和角色扮演	·口头指导参与者完成期望的社交行为的步骤 ·要求参与者在现实中或在相关的角色扮演情境中表现出期望的社交行为
表现反馈	·当参与者能够在角色扮演情境中正确表现出期望的社交行为时给予强化 ·当参与者未能在角色扮演情境中表现出期望的社交行为时，要提供纠正性反馈和额外的示范·如果提供了纠正性反馈，参与者将有额外的机会进行预演和角色扮演，直到正确实施期望的社交行为
消除问题行为	·通过强化和/或还原程序，消除干扰社交技能获得和表现的问题行为
自我指导和自我评估	·要求参与者在训练期间"有声思考"，由团队负责人进行示范 ·修改反映歪曲的思维或信念系统的自我陈述 ·训练阶段从公开指导和评估逐渐转变为自我指导和评估
泛化训练和维持训练	·在整个训练过程中，情境、行为和角色扮演者都要尽可能贴近真实的社交环境 ·布置适当的家庭作业·任课教师和家长需监督学生的家庭作业、鼓励其进行技能练习并提供反馈

尽管有许多研究证明，传统的结构化社会技能训练能够产生微小但通常有意义的短期效果(e.g.，Kavale & Forness，1995；Maag，2005)，但这些干预措施常因其训练情境与现实世界脱节而被诟病，在这种情况下，技能的使用必须以日常生活为基础。对社会技能训练研究的全面回顾，例如由Gresham和同事进行的研究(e.g.，Gresham，1997；Gresham et al.，2004)证实了这样一种观念，即在学校进行的社会技能训练的常规练习，可能会产生短期的效果，但该类措施仍有很大的进步空间。Gresham指出，这些干预措施往往缺乏社会效度，或者教师和学生对社会技能训练计划的重视程度不够。我们观察到，许多出于好意的社会技能训练计划在教儿童如何应对充满挑战的社交环境方面缺乏真实性或

"街头信誉"①。比如，教一个不善交际、容易焦虑的儿童用熟悉的陈词滥调来回应同龄人的嘲笑："请不要再取笑我了，我不喜欢你这样做！"这一做法几乎不能阻止同伴的骚扰，甚至可能导致同伴进一步排斥和疏远他。这样的回应方式根本不符合大多数儿童在现实世界中彼此交谈的方式，它听起来更像是一个好心却又与社会脱节的成年人写出的剧本。正是由于存在诸如此类的问题，许多社会技能训练工作的积极方面有时会被社会效度、维持性和泛化性等相关问题所抵消（关于此问题的更多相关讨论，请参阅 Merrell, 2008b; Merrell & Gimpel, 1998）。

现在，人们普遍认为，提高社会能力和心理弹性的最有效的干预措施，应该具备以下特点：（1）计划周密；（2）协调；（3）具有跨情境的清晰性；（4）在有足够的训练和管理支持的情况下进行；（5）能对问题领域产生效果，且持续时间较长；（6）以研究为基础；（7）包括对进度和结果的评估数据（Elias et al., 2003; Greenburg et al., 2001）。对存在严重的社会能力和心理弹性缺陷的儿童实施干预时，还需要补充一点：如果可能的话，多成分或多系统的干预是最理想的。此外，不管使用何种干预措施来提高目标能力，这种措施都应具备社会效度、易于使用和维持且成本合理，成本太高会使人们只能使用有外部资金支持的干预措施（Merrell & Buchanan, 2006）。

接下来，我们将讨论在支持的三个级别（层面）上，可用于提高社会能力和心理弹性的一些有效策略：初级（普遍）策略；二级（针对性）策略；三级（个性化）策略。考虑到本章的篇幅，我们没有试图在这些层级上讨论所有可能的干预措施。相反，我们选择了一些读者能发现其说明性和有效性的干预的示例（如果你想了解有关提高社会能力和心理弹性的干预措施的更全面的讨论，可以参考更多的关于该主题的论述，例如 Forness et al., 1997; Maag, 2004; Merrell & Gimpel, 1998; & O'Neill et al., 1997）。在本章的最后，我们讨论了如何在学校环境中发展真正的连续服务或串联工作，以及如何努力构建能够切实可行地实施三层模型的系统。

初级（普遍）策略

如果没有系统的、协调的预防措施，学校通常会实施短期的、碎片化的计划，这既不能满足学生的需求，也无法在多种情境下，创建鼓励和支持学生学习的环境（Greenberg, et al., 2003; Payton et al., 2000; Zins et al., 2004）。社会和行为支持的综合模型是从面向全校学生的主要或普遍预防策略开始的。普遍预防策略的目标是在全校和全班范围内改善学生的健康，提高心理弹性，这样，学生就不太可能面临学习或社会行为问题的风险（Walker et al., 1996）。普遍预防工作的前瞻性使得学校可以通过减少需要进一步的社会和行为支持的学生数量来最大限度地利用资源。

促进青少年社会行为能力的普遍策略的关键特征同时包括预防问题行为和传授亲社会技能，以提高其心理弹性。为了防止儿童发展出问题行为，学校范围内的预防性干预措施应侧重提高儿童的社会技能和行为技能，同时改善学校氛围，创造有利于学习和积极成长的环境。普遍预防计划的实施工作包括在学校和班级范围内始终使用基于研究的有效实践、持续监测这些实践和干预效果，进行教职工培训以及专业性发展。

在制定普遍预防计划时，应以学校中影响学生成功的风险因素和保护因素作为指导。根据 Hawkins、Catalano 和 Miller（1992）的研究，与学校相关的几种风险因素和保护因素会严重影响学生的整体成功和健康发展。研究结果表明，可以预示未来问题行为的关键风险因素包括早期和持续的反社会行为、小学学业失败以及对学校缺乏依恋。与之相反，有许多与学校相关的保护因素，例如鼓励和发展亲社会技能，可以防止学生出现学业失败、反社会行为和心理健康问题。通过结合学校内的降低学生风险与提高学生技能的相关工作，普遍干预策略可能会对防止学生发展出学业、社会和情感问题产生显著影响。

① 译者注：街头信誉，指因与城市年轻人具有相同的风尚、兴趣、文化、观点等而易被其接受的特质。

社会情感学习

社会情感学习(social and emotional learning, SEL)是一个概括性术语，通常在普遍预防计划中使用，该课程整合了学生的学业、行为和情感技能领域的发展，并提供了提高社会能力和心理弹性的全面框架。根据美国学术、社会和情感学习联合组织(the Collaborative for Academic, Social, and Emotional Learning, CASEL：2007)的定义：SEL致力于为所有学生创造安全的、管理良好的、积极的学习环境，并在五个领域内提供社会能力指导。表15.2中列出了SEL中五个以人为中心的社会能力。这些核心SEL能力包括认知、情感和行为技能，这些技能对于在多种情境下促进积极行为至关重要。

表15.2　社交情感学习中的五种核心能力

能力领域	定义及示例
自我意识	准确评估自己的感觉、兴趣、价值观和优势；保持自信
自我管理	调节情绪以处理压力，控制冲动，坚持克服障碍；设定目标；恰当地表达情绪
社会意识	能够同情他人并从他人的角度看待问题；能够意识到并且欣赏个体和团体之间的相似性和差异性
人际关系技能	建立并维持健康、有益的人际关系；预防、管理和解决人际冲突；在需要时寻求帮助
负责任的决策	在考虑到安全问题、适当的社会规范、尊重他人以及各种行为可能产生的后果的基础上做出决策；将决策技能应用于学业和社会情境中

在积极的教育环境中整合系统的社会和情感教学，能够为学生提供一个基础，这样即使他们在面临环境和人际交往的困境时，也可以从中成功地发展社会能力并提高学业成绩。有大量证据表明SEL与学生学业水平和社会成就水平的提高相关。许多研究表明，循证的SEL课程将安全的、管理良好的学习环境与社会能力课堂教学相结合，提高了学生对学校的依恋程度，并减少了他们的高风险行为(Zins et al., 2003；Greenberg et al., 2004；Hawkins et al., 2004)。此外，Zins等人(2003)发现，具备社会和情绪能力的学生比不具备相同技能的学生的学习成绩更高。

旨在明确地传授SEL技能并加强这些技能在不同环境中的应用的通用SEL课程更有可能带来长期的成效(Greenberg et al., 2003)。优质的SEL课程的几个后续关键要素可增强儿童和青少年获得的长期改善。课程应具有清晰的设计，包括基于研究的有效教学策略原则以及统一的课程表，确保课程可行且易于实施。为了提高课程对所有学生的有效性，这些课程应持续进行多年、跨越学生多个发展阶段，并应从小学低年级就开始实施(Greenberg et al., 2003)。将SEL课程中"以环境为中心"的成分与"以人为中心"的成分相结合可以提高学生的亲社会技能，并为学生的积极成长提供健康安全的环境。为了确保高质量的SEL预防性课程能够满足所有学生的需要，考虑相应的文化适应是至关重要的。最后，使用一个基于数据的决策制定框架(包括筛查和监测学生的学习进度)对于确定每个学生的需要，并确保每个学生获得合适数量和强度的SEL干预是至关重要的(Lopez & Salovey, 2004；Greenberg et al., 2003；Greenberg et al., 2001；Payton et al., 2000)。

强健儿童课程

强健儿童课程(Strong Kids Curricula)，是一个融合了基于研究的高质量课程所包含的基本特征的通用SEL干预的示例。我们将有关"强健儿童"的讨论作为一个精心设计且实用的社会情感学习课程的示例，但要补充的是，受章节篇幅所限，我们不可能对该主题进行更深入的讨论。希望更深入地了解此主题的读者可以参考本节中提供的一些参考资料。"强健儿童课程"包括五个相关但在发展上各不相同的组成部分(Merrell et al., 2007a, 2007b, 2007c；Merrell et al., 2007；Merrell, et al., 2009)，是一项专为学龄前至十二年级的学生设计的通用SEL课程。这些课程的目的在于预防心理健康问题的出现，促进社会能力和情绪健康。该课程参考了由Cowen(1994)提出的五条健康途径，包括：(1)形成健康的早期依恋；（2）获得与年龄匹配的能力；（3）接触有利于健康结果的环境；（4）有效应对压力；（5）加强授权管理。这五条途径已经指导了许多有关预防心理健康问题、促进心理健康以及社会和情绪心理弹性的研究。

每项"强健儿童"课程都包含 10~12 节课，结合了行为、情感和认知原理的要素，有助于关键概念和技能的教学与掌握。尽管五个版本的课程在内容上都有相似之处，但课程的数量和时长以及课程特定的内容重点在一定程度上是独特的，并且这些课程集中于解决五个年龄阶段和年级水平的问题，即：学龄前、幼儿园到二年级、三至五年级、六至八年级和九至十二年级。表 15.3 概述了"强健儿童"课程和"强健少年"课程的内容和结构，这些课程从三年级延伸到十二年级，并且简短、成本低，需要的专业训练和实施资源也最少，因此教师或其他学校工作人员可以轻松地将这些课程纳入通识教育或特殊教育课程。该课程设计整合了基于研究的教学实践，这些实践可以通过每节课的顺序、速度和结构来说明。此外，该课程还包括一份用以增强实施便利性的使用者手册，和旨在测量与"强健儿童"计划的总体目标相关的、学生社会和情感结果的评估工具。

表 15.3 "强健儿童"和"强健少年"社会情感学习课程的课程结构和授课内容

课程	主题	描述
1	关于强健儿童：情绪力量训练	对课程进行概述
2	理解自身的感受：第一部分	介绍情绪 识别令人舒服的情绪与令人不舒服的情绪
3	理解自身的感受：第二部分	讨论情绪表达的恰当方式与不恰当方式
4	应对愤怒	认识愤怒的触发因素 练习改变不恰当反应的方法
5	理解他人的感受	使用线索来识别他人的情绪
6	清晰的思维：第一部分	识别消极的思维模式
7	清晰的思维：第二部分	反驳消极思维模式，学着更积极地思考
8	积极思维的力量	促进乐观思考
9	处理人际问题	冲突解决策略
10	释放压力	减压和放松训练
11	行为改变：设定目标，保持活力	增加花在愉快的活动和实现目标上的时间
12	总结与回顾	回顾所有课程

迄今为止，使用"强健儿童"课程的各种版本进行的几项研究证明了这些课程的有效性（e.g.，Castro-Olivo，2006；Feuerborn，2004；Gueldner & Merrell，2008；Merrell et al.，2008；Tran，2007）。所有这些研究均显示出学生 SEL 概念相关知识的显著增加。一些研究则表明学生的内化性问题症状（而不是外化性问题）显著减少，并且学生对他们的社会情感资源和心理弹性特征的感知也得到了显著提高。此外，有一些研究从教师和学生的角度出发测量了该课程的社会效度，结果均表明学生和教师对课程高度满意并且充满信心。

"强健儿童"课程的每节课都有类似的安排，并且每节课的组成部分都是半脚本化的，易于实施。其中包括旨在促进学生将习得的新技能泛化或维持在各种环境中（例如家庭、社区或其他学校环境）的活动。每节课中都包含向教师提供的建议，以支持和促进学生习得新技能。例如，"强健儿童"和"强健少年"课程中的课程 4——"应对愤怒"会教给学生一些技能，帮助他们以健康的方式管理自己的愤怒，其中包括教给学生六步循环的"愤怒模型"，以提高他们识别愤怒情绪的能力，并教给学生四种管理愤怒的具体技能。图 15.1 是针对六至八年级的“强健儿童”课程的学生讲义，呈现并定义了“六步模型”的组成成分。课程 9——“处理人际问题”旨在提高学生对解决同伴之间冲突的有效策略的认识。人际冲突是导致诸如抑郁症、焦虑症和消极思维方式等心理健康问题的主要因素之一，因此，学习恰当的、有效的方法来解决人际冲突可能是针对社会和情感问题的有力预防措施(Merrell et al.，2007)。图 15.2 同样来自六至八年级的“强健儿童”课程，它展示了一个四步社会问题解决模式，该模型可以作为一种解决问题或分歧的方法教给学生。

愤怒模型的定义

触发因素

任何使你感到愤怒的情境

解释

思考发生了什么以及这对你来说意味着什么的过程

情绪反应(愤怒)

在解释了情境或触发事件后你的感受

决定

选择你将采取的行动

行为

执行你所做的决定

结果

行为的直接结果

图 15.1　六至八年级“强健儿童——应对愤怒”课程中阐述了六步愤怒处理模型的学生讲义

注：摘自 **Merrell et al.**，2007**b**。版权所有者 2007 **Paul H. Brookes Publishing**。经许可转载。

“强健儿童课程”计划是基于研究的 SEL 计划的一个示例，旨在提高社会和情感心理弹性并预防社交行为问题。诸如“强健儿童”之类的通用 SEL 计划并不能解决学校中所有学生的行为情感需求。一些学生可能需要更高强度的干预，以防止出现严重的社会、行为或学业问题。对于这些学生，可使用二级或三级预防策略来提供有针对性的或个性化的支持，以防止出现严重的行为或情感问题。但

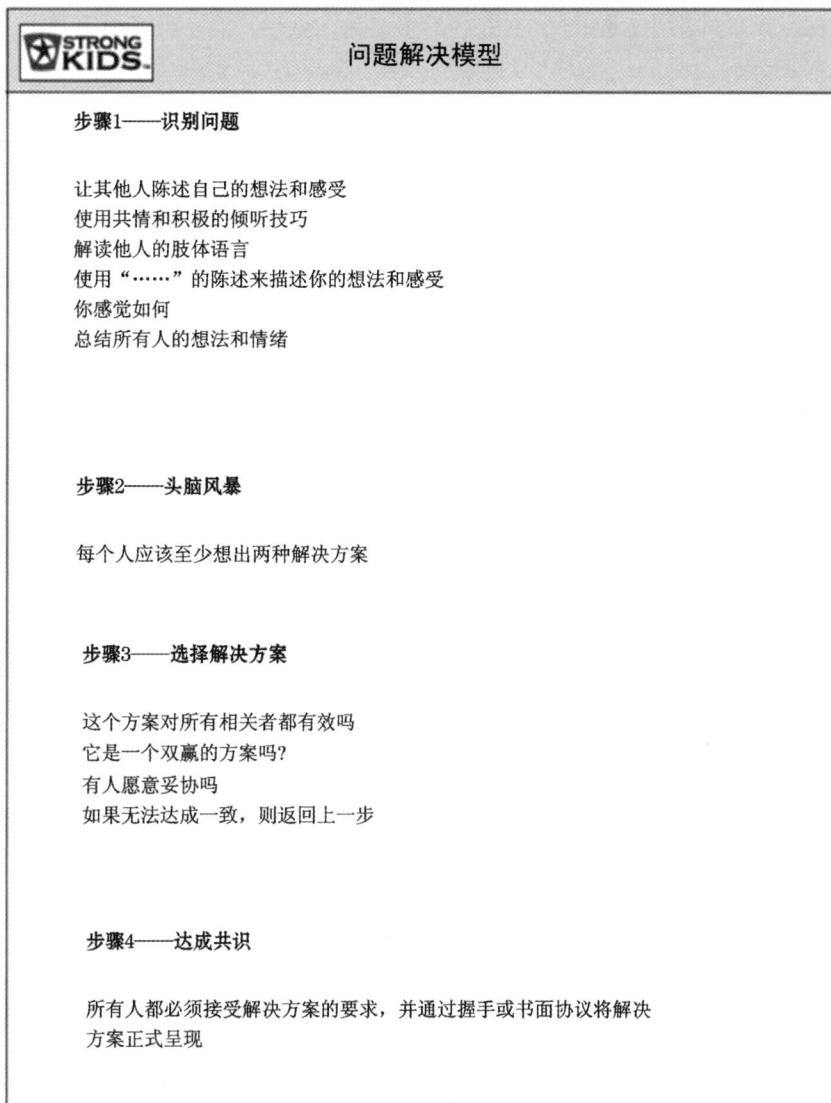

图 15.2　六至八年级"强健儿童——解决人际问题"课程中阐述了四步问题解决模式的学生讲义

注：摘自 **Merrell et al.**，2007b。版权所有者 2007 **Paul H. Brookes Publishing**。经许可转载。

是，实施具有足够资源分配、合理保真度和后续行动的普遍预防措施，可以大大减少存在严重问题行为风险的学生人数。

二级（针对性）策略

对于那些没有对普遍干预措施做出响应的学生，为防止问题恶化，可能需要采取更高强度的二级方法。二级预防性干预措施可以满足存在严重情绪或问题行为风险并表现出早期适应不良迹象的学生的需求（Durlak & Wells，1998）。有行为或情绪问题风险的学生通常不需要高强度的个性化干预，他们需要的是针对其特定风险因素的干预措施。因此，二级预防策略可以以单独干预或小组干预的方式解决具有类似危险因素的学生的需求，这种预防性策略的目的是防止情绪或行为障碍的发生（Kutash et al.，2006）。

作为预防工作连续体的一部分，二级策略通过防止社会和行为障碍的发生，在促进青少年的健康发展中起着至关重要的作用。行为或情绪问题的普遍筛查（请参阅 McIntosth et al.，本书第9章）可用于识别存在严重问题风险的学生。在对学生进行筛查和确认之后，学校可以根据每个学生的需求水平提供适当的二级（针对性）支持。这个基于数据的过程使学校能够确定预防情绪和行为障碍所需的干预强度。

存在外化或内化性障碍风险的儿童通常缺乏社交技能和问题解决能力，并且更容易产生认知扭曲（即他们看待事物充满敌意或出现适应不良的归因偏差。Greenberg, Domitrovich, & Bumbarger, 2000）。这些社会因素和认知因素会显著影响儿童发展并维持正常的同伴和成人关系以及在学业上取得成就的能力。因此，社会能力、认知和学业技能涵盖了二级预防干预所有可能的目标。二级干预措施的选择取决于儿童问题行为的严重程度以及行为的内化或外化性质。有许多基于研究的二级预防计划，旨在减少有严重情感和问题行为风险的儿童所面临的危险因素并增加其保护因素。以下几节介绍了通过亲社会技能和情感能力的教学来解决外化或内化性问题行为的几个方案。

外化性问题的二级预防计划

学校环境要求学生对人际关系做出某些调整以确保良好的同伴关系和师生关系。有问题行为风险的学生经常表现出不良的师生关系和同伴关系，这会严重影响他们的学校适应能力和整体学业成绩。相反，表现出适应性社会行为模式的儿童往往具有更积极的社会和学习结果（Sprague & Walker, 2005）。许多二级预防干预的重点是弥补儿童的社会技能缺陷，使他们能够有效地应对学校环境。例如，社会关系干预计划（the Social Relations Intervention Program, Lochman et al., 1993）是一项旨在解决与同伴的社会环境有关的儿童适应困难的干预措施。针对9~12岁的儿童开发的"社会关系干预计划"将社会技能训练和认知行为训练的关键要素结合在一起，目的是减少学生的攻击性行为和适应困难，并提高他们的社会能力。该计划包含四个部分：(1)解决社交问题（教给学生一个处理日常社交挑战的计划）；(2)积极的游戏训练（示范和训练适当的积极游戏行为）；(3)进入团体技能训练（如何加入正在进行活动的同龄人团体）；(4)愤怒控制训练（对唤醒愤怒的相关情境进行自我分析和自我管理）。通过34节系列课程，学生学习如何适当地解决人际冲突，减少冲动行为以及有效地与同伴互动。Lochman及其同事评估了市中心低收入家庭的青少年接受干预后的效果，得出了非常积极的结果。该计划的参与者不仅在干预完成时表现出显著减少的攻击性行为和显著增加的亲社会行为，而且在一年后的随访中该结果也得到了维持。

另一个例子，"成功第一步"计划（the First Step to Success Program, Walker et al., 1998）是一项早期干预的二级预防计划，旨在改善表现出问题行为模式的幼儿的行为轨迹。"第一步计划"由两个干预模块（基于学校和基于家庭）组成，统一实施，从而为高风险学生提供适应学校环境的学习技能和社会要求所需的社交行为技能。该计划从普遍筛查程序开始，在该程序中，将存在问题行为风险的学生确定为需要接受干预的对象。基于课堂的干预成分旨在将干预结合到现有的学业课程中，其重点在于将适应性行为传授给目标儿童，促进学业和社会成功。干预过程中，每天都要设置行为标准，并且在学生达到每个行为标准时都要给予奖励。该计划通常需要2个月或30个工作日才能完成，因为学生必须达到每日的行为标准才能继续该计划。与基于课堂的干预成分相结合，为期6周的基于家庭的干预为学生提供了额外的行为监测和强化，以确保学生取得学业成功。"第一步计划"的顾问每周家访一次，时长为45~60分钟，并为父母设计活动，帮助他们培养儿童的社交行为能力。本部分的课程包括指导语以及亲子游戏和活动。顾问强调父母可以通过沟通、分享、合作、限制协定、解决问题、友谊技巧和发展信心的方法来帮助儿童。有广泛且坚实的证据基础支持"第一步计划"。Conroy 等人（2007）在总结多项评估该计划干预效果的研究时指出，"有充分的证据支持'成功第一步'早期干预计划的积极效果。正如研究所表明的，'成功第一步'计划已在许多儿童和课堂中实施，并取得了积极的结果。此外，这些积极的结果似乎会持续一段时间，并且接受培训的教师很可能在之后继续实施该干预措施"（第213页）。

内化性问题的二级预防计划

与存在外化性问题风险的学生不同，学校甚至家长通常无法发现有内化性问题风险的学生。但是，有关儿童内化性障碍的研究表明，大多数经历严重焦虑或抑郁症状的儿童患上临床抑郁症、焦虑症或药物滥用障碍的风险也会增加（Kendall et al.，2003）。根据这项研究可以发现，针对有内化性问题风险的儿童制定有效的预防措施是非常必要的。

压力应对课程（Coping with Stress Course, Clarke & Lemisohn, 1995）是一种二级预防性干预措施，适用于那些出现抑郁症状但尚未诊断出严重抑郁症或临床抑郁症的青少年。该干预措施改编自青少年应对抑郁症课程（Adolescents Coping with Depression Course, Clarke et al.，1990），后者旨在治疗被诊断患有严重抑郁症的青少年。压力应对课程包括15节团体课程，每节课45~50分钟，主要是向青少年传授有效的应对策略，增强他们的情绪弹性，以预防临床抑郁症或其他情绪障碍的发展。该课程结合了认知行为技术，可以教青少年识别和反驳导致抑郁症发展的非理性思维方式。每节课都使用与参与者发展水平相一致的角色扮演、动画片和小组讨论。课程可以在学校环境中进行，通常由受过训练的学校心理学家或心理健康顾问来领导干预小组。该干预措施实施的主要重点是教给参与者有效的、适应性的压力应对方法。与情感、认知以及两者关系有关的教学是该课程的主要重点。Clarke及其同事（1990）进行的随机临床试验研究表明，在干预结束时治疗组的抑郁症状得到显著减轻，而且在干预的1年之后这种效果依然存在。美国卫生与公共工作部的物质滥用和精神健康工作管理局（The U. S. Department of Health and Human Services' Substance Abuse and Mental Health Services Administration, SAMSHA）将压力应对计划列入美国循证项目与实践注册系统（the National Registry of Evidence-Based Programs and Practices），并将其命名为"有前景的项目"。

Penn心理弹性计划（Penn Resiliency Project, PRP；Gillham et al.，1996）是基于学校的初级和二级干预措施的集合，旨在通过传授适应性的应对技巧和增强心理弹性来预防抑郁和焦虑。该计划的重点是促进乐观思维，以应对日常生活中的压力源。PRP包含12个团体课程，每节课90分钟，适用于10~13岁的儿童。该课程传授认知–行为和社会问题解决技能，这些技能既可以帮助儿童挑战消极或非理性的信念，又可以使其在面对逆境时使用有效的应对策略。在该计划中，学生还将学习适应性的放松、自信和谈判技巧，用来进行健康的人际关系管理。近年来，PRP得到扩展，其干预措施已超出最初的12节课程，但是此成分仍是计划的核心部分。PRP由美国国立卫生研究院（National Institutes of Health）资助研究，被认为是一种循证干预。Gllhan等人（1996）对PRP的研究采用随机治疗控制设计，对存在抑郁风险的小学高年级学生和初中生进行了为期2年的随访。研究发现，治疗组的被试患严重抑郁症的风险会降低一半，这表明PRP是很有成效的。

当然，在二级预防水平上解决社会行为问题的干预措施除了本节所述的这些（所有措施都有重要的经验支持）之外，还有许多其他有效的干预措施、技术和程序包可以使用。如果读者希望对有内化性问题的学生实施的二级干预措施进行更深入的回顾和讨论，可以参考Doll & Cummings（2008）、Kratochwill & Morris（2007），Merrell（2008b）。我们建议从业人员在选择这一级别和其他级别的干预措施时，不仅要基于已证实的干预措施的效用和效率，而且要考虑到应用干预措施的学校环境的实际需要和现实情况，以及该计划除效用以外的可行性特征，如使用范围、采用的可行性、实施的简便性和效果维持的可能性（Merrell & Buchanan，2006）。

三级（个性化）策略

许多学生由于存在严重的心理健康问题和社会行为问题，需要立即并且长期关注。这些学生可能会从本章先前介绍的初级和二级预防策略中受益，但现实情况是，他们的需求更为强烈，所需的干预计划也要比初级或二级策略更为集中有力。顾名思义，三级预防是指对有明确问题或缺陷的学生进行干预。学生可能患有或可能没有特定的障碍或残疾，因此三级预防的诊断和分类特征不如判断学生所需的强度水平重要。三级干预的目的是使学生恢复到最高功能水平，最大程度地减少障碍的负面影响并防止出现并发症。换句话说，三级干预工作致力于缩小个体当前功能水平与期望功能水平之间的差距，并减少或防止负面结果和问题的恶化。对于已患心理健康疾病和社会行为障碍并且目前正面临严重问题的儿童和青少年，通常需要采取严格而协调的干预策略来处理重大问题并维持功能性心理健康，防止今后出现严重的症状。

在学校开展三级预防工作的必要性

尽管可以合理地认为，心理健康障碍的三级预防不是学校的首要责任或使命，但我们应该考虑到学校的某些严峻的现实情况可能与这个观点恰恰相反。在大多数情况下，学校已经成为事实上的心理健康中心，许多有重大情绪和行为问题的学生将在学校接受心理健康服务，或者根本不接受心理健康服务。即使在社区有足够的资源提供心理健康服务，但寻求这种服务的最初动力可能也需要学校工作人员来激发。在学生接受了外部治疗后，他们需要以某种方式参与后续工作或进度监测。我们的立场是，教育工作者和学校心理健康专家应该尽可能掌握使用三级预防来解决心理健康和社会行为问题的相关知识和技能，对于需要与社区的医疗和心理健康服务提供者进行合作的三级预防尤其如此。拒绝承认问题或抗拒解决问题是目光短浅且毫无帮助的，甚至可能是不道德的，并可能对儿童造成伤害。

学校处于战略地位，可以为存在第 3 层级问题的学生提供支持。无论关注点是对一个正在经历严重心理健康问题的学生进行治疗和康复，还是对存在风险的青少年传授社会能力和心理弹性技能，这些任务都充满了看似不可改变的挑战和障碍。Weist（2005）将通过三级心理健康预防来解决普遍问题的学校心理健康工作描述为"年轻而脆弱的"（第 735 页），其中评估、咨询和治疗服务通常供不应求，但却是支持学生的重要部分。我们在学校提供服务和问题筛查这项工作无可否认地支持了以下观点，教师认为学生的心理健康对于学生的学业和全面成功是绝对必要的，但是教师所拥有的技能和可用于实施此类工作的资源可能是有限的（Buchanan et al.，2009）。

三级干预模型示例

尽管在满足第 3 层级水平学生的心理健康需求方面可能存在阻碍，但敬业的专业人员已经在开发和开展此类工作方面取得了进展。补助金和研究支持计划可能会为一些学校提供财政资源，以培训和支持学校人员实施干预措施，并找到长期维护这些服务的方法（Weist，2005）。学校诊所尽管在美国学校目前尚不普遍，但仍在扩大，它们为学生提供了一个场所，学生可以从那里获得接受过医学和心理健康培训的专业人员（例如，护理师、社会工作者、心理学家、精神科医生）的即时治疗和持续治疗。治疗的首要目的之一是传授社会能力和提高心理弹性。许多学校面临的挑战是，有多种障碍限制了它们获取所需资源的能力，而这些资源将帮助患有急性或慢性问题的儿童和家庭。此外，学生遇到的许多问题超出了学校临床医生的执业范围。因此，通常建议学生及其家庭从社区获取心理健康服务，而从发现问题到找出有效解决方案的道路往往充满困难。

学校工作人员可以通过多种方式充分响应患有严重精神健康问题的学生的需求，帮助他们提高社会能力和心理弹性。学校通常至少有一名专业人员受过培训，可以应对包括危机事件在内的心理健康问题。响应通常包括将学生转介给经过培训且有能力提供相应服务的社区专业人员。许多学校位于社区精神卫生服务（特别是精神病学服务）非常有限的地区。鉴于这一问题，我们必须考虑如何在学校和社区现有的能力和资源范围内，为有第 3 层级问题的学生提供支持。在社区资源较为丰富的地区，学校专业人员可以与社区机构（例如，家庭和儿科诊所；精神病学工作提供机构，包括可能设有低价诊所的校医院；社会工作机构；基于社区的心理健康计划）建立并发展持续的联系。这些联系可以为学生提供一系列潜在的丰富支持，提高社区服务的效率，促进学校、社区和家庭之间的合作伙伴关系，使得评估和干预变得更加顺利。当然，全国各地的学区都有各种各样的政策来指导将有心理健康问题的学生转介给社区机构的决定，因此，在转介之前，先了解这些指导方针是至关重要的（或许，当这些政策不符合学生的最大利益时，还应努力改变这些政策）。

环绕服务

目前在这一领域最有前景的创新之一是在"环统服务"模式下阐明和提供学生心理健康服务。"环绕服务"(wraparound service)这一术语并不代表特定的干预措施或干预模型。相反，它是一个总的概念或"构想"，其基本主张是在家庭和学校中为儿童和青少年提供个性化的、基于社区的干预服务(Bromn & Hill，1996；Furan & Jacksxl，2002；Van Der Berg & Grealish，1996)。许多州和社区已经采用(有时甚至是强制使用)环绕服务来对存在严重精神健康问题的儿童进行干预。在某些情况下，医疗补助的授权立法促进了环绕服务方法的发展，而在另外一些情况下，是社会政策分析和行动主义的发展带动了这项服务的发展。尽管很少有经验证据支持或反驳环绕服务方法，但它具有直观的吸引力，因为它倾向将干预过程正规化，并能够在制定计划和向高需求水平的学生提供服务时促进专业人士和家庭之间的沟通。

环绕服务，与需要学校和其他社区机构之间合作的其他形式的干预一样，往往涉及学校工作人员将学生转介给心理健康中心、社会服务中心和医疗专业人员。一般而言，当学生出现以下情况时，应该将其转介给校外的专业人士：(1)学生遇到严重或慢性的问题；(2)日常功能受损；(3)影响了学生或他人的安全；(4)学校提供的干预措施似乎没有效果；(5)学生很可能会从学校未能提供的干预措施中受益(Merrell，2008b)。当学生及其家庭面临严重危机时，初级医疗诊所和急诊部门通常是第一位的社区资源。更常见的是，家庭会征求初级医疗医生的建议，根据需要将儿童转介至精神卫生机构，有时还需要进行评估以确定诸如精神卫生药物之类的医疗干预措施是否有用。

社区机构合作：学校心理学家的关键角色

在从学校到社区心理健康中心或医疗机构的过渡阶段，校内医生可以提供的帮助通常具有影响力并受到赞赏。为了对学生的学业成功和学校适应产生最好的效果，我们可以强调学校工作人员与社区资源提供者进行某种形式的直接交流的重要性。许多参加医疗预约的家庭不确定如何描述问题的程度或复杂性，学校的心理健康从业人员写的一封短信可以在此过程中为学生和家庭提供支持，并帮助医生更好地了解问题的性质及其对家庭和学校的影响。这种积极参与教育与医学之间协作的活动最终将有利于学生改善心理健康。与社区心理健康服务提供者进行电话交谈有类似的优势。当然，在与非学校专业人士交流时，必须遵守法律和道德上的保密及隐私要求，因为许多家庭不希望和学校分享高度私密的问题，并且在许多情况下此类信息也不相关或不合适。但是，大多数学生和家庭都乐于接受学校与社区治疗提供者分享信息，以便协调两种情境下的服务。我们认为，通过侧重使用资源和现有能力来治疗缺陷的问题解决过程，可以最好地促进具有第三级需求的学生发展社会能力和心理弹性。

三级干预是一种综合的方法

在以往的研究中，Merrell 和 Walker(2004)描述了为在社会情感行为领域有强烈需求的学生或那些被认为处于"三角顶端"的学生提供有效服务的一些基本组成部分。这些重要的部分值得在这一节中回顾，从而为我们关于提高有强烈需求的学生的社会能力和心理弹性的讨论增添一些视角。在这方面，我们希望强调的一个关键思想是，三级干预不仅仅是特定干预措施的简单集合。相反，为有严重社会情感问题和缺陷的学生提供有效支持需要一种综合的方法——从适当的持续筛查和评估到仔细的追踪、进度监测以及与校外社区机构的合作伙伴的沟通。

就识别和评估有强烈需求的学生而言，通常有必要超越基本的筛查程序——这有助于识别可能有问题的学生，但通常对理解问题的细节帮助不大；然后再制定一个计划来大幅缩短正在发生的事情与期望的事情之间的差距(Merrell et al.，2006)。这种测评通常基于个人而不是团体。为了使评估有助于规划干预措施，应尽可能地考虑行为问题可能的功能(Watson & Steege，2003)。在评估具有严重的社会能力和心理弹性缺陷的学生时，需要考虑的另外两个因素是：(1)评估学生的资源和优势，以及他们的不足和问题；(2)采用多维度、多来源、多情境的方法来收集信息(Merrell，2008a)，以便在规划干预时能够考虑到学生生活中重要的人和情境。对社会-情绪测评和评估程序的更多细节感兴趣的读者可以参考 Miller 编写的本书第 11 章，其中包括对这个主题的额外讨论。

在为有行为、社会和情绪问题的学生提供三级预防性干预服务时，需要考虑的另一个重要问题是，测评和制定干预计划的过程应包括将干预措施与已确定的缺陷问题进行仔细匹配（Merrell，2008a；Peacock Hill Working Group，1991），并尽可能地与行为的假定功能相联系。制定干预计划的测评阶段和问题识别阶段常常会导致模糊不清和过于笼统的干预选择建议。例如，通过仔细地观察和数据收集，可以证明某个学生在与同龄人社交的环境中，与表现出适当的自我管理和冲动控制相关的社会技能存在严重缺陷，这会导致其他学生对他的疏远，并最终导致出现同龄人的社会拒绝。在这种情况下，"提供社会技能训练"的干预建议或计划过于模糊，没有触及问题的核心，也无法帮助干预者以任何有意义的方式支持学生。像这样的干预建议类似于医疗卫生专业人员对被发现患有支气管肺炎的儿童进行仔细的医学评估，然后建议为该儿童提供"呼吸系统问题的医学治疗"，尽管该建议在技术上可能是正确的，但由于它与所识别的问题的匹配程度不够，因此并不是特别有用。回到我们前面那个有特定社会技能缺陷的学生的例子，一个与社会技能训练相关的建议——侧重教导学生在社交环境中延迟冲动反应，并在与同龄人的社交环境中使用适当的自我管理和自我监控工具——将被证明比通用的社会技能训练建议更有效。综上所述，在为具有与社会技能缺陷和心理弹性缺乏相关的强烈需求的学生制定并实施三级干预时，需要考虑的一些关键因素包括：

- 用以确定问题存在的有效筛查方法。
- 考虑到干预的范围和强度或者跨情境缺陷的多来源、多情境、多方法评估程序。
- 基于功能的问题分析和干预选择。
- 谨慎地将干预措施与问题或缺陷相匹配。
- 为有强烈需求的学生选择和使用已被证实有效的循证干预措施。
- 为个性化干预措施提供足够的时间和强度；这种针对有强烈需求的学生的干预措施可能比针对需求不太强烈的学生的干预措施需要更多的时间。
- 在学业、行为和社会-情绪支持的背景下考虑，将干预作为支持学生的综合计划的一部分。
- 考虑提供环绕服务，包括向有强烈需求的学生提供校外支持；酌情让社区合作机构参与进来。

关于在工作开展的三层模型中的第3层级或三级支持系统内可能有用的一些特定干预措施，我们要再次强调，三级干预需要一种综合的干预方法，而不是简单地依赖特定干预措施。也就是说，本书其他几章所涵盖的具体干预措施，可能对于那些在社会能力和心理弹性方面有强烈需求和严重缺陷的学生是有效的。例如，MacKay等人在第19章中描述的同伴中介干预，是一组被证明对有各种需求和不同程度缺陷的学生都有用的技术。Hoff和Sawka-Miller在第20章中详细介绍了自我管理干预的使用，这是一个程序和工具的集合，对于有重大学业和社会情感需求的学生来说，这些程序和工具有着悠久的成功历史。Bushman和Gimpel Peacock在第25章中提倡使用问题解决技能训练，这是一个干预重点，对于工作开展的三层模型中的三个层级都可能有用。此外，Swearer等人在第26章中详细介绍了认知行为疗法在焦虑和抑郁青少年中的应用，这种治疗方法为预防、早期干预和治疗重大内化性问题提供了深入的证据基础。Kern等人在第27章中讨论了儿童和青少年的严重行为问题，这是促进社会能力和心理弹性的自然延伸。我们再次强调，具体的干预措施本身只是三级支持的一个组成部分；同样重要的是，必须建立一个全面的护理和管理系统，以使有极其强烈需求的学生能够获得足够的支持。

为所有学生提供连续的支持

将三级预防方法与持续的问题解决过程相结合来确定和满足学生需求，是在学校环境中提供预防干预的潜在有效方法，无论重点是提高社会能力和心理弹性，还是针对学业、行为和社会情感需求的任何其他基本方法。

正如本章的例子所呈现的，普遍的预防干预措施可能是针对全校学生的，但是它们不一定是为了满足学校内所有学生的全部行为和情感需求而设计的。通过对学生的社会和情感发展进行初步筛查和持续的形成性评价，学校可以及时向每个学生提供适当水平和强度的干预。三层模型中的初级（普遍）水平的筛查和形成性测评成分与 Merrell 等人（2006）描述的问题解决的第一阶段联系密切，Gimpel Peacock 等人在本书第 1 章中讨论了这个阶段，即"这个问题是什么？"。

在提供普遍筛查和普遍支持后被确定为面临额外风险的学生属于三级模型中的第二级，该模型被认为反映了一种有针对性而非普遍的预防方法。我们认为，本书所倡导的问题解决模式以及在该模型中使用的四个主要问题适用于本章倡导的"三角支持"的三个层次。也就是说，在 Tilly（2002）关于问题解决的讨论中，向二级或目标学生提供服务不仅涉及到"这个问题是什么"这一问题，在许多情况下，第二个问题"为什么这个问题会发生"，可以通过额外的筛查和简短的测评（如使用教师评分表和简短的功能测评）来回答。

问题解决模式中的第三和第四个问题，即"对于目前状况应该做些什么""采取的干预措施有效吗"，反映的是制定具体干预计划，并监测和评估干预的效果以确定其是否达到预期目标的过程。同样，这两个问题也适用于"三角支持"的三个层次，但是它们通常在三层模型的顶层具有特定的显著性。事实上，在提供三级（个性化）预防干预时，这两个问题通常被认为是关键的核心组成部分。通常在进行了全面的个性化评估后可以解决"对于目前状况应该做些什么"这一问题，评估考虑了学生目前的功能、资源和问题水平，也考虑了期望的结果。我们的经验是，在考虑需求最强烈的学生时，问题解决模式中的这个特定问题几乎总是一个关键的议题，即使从业人员没有使用最佳实践的评估和干预方法对学生进行干预。令人遗憾的是，尽管"采取的干预措施有效吗"对问题解决做出了重要贡献，但这一问题在许多情况下被忽视了。根据我们的经验，即使在大多数情况下，如果有强烈需求的学生接受的是校内干预，那么这第四个问题也往往是一个缺失的方面，并且会使许多出于好意的干预无法达到真正的问题解决方法的水平。因为这个问题需要后续评估，所以对于许多从事诊断工作，但很少（或少有机会）进行全面随访以查看干预措施是否完整实施以及是否产生了预期效果的从业人员来说，想要回答这个问题就必须进行方法上的根本转变或系统性转变（Merrell，2008b）。

如果要向学生提供真正的连续服务，那么无论关注点是社会能力和心理弹性还是其他任何学业或心理健康需求，学校系统内一定要具备相应的实施条件。在许多情况下，要为所有学生提供适当有效的服务，就可能需要从根本上改变我们看待服务的方式以及系统在资源分配方面的组织方式，然后要求对这些资源分配负责（Merrell et al.，2006）。

在我们看来，以这种方式推动系统向前发展所需的一个关键特征是有效的行政领导。尽管个别教师和专业人员可能会通过尝试实施问题解决的三层方法来服务所有学生，完成大量工作，但是，如果没有校长、督学、特殊教育工作指导员和学校系统内其他主要领导人的支持和制度化，这些个人工作将很难开展，且作用有限。有热情、有远见的行政领导在帮助建立学生支持系统方面的重要性不可估量，在这种系统中，学生可以获得真正的连续服务。

在许多情况下，以这种综合和预防性的方式支持学生可能需要重新分配资源，无论是工作人员的时间预期还是有限资金的使用。例如，许多学校心理学家都会遗憾地陷入一种陈旧的"测试然后安置"模式，他们希望使用自己的技能，在向学生提供支持时为学生带来更多样、更广泛的影响，但由于期望、职位描述、预算分配或他们对自身功能和角色的看法，让他们感到无法摆脱目前有限的角色。即便有了一个提供支持的管理者，如果因为其他原因缺少受过最佳培训的人员制定有效支持计划，那么为有社会情感问题的学生提供连续的心理健康服务也将很难实现。

最后，我们认为家长参与和家校合作是从以危机为导向的方法转变为使用综合和系统的方法来提高学生社会能力和心理弹性的另一个关键特征，这种综合方法将所有学生的需求都考虑在内。尽管在制定计划来支持有心理健康需求和缺乏心理弹性的学生时，有时很难实现家长参与，但主流观点认为，有效的家校合作在这一过程中即使不是关键因素，但也是十分重要的（Pianta & Walsh，1998）。特别是当学生的需求处于二级（第 2 层级）或三级（第 3 层级）支持水平时，即使让父母参与进来不是必要的，但也有助于最大限度地提高有重大心理健康需求的学生的社会能力和心理弹性。

第 16 章

循证阅读教学：在核心、补充以及干预层面制定并实施阅读提升计划

Sylvia Linan-Thompson

Sharon Vaughn

在最近的教育改革中，最重要的变化之一是对预防学习困难的重新关注。与以往的改革尝试相比，过去十几年里出现的关于阅读的研究（e.g., National Reading Panel, 2000; Snow et al., 1998）和系统地使用基于课程的测量（CBM）来监测学生的阅读进度等措施，都肯定了当前的工作。目前阅读教学改革的关键因素之一是采取预防性方法的观念。

预防性方法的核心信念是，为学生提供以系统、明确、差异化教学为特征的学习环境可以预防许多学习问题，特别是那些与缺乏教育机会和生活贫困相关的学习问题。此外，预防性方法可以通过在学生开始接受正式教育时为他们提供强化教学，从而将他们所经历的困难程度降到最低。在过去，许多学生在接受适当的教学之前会经历多年的失败（Fletcher et al., 2004）。为了实现预防的目的，需要及早识别有风险或可能有风险的学生；要有满足广大儿童学习需求的一套灵活的、响应迅速的教学计划，并为有风险的学生提供干预；以及实施持续的进度监测以调整教学。

一个主要的挑战是进行持续的筛查和测评实践，以及根据测评数据提供灵活的教学。教育工作者经常尽职尽责地实施早期阅读的测量，然而，由于缺乏对"如何有效利用这些数据在学校或地区层面进行系统性变革"的理解，这些数据往往没有得到充分利用。变革的程度随教师的知识、实践和信念而变化，在规划和实施预防模型时应考虑到这一点。教师的实践和信念所需的改变越大，在实施过程中就越有可能出现抵触和缺乏完整性的情况（Gresham, 1989）。即使教师愿意接受这些变化，但是对于何种类型的教学是合适的、如何确定所提供的干预措施何时有效以及学生何时需要特殊教育，仍然存在不确定性。

越来越多的证据表明，核心干预在减少学习困难方面起着关键作用。很清楚的是，要想成功地预防阅读困难，核心干预必须是工作连续体中最有力的环节。使用完整的、多分组形式的、基于研究的课程材料，可以加强初级教学，有助于提高大多数学生阅读能力的发展，并为那些无法通过综合的核心干预解决困难的学生保留补充和强化的干预措施。

在本章中，我们确定了早期阅读（幼儿园到三年级）中有效阅读教学和干预的因素。考虑到班级范围的教学或核心教学，以及针对有阅读风险的学生和有阅读障碍学生的干预措施，我们从多层教学框架的角度来解决实施问题。

多层教学

在多层模型中，教学根据学生的需要在不同层次内和不同层次间进行了区分（另请参见 Ervin et al., 本书第 1 章；Hawkins et al., 本书第 2 章）。当一个多层模型应用于特定的内容领域，如阅读或数学，核心干预指的是向所有学生提供的班级范围的教学。核心教学的目的是在通识教育课堂中为学生

提供相应年级的内容。通常情况下，教师每天提供 90～120 分钟的教学。多层模型的主要组成部分包括普遍筛查以确定学生在关键任务上的技能水平，灵活分组以实现教学时间和学生完成任务时间的最大化，以及使用基于研究的阅读程序。此外，对于那些可能需要额外学习机会的学生，或相反地可能需要更高级技能的指导和练习的学生，教学是不同的。这一组成部分在核心教学中经常被忽视，因为许多教育工作者认为，提供后续的教学层次是区分教学的机制。尽管补充和强化干预肯定有重要作用，但这些干预并不意味着要取代全面的初级教学。

二级干预针对那些仅依靠核心干预无法取得预期结果的学生。这些学生是根据筛查分数或进度监测分数来确定的，分数表明他们没有取得足够的进步。二级干预的目标是为这些学生提供额外的、有针对性的教学和有目的的纠正性反馈练习（McMaster et al.，2005）。二级干预的计划和程序应补充和加强在初级干预提供的教学。

二级阅读干预的一个例子是，由一名训练有素的干预人员每周向小规模的学生群体（如 2～6 名学生）进行 4～5 次集中的、强化的教学。有效改善学生成绩的二级干预大约需要持续 30 分钟，对小学生的干预可能短至 15 分钟（O'Connor，2000）。参加补充教学可以增加学生的参与时间，增加他们在最关键领域的练习和获得反馈的机会。因此，如果在核心阅读教学外提供该教学是最有效的。许多学生（尽管不是全部）都将在这种程度的支持下达到年级水平的期望（Linan-Thompson et al.，2006；Mathes & Denton，2003；McMaster et al.，2005；Vaughn，LinanThompson，& Hickman-Davis，2003；Vellutino & Scanlon，2002）。如果学生在这种支持水平上没有取得足够的进步，他们将接受更高强度的干预。三级干预可在转介前提供。如果他们还没有取得足够的进展，他们将在特殊教育的转介和安置过程中继续接受三级干预。接受该水平支持的学生需要大规模调整后的学习环境和专门设计的教学。三级干预的特点是更长的干预时间和更小的群体规模，通常是一对一的，为师生互动提供更多的时间和额外的机会。二级和三级干预都可以由许多不同的人员提供，从辅助专业人员到认证教师都可以，这增加了学校或地区在配置这些职位方面的灵活性（Scammacca et al.，2007）。

干预层次的准入和退出取决于学生是否达到年级期望，以及是否在具体测量中展示出进步。虽然干预的选择有时被视为确定学生接受特殊教育必须完成的一系列步骤，但预防性方法的真正目标是使学生在通识教育课程中获得成功的机会最大化。在正确实施的情况下，多层教学模型提供了一个基于学生需求的无缝教学框架（有关此问题的深入讨论，请参见 Tilly et al.，本书第 34 章）。

有效的多层干预的组成部分

Harn、Kame'enui 和 Simmons（2007）将以下四个因素确定为对三级干预有重大影响的变量：（1）表现监测；（2）有目的的教学设计和开展；（3）使用优先级最高的内容或对学生学习影响最大的内容；（4）不间断的教学时间和分组。作为教学的一般原则，它们提高了教学效率，因此在初级和二级干预中也很重要。在下面的章节中，我们将讨论与各层级干预相关的内容。

测评

普遍筛查，即每年对一个班级的所有儿童进行 2～3 次筛查，是确定需要在课堂上进行额外教学的学生的第一步（参见 VanDerHeyden，本书第 3 章）。除了筛查之外，通过 CBM 进行的进度监测以及其他测量方法，可以帮助教师确定学生的学习进度，以提供适当的教学。在核心阅读教学过程中，学生在这些指标上的得分被用来分组进行小规模团体教学，匹配学生进行结构化配对练习，以及有效地进行差异化教学。

筛查方法的数据也用于鉴别需要干预的学生。干预的准入和退出标准有助于确定谁需要干预，以及所需的干预强度（如时间、团体规模）。在某些模型中，得分明显低于同龄人的学生将接受三级教学，而那些有较少缺陷的学生早在幼儿园时就会接受二级教学（Harn et al.，2007）。在其他模型中，所有低于基准的学生将首先接受二级干预，只有当他们在二级干预中没有取得足够的进展时才会接受三级干预（Vaughn et al.，2007）。

筛查方法因年级而异，并涉及评估与当前阅读发展阶段最相关和最具预测性的技能（Fuchs & Fuchs, 2007; Good et al., 2001）。为了获得有效的结果，这些方法必须具备良好的信效度，并且可以以多种形式呈现（Fuchs & Fuchs, 1998; Good & Kaminski, 2003）。为了使其可持续使用，这些方法还必须能快速实施和评分，并且必须提供有助于规划教学的学业技能信息（Fuchs & Fuchs, 2007）。为了让数据在多层模型中发挥价值，教师必须学会分析和使用 CBM 提供的数据。表 16.1 列出了幼儿园至三年级的筛查方法清单。

表 16.1　按年级划分的典型筛查方法

年级	技能	方法
幼儿园	• 掌握字母读音 • 掌握字母发音 • 分割单词发音的能力	• 字母命名流畅性测试 • 字母发音流畅性测试 • 音位意识流畅性测试
一年级	• 分割单词读音的能力 • 将发音与字母联系起来，并运用这些知识阅读单词或非单词的能力 • 流利阅读段落的能力	• 音位意识流畅性测试 • 非单词阅读流畅性测试 • 单词阅读流畅性测试 • 朗读流畅性测试
二年级	• 将发音与字母联系起来，并运用这些知识阅读单词或非单词的能力 • 流利阅读段落的能力 • 理解所阅读的内容	• 非单词阅读流畅性测试 • 单词阅读流畅性测试 • 朗读流畅性测试 • 圈出适合句子的单词
三年级	• 流利阅读段落的能力 • 理解所阅读的内容	• 朗读流畅性测试 • 圈出适合句子的单词

注：资料来自 Fuchs & Fuchs, 2007; Good et al., 2001.

在使用数据做出教学决策时，重要的是识别在每项筛查方法中都没有达到基准的学生的百分比，以确定是否可以通过初级干预来解决问题，或者是否需要进行二级干预，以及确定要讲授的教学内容。例如，某学年初的一个一年级班级，有 25% 的学生没有达到音素意识流畅性测试的基准，40% 的学生没有达到字母-发音对应测试的基准。考虑到通过适当的教学，学生往往很容易掌握音素意识，这些学生可以从有针对性的二级干预中获益——教学重点是在音位水平上混合和分割的音素意识技能。40% 没有达到字母-发音对应测试基准的学生，将在初级干预的小组教学中受益。这是许多一年级学生仍在发展的一项技能，这些学生可以通过这种水平的干预取得足够的进步。如果没有取得足够进步，就应该向他们提供二级干预。当然，如果这些技能在年龄较大的学生中（例如一或二年级的下半学年）水平很低的话，那么在这两个领域立即进行二级干预是合理的。

此外，为了确定哪些学生对教学做出了响应，有必要定期评估学生在相应年级上的进步（Vellutino et al., 2000）。对每月接受 1~2 次二级干预的学生和每月接受 2~4 次三级干预的学生进行进度监测是非常必要的。在经过初步筛查形成小组后，进度监测为教师提供了调整教学、重新分组和确定是否需要更多强化教学的信息。关于阅读测评的更深入的讨论可以参见 Marcotte 和 Hintze 编写的本书第 5 章。

在多层模型中，测评的作用至关重要。CBM 的价值在于它提供了学生已经掌握和尚未掌握的概念和技能的数据。在学生的表现更糟糕之前，教师可以利用这些信息及时做出教学决策。在这种前瞻性的方法中，教师使用基线数据在每个学生需要的时间点和强度上开始教学。进度监测数据为教师提供了关于这些决策准确性的反馈。该过程的周期性特征为验证教学的效率和影响提供了一种方法。

基于研究的阅读教学

在三个干预层级中，精心设计的有效计划具有几个共同特征，包括清晰、直接的阅读技巧和策略的教学，易懂的指导和解释，以及充分的示范和反馈。在教学生把单词的发音混合起来朗读单词时，教师应该首先明确地告诉学生要做些什么，接下来，教师应该给他们一步一步的指导和示范，并指出希望他们做什么——"首先我说出每个字母的发音，接着我将朗读整个单词"——同时指着每一个字母，说出发音，并将手指扫过单词下方，然后大声念出这个词。如果学生在练习过程中犯了错误，教师会再次示范，以确保学生正确地完成练习任务。

在技能学习之后通常需要紧跟许多练习机会。所有的学生，尤其是那些努力学习阅读的学生，都需要有足够的机会来练习他们所掌握的新技能。前期教师可以从旁辅助，慢慢过渡至学生进行独立练习。例如，在示范了如何混合单词的发音来朗读单词之后，教师应该先让学生一边指着每个字母一边说出单词的发音，然后再让学生一边朗读单词，一边把手指放在单词下面。在学生有机会练习几个单词后，教师应该要求每个儿童完成这项任务。在计划教学中，使用系统的、协调的教学顺序将最大限度地增加学习机会。上述示例的首字母序列至少包括一个元音和两到三个辅音，以增加可以创建和练习的单词的数量。

此外，学生还需要各种材料，这样他们才有机会使用新获得的技能。学生可以先单独练习阅读单词；然后，当他们变得更加流利时，他们就能学会使用字母的发音来解码他们在文章中遇到的生词。练习的机会可以通过灵活的分组来实现。在最初的全班教学之后，学生可以在教师带领的教学下，和搭档或是几个同伴一起练习解码单词，或者在学习中心与许多同伴一起练习。

研究发现，包含直接指导原则的课程对阅读初学者最为有效，尤其是那些由于缺乏学习机会而面临阅读失败风险的人（Chard & Kame'enui，2000；Foorman et al.，1998）。

初级干预

为满足一系列学习者的需要，初级干预包括一套复杂的教学实践，包括与提高阅读发展水平相关的所有关键因素。核心阅读课程是初级教学的基础，会对初级干预的有效性产生影响（American Institutes for Research，1999）。大多数基础课程的最新版本包括阅读教学的五个基本组成部分：（1）音素意识，即意识到单词是由发音组成的，并且这些发音可以被操控；（2）字母发音规则，字母和发音之间的对应；（3）自动编码，轻松准确地阅读文章的能力；（4）词汇发展，学习新单词并理解它们的意思；（5）理解能力发展，运用策略来理解文章。然而，不同课程在每个组成部分的明确性和系统性程度上存在差异。（阅读教学的基本组成部分将在下一节"二级干预"中进行更详细地描述。）另一个变量是课程在每个组成部分中对高优先级技能的关注程度。提供关于初级教学的详细指导超出了本章的范围；但是，关于每个年级教学实践的具体细节是可供参考的（e.g.，Vaughn & Linan-Thompson，2004）。

二级干预

二级干预提供了更多的教学时间来调整那些最有可能提高学生成绩的阅读教学因素，它们直接关系到学生的阅读水平和年级期望。例如，对许多学生来说，单词学习（拼写模式和语言结构的教学）是建立自动化阅读的必要条件。自动、流畅的阅读不那么费力，学生可以集中精力理解和学习教材。在一个设计良好的课程中，教学重点会随着时间的推移而改变。在阅读习得的最初阶段，重点是音素意识和字母命名技能的发展。音素意识，即在单词中分辨和操控声音的能力，是获得阅读技能的一项基本技能，在幼儿园阶段非常重要。学生将在以下几方面接受教学和练习：（1）分离音位（"sat 中第一个发音是什么？"）；（2）混合（"如果混合/b/ /i/ /t/是什么词？"）；（3）分割（"告诉我 cat 中的所有发音"）；（4）操控音位（"如果从 pat 中去掉/p/还剩什么？"）。在进入小学之前，音素意识技能在阅读绘本的过程中得到了很好的发展，之后的教学重点将转移到字母发音规则和语音上。字母发音规则（alphabetic principle）是指单词中的字母用发音来表示的原则。根据这一点，教师教学生字母的发音，有些发音是由一个以上的字母来表示的，有些字母也有不止一个发音。自然拼读法（phonics）是指教学生使用发音-字母关系来解码单词的过程。一旦学生能够解码一些单词，教学就可以通过多次阅读难度递增的文章来集中精力建立自动化。此外，学生要学习阅读那些不可解码的单词，如 was、his 或 the。使用理解策略的教学是一个持续的过程，当学生开始阅读长篇文章时，这类教学就需要额外关注。理解策略是成功的阅读者在阅读之前、阅读期间和阅读之后使用的，是组织新信息并将其整合到现有的模式或开发新模式的过程。学生应学会预测他们将要阅读的内容，监控自己在阅读过程中的理解情况，并在阅读后识别文章的中心思想。分配给每个部分的时间反映了对基本阅读技能发展的影响。对于一年级的学生来说，最初花在语音和单词学习上的时间更多。当学生成为熟练的阅读者时，分配给每个部分的时间可以调整，以便在阅读难度递增的文章和提高理解能力方面提供更多的教学和练习。二级和三级干预内容的示例见表16.2。

表 16.2 二级和三级干预内容示例

时长	成分	描述
综合二级干预		
15 分钟	语音和单词识别	对字母–发音知识、常规发音单词朗读、常见单词朗读、多音节单词朗读和拼写的教学
5 分钟	建立流利度	提高文章阅读速度和准确性的教学
10 分钟	文章阅读与理解	阅读之前、阅读期间、阅读之后的理解策略使用教学
综合三级干预		
1~2 分钟	复习发音	字母–发音对应教学
20~25 分钟	读音和单词识别	对常规发音单词朗读、常见词朗读、多音节单词朗读和拼写的教学
5 分钟	建立流利度	提高文章阅读速度和准确性的教学
15~20 分钟	文章阅读与理解	阅读之前、阅读期间、阅读之后的理解策略使用教学

综合二级干预包括每个阶段阅读的所有成分，但也有针对性的有效干预措施。有针对性的干预措施侧重一到两项技能，并在掌握其他技能之后将它们整合起来。有针对性的干预措施更能满足个别学生的需求，并且更为方便，因为额外的教学时间用于传授学生感到难以掌握的高优先级技能。这种强化教学可以使学生更快地掌握必要的基本技能，从而使学生能够参与更复杂的阅读任务(O'Connor，2007)。

在确定使用哪种干预(综合的或有针对性的)时，应考虑学生的需求、需要二级干预的学生人数以及可用的资源。如果只有很少的学生需要二级干预，或者学生有非常明显的需求，那就考虑进行有针对性的干预。如果一群学生在相似的领域或在多个领域有缺陷，那么综合干预可能更合适。

无论是综合干预还是有针对性的干预，课程都应该包括整合了明确语言、系统教学顺序以及对技能逐步引入的教学。一个系统的教学顺序包括明确的课程介绍，例如课程目的。在要求学生独立练习之前，教师将对任务进行示范并提供指导性练习。随着每一项新技能的引入，学生都需要有足够的教学和示范、练习和复习的机会(Carnine et al.，2004；Torgesen，2002)。这些做法在初级教学中是有益的，并且在二级干预中是必不可少的。

另一个决定是否实施二级干预的因素与将要提供的干预模式有关。尽管有很多实践都可以完成，但常见的类型有两种(Batsche et al.，2006)。第一种是标准方案，指的是学生接受同样预先决定的干预措施。虽然由于初始技能不同，儿童的起点可能不同，但一般来说，学生都是按顺序通过干预层级，并在干预中停留规定的时间。第二种是问题解决方法，无论是在干预的时长还是内容上，它更能满足学生的个人需求。虽然这种模型反应更迅速，但它所需的资源和专业支持可能超过了该地区所能提供的。实际上，这两种模式并非不相容。正如 Tilly 等人在本书第 34 章指出的那样，标准方案法是一种应用于更大分析单元(学校)的问题解决形式，它的优势在于其效率。同样，使用标准方案法也不会消除在层级内解决问题的需要。因此，两者是兼容的，也都是必要的。

三级干预

与二级干预不同(二级干预中的标准方案和问题解决方法都是有效的)，问题解决方法可能是三级干预的最佳方案，因为学生的需求在许多方面都有所不同(Denton et al.，2007；Harn et al.，2007)。

三级干预的综合研究表明，音素意识、解码和单词学习的教学，对文章的指导练习和独立练习、阅读时使用理解策略以及写作练习，都会产生很大的效果（Wanzek & Vaughn, 2007）。音素意识、解码和单词学习的教学重点是确保学生能够轻松地掌握阅读单词所需的基本技能。当学生发展这些词汇水平的技能时，他们会把这些技能运用到文章阅读上。最初，课文通常是可解码的，有精心整理的词汇表，允许学生运用他们正在学习的解码技能。之后，学生将逐渐学习格式没有那么规整的文章，包括更多常见单词和更长的单词，这些单词需要学生运用更高级的词汇阅读策略。写作练习（如拼写和听写练习）可以让学生在写作中运用字母-发音的对应关系。干预措施还涉及到更复杂的阅读技巧的发展，例如使用理解策略。理解策略有助于学生在阅读时组织信息以促进理解。在阅读过程中，监测自己对文章的理解、预测和验证预测、总结要点等活动都有助于学生理解所读内容。

然而，为了确保干预是根据学生的需要量身定做的，教学内容、授课内容、强度水平和教学时间应该有所不同。为了确定学习者与干预之间的最佳匹配，Marston 等人（2003）提出了一个四步问题解决模式，包括定义问题，提出问题的假设并确定干预措施，监测学生的进步，适当地调整干预（另请参见 Ervin et al., 本书第 1 章；Tilly et al., 本书第 34 章）。在三级干预的背景下，问题解决过程可以给每个有需要的学生提供高度个性化的教学。然而，为了使该方法在大多数学校可行，这种个性化水平教学必须留给那些存在最严重的阅读问题的学生。阅读干预的描述和示例可以在 texasreading. org 上找到。

分组干预

灵活分组是指使用多种分组形式来进行教学。在核心阅读教学中，灵活分组的使用提供了一种更有效地利用时间、允许学生加入多个团体的差异化教学的方法。常用形式包括全班教学、异质小组教学、同质小组教学、成对教学和个别教学。全班教学和同质小组教学形式对于提供新教学是最有效的，而其余的几种形式最好用于为学生提供额外的练习。

全班教学对于引入新的信息、示范和课堂讨论都是必要的。此外，它让所有的学生都能得到通用的教学。然而，这种形式可能有许多局限性（特别是对于有学习困难的学生），比如对高优先级技能的教学和复习不足，缺乏积极参与，以及练习机会有限。因此，有必要对小组进行跟进，以强化和回顾向全班传授的技能和概念，并弥补那些错失的机会。初级干预中的小组教学根据学生的需要进行区分，并且与核心课程的内容密切相关。

为了加强阅读教学，通常由 3~5 名学生组成同质小组，接受集中的阅读教学，以增强技能并进行额外的练习。每周向同等能力小组提供 3~5 次的教学，可以在初级干预内为某些学生提供额外指导以帮助他们达到基准。

学生需要多次机会来练习他们将要习得的技能。结构化配对练习（structured-pair work）很容易被整合到核心教学中，因为它使课堂上的所有学生都能在教师的监督下完成有意义的任务。结构化配对练习还为班级中的同龄伙伴提供了进行互惠辅导活动的机会。结构化配对练习有益于苦苦挣扎的阅读者，因为该过程包括了示范、有目标的练习以及即时的错误纠正。学生可以在结构化配对练习进行的目标任务包括字母命名、发音识别、单词阅读、短文阅读、拼写、词汇和理解。不管任务是什么，搭档中更有能力的学生会首先示范任务——字母命名、阅读短文等，之后另一个学生将完成这项任务。如果在任何时候学生犯了错误，能力更强的搭档会提供纠正性反馈。在这个过程中，犯错的学生会停下来，由搭档正确示范该任务，犯错的学生会被要求在继续任务之前重复这个特定的部分。例如，在一次字母命名任务中，第一位学生开始读一行中的所有字母。第二位学生朗读相同的字母。如果字母的名称不正确，则由第一位学生讲出正确的名称。

此外，教学任务是以成对的方式进行区分的，并且针对的是这对学生中能力较差的学生的需求。这并不意味着教师必须为每对学生准备不同的材料，因为可能会有多个组练习相同的任务。从基本的字母命名和自然拼读法到理解策略，结构化配对练习已经成功地用于强化各种阅读技能（Greenwood & Finney, 1993；Greenwood et al., 2002；Mathes et al., 1994）。

在初级干预期间使用不同的分组形式可以最大限度地提高教学灵活性。每种形式的使用时间和方式将取决于学生的需要。它们不是静态的，而是能对学习需求和环境做出反应。

二级和三级干预措施最好以同质小组或一对一的方式提供给学生，以便更好地进行针对性教学（Vaughn et al.，2003）。为了保持学生加速学习所需的强度水平，可以根据学生的需要重新进行分组。

干预完整性

除了确保核心课程涉及阅读教学的关键领域，并结合有效教学设计的实践，课程还必须被完整地实施。干预完整性（treatment integrity）是指干预措施按计划实施的程度（Gresham，1989）。Noell 编写的本书第 30 章提供了对这一主题的完整讨论。如果不记录实施的完整性，可能会得出关于干预措施对个别儿童或儿童群体有益的错误结论（Gresham，1989），这会导致由于缺乏足够的教育机会而使儿童接受特殊教育的做法长期存在。

可能受到影响的干预组成部分包括教师使用的语言的特殊性和明确性水平、示范的数量和范围、教学节奏、师生互动以及内容的完整性，如果干预者没能实施其中的一个或两个组成部分，对学生的结果都可能是有害的。

Gresham（1989）确定了可能会削弱干预完整性的五个因素：（1）干预过于复杂；（2）需要太多的时间；（3）需要的材料不容易获得；（4）那些必须实施干预的人并不认为它们是有效的；（5）实施者没有动机实施干预。每一个对完整性的威胁因素都可以通过仔细的计划、清晰的沟通和适当的专业发展来解决。表16.3列出了用于改进多层模型的系统实施的策略。

表16.3 系统性决策

区域层面
- 制定普遍筛查计划
- 确定普遍筛查的目的
- 确定使用哪种测量方法
- 建立补充教学的准入和退出标准
- 选择一个有充分证据证明其有效性的计划
- 检查程序的完整性
- 确定需要加强的领域
- 检查二级和三级干预的其他资源
- 确定提供二级和三级干预的人员
- 提供专业发展
- 确定与实施普遍筛查系统相关的需求
- 在每一层级识别与实施基于研究的阅读计划相关的需求

学校层面
- 确保各层级干预的完整性
- 提供专业发展
- 提供明确和具体的干预步骤
- 制定观察计划
- 提供表现反馈。系统地测量正确实施方案中干预步骤的百分比，或向教师提供干预正确实施程度的信息
- 使用测评数据
- 使用筛查数据对学生进行分组，并规划阅读教学
- 使用进度监测数据来决定之后学生的安置情况

注：资料来自 Gresham，1989；Harn et al.，2007；Torgesen，2002.

专业发展

如果我们认同阅读教学的一个重要目标是确保所有学生都能及时地养成高效阅读者所需要的技能，就必须致力于在学生入学时为他们提供最有效的教学。为了实现这一目标，教师必须利用最新的研究成果。尽管考虑到新研究的出现并不是那么容易，但持续的系统专业发展是确定需要加强的领域的有效手段。

Garet 等人（2001）发现，与其他专业发展活动相比，包括以下 6 个特征的专业发展活动有助于教师进行更好的自我报告。

1.关注内容，即活动在多大程度上关注提高和深化教育工作者对某一主题的内容知识。在阅读领域包括重点培养教师对阅读教学组成部分的理解和具体的教学策略。在其他情况下，关注点可能是通用教师实践，如课堂管理。

2.促进主动学习，即专业发展在多大程度上为积极参与有意义的教学分析提供机会。在一项针对幼儿园教师的研究中（Vaughn et al.，2008），教师有机会在研究小组成员的指导下或自我指导下，在年级会议上观察与被观察，接受反馈，并规划实施。

3.连贯性，即活动在多大程度上是一个连贯的教师学习计划的一部分，以及干预与教师的目标和活动之间的联系在多大程度上是明显的。当专业发展的内容与教师期望实施的教育标准相一致时，教师就更有可能实施和维持新的实践。

4.改革型的活动，即组织的活动（例如，学习小组、教师网络、师生关系或个人研究课题）在多大程度上促进变革。教师专业发展包括多种授课形式，如大型团体工作坊、个别训练或指导，以及教师协作小组，允许教师在积累新知识和技能的同时融入新的实践。

5.集体参与，即专业发展活动在多大程度上强调来自同一学校、部门或年级的教师群体之间的协作，而不是来自许多学校的个人的参与。为了加强实施力度，所有同一年级的教师都是这个项目的一部分。此外，随着新年级的增加，各年级的教师应分享经验教训以促进实施，并制定基于学校的计划方案来组织新实践，如筛查学生或提供辅导（Vaughn et al.，2008）。

6.持续时间，即在活动中花费的总接触小时数和时间跨度在多大程度上能够实现活动目标。为了促进新知识和实践的整合，Vaughn 等人（2008）一年中为一小群教师提供了短期（2.5 小时）的专业发展课程。每节课都会介绍和练习一个新的组成部分。课程结束后，个别有需要的教师会到教室进行观察或示范。

具体来说，强调内容知识、主动学习和连贯性的专业发展，会使得教师报告知识和技能的提高以及实际教学实践的变化。此外，持续时间较长（包括小时数和时间跨度）的活动和鼓励教师的集体参与是有效的，因为这些活动往往更注重内容，提供更多主动学习的机会，并提供更连贯的专业发展（Birman et al.，2000；Garet et al.，2001）。

在为期一年的专业发展计划中，幼儿园教师将其中许多实践作为初级干预措施的一部分（Vaughn et al.，2008），这使得学生在单词阅读和音位分割两个方面取得了更好的结果。此外，教师在确定需要额外教学的学生时，自我报告了他们在实践和知识上的变化。

在这项研究的第一年，所有幼儿园的学生都接受了筛查，那些被确定为有风险的学生在 1 月、5 月进行了测试，然后在一年级的秋季再次进行了测试。在此期间，教师和学生都没有得到干预。第二年，对这些幼儿园教师的学生进行了筛查，并由教师随机分配到两个干预措施中的一个：第 1 层级（教师专业发展，偶尔在课堂上提供支持）加上第 2 层级（研究人员为学生提供干预）；仅有第 1 层级（教师为学生提供典型的学校工作）。

为了确定专业发展和偶尔的课堂支持（第 1 层级）对有阅读问题风险的幼儿园学生的阅读表现的有效性，Vaughn 等人（2008）将学生表现与上一学年教师没有获得专业发展时学生的表现进行了比较。

在整个学年中，研究人员为幼儿园教师提供了五次专业发展课程。除了第一次长达 6 个小时的课程外，其余所有课程都进行了 2.5 个小时。前三次课程与所有幼儿园教师一起进行，其余三次课程与来自两所学校的教师一起举行，以减少小组人数并允许更多的教师互动。五次专业发展课程的重点是内容知识、通用教师实践和特定的课程材料。关注内容知识的主题包括语音意识，使用早期基本读写技巧的动态指标（DIBELS；Good & Kaminski，2003）进行进度监测，使用测评信息对学生进行分组教学以及后续 DIBELS 训练。课堂行为管理是唯一的通用教师实践课题，而引入的特殊课程材料是幼儿园同伴辅助学习策略的实施（Kindergarten Peer-Assisted Learning Strategies，K-PALS；Mathes et al.，

2001）。

专业发展有足够的跨度和持续时间，侧重内容，包括集体参与的机会。此外，课堂跟进促进了训练和预期实践中的主动学习和连贯性。这种程度的支持不仅改变了教师的做法，而且也提高了儿童的成绩。只有变化出现时，这种水平的支持对于确保干预完整性才是必要的。随着实践的整合，支持的水平可能会降低，但不会对学生的学习产生不利影响。

结论

在不断变化的环境中，学校工作人员面临着满足多样化学生群体的教学需求的挑战，因此，需要结合基于研究的实践干预新模式。预防性的多层模型与更传统的教学方法不同，因为它是灵活的并且能响应学生的需求。该模型提供各种不同强度的教学支持，学生可以在需要的时候获得支持。对于多层模型的关键组成部分，持续进行的测评，综合、明确、系统的阅读教学以及多层模型的使用，都存在经验支持。尽管关于实施多层模型的具体差异仍然存在疑问，但是该模型在促进学生学习方面的成功会提高教育工作者对实施结构化阅读教学和干预计划的信心。

第 17 章

循证数学教学：在核心、补充以及干预层面制定并实施数学提升计划

David J. Chard

Leanne R. Ketterlin-Geller

Kathleen Jungjohann

Scott K. Baker

　　我们对世界的欣赏和了解，很大程度上可以归因于人类对数字的开发和使用。人类学家、考古学家和历史学家记录了从远古时期到现代所有组织化社会中数字的使用（Cohen，2005）。在建筑学、工程学、体育、商务、文学和日常生活中都可以看到使用数学运算来测量、记录、评估、建模、分析和创新的例子。数学对于发展技术从而解决现有和未来问题的重要性不可小觑。已故的伯纳德·科恩（I. Bernard Cohen）在他的《数字的胜利》（*The Triumph of Number*，2005）一书中，记载了许多有关数学知识如何改善人们生活的例子。但人们越来越担心，如今对数学知识的需求比以往任何时候都更强烈，而随着时代发展，人们并没有表现出对数学的精通。

　　可以说，许多人凭借基础的数学技能，就能过上独立且不错的生活。但是，我们每天遇到的事件（例如，商务报告、个人财务信息、科研成果和各种统计资料）越来越多地以表格和图形的形式进行报告，这些图表需要我们进行明智地解释。尽管强大的读写能力在基于信息的社会中至关重要，但具备基本的数学能力，对于个人独立的生活是必须的。此外，如果个人对追求高等教育学位和职业感兴趣，那么代数和统计学知识对晋升至关重要。

　　在许多国家，人们的注意力已经转向数学成绩不合格的学生，以及对公共教育系统未能培养出将数学知识和技能应用于工作的专业人员的担忧。但是，他们的担忧并不新奇。例如，50 多年来，数学成绩下降一直是美国人关注的一个问题。关于如何提高数学成绩的挑战一直存在，表明在解决这类问题时需要创新思维。美国国家教育进展评估（National Assessment of Educational Progress，NAEP；National Center for Education Statistics，2007）的证据表明，学校数学成绩已略有改善。但是，与国家标准和国际标准相比，美国学生的表现仍然较差（Mathematics Learning Study Committee，2001）。鉴于来自低收入家庭和少数族裔背景的学生以及残障学生所面临的成绩差距非常大，数学成绩方面的长期问题尤其令人担忧（NAEP，2007）。这项证据以及"美国学生需要在进入大学前更好地学习数学"的普遍看法，导致了更高的数学标准并使人们更加关注教师的数学教学方式和评估方式。

　　根据国际数学和科学趋势研究（Trends in International Mathematics and Science Study，TIMSS；Gonzales et al.，2004）的报告，1995 年，美国学生的数学成绩总体上比其他国家差。2003 年，尽管美国四年级学生的成绩与 1995 年相比，没有表现出明显的改善，但美国八年级学生的成绩开始发生变化，相对于 1995 年的数学成绩和国际标准而言，他们表现出了显著的进步。总体而言，某些领域的纵向结果令人振奋，而另一些领域的结果则令人不安。在过去这些年里，尽管总体得分有所提高，但美

国在 TIMSS 上的表现仍不及许多工业化国家。

遗憾的是，尽管这些年来美国的整体数学成绩有所提高，但并不是每个学生群体都有进步。例如，残障学生没有出现类似的进步率。此外，其他亚族群学生(例如拉美裔人、非裔美国人和美洲原住民)的数学成绩仍明显低于白人和亚洲/太平洋岛国学生的成绩。这些差距表明，要使数学教学更有效、更容易被所有学生接受，还需要做更多的工作。这意味着，如果我们要扭转这种趋势，就要对学校教学理念和教育提供方式进行重大变革。学校心理学家可以帮助革新这些工作并将其整合到现有系统中。

学校心理学家的作用

学校心理学家在提高所有学生数学成绩方面的作用可以分为两个具体部分。第一个作用是担任顾问，协助教师解决学生在学业领域(包括数学在内)的教学需求。第二个作用是担任测量和评价的专家。学校心理学家在选择测量方法和实施测评时需要继续运用评估的相关知识，以确定哪些学生最需要支持、所需支持的性质以及学生数学发展的进度。但是在实际行动中，这两个作用是相辅相成的，而不是彼此分离的。

在接下来的内容中，我们将讨论学校心理学家如何思考他们在工作开展模式下支持所有学生数学教学方面所起的作用，特别是如何支持有数学障碍或者存在其他高风险因素的学生。我们首先概述了学校心理学家在提高学生数学学习和整体成绩方面提供支持的方法。然后，我们将讨论不同类型的评估如何为教学提供信息，以及为任课教师和其他支持人员提供建议的实践。此外，我们详细介绍了学校心理学家如何利用数学测评中最新的进展和研究成果来帮助教师做出良好的教学决策，从而支持学生的发展。

改善数学教学的一般注意事项

作为任课教师的顾问，学校心理学家应该了解教师在增强自身对数学的理解方面的需求，以及他们可以用来改善教学的工具。在本节中，我们描述了教师在调整经验和实际操作时所面临的一些主要挑战。随后，我们详细介绍了学校心理学家可以用来协助教师的专业发展、提高其教学效率的具体材料和工具。

教学和数学知识

对于那些在教学中没有足够机会充实数学知识的教师来说，学校心理学家是不可或缺的帮手。改善数学教学的工作经常引起人们的关注，即教师需要具备扎实的数学知识，以便精确而严谨地进行教学(e. g. , Ball et al. , 2005；Ma, 1999)。对教师数学知识充分性的关注引发了一系列侧重有效传授数学的必备知识类型的研究。事实证明，这并不像掌握数学运算那么简单。

一些学者认为，改善数学教学的主要挑战之一是确保中小学教师对数学内容有足够的了解(Ma, 1999；Milgram, 2005；Wu, 1997)。Milgram(2005)认为，教师常常不理解数学的确切本质，这导致他们的教学理念和原则在某种程度上加剧了学生错误观念的形成以及技能发展不良。此外，如果不能准确理解数学的本质，教师往往无法教他们的学生提出并解决重要问题。Wu(1997)认为，教师缺乏数学知识，再加上教育改革对数学的重新定义，将导致无法熟练掌握数学技能的学生面临毕业困难。从现有情况来看，他在之前的预测似乎是准确的。

Hill 等人(2005)指出，有效的教学需要的不仅仅是拥有数学知识的教师。Hill 等人(2005)介绍了用于教学的数学知识的结构。这种类型的知识指的是"数学理念知识，数学推理和交流技巧，能熟练运用示例和术语，对数学熟练程度的本质进行慎重思考"(第17页)。有了这些知识，教师就可以分析学生的错误，从而懂得如何进行教学，开发出多种说明性的数学概念表示形式，并对示例进行排序来引导学生日益复杂的思维。例如，在分数教学中，教师可以通过选择一系列合适的概念模型(例如面积模型或数线模型)并以支持学生理解的方式进行顺序教学(例如，先使用货币来教学生分数的集合模型，然后再教面积模型)来展示要教的数学知识。另外，有了这些知识，当学生犯错时，教师能够找出他们产生误解的根源。例如，在多位数乘法中，学生因无法理解位值，从而算不出正确答案。

先前的数学教学所需知识的示例对于掌握数学的教师来说似乎是不言而喻的，但是直到最近，还没有证据表明这种知识与学生的学习成绩有关。为了理解教学中的数学知识与学生学习成绩之间的关系，Hill 等人(2005)评估了 700 名一年级和三年级的教师及他们教的近 3000 名学生。在考虑了学生的社会经济地位(socio-economic status，SES)、旷课情况、教师资历和经验以及数学课程的平均时长等变量后，他们发现教师在数学知识(包括普通知识和专业知识)测评中的表现可以显著预测学生所获得的分数。重要的是，在他们的后续分析中，Hill 等人(2005)报告说，教师的知识对学生学习效果的影响类似于学生的 SES 对学生学习效果的影响。这一发现表明，教师的数学知识可以弥补弱势学生不断扩大的成绩差距。

学校心理学家可以使用有关有效教学和数学知识的信息来支持教师，并鼓励他们追求数学的专业发展。可帮助支持教师增强数学知识和数学教学的资源越来越多，包括美国教育部的教学中心(the U. S. Department of Education's Center on Instruction，www. centeroninstruction. org/index. cfm)和美国国家数学教师理事会的网站(the National Council of Teachers of Mathematics，www. nctm. org)。我们还强烈推荐参考 Milgram(2005)和密歇根大学数学教学能力中心(cptm. soe. umich. edu/um-colloquia. html)所做的相关工作。此外，我们认为在某些情况下，教师甚至是学校心理学家可能有必要参加专门针对这两种类型的数学知识的课程、研讨会或学习班，以提高教学效率。

学校心理学家还应该熟悉负责提供核心数学教学的教师可用的工具。这些工具包括国家和各州的数学学习标准(包括来自美国国家数学教师理事会的标准和指导文件)，发布的课程材料以及确保学生提高数学水平所必需的内容和教学知识。接下来将简要介绍这些工具。

标准与期望

NCTM(1989)是美国最大的数学教育者专业组织。大约在 20 年前，NCTM 发布了一组数学标准，领导了一场改变美国教育本质的有关标准的运动。此后，NCTM 对标准进行了修订(2000)，并提供了在备课阶段和课堂教学中如何解释并使用标准的更加集中的指导。NCTM 标准的最大价值是，它开启了关于数学教育的预期内容的对话，并指导各州建立了符合国内和国际预期的标准。我们充分预计，NCTM 将继续评估标准，并在决定如何随时间修改对学生的期望的同时，对相关人员(例如，数学家、教育工作者、企业经营者、大学教授)做出响应。

在先前描述的背景下，许多教师发现自己被标准和已发布的课程材料中确定的众多主题所淹没。为了促进课程的连贯性并帮助教师专注于数学成功所必需的最关键的主题，NCTM(2006)发布了"课程焦点"(Curriculum Focal Points)。课程焦点侧重"每个年级水平上的少量的重要数学'目标'"和"提供一种思考方式，即不同于普遍接受的目标、标准或学习期望的概念，在学校数学中什么才是重要的"(NCTM，2006，第 1 页)。

诸如课程焦点之类的标准和指导文件，在帮助确定哪些学生需要核心教学之外的支持以及哪些学生可能需要特殊教育服务方面发挥着关键作用。因为这些标准是数学学习目标的主要来源，所以它们设置了期望值，可以作为确定哪些学生发展良好以及哪些学生没有按照所提供的教学进行学习的参考。为了确保教师对本州的数学标准有所了解，可以设计和修改符合该标准的教学，并且能够分辨出每个年级的熟练表现，美国在全国范围内开展了调研工作。学校心理学家应熟悉所在州的 NCTM 标准、课程焦点以及数学教学标准，以确保在与教师商量进行特定的教学修改时，能够知道数学在该年级水平上的期望，并确保自己的建议与标准保持一致。

在与所教学生存在数学困难的教师商讨后，学校心理学家会与教师一起优化他传授问题解决的方式，例如使用叠加来估计答案。该建议可以利用学生的背景知识，帮助他了解乘法和除法之间的关系。但是，最终的希望是学生能够学会如何将总成本除以单位数量，从而确定准确的单位成本。

仅熟悉标准和相应的年级水平的期望还不足以产生使学生学习效果最大化的教学。在许多情况下，为了设计和修改教学以帮助学生获得重要的学习成果，教师需要将对数学的理解与他们对学生认知和发展的认识联系起来(Carpenter et al.，2004)。教学设计专业知识还需要教师对数学教学可用的课程材料有深入的了解。学校心理学家也应该非常熟悉这些课程材料。在某些学区，课程材料是市售的教科书。在其他学区，课程材料的范围可以从线上干预到由教师创建的材料。

课程材料

课程材料的开发(包括教科书、补充材料和程序)曾经只由市场驱动。之后，开发人员被要求提供特定领域中有关学习的可用研究。遗憾的是，与阅读教学材料相比，对数学教学工具及其相关效用的研究较少。但是，受 NCTM 标准(1989，2000)的影响，课程材料已经从单一的侧重计算和程序流利度或概念性理解，转变为在确保对数学特定领域的概念性理解的基础上建立程序流利度，最终为学生提供将基础数学概念的理解整合到战略性问题解决中的机会。

长期以来，人们对市面上使用的学习材料的批评主要集中于学习材料对国家和各州标准所规定的每个领域给予了同等关注。对于已经尝试在固定时间段内处理众多学业领域的教师而言，这是一个问题。在这种情况下，前面描述的 NCTM(2006)课程焦点可以帮助教师清楚地了解哪些基础领域在哪个年级水平需要重点强调。例如，对于小学三年级的学生而言，即使会影响对其他数学内容的关注，教师也要先确保学生能够掌握早期数字概念和运算。NCTM 课程焦点的作者所概述的领域包括：

- 数字和运算(例如，以 10 为基数的计数法，位值)
- 几何(例如，求某一区域的周长)
- 测量(例如，求出三维图形的体积)
- 代数(例如，求解方程中的未知变量)
- 数据分析、概率和统计(例如，求出一组数据的均值)

正如课程焦点所指出的，该文件有助于整合对学生表现的期望和标准，并将课程和教学重点放在构成数学学习基础的关键领域。

如前所述，改善数学教学需要关注多个方面，包括教师的教学和内容知识、可用工具以及有效教学原理。但是，即使知识渊博的教师以有效的方式使用了精心设计的课程工具，某些学生仍需要额外的支持。本章其余部分的重点在于学校心理学家如何通过实施教学支持的多层模型来支持数学的差异化教学。

教学支持的多层模型中的数学

学校对大多数学生的教学效果的不满导致了差异化教学支持的多层模型的发展。通常，这些多层模型包括三个支持层，第 1 层级代表通识教育的核心教学，第 2 和第 3 层级代表基于学生需求而增加的支持水平(Schaughency & Ervin，2006；Green-wood et al.，2008)。多层模型是已提出的实施干预措施的一种方法，即 RTI(2004 年《残疾人教育改进法》，美国法典第 20 卷第 1400 节；Vaughn & Fuchs，2003；另请参见 Ervin et al.，第 1 章，以及 Hawkins et al.，第 2 章)。尽管许多人认为 RTI 主要是一种决定谁应该因学习障碍而接受特殊教育服务的替代方法，但我们认为，它提供了丰富的机会来重新构建学校为所有学生提供教学支持的方法。RTI 的这一观点采取了一种预防性方法来为所有学生提供支持，同时也承认，无论通识教育的设计和实施有多好，一些学生都不可能仅从通识教育教学中受益(Chard et al.，2008)。对于需要额外支持才能确保顺利学习的学生，要取得适当的进步，有必要进行有根据且有针对性的小组或个人干预。

我们还认为，以教学支持的多层模型开展工作可以为我们提供一个重新构建学校心理学家、教师和其他辅助人员之间关系的机会。这种新型合作关系将利用学校心理学家拥有的知识和技能，通过将其视为课程、教学和测评系统的一部分，来帮助教师增强其教学的效果，这些系统在完全整合后可以相互作用，以获得最佳效果。通常在通识教育课堂中为尽可能多的学生提供的第1层级教学，包括按照国家内容标准概要进行的数学教学。为了满足学生在通识课堂中的需求，教师必须采用教学设计和授课技术，最大限度地提高学生的参与时间，增进学生对概念的理解，并帮助所有学生在计算流利度和问题解决方面取得足够的进步。但是，与其他学业领域（例如阅读）一样，在班级人数过多和标准化教学内容的背景下，我们几乎可以断言，存在一部分学生需要更多的支持才能达到基准期望。要想知道哪些学生需要数学方面的额外支持，就需要一个完整的教学和测评系统。测评系统包括：（1）进行筛查以确定学生当前的理解水平；（2）进行诊断性测评以确定需要额外教学的领域；（3）进行进度监测以评估当前教学的有效性。学校心理学家凭借其测量知识，可以帮助教师理解测评的原理，使他们能够选择和设计可以为有效决策提供有意义信息的测评。在下一节中，我们将描述学校心理学家可用来协助教师在通识教育课堂中讲授数学的工具，这些工具可用于识别可能需要额外支持才能确保成功的学生，并为这些学生提供教学支持。

第1层级：教学决策

传统说来，只有在教师转介学生寻求支持后，学校心理学家才会参与教学和测评。在多层支持模型中，学校心理学家通过使用我们前面介绍的工具和知识来支持通识教育教师，以防止问题的出现。除了帮助教师理解和扩充教学所需的知识，并将他们的教学重点放在基本的学习目标上之外，学校心理学家还能够帮助识别可能在数学领域失败的学生。这些用于分类或筛查决策的测试成绩需要测评专家来解释。

筛查是使用测试结果来确定学生当前在特定领域的知识和技能水平的过程，目的是预测学生在结果目标上的未来表现。通常，结果目标是学生在一个数学成绩通用测量上（例如国家年度考试）的表现。筛查测试的分数被划为三类，分别对应未达到结果测量期望的预期风险水平。进入特定层级的前提是将学生的成绩与预先确定的成绩水平相比较，该预定水平与学生为达到最终目标可能需要的教学支持量一致。进入第1层级表明，期望学生通过高质量的核心教学达到结果目标。进入第2层级的学生被认为无法达到最终目标，因此，教学应该设计成用适当的结构来说明学生的知识和技能水平，以确保成功。进入第3层级表明，学生无法达到期望的风险更大，需要个性化的教学。为了及时提供适当的支持，筛查测试通常每年进行3次。

学校心理学家不仅可以帮助教师解释筛查结果，还可以指导测试选择。教师可以轻松地获得基于课堂的测评结果，例如章节测试或教师自制的测试、全国范围的成就测试以及其他地区或学校水平的测试。学校心理学家具备的专业知识可以帮助教师理解测试结果。虽然这些测试的结果可能适合用于做出一些教学决策，但这些测试不适用于在多层教学支持模型中进行筛查决策。它们缺乏用于预测未来结果和监测学生学习的评估系统的技术素质。更确切地说，筛查测试应该用于代表结果测量中所期望的内容的广度和深度（有关此问题的详细讨论，请参见 Burns & Klingbeil，本书第6章）。

第2层级：为存在困难的学生提供差异化教学

教学差异化始于对数学教学工具和材料的关键特征的关注，这些特征能够提高教师对众多学生进行的教学的有效性。例如，一些学者为教师提供了有关选择或创建材料的指南，使他们能够尽可能有效地对所有学生进行教育（e. g.，Chard & Jungjohann，2006；Kinder & Stein，2006）。尽管这些指南对项目设计者是最有用的，但通过使学校心理学家清楚地了解教学材料通常是如何有悖于支架式教学，或者如何为陷入困境的学习者提供充分的复习，这些指南也可以为学校心理学家提供帮助。有了这些知识，学校心理学家可以协助教师修改他们的教学内容，以满足那些没有第2层级提供的额外支持就通常无法参加通识教育课程的学生的需求。修改教学内容要求教师了解学生在数学发展方面的需求。向教师提供资源以支持他们的教学、数学和发展性知识可以使他们确保大部分学生在数学上取得成功。

了解不同学生的需求

对于成绩未达到年级预期水平的学生，进行教学修改是有必要的。对于许多教师而言，修改教学内容以满足课堂中学生的各种学习需求可能让人难以接受。为了减少教师的焦虑，我们建议学校心理学家鼓励教师将略低于年级水平的不同学生的需求分为以下四个主要类别：（1）记忆和概念上的困难；（2）背景知识不足；（3）语言和词汇方面的困难；（4）策略知识与应用（Baker，Simmons，& Kame'enui，1995）。帮助教师了解这些常见的学生特征将有助于他们满足需要二级支持的学生的需求。接下来我们简要描述每个需求的领域，并讨论对教学进行修改的含义。此外，在表17.1中也对每个领域进行了总结。

表 17.1　为满足学生需求而进行的常见的教学修改

学习者需求描述	教学修改	示例
难以记住新的、抽象的数学概念	增强记忆和概念理解	按照从简单到困难的顺序讲授新的概念和原理 使用具体的操作方法和数学模型 演示概念的正例和反例 定期回顾新教的和以前教过的概念
数学先验知识方面的差距（例如，数感、词汇和基本运算的流利度）	弥补背景知识的差距	预先讲授先验知识和技能 评估背景知识以确定差距 差异化教学与练习
数学语言困难（例如，精确的术语、符号）	拓展数学词汇	在大量不同的背景下准确定义和使用数学符号 精确地描述和拓展词汇 鼓励在课堂讨论中使用数学词汇 给学生提供数学对话的机会，并就其术语的使用提供反馈
难以学会和应用问题解决策略	明确地传授策略	示范重要的问题解决策略 讲授为什么、何时以及如何应用策略 传授针对具体问题的中等水平的策略，而不仅仅是传授通用的问题解决方法

记忆和概念上的困难

有记忆和概念困难的学生在记住关键原理或理解特定概念的关键特征时会遇到问题。而且，他们往往容易关注概念或问题的无关特征。例如，在单词问题中，提问者提供的无关紧要的信息对学生从无关信息中找出相关信息（以形成解决方案）提出了挑战，而这对某些学生来说尤其困难。教师需要让学生练习分析问题，并找出解决方案所需的相关信息。

许多学生，尤其是那些有记忆和理解困难的学生，会从"以高度清晰的方式介绍概念和原理并继续强化最重要主题"的教学中受益。最初的明确教学包括确保所传授的知识与学生相关。当描述和例子超出了程序应用的范围（包括我们为什么要做现在在做的与数学有关的事情），数学就变得有意义了，因此"学习"也就发生了。因此，在帮助教师规划有效的、差异化的教学课程时，学校心理学家应鼓励教师考虑以下问题：

1. 是否全面地、清楚地制定了有关概念、原理和策略的示例，以避免造成混淆？例如，在介绍"相等"这一概念时，教师会使用具体的图形例子进行举例说明吗？

2. 知识和技能的逐步发展是否是从简单到复杂？例如，一位数运算的教学是否在两位数运算教学之前？

3.在合适的情况下，是否包括概念、原理和策略的反例来说明相关的数学特征？例如，在讲授"相等"这一概念时，教师是否提供了一些算式两边不相等的例子，并向学生清楚地说明为什么不使用等号？

4.是否使用了精心策划的复习系统？是否有明确的尝试来确保对新教的概念进行复习和强化，以增强学生的记忆和流利度？

背景知识不足

背景知识不足的学生在学习复杂的数学运算时会遇到各种各样的问题。这些缺陷可能源于幼儿期的数感缺乏，或者源于对之后数学学习的基础技能和策略的教与学的不足。例如，许多学生很难理解有理数以及有理数运算与整数运算的区别。这些差异取决于学生进行整数运算的能力。在观察教师的教学时，学校心理学家可能会问自己：

1.教师是否利用预先教学的机会来确保学生可以在新内容上获得成功？如果课程目标是解决分数问题，那么教师是否会复习或预先讲授分数的概念和操作，以确保学生拥有解决课程问题的工具？

2.是否对背景知识进行了评估以帮助教师进行规划？例如，教师是否会引导学生掌握与课程目标相关的数学词汇？

3.教学和练习与支架式学习有区别吗？例如，教师是否提供额外的例子，说明如何将单词问题转换为数字句子，同时允许学生在舒适的情况下继续独立练习？

语言和词汇困难

语言和词汇困难的学生可能会面临两个层次的挑战。首先，他们经常难以区分代表关键概念和原理的重要数学符号，例如加法和乘法符号或平方根符号。其次，许多学生还受到独特的数学词汇的挑战。发生这种情况的主要原因是语素知识和/或单词识别能力不足。在协助教师对有语言和词汇困难的学生提供帮助时，学校心理学家可能会问：

1.是否明确注意在不同背景下、高度精确地定义和使用数学符号？

2.是否特别注意词汇知识的描述和发展？

3.教师是否鼓励在课堂讨论中使用数学词汇？

4.学生是否有机会进行数学对话并获得有关术语使用的反馈？

策略知识与应用

许多学生，甚至是典型发展水平的学生，在策略学习中都会遇到困难。因此，问题解决对学生提出了严峻的挑战，因为优秀的问题解决者会进行自我对话，并且尽管屡次失败也会坚持寻找解决方案。许多学生不仅在对策略的各个步骤进行学习时会遇到困难，而且他们常常不知道应该采用哪种策略以及何时采用哪种策略。当教师致力于发展学生的策略知识时，学校心理学家可能想问：

1.教师会示范重要的问题解决策略吗？

2.教师是否讲授了为什么、何时以及如何应用策略？

3.教师是否传授了针对具体问题的中等水平的策略，而不仅仅是在传授通用的问题解决方法？

与任何认知策略一样，示范需要使用"有声思考"来向学生公开如何解决问题。

监测学生的学习进度

在多层模型的三个层级中，监测学生的进度都是很重要的，但是教师必须特别注意正在接受第2和第3层级支持的学生。进度监测是指根据专门设计的进度监测测量方法对表现数据进行持续地分析，以确定学生在实现结果目标方面的进度。进度监测包括收集基线数据，建立表现目标，随时间推移收集表现样本，以及评估观察到的和学生在特定目标上的预期增长率之间的一致性。因为学生的成绩会与他们过去的表现进行比较，所以我们建立了一个经验数据库，可以用来设计和修改符合学生学习需求的教学计划（Stecker & Fuchs，2000）。

在监测进度的过程中，学生的成长速度也会受到评估，以确定他们是否以可促进目标达成的适当的速度进步。通常根据这类信息来推断特定的教学策略对学生是否有效。

学校心理学家可以帮助构建一个进度监测系统来支持进度监测决策，需要仔细分析测量系统的几个特性，以便在一段时间内充分监测学生的进度。我们通常需要多种并行形式的进度监测测量方法来追踪学生随时间变化的情况。替代形式的进度监测必须具有可比性，以便推断出分数的变化是由知识和/或技能的变化而不是测量的变异性导致的。此外，进度监测测试应该足够敏感，能够发现学生的知识和技能随着时间的推移而发生的或大或小的变化。关于这些问题的更深入的讨论请参阅 Burns 和 Klingbeil 编写的本书第 6 章。

对于某些学生来说，补充教学可能无法在发展趋势上产生足以改变他们风险状况的变化。对于这些学生来说，个性化的教学可能是必要的。下一节将介绍可应用于第 3 层级支持的测评和教学原则。

第 3 层级：个性化干预

一旦确定学生需要重点支持，就必须进行诊断性评估，以确定可以用于分组和干预选择或发展的具体干预重点。在本章中，我们将诊断性评估与第 3 层级和个性化干预相关联。我们知道，在一些学校，即使学生接受了二级支持，也仍然有资源可用于诊断性评估。但是在大多数情况下，学校没有足够的资源来利用大量学生的诊断数据，因此，进行诊断性评估可能不是最佳的时间利用方式。

诊断性评估用于多层模型中，可确定学生在特定领域的知识和技能上表现出持续困难的部分。在这种情况下，诊断有助于更好地了解学生的数学错误观念或思维缺陷。诊断性测试最常用于那些在筛查测试中被确定存在数学失败风险的学生。由于这些学生经常会有长期缺陷，而典型的课堂教学很难弥补这些缺陷，因此诊断性评估对于设计符合学生学习需求的教学干预至关重要。有关这些问题的进一步讨论，读者可以参考 Burns 和 Klingbeil 编写的本书第 6 章。

有效干预的特点

多层支持模型通过提供更深入的干预支持来适应对核心教学没有响应的学生。第 3 层级干预针对的是以下学生的需求：(1)入学时对数字概念和计数程序的了解非常有限；(2)在前几年的学校教育中未接受足够的教学，落后于同龄人；(3)无论动机、入学前的数学教学质量、数字知识和数感如何，问题始终存在。由于采取了有效的干预措施，其中一些学生可能很快就会赶上同龄人的进度，因此有必要将其转移到较低的支持水平。但是，对于需要第 3 层级干预的学生来说，干预措施应反映出基于有效干预策略的证据。

有关数学干预特征的证据正在涌现。在本节中，我们总结了三个对存在数学困难的学生(包括数学障碍)进行有效实践的综合性研究的主要发现，其中包括 50 多个实证研究(Baker et al.，2002；Gersten et al.，2008；Kroesbergen & Van Luit，2003)。这些研究的结论可以为学校心理学家提供所需的信息，以帮助干预人员或特殊教育教师根据研究结果设计干预措施。

这些元分析中使用的效应量的基本指标是 Cohen's d，定义为实验组和对照组平均值之间的差除以合并的标准差。根据 Cohen(1988)的说法，0.80 被认为是大效应显著，0.50 被认为是中等效应，而 0.20 被认为是小效应。研究报告了以下几方面的积极效应的形成性评价数据：(1)系统和明确的教学(特殊教育学生：$d=1.19$；成绩差的学生：$d=0.58$)；(2)学生的有声思考(特殊教育学生：$d=0.98$)；(3)问题的视觉和图形描述(特殊教育学生：$d=0.50$)；(4)同伴辅助学习(特殊教育学生：$d=0.42$；成绩差的学生：$d=0.62$)；(5)提供给教师(特殊教育学生：$d=0.32$；成绩差的学生：$d=0.51$)或学生(特殊教育学生：$d=0.33$；成绩差的学生：$d=0.57$)。

总之，在数学上苦苦挣扎的学生将从如何使用特定技能和多步策略的明确的教学中受益。明确的教学是指教师对他们希望学生在解决数学问题时使用的行为进行示范。因此，如果一位教师正在明确地教学生相同分母的分数加法，他将演示以下步骤。

步骤 1：检查分母是否相同。如果是这样，则可以将两个分数相加。

步骤 2：分子相加。

步骤 3：在总和中使用与相加的两个分数相同的分母。

通过教学生用语言描述解决问题的步骤，并且在必要时使用视觉表达问题可以支持示范。此外，当教师收到形成性评价的反馈以告知他们修改教学时，学生会从中受益。最后，在同伴辅助学习中，学生关注问题的细节、观察榜样的问题解决的模式或者由更熟练的同伴进行指导，都会提高学生的数学成绩（有关同伴中介干预的更多信息，请参见 MacKay et al.，本书第 19 章）。

第 3 层级干预必须与这项新兴研究的结果保持一致。然而，它们也必须能够响应学生的需求。针对数学的第 3 层级干预尚未普及，因此我们在此描述的内容主要基于我们在特殊教育中的经验。提供强化干预的教师必须在帮助学生达到预期标准的过程中，不断评估学生是否已经具备了相应的知识和能力。换句话说，他们必须谨慎控制教学节奏。由于数学学习的进展取决于一个人先前所学的知识和技能，因此基于学生对关键先决知识的掌握程度来制定教师的教学节奏是至关重要的。如果学生没有表现出对位值的理解（例如，能够将 13 表示为 10 和 3），那么就提高学生的数学学习能力而言，传授多位数加法的技能只是程序性且徒劳的。

除了控制教学节奏外，需要第 3 层级干预的学生还可以从较小规模的教学小组中受益。虽然很少有研究支持这种说法，但是，可以合理地假设，在小组人数较少的情况下，教师能够更密切地指导学生的练习，为学生的响应提供更多的即时反馈，并确保他们在教新内容时能引起学生的注意。教学小组还使得教师可以在教学过程中对学生的进步做出反应，以便根据对先前问题的回答，改变问题类型来加快或减慢速度。我们还认为，调整教学节奏和密切监测学生学习的能力为教师提供了机会，可以教会学生自我提问的技巧，并指导他们解决问题。这些技能通常在学困生中并未得到明确展示和发展，但是对于解决问题时的适应性推理至关重要。这些问题的示例包括：我需要得出的答案是什么？是否有我不需要的信息？我该如何将这个问题改写成数学句子？这类问题传统上并未用于支持学生的学习。

结论

我们在本章中的目的是为学校心理学家提供实用的、合理的和基于研究的方法，以支持小学的数学教学。在学校，成绩差和学习不足是一个普遍存在的长期问题，需要创新的、系统的和复杂的解决方案。学校心理学家可以为教师提供宝贵的支持，因为他们可以确定教师需要在自己的数学知识和教学方面进行哪些改进。我们认为，改善数学教学包括确定有效的专业工具，增强教师的通用知识和专业数学知识，以及协助教师使他们的教学更容易为广大学生所接受。

我们还建议学校认真考虑另一种教学支持模型，例如我们在本章描述的多层模型。成功实施多层数学教学的支持模型，完全取决于学校评估其核心数学教学并采取步骤加强对所有学生的教学。学校心理学家在这项工作中的角色至关重要，他们可以利用自身的测评专业知识和教学研究知识来支持决策。

第 18 章

循证写作教学：在核心、补充以及干预层面制定并实施写作提升计划

Merilee McCurdy

Stephanie Schmitz

Amanda Albertson

在当今社会，写作的重要性和影响力不言而喻，写作可以通过书籍、流行音乐和广告等媒介，向公众传播信息。写作技能在工作中也是十分重要的，例如，在一项调研中，超过90%的职业生涯中期的专业人士意识到，写作在他们的职业生涯中十分重要，他们认为"高效写作是他们日常工作中一项非常重要的技能"（National Commission on Writing in America's Schools and Colleges，2003，第11页）。此外，来自120家美国大公司的调查结果显示，一半的公司在做出招聘和晋升等人事决策时，将写作作为其考查标准之一（National Commission on Writing in America's Schools and Colleges，2004）。并非所有的职业和工作都需要同样的写作技能，然而，在几乎所有类型的工作中，写作在某个时候都是必需的。例如，一名建筑工人可能需要给老板写一张便条，以解释因看病导致的一次缺勤；一名运动员可能需要给当地报纸写一份个人简历；一名公立学校的校车司机需要在打架后写一份纪律报告。在每种情况下，我们都可以根据书面陈述的质量对工作人员进行评估。

同样，学生也会出于各种原因参与写作活动（Barone & Taylor，2006），例如，学生可能会被要求按以下目标写一段话：通知他人、娱乐读者、说服目标受众接受某个想法或行为、展示对某一主题的知识和理解，或者反思已有信息或自己的想法。一份作品中可能需要多种写作形式。因此，熟练的写作技能是证明写作者掌握了不同写作风格的必要条件。遗憾的是，并非所有学生都能自然而然地发展这些技能。

以往的调查表明，学校提供的时间、精力和资源不足以帮助学生成为熟练的写作者（National Commission on Writing，2003）。但是，由美国国家教育进展评估（National Assessment of Educational Progress，NAEP）进行的全国写作测试表明，学生的写作能力正在提高（National Center for Education Statistics，2003）。2002年，对四年级学生写作表现的评估显示，基础写作技能较1998年有显著提高。具体而言，基础水平或以上的学生从84%增加到86%，其中28%的学生达到或超过熟练水平。2007年，对八年级和十二年级学生进行的全国写作评估（National Writing Assessment）的结果表明，与2002年相比，基础写作技能有所提高（National Center for Education Statistics，2008）。具体而言，在过去十年，达到或超过基础水平的八年级学生人数从84%上升到88%，其中33%的学生达到或超过熟练水平。此外，十二年级学生达到或超过基础水平的人数从78%增加到82%，其中24%的学生达到或超过熟练水平。

尽管大多数学生的写作水平已经达到或超过基础水平，即掌握了写作的基础知识，但很少有学生的写作达到熟练水平，或者能够写出有意义的文章。NAEP的数据表明，当学生需要将想法转换为书面语言时，大多数人会写出一篇相当基本和普通的作文，内容、组织和结构都一般。尽管这些学生能

写出一篇读者能够理解的书面作品,但大多数学生的写作水平无法满足他们在整个教育生涯、工作环境和社会面对的期望和要求(National Commission on Writing in America's Schools and Colleges, 2003)。

有写作困难的儿童在写作技巧(如拼写、标点符号、大写字母)方面表现较差。此外,这些学生不擅长计划或修改写作作品,与熟练的写作者相比,他们产生的想法和文字更少(Graham & Harris, 1997)。人们还发现,不熟练的写作者缺乏对写作过程本身的了解,他们会按顺序写一个熟悉的话题,而不是讲述一个详细、有条理的故事(Graham et al., 1991)。因此,有学习障碍学生的写作常常受到故事发展性差、修改不足、文本产出量减少和多重语法错误的困扰。

思考一下图 18.1 中的写作示例。这是一名 12 岁的五年级女生的写作作品。之前的测试结果显示,她的平均智力较低,阅读能力达到了年级水平(grade level)。然而,书面语言测试表明她的成绩处于临界水平。在这项测评中,该学生拿到了一张儿童们打篮球的照片。她有 1 分钟的时间来思考故事,并有 3 分钟的时间来撰写故事。她写道(为了方便理解已更正拼写):"I love b-ball so was shooting with the guys at my school me and the guys so I ask if I can play No Ha Ha just kidding Yes and we were happy."。对于许多读者来说,这一写作示例的质量就这个年龄而言可能是出人意料的。然而,这个学生在写作方面犯了很多儿童常见的错误。在这个写作示例中,学生只在故事结尾处使用了一次标点符号,有多个单词拼写错误,字迹潦草,并且没有完整地讲述故事,只是罗列了一些事实。

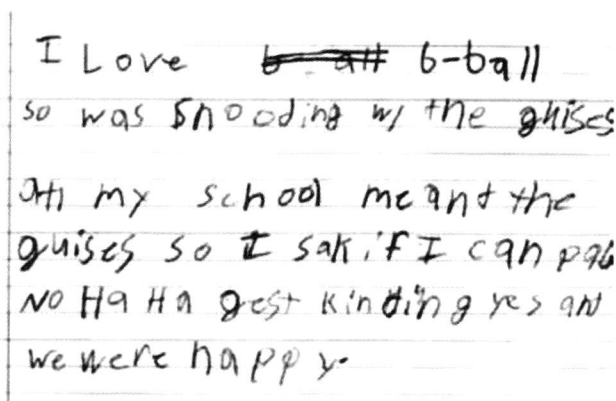

图 18.1 学生写作示例

对于熟练的写作者来说,写作过程是综合的,并且包含许多技能。尽管写作通常与结构和语法相关联,但它应被视为一种"要求学生拓宽思维,增强分析能力并做出有效和准确区分"的活动(National Commission on Writing in America's Schools and Colleges, 2003, 第 13 页)。熟练的写作者可以传递信息、讲故事、扩大自己的知识面。对许多人来说,写作技能的发展是一个复杂的过程,一直持续到成年。

本章的主要目的是提供多个写作技能领域的循证教学和干预信息。为了全面介绍书面语言缺陷和技能领域,本章首先概述了写作教学的理论基础,进而讨论写作的发展阶段和具体的写作过程目标领域,包括计划、书写和修改。最后,将结构、拼写和动机作为具体的写作技能进行讨论,这些技能可能需要额外的针对性教学。

写作认知过程理论的定义及其应用

Flower 和 Hayes(1981)提出了写作的认知过程理论,指出写作的主要成分是具有层次结构的基本心理过程(见图 18.2)。过程模型与阶段模型相反,在阶段模型中,写作过程被描述为"一系列的线性阶段,各个阶段在时间上互相分离,并以写作的逐渐展开为特征"(Flower & Hayes, 1981, 第 367 页)。

在阶段模型中，写作者将注意力集中在写作过程的每个阶段，而不是将各个阶段混合在一起。因此，在书写和修改阶段，写作者不会回顾计划过程。相反，写作的认知过程理论基于以下四个要点：（1）写作过程最好被理解为写作者在撰写文本时使用的"一组独特的思维过程"；（2）这些过程被组织成一个层次结构，其中任何一个过程都可以重叠或嵌入到另一个过程中；（3）写作过程由写作者指导，并取决于他的写作目标；（4）写作者通过制定主要目标和次要目标，或者根据在写作过程中所学的知识修改或创建新目标，从而制定属于自己的目标（Flower & Hayes，1981，第366页）。两种模型都确定了写作过程的各个阶段（即计划、书写和检查）。但是，过程模型允许写作者依靠他自己的目标来指导写作。此外，过程模型认为写作阶段并不是泾渭分明的，在写作过程中可以随时使用。

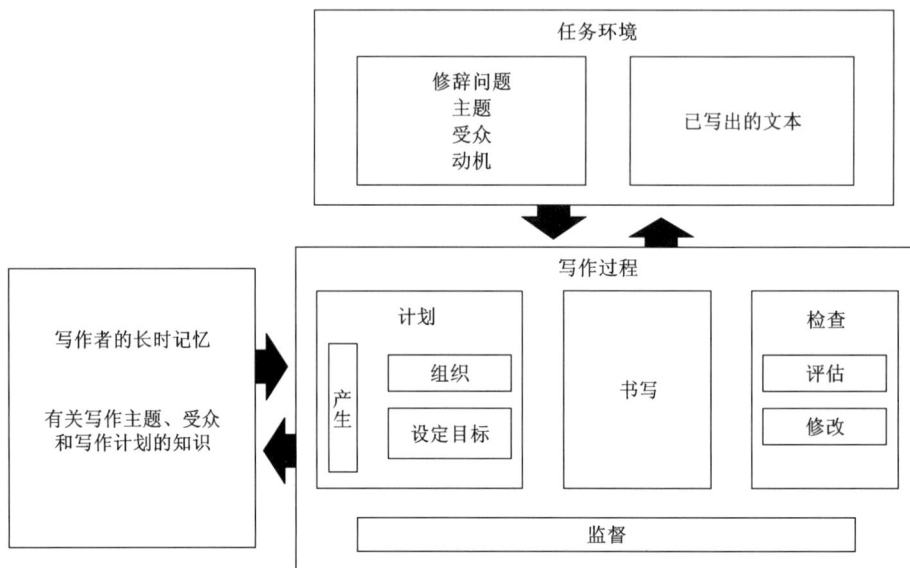

图 18.2　Flower 和 Hayes（1981）提出的写作教学理论

注：版权归美国英语教师委员会所有。经许可转载。

根据这一理论，写作行为包括三个主要因素：（1）任务环境，包括写作者之外的影响写作的所有事物；（2）写作者的长时记忆，包括对写作主题、受众和各种写作计划的了解；（3）三个写作过程——计划、书写和检查（Flower & Hayes，1981）。就任务环境（认知过程模型的第一个要素）而言，写作过程开始时最重要的组成部分是所提供的主题，在这一点上，写作者会考虑情境、目标受众以及自己的写作目标（Flower & Hayes，1981）。写作者对主题的定义和表达能力是写作过程的重要组成部分。任务环境的第二个组成部分是已写出的文本。随着写作的进行，写作者所能表达的内容变得越来越有限。正如标题限制了作品的内容，主题句定义了一个段落，每一个书面单词都决定并限制了写作者选择按照什么内容，从而产生有意义的文本。随着书面作品的不断扩展，对写作者写作时间和注意力的要求也越来越高。这些要求不断地与写作者长时记忆中的知识检索以及写作者处理已确定问题的计划相竞争（Flower & Hayes，1981）。

认知过程模型中的第二个要素，即写作者的长时记忆，包括关于主题和目标受众的知识，以及关于各种写作计划和格式的重要信息（Flower & Hayes，1981）。与长时记忆相关的一个问题是信息的检索，或者找到提取信息所必需的确切提示或线索。写作者面临的第二个问题是，需要调整从长时记忆中提取的信息，使之符合已确定的主题（Flower & Hayes，1981）。具体地说，写作者可能已经成功地从长时记忆中检索到关于某个特定主题的信息，但无法以读者可以理解的方式组织信息。

认知过程模型中的第三个要素，也是学校最常处理的要素，由计划、书写和检查过程组成。计划是写作过程的关键部分，通常被视为生成和组织内容的行为（Flower & Hayes，1980；Graham，2006）。

在 Flower 和 Hayes(1980)的模型中,计划被分解为三个不同的活动。首先,学生必须能够为自己的写作制定目标。这些目标应不断修改,以符合任务和写作风格(例如,叙述性、说服性、知识性)。接下来,学生必须为写作提出想法。最后,学生必须在可用的想法中进行选择,以完成在第一步中确定的目标。

　　写作,被定义为将思想转化为书面或可见语言的过程(Flower & Hayes, 1981)。该过程要求写作者同时处理书面语言的多种要求(例如,句法、语法、拼写、字母组成)。尽管熟练的写作者会自动地完成这些任务,但将想法转换为文本可能会让经验不足的写作者感到力不从心。如果写作者需要有意识地关注这些要求,那么将思想转化为书面语言的行为可能会干扰思想的生成和组织(Flower & Hayes, 1981)。在先前研究的基础上,Berninger 和 Swanson(1994)提出了对写作过程的修改,其中包括了对于初学者或新手来说都很重要的两个组成部分,分别是文本生成(涉及想法的产生)和转化(生成书面文本的能力)(Berninger & Swanson, 1994)。初学者或有学习障碍的学生在写作过程中可能会遇到转化困难,例如无法清晰地写出字母或产生足够数量的文字等。这些方面的缺陷将对写作作品的整体质量产生负面影响,并且可能会影响写作者专注于写作过程中其他方面的能力。

　　检查过程包括通读文本,从而扩展或修改在写作过程中产生的文本,或者评估和/或修改写作作品的初始计划(Flower & Hayes, 1981)。检查过程可以是计划中或计划外的事件。当计划检查时,通常会导致额外的计划过程和写作过程。但是,在写作者评估当前文本或自己的详细计划时,检查也可以自发进行。此外,在写作过程中的任何时候都可以进行检查(Flower & Hayes, 1981)。写作者为了检查书面作品或计划并进行修改而中断计划和写作活动的情况并不少见。

　　鉴于大家都知道写作过程和强大的写作技能的重要性,教育系统没有分配资源和提供额外的教师专业发展,以改善写作教学实践这一点十分令人不安。一些挑战可能会阻碍学校提供必要的资源来促进高质量的写作教学。例如,教育工作者要做许多的事情,因此,充足的写作时间可能不是学校规定的优先事项。此外,学生写作能力的测评是一个复杂的问题,目前用来衡量写作进步和结果的可靠有效的测量方式,可能无法让教育工作者接受(参阅 Gansle & Noell,本书第 7 章)。最后,教师需要支持和帮助,以加深他们对什么是"好文章"以及如何教学生成为熟练的写作者的理解(National Commission on Writing in America's Schools and Colleges, 2003)。Barone 和 Taylor(2006)也注意到写作教学领域中出现的几个问题。具体来说,强有力的教学应该在写作技巧(例如语法、拼写、书写)和写作质量(例如思想、组织、风格)之间取得平衡。然而,许多课程和教学实践并不强调这两种方法的结合,而是强调其中一种方法优于另一种方法。优秀的写作者必须表现出对写作技巧的掌握,同时写出由有组织的主题、结构化段落和信息性陈述组成的高质量的写作作品。写作教学的另一个问题与写作技能的测评有关。研究人员必须开发考核和评估学生写作的方法,不仅要确定学生的进步,而且要确定未来的教学需求。鉴于熟练写作者所需的多种技能,教育工作者需要测评工具来指导他们的教学决策。最后一个关注点是需要确定哪些教师对写作教学负有教学责任。尽管大多数学校都要求学生进行写作,但遗憾的是,大多数教师忽视了对学生写作表现的反馈。除非所有的教师都承担起这个责任,否则许多学生将在成为熟练写作者方面进展甚微。

写作的发展阶段

　　学习写作与学习阅读类似。事实上,这两种技能是高度相关的(Shanahan, 1984;Tompkins, 2002)。优秀的读者通常是优秀的写作者。然而,事实并非总是如此。与阅读一样,学生通过一系列发展阶段来学习写作(Levine, 1987)。在每个阶段,学生都要掌握不同的技能。在一个阶段学习到的信息是成功完成下一个阶段所必需的。并不是所有的学生都能在每一个阶段取得进步并且掌握相应技能。然而,熟练的写作者会在每一个阶段表现出对技能的掌握。

　　Levine(1987)提出了一个最为普遍接受和经常被引用的写作发展阶段模型。在此模型的第一阶段——模仿（imitation）中，学龄前儿童和一年级学生开始熟悉书写的概念，他们正在学习字母和数字，并可能会开始写小词或简单的句子。在下一阶段——图示（graphic presentation）中，一年级和二年级学生掌握了字母书写，使用拼写技能，开始关注书写的字迹，并学习写作的基本规则（例如大写字母，标点符号）。二年级末到四年级的学生，正处于写作的逐渐融合（progressive incorporation）阶段。在这段时间里，学生更善于遵循写作规则，开始写连笔字，并开始使用修改技巧。学生的写作并不复杂，因为学生专注于写作技巧，在写作前不使用计划技能。四年级到七年级的学生处于写作的自动化（automatization）阶段。在这一阶段，学生开始意识到写作是一个需要计划、多次草稿和各种修改练习的过程。学生们被期望在写作上更加独立，并监督自己的表现。写作发展的最后两个阶段是七年级至九年级的细化（elaboration）阶段和九年级以上的个性化-多样化（personalization-diversification）阶段。在这两个阶段，学生写作成为一种交流工具。基本的写作技能对学生来说更加自动化，写作被用来交流思想和说服或教育读者。学生开始使用更复杂的写作风格来实现写作目标，并使用高级词汇。总的来说，他们的写作更加复杂和富有创造性。

高质量核心教学的特点

写作成为美国教育的一部分已经有一段时间了，但是对于如何进行写作教学似乎还没有达成共识（Barone & Taylor, 2006）。这种冲突的部分原因可能是教师和学生对于写作教学的构成有不同的看法。具体来说，尽管写作教学被描述为拼写、词汇、语法和书写方面的课程，但它也被认为具有创造性表达的价值，并被视为各个学科和内容领域的测评或评估工具（Barone & Taylor, 2006）。那么，写作教学中应该包含哪些重要的教学成分或方面呢？研究和应用实践中的基本讨论涉及书面语言教学的"结果论"和"过程论"。传授特定的写作技能（例如语法、拼写、结构）被认为是写作的一种"结果论"，而对整体写作过程的关注（例如计划、写作形式、受众）则构成了写作教学的"过程论"（Bromley, 1999）。传统看来，教学往往只侧重其中一种方法。在当前学习应试的年代，重点是掌握基本的写作技能，而教学则侧重单独的写作阶段。但是，最高效的教师会在课堂上同时强调"结果论"和"过程论"，并采用一种平衡的写作教学方法。

写作教学的元分析

在过去，研究人员一直试图使书面语言教学的研究有意义。为此，他们使用元分析作为定量综合研究的技术，教育工作者可以使用这些技术来提高学生的写作"结果和过程"技能（Graham & Perin, 2007；Graham, 2006；Graham & Harris, 2003；Gersten & Baker, 2001；Hillocks, 1986）。在一项元分析中，研究人员确定了三类教学成分：对写作过程三个基本阶段（即计划、书写和修改）的明确教学；对用于各种写作任务（如论文写作或个人叙述）的不同文本结构的认识；同伴或教师对写作作品总体质量的反馈（Gersten & Baker, 2001）。这项研究是未来元分析研究写作教学的起点。尽管 Gersten 和 Baker (2001)确定了基本的教学方法，但该元分析仅在 1963 年至 1997 年的 13 项研究中考察了两种类型的写作（说明文和记叙文写作）。为了更新研究结果，还需要进行更多的调查，其中包括对写作教学研究的更彻底的回顾。最近，一个广泛的元分析回顾了 123 篇文献，研究了在四至十二年级学生中使用的传授书面语言的各种教学策略（Graham & Perin, 2007）。根据结果，研究人员向教育工作者提出了 10 条教学建议。表 18.1 列出了 6 条效应量在 0.50 或以上的建议，并根据效应量大小按顺序排列：策略教学(0.82)；文本摘要的明确教学(0.82)；同伴协助(0.75)；设定作品目标(0.70)；文字处理(0.55)；句子组合(0.50)。本章后面将单独或结合其他干预措施讨论其中几项建议。

表 18.1　写作教学的六大教学建议

序号	建议
1	教学生在写作的每个阶段(即计划、书写和修改)使用策略。自我调节策略发展课程是一个有效的教学模式的例子。
2	教学生总结以前写过的材料(例如课本上的阅读材料)。学习这项技能可以提高学生简洁地组织书面材料的能力。
3	允许学生在书写过程和修改过程中互相帮助。当与同龄人一起学习时,写作的质量会更高。
4	确定所需的具体写作目标。这些目标可能集中在段落的目的或段落的类型、特定信息的数量或故事要素的数量上。
5	学生在写作时应配备文字处理器或电脑。
6	通过将两个或两个以上的基本句子或简单句子组合成一个句子,教学生创造更复杂巧妙的句子。

注:资料改写自 Graham & Perin, 2007.

尽管元分析指出了许多有研究支持的教学实践,但是应用这些实践的工作仍然留给教师,因为这些策略并不总是包含在学校的写作课程中。全面的写作课程应该包含这些策略,并确保这些策略在发展上适合学生的年龄和/或年级。因此,确定在课堂上使用的写作程序或课程的适当性是很重要的。

研究人员对写作教学了解颇深,他们通过元分析和提供教学建议向该领域提供信息。然而,尽管已经提出了一些一般性的建议,但是研究并没有充分说明在有书面语言问题的学生中提高写作水平所需的教学量。Christenson 等人(1989)指出,"高质量的教学需要一定的时间"(第 227 页)。遗憾的是,并不是所有的学生都能接受高质量的写作教学,即使是那些接受过高质量写作教学的学生也可能无法掌握和泛化所学习的技能。为什么一个学生不是一个成功的写作者,以及哪些写作技能将从进一步的、更深入的教学中得到改善,这是由教育工作者来决定的。为了做出这些判断,教育工作者应该采用一个基于数据进行决策的问题解决模式。

问题解决模式与学生写作问题

在许多情况下,教师会提供高质量的、研究支持的书面语言课堂教学。然而,有些儿童仍然对教学没有响应。因此,确定学生遇到困难是由于核心写作课程不足还是由于缺乏高质量的教学是很重要的。为了确定发展的适当性,在检查了核心写作课程以及针对写作作品和写作过程的恰当教学目标之后,必须评估教学质量。在任何学业领域,高质量的教学都将包括直接传授某一具体技能并对其进行示范。此外,学生需要在教师的即时和直接反馈下,练习准确运用这项技能。当班级或学校中 80% 的学生表现低于年级水平的期望时,这表明核心课程或提供的教学质量存在问题。

然而,即使在有高质量教学的情况下使用了恰当的核心写作课程,一些学生在写作方面仍然费力并且表现低于年级水平。这些学生需要一个或多个技能领域的更深入具体的教学。当问题解决过程是在一个多层次的预防-干预模型(例如,干预响应模式(RTI))的背景下进行时,学校可以使用基于数据的决策来确定学生的技能缺陷,并确定有经验基础的干预措施来补充核心课程。问题解决模式可以分为四个步骤(参阅 Ervin et al.,本书第 1 章),可用于根据学生的个人需求确定对学生最有效的干预数量和干预类型。在这个四步模型中,我们可以识别和分析问题,确定目标,实施并评估计划。通过使用这一过程,在每个步骤中收集数据提高教学效率,并选择合适的课程和方法来帮助存在困难的学生。

在书面语言领域使用问题解决方法时,问题识别和问题分析步骤应有助于确定目标技能和适当的干预。这种评估应该基于对学生的写作准确性、文本产出量、写作过程的知识和动机水平的独立测评。使用基于数据的问题解决方法的学校，可以为在核心课程中没有响应的学生提供有针对性的补充教学。这些补充课程和方法可以通过提供学生未掌握的一项或多项技能的额外教学来帮助学生学习。

有针对性的补充教学领域

以下章节提供了关于写作过程中每个阶段推荐的教学实践的信息。然而，在核心层面，有必要采取包括所有写作阶段在内的综合教学方法。这些具体的策略和教学实践可以帮助教育工作者解决学生在某一特定领域的缺陷。一个更优质的核心课程将同时针对多种技能。

写作计划

写作计划通常被视为产生和组织内容的过程（Flower & Hayes，1980；Graham，2006；Vallecorsa et al.，1991）。尽管计划已被认为是有效写作的一项基本技能（De La Paz & Graham，2002；Vallecorsa et al.，1991），但显然学龄儿童的写作并未强调计划过程（McCutchen，1995）。此外，即使学生被要求进行写作计划，他们的计划也往往是不详尽和不成熟的（Berninger et al.，1996）。鉴于计划的复杂性和重要性，教师必须加强教学实践以确保该领域的技能发展。迄今为止，研究最多的计划教学方案是自我调节策略发展模式（Self-Regulated Strategy Development，SRSD；Danoff et al.，1993；Graham & Harris，1989a；Lienemann et al.，2006；Reid & Lienemann，2006；Saddler，2006；Saddler et al.，2004；Sawyer et al.，1992）。

自我调节策略发展模式

自我调节策略发展模式（Self-Regulated Strategy Development，SRSD）教学强调师生之间的互动式学习，增强学生运用教学策略的责任感。SRSD 包括六个教学阶段：发展背景知识、讨论、示范、记忆、支持和独立表现（Graham & Harris，1999；Graham，Harris，& MacArthur，2006）。在表18.2中对这些阶段进行了描述。

表 18.2 自我调节策略发展模式中的教学阶段

阶段	描述
发展背景知识	向学生传授成功运用策略所需的背景知识
讨论	对该策略及其目的和优势进行描述和讨论
示范	教师对如何运用这一策略进行示范，并引入自我指导的概念
记忆	学生记住策略的步骤
支持	教师支持或帮助学生掌握策略
独立使用	学生在很少或没有支持的情况下使用策略

注：资料来自 Graham et al.，2006；版权归 SAGE Publications 所有。经许可转载。

我们可以使用多种策略进行 SRSD 教学，这些策略被明确地传授给学生，并用于在学生写作时提示他们。例如，学生可以学习一个五步策略，其中包括对以下内容的教学：（1）看图片；（2）发散思维；（3）写下故事部分的助记符；（4）记下每个部分的故事构想；（5）使用擅长的部分写出自己的故事，并使之有意义（Graham & Harris，1989a；Sawyer et al.，1992）。此外，常用的三步策略应包括以下教学：（1）思考一下，谁会读这些作品，为什么我要写这些作品？（2）使用助记符规划想表达的内容；（3）写出并表达出更多内容（Graham & Harris，1989b；Sexton et al.，1998）。

表 18.3　记叙文的助记符

W-W-W-What = 2, How = 2	
Danoff et al. (1993); Graham & Harris (1989a); Sawyer et al. (1992)	
Who	谁是主人公,故事里还有谁?
When	故事发生在什么时候?
Where	故事发生在哪里?
What	主人公想要做什么?
What	当他试图这么做时会发生什么?
How	故事的结局如何?
How	主人公的感受如何?
POW	
Lienemann et al. (2006); Reid & Lieneman (2006); Saddler (2006); Saddler et al. (2004)	
Pick	选择我的想法
Organize	整理我的笔记
Write	写出并表达出更多内容
SPACE	
Troia & Graham (2002); Troia et al. (1999)	
Setting	环境
Problems	问题
Actions	行动
Consequences	结果
Emotions	情绪

表 18.4　议论文的助记符

DARE	
Chalk, Hagan-Burke, & Burke (2005); De La Paz & Graham (1997)	
Develop	发表立场声明
Add	添加论据
Report	报告并驳斥反对的论点
End	以一个有力的结论结束
STOP and LIST	
Troia & Graham (2002); Troia et al. (1999)	
Stop Think of Purposes	停止思考写作目的
List Ideas Sequence Them	列出想法并进行排序

　　除了上一段描述的策略之外,SRSD 的目标通常是通过使用助记符来实现的,这些助记符包含了学生在不同类型的写作中应该囊括的故事或论文要素。要明确地教给学生这些助记符,以帮助他们记住写作中所需的故事要素。然后,学生记忆这些助记符,这样他们就可以在没有提示的情况下使用它们。这些策略的使用为学生提供了一种自我监督写作质量和数量的方法。表 18.3 和表 18.4 提供了书面语言计划策略教学期间使用的助记符示例。

　　SRSD 已经在众多学生中被证明是有效的。具体地说,使用 SRSD 后,有多重残疾和学习困难的学生在写作能力上有所提升(Lienemann et al., 2006; Saddler et al., 2004),成绩优异的学生更是如此(De La Paz, 1999)。此外,专注于计划和写作的教学,提高了二年级学生(Harris et al., 2006;

Lienemann et al.，2006；Saddler et al.，2004；Saddler，2006）和十年级学生（Chalk et al.，2005）的写作成绩。SRSD 评估研究的一个优点是包含对照组。这种类型的对照研究为将计划技巧纳入教学提供了明确的支持。具体来说，研究检验了接受计划教学的学生和接受典型课堂写作教学的对照组学生之间的差异，结果显示，计划教学组学生写作的要素数量、计划时间、作文长度、作文质量和故事连贯性都有所增加（De La Paz & Graham，1997；Graham & Harris，1989a；Graham，Harris，& Mason，2005；Graham et al.，1992；Harris et al.，2006；Sawyer et al.，1992；Troia et al.，1999），并且这些变化能够维持（Graham & Harris，1989b；Graham et al.，1992），而对照组的学生并没有表现出这样的进步。

文章结构教学

尽管对 SRSD 的研究已经很充分了，并且 SRSD 也被发现是有效的，但是其他策略也有相应的研究支持。研究发现，文章结构教学作为一种计划文章的方法，可以有效地提高学生的故事构思能力。文章结构作为一个线索系统，展示了文章中的逻辑联系，并说明了观点之间的联系（Meyer et al.，1980）。另外，搜索和利用不同文章结构的能力也促进了有效的文本理解和作品产出（Englert & Hiebert，1984）。

先前的研究发现，文章结构教学是一种有效的计划（Vallecorsa & deBettencourt，1997；Gambrell & Chasen，1991）。利用这项技巧，学生可以学会通过检查已经写过的故事来识别多达八个故事要素（即主要人物、地点、时间、起始事件、目标、行动、结尾和人物的反应）。具体来说，故事要素的明确教学需要教师先教会学生确定故事中的要素，然后教学生将这些要素组合成一个反映所有八个故事要素的结构大纲。接着，教师再教学生运用故事结构计划大纲作为编写故事的指南。教学的典型特征是教师示范、教师指导、口头提示和直接提问，然后逐步朝着独立练习的方向发展。在使用文章结构教学时，学生在听课后比在课前产生更多的故事要素。此外，接受文章结构教学的学生会写出更复杂的、基于目标的故事（Vallecorsa & deBettencourt，1997；Gambrell & Chasen，1991）。

写作产出量

书写，或者说文本产出量，就是在一页纸上创造文本来传达思想和观点。尽管写作计划有助于提高学生的写作水平，但计划并不能保证写作水平的提高。通常，特定的教学和激励策略对于学生从事实际写作很有必要。存在写作困难的学生无法产生足够数量的书面文字，这会影响他们写作实践的质量（Troia，2006）。当学生不写作时，他们不能写出足够的文字来给老师反馈，也不能充分利用机会做出回应（Skinner，1998）。在传授任何技能时，增加响应的机会（即练习）是一个重要因素，因为练习可以增加学生对当前任务的熟悉程度。只有通过反复练习，学生才能掌握写作所需的技能。

研究人员已对学习障碍学生花在写作上的时间进行了调查。尽管课堂上的写作时间各不相同，但根据记录，学生平均每天的写作时间约为 25 分钟（Christenson et al.，1989）。自从这项研究发表以来，有学习障碍的学生花在写作上的时间虽然有所增加，但仍然很少，这应该引起教育工作者的关注，特别是考虑到这些研究者记录的写作时间包括了一天中所有的写作活动（例如，做数学题、填空题和抄写）。有证据表明，大约 97% 的小学生每周花在写作任务上的时间不超过 3 个小时，大约 49% 的高中生报告说，他们每月要写一到两篇三页或三页以上的英文论文（National Commission on Writing in America's Schools and Colleges，2003）。而令人担忧的是，课堂上用于写作教学的时间明显不足。学生必须有足够的时间将他们的想法、观点和见解写下来。此外，学校必须拨出时间让教师传授写作技能，让学生学习和掌握成为称职写作者所必需的技能（National Commission on Writing in America's Schools and Colleges，2003）。然而，仅仅在写作教学上花时间，不足以使学生发展写作技能，教师必须使用高质量的写作指导和教学策略，使课堂写作时间更加高效。SRSD 已经被证明能够有效增加学生撰写记叙文（Danoff et al.，1993；Graham et al.，2005；Harris et al.，2006；Lienemann et al.，2006；Reid & Lienemann，2006；Saddler，2006；Saddler et al.，2004；Troia et al.，1999）和议论文（Chalk et al.，2005；De La Paz，1999；De La Paz & Graham，1997；Graham et al.，1992；Sexton et al.，1998）的文本量。此外，SRSD 表明，这些进步在学生接受教学后 6 周依然存在（Reid & Lienemann，2006；

Saddler，2006；Saddler et al.，2004）。

除了 SRSD 之外，在写作量上使用表现反馈策略也被证明能够有效提高写作产出量。在最早使用的表现反馈方法中，综合运用明确的时间安排，公布所写单词数量最多的学生以及帮助学生超越其最高分数的教学，都显著提高了二年级和五年级学生的写作产出量和写作质量（Van Houten et al.，1974）。另外，当四年级的学生用图表记录他们写的单词数，计算其他学生作文中的单词数，校对自己写的故事，并与全班同学分享他们的故事时，他们的产出量和质量都有同等提高（Kasper-Ferguson & Moxley，2002）。因此，对学生写作表现的反馈不仅可以提高学生的写作产出量，而且可以提高学生的写作质量。

"熟能生巧"这句谚语就写作而言是正确的。如果学生不练习写作技能，他们将不会成为熟练的写作者。但是，要成为熟练的写作者，光有练习是不够的，还需要进行高质量的教学。如前所述，学生必须接受有关计划技巧的教学。此外，学生还需要有关修改策略和写作技巧的教学，教师也必须激励他们运用所学的所有技能。

修改

术语"修改"和"编辑"在书面语言领域中经常被当作同义词使用。但是，这两个词代表的是写作过程的不同形式。在每一个过程中，原始的写作作品都会被修改或更改，目的是对其进行优化。差异在于每个过程中发生的事情。在修改（revising）时，学生应检查整篇文章，以确保达到文章目标，并确保读者能够理解。修改发生在主题、段落和句子层面，并且修改过程可能需要大量的时间。相反，编辑（editing）需要对文章进行彻底的校读，以找出并纠正排版错误和语法错误。编辑通常是写作过程的最后阶段，用来完善文章中的小瑕疵。本节重点介绍提高学生修改技能的策略。

有学习障碍的学生不懂得如何使用有效的修改策略（Troia，2006）。这些学生只会粗略地修改他们的文章，做一些表面的改动。对学生修改技巧的测试发现，大多数学生花在修改上的时间很少，只编辑写作技巧上的错误（例如，标点符号、字体书写、大写字母），而这对他们的写作往往弊大于利（Graham，1997；McCutchen，1995）。通常，有写作障碍的学生会用一个相似的单词替换前面写过的单词，或者将这个单词擦掉重写。在这个过程中，他们并没有使用真正的修改技巧。

修改技巧的教学应为学生提供可在修改过程中使用的策略，以促使他们准确地使用技巧。尽管许多学生能有效且快速地使用这些策略，但有学习障碍的学生往往会觉得修改策略很难。修改的根本问题是，有学习障碍的学生很难识别出他们写作中的错误，所以会让他们误以为自己写得很好（Graham，1997）。因为这些学生无法识别自己写作中的问题，所以修改非常困难。因此，在修改过程中，识别书面错误是迈向成功的第一步。

有两种策略可以帮助学生找出写作错误，并提高他们修改写作作品的能力。当有学习障碍的学生被要求阅读包含写作错误的段落时，如果他们大声朗读段落，则更有可能发现文中的错误（Espin & Sindelar，1988）。因此，第一种策略是要求学生大声朗读他们写的作品，以增加他们发现写作错误的机会。

第二种策略是利用同伴协助和反馈来帮助有学习障碍的学生找到书写错误或需要推敲的地方。对于学生的写作质量，在某些情况下，同伴反馈与教师反馈一样有效，甚至更有效。在一项研究中，学生作为朋辈编辑（Karegianes et al.，1980），向课堂上的其他学生提供同伴反馈。此外，学生依靠同伴反馈来提高自己的写作能力。结果表明，同伴反馈组的学生比教师反馈组的学生进步更多。当教师提供反馈时，学生可能很少参与找出错误的过程。相反，他们依赖教师的反馈来确定自己的写作错误。相比之下，提供同伴反馈可以教会学生编辑过程。当学生积极主动地向同伴提供反馈时，他们会更多地了解编辑过程以及如何使用课堂评分准则。类似的结果可以在同伴辅导的文献中找到，因为在同伴辅导中，辅导者和被辅导者的学业技能都在提高。辅导或提供同伴反馈的行为通常会提高辅导者的技能，以及接受辅导的学生的技能（Medcalf et al.，2004）。

此外，使用同伴反馈和修改还能减少教师参与这些过程的时间，从而使教师每天能花更多时间帮助个别学生或少数学生。所有教师共同关心的一个问题是，为学生的写作作品提供高质量反馈所需的时间。研究表明，教师将94.1%的反馈时间用于纠正基本的写作技巧(Lee, 2008)，而帮助学生掌握更高级的写作技巧(如产生想法或细化主题)方面的时间要少得多。此外，对教师的编辑标记进行分析后表明，91.4%的教师反馈指出了写作的缺点，而不是优点(Lee, 2008)。由于教师认为他们的编辑技能是浅显和无效的，所以他们不太可能进行更高级的编辑步骤。教师在反馈过程中花费的时间是一个值得关注的问题。以一个普通班级为例，如果一个教师班上有25~30个学生，他可以花3到4个小时阅读学生的文章并提供反馈。当然，较长的文章需要较多的时间，而较短的文章所需时间较少。但是，教师依然需要花费大量时间进行阅读及反馈。

总之，计划、书写和修改的过程需要使用许多具体的技能。此外，教师应该使用适当的写作技巧，包括拼写。明确的技能教学(包括语法、句子结构和拼写的基本规则)可能是必要的。

需要教学的具体写作技能

技巧教学

写作技巧(例如语法、标点符号和大写字母)常常是学生难以掌握的一项基本技能。但即使是初学写作的写作者也需要这些技巧，因此，不恰当地使用这些基本技巧会影响读者对写作者能力的看法。这些技能可以通过课程和干预来明确地传授，可以运用的教学策略包括直接教学具体的技能、增加写作练习量、表现反馈和动机。过去的研究已经证明了这些策略对学生正确使用写作技巧的影响(McCurdy et al., 2008)。作为本研究的一部分，我们在三个特殊教育班级里使用了一套综合教学策略的干预方案，在课上，学生被要求使用包含形容词的完整的句子以及复合句进行写作。每个班级的学生都达到了预定的目标，并表现出不同的写作技能维持能力。

其他研究发现，直接教学可以提高学生的写作技能，但该领域的研究仍然很少(Walker et al., 2005)。直接教学使用即时反馈和纠正性反馈，并包括遵循特定教学阶段的一组结构化课程序列。具体来说，教师首先通过单独提供正确的响应来对要学习的内容进行示范，然后带领学生以整体的形式提供正确的响应，最后通过实施即时任务探针和延迟任务探针来测试学生对内容的掌握情况。直接教学对有学习障碍和行为障碍的学生(Keel & Anderson, 2002)以及被认为有天赋的学生(Ginn, Keel, & Fredrick, 2002)是有效的。在每项研究中，提供推理和写作课程(the Reasoning and Writing program, Engelmann & Grossen, 1995)的时间都很短(即为有学习障碍和行为障碍的学生提供6周的课程，为有天赋的学生提供10周课程)。推理和写作课程采用直接教学原则，提供了广泛的写作体裁，例如记叙文、说明文和议论文，并要求学生遵循每种体裁的写作过程阶段(Walker et al., 2005)。来自常模参照测验的数据表明，在书面语言测验第三版(Test of Written Language—Third Edition, TOWL-3; Hammill & Larsen, 1996)的自发性写作子测试(Spontaneous Writing subtest)中，大多数学生的分数都有显著的提高。表达性写作课程(The Expressive Writing program, Engelmann & Silbert, 1983)作为同样运用直接教学原则的课程，被发现可以提高有学习障碍的高中生的写作质量。表达性写作课程与推理和写作课程相似，只是在教学生写作过程的各个阶段时，它提供的只有记叙文这一写作体裁(Walker et al., 2005)。通过使用单一被试设计，并对教学前后TOWL-3的得分进行比较，研究人员发现，在50节课的教学后，三名学生的写作水平皆有所提高。此外，在终止教学后的2、4和6周内，学生的写作成绩仍然保持良好。

与这两个课程有关的一个重要问题是干预环节所需的时间。在每个课程(推理和写作课程、表达性写作课程)中，一堂课大约需要50分钟。在使用诸如RTI等问题解决模式时，学校正在寻找可以在相对较短的时间内以小组形式使用的补充干预措施。学校可能很难每周提供三到四次的50分钟时间让学生接受补充教学。但是，这些课程有最有力的证据基础表明，强化干预对学习障碍儿童是必要的。当讲授像书面语言这样复杂的技能时，学校可能需要投入额外的时间来提高学生的写作技能。

拼写

许多有写作问题和没有写作问题的儿童拼写能力都很差，因此，一些教师和父母质疑直接拼写教学的必要性。在有电脑拼写检查程序的时代，拼写能力较差的儿童在学校中似乎可以取得一定成绩。然而，由于许多工作场合需要纸笔书写，缺乏拼写技能可能不利于那些对需要掌握拼写技能的职业感兴趣的人。

拼写教学可以采取几种不同的形式（Simonsen & Gunter，2001），例如音位法、全词法和语素法。在每种情况下，拼写教学都是基于直接教学的原理，并明确传授技能。然而，不同课程的拼写教学有所不同。使用音位法进行拼写教学时，学生们需要学习识别与书面字母相对应的发音。这种方法的一个例子包括拼写掌握课程（the Spelling Mastery program，Dixon & Engelmann，1999），在整个课程中，它提供了字母–发音关系的教学。全词法是以拼写单词的记忆为基础的。这种方法的例子包括添加单词课程（the Add-a-Word program，PrattStruthers et al.，1983）和覆盖–复制–对比法（Cover，Copy，Compare，Nies & Belfiore，2006）。在每种情况下，学生都被要求复习正确拼写单词的模型，并独立拼写目标单词。如果单词拼写不正确，则需要反复练习如何正确地写出单词。语素法教给学生使用单词的前缀、后缀和词根时的常用规则。形态拼写课程（the Spelling Through Morphographs program，Dixon & Engelmann，2001）就是这种拼写教学方法的一个例子。

上面所提到的例子仅包括少数有效的拼写教学课程和干预措施。事实上，拼写可能是书面语言中研究最多的领域之一。与所有的补充教学一样，每种拼写教学方法并不是对所有儿童都有效。教育工作者或心理学家应该实施测评，以确定对个别学生最有效的课程（参阅 Daly 等，本书第 8 章）。

动机

根据我们的经验，有书面语言学习障碍的学生会对写作感到厌恶。事实上，大多数儿童不会表现出对写作任务的偏好。写作可能不会激发所有学生的积极性。写作过程很难掌握，对于有写作问题的学生来说更是如此。对反应的努力程度（response effort）的研究表明，完成任务所需的努力越多，对该任务的偏好就越低（Friman & Poling，1995）。对于学业任务，反应的努力程度可以看作是任务完成的容易程度（Neef et al.，1994）。因此，任务越困难，所需的反应的努力程度就越高，任务参与度就越低。对于能够熟练（即准确、快速）写作的学生来说，反应的努力程度减少了。对于写作困难的学生，反应的努力程度增加了。基于这种反应的努力程度的概念，教育工作者应调整写作任务，以确保为有写作障碍的学生提供恰当的教学水平。一旦学生掌握了流利的技能，任务难度就可以提高。通过调整任务，使得反应的努力程度减少了，学生参与任务的可能性就会增加。

离散任务假说（Skinner，2002）是另一种动机理论，有助于我们理解为什么有些学生没有写作动机。根据离散任务假说，在一个更大的任务中完成离散任务是强化的一种条件形式。例如，完成一张数学试卷需要完成几个单独的数学问题。假设"完成整张试卷"具有强化效果，那么完成每个数学问题也具有强化效果。这个例子类似于将一个项目从"待办清单"中划掉的强化效果。每划掉一个项目代表完成了一个离散的任务，对那个人来说是一种强化。但是，写作是一个不包括明显的离散任务的过程。因此，在完成一篇书面论文的过程中，不存在大量的强化。在写作任务中，可以通过固定标题或改变篇幅要求来设计离散任务。这些调整对学生动机的影响还没有得到研究。

最终，随着写作技能的提高，学生可能会发展出写作的内部动机。在发展内部动机之前（Bruning & Horn，2000），外部动机是必要的。Skinner 等人（2004）指出，学校并不经常使用奖励来提高学生的学业成绩。然而，奖励为学生提供了可能缺乏的动力，使他们能够发挥出最佳水平。团体后效可以是独立的、互赖的或依赖的（Kelshaw-Levering et al.，2000）。使用神秘激励因素的团体后效（Moore et al.，1994；Kelshaw-Levering et al.，2000）、良好行为游戏（Tingstrom et al.，2006；Barrish et al.，1969）以及大理石罐游戏都被证明在课堂上是有效的。每一个奖励程序都依赖于团体后效的原则，并用来激励小团体或大团体的行为。此外，根据适当学习行为提供的神秘激励因素、排名变化和百宝袋奖励（Jenson & Sloane，1979），以及基本奖励（例如，特殊待遇、食物或有形物品）可以激励个别学生。具体地说，在进行书面语言教学时，应该激励学生使用新的技能，写出准确的文章，并写出足够数量的文本。此外，利用团体后效，也可以有效减少学生的消极行为并增加适当的课堂或小组行为(例如，坐在座位上，参与任务)。

总结

写作是一个由多种相互依赖的技能组成的非常复杂的过程。学生若想成为优秀的写作者，就必须掌握与写作计划、书写和修改相关的众多技能。此外，学生写作必须有内部和外部动机。遗憾的是，教育工作者可能不具备在课堂上帮助学生所需的背景知识或持续的专业发展。对于那些不了解每种方法、程序和干预措施的实证研究基础的人来说，不同的书面语言教学方法可能会令人困惑。

在学业技能领域，问题解决方法有助于解决出现的问题。同时，学校应采用 RTI 方法来开展工作，评估学区或各州教育机构认可的核心课程的质量和有效性，以解决写作过程中的所有问题。此外，学校应该开始对补充写作课程的研究进行批判性回顾，其中一些在本章中已经提到。在此过程中收集的数据将有助于教育工作者发现学生的写作问题，识别具体的技能缺陷，并提供基于经验的补充干预措施。只有在写作发展、高质量的写作教学和补充写作课程方面进行专业发展，学校系统才能着手提高学生的写作技能。

第19章

同伴中介干预策略

Leslie MacKay

Theresa Andreou

Ruth A. Ervin

被需要的需求往往比生存的需求更强大。

——Stephen Glenn《*Raising Children for Success*》

从生物学的角度来看,人类是社会性的,需要与他人互动才能生存。虽然并不是所有的社交体验都是积极的,但与同龄人一起完成任务是有价值的,而且能带来比单独完成任务更多的益处。为了发挥这些潜在的优势,教师经常为学生创造出团队合作或者配对合作的学习环境。在这一章中,我们讨论了使用同伴而不是成年人作为改变推动者的干预策略。同伴通常具有与他人相当的地位或级别(例如,相似的年龄、年级、知识、地位、能力或发展水平)。术语"同伴中介干预"(peer-mediated intervention,PMI)被用来描述所有利用同伴而不是成年人作为改变的直接或间接推动者的学业、行为或社会策略(Hoff & Robinson,2002)。

在本章中,我们旨在为不熟悉 PMIs 的读者提供在问题解决过程中使用这些干预措施的基础知识。首先,我们给出了在当前学校改革背景下让同伴作为改变推动者的理由。其次,我们讨论了在学校环境中使用 PMIs 的几种潜在原因。接着,我们描述了许多实证文献中使用的具体的 PMI 策略。最后,我们讨论了在学校环境中使用 PMIs 时的特别注意事项。

让同伴作为改变推动者的理由

使用 PMIs 的原因主要有理论、发展和实践三个方面。早期的理论(e. g.,Bandura,1977;Piaget,1965)指出了同伴在儿童发展和学习中所起的重要作用。例如,根据 Piaget(1965)的观点,儿童在很小的时候就会受到同伴的社会性影响,处于对称的互惠过程中——即模仿其他儿童的行为。Piaget 认为,同伴互动对儿童社会能力、道德和智力的发展起着重要的作用(DeVries,1997)。社会认知学习理论(social cognitive learning theory)提出,人类是通过社会经验和观察学习来发展、适应和改变的(Bandura,1977)。比如,依据 Bandura 的理论,儿童价值观、态度和行为的传递主要通过与同伴的社会互动进行。除了这些理论观点外,最近一项关于越轨同伴[1]影响的发展研究的综述表明,同伴可以对一个群体中青少年的思想和行为产生巨大的影响(Gifford-Smith et al.,2005)。相关研究证据表明,儿童对彼此有着巨大的影响,因此同伴是促进儿童改变的合适且理想的人选。PMIs 可以正式地引导学生之间的自然互动,将其转化为积极的社交、行为和认知参与机会。通过使用 PMIs,教师可以把握

---

① 译者注:越轨同伴,指的是具有违反法律和社会道德的行为的同龄友伴。

住课堂上的这种自然资源，利用社会学习的多维因素使学生产生积极的变化。

从实践的角度来看，PMIs 的一个潜在优势是，时间且资源有限的教师可以利用这些天然的改变推动者（即同伴）来加强、指导和支持学生的学习，从而最大限度地增加每天的教学时长。具体来说，教师可以利用在多个环境中都能接触到的同伴来扩大他们的教学影响和基本技能的覆盖范围。例如，如果一个学生需要额外的指导性练习或提示，才能系统地将步骤和策略应用到数学学习中，那么他的同伴可以提供这种额外指导（Klingner & Vaughn，1999；Kunsch et al.，2007）。

PMIs 还符合当前学校环境中的实践指南、政策和法规。例如，美国的卓越特殊教育总统委员会（President's Commission on Excellence in Special Education，2002）和 2004 年修订的《残疾人教育法案》（IDEA）都鼓励从业人员尽早采取行动，并在常规课堂中使用循证实践进行干预，以使所有学生都能取得成功（Gresham，2006）。实证研究表明，PMIs 可以改善学生在学业和社会领域的表现（e. g.，Ginsburg-Block et al.，2006；Rohrbeck et al.，2003），并且它适用于不同的学生（e. g.，Haring & Breen，1992；Rohrbeck et al.，2003）和不同的现实生活环境（e. g.，Laushey & Heflin，2000）。此外，大量的元分析研究表明 PMIs 是一种有效的策略（Johnson & Johnson，2000；Rohrbeck et al.，2003）。

PMI 策略可以在系统、班级或个人水平上应用（例如，学校范围内的跨年龄辅导或同伴中介、班级同伴辅导、数学或阅读的一对一互惠教学），因此它们非常适合运用于干预响应模式（response-to-intervention，RTI）中。此外，它们使得通常在 RTI 中所必需的替代分组安排或额外支持成为可能（O'Connor et al.，2005），而且任课教师可以将其作为一个有力的工具，用于在限制最少的环境中增加对残疾学生的支持（DuPaul & Henningson，1993；Haring & Breen，1992；Maheady et al.，1988）。

选择 PMI 策略的原因

在问题解决模式中，选择具有实证支持并且能解决当前问题的干预措施是十分重要的。对于任何特定的问题，教师或学校心理学家都有许多可选择的干预措施。在以下各节中，我们简要描述了学校心理学家选择使用 PMI 的 10 个潜在原因。这些原因中有 5 个与预期表现有关，另外 5 个与教师的偏好或情境匹配问题有关。与选择其他干预策略一样，我们建议使用问题解决流程来指导决策。因此，我们列出使用 PMI 的潜在原因清单主要是为了总结有关 PMIs 的实证文献，同时说明在哪些情况下学校心理学家可能会考虑使用 PMI。本节不可用作将干预措施与特定问题相匹配的模板。

选择 PMIs 以产生预期表现

在问题解决模式中，学校心理学家之所以会选择一种干预策略，是因为它可能会产生某些期望的表现。例如，学校心理学家可能想要提高学生在学习过程中的积极参与度，或者提高儿童在特定领域（如阅读）的技能。在研究文献中，PMI 策略与几项重要的结果相关（e. g.，Hoff & Robinson，2002），如果从业人员希望获得这些结果，那么他们可能会考虑使用 PMI。

促进积极参与

PMI 的主要优势之一，是它通过为学生创造更多做出响应、寻求解释、提出问题以及提供和接收反馈的机会，来提高学生在学习过程中的积极参与度。对 PMI 的研究表明，PMI 提高了通识教育班级中非残疾学生的学业参与度（e. g.，Cushing & Kennedy，1997），增加了主动学习时间，减少了他们在课堂上的分心行为（e. g.，Cushing & Kennedy，1997），并且增加了风险学生和残疾学生的响应机会（e. g.，Mathes et al.，1998）。

对于有破坏性行为和注意力不集中的学生，更及时、个性化的节奏和积极参与可以改善他们的学业和行为表现（DuPaul et al.，1998；Greenwood et al.，1989；Webb & Farivar，1994）。Spencer 等人（2003）证明了同伴辅导如何有效地提高有情绪和行为问题学生的成绩和专注于学习的时间。通过交互式同伴辅导和更小的合作小组来加强同伴互动，也被证明可以增加不愿做出响应的英语学习者（English language learners，ELL）的口语参与度。一些考察了合作学习和同伴辅导对专注学习行为的积极影响的元分析综述已经产生了较大（Johnson & Johnson，1989）到中等（Ginsburg-Block et al.，2006）的效应量。

改善学业表现

典型的 PMI 项目（例如，班级同伴辅导（class-wide peer tutoring，CWPT），本章后面将对此进行更详细的描述）有助于促进课堂上所有学生的学业成功（Delquadri et al.，1986）。例如，对 CWPT 在拼写、阅读和数学方面的应用的研究表明，普通学生组、成绩较差学生组和学习障碍学生组的学习成绩都有所提高（Burks，2004；Fuchs et al.，1997；Fuchs et al.，1995）。接下来，我们将简要介绍一些支持使用各种 PMI 策略来改善阅读、数学、写作和知识性学科（如社会研究）学业表现的研究。我们的回顾是为了说明支持使用 PMIs 来改善学业表现的研究的广度，而不是详尽无遗地介绍所有使用 PMI 来改善学业表现的研究。

有许多研究检查了 PMIs 在改善阅读发展的各个方面的应用，包括对音位技能、解码、阅读流利度、常见单词识别、词汇习得、理解力和故事要素（Mathes et al.，1998；Barbetta et al.，1991；Giesecke et al.，1993；Palincsar & Brown，1984；Wheldall & Colmar，1990）的影响。例如，在阅读流利度和理解力方面，配对阅读和互惠教学策略提高了有学习障碍和社会行为问题学生的理解力（Palincsar & Brown，1984）。另外，合作阅读策略（Collaborative Strategic Reading，CSR）被认为是小学和中学知识性学科中的一种有效的教学策略（Klingner & Vaughn，1999）。

在数学领域，PMIs 也有实证支持（Kunsch et al.，2007）。Kunsch 和他的同事（2007）在数学领域进行了一项综合研究，得出的结论是，同伴中介干预对存在数学学习障碍风险的小学生有很好的效果。同样地，Franca 等人（Kerr et al.，1990）在他们对情绪-行为困难学生的数学同龄同伴辅导的调查中报告了良好的学业表现，发现同伴辅导可以增加学生对数学的正确反应，并改善对数学的态度。通过每日积分和公开展示，CWPT 得到了加强，从而增强了学生对减法运算的掌握（Harper et al.，1995）。

PMI 策略也可用于提升写作技能。例如，与独立写作小组（控制组）的学生相比，合作的且高度结构化的同伴中介提示和支架式写作显著提高了互动写作小组中学生的成绩（Yarrow & Topping，2001）。对于配对学生而言，其作为写作者的自尊心也有所提高（Yarrow & Topping，2001）。在另一项应用中，跨年龄辅导激发了更多与三、四年级学生的写作作业相关的批判性思考和讨论（Schneider & Barone，1997）。

除了能显著改善基本学业技能领域（即阅读、数学和写作）外，PMI 策略还与增加社会研究、科学和艺术等知识性学科中事实信息的获取、保留和应用相关（Maheady et al.，1988；Rosenthal，1994；Thurston，1994）。在健康和体育教育领域的研究也证实了 PMI 的积极影响（Anliker et al.，1993；Block et al.，1995）。

改善同伴互动和课堂氛围

与同伴积极交往能为儿童表现亲社会行为提供更多的机会，并可能会提高他们的社会接受度（Hoff & Robinson，2002）。研究表明，PMI 策略能够有效增加学龄前和小学阶段的残疾学生的亲社会行为发生率（Odom & Strain，1984；Strain & Odom，1986）。残疾学生报告说，在辅导课程之外，他们与正常同龄人之间的人际关系得到了改善（即被认为更可爱、更能干、更友好；Maheady et al.，1991）。例如，大量研究发现，通过使用被称为积极同伴报告（positive peer reporting，PPR）的 PMI 策略，残疾学生的积极同伴互动和他们在班级里的接受度评分都有所增加（e. g.，Bowers et al.，1999；Bowers et al.，2000；Ervin et al.，1996）。此外，通过被称为合作学习（cooperative learning）的 PMI 进行的结构化同伴互动，增进了课堂内外残疾学生和普通学生之间的友谊（Johnson & Johnson，1986）。在一项包含 203 名小学生的大规模研究中，旨在让自闭症学生融入课堂的同伴中介活动增加了同伴互动（Kamps et al.，1998）。此外，大多数的非目标学生都报告了他们从该项目中得到的乐趣，以及作为自闭症学生的朋友和帮助者的总体满意度，这表明 PMI 策略可以为残疾学生和普通学生带来互惠。同伴伙伴策略已被成功地用于行为障碍和学习障碍学生中，为他们增加了积极的社会交流，并减少了消极的言语互动(Franca et al., 1990；Maheady et al., 1988)。互赖型团体奖励后效(interdependent group reward contingencies)是促进同伴间相互依赖的一种策略。Slavin(1990)发现，在对同伴关系和学业表现的影响方面，互赖型团体奖励后效(即当所有成员都达到了预先设定的标准时，给予团体奖励)比依赖型团体奖励(dependent group rewards，根据特定学生的表现给予团体奖励)或独立型奖励(independent rewards，只给达到标准的个人提供奖励)更有效。Cushing 和 Kennedy(1997)发现，使用这种策略后，课堂参与度较低的普通学生，以及在通识教育课堂上为残疾学生提供同伴支持的学生，其学业参与度、作业完成情况和成绩都有所提高。同样，在一个有情绪-行为问题的学生样本中，Franca 和他的同事(1990)发现，同龄同伴的数学辅导对有情绪-行为问题的学生的同伴互动有积极影响，并且增加了他们的学业响应。

鼓励学生的自主性

当学生能够设定自己的目标并监测和评估自己的学习时，他们可能会感到更有自主权并且更自信(Ginsburg-Block et al., 2006；Rohrbeck et al., 2003)。通过在学习任务和评估过程中增加自我指导的机会，同伴辅导项目能够帮助学生建立自我效能感和自信心(Ginsburg Block et al., 2006)。当学生有了更多自主学习的机会，他们的学业表现也能得到改善(Rohrbeck et al., 2003)。

促进行为改变的维持和/或将表现泛化到计划外的情境中

特殊教育的一个主要挑战是如何维持目标行为并将其从训练情境泛化到自然情境中去。许多 PMI 策略都包含了促进维持和泛化的策略，使 PMI 更有利于促进长期的改变(Stokes & Baer, 1977)。例如，课堂上应用的 PMIs 可以促使改变泛化到未经训练的、更常见的课外环境中(例如，餐厅、操场或教室附近)，因为在这些课外环境中学生很容易与同伴互动，而且同伴还可以进行监督或提示(Hoff & Robinson, 2002)。意料之中的是，Haring 和 Breen(1992)发现，在结构化活动中的同伴互动会转化为课堂外的自然强化。

选择 PMIs 来处理教师偏好和情景匹配问题

如前所述，PMI 策略可用于促进预期表现。此外，PMI 策略可能比其他策略更符合教师偏好和/或适合教学环境。

区分教学水平和形式

PMI 策略的一个关键优势是，教师可以组织 PMI 策略来使同一个班级中的不同学生小组以不同的速度进行学习(Fuchs et al., 2000)。教师可以让学生以结构化的方式一起学习，同时传授不同水平的课程并使用不同的教学程序，以适应不同学生的要求(Fuchs et al., 2000)。对于学生来说，这意味着教学目标、任务、策略和材料可以根据他们的个人需要进行调整。

灵活性和适应性

PMIs 有效性研究的结果是很乐观的，因为这些策略应用广泛，并且很容易融入日常课堂教学程序中(Maheady et al., 2001)。PMI 策略已被广泛有效地应用于残疾学生(如自闭症、学习障碍、行为障碍、严重残疾)、有社交问题的学生(如同伴拒绝、社会孤立)和有学业困难的学生。随着学生群体的日益多样化，课堂里也出现了不同的需求。Fuchs 和他的同事(1997)通过让不同的儿童同时学习不同的数学技能，鼓励在数学领域使用成套的 CWPT——数学同伴互助学习策略(peer-assisted learning strategies—math, PALS-M)来进行专门的调整。由于配对学生需要一起学习个性化的材料，因此所有学生的教学时间都增加了。学生需要向他们的同伴提供必要的帮助、即时的反馈以及错误纠正，通过这种结构调整，当学生没有取得足够的进步时，教师可以成功地做出适应性改变并修改教学方案。

具有社会效度的方法

担任同伴监督者的学生可能会从他们的角色中获益良多(Dougherty et al., 1985)。在对社会效度的调查中，教师和学生都报告说他们喜欢以同伴为中介的教学方法(Spencer et al., 2003；Barbetta et al.，1991）。事实上，许多研究都已经确定了说教式干预和小组同伴中介干预的社会效度（e. g.，Cochran et al.，1993；Franca et al.，1990；Greenwood et al.，2001；Spencer et al.，2003）。一项针对来自多元环境的小学生（n＝203）和自闭症学生（n＝38）的5年纵向研究的社会互动数据和积极同伴报告，支持了这样一种观点：PMI策略可以促进残疾学生有意义地融入群体并产生积极的社会表现（Kamps et al.，1998）。在这项研究中讨论的PMI策略包括班级或小组同伴辅导、合作学习、协助美术和体育教育的特殊班级伙伴、日程活动和侧重社会技能发展的游戏小组。大多数受访的普通学生都表示，他们从这些项目中得到了学习和社交上的乐趣和收获。总的来说，同伴的反馈表明，当与残疾同学一起学习或与之成为朋友时，他们的个人收获和满意度得到了提高（Kamps et al.，1998）。

成本效益、实用性和可操作性

同伴中介策略不仅能产生有意义的结果，而且具有实用性和成本效益（Hoff & Robinson，2002）。课堂上的同伴容易接触到，而且在学校时，他们会持续在不同的环境中接触（过渡时间、去洗手间、吃午餐或课间休息；Hoff & Robinson，2002）。Ginsburg-Block等人（2006）进行的一项元分析发现，以学业成绩为目标的策略对社会–情绪的学习也有积极的影响，会使得学生对额外帮助和资源的需求减少，这说明同伴互助学习具有成本效益。事实上，侧重学业技能的PMIs，还能产生与独立的社会技能训练项目相当的积极结果（Ginsburg-Block et al.，2006）。最后，Levin等人（1987）发现，与其他教学方案（如小班授课、延长上课时间和计算机辅助教学）相比，同伴辅导作为一种提高学业成绩的方法更具成本效益。由于这些干预措施产生结果所需的时间和资源支出很少，因此它们被认为是有效且易于操作的（Heward，1994）。

以预先组合或手册的形式提供

许多PMIs以成套的形式提供，通过这种形式，那些被证实具有积极效应的干预措施可以被手册化，从而更方便地使用。例如，同伴互助学习策略（peer-assisted learning strategies，PALS）就有阅读（PALS-R）和数学（PALS-M）两种形式（Fuchs & Fuchs，1998）。教师可以按照编写好的手册来授课，还可以获得在课堂上实施每周课程的必要材料。这些材料通过提供对既定程序的描述、学习指南和有关结构化同伴互动的活动来帮助教师节省时间。PALS甚至提供了具体的基于课程的程序和网络链接来监测学生的进步（Ginsburg-Block et al.，2006）。PALS教师手册详细介绍了课程的实施、规则、作用和职责、学分的授予和学业课程（如教学大纲和解读），并提供了学生作业卡、纠正程序和表格、课程顺序表和实施课程的书面脚本。让顾问（学校心理学家）和协助者（教师）随时查阅本手册，特别是在辅导的初始阶段，可以帮助他们节省时间，增加程序保真度和可操作性。

具体的循证 PMIs 示例

在研究文献中，有许多循证PMI策略可供选择。在本节中，我们选择了几个PMI策略来进行更详细的描述，其中包括：同伴辅导（即CWPT、交互式同伴辅导和PALS）、同伴监督（peer monitoring）、积极同伴报告（positive peer reporting）、同伴示范（peer modeling）、团体后效（group contingencies）、合作学习（cooperative learning）、同伴教育（peer education）和同伴介入的社会技能训练。在对每个策略的描述中，我们都对该策略的预期用途、具体表现、实证支持进行了概述，并提供了指向所需的附加资源的链接。

同伴辅导

同伴辅导是一种让学生两两组对学习的教学策略。学生可以通过不同的方式配对（例如，同年龄、跨年龄、高水平和低水平）。不同的同伴辅导方法在结构、设置、强度或目标领域方面可能有所不同。同伴辅导可以是"固定"角色，即学生在整个和/或不同课时中保持其辅导者（导师）或被辅导者（学习者）的身份不变，也可以"角色互惠"，即学生在一个课时中同时扮演辅导者和被辅导者的角色。一般来说，同伴辅导有助于促进高反应率、高练习率、高反馈率和结构化的同伴互动。本节将讨论两种常用的同伴辅导实践，即 CWPT 和交互式同伴辅导（reciprocal peer tutoring，RPT），还将对成套的同伴辅导程序（PALS）进行讨论。

班级同伴辅导（CWPT）

CWPT 由堪萨斯大学 Juniper Gardens 儿童项目的研究人员开发（Greenwood et al.，1989）。在 CWPT 中，教师把全班学生两两分组，每个小组又被分配到两个大组中，他们可以通过小组活动为自己的大组增加积分。最开始，学生接受有关强化和纠错的特定辅导方法的训练，并提供反馈。教学形式通常包括定向教学和指导性练习，重点是对特定技能的掌握。在每个补习课程中都会进行角色切换，使得学生可以同时作为辅导者和被辅导者。每对学生将一起完成教师布置的特定任务，并因为他们的综合表现而获得强化。当被辅导者反应正确时，便可获得积分，而指导者在下一阶段成为被辅导者时，也可如此获得积分。在辅导结束时，计算每个大组的总分。获胜的大组会因他们的胜利而得到掌声鼓励，另一个大组同样会因他们的努力而得到掌声。教师每周使用基于课程的测试来监测学生对某项特定技能的掌握情况，同时加强适当的辅导程序。小组和大组成员可以每周更换。

CWPT 已被成功应用于许多学业领域，例如短文阅读（Greenwood，1991）、阅读理解（Fuchs et al.，1997）、数学（Greenwood et al.，1989）和拼写（Maheady et al.，1991）等。它已在常规教育和特殊教育中得到有效实施，也被有效应用到幼儿园至高中阶段的成绩较差的学生身上。CWPT 提高了初级英语学习者的读写能力（拼写和词汇）（Greenwood et al.，2001），并且改善了社会经济地位较低的学生和存在学业风险的学生的学业表现（Greenwood et al.，1989）。CWPT 程序中的即时反馈对患有注意缺陷/多动障碍的儿童十分有效。作为一种长期应用，CWPT 是一种有效的教学过程（Greenwood，1991），此外，它也是预防早期学业失败的一种可用工具（Greenwood & Delquadri，1995）。

交互式同伴辅导（RPT）

Fantuzzo 和同事开发了 RPT（Fantuzzo et al.，1990）——两位能力水平相当的同龄学生进行双向辅导。学生需接受训练以完成特定的 RPT 程序并进行团队合作。学生两两分组，每个小组的学习分为两个阶段。在第一阶段，学生们轮流扮演"教师"和"学生"的角色。"教师"的职责是：让"学生"专注于自己的任务、给出指导性的提示并给予表扬和鼓励来帮助他们成功地解决问题。"教师"在选定的知识范围内提供背诵卡片。卡片的一侧是问题，另一侧则是答案和解决问题的步骤。"教师"还会提供对于"学生"表现的反馈以及帮助。当"学生"正确地回答了一个问题时，"教师"会表扬他，然后提出下一个问题。如果答案错误，"教师"会提示"学生"在表格中标有"尝试 2"的框中再次解决该问题。如果"学生"无法独自回答问题，则由"教师"提供帮助，然后在标有"尝试 3"的框中继续回答该问题。在第二阶段中，每个学生都需要完成个性化的练习，并在学习小组内评分。小组得分是根据两个成员的得分来计算的。然后，将他们先前选定的小组目标与他们的得分进行比较，以确定小组是否完成了当天的目标。

RPT 通常被用于小学生的数学教学之中（Fantuzzo et al.，1992），也可用于阅读教学中（Sutherland & Snyder，2007）。Fantuzzo 和他的同事（1992）评估了城镇小学中存在高度学业失败风险的四年级和五年级学生的数学成绩，结果发现，接受了 RPT 教学并且获得奖励的学生表现出最高水平的数学计算能力。

同伴互助学习策略（PALS）

PALS 是一种成套的 CWPT，它可从范德堡大学肯尼迪人类发展研究中心（Vanderbilt Kennedy Center for Research on Human Development，1998）获得，该版本专为二到六年级的学生设计，其中数学（PALS-M）和阅读（PALS-R）项目可用于幼儿园至高中的学生。PALS 与 CWPT 的不同之处在于，它通过基于课程的测评来分别确定二人学习小组中每个学生的学习任务（Fuchs & Fuchs，1998）。在 PALS-R 中，二人小组的建立与 CWPT 类似，但是在侧重点上（语音意识、解码活动和理解策略）有所不同（Fuchs et al.，1997）。在实施 PALS-R 的过程中，辅导者会提示被辅导者使用特定问题回忆故事的某些部分，用 10 个以内的单词来总结故事（精简段落），并让他们预测接下来会发生什么。在 PALS-M

中，学生将两两组队练习特定的问题解决步骤(Fuchs et al.，1995)。

在 Fuchs 和同事(1997)进行的一项研究中，与对照组相比，接受 PALS 的有残疾的成绩较差组、无残疾的成绩较差组和成绩一般组在流利度、准确性和理解力方面均取得了较大的进步。在对既教残疾学生又教非残疾学生的通识教育教师进行的 PALS-M 持续使用度的研究中，研究人员发现，在研究项目结束后的几年内，教师仍旧保持了极高的 PALS-M 持续使用率和使用质量(Baker et al.，2004)。

同伴监督

在同伴监督中，同伴需接受训练，从而与教师合作，观察和记录特定学生的目标社会行为或学业行为。除了监督，这些训练有素的同伴还经常使用提示并提供积极的强化和结果。同伴监督可以用来评估和追踪学生的行为(例如，完成任务的时间、学习习惯)和学业进步(McCurdy & Shapiro，1992)。首先，教师要以客观的角度确定需要监督的可测量行为，然后选择一个有效的监督系统。同伴可以观察到各种各样的社会行为或学业行为(例如，社会参与度增加、在学习时分心；Henington & Skinner，1998)。进行监督的同伴可以根据行为类型使用多种方法来记录数据。例如，同伴可以使用叙述性记录来提供对观察事件的书面描述，或者使用事件记录来记录每个观察到的事件的发生频率。

同伴监督计划已经被应用于不同环境下的不同学生中。Carden-Smith 和 Fowler(1984)发现，具有严重行为和学习问题的学龄前儿童能够有效地管理同伴的行为，并且使用同伴监督的代币系统可以管理这些儿童，从而减少他们的破坏性行为并增加参与度。Stern 等人(1988)让非残疾儿童组成二人小组，其中一个儿童担任同伴监督者，另一个儿童会因为表现良好而从他的监督者那里获得积分。积分是团体后效的一部分。当每隔一天进行一次角色交换，同伴监督者和积分获取者的破坏性行为和分心行为都能有效减少。Dougherty 及其同事(1985)发现，可以通过让同伴使用代币系统来降低某些学生在课间的消极互动率。研究结果还表明，担任同伴监督者的同学可能会从他们的角色中受益良多。在儿童被任命为监督者时，他们的消极互动率会立即大幅度下降。此外，Dougherty 及其同事(1985)发现，当儿童不是监督者时，这些改变依然存在。

在学业方面，Bentz 和 Shinn(1990)证明了接受通识教育的四年级学生受过训练后，在评估二、三年级的基于课程的阅读题目时的准确性与受过训练的成年人相当。McCurdy 和 Shapiro(1992)研究了对有学习障碍的小学生实施的口语阅读率的进度监测。他们发现，处于同伴监督条件下的学生能够收集到每分钟正确单词数的可靠数据。这些研究表明，学生可以被训练成可靠的数据收集者，从而帮助教师根据学业干预来评估学生的进步。

积极同伴报告(PPR)

PPR 程序要求同伴进行监督并对亲社会行为表示公开认可(Ervin et al.，1996)。尽管该程序过去不被称为 PPR，但是 Grieger 等人最初将同伴认可定义为一种改善学生行为的方法。通过使用 PPR，学生的亲社会行为得到了支持和强化，进一步使得他们能够在自然环境中表现出适当的社会行为(Skinner et al.，2002)。通常，教师会随机选择一位目标学生作为"本周之星"，然后告诉同学们，如果他们观察并报告"本周之星"的积极行为(例如，"Jill 在吃午餐时将她的卡借给了别的同学")，他们就可以获得奖励(例如代币)。在这一天的特定时间内，同学们可以公开报告他们从"本周之星"身上观察到的任何具体的积极行为(Skinner et al.，2002)。

研究表明，随着 PPR 在学校中实施，积极的同伴互动和目标学生的主动社交有所增加，受到社会拒绝的儿童的消极同伴互动减少(Skinner et al.，2002；Jones et al.，2000)。例如，Ervin 和他的同事发现，当一位受到社会拒绝的女孩的同伴因为公开报告她的亲社会行为而得到奖励时，这个女孩的社会互动和社会接受度会提高，并且消极的社会互动会减少。他们还发现，这种干预有效地增加了积极的同伴互动和同伴接受度评分。在另一项研究中，Bowers 及其同事(1999)发现，PPR 减少了在寄养机构中生活的一个 15 岁男孩的日常问题行为。在集体生活环境中，PPR 使以前被孤立的个体的社交互动有了实质性的改善(Bowers et al.，2000)。

同伴示范

同伴示范，很大程度上是基于 Bandura(1977)提出的通过观察榜样进行学习的社会认知理论。一般来说，学生的学习和动机都受到同龄人言行的强烈影响。同伴示范策略的一个优点是，比起观察成年人，同伴所表现出的技能和学习策略更容易被学生识别(Schunk, 1998)。

在这种策略中，任务或独特的行为特征对目标学生来说是明确的。然后，由同伴榜样对这个确定的任务进行标准示范，并让目标学生观察到。在选择同伴榜样时，重要的因素包括学习者的发展状况和自我效能、同伴榜样–观察者的相似性(如性别、年龄)和榜样能力。教师和学校心理学家应该意识到，目标设定、替代性结果和表现预期也会影响同伴示范的有效性(Schunk, 1987)。

同伴示范已被证明能够有效帮助学生获得学业技能。Schunk 和 Hanson(1985)研究了儿童是如何通过观察同伴榜样来学习学业技能，从而提升自我效能感和成就感的。该研究中的目标学生在学习减法重组运算时遇到了困难。那些观察到同性同伴能够快速(优势榜样①)或渐进式(应对榜样②)习得减法技能的儿童，其学习和成就的自我效能感要高于教师示范或无榜样示范的儿童。研究没有发现由于同伴示范行为类型不同(优势或应对)而导致的显著差异。Schunk 等人(1987)进行了一项研究，探索了同伴榜样的类型对存在数学问题的儿童的成就行为的影响。他们让学生观察一个或三个同性的同伴榜样，这些同伴在解决分数问题时表现出优势或应对的行为模式。与观察单一优势榜样的儿童相比，处于观察单一应对榜样、多个应对榜样以及多个优势榜样条件下的儿童表现出了更高的自我效能感、技能水平与训练表现。与观察优势榜样的儿童相比，那些观察应对榜样的儿童更容易认为自己的能力与榜样相似。

团体后效

作为一种班级干预措施，团体后效允许由同伴来鼓励学生采取适当的行为。团体后效有三种不同的类型：独立型、互赖型和依赖型。在独立型团体后效中，班级中的每个人都有相同的目标行为和标准，那些符合标准的学生将得到强化(Alric et al., 2007; Skinner et al., 1996)。例如，某班要进行一次拼写测试，只有那些得分在 85 或以上的学生才能获得奖励。在互赖型团体后效中，强化取决于整个团体的行为(Kelshaw-Levering et al., 2000)。例如，在拼写测试中，只有在班上每个人都拿到 85 或以上的分数时，整个班级才能得到强化。在依赖型团体后效中，团体的强化依赖于一个或几个学生的行为(Kelshaw-Levering et al., 2000)。例如，当 Sarah 等人在拼写测试中都获得 85 或以上的分数时，这个团体就会得到强化。

在数学教学过程中，学校心理学家使用依赖型团体后效来增加接受通识教育的三、四年级学生的专注行为。在干预阶段，三、四年级学生专注行为的平均水平分别从 35%和 50%上升到 80%以上。此外，社会效度测量表明，该程序对任课教师来说是可行的，并为学生所接受，也几乎不会对学生的社会地位产生不利影响(Heering & Wilder, 2006)。

Alric 和他的同事(2007)对独立型、互赖型和依赖型团体后效进行了比较研究，发现这三种策略都有效地提高了四年级学生的阅读流利度。在独立型团体后效中，学生被告知如果他们努力达到预定的每分钟正确阅读单词数(WCPM)的个人标准，那么他们将会得到单独的奖励。与之相反，互赖型团体后效鼓励学生根据预先设定的班级平均 WCPM 水平标准，通过努力学习来获得团体奖励(每个人都必须努力才能获得奖励)。在依赖型团体后效中，教师宣布将根据被选中的学生的 WCPM 水平来提供奖励(为了鼓励所有的儿童尽他们最大的努力学习并帮助同学，教师不会公布选中的学生是谁)。团体后效策略包括 12 节课，在每节课开始时，教师会向学生重申具体要求。在每节课的结尾，教师会根据所提要求及学生的表现来分发强化物，例如游戏、绘画、玩电脑的时间或是一个小奖品。

合作学习

在合作学习小组中，学生在任课教师的管理下以结构化的形式一起完成学业任务。Johnson 和

---

① 译者注：优势榜样，是指那些背景良好、从一开始就成绩优秀的榜样。

② 译者注：应对榜样，是指开始时成绩一般、有各种不足，但通过自身的努力、与消极思想作斗争而逐步提高自己的榜样。

Johnson(1994)描述了成功的合作学习所必需的五大因素。第一个因素是积极的相互依赖。学生有责任自己学习分配的材料,并确保小组中的其他成员也这样做。例如,每个小组成员都要负责小组共同任务的一部分。第二,鼓励个人通过面对面的互动来帮助小组成员,这可以通过共享资源或提供反馈来实现。合作学习的第三个重要因素是个人责任感。每个学生都有责任为小组的最终结果做出贡献。合作学习的第四个要素是适当运用合作技能。为了达到共同的目标,学生们必须学习这一基本技能。第五个要素是回顾团体历程,其目的是阐明成员对合作的贡献,并提高成员实现小组目标的效率。在合作学习中,互相竞争与成功是不相容的(Aronson & Patone,1997)。

合作学习具有较强的实证支持。Johnson 和 Johnson(2000)在对八种成熟的合作策略进行广泛的元分析(N=164)后发现,八种策略均具有显著的效果。下面将对其中五种策略进行详细地讨论。

学生小组成就区分法

在学生小组成就区分法(student teams-achievement divisions,STAD)中,学生需在合作小组中学习教师提供的新材料。小组成员一起学习和练习,然后进行单独测试,每个人测试的得分都会影响小组的总分。个人对团队成绩的贡献是基于个人的进步,而不是绝对的测试分数(Slavin,1990)。

小组游戏竞赛法

在一个星期内,小组成员要互相帮助学习新材料。然后,学生们与来自其他小组的能力相当的同学进行三人制比赛,来为他们的小组赢取积分。小组游戏竞赛法(team games tournaments,TGT)使用的形式与 STAD 相同,但掌握情况是通过团体比赛中的结果来说明的(Aronson & Patone,1997)。

切块拼接法

切块拼接法(Jigsaw II)是对 Aronson 的(Aronson et al.,1978)拼图法(Jigsaw)的一种常见改编。这种分组-重组活动扩展并巩固了学生对教师所呈现材料的理解(Jigsaw Classroom,2008)。将班上的学生分为几组,给予一个总主题,然后将这个总主题分为几个分题,分配给小组中不同的学生。来自不同小组的具有相同分题的学生进行分组讨论,来阅读和找出关键点并成为该分题的"专家"。然后,这些"专家"回到他们原来的小组,讲授他们所学到的知识。所有的学生都要参加一个涵盖所有分题的测验,成员的测验分数加起来就是小组得分。而在原始的拼图法中,只根据学生自己的考试成绩得到个人的分数(Slavin,1983)。

合作法

根据教师呈现的材料,不同的小组各自选择一个主题。然后,根据小组人数,将主题分为几个小主题,让每个人都成为"专家"。小组中的每个"专家"都要进行准备并向小组成员介绍自己的小主题。然后,小组作为整体一起准备、呈现、反思和评估他们的工作。

随机点号法

在这种提问策略中,学生将组成不同的小组,每组由一名高能力学生、两名一般能力学生和一名低能力学生组成,然后以 1~4 对小组成员进行编号。在给出小组讨论的问题之前会提供教师指导,以确保小组的每个成员都能理解所讲授的内容并能够回答出问题。最后,教师随机要求某一编号的学生回答问题。

社会技能训练

如前所述,与同伴进行的社会技能训练可以包括观察性的、先决性的和结果性的方法(例如团体后效、后效强化、同伴榜样等;Gresham,1981)。在同伴介入的社会技能干预中,教师通常会训练同伴来发起、促进和加强积极的社会交往。Strain(1977)发现,可以训练同伴来恰当地发起互动(例如,"来吧,让我们一起玩捉人游戏"),这将带来学生亲社会行为和互动的增加,并将效果泛化至之后的自由游戏环境中。Strain 和 Shores(1977)对 6 名有中度智力障碍的学龄前儿童进行了研究,阐明了同伴为何能增强适当的肢体/手势和语言的交流。PMIs 在提高自闭症学生的社会技能和互动方面特别有效(Bass & Mulick,2007)。Odom 和 Strain(1986)开发了一种方案,在该方案中,教师专门训练同伴主动进行亲社会互动和组织游戏(例如,分享、协助请求、情感表达、赞美),然后促使他们围绕选定的玩具和活动，对目标学生主动发起这些行为。另一个可行的方法是同伴伙伴(peer buddies)，它通过训练同伴获得适当的社会技能(例如索要一个物品、引起某人的注意或者等待轮到他们)来增加社会互动(English et al.，1997)。另外，Laushey 和 Heflin(2000)为自闭症儿童设计了一个交友技巧脚本，其中包含三个部分：(1)和你的伙伴待在一起；(2)和你的伙伴一起玩；(3)和你的伙伴聊天。在综合高校系统地构建同伴中介的社交网络，也被证明可以提高中度和重度残疾学生社会互动的数量和质量(Haring & Breen，1992)。

在学校使用 PMIs 时的特别注意事项

在实施 PMIs 之前，应该考虑一些注意事项。这些注意事项包括知情同意、所需的时间和资源、教师的作用、学生的分组或配对、同伴训练的质量以及对干预的系统监测。

知情同意

尽管同伴中介策略给人的第一印象似乎是课堂教学的自然组成部分，但在创建项目的初始阶段解决父母的知情同意和是否自愿参与的相关问题是很重要的(Garcia-Vazquez & Ehly，1995)。举行一个非正式的信息会议，向家长分发课程讲义和知情同意书，可能是避免道德争议的一种高效的方法。这种方法也为家长提供了一个提问的场所，来讨论他们担忧的问题并查阅关于 PMIs 对于学生的潜在优势的文献。

所需时间和资源

与正在考虑是否实施 PMI 策略的任课教师进行商议时，重要的是要确认实施策略所需的启动时间和资源。提供有关目标行为的循证方法、同伴选择程序和训练协议的背景信息，将有助于在此过程中给教师提供指导并使其安心。顾问可以提前帮助准备一些必要的材料(例如知情同意书、实施/程序性清单、监督/反馈日志)和资源(例如实用的活动书籍、训练视频)，以确保干预顺利进行。尽管某些 PMIs 最初可能需要额外的时间和材料开发，但一旦纳入日常工作，人们就会发现之前付出的努力是值得的(Maheady et al.，2001)。不足为奇的是，高质量的专业发展与更好的学生表现和课程可持续性息息相关(Baker et al.，2004)。学校心理学家可以与任课教师密切合作实施 PMI 计划，并参与在职培训工作。一般来说，使用 PMI 方法不需要在设备、材料和人员上支出过多的费用。许多课程材料和课堂设置都适用于多种方法(例如，互惠配对阅读和数学问题解决)。在考虑启动成本时需要注意的是，从长远来看，同伴中介干预可能比其他方法(例如，缩小班级规模；Levin et al.，1987)更具成本效益。

教师的作用

在课堂上让同龄人作为主要的教学推动者的一个潜在缺点是，教师的作用被低估了。许多家长担心同伴项目会占用宝贵的教师教学时间，因此记录和分享同伴指导的益处尤为重要(Maheady，1998；Hoff & Robinson，2002)。教师可以使用一些措施(例如，基于课程的测评、基于计算机的系统、程序化/观察清单)来解决这些问题，这些措施可以在一些成套的程序中使用，如 PALS(Baker et al.，2004)。另外，与 PMIs 相关的问题，如课堂噪音变大或一些小的行为问题(例如，学生抱怨同伴、同伴不合作、分数的"通货膨胀"等)，通常是由于预规划和教师监督不充分引起的(Maheady et al.，2001)。

一些教师对采用替代教学方法(如 PMIs)感到忧虑，因为他们认为这些策略可能会损害学生学习知识的广度和速度(Maheady，1998)。虽然由教师指导的课程可能会设置一个更严格的速度，涵盖更广泛的内容，但这并不一定意味着学生掌握材料或学习的速度会更快(Maheady，1998)。在预规划阶段，需要仔细考虑内容覆盖范围不足这一潜在缺陷。配对和小组活动应选择得当，应与课程相关，并与学生的进步相联系。

学生分组或配对

对学生进行合理地动员、配对和监督，可以防止学生之间可能出现的消极同伴互动。如果同伴与学生的匹配性差、不是自愿参加或没有受到严格监督，则可能会产生同伴拒绝或不满等有害的结果

(Sutherland & Synder, 2007)。情理之中的是, 学生不应被强迫担任这些角色, 而应自愿参与。考虑学生的特征(例如, 认知水平、学业技能)、学生的反馈以及产生互惠的机会是计划制定的重要组成部分(Kunsch et al. , 2007)。

同伴训练质量

同伴缺乏训练以及学生与同伴的接触时间不足, 也会引发问题, 并削弱 PMI 策略的作用(Fuchs et al. , 2001)。同伴训练应包括明确的程序性指导、实践指导和反馈。研究表明, 更加结构化的同伴角色和对教师期望的正确理解可以带来更明显的学业进步(Ginsburg-Block et al. , 2006; Cohen et al. , 1982)。一旦训练开始, 学生每周至少需要进行三次训练才能熟练掌握这些程序(Fuchs et al. , 2001)。工作人员可以实施同伴加强训练或指定反馈时间, 来应对学生动力不足、程序性波动或其他可能出现问题的情况。

对干预的系统监测

同伴中介策略中一个通常被忽视但不可或缺的组成部分是系统监测。一旦干预措施到位, 教师就需要部署、监督、仔细评估和奖励辅导程序以及学生的成就和行为表现(Topping & Ehly, 1998)。而通常, 纠错程序和强化程序是需要调整的(Greenwood et al. , 1992)。收集表现数据将使教师能够评估(1)学习目标是否真正实现; (2)目标学生对干预措施的响应程度; (3)计划需要改进的地方。随后, 可以通过对干预失败进行系统分析, 来解决个别学生无法做出响应的情况(Maheady et al. , 2001)。

遗憾的是, 由于时间限制和每天对教师的新要求, 教师经常会充满热情地启动 PMIs, 却疏于监测, 并自认为它们会自己运行。顾问在监测和评估阶段的持续支持对于成功实施 PMI 至关重要。除了监测学生的进度和干预的完整性外, 顾问还应该评估同伴关系, 以确保没有产生不利的结果。关于学生作为辅导者和学习者的表现的一致反馈可以强化他们的努力, 并实现计划的可持续发展。当学生能够在小范围内(即与父母和教职工)分享自己在学业和社会情感上的收获时, 计划的动力和信誉也就建立起来了。

总结和结论

学校心理学家已经开发出许多使用同伴来支持其他同学的方法。这些同伴中介干预措施有助于学生学业、行为和社交方面的改变; 它们可能涉及将学生配对或分组; 同伴可以直接、间接或通过团体后效强化目标行为。大量的研究记录了同伴中介干预在不同人群和学业领域中的效果。因此, 我们在这里讨论的研究不足以详尽地描述这类策略, 只是用来强调实证文献中可用的同伴中介干预策略的多功能性。

考虑到同伴中介法可以对学生的学业成绩(Kunsch et al. , 2007; Stern et al. , 1988)、社会-情绪和行为表现(Cohen et al. , 1982; Ginsburg-Block et al. , 2006; Johnson & Johnson, 1989)产生强大的影响, 负责专业发展、干预、咨询和监测的学校心理学家将发现, 熟知我们刚才讨论的这些 PMIs 的潜在优势是很有用的。

大量针对同伴中介干预的影响和社会效度的研究表明, 同伴中介干预在课堂上有许多益处。各种不同的技术, 包括 CWPT(Greenwood et al. , 1989)、RPT(Fantuzzo et al. , 1990)、PPR(Ervin et al. , 1996)、团体后效(Skinner et al. , 1996)、同伴监督(Henington & Skinner, 1998)和社会技能训练(Bass & Mulick, 2007), 都能产生良好的效果。PMIs 能够促使存在个体差异的学生融入群体并为群体所接受, 使他们能够进入常规课堂(Utley, 2001)。我们在这一章中, 提供了使用同伴中介干预的基本原理, 描述了其显著特征, 讨论了使用同伴中介干预的一些优点, 并简要回顾了现有的文献。想要了解更多有关 PMIs 知识的读者, 可以从本章提供的参考资料和资源链接开始, 探索关于这个主题的大量文献。

第 20 章

自我管理干预

Kathryn E. Hoff
Kristin D. Sawka-Miller

自我管理(self-management)代表了一系列的技能，个人可以参与其中，从而变得更加独立。自我管理干预不仅可以在各种各样的环境中实施，也可以用来改善学业、社交、情感或行为表现，并且对许多群体都有效。自我管理干预在学校环境中具有多重优势，包括易于实施和适应性强。此外，教导学生使用自我管理技能可以增进学生的自我控制技能和对策略的使用，这些技能伴随终身，并且可以在多种不同的情况下使用。在这一章中，我们定义并回顾了自我管理干预的益处，并描述了可在学校使用的四种类型的自我管理干预措施。

自我管理干预

自我管理是指个体为了改变或维持自己的行为而有目的地采取的行动(Shapiro & Cole, 1994)。例如，学生可以被教导采取某种行动(比如自我监控——定期监督和记录自己的行为)，以达到改变问题行为的目标(例如，在课堂发言前举手)。

基于成年人和学生控制水平的差异，自我管理策略以一个干预连续体的形式存在，适用于特定的目标行为和环境。在干预连续体的一端，行为改变计划的所有组成部分都由一个外部的改变推动者(如教师或家长)控制，例如教师提供口头提示，告诉学生该做什么，记录目标行为的发生，管理适当行为的积分，并提供反馈。在这一连续体的中间地带是教师指导(例如，确定学生的目标和问题行为、制定干预措施并提供结果)与学生自我管理(例如，观察和记录目标行为，然后绘制表现图)相结合。在自我管理连续体的另一端是一个完全自我管理的计划，在这个计划中，学生可以自己控制整个干预过程，例如设定目标、监控目标行为、评估进展和实施自我强化。

在考虑实施特定的自我管理干预措施时，自我管理策略的实施程度应随儿童的发展水平、目标行为和干预的复杂性而变化。一些学生能够独立管理自己的行为，在这种情况下，自我管理计划可以作为一个独立的程序使用。在其他情况下(例如，对年幼儿童的干预)，自我管理计划可能是多成分干预中的一部分。举个例子，使用课堂代币制的教师，可以在代币制中融入自我管理的成分，比如，让学生自己设定目标或绘制表现图。自我管理计划的实施不存在"一刀切"的方法，必须根据每个学生的具体情况，仔细调整自我管理策略。

在研究自我管理文献时，有几个术语可以互换使用，包括自我调节、自我管理、自我控制和自我决定。相关文献也从不同的概念分析和理论角度出发，探讨了自我管理。简而言之，自我管理策略是从后效管理和认知角度进行描述的(Shapiro & Cole, 1994)。基于后效的自我管理策略强调个体在目标行为发生后的行为(例如，记录任务是否完成或评估响应)，而基于认知的自我管理干预通常涉及先行策略,侧重认知控制(个体在进行目标行为之前所说、所想或所做的事情)。虽然在专业用语和对功效的解释上存在差异,但两种自我管理方法有着相同的基本目标。在这两种方法中,学生都被训练去监控和评估他们自己的行为,并在需要的时候做出调整,最终目标是在不需要他人监控的情况下,表现出一系列期望的行为。有关理论问题的讨论不在本章范围内;因此,我们鼓励读者探索其他来源的资料,以获得对自我管理和相关程序的更深入的理论理解(e.g.,Kanfer,1977;Nelson & Hayes,1981;Shapiro & Cole,1994;Zimmerman & Schunk,2001)。本章后面将进一步定义几种具体的自我管理策略。

事实证明,自我管理在各种人群、环境和行为中都是有效的。例如,自我管理干预使不同的学生群体产生了积极的学业和社会行为的改变,包括自闭症学生(Ganz & Sigafoos,2005)、学习障碍学生(Konrad et al.,2007)、情绪和行为障碍学生(Mooney et al.,2005)、有健康相关问题的学生(Todd et al.,1999)、视觉障碍学生(Jindal-Snape,2004)、被同时诊断为语音和语言障碍的学生(Hughes et al.,2004)、轻度到重度认知障碍学生(Crawley et al.,2006)以及无明显残疾的学生(McDougall & Brady,1998)。

自我管理干预适用于从学龄前到高中的所有年龄段的学生。学龄前儿童可能会自我监控一项具体技能,例如问候教师或进行晨间惯例(如刷牙和穿衣服),而高中生需要自我管理一系列更复杂的技能,比如,完成一项长期任务。基于自我管理的干预措施在许多学校环境中都是有效的,包括在通识教育班级和特殊教育班级,甚至在管理不太严格的环境中(例如,体育训练、自助餐厅、走廊、操场;Shapiro & Cole,1994)也是如此。自我管理还有一个额外的优势,即,适应性强,可以用作个体的、有针对性的或普遍的干预措施(e.g.,Mitchem et al.,2007)。

自我管理干预易于实施、适合于个性化使用、易于教学,并且它们对教师的时间和课程调整的要求极低(e.g.,Dunlap et al.,1991)。自我管理计划之所以特别有吸引力,是因为它们将一些改变行为的责任转移给儿童,促使他们积极参与教学过程,并帮助儿童发展能够终生使用的技能。自我管理策略使得教师有更多的时间教学,而不需要在管理问题行为上花费过多时间(Shapiro & Cole,1994)。学生可以运用自我管理策略来监控只有本人才能感知到的内隐行为,比如抑郁情绪或积极的想法(Stark et al.,2006)。最后,进行自我管理的学生可以学着泛化所获得的技能,并将其应用到当前的训练环境或干预环境之外的场景中(e.g.,Hoff & DuPaul,1998),从而在干预停止后维持行为改变(e.g.,Gureasko-Moore,Du Paul,& White,2007)。

在接下来的章节中,我们将介绍四种常用的基于学校的自我管理干预措施:自我监控、自我评估、自我指导和压力接种训练。对于每种干预措施,我们都描述了具体策略,提供了支持其使用的基于研究的示例,并讨论了自我管理策略的注意事项和/或应用。请注意,在自我监控领域的研究比自我管理干预措施的研究要广泛得多,其应用也比其他自我管理干预措施的应用更为多样化。因此,我们将更多地关注自我监控干预。在描述了四种自我管理干预措施之后,我们提供了一个自我评估干预的案例。

自我监控

自我监控(self-monitoring)是最常用的自我管理干预措施。自我监控是一种直接的干预,包括两个过程:自我观察(self-observation)和自我记录(self-recording)。自我观察要求学生注意行为的一个特定方面,并辨别被监控的行为是否发生过。例如,对于在教师上课过程中大声喊出答案的学生,我们会教她在课堂上喊出答案后问问自己,“我举手了吗?”此外,如果一个学生存在严重分心行为,那么我们可以评估他是否集中注意来响应一个特定提示(例如,当预先录制的声音响起时做出响应)。接下来,学生记录被监控的行为是否发生(Nelson & Hayes,1981),例如,通过在自我监控表上勾选“是”或“否”来记录。

在学校中的常见应用

在学校实施的自我监控策略通常应用于：（1）学业表现行为，例如学习效率、作业准确性和完成任务时使用的策略；（2）自我调节学习，例如，表现目标或策略性思维（e. g. , Zimmerman & Schunk, 2001）；（3）注意力或专注行为；（4）问题行为，如破坏性行为和内化性问题；（5）社会技能，例如，发起同伴互动、适当和不适当的社交响应、称赞和对话能力；（6）可以提高独立性的技能，例如，完成家庭作业、进行课前准备以及职业、家庭或组织技能（Gureasko-Moore et al. , 2007）。接下来，将对几个应用领域进行重点介绍。

注意力的自我监控

大多数基于学校的自我监控研究都集中在学生对参与行为的监控上，如专注行为或学业参与。例如，让一个经常表现出分心行为的学生评估并记录当声音响起时他是否处于专注状态。与注意力的自我监控相关的其他示例包括，监控学生是否关注着指定的任务或发言人；是否在进行所分配的活动或遵循指示（例如，当教师要求开始一项活动）。研究表明，注意力的自我监控与破坏性行为的减少（e. g. , Lam et al. , 1994）和专注行为的增加有关（e. g. , Reid et al. , 2005），其附带效果也很明显。具体而言，注意力的自我监控与学业表现的改善有关，例如提高学习效率和学业准确性（e. g. , Harris et al. , 1994；Maag et al. , 1993）。

学业表现的自我监控

自我监控已应用于三个综合的学业表现领域：（1）策略使用；（2）学习效率；（3）作业准确性（Shapiro et al. , 2002）。第一，学生可以通过记录是否完成学业任务或操作中的步骤，来自我监控他们用于完成任务的策略。例如，学生可以通过自我指导清单（Dunlap & Dunlap, 1989）来检查他们是否完成了减法重组运算中的每一个步骤，或者监控他们是否遵循了完成长期任务的计划（Lenz et al. , 1991）。第二，学生可以记录自己做出响应的次数，在不考虑准确性的情况下自我监控学习效率。监控学习效率（例如，当一个声音响起时，完成了多少数学问题；Maag et al. , 1993）可以提高效率、学业准确性和学生的专注行为（Shimbukuro et al. , 1999）。第三，作业准确性的自我监控包括让学生监督自己答案的准确性。学生在完成作业后，通常会与参考答案进行比较。文献中的例子表明，记录回答正确的数学问题数量（e. g. , Lam et al. , 1994）和计算拼写正确的单词数量（e. g. , Harris et al. , 2005）使学生的准确性得到了提高。覆盖–复制–对比法是一种具体的干预示例，可用于评估拼写正确的单词数量或运算正确的算式数量（Skinner et al. , 1989）。有关该策略的具体步骤，请参阅图20.1。

---

1. 学生会拿到一张数学试卷，题目及其答案列在试卷最左侧的一栏中。
2. 要求学生看第一道题及其答案。
3. 学生用一张彩纸盖住答案。
4. 学生在原数学题的右侧写下题目和答案。
5. 学生移走彩纸并校对所写的答案是否正确。
6. 如果正确，学生在题目旁边写上一个"+"。
7. 如果错误，学生就重复这个步骤，

观察	覆盖	复制	对比

$$5$$
$$+\ 3$$
$$8$$

图 20.1　覆盖–复制–对比法

注：转载自 Shapiro 和 Cole（1994）。Guilford Press（1994）版权所有。经许可转载。

少数研究比较了学生注意力的自我监控与学业表现的自我监控（例如，统计正确完成的数学问题或正确拼写的单词数量）的不同效果。通常，研究人员发现，注意力的自我监控和表现策略的自我监控都可以增加学习障碍学生(e.g., Harris et al., 1994; Reid & Harris, 1993)和患有 ADHD 或行为障碍学生的专注行为(e.g., Harris et al., 2005)。关于学业表现的结论尚不清楚。Reid 和 Harris(1993)发现，学生在监控自己的表现而不是注意力时，会正确地拼写更多的单词。但是，也有研究人员发现，学生在监控学业表现时并没有取得实质性的学业成就(Harris et al., 2005)。

内化性问题的自我监控

自我监控技术经常被用于治疗内化性障碍，如抑郁或焦虑(e.g., Kaufman et al., 2005)。儿童可能会被教导去自我监控内隐行为(例如，思维、感觉或情绪)或愉快的活动和事件(Lewinsohn & Clarke, 1999)。为了更好地自我监控，学校心理学家可能会要求儿童写下自己的想法日志或日记，并在事件发生时记录下来。例如，在一个以学校为基础的青春期女孩抑郁症干预项目中，Stark 及其同事(2006)教导参与者在"积极日记"中监控愉快的活动、积极的品质和成功的应对策略，以教会女孩关注更积极的事件。研究表明，自我监控情绪和/或愉快的活动(例如，学生给自己的情绪进行愉快度评级或报告自己的愉快活动)可以改善情绪质量，并增加学生参与的愉快活动的数量(e.g., Harmon et al., 1973)。

自我监控以提高社会技能

最后，自我监控也被用来提高社会技能。Hughes 及其同事进行的一系列研究表明，当有认知障碍的学生被教导去自我监控同伴的主动性和适当的社交响应(Hughes et al., 2002)，或自我监控与同伴进行娱乐活动的步骤时(Hughes et al., 2004)，同伴参与和高质量的社交互动就会增加。其他研究人员记录到，当学生能够自我监控对话能力、使用社会技能的次数或适当和不适当的社交响应时，他们的社交表现都有所改善(e.g., Moore et al., 1995)。

注意事项和应用中的问题

在实施自我监控干预时，需要在制定、实施和监控进度方面注意若干事项。以下内容强调了在应用自我监控干预措施时需要考虑的一些较为突出的问题。

反应性

自我监控会对目标行为产生反应性效应，这意味着仅仅观察和记录自己的行为就能产生期望的行为改变(Kirby et al., 1991)。尽管在某些情况下，反应性可能不是一个理想的变异来源(例如，当个体试图对学生的行为进行准确测评时，学生对测量系统的反应性)，但从干预的角度来看，自我监控的反应性效应通常是积极的。实证文献记录了许多在自我监控过程中影响反应性程度的变量，如被监控的目标行为的数量、目标行为的效价、自我监控程序的突兀性、监控时距的长度、提供外部奖励、成年人监控、表现反馈、动机和对改变的期望(Mace et al., 2001)。提高反应性的注意事项将贯穿本节。

选择并定义目标行为

实施自我监控干预的第一步是选择并定义目标行为。只要目标行为是离散的、明确定义的、可被学生理解的，它几乎可以包括所有的响应(Shapiro et al., 2002)。例如，当要求学生在课堂上自我监控专注行为时，目标行为应该使用清晰、具体和可观察的术语来定义(例如，举手与教师交谈，坐在自己的座位上，完成作业)，这样学生就可以准确地判断目标行为是否发生。此外，在自我监控表中，可以对期望学生完成的专注行为进行清楚的定义(Maag et al., 1993)。

学生的实际情况也是选择目标行为的重要因素。当目标行为或期望的干预结果对学生有价值，并且个体愿意改变自我监控的响应行为时，自我管理干预更有效(Mace et al., 2001)。此外，至少在某种程度上，学生应该能够执行目标行为，因为自我监控并不能教会学生如何执行一种行为。最后，目标行为的类型和数量应该与儿童的发展水平相匹配。例如，当幼儿或认知障碍儿童进行自我监控时，可以选择较少的可观察目标行为，以便学生学会准确地评估自己的行为。相比之下，一个高中生可以同时监控几个外显和内隐的目标行为。

选择并使用提示进行自我监控

当监控行为时，学生可能需要一个额外的提示或线索，作为何时观察并记录感兴趣的目标行为的信号。一个典型的听觉提示是使用磁带录音机播放预先录制好的声音，提示学生记录下感兴趣的目标行为。例如，让学生记录自己是否集中了注意（e.g.，Hallahan et al.，1981），或者记录当声音响起时自己完成了多少道数学题（Maag et al.，1993）。其他听觉提示包括教师口头提醒学生进行自我监控（e.g.，Crum，2004）。视觉线索是学生可以看到的作为提示的东西。示例包括提示自我监控的图片，例如在自我监控表上画一只手，提醒学生举手示意（Brooks et al.，2003），或观察正在做出目标行为的个体的图片（e.g.，Hughes et al.，2002）。最后，触觉线索是学生感觉到的东西。例如，教师轻拍学生的肩膀提醒他进行自我监控（Maag et al.，1992），或者学生佩戴一个在需要自我监控时会振动的小设备（Amato-Zech et al.，2006）。

在选择提示类型时要考虑的一个因素是在课堂上如何使用自我监控。如果班上所有的学生都参与自我监控干预，那么来自教师的口头提示可能是最有效的。但是，如果干预是针对个别学生实施的，触觉或听觉提示（例如，一个带有微型耳机的 MP3 播放器）可能更合适。现实情况是选择自我监控提示类型需要考虑的第二个因素。虽然明显的提示能够增加学生的反应性，但我们必须权衡这一优势与课堂实际应用之间的关系。明显的提示（例如，戴耳机或使用他人能听到的声音提示），可能会令人感到厌恶或被认为是对参与干预的目标学生的一种污名化，并且会分散教室里其他不需要进行自我监控的学生的注意力。在这些情况下，教师可能需要选择一个更隐晦的提示（例如，教师指着一张图片或轻拍学生的肩膀）。

使用自我监控表

学校心理学家应该思考学生如何记录感兴趣的目标行为。最常见的方法是使用适合于儿童能力和特定的兴趣行为的纸笔记录表格（有关自我监控表的示例见图 20.2）。例如，学生在贴于课桌的表格上选择"是"或"否"，在文件夹中的表格上圈出高兴或悲伤的面孔，在索引卡上记下同伴主动的次数，在笔记本上记录消极的想法，或者使用清单去检查完成作业的步骤。记录表应易于获取，以便学生在行为发生后立即记录。记录表格也应易于携带，以便在多个环境中使用。最后，记录表对学生来说应该足够突出，但不应过于突兀，让学生感到耻辱或分散学生的注意力（Shapiro et al.，2002）。

当第一次铃声响起时，我将指出自己是否已完成以下事项：		
晨间惯例	是	否
把外套挂在钩子上		
把课本都拿出来		
把已完成的作业放在课桌上		
把铅笔放在课桌上		
把不相关的物品收到课桌里		

晨间课堂作业：当我听到"哔"的一声时，如果我正在做作业，我会在方框里画一个"×"。

	1	2	3	4	5	6	7	8	9	10
我是否在做作业？										

姓名： 日期：

评分期间（画圈）：数学课 阅读课 科学课 社会课 研究课 英语课

行为	我的评分						教师的评分	获得的积分
发言前举手	0	1	2	3	4	5		
坐在我的座位上	0	1	2	3	4	5		
获得的积分								

图 20.2 自我监控表和自我评估表的示例

自我监控的时间表

学校心理学家需要考虑学生自我监控的频率和自我监控时距的长度。这个决定取决于目标行为的性质、目标行为当前的频率和学生的特征。比方说，如果学生正在从事高频率的行为，则他可能需要更频繁地监控自己的行为。有注意障碍或认知障碍的学生或幼儿的自我监控时距可能较短。在最初实施自我监控干预时，应多多提供自我监控机会来提高学生的熟练程度，并使用较短的时距来提高准确性。学生取得一定成就后，自我监控的时距可以延长，以避免干扰其所在的学业环境（即中断一项任务去进行监控），并随着时间的推移增强泛化和维持。最后，保持监控时间的随机性而不是按固定的时间表进行监控是有帮助的，因为这样学生就无法预测线索何时会出现（Maag et al.，1992；Shapiro et al.，2002）。

训练

初步训练对干预的最终成功至关重要；因此，提前将自我管理程序教给教师、家长和学生是非常重要的。我们建议教师或顾问在实施干预之前为学生提供一个结构化的训练课程，并明确描述具体的训练步骤和干预程序（e.g.，Young et al.，2000）。训练课程包括：（1）介绍自我管理策略，描述干预实施的原理和具体步骤；（2）示范程序，使用示例和针对个别学生和个别情境的非示例；（3）对自我管理技能进行角色扮演，包括表扬和纠正性反馈；（4）提供表现反馈。在训练课程中，学生应持续练习自我管理策略，直到能够独立使用这套特定的自我管理技能为止。

自我监控的准确性

在使用自我监控时，学生准确地监控目标行为有多重要？有趣的是，一些研究表明，在记录不准确的情况下，自我监控仍然可以导致行为改变（e.g.，Hallahan et al.，1981）。相比之下，其他研究指出，与单独的自我监控相比，对监控准确性给予成年人反馈和奖励能够增加干预效果（e.g.，Freeman & Dexter-Mazza，2004）。因此，最佳实践表明，至少在最初阶段，需要努力提高学生评分的准确性。

提高准确性的方法有多种。其中一种是让儿童尝试将他的目标行为记录与外部观察者的记录相匹配，这一过程在本章的"自我评估程序"一节中有详细描述。自我监控准确性的提高也可以通过全面训练学生、让他们知道评分准确性将被评估、缩短自我监控的时距、减少自我监控过程中的干扰或竞争活动来实现。最后，Shapiro 和其同事（2002）建议在开始自我监控干预之前设定一个最低的准确性标准（例如，连续三次达到80%的准确性），并在整个干预过程中对准确性进行定期监控。

成年人监督

尽管我们说的是"自我管理"，但在一定程度上，干预的许多方面还是需要成年人监督。当使用自我监控干预措施时，教师的主要角色将从直接实施干预措施，转变为监督和管理干预措施，并监测进度以确定是否需要进行额外的调整。此类监督的实际示例包括在房间里走动并监督学生是否正确使用了自我监控程序，提示学生使用必要的自我管理技能或应对措施，加强适当的行为，以及确保行为以期望的水平执行。成年人持续担任监督者角色对确保干预措施的成功总是必要的。

鼓励泛化和维持

在实施任何干预措施时，另一个重要的考虑因素是干预成果的泛化问题（即学生在特定干预环境之外运用他们学会的策略）。Nelson 等人（1991）在对16项针对行为障碍学生的自我管理干预的研究进行回顾后得出结论，这些干预措施能够产生中等到较大程度的干预效果，但是除非进行系统授课，否则与自我管理相关的积极成果无法泛化到与其他对象、其他时间和/或其他环境中。鼓励泛化的一些方法包括逐步延长自我管理时间（例如，将时间从平均每次10分钟增加到平均每次30分钟），直到完全消除自我监控提示；隐蔽地使用自我监控（例如，教学生只在"碰巧想到"时才进行自我监控）或者在其他环境中相继引入自我管理程序（e.g.，Peterson et al.，2006）。

学校心理学家可以通过使用教师和学生都比较容易遵循的程序，来帮助维持自我管理干预措施的持续使用（Shapiro et al.，2002）。此外，学校心理学家可以提供详细的指导和需完成的步骤，让学校工作人员做好应对潜在隐患的准备，确定针对自我管理干预措施的可能解决方案（例如，当学生监控行为不准确时做出响应），随时准备进行问题排除，并检验干预完整性。

自我评估程序

在自我监控干预中，学生需通过观察自己行为的某些方面，回答这样一个问题："我做了什么"，并提供该行为的客观记录。在自我评估干预（自我监控的延伸）中，学生还要回答这样一个问题："我做得怎么样"，并根据自己确定的标准（例如，个人进步的目标）、外部确定的标准（例如，教师对适当表现的期望），或者更常见的两者兼有的标准来评估自己的表现（Shapiro & Cole，1994）。在解决外化性行为问题时，最典型的一类自我评估程序是"匹配"。

匹配程序通常包括学生评估自己行为的某些维度（例如，用一个0~5计分的量表），而其他人（如教师、同伴）也使用相同的量表独立评估该学生的行为（Rhode，Morgan，& Young，1983）。学生的得分取决于两个评分的匹配程度；若评分完全匹配则学生会获得额外的积分，评分"接近"也能获得积分，而评分若大不相同，则无论行为表现如何都不能获得积分。然后，根据匹配结果获得的积分可以用来交换学生想要的物品或活动。匹配策略基于这样一个假设：学生准确地自我评估行为的技能与获得成功的技能同等重要。

在Rhode等人（1983）关于自我评估的开创性研究中，他们设计了一个匹配程序，专门用于促进干预成果的泛化和维持。通过他们的研究，可以使人们深入了解在典型环境中如何正确使用匹配程序。Rhode等人（1983）研究的被试是一个独立教室中患有行为障碍的6名小学生，在基线测评之后，实施了四个阶段的干预：

- 阶段1：代币强化-系统反馈。告知学生在资源教室上课需遵循的要求，并由教师在每15分钟的时距结束时，采用等级评分法（0＝完全不能接受，5＝优秀），对学生的学习表现和行为分别进行评分，学生因评分获得的积分可兑换成奖励。第一阶段的目的是传授期望并提供频繁的反馈。

- 阶段2：将学生评估与教师评估相匹配。随着学生行为的改善，学生被要求在每15分钟的时距结束时进行自评，并将他们的评分与教师的独立评分进行比较。若评分完全匹配，那么学生不仅可以赢得自己评定的积分，还可获得额外的积分；差距在一分以内，学生将获得自己评定的积分；差距若超过一分，则无法在这个评分周期获得积分。随着行为水平和自我评估准确性的提高，评分周期变得更长，匹配环节的数量逐渐减少。第二阶段的目的是教学生准确地自我评估，并在有限的环境下改善行为表现。

- 阶段3：泛化到其他课堂。研究人员将在通识教育课堂中实施匹配程序。在每30分钟的时距结束时，学生进行自评，再由通识教育教师对学生的行为进行评分。评分会被记录下来，并由学生带回他们的特殊教育教室，在那里，由特殊教育教师根据评分的准确性给予相应的积分。第三阶段的目的是将匹配技术和在独立环境中获得的成果泛化到通识教育课堂。

- 阶段4：自我评估的消失。通过一系列步骤逐步取消匹配和奖励程序。匹配时间延长到60分钟，积分兑换时间变得不确定，以至于学生事先不知道哪一天可以进行积分兑换，匹配就具有了随机性（即"惊喜"）。最后，学生不需要再把他们的评分写在纸上。

通过这一过程，学生在独立课堂上的适当行为水平提高到了80%或更高，并且这些结果被转移到通识教育课堂情境中。此外，当所有的干预成分都消失时，有4名学生在这两种情况下都保持了进步。这些发现表明，这种匹配程序可以成为一种有效的工具，借助这种工具，可以将干预方法泛化到不同的环境中，并且一些学生可以学会在没有外部提示和奖励的情况下完全自主地管理自己的行为。

Rhode等人（1983）描述的一般匹配程序的若干复本和变式，诸如，通过去除代币强化-系统反馈阶段（e.g.，Smith et al.，1992；Smith et al.，1988；Peterson et al.，1999）、在匹配阶段使用同伴评分（相对于教师评分）（Smith et al.，1992；Peterson et al.，2006）、以学业质量和数量的具体增长为目标（Smith et al.，1988）、以及将程序化的泛化环境的数量扩展到多达六个通识教育教室（Peterson et al.，

1999；Peterson et al.，2006），使得学生在专注行为和破坏性行为方面也表现出了类似的改善。自我评估程序已在独立教室（e. g.，Smith et al.，1988）和通识教育环境中得到有效实施（e. g.，Hoff & DuPaul，1998）。此外，它还被应用于有行为障碍（e. g.，Peterson et al.，2006）、学习障碍（e. g.，Smith et al.，1992）、注意缺陷/多动障碍（e. g.，Shapiro et al.，1998）和发育障碍的学生（Harchik et al.，1992），以及有行为障碍风险的儿童（e. g.，Hoff & DuPaul，1998）。

为了能在限制最少的环境中教育学生，使用自我管理匹配程序可能对通识教育教师特别有用。然而，尽管自我管理干预措施和自我评估匹配程序总体上是有效的，但是 Mitchem 和 Young（2001）指出，这些程序并没有被广泛使用，因为通识教育工作者没有足够的时间和资源在通识教育课程中对几个学生实施匹配程序。例如，在每个课程周期结束时，一名教师很难与几个学生分别完成匹配程序。因此，Mitchem 和 Young（2001）以及 Mitchem 等人（2001）基于 Rhode 等人（1983）的研究，提出了改进程序，即在班级的基础上采用匹配策略；利用同伴作为评估推动者和依赖型团体后效策略。

在一个班级匹配干预的例子中，Mitchem 等人（2001）在 3 个七年级的语言艺术班级中确定了 10 名有行为障碍风险的学生。在全班教学的课堂规则下，每个班级的每个学生都配有一名搭档。在指定的时距结束时，所有的学生根据课堂期望对自己和搭档的行为进行等级评分，学生通过评分获得积分，并通过准确匹配获得额外的积分。每对学生的总分与各自团队的积分相加，并以团队的形式获得奖励。为了增加评分的准确性，学生被告知每节课都会随机选择一对由教师进行观察，如果搭档的评分与教师的评分相匹配（即"秘密配对"），两人将获得额外的积分。在实施班级同伴互助的自我管理计划后，10 名有风险的目标学生的专注行为和社会技能的适当使用都有所增加，全班的整体专注行为水平也得到了提高。在系统地撤销干预之后，大多数有风险的学生和所有学生都保持了行为上的进步。

自我指导

自我指导是一种预先干预，旨在教导儿童改变做出行为之前的思维过程，认识到换一种方式思考当前情况就会产生不同的和更好的结果（Shapiro & Cole，1994）。自我指导要求学生提示自己做出特定的行为，通常还包括教给学生一个有助于指导他的言语或非言语行为的口头"脚本"（Shapiro & Cole，1994）。例如，Smith 和 Sugai（2000）教一名有行为障碍的 13 岁男生自我监控对同伴负面评论的反应，以防止自己陷入以往的破坏性行为模式。具体地说，该学生需要先阅读书桌上的书面提示（"我保持冷静了吗？"），接着闭上眼睛数到 10，然后不加评论地回去做作业。如果他成功地完成了这一系列步骤，他会在一张自我管理卡上圈出"是"，如果没有，他会圈出"否"。通过将对作业完成情况和举手的自我监控，与对成年人注意的自我吸引相结合，自我管理组合就能改善任务完成情况和专注行为，并减少不恰当的言语表达。在一个以提高书面表达能力为目标的自我指导示例中，Reid 和 Lienemann（2006）向 3 名患有 ADHD 且写作成绩低于平均水平的小学生讲授了一个脚本，用于计划策略和故事写作策略。计划是用"POW"的首字母缩写（即"选择我的想法""整理我的笔记""多写多表达"）来教的，故事写作则使用助记法"WWW，What = 2，How = 2"进行教学（即"谁是主人公？故事发生在哪里？故事发生在什么时候？主人公想要做什么？接下来会发生什么？故事的结局如何？主人公的感受如何？"）。在实施自我指导策略之后，学生写出的故事字数增加了一倍以上，并且在叙述的完整性和质量方面都取得显著进步。在有行为障碍的中学生中，使用类似的程序来提高创造性写作作业的完整性、准确性和整洁性，也获得了类似的结果（Glomb & West，1990），并且研究还发现针对行为障碍学生学业表现的自我指导技术效果显著（Mooney et al.，2005）。

最后，自我指导是一种获得表扬的有效策略。在学术和非学术场合，获得表扬可以提高亲社会行为的强化素质（Sutherland et al.，2001）。许多研究表明，有发育障碍（e. g.，Craft et al.，1998）和学习障碍（e. g.，Alber et al.，1999）的学生可以被教导来获得教师的关注，并且提高学业参与度和准确性（Alber et al.，1999）。根据对文献的回顾与整理，Sutherland 等人（2001，第 48 页）提供了自我指导程序的五个步骤，可在通识或特殊教育课堂中讲授：

1. 与学生讨论吸引教师注意的理由。

2. 指导学生寻求帮助的时间、方式和频率。

3. 使用"有声思考"程序对吸引策略进行示范。

a."好的，我已经完成了大约一半的数学题，我想知道我的表现如何。"

b."现在我要去找老师。"

c."她不忙。我现在举手。"

4. 教师和学生对五个不同的吸引注意的情节进行角色扮演。

5. 教师请学生陈述步骤。

尽管许多研究都支持使用自我指导训练，但需要注意的是，并非所有的研究人员都发现了积极的结果。Shapiro 和 Cole(1994)根据他们的回顾指出，如果学生具备了先决技能，那么旨在增加特定技能频率的策略通常都是非常有效的。然而，当使用自我指导策略来教学生改变一般的学习行为时(例如，"遵守规则""仔细检查我的作业")，结果会有更多变数。此外，使用自我管理技巧教 ADHD 学生一般的自我调节技能时(如"停下来，看，听")，干预效果通常是最差的(e. g. , Abikoff, 1985；Shapiro et al. , 1998)。最后，值得注意的是，基于认知的自我管理方法(如自我指导)通常与其他干预措施(即"一揽子"方法)结合使用，Maag(1990)特别指出，这些方法可能最适合作为泛化的促进剂。

压力接种训练

压力接种训练(stress inoculation training, SIT)最初由 Meichenbaum 在 30 多年前开发，是一种认知方法，旨在以一种实用而富有成效的方式教某人应对压力事件(即自己"接种"压力)的技能(Meichenbaum, 2007)。它通常包括教导个人重新概念化或重新构建他的问题(例如，"我失败并不是因为我愚蠢，而是因为我没有正确地或充分地学习")，学习特定的技能来应对确定的压力源(例如，"我有能力在这堂课上取得好成绩，我已经学会了有效的学习技能")，并有效地实施这些技能。SIT 通常被用作管理愤怒或焦虑的其他形式干预的补充。尽管有越来越多的研究证明它对儿童和青少年有效(Maag & Kotlash, 1994；Meichenbaum, 2007)，但是大多数研究都是针对成年人进行的(Meichenbaum, 2007)。

Dwivedi 和 Gupta(2000)对 8 名被确定存在严重的愤怒管理问题的九年级学生实施了一项小组 SIT 计划。干预包括在 10 周内进行 8 次 40 分钟的课程，旨在教导学生识别引发愤怒的情境，以及与放松、自信、停止思考和问题解决相关的具体技能。在训练计划前后，学生完成了"迷失日志"，在这个日志中，他们分析了最近发生的引发愤怒的事件，包括他们的想法、他们做了什么，以及他们如何评估自己的响应质量。在训练之后，学生报告说，他们对引发愤怒的情况下的行为响应感觉更好，在这些情况下的攻击性的响应也更少了。有趣的是，学生对这些情况的感受强度并没有改变，这表明即使他们仍然觉得这种情况具有挑衅性，但他们不会像之前一样愤怒，而是能够进行更多的自我控制，并且对自己的响应感到更快乐。

尽管 SIT 已经被证明是一种很有前景的学校干预措施，但 Maag(1994)告诫说，利用儿童和青少年的压力接种实施自我管理策略往往不能解决学生问题的本质，并且也没有系统规划的适当方法来进行泛化。总体而言，研究结果表明 SIT 是有效的，但必须谨慎对待。与任何干预措施一样，自我管理策略的选择应基于对问题行为发生环境的全面测评——包括假定的行为功能，确定问题是表现缺陷还是技能缺陷——并在问题解决模式的背景下进行处理，明确干预目标是维持和泛化行为。

一个自我评估程序的案例

Mo 是一名就读于通识教育班级的三年级学生，她被转介到干预小组中。下面的例子说明了如何使用问题解决模式的各个阶段来选择和评估自我管理干预，以处理她的需求。

问题识别

Mo 的问题行为最初被教师描述为"行为出格"。在进行操作化定义时，它被确定为具体的问题行为，包括在授课期间时不举手就说话和离开座位。教师统计了 Mo 在 3 天数学课上（即问题最常出现的时候）出现这些行为的频率，并确定 Mo 平均每节课会出现 30 次这样的行为。

问题分析

对 Mo 和她的教师的简短访谈以及学校心理学家的直接观察表明，Mo 出现出格行为是因为同学的嘲笑和讽刺。在数学课、美术课和音乐课上问题是最严重的。因此，工作人员假设 Mo 的问题行为的功能是获得同伴的注意。为了教 Mo 如何调节自己的行为，并提供一种让她以更适当的方式引起同龄人注意的策略，学校心理学家和教师决定采用自我管理的匹配干预。

干预计划的实施

教师与 Mo 一起回顾课堂期望，特别强调举手发言和坐在自己的座位上。在实施代币制一周的时间里，教师在每天数学课结束时会给 Mo 打两个 0-5 分制的分数（一个是举手发言的分数，另一个是坐在座位上的分数），并解释对她的评分。根据这些评分，Mo 可以获得各种奖励，包括和同学一起玩游戏的时间。

当 Mo 的行为在实施代币制得到改善后，教师会向她提供一份自我管理表，并要求她在每节数学课结束时写下对自己举手发言和坐在座位上的评分（评分表示例见图 20.2）。此外，她还被告知，自己的评分与教师评分的匹配程度是获得积分的依据。完全匹配会使她获得加分；差距在 1 分以内，可以使她得到自己给出的积分；评分差距过大则无法在这个评分周期获得积分。Mo 被告知，如果她与教师的评分产生分歧，那么她在这段时间内将得不到任何积分。

在实施自我管理程序后，Mo 在数学课上的行为有所改善，但她在艺术课和音乐课上的行为仍然存在问题。为了便于泛化她在数学课上的成果，Mo 将带着一份自我管理表被送到这些课堂中。她被要求在每节课结束时给自己打分，教师被要求写下他们对 Mo 的行为的评价。Mo 的通识教育教师在当天晚些时候会确定评分的匹配程度和积分。为了确保程序执行的完整性，学校心理学家在课堂上随机观察这一过程，并在必要时向教师提供反馈。

干预计划的评估

在使用自我管理匹配程序的 3 周后，Mo 在 3 个目标课堂中的随意讲话和离座行为都下降为零（见图 20.3）。此外，教师还观察到了积极的附加效果，比如 Mo 的同学邀请她在午餐时一起吃饭，参加课后的生日派对，以及 Mo 在课堂上完成数学试卷的情况有所进步。自我管理干预具有较高的社会效度；Mo 的教师表示喜欢这个过程（并且会对其他学生使用），Mo 也同样喜欢这个过程。

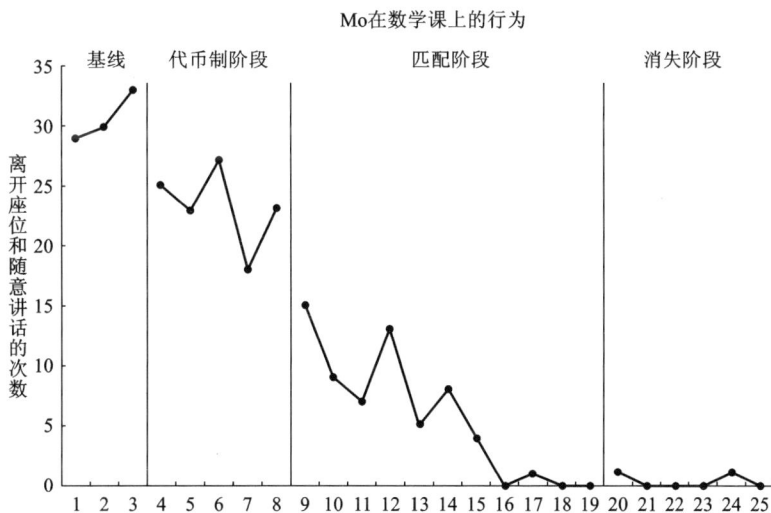

图 20.3　基于后效的自我评估匹配过程的样本数据

在为期一个月的随访中，团队决定继续进行干预，但程序将进入消失阶段。Mo 会被要求继续在每节课上进行自我评估，但与教师的匹配将成为"惊喜"。具体来说，在每节课结束时，教师会从帽子里拿出"是的，我们匹配"或"否，我们不匹配"的纸条。团队安排了为期两周的审查，以评估在使用经修改的干预措施后，Mo 的进展。

总结

学校心理学家可以在开发、实施和评估各种自我管理干预措施方面发挥主要作用。实证研究的结果表明，自我管理策略在各种行为、环境和个人中都是有效的。鉴于当前的立法要求使用循证实践来解决学业、社会和行为问题，这一点尤为重要。此外，自我管理干预在灵活性、增强泛化效果的潜力和较高的使用者满意度方面比其他策略更具优势。

第 21 章

家庭作业问题的干预

Donna Gilbertson

Rebecca Sonnek

家庭作业（homework）是教师提高学生学业成绩的一种常用教学方法。学生大约将 20% 用于参与学业任务的时间花在了能够影响班级成绩的家庭作业上（Cooper & Nye，1994）。教师布置家庭作业并将其作为一种增加学生参与度和学业任务时间的方法（Cooper et al.，2006）。关于家庭作业对成就测试和班级成绩影响的实证研究结果表明，完成作业的学生的学业表现优于未完成作业的学生（Cooper et al.，1998；Trautwein，2007）。然而，教师们报告说，许多有学业失败风险的学生很难顺利地完成家庭作业（Rhoades & Kratochwill，1998；Salend & Gajria，1995；Weiner et al.，1998）。尽管特殊教育学生的家庭作业问题最为严重，但仍有 30% 的通识教育学生很难完成家庭作业（Polloway et al.，1992）。考虑到学生花了大量时间完成家庭作业以及家庭作业对学业成绩的贡献，找出改善家庭作业表现的有效策略对于家长和教师来说十分重要。

一系列新兴的研究支持使用班级作业计划来提高作业完成率（Bryan et al.，2001；Keith & Keith，2006；Miller & Kelley，1994；Olympia et al.，1994）。然而，尽管取得了这些积极的发现，班上的一些学生依然可能对班级作业计划没有响应。导致家庭作业问题的原因有很多，这使得我们难以设计出一个能满足所有学生需求的班级家庭作业计划。例如，有些学生有能力完成作业，但做作业的积极性很低（即表现缺陷）；而有些学生可以完成作业，但是需要帮助组织一个一致的家庭-学校日常活动惯例，以便按时提交作业（即组织缺陷）；对于一些学生来说，准确完成作业的困难可能是由学业技能缺陷导致的（Daly et al.，1996；Daly et al.，1997；Malloy et al.，2007），而在技能习得、效率、记忆力和将技能泛化到新任务上的个体差异是造成学业缺陷的潜在原因。最后，有些学生缺乏完成家庭作业中的复杂任务所需的基本工具技能或先决技能（Binder，1996；Johnson & Layng，1992）。完成家庭作业所需的常见先决技能包括流利的阅读理解、数学运算以及字母和单词的书写。考虑到家庭作业布置的复杂性，班级作业计划的效果存在个体差异也就不足为奇了。为了适应这些个体差异，我们应该基于个体不交作业或没有准确完成作业的原因对其家庭作业问题进行更深入地干预。

本章旨在讨论已被证实可解决不同类型家庭作业问题的干预策略。首先，我们概述了针对 5 种不同类型家庭作业问题的策略的研究结果。具体来说，我们回顾了旨在解决班级作业问题、表现缺陷、组织缺陷、学业技能缺陷和工具技能缺陷的干预措施；在这之后，我们描述了一种问题解决方法，来提出一个关于家庭作业问题的原因的假设，这个假设将指出学生需要什么类型的干预；最后，我们讨论了如何构建进度监测系统，以确定所选择的干预措施是否有效地解决了问题。

常见家庭作业问题的有效干预策略

班级家庭作业干预措施

理想情况下，家庭作业计划可以为全班学生提供有效的支持。当班上的许多学生在作业的完成率和准确性方面都存在问题时，在班级范围内进行干预可能是最合适的。几项研究的结果表明，在布置和收作业时使用一系列一致的步骤可以增加大多数学生完成家庭作业的可能性（Hughes et al.，2002；Miller & Kelley，1994；Olympia et al.，1994）。在表21.1中给出了一个班级作业惯例的例子。如表所示，一个有效的惯例始于系统地介绍作业要求。向学生清楚地提供有关家庭作业的要求，可以增加学生在没有父母的帮助下做家庭作业的可能性。例如，教师通过对如何完成作业进行明确的教学，然后使用几个简单的例题进行准确示范，来向学生展示如何完成作业（Ysseldyke & Elliott，1999）。让学生练习完成家庭作业所需的技能，也能提高完成家庭作业的准确性（Walberg，1991）。这个简短的练习环节可以让教师直接观察学生是否理解所布置的作业。这一点很重要，因为许多学生报告说，当作业要求不清楚，即不知道该做什么时，他们也就无法很好地完成家庭作业（Bryan & Nelson，1994；Sawyer et al.，1996）。当家庭作业与学生之前在课上所做作业类似时，学生完成家庭作业所需的父母协助也会减少。父母都希望给予孩子支持，但在调查中，大多数父母报告说，他们没有足够的技能来帮助他们的孩子（Christenson et al.，1992），没有办法处理好家庭作业问题，并认为如果要解决学业问题的话，需要接受特殊的训练（Kay et al.，1994）。

表 21.1　使用作业计划表进行班级干预的示例

步骤	学生要做的	教师要做的	父母要做的
1	注意教师在讲授家庭作业技能时提出的要求	告诉学生家庭作业要做什么	
2	观察如何做作业，如果不清楚，可以提问	示范怎样做作业是正确的	
3	做一些例题并寻求帮助	对一些例题提供指导练习以评估学生作业的准确性	
4	把作业安排和截止日期抄在计划表上	每天在黑板的同一个位置写上作业安排	
5	准备所需的资料	写出或告诉学生要带什么回家	
6	向教师展示计划表	检查计划表	
7	向教师询问任何不清楚的作业安排	回答学生提出的问题	
8	将计划表带回家并展示给父母		检查作业计划表
9	做作业，有需要时向父母寻求帮助		根据要求提供帮助；在有困难的地方做标记给教师看；在已完成的作业上签名
10	回学校并向教师展示作业	审阅计划表并检查父母的签名	
11	检查批改过的作业中错误的部分，必要时向教师提问	自己批改或让学生批改作业，如果超过80%的学生完成得很差，就需要重新进行技能教学	检查批改过的作业并对正确的作业提供积极反馈
自选	参与合作小组并支持小组中的同伴	采用同伴合作小组	

此外，惯例应该包括一些步骤，以帮助学生在家也能记住并记录家庭作业。使用家庭作业计划表是提高学生作业完成率以及作业上交率的有效策略之一。家庭作业计划表是学生用来记录每天的家庭作业的周历或月历。让学生每天都把计划表带回家也给父母提供了有关作业安排的信息。Bryan 和 Sullivan-Burstein（1998）研究了家庭作业计划表和其他三种干预措施（即在作业完成时给予强化、绘制作业完成图、布置"真实生活中的"作业）对学生家庭作业表现的影响，以及随着时间的推移教师对干预措施的使用情况。所有四种干预措施都有效地提高了家庭作业的完成率，但在一项为期两年的追踪调查中，教师报告说他们一直使用的只有家庭作业计划表和绘制家庭作业完成图。

建立家庭作业计划表惯例需要教师、学生和父母的参与。首先，教师要构建并使用一个系统来说明学生要在计划表上记录的作业。教师可能会提供关于作业要求的有用信息，包括每个科目的作业要求，以及完成作业的必备条件、所需材料、截止日期、完成每日作业的预计时间以及将如何评估作业等细节。接下来，学生需在计划表上记录所有的家庭作业安排并将其带回家。教师可以督促学生在计划表中准确记录信息，并提示学生在放学时把计划表放在书包里带回家。最后，家长和学生一起检查计划表并在家里监督儿童完成家庭作业（Epstein et al.，1999）。这一做法为教师和家长提供了交流成功经验和待解决问题的渠道，并进一步强化了家校沟通系统。

在启动家庭作业计划之前，需要先对学生进行训练，并且应该告知家长有关家庭作业计划表的程序概述和家庭作业政策（例如，教师将如何处理漏交和迟交的作业，学生如何获得额外加分）。教师可以向家长说明如何检查计划表和已完成的作业，以确定是否所有儿童都按要求完成了家庭作业。启动家庭作业计划后，关注已完成的家庭作业至关重要。当学生的家庭作业被及时地检查和评估时，他们更容易完成作业并上交高质量的家庭作业（Walberg，1991）。有研究对学生自评作业的效果进行了调查，结果表明，当学生收到即时反馈时，学习成绩会提高，而且这一做法还有助于节省教师的评分时间（Trammel et al.，1994）。例如，Hundert 和 Bucher（1978）评估了在两个特殊教育班级中使用的自我评分程序的用途和准确性。在这项研究中，教师在学生旁边给出答案，同时学生需对自己的作业进行评分。评分时需使用与完成作业时所用颜色不同的彩色笔，以便追踪评分过程中作业的纠正情况。评分结束后，教师立即随机抽取一名学生的作业，检查评分是否准确，若正确则给予班级加分，错误则进行扣分。只要能适当地使用这个程序，83%的学生都能对作业进行正确的评分。

家庭作业惯例的一个有趣的选择是使用同伴管理惯例（O' Melia & Rosenberg，1994）。例如，Olympia 等人（1994）评估了团体后效程序对提高家庭作业完成率和准确性的有效性。将六年级的学生安排到合作学习小组中，并接受训练以担任各种角色，包括教练、记分员和管理者。每个小组都会因超过每日目标而获得奖励，而目标基于所有小组成员的家庭作业准确性得分。对大多数学生来说，家庭作业的完成率都有所提高，但准确性结果好坏参半。研究者提出，导致准确性结果不一致的原因可能是缺乏直接测试来确定学生是否有技能缺陷或表现缺陷。在这项研究中，为有表现缺陷的学生提供了激励措施以改善他们的行为，但是没有给那些缺乏相关技能的学生提供顺利完成作业所需的额外教学。

一个有效的班级家庭作业惯例会让班上的大多数学生都能正确完成家庭作业。然而，可能有一些学生仍因家庭作业而困扰，并且需要额外的帮助才能完成家庭作业。对于这些学生来说，除了课堂惯例之外，还应提供家庭作业支持，以处理未上交家庭作业或没有准确完成作业的情况。

针对表现缺陷的干预措施

当一个学生有能力完成作业却选择不做作业的时候，这种问题就被认为是表现缺陷。家庭作业激励策略可以有效解决这类问题。立即批改作业给大多数学生提供了在学校做作业和交作业的动力，如果这种做法对学生不起作用，那么增加一个提高家庭作业准确性的激励计划可能是有必要的（Miller & Kelley，1994）。表21.2 提供了一个可以添加到班级作业计划表惯例中的激励程序。

表 21.2　使用家庭作业计划表对表现技能缺陷进行激励干预的示例

步骤	学生要做的	教师要做的	父母要做的
准备	设定目标：例如，三次家庭作业的正确完成率达到80%。 选择达到目标时可获得的奖励。	与学生一起设定合理的目标。	与孩子一起设定合理的目标。 如果需要的话，在学校心理学家的支持下建立每周或每日的奖励制度。
1	遵循家庭作业计划表的步骤（表21.1）。	遵循家庭作业计划表的步骤。	遵循家庭作业计划表的步骤。
2	整理教师批改完的作业。请教师把分数写在作业计划表上。	归还批改过的作业，并在计划表上记录分数。 自选：如果目标达到了就提供奖励。	
3	将作业计划表和批改过的作业带回家并展示给父母；如果达到目标就获得奖励；和父母一起讨论如何完成遗漏步骤。		检查计划表中的分数。表扬孩子的努力，如果孩子达到目标则给予奖励。
4	就任何未达到目标的作业向教师和/或家长提问。	回答疑问，必要时联系父母一起解决。	回答疑问，必要时联系教师一起解决。

　　设定目标也有助于改善学生的表现。目标为学生提供了预期的表现水平，使家长或教师能够在目标实现时立即给予学生表扬，或在学生努力实现目标时提供具体的反馈。Trammel 等人（1994）的研究表明，为设定的目标进行自我绘图能够提高高中生的作业完成率。在该研究中，由学生设定家庭作业完成率的目标，并将每天的家庭作业任务量记录在图表上。学生需检查图表，以确定何时达到了目标并设定新目标。但该研究没有为实现既定目标的学生提供适当的奖励。在研究中产阶级家庭时，Kahle 和 Kelley（1994）比较了在有目标设定程序与无目标设定程序时，关注家庭作业问题的家长训练计划对家庭作业表现的影响。为了实施目标设定干预，家长将家庭作业分为小的、具体的目标，并为儿童提供达成目标的每日和每周奖励。家长也会记录家庭作业的准确性和学生从开始做作业到完成作业所用的总时间。将两个干预组（目标设定加上家长训练或仅家长训练）的学生表现与仅监督条件下的学生表现进行比较。在仅监督条件下，由没有接受过干预训练的父母来监督学生完成家庭作业的准确性和持续时间。结果显示，目标设定程序显著提高了学生完成家庭作业的准确性和每分钟答对率，而仅监督组和仅家长训练组在干预前后的得分相似。

　　当存在其他活动干扰家庭作业完成时，也可能出现作业完成率的问题。例如，那些被允许利用完成家庭作业的时间来做更喜欢的活动（例如，看电视或和朋友玩）的学生，更不可能完成家庭作业。家长通常也会报告一些妨碍家庭作业及时完成的问题行为，如抱怨、拖延、频繁分心，以及经常需要提示等（Jayanthi et al. 1995）。行为契约很容易创建，并且通常可以解决这类问题（Murphy，1988）。行为契约（behavior contract）是学生和家长之间达成的一种协议，学生同意去实现一个目标，当目标达成之后，家长会提供一些学生喜欢的事物，如有形奖励或令人愉快的活动。契约要求家长、教师和学生选择期望的行为、成功实现目标的奖励以及目标达成的标准（Bowen et al.，2004）。制定书面契约是为了明确地告诉学生家庭作业的期望，这些期望可以在相当短的时间内，给学生的努力带来预先确定的积极回报（Reavis et al.，1996）。例如，如果一个学生放学回家后立即开始做家庭作业，始终专注于作业，并且准确地完成了家庭作业，那么他就可以获得很长的玩电脑时间或与朋友玩耍的时间。对于缺乏动机的学生，可能还需要增加额外奖励。图21.1给出了一个可以用来提高作业完成率的契约示例。

作为契约的一部分，学生同意遵守这些行为：

（选择一些学生愿意遵守的，能提高家庭作业完成率和准确性的重要家庭作业行为作为契约的一部分。以下是一些例子。）

　　　　　　在家庭作业计划表中写下作业安排。

　　　　　　把家庭作业计划表和完成作业所需的资料带回家。

　　　　　　在规定的作业时间开始写作业＿＿＿＿＿＿＿。

　　　　　　在家长提醒不超过两次的情况下专注于作业。

　　　　　　整洁且准确地完成作业。

作为契约的一部分，家长同意遵守这些行为：

检查家庭作业计划表并在所有已完成的作业旁边签名。

当学生的行为符合以上约定时，提供如下活动中的一种。

［选择家长愿意提供的、容易提供的、学生希望获得的几种活动（或奖励）。协商学生在完成契约中的行为后可以立即选择的日常活动——例如，玩电脑的时间、与朋友相处的时间或听音乐的时间。］

　　　　　　1.＿＿＿＿＿＿　2.＿＿＿＿＿＿　3.＿＿＿＿＿＿

　　　　　　4.＿＿＿＿＿＿　5.＿＿＿＿＿＿　6.＿＿＿＿＿＿

作为契约的一部分，教师同意遵守这些行为：

审查学生的进步并且表扬学生的成功。

如有需要，教师每周可提供额外奖励。例如，如果学生行为符合以上协定天，教师

可以提供一个奖励。

　　　　　　　　　　　日期：＿＿＿＿＿＿＿＿　家长签名：＿＿＿＿＿

　　　　　　　　　　　学生签名：＿＿＿＿＿　教师签名：＿＿＿＿＿

图 21.1　家庭作业契约的一个示例

针对组织技能缺陷的干预措施

当学生有能力完成家庭作业，但又很难组织完成和上交作业所需的许多活动时，就需要组织技能支持。学生需要准确地记录作业安排，把所需的资料带回家，花时间做作业，收拾做作业的环境，完成作业，把作业放好，然后把作业带回学校（Bryan & Nelson，1994；Epstein et al.，1999）。对于那些需要发展组织能力以便按时完成和上交家庭作业的学生来说，建立一个在家里完成家庭作业的结构化惯例是一个有效的干预选择。建立惯例时应注意几个细节。首先，学生和家长应安排一个不受干扰的学习区域，配备适当的照明设施及完成作业所需的材料（如纸、笔、字典）。其次，应当选择合适的学习时间，既要保证该时间段的一致性（即学生每天都能坚持在这个时间段内进行学习），又要确保家长在该时间段内能够提供及时的、在场的帮助。另外，学生应该有足够的时间来完成每天的家庭作业。学习时间从学生和家长检查作业计划表并查看和讨论作业要求开始算起，以学生和家长检查完成的作业，并且家长根据需要提供支持为结尾。然后学生把家庭作业放在指定的地方（例如，书包），为第二天带回学校做好准备。

提高组织技能的干预措施还包括自我监督、目标设定和家校笔记（home-school note）等策略（Jurbergs et al.，2007；Toney et al.，2003）。表 21.3 中的组织缺陷干预样例脚本包括了这些策略和建立家庭作业惯例的步骤。

表 21.3   使用家庭作业计划表对组织技能缺陷进行干预的示例

步骤	学生要做的	教师要做的	父母要做的
准备	与家长和教师一起制定家庭作业惯例和时间管理计划。 设定目标。例如，作业的正确率达到80%，且作业计划表中的步骤完成了80%。 选择达到目标时可以获得的奖励。	与家长讨论预计时间和通常需要的支持。 与孩子一起设定可实现且合理的目标。	在有空监督孩子的时候，留出一个一致的时间和地点来让孩子做作业。 与学生一起设定可实现且合理的目标。 可以在学校心理学家的支持下建立每周或每日的奖励制度。
1	遵循家庭作业计划表中的步骤（表21.1）。		遵循家庭作业计划表中的步骤。
2	完成作业后，核对惯例中的每一个步骤。	遵循家庭作业计划表中的步骤。	
3	向家长展示核对过的步骤和家庭作业。		在完成的步骤上签名并标记出遗漏的步骤
4	绘制已完成的步骤并对作业表现进行评分。	归还批改过的作业，必要时提示学生绘制图表。	
5	向教师展示图表；和教师一起讨论如何完成遗漏步骤。	如果学生正确地绘制了图表或写出了遗漏的步骤，则在图表上签名并作标记。必要时联系父母一起解决问题	
6	把图表带回家并向父母展示，如果达到目标则可获得奖励；和父母一起讨论如何完成遗漏步骤。	如果第一个目标在几周内都成功保持，则增加目标。	检查图表和教师的备注；表扬孩子的努力，并且如果孩子达到目标需给予奖励。必要时联系教师一起解决问题

让学生在学习如何管理自己的家庭作业时监控自己的组织行为，有助于学生判断这些行为的准确性和有效性（Reid，1996）。Callahan 等人（1998）成功地实施了一项自我管理家庭作业的计划，实施对象是参加了针对高风险青少年的项目的中学生。学生和他们的家长首先要接受相关技能的训练，包括如何设定家庭作业学习地点和时间、监测学生完成家庭作业的进度，以及准备好材料带回学校。在接受过组织技能的训练之后，家长和学生需继续接受训练以设定目标、监督和记录学生在完成家庭作业过程中使用这些技能的情况。如果家长和学生就"是否使用了组织技能（例如，学生把做家庭作业所需的资料带回了家）"达成一致意见，则学生就可以获得 1 分。累积的分数之后可用于交换经家长批准的学生所选择的奖励。Callahan 等人（1998）发现，经过自我管理和家长参与干预后，学生的数学作业完成率显著高于干预前。此外，教师报告说，未包含在该研究中的家庭作业的完成度也增加了，而这些作业对学生的学业成绩有积极影响。在后续访谈中，家长和学生都报告说，该计划是成功的，并且他们打算继续实施这个计划。

有些学生在学习独立运用组织技能的同时，需要家长和教师进行额外的监督。为了有效地监督学生对家庭作业惯例的遵守情况，教师和家长通常会强调有效的家校沟通系统的重要性（Bursuck et al.，1999；Epstein et al.，1999）。以家校笔记的形式建立沟通系统可以帮助家长和教师了解哪些具体的家庭作业步骤是在有问题的情况下完成的，哪些步骤是在没有问题的情况下完成的（Jurbergs et al.，2007；Riley-Tillman et al.，2007）。家校笔记的使用提高了作业的完成率和准确性（Blechman et al.，1981；Strukoff et al.，1987）。家庭作业问题的家校笔记旨在提供比典型的家庭作业计划表更具体的学生行为交流。例如，除了让学生在笔记本上记录作业安排外，教师还可以记录哪些作业成功交上来了，以及这些作业所获得的成绩。家长也可以评估学生的家庭作业行为是否积极以及完成家庭作业的时间。家长和/或教师可以奖励学生的积极作业行为或重新讲授学生难以完成的步骤。

针对学业技能缺陷的干预措施

若一个学生掌握了适当的基本技能，但是学习新的任务时仍有困难，就需要一些帮助解决技能缺陷的策略。使用激励或组织策略的干预研究，报告了这些策略对患有学习障碍或技能缺陷的儿童的不一致影响（Bryan et al.，2001）。这些学生中的许多人需要某种类型的教学支持来完成家庭作业，但是不同的儿童需要不同类型的支持。此时的问题在于哪种类型的学业支持最适合每个学生。遗憾的是，很少有研究针对此类家庭作业问题提供有实证支持的干预措施（Cooper et al.，2006；Jenson et al.，1994）。也很少有研究调查教学支持或学习策略对作业表现的影响以及父母如何才能最好地支持这一过程（Hoover-Dempsey et al.，2001）。Daly 等人在本书第 8 章中所描述的简要实验分析（brief experimental analysis，BEA）可能是为学生选择有效干预措施最有用的方法之一。该方法应用并评估了几种干预方案对学业成绩的影响，以选择最有可能在对个别儿童产生效果的干预措施。表 21.4（以数学为例）和表 21.5（以阅读为例）说明了如何使用 BEA 来选择一种能产生最准确和最完整的家庭作业的干预措施（Dunlap & Dunlap，1989；Gajria et al.，2007；Malloy et al.，2007；Palincsar & Brown，1984；Skinner et al.，1997；Vaughn et al.，2001）。这些干预措施为家长提供了可以充分支持学生学习的教学工具或学习策略。表 21.5 列出了一系列学习策略，这些策略旨在提高学生对阅读作业的理解，是理解和完成课堂作业所必需的（Palincsar & Brown，1984；Vaughn et al.，2001）。教师首先需明确地传授给学生这些技能，然后让学生在合作小组中练习使用技能，以促进其对学术类阅读的独立理解。家长可能会接受训练，以促进和监督学生在家完成阅读作业时使用学习策略。表 21.5 中列出的每一种阅读策略都已被证实是有效的（Gajria et al.，2007）。有几项研究也表明，当父母使用他们在训练中学到的阅读干预时，学生的阅读流利度会提高（Gortmaker et al.，2007；Persampieri et al.，2006）。因此，BEA 可以用来确定某个或多个策略是否能有效地提高个别儿童在完成家庭作业时的表现。然而，我们还需要进行更多的研究，以评估通过这种方式选择的干预措施的长期效果。

表 21.4　技能缺陷的干预示例说明——数学作业

覆盖、复制和对比

教师为学生提供一份数学试卷和参考答案作为家庭作业。在家里，家长监督学生一次只完成家庭作业的一道题。每完成一个问题后，学生对照教师提供的答案进行检查，并更正自己的错误。当学生完成试卷上 50% 的题目之后，使用教师提供的答案检查作业的准确性。学生在不检查对错的情况下继续完成剩下的问题，以确定是否习得了技能或者（并且）因准确完成作业而获得奖励。

步骤提示卡

在课堂教学中，教师做了一份步骤检查表，告诉学生如何解决一个问题。每个步骤都包含一个简单的句子和该步骤在某一问题中的一个示例，来告诉学生应该怎么做。在做家庭作业时，学生将检查表带回家，并在家长的支持下使用检查表解决更多的问题。如果学生在解题时遗漏了某个步骤，家长会指出遗漏的步骤并让学生重做这个题目。教师也会给家长提供一份参考答案。在得到帮助之后，学生先完成剩余问题的一半，然后让家长用红笔检查作业。在家长帮助改正作业之后，学生继续完成作业。

标出错误

教师为学生提供一份数学试卷和参考答案作为家庭作业。在家里，学生独立完成 2~5 道题。然后，家长借助参考答案检查作业，并用黄色荧光笔把错题标记出来。学生检查被标记的部分，提出问题，然后继续完成试卷。

表 21.5　技能缺陷的干预示例说明——阅读作业

关键词
在做阅读作业时，家长要求学生圈出短文中他无法定义的 5 个单词。然后家长大声朗读短文给学生听(示范)，再由学生大声朗读短文给家长听。当学生阅读时，家长聆听并标记错误。当学生漏读、错读或在 3 秒内没有读出某个单词时，家长会立即把单词正确地大声朗读给学生听。学生复述这个词，然后继续读下去。在阅读练习之后，父母可以从学生之前圈出单词中选择 5 个单词，也可以从被标记为错误或反映中心思想的单词中选择其他的单词，一共选 5 个。将这 5 个单词写在索引卡上呈现给学生，同时家长大声朗读每个单词并要求学生重复这个单词。接下来，家长给每个单词下定义，然后用该单词造句，并念出这个句子。根据关键词的定义，学生阅读文章并完成家庭作业。
策略性阅读
在做阅读作业之前，家长首先要求学生浏览阅读内容，并寻找与阅读内容、学生对材料的已有了解以及可能学会或需要提问的阅读内容相关的线索。然后，家长引导学生思考要完成的问题，以确定需要在阅读过程中找到的答案("故事中发生了什么?")、文章中需要搜索和思考的隐含资料(例如，"故事中人物所用计划的优点和缺点是什么?")或需要学生在阅读后进行预测或推断的内容(例如，"如果他们使用不同的计划，会发生什么情况?")。最后，家长提示学生回顾阅读结构，以帮助确定材料的目的(例如，叙述、排序、因果关系、描述、问题解决、比较、时间顺序)。
在阅读过程中，家长提示学生写下他不理解并且需要深入学习的单词。学生读完几段后，家长帮助学生查阅单词或讨论阅读中学生不理解的部分。最后，家长听学生重述每个段落或章节的中心思想。如果需要，家长可以提示学生重读材料，以确认中心思想。
在阅读了一节或所有材料后，家长可以提示学生根据阅读材料完成家庭作业。

　　当学生被要求学习尚未完全掌握的技能时，也许干扰最少的方法是缩短学生完成家庭作业所需的时间(Cooper et al.，1998)。有研究比较了教师估计完成家庭作业所需时间和学生报告的时间之间的差异，结果发现，学生作业时间比教师估计的要长，而且上交的作业仍然不正确(Bryan et al.，2001)。此外，在学生的先决技能还不熟练的情况下，先前确定的强化物不能改善更复杂技能的表现。提供更多回答机会且所需时间较短的家庭作业比所需时间较长的家庭作业更容易且更能被准确地完成(Cooper，1989)。使用所需时间较短的家庭作业对于那些需要学生独立完成的任务也很有效，且易于家长监督。

针对工具技能缺陷的干预措施

　　少数学生可能缺乏基本的工具技能，而这些技能是表现复杂技能所需的先决技能(Binder，1996；Johnson & Layng，1992)。家庭作业的常见先决技能包括流利的阅读理解能力、数学公式的知识以及书写字母和单词的能力。例如，一个三年级的学生如果不具备阅读家庭作业中课文的基本技能，就无法有效地回答有关课文的问题。当学生缺乏完成家庭作业的先决技能时，布置更多的家庭作业或花更多的时间完成作业并不是一个有效的解决办法(Cooper et al.，1998；Trautwein，2007；Cooper et al.，2006)。相反，教师应布置侧重提高基本数学或阅读技能的使用和流利度的家庭作业，这些技能是在课堂上传授更高级技能的基础(Binder，1996)。在家里提供基本技能的练习时间将有助于维持学生花在学校核心课程内容上的时间。

表 21.6　工具技能缺陷干预实例的描述

重复阅读以提高阅读流利度

学生大声朗读一篇包含200~400个单词的短文给家长听,重复四遍,家长提供有关阅读速度的反馈。当学生朗读第四遍时,家长会聆听并标记错误(漏读、错读或3秒内未读出的单词)。在定义了关键词之后,学生朗读短文1分钟,与此同时家长标记出所有的错误。记录学生每分钟正确阅读的单词数。

使用积极练习/过度纠正的听力预习,以提高流利度和准确性

家长首先向学生大声朗读包含200~400个单词的短文(示范),然后学生大声朗读短文给家长听。当学生朗读时,家长会聆听并标记出错误。当学生漏读、错读或在3秒内没有读出某个单词时,家长会立即正确地向学生大声朗读这个单词。学生重复5遍这个词并且把整个句子重复一遍。在阅读练习之后,学生朗读短文1分钟,与此同时家长标记出所有的错误。记录学生每分钟正确阅读的单词数。

对个位数的数学基本运算进行练习,以提高流利度和准确性

教师每周向学生提供一个资料夹,其中包括6~10张有关个位数运算的卡片、4张数学试卷(由卡片中的问题组成)、参考答案和一张图表。在家里,学生和家长练习5次卡片上的题目。在练习过程中,家长在告诉学生正确答案之前,需给学生3秒钟的时间回答所提出的问题。在练习之后,家长使用计时器让学生在2分钟内完成一张数学试卷。完成试卷后,父母参照答案使用红色记号笔对试卷进行批改。这项作业是按运算正确的位数打分的,并且分数要写在图表上。家长还可以确定学生是否超过了以前的最佳成绩,如果超过的话,则提供给孩子一个他所喜欢的活动。学生在每周的最后一天把批改过的试卷、图表和卡片带给老师。

表21.6列出了被证明可用于提高基本阅读或数学技能的干预措施的实例(Gortmaker et al.,2007;Sante et al.,2001)。值得注意的是,这些干预措施虽然明显有益于特定的学生,但需要大量的资源和修改材料。大多数干预措施都需要成人或同伴辅导者提供某种示范、指导实践或经常的反馈(Fishel & Ramirez,2005;Gortmaker et al.,2007)。这些干预措施的主要优点是它们可以在15分钟内完成,并产生预期的结果。然而,那些获得干预材料和训练(包括角色扮演和反馈在内)的家长,他们的孩子会表现出更为一致的积极学业进步(Bryan et al.,2001)。

选择家庭作业干预措施的过程

知识渊博的学校工作人员,包括学校心理学家,可以成为识别家庭作业问题和为学生制定有效干预计划的主要推动者(Olympia et al.,1994;Rhoades & Kratochwill,1998)。下面这一节描述了一个用于识别家庭作业问题、评估环境影响因素,以及制定和评估适当的干预策略的测评过程。

家庭作业问题的识别以及用来解决问题的干预措施的选择

实施测评以确定作业问题的性质是解决家庭作业问题的第一步。如前所述,家庭作业始于课堂,终于课堂。因此,家庭作业过程中的第一步应是评估教师当前用于选择、布置和批改家庭作业的流程。当班级中的许多学生不能提交正确完成的作业时,家庭作业的流程或惯例就成了一个问题。当班上许多学生都有明显的家庭作业问题时,教师就应该在班级范围内进行干预。只有班级范围内的问题被排除或通过干预解决之后,才能开始考虑个别学生的问题。

表 21.7　家庭作业进程的班级测评

步骤 1：对成绩册中的作业完成情况和分数进行记录审查

记录审查中的关键要点：

- 确定全班 80% 或以上的学生的作业完成率和作业准确率是否达到 80% 或以上，以排除班级范围的问题。
- 如果许多儿童的表现不如预期，就表明是班级范围的问题，需要对全班进行干预。
- 如果班级范围内的问题被排除在外或通过干预措施得到解决，则评估成绩册上的家庭作业分数，以识别在 80% 或以上的时间内，正确完成率未能达到 80% 或更高的风险学生。

步骤 2：针对班级范围的问题，需和教师一起观察或者审查当前家庭作业的惯例。表 21.1 可用于检查有效的惯例步骤的使用。

惯例审查中的关键要点：

- 识别遗漏的或错误实施的可以提高班级作业表现的有效惯例步骤。
- 观察学生对惯例的参与度。当许多学生没有准确地实施惯例中的步骤时，对他们进行有效步骤的训练。

　　表 21.7 列出了评估班级家庭作业计划有效性的步骤。对班级家庭作业成绩的初步审查可能有助于将家庭作业问题归类为全班问题（例如，不到 80% 的学生上交了正确的家庭作业）或个人问题（例如，80% 或以上的学生上交了正确的家庭作业）。如果被识别出来的问题是一个班级范围的问题，表 21.1 中提出的步骤（Keith & Keith，2006；Ysseldyke & Elliott，1999）可以作为一个检查清单来帮助确定当前惯例中缺失的有效步骤。在确定了缺失的步骤后，教师可以在班级惯例中添加这些步骤，以改善作业的完成情况。

　　那些对班级家庭作业干预工作没有响应的学生，可能需要进行额外的测评，并实施更密集的家庭作业干预。一些家庭作业问卷可用于评估教师和家长对家庭作业问题的看法，包括家庭作业问题清单（homework problem checklist，HPC；Anesko et al.，1987）和家庭作业表现问卷（homework performance questionnaire，HPQ；Power et al.，2007）。这些工具易于实施，并且能够提供与个别学生潜在问题领域相关的有用信息。例如，HPC 要求家长对学生完成作业时可能出现的 20 个问题的频率进行评估。列出的问题包括拖延、沮丧或分心、作业马虎、犯许多错误、需要不断地支持、拒绝做作业，或者没有把作业带回家或带到学校。与之类似，在 HPQ 中，家长需要评估学生需要多少支持（父母监督和教师沟通）、学生的参与程度如何（开始做作业以及专注于作业的行为）以及学生在完成家庭作业方面的能力如何；教师需要对学生表现出作业能力行为（例如，独立完成的难易程度；作业完成质量、准确性和理解力）和责任行为（例如，记录作业安排、在家整理所需资料、管理作业时间、按时上交作业的能力）的时间百分比进行评级（即 0 = 0%~39%；1 = 40%~69%；2 = 70%~79%；3 = 80%~89%；4 = 90%~100%）。被家长评定为经常或总是发生的家庭作业行为问题或教师很少观察到的恰当的家庭作业行为，可能有助于选择与家庭作业相关的特定行为干预目标（Power et al.，2001）。

　　除了评定量表，从教师访谈和家长访谈中收集到的信息也可以用于确认儿童在教室或家庭环境中与家庭作业问题有关的具体事件。在表 21.8 中所呈现的来自教师访谈的问题也可以用来评估学生在家做作业的动机和能力。有关一般家庭作业的信息也可以指出学生在完成家庭作业时所需的工具技能或有用的学业策略或支持。这些信息也可用于帮助选择干预方案。例如，当确定教师在课堂上使用的策略有效，这可能表明，如果家长在家庭环境中应用这些策略，那么这些策略对家庭作业表现同样有效。表 21.8 所列出的家长访谈的问题可用于确定家长和学生是否可以从一个组织化干预中获益。比较教师和家长的访谈信息可以帮助我们确定，当家长和学生所面临的问题比预期的更严重时，是否需要额外的学业支持，或者当无法成功地在家校之间传达有关学生进步的重要信息时，是否需要调整沟通系统。

表 21.8　针对高风险学生进行的教师、家长、学校心理学家或顾问访谈测评

步骤 1：进行教师访谈，提出以下问题：

- 家庭作业的问题是什么？（完成率？准确性？）
- 随堂作业也有类似的问题吗？如果没有，是什么避免了问题的发生？
- 你在布置作业之前会做什么？（教学？指导练习？）
- 你是如何布置作业的？
- 学生完成作业后会发生什么？（批改？获得奖励？）
- 预计需要花多少时间完成作业？
- 完成作业需要家长提供什么类型的支持？
- 你是怎么和家长交流作业安排的？（家庭作业计划表？）
- 你做了哪些努力去改变家庭作业行为？

步骤 2：让教师、学校心理学家或顾问，审查上交的作业和成绩册上的分数，从而收集干预前所有存在风险的学生的作业表现数据（即基线）。

教师访谈中的关键要点：

- 确定家长在家也可能用到的有效的课堂干预策略。
- 确定除了有效的班级作业惯例外，已经给予孩子的任何额外作业支持。
- 确定提供给孩子和家长的关于作业完成率和准确性的反馈类型和频率。
- 确定每晚或每周布置的作业的一般类型和数量。

步骤 3：教师或者学校心理学家对家长进行访谈，提出以下问题：

- 家庭作业的问题是什么？（完成率？准确性？）
- 在什么情况下家庭作业能够准确完成？
- 你当前的家庭作业惯例是什么？（地点？时间？）
- 完成家庭作业的过程中发生了什么？孩子的行为表现如何？
- 完成作业需要什么类型的支持？
- 预计要花多少时间完成作业？
- 孩子完成作业之后会发生什么？
- 你是怎样和教师进行沟通的？你如何知晓布置的作业内容以及孩子的完成情况？
- 你做了哪些努力去改变家庭作业行为？

家长访谈中的关键要点：

- 确定能让学生完成家庭作业的有效策略。
- 确定问题行为。
- 估计所需支持的数量和时间。
- 确定当前惯例的优缺点。
- 确定家长和教师沟通的有效性。

最后，观察学生做家庭作业的情况可以提供信息，据此可以得出学生完成作业所需能力的假设。例如，那些难以完成家庭作业的儿童可以参加一个有关强有力的激励措施对行为表现的影响的简短测评（即表现缺陷或技能缺陷的测评）。表 21.9 对此类测评的步骤进行了说明。这些步骤是基于一些早期研究，研究表明了这种类型的测评在为需要额外学业支持的学生选择有效干预措施方面的有效性（Duhon et al.，2004）。在表 21.9"学校表现/技能缺陷测评"的第一步中，首先向学生提供一份先前做过但未按预期完成的家庭作业的副本。学生被告知可以通过超过他们之前的作业分数来获得自己选择的奖励（例如，获得与同伴玩耍的时间、与教师共进午餐、小玩具、食物）。学生完成作业的预期时间是由教师规定的。如果在奖励了分数在期望范围内（例如，80%～100% 的准确率）的学生之后，他们的表现有所改善，这可能表明学生拥有完成作业的能力。根据这项测评的结果可以得出学生出现家庭作业问题的原因假设。也就是说，在这类测评中正确完成作业，表明学生可以从针对动机缺陷的个人干预中获益。或者说，在这项测评中没有正确完成作业，表明学生很难完成这项作业，并且需要对技能缺陷的支持。

表21.9　学生能力测评

步骤1：对学生进行学校技能/表现缺陷测评
要求学生在安静的环境中完成家庭作业。在学生开始做作业之前，告诉学生，如果准确完成80%或以上的作业，他将获得奖励。如果在老师预计的时间内完成了家庭作业并且准确率达到80%或以上，也可以获得奖励。如果达到了目标，那么这个测评结果表明学生可能存在表现缺陷。如果没有达到目标，那么这个测评结果表明学生可能存在技能缺陷。

步骤2：对阅读和数学的基本技能进行基于课程的测评。
对于阅读，要求学生大声朗读一个年级水平的阅读探针并记录正确阅读的单词数。对于数学，要求学生完成一张包含年级水平的个位数和两位数计算题（加、减、乘和/或除）的试卷。以运算正确的位数对探针计分。将分数与本地常模和/或文献中引用的教学基准或低风险基准分数进行比较。

对于那些表现出技能缺陷的学生，我们可以对他们的学业基本技能水平进行第二次简要测评，以识别那些因为阅读和数学流利度差而在家庭作业上出现问题的学生。如表21.9中的步骤2所示，该测评还需要实施被用于识别存在严重学业困难风险的学生的基于课程的测量（CBM，curriculum-based measurement）中的测评（Stecker et al.，2005）。CBM筛查测评的结果可用于识别那些在阅读或数学方面表现出与标准水平或增长率有较大差异的学生（Good et al.，2002；Hintze et al.，2006；Shinn，2007；Silberglitt & Hintze，2007）。如果没有额外的学业支持，这些学生可能会持续出现学业问题。

这项测评的目的是利用信息对家庭作业问题的原因进行假设，并选择最有可能解决家庭作业问题的干预类型。表21.10总结了关于家庭作业问题类型的4种假设，这些假设可以根据本节描述的测评数据加以发展。如表所示，学生在家庭作业中的表现、技能/表现的测评以及基本技能的基于课程的测评，可能有助于识别家庭作业问题属于以下4种类型中的哪一种：班级范围的问题；个人表现缺陷；个人学业技能缺陷；个人工具技能缺陷。掌握有关家庭作业问题功能的知识有助于我们选择教学和环境策略，以合理地解决作业问题并促使学生成功完成作业。

表21.10　用于识别家庭作业问题和选择解决问题的干预措施的基于数据的决策

测评类型	家庭作业问题的类型			
	班级范围的问题	个人表现缺陷	个人学业技能缺陷	个人工具技能缺陷
作业完成率和正确率低	许多学生（超过20%）的作业表现差	个人表现不佳，其他同学的表现符合预期（80%或更多）	个人表现不佳，其他同学的表现符合预期（80%或更多）	个人表现不佳，其他同学的表现符合预期（80%或更多）
学校技能/表现缺陷的测评		达到目标	未达目标	未达目标
对阅读和数学基本技能的基于课程的测评		数学和阅读成绩在预期范围内	数学和阅读成绩在预期范围内	数学和/或阅读成绩低于预期范围

干预效果的进度监测

一旦着手使用选定的干预措施，就需要经常监测和评估学生的进度，以确定干预的效果。鉴于个体在技能习得和效率、先决技能、实践机会以及动机上的差异（Daly et al.，1996；Daly et al.，1997；Malloy et al.，2007），如果所选干预措施与学生的需求不匹配，则无法为学生提供足够的支持来按照预期完成作业(Margolis & McCabe, 2004)。进度监测使得教师可以判断学生何时应该掌握一项技能，以及如果学生没有掌握技能，何时修改干预措施。此外，包含图形结果的评估系统，包括结果的自我绘图，可以促进学生进步(Fuchs & Fuchs, 1986)。

要监测的行为应谨慎选择。虽然监测作业的完成和提交情况很重要，但研究通常发现，作业完成率的增加并不总是与作业准确性的提高相关。例如，对家庭作业的准确性提供奖励比对家庭作业的完成率提供奖励更能有效地提高学业成绩(Miller & Kelley, 1994)。

布置家庭作业的目的也会影响进度监测系统的构建。教师布置家庭作业的目的可能在于让学生有机会练习课堂上传授的技能、去掌握和维持技能、将技能泛化到新情境中，以及为了准备考试而学习。监测学生在这些任务中的准确性(例如，正确百分比)，可以充分判断学生是否成功地习得并维持了一种实践技能，或者是否具备了将这种实践技能泛化到新任务中的能力。其次，可能需要使用考试进行进度测评，以确定学生在家进行的学习活动是否成功或者随着时间的推移技能是否得到了维持。对存在工具技能缺陷的学生进行干预时，干预目标是掌握先决技能。对于这些学生，我们可以每天或每周实施 CBM 程序，以确定学生何时掌握了阅读技能或数学基本运算能力(Daly et al., 1997)。一旦学生掌握了技能，我们就可以停止对工具技能缺陷的干预，并且在给定一般的家庭作业要求时，继续监测学生家庭作业的准确性(Good et al., 2002; Deno & Mirkin, 1977)。

总结

家庭作业是学生学业成功不可或缺的一部分。它不仅为学生提供了练习新技能和扩展新技能的机会，而且还教给学生可以泛化到生活中的基本组织技能。学校心理学家拥有评估家庭作业问题以及为教师、家长和学生提供干预支持的工具，这将帮助有学习困难的学生成功完成家庭作业。

第 22 章

为发育障碍儿童传授功能性的生活技能：习得、泛化和维持

Ronnie Detrich

Thomas S. Higbee

发育障碍（developmental disability）是一种通常在出生时就存在的缺陷（如唐氏综合症），但也可能在后续发展中才逐渐变得明显（如自闭症）。发育障碍可能涉及认知缺陷和/或身体损伤，是贯穿儿童一生的慢性疾病。这些学生的一个显著特征是，他们无法像正常发育的儿童那样获得功能性的生活技能。在大多数情况下，这些技能必须被直接传授。在本章中，我们将讨论针对认知障碍学生的教学方法。

功能性的生活技能是指那些在学生与他人互动的典型环境中（如家庭、学校、工作和娱乐）很重要的技能，这些技能很可能受到上述社会成员的重视和支持。这些技能包括：独立穿衣、为自己或他人准备饭菜、乘坐公共交通工具上班以及维持友谊。我们的目标是让学生像同龄的正常发展的学生一样独立地运用这些技能（Reid et al.，1985）。如果学生不能独立地运用这些技能，我们则需要为学生成功地运用技能提供必要的支持。在实现学生独立运用技能的目标之前，教学应该持续进行。生活技能通常被划分为不同的领域，反映了对不同环境中的重要技能的重视。这些领域通常包括自我照顾（穿衣）、家务（准备饭菜）、职业（工作）、娱乐/休闲、公共场所（使用公共交通工具）、功能性学习（使用计算器来确定商品的价格）、沟通（让别人知道你的想法和需求），以及社交和自我管理（设定闹钟以便按时上学或上班）。

"独立"是教育残疾学生时的一个重要的概念。一个学生表现得越独立，他就被认为越有能力。如果残疾学生可以独立完成每一项任务，其他人就不需要帮助他完成或代替他完成。因此，学生被认为可以（并且正在）通过自我照顾，对社会做出有意义的贡献。有几种方法可以用来评估并决定教给学生什么技能，但是这不属于本章的内容（有关测评的全面回顾，请参阅第3章，Snell & Brown，2000）。有效的教学对培养独立自主的学生至关重要。采用有效的教学方法让学生以更高效的方式学习新技能是非常必要的。

教学

本章旨在描述有效的教学方法，为学生提供最佳的独立机会。在我们描述具体的教学程序之前，有必要对指导所有教学实践的一般概念进行简要讨论。有效教学可分为三个阶段：（1）习得；（2）维持；（3）泛化所讲授的技能。习得是指直接向学生传授技能，直到学生掌握为止。这一阶段在教学方法的讨论中最受关注。

有效教学的另外两个阶段——维持和泛化，与习得阶段一样重要。当教师开始讲授一项新技能

时，习得是首要的重点，但是，维持和泛化也应该被同时纳入计划中。如果在教学初期就注意到这几个方面，教学计划就更有可能取得成功。维持是一个过程，确保学生一旦学会了某项技能，即使减少或停止直接教学，学生的表现也会随着时间推移一直持续。

当一项技能在不同于原始教学情境的环境中（例如与不同的人、环境或行为）被运用时，泛化就发生了。开发有效的方法来促进泛化是很重要的，因为在习得阶段的教学不太可能包含所有与技能相关的环境。思考一下这个例子，在教学生洗衣服的过程中，学习操作投币洗衣机是必要的。如果学生想成功地洗衣服，他们至少要学会洗衣机类型中两个维度的泛化（如前装式与上装式，直投式与侧投式）。如果一个学生只学习了使用上装式、侧投式的机器，那么就不能假设学生能够操作前装式或直投式机器。如果想要真正教会儿童如何洗衣服，就必须促进技能在各种类型机器中的泛化。

在研究文献中，促进泛化的方法比促进维持的方法更受重视，但是这种差异并不能反映维持和泛化这两个阶段的相对重要性。如果只有行为泛化阶段而没有维持阶段，那么技能的习得和泛化就不能给学生带来持久的益处。虽然对泛化和维持策略的全面回顾不属于本章的范围，但是 Stokes 和 Osnes（1988）提供了一个很好的框架来思考该主题（参阅 Daly et al.，本书第 29 章）。他们概述了三个泛化的原则：（1）利用自然群体的强化；（2）多样化训练；（3）引入功能中介。利用自然社会强化的原则是基于这样一种理念，即学生的生活和学习环境一旦建立，就会自然而然地支持学生的适应性行为。例如，当儿童开始学着说话时，他的家人、教师、朋友会尽最大努力和这个儿童交流，这就是自然社会的强化。在使用这一原则时，不需要对泛化进行特殊的规划。许多功能性的生活技能一旦习得就很可能维持并泛化，因为儿童生活中的其他人会强化这些行为。

泛化的第二个原则——多样化训练则是基于这样一个观念，即与单调的环境、单一的教师、少量的教学材料相比，多个教师、多种背景、多种刺激的环境中的教学更有可能导致泛化。前者可以使儿童更快速地习得某种技能，但是泛化却很有限。例如，当教学生在商店购物时，如果儿童只在同一个商店购物并且只购买同样的几种商品，可以预见的是儿童很快就会知道这些商品在哪里；但是如果让儿童换个商店买不同的东西，他的表现很可能不比训练之前好。另一方面，虽然让儿童在不同的商店购买多种商品，可能会导致购物技能的习得延迟，但是一旦掌握了这个技能，儿童在遇到新的环境时也会表现得很好。

促进泛化的最后一个原则是引入功能中介因素，它以刺激控制的概念为基础，即在一个环境下与训练有关的刺激很可能在第二个环境中引发相关行为（如果刺激存在）。比如在手指上绑一根绳子来提醒自己做某事，这个时候绳子就起着功能中介的作用，并将在相关的情况下引发行为。相同的逻辑也适用于促进发育障碍学生的泛化习得。当给学生提供功能中介时，他们更有可能在不同情况下有效地完成任务。比如在布置作业时，可以安排图片任务分析来提示儿童完成作业的顺序。同样地，当学生休息时，可以给他一系列写有对话开场白的索引卡，这样他就更有可能发起适当的对话来吸引同伴。每次使用完索引卡之后，学生可以把它从一个口袋转移到另一个口袋，这样就不会重复使用了。对话的主题可以随着时间的推移而扩展和更新。

学习试验

有效的教学包括三部分，称为学习试验：（1）指导；（2）响应；（3）反馈。指导为学生提供了做出某种响应并且得到某种反馈的机会。在教学过程中，教师负责第一个和最后一个部分，而如何处理这几个部分在很大程度上决定了学生的学习质量。

指导的作用是让学生明确将要发生的某种特定类型的响应（如说、摸、做）。有效的指导可以提高学生做出正确响应的概率。指导可以包括教师的口头指示，如跟学生说："刷牙"，也可以包括引导学生刷牙的手势和身体触碰提示。教学材料的视觉呈现（如牙刷）也是指导的一部分。在习得的早期阶段，指导可以包括多种呈现形式。随着学习量的增加，教师要在保证出现期望响应的前提下，将指导提示减到最少，比如只呈现一张指示接下来做什么的日程图。指导的最终目的是让学生仅对环境中自然发生的线索做出反应，而无需教师在场。

指导的形式虽然不必完全相同，但应具有相同的功能类型。功能类型（functional class）是能导致相同结果的一组行为。例如，如果我们的目标是教会学生对问候语做出回应，那么指导就应该包含不同的问候语形式（如"你好""嗨""早上好"等）。因为所有这些形式的问候都会引起其他人相同的回应，所以它们被认为是同一个功能类型。在训练前期，口头问候很可能会和挥手一起被教给学生。此外，教师可能会通过口头指导和身体指导来教会学生挥手。随着时间的推移，指导的类型和级别逐渐减少，直到能用一次指令让学生挥手，第二次指令让学生进行口头问候，第三次指令让学生挥手并口头问候。在习得阶段使用这种方法也可以促进泛化。Stokes 和 Baer（1977）将这种训练方法粗略地描述为一种泛化-促进策略。

在开始传授技能之前，我们要仔细考虑学习试验的响应部分。第一个考虑因素是可接受的响应由什么构成，以便教师提供积极反馈。响应可接受形式的狭窄定义（任何变化形式都不能接受）与宽泛定义（几乎所有形式都能接受）之间存在微妙的平衡。在刚才讨论的问候语应答教学的例子中，有许多可接受的响应方式，包括挥手、说话、激活触控式谈话器（一种辅助技术装置，在触摸符号时提供程序化语音输出）或点头。在确定学习试验中的响应时，重要的是考虑什么形式的行为可能会被学生的家人、朋友和同伴强化。如果选择的响应形式没有被学生所处社会环境中的其他人强化，那么行为就不会维持或泛化。

学生的能力是决定响应形式的第二个考虑因素。例如，当试图教一个精细运动能力差的学生独立穿鞋时，应该选择用尼龙搭扣的鞋子而不是有鞋带的鞋子。如果教师要求学生去完成一项他在生理上不能胜任的任务，或者学生不具备完成这项任务的必要技能，这很可能会导致行为和学习困难。学生可能会出现问题行为，从而摆脱或逃避教学活动，也可能会因表现不佳而情绪低落。无论哪种情况，学生的学习都会受到影响。

学习试验的最后一部分是反馈。反馈的主要作用是增加正确响应发生的概率，并减少在随后的学习试验中出现错误的概率。对正确响应提供反馈就是正强化。当学生做出正确响应之后立即给予正强化是最有效的。纠错程序通常包括对错误响应不给予强化和提供有关正确响应的某些附加提示。强化和纠错程序在本章后面的段落中有更详细的描述。

响应的机会

一旦学习试验的三个组成部分得到很好的发展，教师下一步要做的是在教学期间给学生提供更多做出响应的机会。更多的响应机会有助于提高学生的学习速度，因为有更多的机会强化正确响应并纠正错误响应。相反，如果响应的机会很少，学生的学习速度就会减慢，因为反馈的发生率较低。没有反馈的响应对促进学习没有帮助。只有当学生掌握了某项技能时，没有反馈的练习才可能有助于维持技能。

成分技能和综合技能

许多对教学很重要的功能性技能是由一系列其他更离散的技能组成的。广泛的技能序列被称为综合技能（composite skill），而单一的、离散的技能被称为成分技能（component skills, Johnson & Layng, 1992）。如果学生要学习如何制作花生酱三明治（综合技能），那么学生就有必要学习一系列成分技能，如打开装有花生酱的罐子、撕开面包袋、用刀涂抹花生酱。只有掌握了这些成分技能，学生才能独立制作花生酱三明治。这些技能都可以在做三明治的过程中学习，也可以单独学习然后结合起来学习制作花生酱三明治的综合技能。关于哪种教学方法更可取，该领域内没有明确的一致意见。教学方法在下一部分中有更详细的描述。

教学环境

教学环境可以被构建成一个连续体，连续体一端是真实环境，另一端是模拟环境，两个端点之间有一系列中间环境（Cuvo & Davis, 2000）。模拟环境是一种类似于教室的环境，其中的教学材料与真实环境中的内容相似，但又不同。例如，教师可能会在教室里布置一个模拟的十字路口，教学生过马路的基本技能，然后再带他们到真正的街道上去。支持模拟环境的人认为，这种方法使得教师对教学环境有更多的控制，并且使得无关刺激所引起的注意力分散最小化，习得阶段的教学变得更有效。也有人认为，在模拟环境中可以进行更多的教学试验，从而使学生更快地学习。支持使用真实环境进行教学的人认为，这种教学方法更自然，而且由于技能是在相关环境中讲授的，因此在泛化阶段付出的努力可能会少些。

有一些研究比较了基于真实环境的训练与基于模拟环境的训练的效果，结果并没有发现二者之一有明显优势（Cuvo & Klatt, 1992；Neef et al., 1978；Neef et al., & Gray, 1990；Page et al., 1976）。应该指出的是，当这两种环境下的训练都由非常熟练的研究人员实施和监督时，它们之间不存在差异。但如果由这些典型环境中的普通工作人员实施是否会取得同样的结果，目前也尚不清楚。有人认为，既然这两种环境下的训练效果没有区别，那么训练应该在真实环境中进行，以减少泛化问题。也有人反驳说，模拟环境下的训练成本更低，效率更高，在一个教学日内可以完成更多的训练试验，并且节省了前往真实环境的时间。虽然有关模拟环境中训练效率的论据很有说服力，但我们还是建议尽可能多地在真实环境中进行训练，以最大程度地减少促进泛化的一些问题。

建议在真实环境中教学的另一个原因是，模拟环境中没有很多真实环境中会出现的分散注意力的事件。最好在教学一开始就伴随分散注意力的刺激，而不是在训练后期才引入干扰因素，让它们干扰学生的表现。最后，在真实环境中进行教学是更可取的，因为这样残疾学生就可以参加与正常同龄人相同的活动、事件和经历。真实环境中有许多微妙的东西是无法在模拟训练环境中复制的。某些情况下，在真实环境中教学是不可行的，但在真实环境中教学应该是制定教学计划的第一选择。

基本的强化原则

如上所述，学习试验的第三部分是反馈。对学生的正确响应给予反馈是正强化。强化是一种行为过程，通过这个过程可以增强行为，或者使其在未来更有可能发生。正强化是一种行为过程，通过在行为发生后添加或提供某些东西来增加行为发生的可能性。正强化物，即添加的"某物"，可以是行为以外的（例如，在学生正确完成照顾自己的任务之后，让他进行自己喜欢的活动），也可以是行为本身的自然环境产物（例如，在转动门把手并且打开门之后，学生就可以走出去）。正强化是行为教学过程中的重要组成部分。

除了在产生行为变化方面非常有效之外，正强化还具有许多理想的附加作用。第一，由于学生的行为得到持续的认可，他们往往愿意参加采用正强化的教学计划。他们还可以获得喜欢的物品、活动或情境（正强化物）。第二，学生更愿意配合在上课时使用正强化方法的教师，因为教师和那些强化物有相同的价值。第三，正强化对整体学习环境具有积极影响。在许多情况下，如果给学生足够的正强化，某些行为问题将会减少。例如，如果学生在课堂上得到了较多的正强化（例如，教师的表扬和关注），就可以减少学生为了获得关注而产生的问题行为。

我们要记住的是，强化是由它的效果来定义的。一个特定的物体或活动只有在有效地增加了它所伴随的行为在未来发生的可能性时，它才是强化物。根据强化的这一功能定义，我们可以得出这样的结论：对一个人来说是"强化"的东西可能对另一个人并不有效。同样，在某个时间点上对某人来说是"强化"的东西在另一个时间点上也可能无效。没有一种"万能"的强化物适用于所有学生。例如，虽然教师或家长的表扬和认可对许多学生来说是一种有力的强化物，但对一些学生来说可能完全无用，甚至是对他们的一种惩罚。因此，为了使基于正强化的教学计划取得成功，为个别学生量身定制各种强化物是很重要的。

有效地使用正强化（维度）

强化的提供方式可能会影响正强化作为教学程序的有效性。目标行为发生后，强化物的提供速度、提供程度以及提供的进度安排可以决定基于正强化的干预的成败。就即时性而言，一般的经验法则是，目标行为出现后立即（几秒钟内）进行正强化最为有效。由于学生会不断地"表现"，如果强化延迟，教师可能会在不经意间强化错误的行为。可以思考这样一个情境：教师正在教学生遵循一步到位的指令，教师发出"举手"的指令，学生按指令举手。当教师转身去拿他计划要奖励给学生的东西时，学生开始以自我刺激的方式在教师面前挥手。然后，教师在把奖品给学生的同时还进行了口头表扬。虽然教师的目的是对举手行为进行正强化，但更有可能的是，他强化了学生在他面前挥手的行为。因此，有形强化物要简单易得，这一点很重要，这样它们才能在预期行为之后立即(几秒钟内)被提供。

提供的强化物的规模，即数量和质量，也会影响基于正强化的教学计划的效果。一般来说，在传授新行为时，高质量、大量的强化比低质量、少量的强化更有效。一旦某种行为被习得，作为行为维持计划的一部分，强化的程度通常会被降低。另外，所提供的强化程度应大致符合要求学生完成的任务难度。任务越困难，当学生正确完成该任务时，应给予的强化程度就越高。例如，学生在接到指令时坐在课桌旁，这是一项简单的任务，那么定期给予简短的表扬或道谢(如"感谢你坐在这里")可能就是一种充分的强化。相比之下，如果学生在没有成人帮助的情况下第一次完成10步洗手任务(对这个学生来说是一项困难的任务)，那么这时就应该提供更高质量的强化物，例如让学生看几分钟他喜欢的杂志。有关反应的努力程度(response effort)、强化计划和强化延迟如何影响响应的更多信息，请参阅 Horner 和 Day(1991)。

强化物可以在学生每个正确的响应后提供(连续强化)或者在某些正确的响应后提供(间歇强化)。在传授新技能时，连续强化是最有效的，而间歇强化能够促进技能习得后的维持。因此，在教给学生新的行为时，最有效的方法是从连续强化开始，在习得行为后逐渐转变为间歇强化，这样行为更有可能维持(关于如何从连续强化过渡到间歇强化，请参阅 Hagopian et al.，2005)。

强化物确定程序

行为教学计划为有发育障碍的学生提供了练习和学会重要技能的机会。这些计划的成败往往取决于为恰当的学生行为提供的强化质量。确定有效的强化物是干预计划中最具挑战性和最重要的部分。研究人员开发了一种被称为刺激偏好评估(stimulus preference assessment，SPA)的行为技术，它可以让从业人员为自闭症和其他残疾的学生识别潜在的有效强化物。现代 SPA 技术涉及系统地为学生提供机会，使他们可以在潜在强化的物品或活动中进行选择，然后衡量他们的选择。尽管有多种策略可以进行有效的偏好评估，但这里仅讨论最省时的方法，即无更换多重刺激(multiple stimulus without replacement，MSWO)方法。

MSWO 方法最初由 DeLeon 和 Iwata(1996)开发，后来由 Carr 等人(2000)简化。在 MSWO 评估中，评估人员给学生同时呈现多个(通常为5~8个)物品或活动(通常称为刺激序列)。学生会接收到一个选择指令，比如"选择你最想要的"，然后通过触摸或拿起其中一个物品来表明你的选择。在做出选择后，学生可以短暂地使用物品或参与活动。被选中的物品不再放回刺激序列中，其余的物品将通过从序列的最右侧移动到最左侧进行重新排列，然后将所有物品居中放置在学生面前，允许学生再做一次选择。这个过程会一直持续下去，直到所有的物品都被选完，或者学生在短时间内(通常是5~10秒)没有选择任何物品。通常，整个过程重复3次(Carr et al.，2000)到5次(DeLeon & Iwata，1996)，尽管在某些情况下，只选择一次就可以获得可比较的结果(Carr et al.，2000)。通过将某项物品或活动的选择次数除以该物品或活动可供选择次数，再乘以100，可以计算出每个物品或活动的选择百分比。然后根据选择百分比对物品进行排序。值得注意的是，MSWO 程序中的选择百分比仅用于对刺激物进行排序，而不表示对每个物品相对偏好。研究人员认为，在 MSWO 偏好评估中排名第一的物品最有可能起到强化作用(e. g.，Carr et al.，2000；Higbee et al.，2000)。Daly 等人和 Higbee 等人(2000)获得的数据表明，排名第二和第三的物品在许多情况下也可以起到强化作用。

Carr 等人(2000)试图通过将刺激序列的数量从5个减少到3个来缩短完成 MSWO 评估所需的时间。他们对3名患有自闭症的学生实施了这些"简短的"MSWO 程序，然后根据学生的学业行为提供这些物品或活动，借此检查了先前被确定为高、中、低偏好的物品或活动的强化效果。他们发现，简化版 MSWO 程序可以准确预测强化物的有效性，因为高、中、低偏好刺激的呈现产生了与偏好程度一致的响应。在二次分析中，Carr 等人（2000）计算了在 1 个刺激序列中学生选择产生的刺激排名与 3 个序列的组合结果产生的排名的相关系数，发现相关性很高，表明用 1 个刺激序列进行 MSWO 偏好评估可能足以准确地对物品和活动进行排名。研究者报告说，当使用 3 个刺激序列时，简化版 MSWO 评估可以在 10 分钟或更短的时间内完成。如果仅使用 1 个序列，则时间可以进一步缩短。简化版 MSWO 评估数据表（图 22.1）可用于记录和分析评估中的数据。有关使用简化版 MSWO 程序的具体指南和建议，请参阅 Higbee（2009）。

学生：_____　　评估人员：_____
日期：_____　　时间：_____

刺激物	试验排序			排名总和	总排名（排名总和最小的为第一名）
	1	2	3		

图 22.1　简化版 MSWO 偏好评估数据表

偏好评估的问题

一些学生的偏好相对稳定，而另一些学生的偏好可能波动较大（Carr et al.，2000）。因此，保守的做法是每天都进行偏好评估。如果可能的话，最好是每天完成多次偏好评估，比如在每次教学之前或者当学生的表现开始变差的时候。为了确定哪些项目应该包括在偏好评估中，一种好的策略是观察学生在"自由玩耍"时与什么互动。与父母或其他照料者的非正式访谈也可以提供有关评估内容的信息。重点是要找出新物品，以便在刺激抽样过程中呈现给学生。持续尝试新物品以寻找潜在强化物也很重要。

研究人员认为，在某些情况下，将可食用物品和不可食用物品结合在同一偏好评估中可能会出现问题，因为一些学生倾向选择可食用物品，尽管不可食用物品实际上也可以起到强化物的作用（DeLeon et al.，1997）。因此，如果学生在选择不可食用物品之前选择了所有可食用物品，那么请考虑是否最好对可食用物品和不可食用物品进行单独的偏好评估。

也有学者研究过使用图片或符号代替实际物品或活动的效果（例如，以成对或序列的形式呈现潜在强化物的图片，并要求学生选择他们最想通过努力获得的）；研究人员还评估了以言语强迫选择的形式（例如，"你愿意为糖果还是音乐努力?"）来展示潜在强化物的效果。使用言语或基于图片/符号的偏好评估的研究结果好坏参半，有些研究显示出积极的效果（e.g.，Graff & Gibson，2003），而其他研究则没有（e.g.，Higbee et al.，1999）。第一个关键变量是在选择响应之后是否提供他们选择的物品或活动。当响应出现之后，给他们呈现选择的物品或活动，偏好评估则会更准确（Tessing et al.，2006）。在偏好评估中考虑使用图片或符号的第二个关键变量是参与者使用图片或符号获取物品的经历。为了使符号或图片在偏好评估中有效，这种经历似乎是必要的，总之，在可能的情况下，最好在偏好评估中使用实际物品或活动。在进行进一步研究以确定使用图片和符号的最有效条件之前，应该谨慎使用图片、符号或语言进行偏好评估。

通用教学方法

本节所述的教学方法可以单独使用，也可以与其他教学方法一起使用，来培养残疾学生的新技能。它们已经被证明对多种技能有效。由于这里描述的所有方法均采用正强化，因此使用前面描述的程序来识别强化物就尤为重要。

塑造

塑造(shaping)也许是最基本的教学过程，它被定义为对近似最终行为的连续逐步强化。换句话说，强化最初是为"近似"或在某种形式上类似于目标行为的行为而提供的。一旦这种行为稳定地发生，强化的标准也就改变了，个体现在必须表现出一种比最初可接受的行为更接近期望行为的最终形式的行为。这种逐渐提高标准的强化过程一直持续到学生表现出目标行为的那一刻。例如，假设一个教师希望对他的学生进行如厕训练，但是这个学生拒绝进入洗手间。教师可能会首先在学生坐在面向洗手间但离门10英尺远的椅子上时，提供强化(例如，获得自己喜欢的书)。一旦以上情况稳定地发生，教师可能会将椅子移近门3英尺，当学生坐在椅子上时提供强化。这一过程将继续进行，椅子逐渐移向洗手间，直到它被放置在门口，学生最终进入洗手间。这时椅子就可以移走。当学生做出穿着裤子坐在马桶盖上、掀起马桶盖坐在马桶上、脱下裤子坐在马桶上等动作时，再进行强化。

塑造的一个主要优点是它鼓励学生参与学习活动，因为学生在学习过程早期就能接触到强化，并且经常被强化，以便越来越接近目标行为。然而要记住的是，塑造过程不一定是线性的，并且在塑造过程中往往需要进行调整。例如，根据学生的表现，塑造进程可能需要加快或减慢。关于塑造程序更详细的说明，请参阅 Pryor(1999，Ch.2；"塑造：在没有压力或疼痛的情况下开发卓越表现")。

提示

提示(prompting)是指在教学情境中加入某种类型的外部线索，以增加正确响应发生的概率。提示分为3类：(1)口头提示，包括记号提示和书面提示；(2)身体触碰提示，包括部分身体触碰提示和完整身体触碰提示；(3)动作提示，包括示范。一般而言，身体触碰提示是最具干扰性的，而口头提示是干扰最小的。通常情况下，提示需要结合在一起(如动作提示和口头提示)来引发行为。在所选择的任何教学过程中，都可能需要某种类型的行为提示，这样才能进行强化。如果学生已经掌握了某项技能，那么就不需要教学了。提示是"让行为继续下去"的有效手段。另一种选择是等待行为发生，然后在行为发生时进行强化。

在传授成分技能或综合技能时，有两种通用的提示方法可以合并使用。一种方法是从少到多的提示顺序。在这种方法中，首先使用最低级别的提示，然后逐渐使用越来越具干扰性的提示，直到出现目标响应。由少到多的提示顺序通常用于提高对指令的依从性。下面的例子描述了如何使用这种方法要求学生扔垃圾：

1. 使用具体的口头指示让学生扔垃圾。学生不遵从。

2. 重复口头指示，并加入指向垃圾的手势提示。学生仍没有遵从。

3. 重复口头指示以及手势提示，同时加入"将学生的椅子拉离桌子"的部分身体触碰提示。学生还是没有反应。

4. 重复口头指示以及手势提示，并加入一个更具干扰性的身体触碰提示，即稍微拉一下学生的衬衫。学生还是没有反应。

5. 重复口头指示以及手势提示，并加入完整身体触碰提示，即将学生从椅子上拉起并引导他走到垃圾桶旁。此时，学生遵从了指令。

根据学生在教学序列中的位置，当依从行为发生时，可以在序列的任何时间点添加强化。通常，只有当学生在第一步就出现依从性行为时，才提供强化。

另一种方法是从多到少的提示顺序，在这种方法中，首先使用最高级别的提示，然后逐渐过渡至干扰性较低的提示。这个顺序经常用于为有发育障碍的学生传授各种自我照顾技能。下面是使用这个顺序的一个例子。所教技能是把牙膏涂到牙刷上。由于学生没有掌握该技能，所以要使用完整身体触碰提示和视觉提示。

1. 首先，教师先示范一遍这个技能：在牙刷上挤上适量的牙膏，学生观察。在完整身体触碰提示下，学生被要求将适量的牙膏挤到牙刷上。这一级别的提示会一直持续下去，直到学生能够重复完成该行为。

2. 下一步的提示是部分身体触碰提示，再加上视觉示范。在学生挤牙膏的过程中，教师的手始终跟随着学生的手进行操作，以便在学生需要另一个重要的提示时，教师可以及时做出。当在牙刷上挤了适量的牙膏后，教师引导学生把牙刷放下。

3. 下一步是从部分身体触碰提示逐渐过渡到只提供牙刷上有适量牙膏的成品，教师对学生进行口头指导，如果学生可以持续完成这个步骤，那么提示则再次降级。

4. 接下来的步骤是将刚才的成品拿走，将牙刷和牙膏放在学生面前，口头指导学生将牙膏涂在牙刷上。如果学生可以完成，那么提示则再次降级。

5. 在这一步中，把牙刷和牙膏放在学生面前，教师给出间接的口头提示："你接下来要做什么？"。如果学生可以完成，那么提示则再次降级。

6. 最后一步则是把牙刷和牙膏放在学生面前，等待学生的反应。在指定次数的试验中，如果学生挤牙膏的水平达到相应标准，说明学生已经掌握了刷牙任务中的一部分。

当使用从多到少的提示顺序时，如果学生正确地对教学提示做出响应，就应该得到强化。

在使用从多到少的方法时，学生极有可能在某些情况下做出错误响应，或者根本不做响应。这时我们就需要进行某种类型的错误纠正。在许多情况下，适当的纠错方法是使用序列中干扰性较低的提示来得到正确的响应。这一错误纠正提示可能是以前获得了正确响应的提示（在提示降级之前）。如果错误纠正后出现了正确的响应，不应给予强化。一旦错误纠正产生了正确的响应，那么教师应该继续下一个试验，以便在正确的响应发生时再次提供强化。

无论使用哪种提示方法，只有移除所有外部提示之后，才能认为学生是独立完成任务的。为此，在最初制定教学计划时，提示降级应该是计划中的一部分。提示降级计划应该包括：明确规定的更改提示级别的标准，完成一个级别之后的下一个提示是什么，以及出现表现退步，需返回到前一个提示级别的标准。通常，我们使用指定时间段内连续正确响应的试验次数，作为降级到下一个提示的标准。

最后，提示计划和提示降级计划必须针对特定的学生和技能进行个性化制定，没有通用的提示顺序可供使用。在选择提示方法、具体的提示顺序以及降级方案时，有一些注意事项。在选择提示方法时，从多到少的提示顺序最常用于传授自我照顾技能。提示的具体顺序取决于所传授的技能和儿童的特点。如果儿童不习惯被触碰，那么采取身体触碰提示则是不明智的。同样，如果儿童的视力或听力不好，那么视觉或听觉提示也将无效。儿童的特点可能会限制教师可以使用的提示类型，但是不会限制教学效果。有关提示的更全面讨论，请参阅 Snell & Brown（2000，第四章）。图 22.2 是一个教学数据表，可以让教师确定当前的教学提示以及纠正提示。该表格也可以用来快速分析教学计划的有效性。

使用说明：

1. 在"任务"一栏中，按顺序写出任务分析的步骤。

2. 在"P"栏中列出当前每一个步骤使用的教学提示类型，如部分身体触碰提示。这是一种如果学生的响应正确就会得到强化的提示水平。

3. 在"C"栏中列出，如果学生在教学提示下没有做出正确响应将使用的提示类型。如果教学提示是部分身体触碰提示，那么在错误纠正时应该使用完整身体触碰提示。

4. 顶部的数字对应已经进行的教学试验的次数。每个数字上面都有日期。每天可能有多个教学试验。每次出现正确的响应时，在对应的列和行中标记(+)。每当出现错误的响应时，标记(-)。

5. 根据所使用的教学程序，可以计算出每次教学试验的正确率或序列中每个步骤的正确率。每次教学试验的正确率为正确得分的步骤数除以总步骤数。每个步骤的正确率为每一步在教学实验中的正确次数除以试验次数。在数据表上可以对10次试验进行评分。

数据页	日期										
	签名										
任务	P	C	1	2	3	4	5	6	7	8	9	10

图 22.2　教学数据表

任务分析

我们想要传授的许多功能性技能都涉及一系列复杂的步骤。任务分析(task analysis)不是一种教学方法，而是一种组织教学过程顺序的方法。在前一节中，我们用挤牙膏的例子来说明如何使用从多到少的提示顺序。但是挤牙膏只是刷牙技能中的一个成分技能，如果学生不能完成刷牙技能中的其他步骤，那挤牙膏这一技能就没有什么价值了。

开展任务分析的方法有好几种，需要教师付出不同程度的努力来构建步骤表(Bailey & Wolery, 1984; Horner & Keilitz, 1975; Moyer & Dardig, 1978; Wilson et al., 1984)。对于教师来说，进行任务分析的最简单的方法是记录所发生的每种离散行为(Moyer & Dardig, 1978)。最明智的做法是进行多次任务分析，以确保尽可能多地识别任务步骤。为了达到教学目的，有些步骤可能需要被分解成更离散的步骤。以尽可能小的单元记录这些步骤是很重要的。下面是刷牙任务分析的示例：

1. 用优势手握住牙刷柄拿起牙刷。

2. 用另一只手打开水龙头。

3. 拿着牙刷，把牙刷的刷毛浸在水下。

4. 关掉水龙头。

5. 放下牙刷。

6. 拿起一管牙膏。

7. 把牙膏的盖子打开。

8. 拿起牙刷。

9. 一手拿牙刷，一手拿牙膏。

10. 在牙刷的刷毛上挤上适量的牙膏。

11. 放下牙刷。

12. 把牙膏盖盖上。

13. 拿起牙刷。

14. 把牙刷放入口中，刷牙齿的前外表面。

15. 刷左侧牙齿的外表面。

16. 刷右侧牙齿的外表面。

17. 把牙刷放入牙齿内侧。

18. 刷牙齿的前内表面。

19. 刷左侧牙齿的内表面。

20. 刷右侧牙齿的内表面。

21. 放下牙刷。

22. 打开水龙头。

23. 把杯子装满水。

24. 关掉水龙头。

25. 把杯子送到嘴边。

26. 漱口。

27. 把水吐到水池里。

28. 拿起毛巾。

29. 擦嘴。

30. 把毛巾放回原处。

31. 把牙刷和牙膏放在正确的位置。

从这个例子中我们可以看到有许多离散的步骤。在某些情况下，顺序很重要，而在另一些情况下，顺序并不那么重要。例如，盖牙膏盖可以是最后一个步骤，把牙刷浸湿后也可以马上倒满水杯。为了达到教学目的，有些步骤可能会被简化为更加零碎的步骤。教学生漱口可能需要告诉他们用水漱口腔和喉咙，而不是把水咽下去。

图片提示可以作为一种促进刷牙技能维持和泛化的手段，指导学生在刷牙时按照图片顺序进行。图片顺序可以起到任务分析的作用，可以与其他提示类型同时使用，增加学生完成每一步的概率。时间延迟也可以被纳入教学顺序与图片提示。呈现一张图片后，教师会等待指定的时间长度，然后再提供另一个提示。其目的是让学生不依赖成年人的提示。图片提示作为一种常见的显著刺激，在任何需要刷牙的环境下都能让刷牙顺利进行。图片提示可以一直使用，就像我们许多人使用记事簿来管理自己的行为一样。

建立行为链

讲授在任务分析中确定的技能的一种方法是把它们看作一系列行为，序列中的每一步都会引发下一个步骤。在前面的刷牙任务分析中，一系列明确的成分技能组成了"刷牙"这个综合技能。行为链可以用正向教学法来讲授，即按照技能的顺序从第一个成分教到最后一个成分。另一种方法是采用逆向教学法，即先教序列中最后一个成分技能，然后是倒数第二个，以此类推，直到整个序列都被教完。正向教学法和逆向教学法都被用来传授各种功能性的生活技能。没有有力的证据可以证明这两种方法中的哪一种更好(Bellamy et al. , 1979)。

逆向教学法的主要优点是，学生刚开始只需执行行为链中最后一个响应，就会立即获得完成该响应的强化。例如，在教儿童系鞋带的时候，教师会完成所有的步骤，把最后一个步骤(拉紧鞋带)留给学生来做。一旦学生完成了这个步骤，他就会因此受到表扬，并且被允许外出玩耍。当学生掌握了拉紧鞋带这个步骤，就可以教他穿鞋带，然后再拉紧鞋带等步骤。通过给予学生表扬和外出玩耍的时间，拉紧鞋带这个步骤将得到强化；学生掌握拉紧鞋带这一步骤之后，这个步骤也将对前一个步骤起到强化的作用。

正向教学法的主要优点是，任务通常按照它发生的顺序来讲授，而且学生可以在没有明确训练的情况下完成某些步骤。在正向教学法中，教师可以为学生正确完成的每个步骤提供社会强化，以便学生在每次教学试验中获得较高的强化率。

完成任务分析后，教师必须决定使用哪种教学法。教师可以一次只系统地讲授一个步骤，然后引导学生完成序列中的其他步骤。这个方法可以用于正向教学法也可以用于逆向教学法。总体任务法只可以在正向教学法中使用。在总体任务法中，每个步骤都采用系统教学，并且在每一个教学环节中对所有步骤进行讲解。通常，当任务序列相对较短时，就使用总体任务法。这样做的优点是，每一次教学都讲授这个技能的所有步骤，这就使得学生能够更快地获得独立。然而，当讲授的步骤序列较长时，学生需要付出更多的努力，总体任务法可能会增加学生对教学的抵触情绪。一次只教一个部分则会减少学生在教学过程中所需的整体努力。

当使用行为链来传授某项技能时，可以把提示纳入教学计划中。提示有助于学生掌握序列中的每一步，并最终使他们能够独立完成整个技能。对于整个任务呈现序列中的不同步骤，教师可能需要提供不同级别的提示。总体任务呈现序列的缺点之一是，教师必须记住任务链中每个步骤的提示级别和顺序。一次只教一个步骤对教师来说可能更容易实现，因为在一个教学环节中只需要记住一个提示。

教学方法

在这一节中，我们将介绍一些具体的教学方法，这些方法已经被用来传授各种各样的技能，其中包括所有功能性的生活技能。

分解式操作教学

分解式操作教学（discrete trial teaching，DTT）是一种有效的、以研究为基础的技术，用于传授学生新的技能（参见 Remington et al.，2007，一个有关 DTT 产生积极结果的近期研究示例）。尽管最近，它作为对自闭症学生的一种干预策略受到了极大的关注，但它也被证明对其他类型的残疾学生是有效的（如脑瘫、沟通迟缓、认知迟缓；Downs et al.，2007）。DTT 的基本逻辑是为学生提供反复练习特定技能的机会，并根据他们的表现接受教师的反馈和强化。这些练习技能和接受反馈和强化的机会被称为"分解式操作"。每个分解式操作的基本结构如下：（1）教师获得学生的注意；（2）教师给出一个指令；（3）教师等待学生对指令做出响应，并在必要时以提示的形式提供额外的帮助；（4）教师根据学生的响应方式提供结果（对正确的响应给予强化，对错误的响应予以纠正性反馈）。

在发出指令前集中学生的注意是很重要的，这既可以提高学生正确响应的概率，还可以让教师区分学生所犯的错误是因为学生没有注意到，还是因为他不知道如何做出正确的响应。有没有注视教师或教学工具通常被用来判断一个学生是否集中注意并且准备好上课。有些学生很容易与人进行眼神交流，而有些学生需要教师的提示。诸如叫学生的名字、轻触其脸颊，或者说"看我"等都是获得眼神交流的策略（有关注意技巧的教学方法的详细讨论，请参阅 Higbee，2009）。

当学生集中了注意，DTT 的下一步就是向学生提供指令并且等待学生响应。在传授学生新技能时，教师的指令需要简化以促进正确的响应（例如，直接说"刷牙"，而不是"你能过来这里刷牙吗?"）。如果学生始终正确地响应指令，那么指令可以变得更加复杂和自然。避免在 DTT 中重复发出指令是很重要的。每一条指令只提供一次，在给学生另一次机会做出响应之前，必须提供一个结果。这就告诉了学生，必须注意第一次发出的指令而不是等待它被重复。一般来说，学生应该有 5 秒钟的时间来响应指令。

学生对一条指令做出的响应可能有三种情况：正确、不正确或没有响应（这也是不正确的）。学生正确响应后，教师应给予表扬，并根据学生的需要给予额外的强化。对于响应不正确或没有响应的学生，应根据学生的情况给予不同的结果。一种方法是使用中性短语来提供简短的口头反馈，如："再试一次"。另一种方法是什么都不说，中断几秒钟的眼神接触，然后呈现下一个教学试验。任何一种方法中都可以加入纠错程序来提示学生做出正确的响应。Worsdell 及其同事（2005）的研究表明，要求学生连续重复几次正确响应的纠错程序，可能比重复一次的程序更有效。

虽然 DTT 通常用于相对枯燥、高度结构化的教学环境中，以使学生的注意力分散程度降到最小，但这种环境并不是使用这种方法的必要条件。DTT 可用于教育、职业、休闲和家庭环境中的各种技能的教学。促进在结构化 DTT 教学中所学技能的泛化的策略包括：在多个地点练习该技能，包括使用该技能的适当地点（例如，通过 DTT 准备期间学会识别硬币后，练习在自动售卖机中放入适当的硬币）；与多位教师一起练习该技能；教师在教学过程中使用多个示例（例如，教一个学生识别洗手间标志时，使用几个不同的卫生间标志作为示例，包括文本标志和符号标志）。

促进在 DTT 期间所学技能的维持的一种重要策略称为穿插。穿插（interspersal）包括将已经掌握的技能试验与新技能的试验相结合。它具有双重目的，即通过为学生提供机会对他已经掌握的技能做出响应，从而使他们一直能够得到强化，同时提供有关已掌握技能的额外练习来促进维持。对穿插的研究表明，一旦学生掌握了一项技能，只需进行较少的试验就可将其保持在可接受的水平（Neef et al.，1977，1980）。

随机教学法

随机教学法（incidental teaching）通常被描述为儿童主导的教学（Hart & Risley，1975；Koegel et al.，1992），也被称为自然主义教学法（Laski，Charlop，& Schreibman，1988）。在随机教学法中，教学被嵌入到自然发生的日常活动和与成年人的互动中，比如吃饭时间和玩耍时间。该教学法被认为是以儿童主导的，因为它发生在儿童表现出兴趣并已经参与的活动中。由于儿童已经表现出对活动的兴趣，所以这时他的动机非常强，确定强化物的一些问题也被最小化了。例如，如果儿童在玩耍时拿起一辆玩具车，我们可以使用汽车作为教学的刺激物来完成很多目标。大人可以等到儿童说出汽车的颜色，辨认出它相对于另一个玩具是大还是小，或者辨认出轮子的形状才让儿童去玩这辆车。同样，如果目标是学习系鞋带，那么每次学生想出去时，他必须换上鞋并练习系鞋带，强化物就是奖励儿童出去玩。前面所述的行为链和提示法也可以应用到教学中，以保证有效教学。

"随机教学"这个词容易产生歧义，因为它可能被解释为一种放任自流的方法，即成年人只是等待儿童对某项活动或惯例表现出兴趣。有效的随机教学法通过用有趣的材料为学生创设教学环境，鼓励学生的积极参与。教师可以安排不同的活动和惯例来传授特定的技能。学生可以使用的活动和材料是根据教学目标挑选的，并定期进行更换，以便学生在不同的刺激下泛化技能。举个例子，如果目标是教儿童寻求帮助，那么可以通过几种方式设置环境来增加他寻求帮助的动机。比如，把儿童喜欢的东西放在够不到的地方；给儿童安排需要他人协助的任务，例如搬走重物；把儿童喜欢的物品放在一个罐子里，盖紧盖子，儿童在没有帮助的情况下无法打开它；锁上门和柜子，儿童必须请求帮助才能打开。所有这些工作都能够增加学生获得偏好活动的动机，因为只有寻求帮助才是有效的方法。

使用随机教学法对教师的要求之一是确定相关的"教育时机"。教师的任务是双重的，第一，教师必须提供适当水平的提示和辅导，以确保学生成功完成任务。这要求教师了解学生在教学过程中掌握的所有技能，并在必要时提供当前的教学提示和纠正反馈。第二，教师在学生做出正确的响应之前，暂时限制学生进行他们喜欢的活动。但是，如果限制的持续时间太长或对正确响应的要求太高，学生可能会出现一些问题行为。

尽管随机教学法可以最大限度地减少动机问题，但教师在随机教学法中面临的挑战之一是确保进行足够数量的教学试验，以便学生可以尽快学会一项技能。一种方法是使用模拟教学法，如分解式操作教学，以促进技能的初步掌握，然后使用随机教学法来进行维持和泛化。

随机教学法有效地促进了技能的泛化，因为在教学过程中使用的许多刺激物是在不同的环境中遇到的（Hart & Risley，1980；McGee et al.，1985）。随机教学法的本质是尽量减少对泛化计划的需要。

不管最初习得阶段采用的教学方法是什么，从某种程度上说，教学必须迁移到自然环境中，而随机教学法可以实现这一点。

视频示范法

视频示范法（video modeling）是一种被广泛用于自闭症和其他发育障碍学生的教学技术。在视频示范干预中，镜头记录了一个或多个个体有效地参与一系列行为的片段（视频范例）。学生观看录像带或 DVD，并模仿视频中的行为序列。视频示范程序已经成功地被用来向自闭症和有相关障碍的学生传授各种技能，包括观点采择（e. g.，Charlop-Christy & Daneshvar，2003）、语言（e. g.，Charlop & Milstein，1989）、日常生活技能（e. g.，Charlop-Christy，Le，& Freeman，2000）、玩耍（e. g.，D'Ateno et al.，2003）和学业技能（Kinney et al.，2003）。已有研究表明，学生可以快速习得技能，并在很长一段时间内维持该技能（e. g.，Charlop & Milstein，1989）。

技术进步使得创建视频范例所需的成本和专业知识水平降低，使视频示范法更容易实现（e. g.，Charlop-Christy et al.，2000）。现在使用视频示范法，只需要有一台数码摄像机和一台配有 DVD 刻录机以及基本视频编辑软件的电脑（通常包含在新电脑附带的软件包中）即可实现。当然，学习如何使用摄像机和视频编辑软件也需要足够的时间、耐心和动力。

除了成本和时间效益之外，使用视频示范法向发展障碍学生传授生活技能还存在几个潜在的优势。与现场示范相比，视频示范法的一个潜在优势是，可以通过让学生多次观看同一视频范例实现系统的重复性和一致性，而在为学生进行目标行为的现场示范时，往往会存在细小的行为差异（Charlop & Milstein，1989；Taylor et al.，1999）。通过在创建视频范例时安排教学功能，可以使视频范例有助于采用促进泛化的策略，例如编辑多个范例、结合常见刺激以及使用自然后效和环境的训练（e. g.，Charlop & Milstein，1989）。最后，录像还可以促进各种模型的使用，这些模型可能无法用于重复的现场示范试验，如同龄人示范法（Nikopoulos & Keenan，2003）、家人示范法（Taylor et al.，1999）和自我示范法（Wert & Neisworth，2003）。

评估进步

有效教学的本质是对学生的进步进行系统评估。持续的测量有助于提高从业人员的效率，并确保教学计划不会因学生的微观改善而过早终止，也不会因学生没有取得足够的进步而无限期地持续下去。

由于"功能性的生活技能"这一主题包括的技能相当广泛，因此没有一个数据收集系统是普遍适用的。高质量的数据收集系统的关键特征是允许从业人员追踪学生表现的正确性以及他的独立水平（例如，提示水平）。收集有关学生行为的数据固然重要，但它只有在被分析并用于指导实践的情况下才有用。准确的数据收集是达到目的的手段，而不是最终目的。图形化的数据展示，特别是线形图，可以帮助从业人员理解他们得到的数据，并做出适当的基于数据的决策。图表是使用计算机软件绘制还是手绘相对来说并不重要，只要所使用的方式能够准确表示数据，并且能够让从业人员评估数据的水平（即数据是高还是低）、趋势（数据的总体斜率向上还是向下）和变异性（数据的"跳动"或范围）即可。关于评估结果的更详细的讨论（包括总结数据），可以参考本书第 29 章（Daly et al.）。

结论

我们试图在本章中强调这样一个事实，即对残疾学生进行有效的教育需要采用上文所述的一种或多种方法进行连贯和系统的指导。所有方法的共同之处在于，要使学习带来进步，就必须始终如一地为接近正确的响应提供强化并进行纠正。我们在本章中描述的方法有许多不同形式。它们反映出，教学方法最终必须适合个别学生及其所处的教学环境。有效的教学包括持续的评估和修正，直到学生朝着最大程度的独立性取得可衡量的进步。如果没有进步，那么教学也就没有意义。

第 23 章

家长和学校心理学家作为儿童行为问题解决的合作伙伴：概念和实践

Patrick C. Friman

Jennifer L. Volz

Kimberly A. Haugen

　　健康的社会化和良好教养的行为是童年时期的首要目标。家长在儿童医疗专家的定期支持下，负责帮助儿童在出生后 2~3 年内实现这一目标。然而，在儿童 3 岁（许多儿童进入学前班的年龄）之后，教育领域的专业人员（例如，教师）越来越多地参与到这一过程中，到 6 岁时，儿童白天与教师在一起的时间通常与跟家长在一起的时间一样多（或更多）。虽然教师的首要任务是开展常规教育，但在过去数十年里，他们越来越多地被招聘来训练学生的社会化行为。有效满足相应增加的教师任务（例如，讲授行为管理课程，与家长合作解决儿童的在校行为问题）所需的专业知识，使得学校心理学家参与教育过程的需求急剧增加。此外，教师需要及时在学校解决的许多儿童问题，都与其家庭因素显著相关，因此，对于在教师与家长之间建立合作关系的需求也与日俱增。

　　学校心理学家是最常被请来作为这种合作关系协调者的专业人士。因此，在过去的 20 年，用于培训学校心理学家的课程的传统内容（例如，心理教育测评、教师咨询、课堂行为管理）一直在不断扩展，以涵盖一系列不同学科的培训，包括整个诊断谱系的临床应用、健康心理学、行为医学、远程医疗和家长训练。本章的目的是为扩展的学科领域中的"家长训练"这一部分提供支持。具体的做法是为学校心理学家提供信息，以提高他们帮助家长解决儿童身上与学校相关的行为问题的能力。本章有两个主要的方面，第一个方面是显而易见的——本章提供了一些概念和实践的示例，这些概念和实践有助于学校心理学家理解儿童在家行为和在校行为的发展与管理。第二个方面则更加含蓄——本章主要是用非技术性的、人性化的语言来描述这些概念和实践，与在大多数心理学文献中占主导地位的技术性语言相比，这种语言更能反映出家长以其日常角色说话的方式。如果这些描述从技术的角度看起来很简单，那么我们就达到了目的。虽然这些描述看起来不够专业，但这是使用通俗语言表达的影响之一，也就是说为了让大众能够更好地理解其内容，学术严谨性可能会受到一些影响。

　　比如，行为分析领域已经精确地对积极强化（也称作正强化）的概念进行了操作化定义：它是行为与行为结果之间的一种功能关系，能够增加行为发生的几率。"积极"一词并不是指由结果导致的体验的性质（例如，愉快），而是指提供个体偏好的结果（即增加某些东西），与之相反，消极强化（也称作负强化）中的"消极"一词，指的是回避或摆脱结果（即减去某些东西）。这些词隐晦、复杂，并且其区别在很大程度上是连许多专业的心理学家也无法完全理解的非直观区别。在这里，我们将结果分为"愉快和偏好的，不愉快和不偏好的"，并且我们完全绕开了强化概念的技术范围。试图从技术层面去教育家长关于行为概念的差异是不合理的，因为即使是该领域的专家也常常会对概念产生误解，尤其当讨论的主要目的是使家长体会到行为（有意和无意）的结果对儿童学习的影响程度的时候。更概括地说，我们的目的是以类似于我们对家长讲述的方式，来对重要的概念和实践进行说明。

在与我们的工作相关的众多概念中，我们选择了以下几个概念进行讨论："做"（相对于"说"）、儿童学习、通过限制产生动机性结果、受规则管理的行为、儿童发展以及行为功能。在大量的相关实践中，我们选择了两种类型的行为测评，即典型的一天和功能性行为测评，以及积极暂停/计时隔离、基于任务的活动限制、课堂通行证计划和家校笔记四种类型的干预措施。

强调"做"

知道如何做某事和知道如何说（或口头上具体说明要做什么）之间的区别，是学校心理学家需向家长传达的一个关键点。这一区别体现在许多方面和领域（例如，在认知上了解与在行为上了解、了解规则与遵守规则、陈述性知识与程序性知识、信息能力与程序能力、理论与实践）。在针对儿童行为问题的项目中，这种区别之所以重要，至少有3个原因：（1）知道如何说并不意味着知道如何做；（2）成年人在试图改变儿童行为时，通常更强调说而不是做；（3）前两者的组合是造成儿童行为问题的重要原因。

例如，在如厕训练期间，通常要询问2~3岁的儿童是否必须要去洗手间。对于这个年纪的儿童来说，准确回答这个问题可能很困难。首先，儿童必须确定这个问题是仅涉及位置的改变（即只是走进洗手间）还是指排泄的行为。如果儿童认为问题涉及排泄的行为，则他必须检查身体的感觉，以确定是否需要马上排泄。如果是这样的话，儿童必须判断这样做是否符合他的最大利益。在如厕训练的早期阶段，儿童通常会穿着吸收水分并且能在意外情况发生时保持温暖的纸尿裤，而大多数儿童往往宁愿在纸尿裤里大小便，也不愿停下正在做的事情，走进卫生间，脱下衣服和纸尿裤，坐在马桶上进行排泄。

因此，"你必须去洗手间吗？"这种问法至少存在四个方面的潜在问题。第一，问题将重点放在对如厕的回答，而不是如厕的动作上。换句话说，它要求儿童说，而不是做。第二，由于2~3岁儿童的发展局限性，加上儿童天然就有让自己保持舒适的倾向，因此即使他们亟需排泄，做出肯定回答的可能性也很小。第三，在特定情况下的否定回答会导致惩罚（或者至少是不愉快的亲子互动），例如，儿童说"不"，然后不久就出现了意外情况，因为这样的回答让儿童看起来像是不诚实的、固执的或愚蠢的。第四，在如厕期间或之后发生的不愉快的互动可能导致不愉快的联想、如厕抗拒和如厕技能的延迟获得。

在亲子互动（包括教孩子如厕）之初，把重点放在"做"而不是"说"上，可以避免这些问题，并加快训练进程。例如，当时间（即距离上一次排泄的时间）或儿童的反应（例如，不停地变换支撑脚）表明排泄迫在眉睫时，家长与其询问儿童是否有排便的欲望，还不如对儿童进行排便教学，让他们尝试使用马桶排便，引导他们这样做，并赞扬他们的表现和取得的任何成功。这种方法将如厕的重点从"说"转移到了"做"上。

就其他原因来说，专注于"做"而不是"说"也很重要。例如，在儿童生活的许多领域中，他们总是先学会说自己应该做什么，然后才有能力去做这件事。举个例子，儿童也许很愿意说他们应该分享自己的玩具，但却一点也不愿意这样做，因为他们缺乏熟练分享所必需的社会技能和情感技能。遗憾的是，许多父母认为，当儿童愿意说"应该分享"时，就意味着他们知道了如何做。因此，当这些儿童不分享时，家长往往认为儿童"应该知道怎么做"，他们更倾向将儿童缺乏分享归因于性格或人格上的缺陷，而不是技能上的缺陷。

对于成年人来说，"说"与"做"之间存在差异，并且差异的重点更具成效地放在"做"上不足为奇。具有启发性的例子不胜枚举。例如，所有的高尔夫球手都知道他们应该在挥杆时保持低头，但大多数人通常都会抬起头。再如，情侣说他们应该三思而后行，读者说不应该以封面来评判一本书，傻瓜说他们不应该一拥而上。然而，情侣常常冲动行事，读者常常凭封面来判断一本书，而傻瓜则常常一拥而上。这一切都是因为他们的知识涉及"说"的能力，但完成所说事情的能力却远远不如"说"的能力。市场也普遍认为"做"的重要性大于"说"。例如，《连线》杂志（*Wired Magazine*）2001 年 1 月刊中就有一个关于新世纪市场营销的议题，其中一位重要参与者 David Kelley 表示："如果你想倾听顾客的建议，他们什么都不会告诉你。你必须观察顾客，才能真正学到一些东西。这就是你了解他们的想法和感受的方式"（Pearlman，2001，第 181 页）。我们相信，Kelley 的主张对于与儿童打交道的学校心理学家和家长来说也是十分可取的。

儿童学习

虽然在不知道儿童是如何学习的情况下，也有可能对其进行有效地教导，但是了解学习的原理可以使这一过程更加容易。因此，学校心理学家帮助家长解决儿童行为问题的一个重要方式，是让家长知道儿童是如何从构成他们日常生活的一系列事件中获得意义的，为什么他们会表现出适当或不适当的行为，或者更笼统地说，他们是如何学习的。近百年来的学习研究表明，儿童学习在很大程度上是由于儿童在所做的事情、在做之前发生的事情和所做事情带来的体验变化之间存在功能关系。更简单明了地说，儿童从重复发生的体验变化中学习。

一般说来，有 4 类体验可以产生学习，其中两类能够增加行为发生的可能性，另外两类会降低行为发生的可能性。提高行为发生可能性的两类体验是：（1）愉快或偏好的体验；（2）摆脱或避免不愉快或不偏好的体验。降低行为发生可能性的两类体验是：（1）不愉快或不偏好的体验；（2）愉快或偏好体验的丧失、中止或减少。换句话说，当行为带来了期望的结果时，它会变得更有可能发生，而当行为带来的是不期望的结果时，它将更不可能发生。虽然这一点是显而易见的，但是导致期望结果的原因可能根本不明显。例如，成年人的消极关注或批判性的关注对于某些儿童来说可能是期望的结果（有关这一点的更多信息，请参阅关于"行为功能"的部分）。一个重要的推论是，儿童学习（例如，改变他们的行为，建立有意义的"连接"）所需的重复次数，取决于他们做某件事情所获得的体验变化的大小。发生的变化越大，儿童理解行为与所产生的体验变化之间的关系所需的重复次数就越少。

例如，导致一级烧伤或更严重的烧伤的行为是一种产生了巨大的、令人不快的体验变化的行为。低龄幼儿在最初接触到火时通常意识不到它的危险性，但会被火的美丽所迷惑，如果没有人监督，他们经常会试图去触碰它。如果成功触碰到，就会立刻产生巨大的、非常不愉快的体验（即被烧伤），并从中学到重要的人生教训（即不要触摸明火）。这种体验的改变如此巨大且令人不快，因而产生的学习通常立竿见影且具有永久性。但这并不代表被明火烧伤过的儿童不会再被烧伤，而是说他们不太可能再以这种方式被烧伤。

但是，如果火的温度较低（例如，非常接近皮肤的温度），则该教训的学习速度就会慢得多，需要多次的重复，而且可能还需要家长或教师施加一些额外的厌恶的（例如，惩戒性的）结果。也就是说，当行为给儿童带来了较大的体验变化时，重复较少的次数就能发生基于学习的变化（即行为频率的增加或减少），但是当行为带来的体验变化较小时，需要重复更多的次数才能产生同等的学习量。

经证实的日常家庭实例比比皆是。例如，家长给出指令，重复指令，提醒儿童没有遵守指令，警告儿童遵守指令对于他来说最有利，并威胁儿童如果不遵守指令就会受到惩罚——这是家长让儿童"做"或者"不做"某件事情的一个常用的策略顺序（例如，挂外套）。家长经常抱怨，儿童总是忽略这一系列中的大部分内容，因为忽视家长的要求所带来的后果通常不会发生（即没有惩罚）；因此，儿童没有基于学习的理由去遵守家长的要求。恰恰相反，这一序列的学习动态通常强化的是不服从行为。儿童一直在学习中，每次家长重复一个指令，先前的指令（被重复的指令）和它与重复指令之间的时距就构成了一个学习试验，在这个试验中，一个指令被给出，然后被儿童忽略、推迟或拒绝，并且家长不会给予相应的结果。没有家长介入的结果意味着这种行为给儿童提供了一个愉快的或偏好的结果；具体来说，儿童无视了家长的指令，继续从事一项显然比家长要求的活动更符合自己心意的活动。简而言之，儿童侥幸逃避了惩罚。这一系列事件产生了学习，但不是家长想要的那种学习。忽视家长要求的倾向在儿童的生活中变得更加根深蒂固。此外，如前所述，警告或威胁通常是家长策略的一部分，但当儿童没有听从警告而家长也没有兑现威胁时，儿童也将学会忽视家长的警告和威胁。

另一个例子与第一个相反，它也可能导致儿童忽视家长的指令。具体地说，当儿童第一次接收家长的指令时，他们确实遵从了，但家长对此做出的响应很小或根本没有，依从并没有使儿童产生令人愉快或偏好的体验变化。事实上，在遵循指令后被忽视或获得极小的响应可能会使儿童产生不愉快或不偏好的体验（例如，儿童觉得他的良好行为被忽视），从而导致未来依从的可能性降低。总的来说，儿童忽视家长要求的倾向是由家长频繁的重复、警告和没有后续的威胁造成的，而当儿童依从了家长的要求却依旧没有后续响应时，这种倾向就更有可能发生。更普遍地说，不恰当行为（例如，忽视家长）的学习通常伴随着学习试验，在这些试验中，儿童虽然表现出了适当的替代行为（例如，依从），但是却没有获得提高适当替代行为发生概率所需的特定类型（愉快的、偏爱的）或数量的体验改变。总之，许多儿童的行为问题都是由多种学习试验共同导致的，在这些试验中，不恰当的行为比恰当的替代行为给儿童带来了更多的体验回报。

更糟糕的是，这些存在问题的教学顺序和学习顺序可能会导致家长教学策略的退步。许多家长对他们的指令和规则被忽视的程度感到沮丧，转而采用高度惩罚性的结果，特别是开口大骂，有时甚至使用体罚。这些结果产生了大量的体验变化，因此很容易激发学习，但它们的潜在风险要大于潜在优势。例如，儿童很快就适应了（即习惯了）开口大骂和体罚，因此家长逐渐需要加大惩罚性结果的强度，这是一个不断升级的过程，在极端情况下可能会出现虐待儿童的行为。此外，频繁使用惩罚策略往往会给儿童、家长和家庭带来过多痛苦，家庭环境的质量也会因此降低。高度惩罚性的策略对儿童行为的影响也是递减的，因此它们更有可能增加儿童回避和逃避的行为，而不是传授给儿童新技能。惩罚策略还可能带来不良副作用（例如，恐惧、反击），而这会进一步恶化亲子关系。最后，惩罚行为并不能教会儿童用恰当的行为来替代不恰当的行为。有关学习的更多信息，请查阅有关学习（e.g.，Catania，1997）、行为矫正（e.g.，Miltenberger，2007）或应用行为分析（e.g.，Cooper et al.，2007）的技术性文章。

通过限制产生动机性结果

上一节的中心议题之一，是儿童的动力来自能够塑造行为的愉快的、偏好的体验。家长不仅可以创造令人愉快和偏好的体验来激励儿童，而且还可以通过各种活动和可免费获得的物品来实现，无需购买或组织任何新的东西，并且，仅仅通过限制现有的活动就可以产生动机性的体验。大量的基础研究和应用研究表明，通过对活动加以限制，就可以在受限的活动中建立愉快的、偏好的（即强化）属性（e.g.，Timberlake & Farmer-Dougan，1991）。这种科学研究方法被称为反应剥夺学习法。该方法指出，强制减少或程序化地减少某种活动，导致其发生率或持续时间低于其典型水平，就能在活动中建立强化属性。因此，该活动可以作为期望行为（例如，完成家庭作业、做家务、依从、善待他人）的一种基于学习的结果。

反应剥夺学习的一个有说服力的特点是，许多日常活动都可以产生动机性的结果。一个很好的例子是睡前熬夜。把就寝时间变成一个有效的动机性结果的关键是建立和实施一个相对较早的就寝时间。例如，如果父母规定儿童晚上8点睡觉，但实际上认为晚上9点是可接受的就寝时间，那么他们就创造了一个小时作为奖励。即使时间已经晚得不合理了，但是大多数儿童还是想推迟他们的就寝时间（Friman，2005a）。因此，当就寝时间变早时，就会多出大量的时间（在设定的时间之后），儿童会被激发去获得这些时间（例如，做家庭作业或做家务）。此外，多出的时间（例如，1小时）可分为若干部分（例如，4个15分钟），每个部分都可以作为独立的奖励。

正如前面所指出的，这个流程不仅适用于就寝时间，还适用于其他活动。对儿童的任何活动设限都会增加该活动对儿童的价值。这种效应类似于经济学中的"稀缺创造需求"原理。当家长因难以鼓励儿童而感到困扰，或不愿意为儿童购买新物品或给予儿童新权利时，另一种选择就是限制儿童的日常娱乐活动，儿童可以通过遵守家长的规则来放宽这些限制。我们通常建议家长自由地允许儿童进行少量的定时娱乐活动（例如，30 分钟看电视、玩电脑游戏、打电话、发短信），并让儿童通过完成家长要求的行为来获得更多的娱乐活动。

受规则管理的行为

行为主义心理学中比较复杂的概念之一是受规则管理的行为（rule-governed behavior）。权威的描述有后效特定刺激（Skinner，1969）、衍生的关系响应（Hayes et al.，2001）等。我们放弃了对受规则管理的行为的技术性描述，而仅仅将其描述为受到语言的语义属性（即意义）强烈影响的行为。这里对语义的强调很重要，因为非人类动物的行为可能会受到言语的强烈影响，但不会受到其语义属性或含义的影响；相反，言语对非人类动物的影响仅仅是直接关联的结果。

例如，大多数狗可以很容易学会对"坐"这个词做出响应，但狗对"坐"的响应是"坐"这个词的发音与它坐下之后所获得的奖励之间联系的直接结果。狗并不是真的理解"坐"这个单词是什么意思；任何单词都可以用来替换这个单词。例如，狗可以被训练成在听到"坐"这个词时躺下，在听到"躺下"这个词时翻身，或者用其他明显与指令的实际含义无关的方式做出响应。这种对狗的反向训练是很有趣的，因为它清楚地表明狗并不是真的知道单词的意思。另外，儿童在很小的时候就学会了诸如"坐"等单词的含义，并学会对以各种形式（口语、书面语或插图）呈现的单词做出准确的响应。换句话说，人类从文字中获得意义，这些意义会影响行为。而对于动物，单词只通过直接关联而不是衍生意义来影响行为。当词义影响行为时，我们称之为规则管理。

规则管理的行为有很多优势，其中最突出的是它的效率。例如，当家长教儿童在过马路前看两边时，他们会从某一条马路开始教儿童规则（"看两边"）。在训练初期，有时在第一条马路或第二条马路，家长会在命令中加入"总是"（"总是要朝两边看"），最终的结果是，儿童学会无论何时何地，在过任何一条马路之前，都要朝两边看。也就是说，他们学会了在没有直接训练的马路上应用这条规则，这是直接训练的一个非常有效的结果。非人类动物的训练无法达到这种效率。因为动物的行为不会像儿童的行为那样泛化到未经训练的马路上，低级动物无法从一个抽象的词（比如"总是"）中获得意义，因此必须对遇到的每条马路都进行规则训练。

受规则管理的行为的另一个优势是，它可以抵消或减轻直接经验对儿童表现的影响，当直接经验是不愉快的（但不是有害的）并且会干扰儿童的表现时，这种效果是有益的。例如，当一项活动让儿童的体力逐渐耗竭时，儿童往往会想要放弃。但是想要放弃的念头可以通过"想"或"说"与继续参加有关的规则来克服（例如，"艰难之路，唯勇者行"，"我想我能做到，我想我可以，我知道我可以"）。需要再次说明的是，非人类动物没有能力做出这种类型的响应，因为它们不能对规则的含义做出响应。遗憾的是，受规则管理的行为对直接经验的抵消作用也可能产生不好的效果。当规则抑制了一种需要继续进行才能产生有益结果的表现时，这种效果尤其存在问题。例如，算术和函数对一些儿童来说可能是困难的，而其中一些儿童得出的规则是他们不擅长学习数学。随后，不管他们在与数学相关的场合中获得了多少次愉快的体验（例如，坐在期望的同伴旁边；在一次数学考试中成绩很好；任课的数学教师有趣而高效），他们都会下决心逃避数学。更普遍的是，一两次失败就会让一些儿童认定他们不够聪明（没有天赋、不够优秀、运动能力差等）以至于无法获得成功，于是他们干脆不再为了成功而努力。在做出决定（即形成规则）之后，偶尔甚至频繁成功的经历可能都会被从第一次失败中衍生出来的悲观信念所压倒。换句话说，仅仅几个失败的例子就能衍生出关于能力的悲观规则，这些规则会抵消未来活动中的成功体验，最终严重限制儿童愿意尝试的程度。

认知行为治疗（cognitive-behavioral therapy）是北美临床心理学的重要流派，包括多种方法来确定规则何时对来访者的生活质量产生了不利影响，并改变这些规则（e. g., Hersen, 2005；Bushman & Gimpel Peacock，本书第 25 章）。接受过认知行为治疗专业培训的学校心理学家可以帮助那些行为受自我挫败的规则影响的儿童，还可以指导家长如何在家里帮助这些儿童。

儿童发展

儿童发展是另一个概念领域，其中一些知识可以提高家长与学校心理学家合作解决儿童行为问题的效率。这个主题就像学习一样，是非常广泛的，这里我们只讨论儿童发展的一个主要方面：儿童理解和运用概念的能力的发展。对这一主题进行研究和著书的最权威人士是 Jean Piaget，他的整个职业生涯都在研究认知能力的增长（参阅 Flavell, 1963）。Piaget 的众多发现都表明，儿童理解和运用概念的能力发展相对缓慢。概念是一种语义工具，根据至少一种性质或维度（例如，颜色、大小、长度）对现象进行分类。概念的有效运用需要一个被 Piaget 称为守恒的发展过程。守恒包括保持一个物体或事件的特性并有意义地将该特性应用于另一个物体或事件的能力。物理属性相似的物体或事件的守恒一般出现在儿童生活的早期，但物理属性不同的物体或事件的守恒出现的时间要晚得多（平均在 5 岁到 7 岁之间），直到青少年期才能完全发展起来。

Piaget（和许多其他研究人员）进行了大量研究，这些研究揭示了幼儿的守恒能力是有限的。例如，当要求他们拿着一磅铅和一磅羽毛，然后让他们比较哪个更重时，年幼的儿童很可能会觉得铅更重。当面对两个容量相同但形状不同的容器（例如，一个又长又细，另一个又短又粗），并被要求选择哪个容器能装更多水时，年幼的儿童可能会选择较高的容器。当儿童看到两个相似的苹果，一个被切成 4 块，另一个被切成 8 块，并被问及更喜欢哪个时，他们很可能会选择切成 8 块的那个（"因为苹果的块数更多"）。当儿童看到 5 个 25 分硬币被垒在一起，另外 5 个 25 分硬币被排成一排，并被要求选择哪一组的硬币更多时，幼儿很可能会选择排成排的那组。

儿童在守恒方面发展缓慢，是学校心理学家要向家长传达的一个重要信息，因为家长使用了太多的语言来教儿童什么是恰当的行为；教学的成功在很大程度上取决于儿童理解这些语言的能力（e. g., Blum et al., 1995；Friman & Blum, 2003）。没有完全相同的两个行为事件，因此，要学习不同事件之间行为的相关关系，儿童必须能够保留这些事件中在形式或功能上相似的那些方面。父母可以很容易地发现不同事件之间的相似之处（例如，"他又这么做了！"），并且当他们和儿童谈论这些事件时，其语言很可能会反映出他们看到的事件的相似之处，但是儿童很难看到事件之间相似的地方，因为他们的守恒能力有限（与家长非常成熟的守恒能力相比）。例如，在惩戒性事件发生时，家长常常试图强行断言当前的行为事件和之前的行为事件有相似之处（例如，"这不是我昨天警告过你的事情吗？"）。在这种类型的家长语言中，至少有两个基于守恒的假设：（1）儿童应该能够在两个行为事件中看到与行为相关的相似之处；（2）即使之前看不出来，但是现在儿童应该能看出相似之处，因为父母已经口头指出了。然而，当守恒能力发展得很弱，就像在大多数幼儿中一样时，这两种假设可能都是不正确的。如果儿童难以发现 5 个 25 分硬币排成一排和垒在一起时的数量一致性，那么，他们也有可能难以看到刚刚做的某些事情与几小时甚至几天前所做的某些事情之间行为相关的相似性。此外，硬币的测试情境简单而统一，只有硬币的排列不同，但行为事件通常非常复杂，而且在很多方面都存在差异，包括时间范围、在场人员以及实际环境。另外，当在实验室进行守恒能力的测试时，调查人员应该表现出冷静、接纳，甚至是温和的态度，并尽可能地避免任何失望、评判或隐含惩罚的暗示。大多数儿童会以同样的方式响应（例如，通过合作、尽自己最大的努力）。但在典型的惩戒性事件中，家长会表现出失望、评判，有时是愤怒，惩罚的可能性虽然总是含蓄的，但往往十分明确。许多（可能是大多数）儿童会做出情绪化的响应（通过哭泣、叫喊、否认等），而高水平的情绪唤醒会大大降低认知功能。也就是说，当与父母进行激烈的情感互动时，儿童的认知功能水平远低于他们的实际年龄水平。因此，即使是那些在日常情况下能够表现出成熟的守恒能力的儿童，在惩戒性情境中可能也无法做到这一点。

行为功能

行为总是有一个功能的，尽管它并不总是显而易见。然而，"功能"是一个复杂的词汇，当与家长交谈时，用"目的"替换可能更好——但在这里我们仍然使用"功能"。最受科学关注的 4 类功能是：(1) 实质性的结果 (例如，玩电子游戏或手机)；(2) 社会结果 (例如，获得关注)；(3) 避免或逃避 (例如，不完成家庭作业或家务)；(4) 自动的、非社会中介的结果 (例如，挠痒带来的放松；Iwata et al., 1994)。

测评行为功能的主要原因是有关功能的知识可以用来设计干预措施，教儿童以 (更) 适当的方法来实现行为功能。例如，对于想去哥哥的房间玩他哥哥的玩具的男孩，可以教他事先询问，或者提供给他类似的自己的玩具。如果一个女孩以不恰当的方式寻求他人关注，可以教她一些更恰当的方法来吸引别人的注意。逃避做家庭作业的女孩可能会得到帮助和短暂的休息。对于通过吮吸拇指来得到抚慰的男孩，可以教他们更合适的自我安抚的方法。像这样的例子还有很多。

当行为功能不明显时，学校心理学家和家长通常有必要一起合作来确定合理的可能性。本章有关测评的部分会对决策方法进行讨论。为了说明行为功能可能导致的临床相关发现，请思考以下示例。一名 11 岁的 6 年级男孩被转介到学校心理学家那里进行突发暴力和在校打架的测评。学校心理学家查看了他的社会和学业经历后发现，他的家庭完整，和父母关系融洽，尽管他偶尔会和三个年幼的弟弟妹妹吵架，但他们之间的关系也很好。这个男孩基本没有什么特别之处。他在学校和家庭生活的各个方面都表现平平。他的智力、成绩、运动技能、音乐天赋、口语技能，甚至外表 (例如，身高、体重) 都很普通。他在学校有朋友，但没有亲密的朋友。就连他的教师也很难对他进行描述，除了提到他的转介问题，即经常与同学打架，甚至与高年级的学生打架。就这些问题而言，他确实引人注目，而这句话正揭示了他的行为功能。在转介前的一个月，这个男孩被一个年龄较大的、更强壮的男孩搭话，这个年龄较大的男孩出了名的调皮。他们在一个封闭的休息室里相遇，在这个过程中，年龄较大的男孩试图拿走小男孩的午餐。小男孩大发脾气 (他的描述是他"气昏头了")，于是开始疯狂地反击，致使大男孩的嘴和鼻子流血，并赶走了他。这场骚动引起了教师的注意，小男孩又与教师发生了冲突。随后他被制止了，并被带到校长办公室。当他从被管制的休息室出来并回到教室时，他不再平平无奇。虽然他的同学没有接受访谈，但教师说，他们都以一种完全不同的方式看待他——混杂着恐惧、尊敬和关心。几乎是立刻，转介行为开始出现。频繁地爆发以及争吵和打架总会导致这个小男孩受到某种形式的惩罚 (从留校观察到校外停学)，但行为的频率仍然有增无减。学校的工作人员对家庭问题进行了筛查，但是，正如前面所指出的，他的社会经历并没有揭示出什么有意义的信息。学校的工作人员也对精神病理学进行了推测，但测评结果只发现了在相关领域中目标行为 (如叫喊、打架、愤怒) 的增加；研究结果既不支持焦虑或抑郁等内化性疾病，也不支持诸如注意缺陷/多动障碍 (attention-deficit/hyperactivity disorder, ADHD)、对立违抗性障碍 (oppositional defiant disorder, ODD) 或品行障碍 (conduct disorder, CD) 等外化性问题。正如前面所指出的，在发生休息室打斗事件之前，他没有任何特别的表现，包括那些可能暗示潜在心理疾病的表现。

直接观察和功能测评表明，目标行为具有社会功能。也就是说，这些行为会获得教师和学生的大量关注，但并非所有的关注都是负面的。对这个男孩的访谈表明，他已经开始认为自己是一个强壮且可怕的人，而且这个观点似乎得到了班上大多数同学的认同。教师和校长说，那个在休息室和他打架的大男孩现在很害怕他，直接观察的结果表明，那个大男孩在操场上避开了他。最初的打架和随后发生事件的总体结果似乎大大提高了小男孩在课堂和学校中的名声。以前的他平平无奇，简直是一个透明人，现在的他却成了学生和教师经常谈论的话题。他打架造成的后果并没有起到威慑作用；相反，它们似乎提高了他的新名声，从而成为令人愉快的、偏好的结果 (即强化而不是削弱行为的结果)。

基于注意-结果假说，教师实施了一种新的干预，以其他多种更合适的方式提供社会关注。例如，在关于 George Washington 的学校演出中，这个男孩被选为主角。教师大大增加了在课堂上向他提问的次数(如果问题很难回答，就让他提前准备好答案)。他的某些画被张贴在学校的布告栏上(以前只留给班上最有能力的同学)。他被选中在上学一个小时后把考勤单送到办公室去。除此之外，他还发生了许多其他的改变。私下里，学校心理学家指导男孩以恰当的方式获得关注，并解释说，如果他表现出目标行为，就会减少或失去他的新社会优势。这位学校心理学家还与男孩的父母合作，建立了一个针对恰当和不恰当的学校行为的家庭响应系统。此外，学校心理学家还解释了注意-结果假说，并建议他的父母为他设计在家中获得更多关注的方法。例如，把学校的积极反馈贴到冰箱上。每得到一个积极的反馈，他就能够如愿获得与家长单独待在一起 15 分钟的时间。父母也开始在家庭对话(例如，晚餐)中更频繁地征求他的意见(在过去，他很容易被忽视)。最终的结果使得小男孩在学校的目标行为显著减少，同时他在家庭和学校的社会地位也相应提高。

这个案例只是许多例子中的一个，这些例子说明了确定学校问题行为功能的一些益处。笔者所在的医疗中心已发布的六个例子就包括：课堂破坏性行为(Ervin et al.，1998)、学校攻击行为和社交恐惧症(Friman & Lucas, 1996)、学校破坏性行为和单纯恐惧症(Jones & Friman, 1999)、习惯性自伤和焦虑症(Swearer et al.，1997)、攻击和自伤(Field, 2004)以及 ADHD 共患 ODD(Hoff et al.，2005)。更概括地说，表明功能测评对更好地理解和治疗儿童行为问题的价值的数据，正迅速成为行为主义心理学广泛领域中最多的实证证据之一(e. g.，Hanley, Iwata, & McCord, 2003；Neef, 1994)。总而言之，帮助父母确定儿童问题行为的功能可以显著加快问题解决的进度。

测评

针对儿童行为问题的测评方法多种多样，并且测评过程需要父母全程参与配合。在这里，我们描述了两种测评方法，其中一种要求父母全程参与，另一种测评方法在父母参与的情况下是最佳的，但也可以在没有父母参与的情况下进行。当父母参与其中时，重要的是建立一种合作关系，以识别儿童行为问题以及导致其发生的原因。此时应格外谨慎，避免对家庭生活质量或育儿质量做出直接或间接的批判。尽管测评可以引起回应，甚至可以在干预之前引起行为改变，但这不是测评的目的。我们的目的是最大限度地获取能够给出问题的诊断结果和干预过程的临床信息。第一种测评方法是典型的一天访谈(typical day interview, TDI)，它完全是依赖父母的。如果使用得当，它不具威胁性，操作简单、不涉及专业术语，且能产生大量与儿童行为问题有关的信息。该方法的目的是全面了解一个儿童的一天，并特别强调父母的期望和儿童的愿望(例如，就寝时间、晨间惯例)之间潜在的冲突点。第二种方法是功能性测评(functional assessment)，可以在儿童、家长、教师的任意组合中实施。尽管它比 TDI 更具技术性，但它产生的信息类型直接与行为功能相关(如前所述)，因此也与干预直接相关。

典型的一天访谈(TDI)

TDI 是学校心理学家对家长进行的访谈，在此期间，心理学家要求父母描述儿童日常生活中发生的典型事件。TDI 的目的是调查在典型的一天中儿童和父母之间潜在的冲突点，特别是儿童的偏好、愿望和习惯与父母的请求、要求、规则、教导方法和执行方法之间的冲突。在访谈过程中，应该强调儿童的偏好和父母的偏好之间潜在冲突的所有方面(例如，早睡与晚睡)。我们建议从就寝时间开始，然后以第二天的就寝时间结束。需要特别强调的是在一天中儿童与父母的喜好和愿望可能发生冲突的时间点。例如，就就寝时间而言，儿童通常更喜欢熬夜，而父母则希望他们上床睡觉。询问应该集中在父母实际的期望是什么、父母有多希望儿童满足他的期望、父母在多大程度上已经清楚地向儿童传达了这一期望、使用了什么实施程序(如果有的话)、使用了什么奖励(如果有的话)，以及儿童依从和反抗的程度。因此，可以用下面列出的一组问题来测评就寝时间：

1. "你设定的就寝时间是几点?"
2. "通常儿童实际的就寝时间是几点?"

3. "儿童表现出多大程度的反抗?"

4. "儿童表现出什么类型的反抗(例如,被动、主动、拖延、请求、乞求、恳求、讨价还价)?"

5. "你如何回应儿童的反抗?"

6. "床上阅读的规矩是什么?"

7. "房间里的灯光布置是什么样的?"

8. "你的孩子整晚都在床上吗?"

尽管此清单相当详尽,但根据所关注的行为,还可以增加其他的问题。下一个合理的日常事件是晨间惯例,关于它的询问应该与前面类似的主题有关(例如,起床时间、反抗情况、回应)。当独立性是一个发展问题时,应该进行相关的询问(例如,"晨间例行活动中儿童独立完成的部分占多大比例?")。访谈还应该设法了解儿童如何度过空闲的时间、家庭作业安排是什么、餐桌上的行为表现、家庭规则和期望、家务活、在公共场合的行为和纪律。儿童典型一天的各个方面都可以产生临床相关信息,因此,从理论上讲,任何一个方面都可以进行询问。TDI 的最终成果是一幅儿童一天生活的图片,包含了明显且可以有效地作为干预目标的领域(例如,家庭作业的数量和时间、惩戒性措施、睡眠时长)。TDI 的另一个间接结果是可能与问题行为的功能相关的信息。然而,有其他更直接的方法来了解这些问题,其中信息最丰富、使用最广泛的是功能性测评。

功能性测评

正如在"行为功能"一节中所述,与行为功能直接相关的研究集中在 4 种通用类型上。功能性测评的主要目的是确定行为的功能(儿童通过表现出特定行为能够获得什么)。功能性测评特别关注 A–B–C 的测评:Antecedent–前提事件(行为之前发生的事情)、Behavior–行为(对儿童行为的描述)和 Consequence–结果(行为导致的体验改变)。功能性测评的最终目的是识别使问题行为得以维持的变量,以便在用于改变问题行为的实践程序中使用这些变量。在儿童行为功能性测评中,家长和教师是公认的信息提供者。Jones 和 Wickstrom 在本书第 12 章中详细描述了功能性测评程序。在这里,我们将重点关注家长对它们的使用情况。

功能性测评的第一步是识别那些功能有待确定的行为。尽管任何行为都可以作为功能性测评的对象,但通常我们选择的行为是在家庭和/或学校的问题行为,并且行为测评的顺序安排是根据问题的严重性来确定的。因此,重要的是询问儿童的父母和教师,他们发现的最有问题的行为有哪些以及原因是什么。随后,每个行为都应该用清晰、可观察和可量化的术语来定义。良好的操作性定义的一些例子包括:每分钟阅读的单词数、对他人进行人身攻击(打、踢、咬或吐口水)的次数、遵从指令的延迟时间、离开座位的时间(臀部不触碰座位)、按时完成并上交的家庭作业的比例等。

选定目标行为后,需要确定其测量方法。功能性测评是一个总括类别,涵盖了许多间接和直接测评方法。包括调查法、自我报告法、访谈法、观察法、散点图、A–B–C 行为观察法、频数统计和功能性/实验性分析等。由于篇幅有限,我们只讨论其中两种:功能性访谈和直接观察法。

功能性访谈对于家庭和学校来说是一种多功能的、可提供有用信息的方法,通过 TDI 来发现问题行为是非常合理的步骤。从 TDI 中得到的结果可以用来为功能性访谈提供信息,并产生更多与目标行为相关的问题。在进行功能性访谈时,应该参考多个信息提供者,如前所述,家长和教师是主要人选,但儿童本人也是一个非常好的功能性信息来源。措辞和问题会因信息提供者的不同而有所不同。以下是在功能性访谈中经常向家长和教师提出的一些问题样例。

1. "你第一次注意到这种行为是什么时候?"

2. "你能描述一下这种行为吗?"

3. "这种行为最有可能在什么时候出现?"

4. "这种行为最有可能在什么地方出现?"

5. "行为出现时孩子通常和谁在一起？"

6. "什么时候行为最不可能出现？"

7. "行为出现之前通常会发生什么？"

8. "当行为出现时，你通常会怎么做？"

9. "当行为出现时，其他人通常会怎么做？"

另一种类型的功能性测评涉及在学校内和/或家庭内进行直接观察和/或数据收集。有许多不同的观察方法可供选择，部分时距记录、全时距记录、持续时间测量、延迟测量、事件记录和比率记录都是熟知的例子。部分时距记录常用于高频行为。这需要对儿童进行一段时间的观察（通常不超过30分钟），并注意（通常在为数据收集而设计的表格上）目标行为是否在指定的时间间隔内（例如，10秒）发生，观察者也应该在家长和/或教师提出的行为最有可能发生的时间内采集数据。

学校心理学家应该选择一种简单有效的数据收集方法，并对观察者进行相应的训练。比如，可以要求父母写日志，包括日期、发生时间和对行为进行的描述、行为之前发生的事情以及行为之后发生的事情（包括父母对行为的反应）。这种形式的数据收集旨在识别那些在没有长期数据支持的情况下可能不会被注意到的行为模式。

功能性测评的类型取决于要测评的行为的复杂性和严重性、可用的时间、需要的训练程度以及手头有哪些资源。学校心理学家可能希望从更间接的测量开始，如访谈和调查，因为这些方法最不费力也最不具干扰性，并且只有在清楚地表明需要额外的信息来制定有效的干预时，才使用其他方法。有关功能性测评的更全面的描述，请参考有关行为矫正（e.g.，Miltenberger，2007）或应用行为分析（e.g.，Cooper et al.，2007）的文章。

实践

计时隔离和积极暂停

计时隔离

在源于行为科学的所有治疗实践中，计时隔离（time-out，TO）是美国父母最常使用的（有关父母训练的更多信息，请参阅Shriver和Allen编写的本书第24章）。TO是从正强化中隔离（time-out from positive reinforcement）的缩写，在20世纪50年代，这种程序首次在实验室的动物身上进行了测试（e.g.，Ferster，1958），随后被广泛用于儿童不良行为的治疗，自20世纪60年代初以来，其成功的经验经常被报道（e.g.，Wolf et al.，1964）。TO的实验室版本通常包括限制动物进行诸如吃或喝等动机性活动。儿童版本包括限制儿童获得其偏好的体验，尤其是社交和所有形式的娱乐活动。在这两个版本中，TO作为行为的结果总是能够导致行为大幅减少。这一效果的多次出现，再加上事实证明TO比体罚更容易被社会接受，使得TO作为一种儿童惩戒策略被广泛传播。目前关于儿童管理技巧的专业或畅销书籍中几乎都包含了对TO这一程序的说明（Friman & Blum，2003；Friman，2005b；Friman & Finney，2003）。

TO几乎无处不在，这使得学校心理学家没有必要告知家长它的可用性；因为家长和学校心理学家一样了解TO。但是，为了使TO发挥出最佳效用，专业人员的参与不可或缺。事实上，父母最常抱怨的是，他们尝试过TO，但没有奏效。其中隐含的假设是，以TO的名义所做的事情与很久以前在实验室中开发的程序非常相似。遗憾的是，非常相似的事情是罕见的例外，而不是必然的规则。在进行TO实验期间，实验者不可能为在实验室中的动物提供偏好的体验。用通俗的话来说，这只动物不会经历任何偏好的事情，而且在特定的一段时间内，这只动物对此无能为力。然而，动物在实验室的体验与全国各地儿童在家里和学校的典型体验有本质上的区别。

例如，过去大多数的家长和教师都没有接受过与TO相关的专业培训，也没有接受过忽视儿童的要求来控制局面的训练。因此，正接受TO的儿童往往有足够的能力通过不恰当的行为来改变他们的处境。例如，仅通过大声呼喊、大声哭泣或（未经许可）从被隔离的环境中走出来往往都能成功地引起家长（和教师）的注意，从而抵消 TO 所预期的厌恶效果。其他类型的不恰当行为（例如，讲脏话、脱衣服）通常也会引起父母的注意。通过这些行为引起的关注通常是消极的，但因为这种关注是在 TO 阶段发生的，所以让儿童得以暂时逃避（获得了即时关注，TO 在功能上结束），这更可能会增加而不是减少不适当的行为。换句话说，消极关注能起到部分作用，对于在 TO 中的儿童而言，有部分作用总比没有要好。因此，学校心理学家应该训练家长在 TO 过程中尽量减少对儿童表现出的令人讨厌的行为的关注。在通知儿童结束 TO 之前，所有的语言联系都应该停止，身体接触仅限于将儿童安置在隔离环境中并让他保持不动。更多相关信息，请参阅对 TO 进行了全面解释的多个出版作品（e. g.，Friman & Blum，2003；Friman，2005b；Friman & Finney，2003）以及 Shriver 和 Allen 所写的本书第 24 章。

积极暂停

正如在"儿童学习"一节中所指出的，学习是从行为导致的体验变化中产生的；TO 有效的根本前提是儿童在 TO 之外的生活是有趣和愉快的，或者至少是有点愉快的。换句话说，儿童必须经历令人愉快的情景，离开这些情景才会产生不愉快、不偏好的体验。TO 本身可能对儿童没有太大的影响，因此如果在 TO 之前没有发生任何令人愉快或偏好的事情，儿童发生学习的可能性就很小。相反，如果在 TO 之前有足够的参与度、乐趣和/或感情，TO 就会给儿童的生活带来非常不愉快的变化，而减少导致 TO 的行为的可能性就会更大。因此，在使用 TO 之前，有必要建立一个被称为积极暂停（time-in，TI）的较高的等级或水平。有关这一点的早期科学证据，请参阅 Solnick 等人的文章（1977）。从更通俗的角度来看，如果曲棍球运动员不喜欢打曲棍球，那么设置罚球区（曲棍球 TO 的一种形式）对他们来说意义不大。这给我们的启发是，TI 在功能上可以被认为是与 TO 对立的。TO 是一种用于应对儿童的不恰当行为，最大限度地减少偏好体验的程序。TI 是一种用于响应儿童的恰当行为，使偏好体验最大化的程序（例如，身体爱抚、父母参与儿童活动）。

总而言之，TO 是一种被广泛使用的惩戒策略，但往往被无效地使用。尽管如此，对于 2～7 岁的儿童（我们将在下一节讨论针对年龄较大的儿童的方法），TO 仍是用于惩戒的主要方法，当以在战略和战术上有效的方式使用时，它可以产生良好的效果。学校心理学家的一个重要目标是，帮助家长在使用 TO 时实现战略和战术上的有效性。这项测评的一个重要组成部分是帮助父母消除儿童在 TO 时经常出现的社会刺激来源（例如，警告、批评、父母愤怒的表达）。也许更重要的是帮助父母认识到，任何形式的惩罚（例如 TO 以及我们描述的其他方法）都必须涉及与惩罚实施前截然不同的不愉快体验或不偏好的体验。开口大骂或体罚可以达到这个目的，但我们已经讨论了使用它们会导致的相关问题。与之相比，TO 虽然更温和，但只要满足三个条件，TO 就可以产生良好的结果：（1）在 TO 期间消除社会刺激的来源（如前面所讨论的）；（2）完全无视儿童不恰当地终止 TO 的企图；（3）在强加 TO 之前，儿童的生活通常是有趣和快乐的。

基于任务的活动限制

虽然 TO 是防止儿童出现问题行为的非常有效的第一道防线，但随着儿童年龄的增长，其效力会下降，因此父母必须寻求其他方法来管理长大后儿童的问题行为。最常用的替代方案包括长期取消特殊待遇和自由，这是一个通俗的术语，称为"活动限制"。实际上，根据定义，该程序是基于时间的，其最常见的形式是在特定时间段（例如，日、周、月）内限制儿童获得特殊待遇。例如，父母可能会在儿童做出不恰当行为后，将他们限制在家里一周（上学时间除外），遗憾的是，基于时间的活动限制存在固有的局限性，即违反了一些基本的学习原则。具体地说，解除标准只涉及时间的流逝，而不涉及恰当行为的表现。因此，在基于时间的限制中，没有明确的亲社会表现的动机。如果亲社会行为无法导致活动限制的终止（即建立了基于摆脱的动机来表现出亲社会行为），那么胁迫性行为（例如，反抗、噘嘴和/或攻击性行为）就会出现。这就好像被限制活动的儿童试图让父母感到非常不舒服，以至于他们不得不提前结束活动限制——这对于儿童来说是一个愉快和偏好的结果，可能会在无意中强化以前被活动限制时儿童的胁迫性行为。

一种更符合学习原则的基于时间的活动限制的替代方案，将活动限制的特有要素（例如，限制特殊待遇）与基于表现的解除标准相结合，这种替代方法称为基于任务的活动限制（task-based grounding，TBG），是为年龄较大的儿童（即7~16岁）制定的。与基于时间的活动限制相比，TBG的优势在于儿童可根据自己的行为来决定限制的时间长度。首先，家长需创建一份对家庭的运转不重要的工作清单，也就是说这些工作即使在很长一段时间内不做，也不会对家庭造成很大的影响。具体例子包括清洁车库地板、清洗窗户（每扇大窗户都是一项工作）、清洗车窗、清洁薄胶泥、清洗护壁板，或者季节性的户外任务，比如除草（除非去户外是一项高度偏好的活动）。像这样的例子还有很多。然后，将这些工作记在一组卡片上。当儿童举止失礼时，应该给他们发放卡片，并告诉他们，在完成写在卡片上的工作之前将被限制活动。被限制活动意味着，禁止参加所有不属于有组织的教育项目的娱乐活动（例如，踢足球）。在家时，被限制活动的儿童不允许接触任何可供消遣或娱乐的电子设备（例如，电视机）。从本质上说，他们只能做分配给他们的工作和家庭作业。如果儿童违反规定或表现出其他不恰当行为，则会收到TO和/或额外的工作卡片。家长被告知不要唠叨、提醒或说教，而是要让TBG环境去激励儿童完成工作并获得自由。工作数量的多少取决于父母对问题严重性的看法。例如，在没有注意到停止争吵指令时，每一个参与争吵的儿童都会收到一份工作卡片。而严重违反宵禁或偷偷溜出家门的儿童将收到许多工作卡片。最后一个要点是，直到父母完全满意，工作才算完成。

基于时间的活动限制的普遍使用与缺乏对其有效性的研究形成了鲜明对比。事实上，在文献检索时都没有找到已发表的直接评估有效性的研究，甚至没有直接评估取消特殊待遇作为对典型发育中儿童行为问题的干预措施的研究。然而，有一个相对较新发表的关于TBG的描述（Eaves et al.，2005）以及一项测评显示，TBG使得一组8~15岁儿童的行为问题的高发生率降低到几乎为零（Richards，2003）。

课堂通行证计划

处理就寝问题的一个最新进展是睡眠通行证计划。在单一被试研究（e. g.，Friman et al.，1999）和随机临床试验（Moore et al.，2007）中，通行证计划几乎将所有参与者的高频率睡前问题行为降低到了零或接近零的水平。该计划包括在儿童上床后向他们提供通行证，然后允许他们使用这张通行证抵消一次下床的惩罚，或把家长叫到床边来满足自己一个要求（例如，喝水、拥抱、上厕所）。一旦通行证被使用，儿童就要交出通行证，并在床上度过余下的时间。通行证计划的一个常见问题是，儿童不经常使用他们的通行证；就像是他们在积攒通行证，直到他们真的需要离开自己的房间。基于这个现象，研究人员对睡前计划进行了修改——儿童会因未使用的通行证而获得奖励。概念分析表明，通行证计划之所以有效，很大程度上是因为它让儿童在厌恶的情况下有了一个可操作的逃避选择，而这反过来又为他们在那种情况下提供了一种控制感。这种奖励为计划增加了另一个基于功能的维度。

虽然学校心理学家可能会被邀请来与父母一起商量儿童的就寝问题（疲劳是导致白天的行为和学校问题的一个重要因素），但这并不是这里讨论通行证计划的原因。真正的理由是通行证计划可以扩展到其他令人不愉快但不能或不应该避免的情况。例如，一些小学生认为上课是非常令人厌恶的（比如，有学校恐惧症或有严重注意力问题的儿童），对于这些儿童来说，逃避或摆脱学校或课堂会产生体验上的偏好结果（比如，轻松），这反过来会降低儿童上学或上课或在学校停留的可能性。课堂通行证计划是学校心理学家可以用来帮助儿童去上课并留在课堂上的一种干预措施。与睡眠通行证计划类似，上课前给儿童一张通行证，他们可以使用这张通行证在设定的一段时间内（例如，15分钟）离开课堂而不受到惩罚。持有课堂通行证似乎可以减少该计划中的儿童在课堂上的不愉快体验（可能是通过给他们一种控制自己处境的感觉）。如果儿童使用了通行证，当他们回到教室时，必须交出通行证。未使用的通行证可以换取奖励，家庭、学校或两者都可以提供这些奖励。在严重的情况下，儿童可以获得多个通行证。

虽然没有已发表的关于课堂通行证系统实用性的研究——它只是最近从睡眠通行证计划中衍生出来的——但是在我们的临床实践中它的结果往往是成功的。此外，它严格源自高度有效的睡眠通行证计划，并符合学习原则，这表明它能经受住实证评估。因此，就像 TBG 一样，课堂通行证不仅可以作为某些儿童行为问题的可选实践程序，而且还是学校心理学研究的一条潜在的生产线。

家校笔记

正如其名字所暗示的，家校笔记是一种干预措施，它促进了家庭和学校之间的双向交流。这种合作关系的益处怎么说都不为过。本章的中心主题是，家长和教师是一天中与儿童接触最多的人，因此塑造了儿童生活的重要方面。所以，建立家庭和学校之间的合作已日益成为教育改革工作的目标。教师和家长通常会根据需要进行沟通，然而，当使用家校笔记时，沟通是在连续的基础上进行的，并针对儿童行为的特定领域。此外，它需要的资源和时间较少，考虑到对课堂教师越来越高的期望，加上家长紧凑的工作日程和时间限制，这一点很重要。

家校笔记的设计在技术上和使用上并不复杂。第一步是确定问题领域。一旦确定了目标行为，就必须设计一个对这些行为进行评级的量表，而且量表设计必须与目标儿童的发展水平保持一致。量表的指标可以是图像（例如，笑脸、星形、竖起大拇指）、颜色（例如，绿色、黄色、红色）、清单（例如，"是/否""优秀/需要改进"）或数值范围（例如，1~10 每个评级都有标识符号）。然后，必须确定与目标行为有关的评级、奖励和信息传递的频率。下一步，确定奖励，并且获得奖励的标准必须是明确的。最后，所有参与方都需要就个人责任达成一致。

家校笔记的形式多种多样，其中一些例子包括：手写注释的卡片、放在活页夹中并每天完成的模板、带有教学日每个时段笔记的小纸片，以及指示儿童是否符合当天标准的便利贴。笔记至少应该包括日期、干预的目标行为、在目标领域的进展、儿童是否符合获得奖励所需的标准的指示、发放的奖励（在家里和/或学校）以及参与者的签名。无论形式如何，该系统的复杂程度应与儿童的需求强度相匹配，并且应该具有最小的干扰性。更多相关信息可以从描述了如何使用家校笔记的大量文献中获得（e.g.，Kelly，1990）。

家校笔记有助于解决各种各样的发展问题、学业问题和行为问题（e.g.，Jurbergs et al.，2007）。举个例子，对于在学校环境中有特殊需求并需要强化支持的儿童，该笔记可以处理饮食习惯问题以及与沟通和运动技能相关的个性化目标的进展情况。家长和教师都可以通过笔记进行沟通，以确保照顾的连续性和教育目标的进展。另一个例子是，对于有学习障碍的儿童，笔记可以针对作业的准确性、作业的完成率、家庭作业提交率和在家练习的策略来制定。阅读教师会提供需在家里完成的具体干预，让家长能够支持儿童的学业发展。家校笔记还可以解决诸如攻击性行为、随便插嘴、有问题的同伴互动、组织能力较差以及许多其他学校问题。

尽管家校笔记的使用相对容易，但仍有一些与实施有关的潜在问题。例如，有时笔记执行不一致（比如，教师或家长忘记了、儿童将其丢失），因此过早地被判定无效。同样地，有时许诺给儿童的积极笔记的奖励不一致或者根本没有，也会导致儿童动机的显著降低。另一个潜在的问题是家长和教师期望过高，以至于儿童难以达到奖励标准。举个例子，如果一个三年级的小男孩在教学日里未经允许平均每小时离开座位 3 次，或者大约一天离开座位 20 次，那么期望他在使用家校笔记的治疗计划的第一周，就能够坐在座位上一整天是不合理的。成功的目标和奖励标准应该反映出儿童全天表现的渐进式发展。

学校心理学家可以通过将本章不同部分的信息（例如，学习、发展、行为功能）融入家校笔记计划的设计中，来帮助家长和教师避免这些问题。学校心理学家也可以帮助进行课堂观察、设定合理的奖励标准、设计真实的笔记、提供副本、定期与家长和教师商谈以确保按照约定实施了干预、进行功能性测评以确保奖励能够激励儿童，并在干预设计和实施的整个过程中提供协助。

结论

在基于学校的行为的问题解决过程中，为家长提供最佳协助涉及从人际交往技能到技术熟练程度等许多关键因素。在这里，我们强调了这些组成部分中的有限集合，但我们认为它们是最重要的组成部分。其中最隐晦的可能也是最关键的。学校心理学家、教师和家长之间进行的相关沟通必须容易被各方理解。各种类型的心理学家，包括学校心理学家，都倾向用不熟悉的词、短语和概念（例如，正强化和负强化）或以不熟练的方式用熟悉的词、短语和概念讨论熟悉的主题（例如，将"干预响应模式"作为程序的名称，而不是对结果的描述）。虽然这种倾向通常不会阻碍专业人士之间的有效沟通，但它可能会阻碍学校和家庭之间的有效沟通。

在本章中，我们强调了易于理解的沟通的重要性，并试图展示以概括且易于理解的方式讨论高度技术性的概念的方法。例如，我们提供了一个小的概念样本，这些概念可能对任何与儿童打交道的人都有用，无论他是父母、专业人士，还是两者兼而有之。学习、发展、动机、规则的作用和行为功能都是重要的概念，但不仅仅是在学校的背景下；一般来说，它们对儿童的生活也至关重要。似乎可以肯定地说，家长不可能对这些学科了解太多，而向家长提供有关这些学科的信息，大大加强了家长和学校心理学家之间的合作关系。

另一个组成部分涉及到测评过程的加入。尽管在无数的测评方法中，我们只讨论了两个例子：TDI和功能性测评，但它们都依赖于父母的参与并能产生与干预实践直接相关的信息。干预实践是本章涉及的最后一个关键组成部分。虽然干预可以由学校工作人员单独进行，但儿童行为问题不仅发生在学校，也经常发生在家里；或者，即使行为问题只发生在学校，家庭发生的事件也会对他们产生积极和消极的影响。因此，我们讨论的实践程序中有4个直接涉及家长：TI、TO、TBG和家校笔记。在美国，TO和活动限制是最常使用的惩戒方法，在我们的讨论中所提供的信息，可以大大提高其效力。家校笔记是将学校发生的事件与家里发生的事件联系起来的最常用的方法。最后，课堂通行证计划只在学校实施；然而，如果对未使用的通行证提供奖励，它们可能会涉及家庭特殊待遇，从而让家长作为合作伙伴参与到计划中来。如前所述，我们还有许多其他的概念、测评方法和实践程序可供讨论。而本章中选中的项目广泛适用于最常见的儿童行为问题，因此为建立寻求优化儿童健康教育和社会化的家长和学校心理学家之间的合作关系奠定了坚实的基础。

第 24 章

家长训练：与家庭共同制定并实施干预

Mark D. Shriver

Keith D. Allen

家长训练（parent training）是一种父母可以直接学习改善儿童功能的具体技能的工作开展模式（Shriver，1997）。家长训练可以用来解决多种儿童问题（e. g.，Briesmeister & Schaefer，1998），但它在处理幼儿的对抗性行为、不服从性行为和攻击性行为等方面得到了最多的实证支持（Brestan & Eyberg，1998）。作为干预幼儿反社会行为的一种工作开展模式，家长训练在 40 多年前就有大量的实证支持（Dangel & Polster，1984；Patterson，1976；Reid et al.，2002；Shriver & Allen，2008）。家长训练也是预防性干预计划的一个关键组成部分，主要针对有不良表现风险（如学业失败）的儿童（e. g.，Conduct Problems Prevention Research Group，1992，2004；Kumpfer & Alvarado，2003）。

家长训练最有可能在临床环境中实施；然而，家长训练也是学校心理学家在学校环境中进行的一项重要工作。例如，根据《残疾人教育改进法》（Individuals with Disabilities Education Improvement Act，IDEIA；2004）的描述，联邦教育立法已将家长训练确定为一项相关工作，其中包括为家长提供咨询和训练，帮助他们获得必要的信息和技能，从而为儿童的个别化教育计划实施提供支持（IDEIA，2004，Sec. 300. 34，8）。此外，鉴于有证据表明，家长训练可以减少儿童在学校的不良表现风险（e. g.，Conduct Problems Prevention Research Group，1992），因此可以认为，家长训练是一种应该向所有父母提供的心理工作，以支持他们对子女的教育。

那么，"家长训练"是什么意思呢？从某种程度上说，家长训练意味着对家长的教育。例如，IDEIA（2004）对家长训练的定义的前两个部分都涉及教育，即帮助家长了解儿童的特殊需求，并为家长提供有关儿童发展的信息。当学校心理学家与个别家长会面，讨论关于儿童学习和发展的评估结果时，家长训练的教育功能就得到了体现。当学校心理学家召开家长会或家长支持小组讨论典型的儿童发展或学习过程时，教育也会发生。这些类型的家长教育活动可称为第 1 层级的干预措施，因为它们主要是为了预防而实施的。

在家长训练中，比教育更重要的是，帮助家长真正掌握能够帮助儿童改变和成长的技能。事实上，家长训练被定义为"以对儿童行为产生积极影响为目标的、生动的、有针对性的具体抚养技巧的教学"（Shriver & Allen，2008，第 4 页）。与该定义一致，IDEIA 还指出，家长训练包括"帮助父母获得必要的技能，使他们能够支持实施其子女的'教育计划'"。这样定义的家长训练可以称为第 2 或第 3 层级的干预，因为进行家长训练是为了实施干预措施来改善儿童在家庭和/或学校的表现。

有趣的是，数百个帮助实施家长训练的计划已经被开发，并且似乎一直有新的养育计划被引进和推广。一些家长训练计划对各自的成功经验进行了大肆的宣传；提供生动的证明和故事；通过自行出版的材料、研讨会和广告积极地进行传播；并称通过专业训练后能提供认证。面对众多的选择和大量的支持性证据，许多学校心理学家可能会对选择哪个家长训练计划感到不确定和困惑。幸运的是，家长训练的有效性存在广泛的研究基础。

本章的目的是为学校心理学家提供有关家长训练计划的信息，并提供有力的证据支持。此外，我们根据现有证据，提供有关学校心理学家如何在学校环境中实施家长训练的信息。支持家长训练的最佳证据大多来自校外环境。但是，当前实证支持的家长训练计划的内容、教学方法和概念基础是如此相似，以至于学校心理学家可以将这些证据转化到学校环境中，并且可以自信地认为他们是在提供一个循证实践。

实证支持的家长训练计划

循证实践明确鼓励对"最佳可用研究"的鉴别（American Psychological Association，2005）。为此，在过去的十年，鉴别"实证支持"的干预措施成为大多数社会科学和医学学科领域的一项重要工作（e.g.，Chambless & Hollon，1998；Kratochwill & Stoiber，2000；No Child Left Behind，2002；Sackett et al.，2000）。在心理学中，定义实证支持的干预措施至少有四个通用标准：第一，干预必须在两个或两个以上的随机对照组设计或3个或更多的控制良好的单样本（间断时间序列）设计中，显示出显著的效果；第二，干预必须被手册化或有详细的治疗方案才能推广；第三，干预研究必须由两个或两个以上的独立实验者或实验小组进行；第四，通常认为，如果没有明确说明，研究文献必须在同行评议期刊或学术会议上发表。

到目前为止，有4个家长训练计划一直被认定为符合科学标准的实证支持项目（Brestan & Eyberg，1998；Chambless & Hollon，1998；Kumpfer，1999）。这些家长训练计划包括：与孩子一起生活（Living with Children，LWC；Patterson，1976；Patterson et al.，1975）；不可思议的年纪系列（Incredible Years，IY；Webster-Stratton，1992）；不服从儿童帮助项目（Helping the Noncompliant Child，HNC；McMahon & Forehand，2003）以及亲子互动治疗（Parent-Child Interaction Therapy，PCIT；HembreeKigin & McNeil，1995）。

还有许多其他家长训练计划不符合实证支持项目的标准。其中一些计划对于让父母和/或儿童产生积极的行为改变几乎没有实证研究支持（e.g.，Dembo，Sweitzer，& Lauritzen，1985），而另外一些计划虽然有部分研究支持，但还不足以达到前面所述的"实证支持"标准（Barkley，1997；Burke et al.，2004；Kazdin，2005；Sanders，1999）。关于"哪个计划应该被列入哪个特定类别"一直存在分歧和争议，而任何有关时间线的划分都会涉及这一点。随着对家长训练计划的持续研究，特别是对学校环境下家长训练计划的研究，我们预计将会有更多适用于学校的计划被列入"实证支持"项目（Carlson & Christenson，2005）。此外，随着构成"实证支持"的标准在各专业领域之间变得更加一致，对于哪些计划符合这一标准可能会有更多的共识。

尽管前面列出的每一个实证支持的家长训练计划都有其独一无二的特点，但这些计划之间也有重要的共同点。在家长所学的具体技能、家长训练的开展以及每个计划的概念和科学基础等方面都可以找到共同点。理解这些共同点可以使从研究到循证实践的转化更加容易，因为它们指出了，虽然计划需要根据环境和当事人的特异性进行调整，但是计划的核心组成成分是不变的。在本节中，我们将回顾这些核心组成部分及其共同的概念基础。

计划概述

所有实证支持的家长训练计划针对的都是表现出不顺从、脾气暴躁、攻击性、对立行为、多动和/或反社会行为问题的幼儿（通常在3~10岁）。其中3个项目（LWC、HNC、PCIT）针对的是个别儿童和家庭。只有不可思议的年纪系列是一个基于小组的家长训练计划。HNC也已经制定了一个基于小组的家长训练计划，该计划与基于个人的家长训练计划类似，但尚未经过实证审查（McMahon & Forehand，2003；Shriver & Allen，2008）。所有的家长训练计划都是在门诊临床工作模式的背景下进行的，由专业人士每周提供家长训练课程，每次 1~2 小时，为期 8~14 周。

教什么（计划内容）

父母将学习如何实施行为干预策略，以增加儿童的期望行为并减少问题行为。所有这些计划都会教家长如何识别、监测和强化他们期望的行为。强化程序可能包括不同的社会关注和/或代币奖励系统。例如，在训练计划中，通常会教父母要照顾他们的儿童，用表扬和身体接触"抓住他们表现好的地方"，同时尽量忽略微小的不恰当行为。这些计划还教导家长如何制定规则和发出指令，使得儿童更容易遵守。最后，家长通常会学到至少一个有效的惩戒程序，例如由于行为不当而导致的计时隔离（让儿童单独坐一小会儿，不让儿童接触喜欢的人或参与喜欢的活动）或响应成本（例如，失去分数和/或特殊待遇）。

如何训练父母（教学方法）

所有的计划中都使用了行为技能训练模型来向家长传授行为干预策略。行为技能训练模型（behavioral-skills-training model）包括 4 个步骤：（1）指导；（2）示范；（3）练习；（4）反馈（Miltenberger，2001）。指导意味着向父母提供有关他们将要做什么的信息。指导最好以简单、连续的步骤来进行，并使用方便家长理解的语言和例子。例如，家长可能会被告知："你将学习如何描述或叙述你孩子的游戏。"指导之后应该立即示范期望行为。

示范为家长提供了一个例子，告诉他们应该做什么，甚至不应该做什么。示范可能包括让家长观看演示亲子互动的视频；观察训练师与父母一方或父母双方一起练习的情形（即父母中的一个扮演孩子）；或者最好的方法是，直接观察训练师与儿童互动过程中对特定技能的演示。例如，训练师可能会说："让我来告诉你如何描述或叙述你孩子的游戏。"（训练师说："Johnny，我看到你用红色和蓝色的积木搭了一座塔，你还在把它们堆得越来越高……"）。在这个示范之后应该立即给家长提供一个练习的机会。

练习是指家长立即尝试模仿他刚刚所看到的技能演示。例如，训练师可能会说："好吧，现在让我看看你是怎么做的；如果你的描述听起来和我的一样，那就没问题了。"（家长蹲在地上说："好的，我看到 Johnny 正在用红色和蓝色的积木搭一座很大的塔。那是房子吗？"）练习有多种形式，有时会涉及到角色扮演，由训练师扮演儿童的角色；有时是指在训练师的监督下，与儿童一起实际地操练技能；也可以是在训练课程之外实施抚养技巧（即家庭作业）。然而，最好的练习始终是伴随着反馈的练习。

反馈是双管齐下的方法。首先也最重要的一点是，训练师在家长准确或接近准确地演示技能时提供及时的强化反馈。例如，训练师可能会说："哇！你很好地描述了他们的游戏。你使用了诸如大、红和蓝之类的词汇，并描述了'搭建'这一操作。棒极了！"训练师还可以根据家长对作业要求的遵守情况提供重要反馈。其次，训练师通常需要针对作业要求中的错误或针对已发现的问题提供纠正性反馈（包括根据需要提供额外的指导和示范）。例如，训练师可能会说："问 Johnny 是否在盖房子是一个提问。我们希望你坚持使用描述，而不是提问（纠正性反馈）。""你可以把你的提问变成描述（指导）……只要简单地说'那看起来像房子'（示范）。""你试试（练习）。"家长有越多的机会去观察技能、练习技能和接受技能方面的反馈，他们就越有可能学会这些技能。

科学依据

将这些计划联系在一起的共同的科学和概念线索是行为分析。这些计划都依赖于应用行为分析研究中获得的行为技术。跨计划使用的常见技术，如差异化注意、代币制、规则和指令，以及惩罚程序（响应成本和计时隔离），都有可靠的实证支持。此外，在行为的实验分析中，这些技术所依据的行为原则（即强化、刺激控制、消退和惩罚）得到了强有力的实证支持。（有兴趣进一步了解这些主题的读者，可以从家长训练（Shriver & Allen，2008）或实证文献（Miltenberger，2001）的大量例证中找到对基本原则的说明）。深入了解基本的行为原则和行为技术（包括行为技能训练）是提供有效的家长训练的重要因素。

有实证支持的家长训练对学校心理学家的启示

对于学校心理学家来说，实证支持的家长训练计划的适用性可能并不明显，因为大多数计划都是基于个人的、在门诊临床工作模式下开发的。学校心理学家可能会有更多的机会在学校实施基于小组的家长训练。然而，这些计划确实提供了关于家长训练的内容的指导，无论课程安排如何，这些内容都可能是最成功的。家长训练在很大程度上是使用行为技能教学来指导家长实施行为干预策略，了解这一点为学校心理学家提供了一些指引，说明了在学校环境下的家长训练至少应该包括哪些内容。

有一些基于小组的家长训练计划可以在学校中使用。在有实证支持的计划中，不可思议的年纪系列是唯一一个基于小组的计划，在HNC中也包含一个小组计划，该计划是从基于个人的抚养计划中衍生出来的。常识教育是一种家长训练计划，尽管它还没有达到"实证支持"的标准，但它有前景良好的研究支持（Burke et al.，2004）。同样，Barkley的对立违抗儿童抚养训练计划和Kazdin的父母管理训练是其他基于小组的家长训练计划，这些计划都有前景良好的研究支持（Barkley，1997；Kazdin，2005）。所有这些计划都包含了前面描述的通用元素，因为它们都向父母传授行为策略，使用行为技能指导，并且通常以行为理论为基础。这些计划和相应的手册可以帮助引导学校心理学家带领一个家长训练小组。

家长训练小组的一个实例

表24.1提供了一种组织基于学校的家长团体训练课程的方法。这个特殊的家长训练小组关注的焦点是儿童的不依从行为。课程的内容来源于有实证支持的、针对儿童不依从行为的家长训练项目中的典型教学内容。在下面的例子中，几乎每节课都使用了包括指导、示范、练习和反馈的行为技能训练。在大多数课程中，都会给家长布置具体的家庭作业，并在上课和课间收集数据，以监测进度。

在第一阶段，训练师有三个主要目标：（1）建立小组边界和融洽关系；（2）根据有效的理论基础建立小组承诺；（3）传授第一个技能——数据收集。具体来说，首先，通过简要介绍、回顾小组规则、允许参与者谈论他们自己和他们的孩子，以及他们的关注点、优势和目标，来定义界限并建立融洽关系。然后，训练师必须提供一个有效的理由来训练家长（而不是孩子）从而改变孩子的行为。例如，训练师可以帮助家长认识到，家长是实施干预的最佳人选，因为他们与孩子接触的次数最多，对家庭环境的控制力最大，而家庭环境是大多数日常生活学习经历发生的地方。同时，实证支持的家长训练计划手册为训练师提供了有用的指导，指导他们如何提出家长在儿童行为改变中的作用的基本原理。最后，训练师教导家长如何给问题行为（例如，不依从）和目标行为（例如，依从）下操作性定义，并且在角色扮演期间开始收集数据。例如，一个家长向另一个家长（扮演孩子的角色）发出指令，后者可以在扮演期间穿插出现不依从的行为，而家长要对每种行为的发生频率进行编码。家长会被要求在接下来的一周里，收集儿童的行为数据作为家庭作业。

在第二阶段，训练师通过回顾并解决在完成家庭作业中产生的问题，来继续建立融洽的关系。然后介绍差异化注意的行为技能训练。差异化注意（differential attention）是指根据儿童的适当行为向儿童提供积极的成年人注意（例如，社会赞扬、积极的接触、对行为的描述、回应儿童的语言），而根据儿童的消极或不适当行为撤回成年人注意。该技能首先由训练师描述并示范，然后在课堂上，让家长彼此之间，或让家长和他们的孩子一起练习。训练师可以用录像带做示范。技能练习可以在家长和孩子互动的短暂（例如，5分钟）结构性游戏情境中进行。当家长互相练习或与孩子一起练习时，训练师需要将反馈集中在塑造有效的差异化注意技能上。通常情况下，训练师会对家长正确使用技能给予针对性的表扬（例如，"你称赞Sally与你分享她的积木，这很棒"），并对观察到的错误提供纠正性反馈（例如，"哎呀，这样不对。试着用短语来表达"）。训练师的重点在于向家长提供更多的表扬，而不是纠正性反馈。训练师也可以给家长提供总结抚养技巧的讲义。例如,提供一份关于照看儿童的典型讲义(from the McMahon and Forehand, 2003, program, "Helping the Noncompliant Child"),提醒家长在练习中应该:(1)跟随而不是领导;(2)描述儿童的行为;(3)热情地进行描述;(4)只描述好的行为;(5)避免提问。另一份讲义描述了在家练习时如何使用奖励,比如有针对性的表扬和身体上的接触。家庭作业包括要求家长在家练习这些技能,并收集练习频率的数据。

表 24.1　旨在提高儿童依从性的家长团体训练课程大纲

课时 1	课时 5
(每个课时为 1.5 小时)	复习上一周的内容,预习课程内容,回答家长的提问
课程介绍	检查奖励清单
预习课程内容	讨论获得代币的标准以及交换奖励的标准
回顾目标	在游戏活动中让父母与孩子一起练习
回顾规则	家庭作业:实施针对目标行为的代币奖励程序
了解家长的关注点、优势、目标和有关孩子的信息	
定义依从行为和不依从行为	课时 6
介绍儿童行为改变的理论	复习上一周的内容,预习课程内容,回答家长的提问
讨论监测行为和收集数据的重要性	检查代币奖励程序的实施和问题解决中遇到的困难
示范如何收集数据并与家长、孩子一起练习	将计时隔离程序作为孩子不服从的后果传授给家长
家庭作业:让家长收集孩子的依从性行为的数据	向家长示范计时隔离程序
	让家长和孩子进行角色扮演,训练师给予反馈
课时 2	家庭作业:在家实施计时隔离程序并监测效果
回顾小组目标,预习课程内容,回答家长对上一周内容的提问	
检查收集的数据	课时 7
讲授并讨论差异化注意	复习上一周的内容,预习课程内容,回答家长的提问
向家长演示差异化注意(录像带可能会有所帮助)	讨论计时隔离程序实施的成功经验及存在的问题
让家长互相练习,训练师提供反馈	介绍可以作为行为结果的响应成本技术
让家长和孩子一起练习,训练师提供反馈	示范响应成本技术,与家长一起练习并提供反馈
家庭作业:让家长在与孩子游戏互动过程中练习提供差异化注意	与孩子一起练习
	家庭作业:实施响应成本技术并监测效果
课时 3	
复习上一周的内容,预习课程内容,回答家长的提问	课时 8
回顾差异化注意的家庭练习并解决家长关注的问题	复习上一周的内容,预习课程内容,回答家长的提问
介绍有效的指令	检查响应成本技术的实施并讨论成功经验和存在的问题
示范并练习	讨论如何将所学技能泛化到其他问题
和孩子一起练习	
家庭作业:在家练习有效的指令	
课时 4	
复习上一周的内容,预习课程内容,回答家长的提问	
使用差异化注意练习有效的指令	
介绍并讨论代币奖励程序	
家庭作业:与孩子商定一份奖励清单;继续练习有效指令和差异化注意	

第三阶段，小组首先检查家庭作业的实施数据，并讨论存在的问题（并解决问题）和在实施差异化注意方面的成功经验。之后，训练师给家长提供一些额外的行为技能训练，这些训练涉及到将差异化注意泛化到日常情况（例如，在杂货店、在车里、在准备晚餐时），但随后，重点将转移到如何发出有效指令的行为技能训练。一个有效的指令（有时称为"alpha"指令）是指，在研究中已经被证明可以提高儿童依从概率的命令语句（Matheson & Shriver, 2005）。训练师将描述有效指令（例如，一次发出一条指令，用清晰的声音，"做"的命令，简单的语言）和无效指令（例如，模糊的，以问题的形式措辞，同时提出多个要求）的特征，通常还会提供讲义。此外，训练师还要教导家长建立具有明确定义的"家庭规则"或日常期望。训练师应该对有效和无效的指令分别进行示范，以帮助家长区分两者的差异。当然，家长们应该通过角色扮演互相练习有效的指令，或与孩子一起练习，但他们也会发现，向其他家长展示无效的指令，既容易让他们"意识到"该指令无效，同时又有趣且能达到教学目的。最后，训练师给家长布置家庭作业，让他们在家练习使用有效的指令。例如，家长可以每天在规定的时间段或活动中练习发出有效的指令，并监测儿童的响应。或者，训练师可以要求家长每天给出一定数量的有效指令（例如，2~10条），并监测儿童的响应。

第四阶段，在检查完作业并解决问题之后，训练师将提供另一项与使用有效的指令和差异化注意有关的行为技能训练。通过这种方式，家长开始学会关注良好的行为，特别是依从行为。在此基础上，家长通常希望知道如何对儿童的不依从行为进行合理的惩罚；然而，与实证支持项目的方法相一致，重点仍然是增加对依从行为的强化，而忽略不依从行为。事实上，在这一阶段的最后，为了进一步强化依从行为，训练师将会介绍并讨论代币奖励程序。一些家长可能会反对使用有形的奖励来让儿童做出基本的依从行为，因此训练师需要有一个完善的理论基础来支持这一部分的家长训练。尽管"我们都是为了奖励而努力"这一点是肯定的，但训练师要提醒家长，奖励就像许多医疗干预措施（例如，打石膏）一样，既繁琐又具有破坏性，但由于它们有效且是短期的，所以能够被允许使用（Shriver & Allen, 2008）。最后，训练师布置家庭作业，包括要求家长和孩子商定一份可接受的奖励清单，当孩子的依从性提高时就可以获得相应的奖励。

第五阶段，检查奖励清单，以评估其实用性（例如，是否可以频繁地提供这些奖励？）和潜在有效性（例如，奖励清单是否对儿童起到了强化作用？）。家长可以规定孩子在出现依从行为时可实际赚取的代币（例如，扑克筹码、彩票、纸上的点数、贴纸、笑脸），并讨论每日用代币换取奖励的标准。例如，儿童每表现出一次依从行为，就可以得到一颗弹珠，统一放在一个罐子里。然后，儿童可以用弹珠换取更多的看电视时间，更晚的就寝时间，额外的零食或25美分。训练师需要帮助家长决定每个奖励的成本以及每天兑换代币的频率。这将取决于发出指令的频率（根据第三阶段中基于指令的家庭作业数据确定）和儿童当前的依从性水平（根据第一阶段之后收集的基于依从性的家庭作业数据确定）。当然，训练师可以根据依从行为来示范代币和注意的提供，但是到这个阶段，让家长自己进行示范并相互反馈可能会更有效。在接下来的几周里，家长需要实施代币奖励程序，数据收集的重点是追踪孩子每天获得的代币和奖励的数量。这些数据将为家长的干预完整性以及儿童的依从性提供一些指示。

在第六阶段，训练师检查家长实施代币奖励程序的数据，并让家长互相帮助，解决在实施和跟进过程中的任何困难。然后，训练师介绍针对不依从行为的计时隔离技术，接着进行行为技能训练。请注意，没有证据表明家长必须理解计时隔离的原理，才能有效地实施它。尽管如此，每一个实证支持项目都会向家长证明，把儿童从一个强化程度高的环境中（例如，一个有表扬、代币和关注的环境）转移到一个强化程度较低的环境中（例如，独自一人、被忽视的环境）是一种有效的惩罚，过去计时隔离技术的失败往往与前者强化不足和后者强化过少有关（Shriver & Allen, 1996）。当然，在克服常见的陷阱（例如责骂、威胁和警告因计时隔离哭泣或正在商量提前结束隔离的孩子）方面，示范和有反馈的角色扮演非常重要。让父母演绎孩子在计时隔离时（基于家长的经验）可能发生的各种行为（例如，摔倒在地上，乞求结束隔离，说父母不爱他，提出想上厕所，说"我恨你"），既有趣又能达到教学目的。训练师可以教家长如何忽视这些行为，或如何处理孩子的逃跑问题。该阶段的家庭作业包括在家里实施计时隔离技术，并且收集关于每天使用计时隔离的频率和持续时间的数据。然而，同样重要的是，家长要继续追踪代币奖励程序的效果，以确保儿童在"积极暂停"环境中得到强化。

在第七阶段，训练师将会面对家长在实施计时隔离过程中遇到的挑战和困难的许多提问。训练师必须避免在任何一位家长的提问上花费太多时间，而且有时家长可能需要转介以获得更深入的个性化服务来解决特殊的问题。当然，成功实施计时隔离技术的一个常见障碍是程序的执行。例如，有些儿童不愿呆在原地不动，虽然将孩子隔离在另一个房间（如卧室）对某些家长来说是一个有效的备用手段，但在许多情况下可能不是这样，要么因为房间有太多潜在的强化物达不到隔离的效果，要么因为可用的房间不安全（如浴室）无法进行隔离。在这些情况下，响应成本是一种有效的替代方法，训练师将把响应成本作为对不依从行为的惩罚介绍给家长。响应成本包括根据不依从行为取消代币或特殊待遇，它可以用作计时隔离技术的替代方案或强制执行。例如，作为计时隔离技术的替代方案，一个拒绝穿鞋的儿童可能会失去两枚代币，如果他现在遵守，可以拿回一个代币。然而，作为计时隔离技术的强制执行，拒绝穿鞋的儿童只有在抗拒呆在指定区域内时，才可能被计时隔离，并失去两枚代币。并不是所有的家长都需要学习响应成本策略，但了解它的作用机制对所有家长来说都是有益处的，并且它有助于执行和学习。在此阶段的家庭作业包括实施响应成本策略（如果必要的话）并继续收集代币奖励和计时隔离技术的数据。

在第八阶段，也就是最后一部分，训练师需要花一些时间来回顾和解决实施响应成本系统的问题。不过，这部分的主要目标是将抚养技能泛化到家庭以外的问题（例如，在学校、商店、探亲、教堂）和非依从性问题（例如，身体攻击、就寝时间问题、学业完成）。家长在为自己和他人的特殊问题制定解决方案时，可以有一定的自由度。在这时，训练师扮演主持人的角色，让家长专注于使用在有实证支持的项目中以及之前的课程中习得的技能。如有任何疑问或问题，家长可以通过电话联络训练师。

在学校建立并实施家长训练小组

在这一节中，我们概述了学校心理学家在学校进行小组家长训练时的一些注意事项。这些注意事项在"实际问题"和"小组领导注意事项"的子小节中进行了描述。这些都是在建立和开展小组家长训练之前必须考虑的问题。

实际问题

像所有的干预措施一样，成功的家长训练需要规划。重要的是，学校心理学家必须仔细考虑学校和社区的需要，学校现有的资源，当然还有学校心理学家自己的时间、兴趣和训练一批家长所需的专业知识。

需求评估

建立家长训练小组的第一步，是确定在学校心理学家任职的特定学校社区内中是否存在对此类型小组的需要。如果存在，那么学校社区内家长的需求是什么。这种需求评估的第一部分似乎相对简单，因为学校心理学家通常可以有力地证明，家长将从训练中获益。然而，这种需求评估主要是为了确定学校的其他专业人员和家长自己是否认为有必要进行家长训练。学校心理学家会与学校的教师、校长、辅导员和/或家庭联络员交谈，以评估他们对社区内家长需求的看法。学校心理学家也可以向家长-教师组织或社区内的其他家长团体提出意见，以评估他们对社区内家长训练需求的看法。学校心理学家可以派发一份简短的调查问卷，询问家长是否对家长训练感兴趣，并要求他们勾选或列出他们感兴趣的训练主题，以及他们实际参加的训练主题。在调查过程中，还可以询问小组会面的最佳时间，以及他们是否需要儿童保育。

正如前面的例子所述，家长训练通常关注的是儿童的不依从问题，但家长训练也可能解决许多其他儿童问题（Briesmeister & Schaefer, 1998; Shriver & Allen, 2008）。如果小组中的家长想要解决的问题大不相同，那么训练师就很难有效地满足所有参与者的需求。因此，当建立家长训练小组时，重要的是小组中的家长要解决的问题行为是同一类的。只有家长之间想要解决的问题是类似的，才能够更好地互相支持，并为其他家长提供干预和实施的想法。此外，建立家长训练小组还可以用来处理学业上的问题（即技能缺陷、表现缺陷、家庭作业和学习技能）、开发应对注意缺陷/多动障碍（ADHD）或高功能自闭症或阿斯伯格障碍儿童行为特征的策略、解决睡眠卫生问题或管理青少年的行为问题。对于任何刚开始进行家长训练的人，我们建议从解决儿童的不依从行为的家长训练开始，因为该主题有大量的研究支持以及可用信息（即手册）。

小组规模

鉴于家长训练涉及积极的技能教学，并且训练师需要进行频繁反馈，因此必须限制小组的规模。如果训练师对 12 位或 12 位以上的家长进行行为技能训练，训练将很难进行。事实上，通常 8~12 个人的小组训练是最有效的（Corey & Corey，2006）。虽然因为训练家长而获益的小孩的数量，会由于小组内单亲家庭的数量和家庭中儿童的数量而有很大差异，但是出于群体管理和训练的目的，最好将小组规模限制在 8~12 位。如果家长训练小组的需求量较大，学校心理学家将需要决定是否邀请其他人（如另一名学校心理学家、学校辅导员、教师）来帮助他提供训练，组织两个家长训练小组，或者将一些家长列入等候名单。

时间安排

由于工作安排和其他事务，家长通常无法在儿童上课期间见面。通常，家长训练小组在傍晚进行。一般来说，小组每周的会面时间约 90 分钟，为期 6~10 周，可以在任何地方进行。另一个可选的时间段是清晨，特别是当有儿童要参加课前活动的时候。学校心理学家需要根据前面描述的需求评估，为家长安排一个最适合他们的时间。此外，一些学校心理学家可能需要与学校管理部门就可用时间做出安排。例如，如果学校心理学家每周有一天需要工作到很晚，也许可以安排他第二天晚些到。

儿童保育

当然，对许多家长来说，训练出勤率的一个决定性因素在于是否有儿童保育设施。许多家长在参与训练的同时会有一个或多个孩子需要照顾，他们会发现带着孩子一起去比每周自己照顾孩子更方便。事实上，许多人可能认为这一点是必要的，不然他们不会参加。然而，提供儿童保育还有其他原因。尽管训练师可能会计划让儿童时不时地参与训练（例如，与家长一起角色扮演并练习），但儿童的持续参与很可能会分散家长的注意力，并可能造成干扰。此外，有些孩子太小了，无法协助家长练习。一种替代方案是邀请一些儿童参加家长训练活动，但同时也让儿童在另一个房间与其他儿童一起参加面向他们的活动。后一种安排就需要儿童保育人员的参与。如果在家长训练期间不提供或无法提供儿童保育，并且儿童不受欢迎，那么需要事先向家长说明这一点；但是，我们不建议这样做。

场地、设备、材料和人员

由于有时会面的场地有限，学校心理学家需要与校长、相关管理人员和教师讨论哪些房间可供家长训练小组使用。同样，投影仪、DVD 播放机和显示器虽然不是必需的，但可能对家长训练有帮助。特别是，如果要使用不可思议的年纪系列的视频，那么显示器和 DVD 播放机是必须的。家长训练可能需要儿童保育场地和儿童活动材料，以及确定儿童保育人员，还需要准备家长坐的椅子、讲义和其他材料。也许还需要一个助手来帮助完成家长训练。所有这些问题都需要事先规划，通常还需要学校管理部门的许可才能进行。

学校预算和/或家长需要支付的费用

儿童保育、材料和视频通常是要付费的。为实施家长训练计划而进行的训练，比如不可思议的年纪系列，也可能需要学校支出一点费用。学校心理学家和学校管理部门需要预先决定他们愿意为家长训练提供多少预算。至少，学校管理部门需要提供场地、椅子，以及一小笔用于复印材料和讲义的资金。如果需要更多的措施来增加和改善家长的出席情况（例如，儿童保育）或改进训练程序（例如，视频范例），那么学校管理部门必须对这些需要提供相应的支持。此外，一些学区或社区的家长可能有能力支付家长训练计划的费用。如果是这样的话，那么就需要确定合适的金额，并决定是否实行费用浮动标准，以及是否为无力支付的家长提供"奖学金"。有时也可以从基金会、社区机构或公司等地方获得当地补助金来分担与家长训练相关的费用。学校心理学家可以和校长商讨这些方案的可能性。

评估结果

在开始家长小组训练之前，最好考虑如何评估结果，因为评估是需要规划的。至少，学校心理学家希望在课程结束时，家长对训练能有一定程度的满意。McMahon 和 Forehand（2003）在他们的手册附录中提供了一个非常好的家长满意度问卷的样例。

此外，还应考虑如何对从家长训练小组获得的预期知识进行前后测试。Patterson 的 LWC（1976）提供了一些不错的测验问题示例，从社会强化到计时隔离，所有问题都有答案。当然，在实践过程中，前测和后测的选择应该根据基于原始需求评估制定的小组的主要需求和目标。

满意度测量和获得的知识的测量将提供关于这些小组是否像教育机构一样运作良好的信息。然而，这些测量方法不会提供关于家长和儿童的行为是否发生实际变化的信息。对行为变化的评估可以包括家长对建议和/或家庭作业的遵守程度，以及收集到的目标儿童行为的数据。这些数据收集程序将要求学校心理学家考虑到家长和儿童行为每周的具体变化，以及如何通过家庭作业或其他方式来衡量这些变化（例如，每周打电话评估家长对建议的遵守情况）。例如，家长可能被要求在训练前 1~2 周追踪儿童不依从行为发生的频率，然后在训练结束后再追踪 1~2 周。此外，在训练过程中，家长可能会被要求简单地记录，他们是否记得在家里进行结构化游戏互动时练习提供差异化注意。《亲子互动治疗手册》（Hembree-Kigin & McNeil，1995）的附录提供了一个很好的自我监督表样例。

评估学校心理学家的时间和精力

家长训练是一种非常有益的经验，因为家长可以做出积极的改变，获得新的抚养技能，儿童也会取得积极的成果。家长训练有助于纠正儿童在家和学校的问题行为，防止问题进一步发展，改善家长与学校之间的关系。然而，即使是以小组形式开展，家长训练也需要大量的时间、规划和精力。此外，家长训练小组的时间可能会与学校心理学家的个人时间和活动时间产生冲突。在一些学校或地区，对家长训练的行政支持可能存在问题。学校心理学家可能会意识到，在制定和实施行为干预措施、与家长合作和/或运行小组方面，他需要额外的训练或监督经验。此外，我们强烈建议学校心理学家在进行家长训练和实施行为干预之前接受训练（教学和督导的经历）。很重要的一点是，学校心理学家在制定并开展家长训练之前，要仔细地进行个人成本效益分析。

小组领导注意事项

在最初的小组会面上，领导者必须预先认识到家长训练小组是一个"心理教育"小组，而不是一个支持或治疗小组（Corey & Corey，2006）。心理教育小组的主要目的是传授信息和/或教学技能。治疗或支持小组的目的是满足成员的个体心理或行为健康需要。家长训练小组不是家长讨论婚姻不和谐或个体心理健康问题（如抑郁、药物滥用、焦虑）的合适场所。虽然这些都是在讨论管理儿童问题的困难时可能出现的话题，但它们应该在管理儿童问题的背景下加以解决。如果家长确实存在个人困难，影响了他们有效参与小组和/或解决儿童问题的能力，那么学校心理学家应该把这些家长转介到其他地方进行治疗。

虽然治疗或支持工作不是家长训练小组的目的，但成员支持很可能成为该小组的一个积极组成部分。这通常是一群人为了达到共同的个人目标而走到一起的自然结果。他们将会互相讨论自己在抚养儿童过程中的困难和成功经验。这种类型的支持是基于小组的家长训练的一个优点。训练师的责任是管理这些支持性的互动，以免干扰到向家长传授技能。重要的是，训练师要在第一阶段中尽早与家长确定小组的目标和规则。规则可能包括一次只允许一个人发言，由组长决定何时改变话题或活动，以及不允许批评其他家长。训练师可能需要教导家长如何使用相互支持和强化的语句。此外，训练师还应尽早教家长如何在小组讨论中提供建设性的批判性反馈。

小组动态

家长将自己独特的学习经历、文化和个性带入到家长训练情境中，并与训练师互动。同样，训练师也会把自己独特的学习经历、文化和个性带到家长训练与互动中。这种个别变量的混合必须由训练师进行管理，以促进学习和防止学习过程中的分心。在小组中尽早建立规则和期望（参见前面的例子）可能有助于有效地管理这些个性化因素。

除了不同的性格特点外，家长可能会带着不同的养育技能需求来参加家长训练小组。那些本身就拥有许多实现小组目标所需技能的家长可能只需要少量的指导和反馈。而那些缺乏积极抚养技巧的家长，可能需要大量的行为技能训练来实现小组的目标。训练师需要考虑是否将技能有限的家长转介到另一个训练师那儿，接受个性化的家长训练。

同样，一些家长的孩子会比其他家长的孩子有更严重的行为问题（例如，问题行为出现得更频繁、更强烈、持续时间更长）。这些儿童需要更密集的强化干预，而家长也需要更深入的训练和监督。这些家长也可能需要转介到另一个训练师那儿，接受个性化的家长训练。

家长训练的科学性在于所传授的内容（行为原则和策略）和教学方法（即行为技能训练），而家长训练的艺术性可能在于过程的动态性。也就是说，训练师和家长之间以及家长与家长之间建立的积极关系，可以显著提高家长对所教策略的学习和依从性。建立一个有效的动态机制可能涉及多种临床技能，包括有效地使用理论基础、隐喻、幽默、暴露、融洽和协作，以及对文化问题的密切关注。Webster-Stratton 和 Herbert（1994）提供了一个很好的资源来制定有效的团队合作流程，他们在其中描述了各种建立融洽关系的策略。这些临床技能也在 Shriver 和 Allen（2008）的家长训练中进行了更详细地讨论。其他关于运行小组的通用文本材料通常包含了有效管理小组动态的信息（Corey & Corey，2006；Delucia-Waack et al.，2004）。最后，有实证支持的家长训练计划手册给出了如何向家长提供有关儿童行为改变的信息以及如何提高父母依从性的建议。

总结和结论

家长可与学校专业人员进行有效合作，帮助儿童在课堂上取得成功。家长训练对于学校心理学家在特殊教育和通识教育中开展学生工作，帮助纠正和/或预防家庭和学校中的儿童问题，发展家校合作伙伴关系，起到了重要作用。尽管大多数具有实证支持的家长训练项目都是在临床背景下针对个别家庭制定的，但这并不意味着家长训练在学校环境中无效。为了使家长训练在学校环境中有效，可能需要考虑如何对家长训练进行调整。回顾有实证支持的家长训练计划的相关文献和手册，可以为学校心理学家提供直接指导，告诉他们在什么样的情况下训练家长以及如何训练家长。

当我们把家长训练看作是学校心理学家工作的一部分时，从时间、精力和对更多儿童和家庭的影响来看，基于小组的家长训练可能是最有效的家长训练模式。开展基于小组的家长训练需要有相关研究的知识，从而提供有关养育技能和儿童干预措施的信息、管理小组动态、使用有效的临床技能，并进行基于数据的决策。尽管家长训练小组在学校中应用的有效性仍需要持续的研究支持，但有关将家长训练作为工作开展模式和治疗的实证支持，足以将这些技能纳入典型的学校心理学进阶训练和实践中。

第 25 章

问题解决技能训练：学校环境中的理论与实践

Bryan Bushman

Gretchen Gimpel Peacock

9 岁的 Michael 似乎再也无法控制住自己了。在小组活动期间，他坐立不安，笨拙地试图悄悄靠近坐在他右边的女孩。Michael 的老师能够预见即将发生什么，但她还没来得及劝阻，Michael 就在女孩的耳边大声喊了一声"嘭"，看到女孩被吓退时，他满脸期待地笑了。在女孩轻轻推了他一下之后，Michael 看起来非常失望和愤怒，并开始反推那个女孩。当教师迅速走近，Michael 开始和其他几个学生进行推搡和谩骂，这场争斗似乎很快就席卷了整个教室。……在休息了几分钟后，当教师问他为什么又一次在集体活动中无法克制自己时，Michael 目瞪口呆，眼泪汪汪。

本章将介绍理论、研究和实际的治疗方法，以帮助像 Michael 这样难以表现出适当行为的学生。这些学生在与同学、教师或家庭成员的互动中经常表现出不适应、冲动或攻击性的行为。他们似乎没有从自身行为的后果中（使家长、教师和同伴感到失望）获得思考与学习。由于这些行为通常会损害儿童的健康，并对儿童生命中的重要他人（如教师、家长）造成困扰，许多表现出此类行为的学生将被转介到学校环境中接受干预。在本章中，我们将介绍一种通常被称为问题解决技能训练（problem-solving skills training, PSST; e. g., Kazdin, 2003；Kendall & Braswell, 1985）的治疗方法。PSST 是一种认知行为干预，旨在帮助儿童停下来并且在做出反应之前思考可能的解决方案。学生将学习具体的、可应用于各种社会情境的问题解决步骤，并有机会在会话过程中、会话结束后以及"真实"的社会情境中，将这些步骤付诸实践。对于在社会情境中表现出与问题解决有关的各种问题行为（如攻击、违抗、冲动）的学生来说，PSST 是一种合适的治疗方法。

首先，我们会回顾一些与经常表现出攻击性、违抗性和冲动性社会行为的儿童相关的实证文献和理论。具体来说，我们首先对提出这些儿童与同龄同伴之间存在认知差异的文献进行简要回顾。这里的"认知差异"一词指的是学生用来解决问题的认知策略的差异，而不是指全面的认知缺陷或发育迟缓。为了更好地将这些差异放在同一个概念框架内，我们概述一个社会信息加工模型。其次，我们对 PSST 治疗方法和技术进行总体概述，并且将回顾 PSST 的一些实证支持和类似的认知行为干预措施。在本章最后，我们将逐节介绍一个简短的 PSST 程序，并详细说明如何在学校中实施这种治疗方法。

在开始阐述之前，有几点需要注意。第一，本章侧重描述使用 PSST 模型直接为学生提供服务的相关理论和实践，没有提及关于其他循证干预方案的信息，例如家长训练或基于课堂的行为管理方案——这些方案侧重如何制定行为后效，这显然是处理具有外化行为问题的儿童时的一个重要干预成分。我们建议读者阅读本书的其他章节，以熟悉可与 PSST 协同使用的干预方法。例如，Shriver 和 Allen 在本书第 24 章中概述了通常与 PSST 结合使用的有关问题行为的家长训练；Kern 等人在本书第 27 章中概述了针对具有挑战性问题行为儿童的行为干预。本章提出的干预措施针对的是那些发展性能力（例如，理解语言）足以使用更高级的认知方法的儿童；因此，它不太适用于非常年幼的儿童或那些有严重发育迟缓的儿童(参阅 Friman et al.，本书第23章：在行为干预的背景下讨论儿童的语言理解能力)。第二，尽管本章中介绍的理论和实践对患有广泛性发育障碍(如阿斯伯格症)的儿童有一定的适用性，但这些学生可能需要更深入的治疗(Coie，1990；Spivack et al.，1976)。

攻击行为与冲动行为中的问题解决缺陷：研究、理论和实践意义

问题解决缺陷的理论与研究

一些研究人员指出，那些反复出现违抗行为、冲动行为和攻击行为的学生通常会表现出社会技能问题(Crick & Dodge，1994；Dodge，1993；GiffordSmith & Rabiner，2004；Walker et al.，1995)。此外，这些儿童和同龄人相比，往往在与有效问题解决相关的认知因素上存在差异，如注意控制、认知灵活性、计划和自我监控(Lochman et al.，2006；Webster-Stratton & Lindsay，1999)。与其说这些现象(如社会技能问题、认知缺陷)只是恰巧同时发生了，还不如说是这些与问题解决有关的认知缺陷导致了社会行为问题的出现(Webster-Stratton & Lindsay，1999)，并可能造成攻击行为、违抗行为以及冲动行为的持续发展(Giancola et al.，1996)。因此，学生长期被同伴拒绝和社会行为进一步恶化的风险就会增加(Loeber & Farrington，2000)。

Crick 和 Dodge(1994)的社会信息加工模型充分融合了许多文献的发现，并很好地满足了本章描述的干预方法的基本原则。他们的模型包括了学生在处理人际交往线索和对环境做出反应时通常会使用的几个步骤，如下所述：

1. 编码：学生对与社交互动相关的线索进行编码。这些线索可以是外在的(例如，别人所说的话)，也可以是内在的(例如，学生当时所体验到的情绪唤醒水平)。

2. 解释：学生解释线索，并明确互动的目标，或者尝试调节所体验到的唤醒水平。

3. 反应生成：学生构建各种反应，以调节唤醒水平或实现预期目标。

4. 反应决策：通过评估自己认为积极的结果，做出反应决策。

在这个过程的每一个阶段，儿童都会使用一个记忆库来存储学习到的社交互动和图式(即有组织的心理结构)。该模型假设，各个阶段之间存在许多重合，且彼此交互，因此在阶段之间就能产生大量反馈。

尽管所有的儿童都遵循这个过程，但我们猜测许多有行为问题的儿童在几个方面与"正常"同龄人不同(Crick & 1994)。第一个不同之处在于，有行为问题的学生可能缺乏从周围环境编码信息的能力(步骤1)。具体来说，存在攻击性的学生会选择性地注意到环境中任何带有敌意的线索。例如，一个学生在学校的走廊上走着，有3个同学对他说"你好"，而另一个同学撞了他。这个学生可能会选择性地关注"被撞"这一可能带有敌意的行为。接下来，假设这些学生存在所谓的敌意归因偏差，或错误的心理表征，那么在 Crick 和 Dodge(1994)的模型的步骤2(即解释)中，这些学生会认为环境中的中性刺激或未知刺激是带有敌意的，而同样的刺激对于其他学生来说不一定具有威胁性。由于感知到威胁，这些学生更可能认为应该做出反击。在前面的例子中，没有这种敌意归因偏差的学生可能会将"在走廊上被撞到"理解为只是在一个走廊拥挤时通常会发生的意外。然而，一个具有敌意归因偏差的学生可能会将"被撞"理解为一种有意伤害自己的行为，这就是第二个不同之处。根据 Crick 和 Dodge(1994)的说法，第三个不同之处在于，这些儿童无法使用社会认可的反应方式(步骤3，反应生成和记忆储存)，这一趋势被称为反应提取。换言之，在精心排练一到两个亲社会反应后，学生依然只能回忆起攻击性或冲动性的反应方式。因此，学生对被撞的反应可能是以身体攻击来报复。最后，也就是第四个不同之处在于，理论上认为，这些儿童在评估应对方式时往往对攻击性或冲动性行为过于关注和认可(步骤4)。在前面的例子中，学生可能会认为，在走廊上被撞到时使用身体攻击会减少他再次被撞的可能性，并且认为这种行为会提高他在其他儿童中的社会地位。当然，也可以将这一学生的行为理解为具有强化功能——例如，同学们下次在走廊上看到他时会与他保持距离。然而，认知理论学

家如 Crick 和 Dodge 认为，缺乏认知技能是导致(或至少是促成)问题行为持续发生的原因——特别是考虑到前面提到的认知技能缺陷。但是，必须明确的是，这些认知过程和归因可能不是不良社交行为表现的因果性因素。存在这些缺陷的儿童可能会选择性地对环境刺激做出反应，并通过这种选择性的反应，学习不适当的行为。

实践意义：识别需接受治疗的学生

Crick 和 Dodge 的理论为哪些学生最有可能从 PSST 等治疗方法中获益提供了方向(尽管这些基于理论的建议还需要额外的实证研究支持)。根据这一理论，本章所述的问题解决干预的理想对象将是那些难以解释社会线索、难以产生多种亲社会的问题解决方案，以及难以评估哪些解决方案将产生有效结果的学生。儿童的一般情绪唤醒水平也应该被记录。Dodge 及其同事观察到，高水平的情绪唤醒会对儿童解释社会线索以及反应提取和选择产生负面影响(Dodge, 1980; Dodge & Coie, 1987; Dodge et al., 1990)。因此，一个通常拥有足够的问题解决技巧的儿童在极度烦闷时，其反应方式可能类似于一个有问题解决缺陷的儿童。

实际上，在确定目标干预对象时，首先可能会考虑那些被教师指出存在同伴社会互动问题的学生(例如，McIntosh 等人在本书第 9 章中关于筛查方法的讨论; Martens 和 Ardoin 在本书第 10 章中有关评估破坏性行为的更多信息)。然后，学校心理学家可以更全面地评估哪些学生会从 PSST 中获益，方法是在社会技能问题通常会出现的时间段(例如课间休息)使用行为检查表和行为观察。需要注意的是，前面讨论的假设的认知结构不是直接观察到的，而是根据事件发生前后的可观察行为推断出来的。因此，注意行为与环境事件之间的相互作用模式是非常重要的。在观察过程中，需要特别注意以下几点：(1)对所讨论的不适应行为进行行为操作化(即用特定的行为术语来定义); (2)留意在行为发生之前的先行社会互动; (3)注意相应的社会反应，以确定不适应行为在获得期望结果(例如，关注、达到预期目标)方面是否起到了工具性或功能性作用。与所有的行为观察一样，从业人员也希望监测不适应行为的发生频率和持续时间，以确定学生的功能基线。

注意先行触发事件和相应的结果都是很重要的，因为它们与特定的干预相关。列出先行的社会情境，将有助于从业人员判断在干预过程中需要对哪种情境进行角色扮演，因为学生可能不知道或不愿意透露他觉得困难的社会情境类型。从业人员也需要注意儿童的情绪唤醒水平(例如沮丧、愤怒)。因为在儿童能够有效地应用问题解决策略之前，可能需要先学习如何运用放松策略来稳定自己的情绪。同样重要的是，要确定儿童所处的社会环境对不适应行为施加的结果是什么，以判断儿童出现的是反应性行为还是工具性行为。如果儿童出现的是反应性行为，那他可能存在问题解决的认知缺陷，像 PSST 这种类型的干预可能是合适的。相反，如果学生出现的是工具性行为(即旨在获得某种期望结果的行为)，那么对于从业人员来说，更重要的是与教师和家长(可能的话)合作来改变行为后效，从而减少对不适应行为施加的"结果"。当然，对许多学生来说，这样简单的一分为二(即只存在工具性行为或反应性行为)并不存在，两种成分都是干预所必需的。教师访谈以及理想情况下进行的家长访谈，能够很好地补充通过观察所获得的信息。

PSST 的概述

研究人员和临床医生使用的许多 PSST 治疗方案大多基于 Kendall 和 Braswell 的冲动儿童认知行为治疗计划(Kendall & Braswell, 1985)，尽管其他人也开发和评估了与之类似的计划(e. g., Kazdin, 2003; WebsterStratton & Reid, 2003)。Kendall 和 Braswell(1985)确定了他们在 PSST 计划的每次会话中使用的侧重点不一的 5 个治疗原则：(1)教给学生问题解决的步骤; (2)尽可能使用自我指导训练; (3)对会话期间和会话之后的步骤演示应用行为后效; (4)使用示范技巧; (5)通过角色扮演进行反应练习。接下来，我们将对每一种治疗原则进行描述。在本章的后半部分，我们将详细介绍包含这些原则的 PSST 治疗方案。

治疗开始时，用逐步法教学生解决问题的基本技能。Kendall 和 Braswell（1985）使用的是以下步骤：(1)"我应该做什么?"；(2)"所有可能的解决方案有哪些?"；(3)"放松"；(4)"我认为这个方案……"；(5)"我做的怎么样?"（第120页）。在其他 PSST 计划中，这些步骤的确切措辞可能会有所不同，但是，它们非常相似。例如，Kazdin（2003）在自我陈述步骤时的措辞是：(1)"我应该做什么?"；(2)"我必须考虑到所有可能的解决方案"；(3)"我最好集中精力"；(4)"我需要做出选择"；(5)"我做得很好"或"哦，我犯了个错误"（第246页）。在这两个模型中，儿童都被要求在第三步评估第二步所产生的解决方案。

在整个治疗过程中，自我指导方法被用来帮助青少年将问题解决步骤整合到他们自己的语言和理解水平中。例如，在第一个治疗会话中，学生学着用自己的语言描述问题解决步骤。治疗师还可以征求学生的看法，以了解他在判断解决方案是否合适时所用的基本规则（例如，"对他人公平吗?""有危险吗?"）。当然，治疗师会提供一些一般规则；但是，学生也要积极参与制定规则以确定解决方案是否有效。

使用行为后效也是治疗的一个重要方面。治疗师可以在会话过程中使用代币（如扑克牌筹码），儿童可以用代币兑换奖励。最初，儿童仅仅通过参与治疗、记住概念、完成家庭作业（"实验"）和演示问题解决步骤就能获得代币。然而最终，对于治疗师来说，实施响应成本计划非常重要，因为数据表明，如果单独使用奖励制度（e. g., Acker & O'Leary, 1987；Pfiffner & O'Leary, 1987），许多儿童（尤其是那些有注意缺陷/多动障碍症状的儿童）往往无法获得真正的进步。在以下情况中儿童会失去代币：(1)忘记使用某个或多个问题解决步骤；(2)完成任务的速度"过快"。治疗师会向儿童解释他失去代币的原因，并使用有关取消代币的时间和频率的临床标准，以免引发敌对关系。在构建强化系统时，要尽可能让学生的教师和/或家长参与进来，以便学生可以在会话后用代币兑换由家长和教师控制的奖励。此外，家长和教师可以在儿童进行问题解决步骤的会话后练习时提供强化。家长和教师应该明白的是，他们的职责是在儿童出现适当行为和/或有可能使用问题解决步骤时给予表扬，而不是在儿童使用问题解决步骤时进行惩罚或"找茬"。

治疗师可以通过大声说明步骤的使用方法来示范问题解决步骤，学生家长和教师也应该尽可能参与。显然，这需要儿童的父母和教师了解这些步骤。当治疗师在会话过程中对步骤进行示范时，他会从一个"优势"榜样开始，完美地完成步骤。而一旦学生习惯了使用这些步骤，治疗师就会使用"应对"榜样。他们会故意犯错误，然后发现自己的错误，并使用应对性陈述来纠正"错误"（例如，"这太愚蠢了。我放弃。不，等等……（深呼吸）。没关系，下一次我不会再犯的"）。这种技能的示范很重要，因为我们假设的是许多表现出攻击性和破坏性行为的儿童，可能在有效应对错误方面也存在困难。在治疗即将结束时，最好让儿童观看录像带来观察他自己对问题解决步骤的使用（即儿童是一个自我榜样），并要求他对这些步骤的使用做出反馈。

角色扮演经常与治疗过程中的示范结合使用。在治疗的初期，可以使用游戏（例如跳棋）来练习问题解决步骤。在此期间，治疗师示范问题解决步骤，并且儿童将练习应用问题解决步骤。在这些初始练习之后，可以使用"角色扮演"来练习对问题解决步骤的应用，因为这一方法可以模拟儿童可能遇到的现实社会情况。在治疗接近尾声时，治疗师向学生的教师或家长询问过去给学生造成困扰的情境，然后治疗师和学生对这些情境进行角色扮演。在所有角色扮演过程中，治疗师必须帮助儿童制定至少三到四个可能的问题解决方案。在只有一个或两个解决方案的认知任务中（例如跳棋），这样做可能会更困难；然而，随着治疗师和学生一起进入实际的社交情境，产生多种替代解决方案变得更为重要。当学生出现困难或试图用"我不知道"的回答逃避提出进一步的解决方案时，提出离谱或愚蠢的问题解决方案往往会有帮助。例如，如果一个儿童只产生了一个或两个被欺负时的解决方案，治疗师可以建议学生蜷缩成一个球，像猫一样喵喵叫。这一策略有助于展示问题解决过程中的头脑风暴要素，即考虑到所有可能的想法。尊重儿童最终的解决方案是很重要的（即使儿童可能仍然认为应该去打另一个学生）；否则，儿童和治疗师之间可能会形成敌对关系，并且儿童可能会觉得不能舒服地表达自己的真实想法。只要治疗师帮助儿童考虑到了解决方案所有可能的后果，并且已经证明儿童有能力自己做到这一点，治疗的主要目标就已经实现。正如 Kendall 和 Braswell(1985)所说，治疗是帮助儿童"学会如何思考，而不是思考什么"(第 204 页)。

显然，学生有可能会产生一个治疗师无法忽视甚至将其作为一种可能的解决方案的提议(例如，会严重伤害自己或他人的提议)。因此，治疗师最好在治疗开始前与儿童一起确认保密范围。例如，告诉儿童，如果他的想法会严重伤害到自己或其他人，治疗师将其告诉他的父母和其他人。在会话过程中，如果儿童提出一个伤害他自己或其他人的计划(例如，"我可以用刀刺我妹妹")，治疗师应停止会话，并与儿童讨论可能的后果。治疗师还应该询问儿童是否具备实施这些方法的条件(例如，"你家的刀在哪里？")以及过去儿童是否做出过这种行为(例如，"你以前有没有试过用刀伤害别人？")。如果治疗师判断危险可能真实发生，可以在会话结束时强调保密范围，并直接告知儿童，他的父母(和可能的其他人)会立即收到通知，"以便确保每个人的安全"。

PSST 的实证支持

一些研究者制定了具体的认知行为治疗方案来传授学生问题解决技能(e. g. ，Kazdin，2003；Kendall & Braswell，1985)。出于当前讨论的目的，这些方法将在 PSST 一节中进行介绍。少数研究将 PSST 或类似的干预措施与替代治疗方法或无治疗对照进行了比较。在两个随机对照试验中，Kazdin 和他的同事比较了 PSST 和基于关系的治疗(Kazdin et al. ，1989；Kazdin et al. ，1987a)。在这两项研究中，与接受基于关系的治疗的儿童相比，接受 PSST 治疗的儿童的家庭和学校问题行为减少得更多，并且在治疗结束后和 1 年的随访中，亲社会行为的增加幅度也更大。其他研究人员也发现了与 PSST 类似的治疗方法的效果。例如，Arbuthnot 和 Gordon(1986)发现，与未接受治疗的对照组相比，参加类似于 PSST 计划的青少年在一些行为指标上表现出更高的道德推理水平和更大的进步，包括减少因问题行为而被转介到校长办公室的次数、减少被法院或警察传唤的次数，以及分数的提高(在英语和人文学科领域)。然而，教师对这两组学生行为问题的评价没有显著差异。Lochman 等人(1984)比较了愤怒应对治疗(一种类似于 PSST 的认知行为治疗)、仅目标设定(goal setting，GS)、愤怒应对治疗加 GS 和不治疗的区别。与仅 GS 条件下的儿童相比，愤怒应对治疗加 GS 条件下的儿童在班级和家庭中的攻击行为显著减少，且与仅 GS 组相比，愤怒应对治疗组父母报告的攻击性行为显著减少。然而，在产生问题解决备选方案的数量和基于同龄人及教师评价的社会接受度得分方面，两组之间没有显著差异。

其他研究者得出的结论是，尽管与对照组相比，接受 PSST 或与之类似的社会问题解决认知行为治疗的学生可能会表现出更强的自信和亲社会应对能力，但随着时间的推移，效果并没有得到维持，教师、家长以及同龄人对儿童的看法更是难以改变(Kolko et al. ，1990；Prinz et al. ，1994)。在时间推移中维持治疗效果是一个特别值得关注的领域。关于社会技能干预(包括类似于 PSST 的认知行为治疗(CBT)计划)的两项元分析发现，治疗往往在最初存在积极效果，但在随访中积极效果有所下降(Beelmann et al. ，1994；Losel & Beelmann，2003)。尽管存在这样的局限性，但最近许多文献综述都表明，关系或游戏治疗技术并不能像认知行为治疗(如 PSST)那样有效地提高社会技能(Borduin et al. ，1995；Eyberg et al. ，2008；Kazdin & Weisz，1998)。因此，尽管 PSST 有其局限性，但它目前似乎比其他传统形式的个体心理治疗有更多的实证支持。

将 PSST 与侧重改变环境后效的行为方法相结合，似乎是改善整体结果和提高治疗效果泛化性的合理方法(Gross et al. ，2003)。然而，同时使用行为方法和 PSST 来确定联合方法是否比单一治疗方法更有益的研究很少(Dishion & Andrews，1995；Kazdin et al. ，1987b；Kazdin et al. ，1992；Webster-Stratton & Hammond，1997)。在回顾这些研究时，有几个结论是显而易见的。第一，将 PSST 结合家长训练(PT)与仅 PSST 进行比较的研究表明，单独使用 PSST 对于对立行为只有轻微到中度的影响(Kazdin et al. ，1992；Webster-Stratton & Hammond，1997)。例如，Webster Stratton 和 Hammond(1997)发现，仅 PSST 组结束治疗时，母亲在儿童行为检查表(Child Behavior Checklist，CBCL)上的评分显示出中等程度的效应量变化(0. 57)，而 PT 联合 PSST 组的儿童的效应量变化更大(1. 20)。这些结果表明，当 PT 被纳入 PSST 治疗计划时，儿童更有可能在治疗后表现出更少的对立行为。第二，与接受 PT 联合 PSST 治疗的儿童相比，仅接受 PT 治疗的儿童在社会技能或问题解决能力方面几乎没有变化（Dishion & Andrews，1995）。第三，部分数据表明，当儿童和父母都参与治疗时（即联合使用 PT 和 PSST 而不是单独使用其中一种；Kazdin et al.，1992；Webster-Stratton & amp；Hammond，1997），治疗结束后以及随访中的治疗效果都更好。除了评估 PT 联合 PSST 的叠加效应外，Webster-Stratton 等人（2004）还在 PT、PSST 和 PT 联合 PSST 中增加了课堂管理和促进积极关系与社会技能的教师训练，并进行了研究。尽管与等候治疗对照组相比，所有治疗组都表现出了亲社会行为的增加和问题行为的减少，但不同治疗方法对不同的功能领域产生的影响不同（例如，只有包含 PSST 治疗的小组的社会能力得到提高；除仅 PT 组外，所有组的教师测量结果均有所改善）。鉴于这些发现，学校工作人员应考虑将 PSST 纳入在社会环境中表现出问题行为的儿童的广泛治疗方案中。当然，学校工作人员也应该监控他们实施的任何干预措施，以确保它对儿童的行为产生预期的影响。

PSST 治疗的实施

在本节中，我们描述了 Kendall 和 Braswell（1985）PSST 治疗的简化和修改版本。Kendall 和 Braswell（1985）的 PSST 程序中包含大约 12 次会话，然而，本节所描述的治疗仅包含 6 次会话。尽管这与原作者所主张的治疗时长有很大的不同，但当首次采用家长训练形式的行为后效时，这种简化的治疗形式得到了一些实证支持（Bushman，2007）。此外，对大多数学校专业人员来说，6 次会话比 12 次会话更切合实际。当然，根据医生的临床判断，个别学生治疗的某些方面可能需要延长或缩短（有关此问题的其他想法，请参阅"最后的感想和临床注意事项"一节）。在每次会话的大纲中，都有一段学生和治疗师之间的对话示例，可作为如何进行治疗的样本。但对话示例仅用于说明过程，治疗师不能将其作为脚本一字不差地照搬。

当在学校环境中使用 PSST 治疗时，它很可能被用作第 3 层级的干预（参阅 Ervin et al.，本书第 1 章；Hawkins et al.，本书第 2 章），因为它通常是以一对一的形式进行的。但是，学校心理学家或许可以对一些治疗成分进行调整，从而将问题解决的基本步骤作为第 2 层级干预措施呈现给被认为有社会行为问题增加风险的学生小组。如前所述，学校心理学家在对学生实施 PSST 治疗之前，应先使用问题解决模式来确保所识别的问题是一种社会行为性质的问题，并有理由怀疑儿童社会问题解决技能的缺乏是导致问题发生的原因。

问题解决步骤介绍（会话 1）

首次会话的目的是向儿童介绍问题解决的步骤，并与儿童建立积极的联盟关系。如前所述，不同 PSST 计划的问题解决步骤可能略有不同。表 25.1 中列出的是该简化版 PSST 治疗的实证评估中所用的步骤（Bushman，2007），并根据 Kendall 和 Braswell（1985）的步骤进行了一些修改。它们包括：

1.问题是什么？

此步骤旨在帮助学生对要解决的问题给出明确的定义。

2.找出所有的可能性。

在这一步中，要求学生用头脑风暴的方式尽可能多地想出解决问题的方法。

3.专注并放松。

要求学生放松，以便他们能花时间思考每个解决方案，而不是立即对识别到的问题做出反应。

4.接下来会发生什么？

在这一阶段，学生需要评估所有想出的解决方案。

5.选择一个解决方案。我做得怎么样？

学生在对已识别问题的每个解决方案进行评估后，选择一个进行实施，然后评估最终选择的解决方案的结果（积极和消极）。

表 25.1　问题解决步骤

步骤	提升的认知能力
1. 问题是什么？	定义问题
2. 找出所有的可能性。	生成解决方案
3. 专注并放松。	集中注意力/唤醒调节
4. 接下来会发生什么？	评估解决方案
5. 选择一个解决方案。我做的怎么样？	实施行为/自我强化

注：改编自 KendallandBraswell（1985，第 120 页）。吉尔福特出版社 1985 年版权所有。经许可改编。

在首次会话中，除了介绍问题解决步骤外，还需向学生介绍每次会话的规则以及代币的使用。治疗师在使用代币和相关强化物（如糖果、贴纸、弹力球、玩具车）时，必须获得家长或教师的许可。使用经学生家长和/或教师同意的特殊待遇清单来开始会话可能会很有帮助。治疗师首先向学生说明他如何在会话过程中获得代币，以及如何完成会话后"实验"。在会话中对特殊待遇清单和相关代币"成本"进行最终确定，然后再共享给学生的家长和教师。治疗师也可以与教师和家长一起讨论儿童可以获得的会话后奖励。

下面是有关代币用途的对话示例：

治疗师：我要给你的父母（或教师）一份这样的清单，让他们知道你在为了什么而努力，你需要多少筹码才能获得某样东西。我们还将保留一份作为提醒。每次会话结束时，我都会写下你赚了多少筹码。你可以在会话中赚取筹码，也可以通过完成我在每个会话结束时布置给你的"实验"来获得筹码。你知道什么是实验吗？

学生：就像科学家做的那样吗？

治疗师：是的。科学家们会尝试一些新奇的事情来看看会发生什么。我希望你也这么做。在每次会话结束时，我会给你举一个尝试新事物的例子。这将是你本周的实验。例如，我可能会让你和你的父母谈谈你今天要学的步骤。那就是一个实验的例子，只要你尝试了，下次会话开始时我就会给你 5 块筹码。记住，通过做实验来获得筹码时，事情并不一定要完美解决，你只需要尝试。当然，也有一些做法会让你失去筹码。让我们一起把它们列在这张纸上。它们是：

1. 速度太快。花点时间并保持谨慎是很重要的。如果你速度过快，你会失去一块筹码。别担心，如果我认为你速度太快，我会先提醒你。

2. 遗漏步骤。如果你有一个步骤没说，或者忘记说，你就会失去一块筹码。关于在什么情况下会获得筹码或失去筹码，我们还需要制定其他的规则吗？

在讨论之后，治疗师和学生一起进行头脑风暴以找出学生希望添加的任何附加规则或准则，要记住的是，这样的列表不应太长或太难以让学生实现或记住。

由于"速度太快"这个概念对儿童来说仍然没有很好的定义，为了更好地说明这一概念，治疗师将和儿童玩两个跳棋游戏：一个是按正常的节奏玩，另一个是每个人每次只有 2 秒钟的时间移动棋子。治疗师与儿童讨论在快速跳棋游戏中下好一步棋的难度，并将其与在其他情况下思考决策的困难进行比较。这种讨论很容易引出问题解决步骤。治疗师可以花一些时间和儿童一起定义"问题解决"，并生成学生过去可能使用过问题解决方法的情况的示例。然后，治疗师与儿童就 PSST 计划中涉及的具体问题解决步骤进行对话：

治疗师：我有一张讲义，你可以保留，这将有助于我们记住问题解决的步骤。（使用表 25.1 为学生制作问题解决步骤的讲义。）第一步是"问题是什么？"，判断自己是否有问题的第一个方法就是我们是否感觉到愤怒、恐惧或悲伤。你刚才提到的情境中的问题是什么？（花时间和学生一起定义问题，直到确定学生理解了这个一般概念。）第二个步骤是"找出所有的可能性"。为什么这很重要呢？

学　生：因为这样我们就不会遗漏什么？

治疗师：对。我们需要想出许多而不只是一两个不同的方法来解决问题。一个好的问题解决者能想出四到五种问题解决方案。接下来，我们要告诉自己"专注并放松"，只思考问题，而不考虑其他任何事情。深呼吸3~4次能够帮助我们集中注意力。我们练习一下吧。

（治疗师指导学生深呼吸，强调缓慢均匀呼吸的重要性。在学生练习深呼吸时，治疗师可以示范应对性陈述，例如"我可以冷静下来"或"我可以解决这个问题"。治疗师要向学生强调在进行下一个步骤之前必须深呼吸几次。）

治疗师：第四步是考虑你提出的每一个解决方案，问自己如果这样做了，"接下来会发生什么"，比如说我试图绊倒一个我以为是在取笑我的男生，接下来会发生什么？

学　生：他会摔倒。

治疗师：是的……然后呢？

学　生：我和我的朋友都会笑。

治疗师：嗯……然后呢？

学　生：我不知道。……（允许学生停顿，无声地传达对学生积极参与的需要）他可能会和我打架。

治疗师：好好思考一下接下来会发生什么。我们也可以想想其他可能发生的事情，比如他会告诉老师。两者可能都不是你想要的结果。因此，这一步提醒我们，不仅要提前考虑你实施问题解决方案后会发生什么，还要考虑当天或更长时间内会发生什么。最后一步提醒我们选择一个解决方案，并且问问自己做得怎么样。如果我们选择了一个好的解决方案，我们需要告诉自己我们做得很好。你可以通过哪些方式告诉自己做得很好？（治疗师和学生对积极的自我陈述进行头脑风暴。）如果解决方案没有成功，我们也不必生自己的气。你知道我说的"生自己的气"是什么意思吗？人们通常会怎么做？

学　生：可能会说"我很差劲"？

治疗师：是的。我在这里列出了一些人们在犯错时可以说的鼓励自己的话（见图25.1）。让我们一起读一读，圈出一些你想用的……

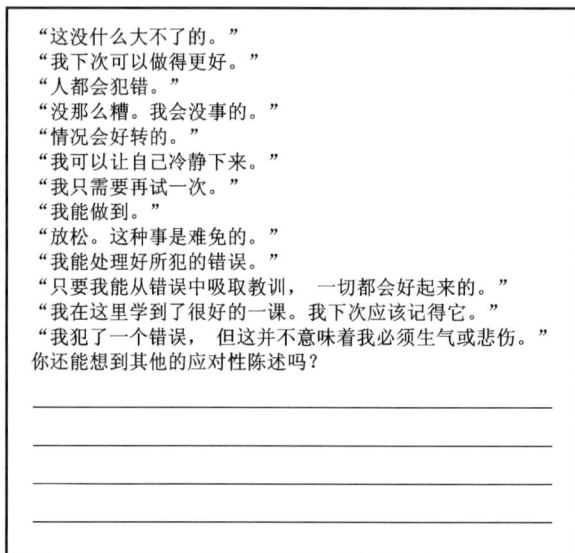

> "这没什么大不了的。"
> "我下次可以做得更好。"
> "人都会犯错。"
> "没那么糟。我会没事的。"
> "情况会好转的。"
> "我可以让自己冷静下来。"
> "我只需要再试一次。"
> "我能做到。"
> "放松。这种事是难免的。"
> "我能处理好所犯的错误。"
> "只要我能从错误中吸取教训，一切都会好起来的。"
> "我在这里学到了很好的一课。我下次应该记得它。"
> "我犯了一个错误，但这并不意味着我必须生气或悲伤。"
> 你还能想到其他的应对性陈述吗？
> ＿＿＿＿＿＿＿＿＿＿＿＿＿＿＿＿＿
> ＿＿＿＿＿＿＿＿＿＿＿＿＿＿＿＿＿
> ＿＿＿＿＿＿＿＿＿＿＿＿＿＿＿＿＿
> ＿＿＿＿＿＿＿＿＿＿＿＿＿＿＿＿＿

图25.1　应对性陈述：犯错时可以对自己说的话

　　这个对话示例强调了治疗师在"教"儿童使用这些步骤时必须使用的互动类型。需要注意的是，在这个示例中，治疗师并没有因为学生最初的解决方案所产生的后果而慌乱，而是代之以一种友好、温和的提问方式，让儿童继续接受治疗。

　　在介绍了代币制和问题解决步骤之后，治疗师再次和儿童玩跳棋游戏，并且尝试着在每次移动棋子之前使用问题解决步骤。在这个初始会话中，治疗师应该谨慎使用（不超过两次）响应成本系统，并且当形势不按治疗师的想法发展时，向学生示范应对性陈述（例如，"你又跳过了我的棋子！这有点令人难过。等等（深呼吸）。没关系的。这只是一场游戏"）。给学生一个"实验"，即至少记录一次因为使用问题解决步骤而产生了效果的情境。如果可能的话，在这次会话结束之后，将这些问题解决步骤告知家长和教师，鼓励他们为儿童示范这些步骤，并且在儿童使用了这些步骤时，为儿童提供强化。可以鼓励父母在考虑如何解决问题时大声说出这些步骤，从而进行示范。例如，父母可以进行如下的自我对话：

　　"让我们看看……晚餐吃什么呢？（步骤1）……我可以去商店买点东西，我们可以吃剩菜，或者做点新的。（步骤2）……让我们看看……怎么做最好呢？（停下来深呼吸）（步骤3）……如果我去商店，我可能会花掉我们原本就不多的钱，我也不想吃剩菜，意大利面可能不错。（步骤4）……成功了。（或者：好吧，失败了，但没关系。我知道下次会更好）。"（步骤5）

　　治疗师可以鼓励教师（和家长）使用现有的奖励计划，以便在观察到儿童遵循了问题解决步骤时给予适当的奖励。

问题解决步骤的应用（会话2）

　　在介绍了问题解决步骤之后，重点将转向如何帮助学生应用这些步骤。在会话开始之前治疗师会对上周的"实验"进行回顾。即使学生忘记做实验，治疗师也会花时间复习类似的材料。例如，如果实验是让学生想出一种可以使用问题解决步骤的情境，治疗师可以花5分钟的时间与学生就这种情境进行头脑风暴。只要儿童能够积极参与，他就至少可以得到部分代币和相关的强化物。接下来，要求学生用自己的语言列出问题解决步骤。例如，治疗师可能会说，"现在我希望我们能想一想怎么把这些步骤或陈述用你自己的话表达出来。首先，画一张像停止符号的画，让我们把它画得又漂亮又大，这样我们就可以在里面写一些句子了"。治疗师和学生用蜡笔和纸画了一个停止符号，治疗师可以用这样的话来引出任务："太好了，现在我们可以把它作为备忘单了。第一个步骤是，'找出我应该做什么'。你会怎么表达这句话？"在每一个步骤中都要进行这一过程。然后，治疗师可以在会话过程中和儿童玩另一个游戏，以帮助说明问题解决技能的使用。例如，Kendall和Braswell（1985）提出的游戏——"猫和老鼠"，它也会用到跳棋和棋盘。在这个游戏中，会用到四个黑色棋子（猫）和一个红色棋子（老鼠）。与跳棋类似，"猫"要试图抓住"老鼠"；但是，猫只能向前移动（老鼠可以向前或者向后移动），而且不能跳过对方的棋子。游戏开始时，代表老鼠的棋子放在棋盘的中心，代表猫的四个棋子在棋盘的四角。当老鼠成功避开猫或猫占据老鼠周围的所有方块包围老鼠时，游戏就宣告"获胜"。在玩这个游戏的时候，治疗师和儿童都通过问题解决步骤进行对话。最初，要求大声说出所有步骤，但当儿童展示出对步骤的掌握时，就可以转为低声。治疗师可以这样向学生介绍什么是低声——"这些步骤可以帮助你解决各种问题，但你可能不希望别人听到你正在使用它们。因此，我们现在要做的是（治疗师开始放低声音）在我们轮流练习的时候小声说出这些步骤"。治疗师还可以和学生商量出一个信号，有助于其他人（如家长、教师、治疗师）利用这个信号来提醒儿童使用问题解决步骤。例如，用手发出停止信号或说"放慢速度"。在这个过程中，治疗师还应确保使用了在第一次会话中设定的代币。本次会话后的实验是让儿童在至少一种情况下使用问题解决步骤。会话结束后，告知家长和教师商定的信号，在理想情况下，如果学生对"放慢速度"（儿童可能无法在治疗过程的这一阶段使用所有步骤）这一信号做出响应，家长和教师会同意奖励学生。此外，要求家长和教师回想并向治疗师提供儿童出现冲动反应、攻击性反应或破坏性反应的特定社会情境，以便在以后的会话中利用这些情境，促进技能在"现实生活"社会情境中的泛化。

在社会情境中使用技能（会话3和会话4）

　　一旦学生能够在会话过程的游戏情境中熟练地应用问题解决步骤，治疗师就可以开始帮助学生将这些步骤应用到社会情境中去。在检查完家庭作业后，治疗师会问学生哪些步骤对他来说是最简单的，哪些步骤是最难的。这些信息有助于治疗师着重介绍那些儿童认为（以及治疗师观察到的）最难使用的步骤。接下来，治疗师和儿童可以再玩一次跳棋；儿童继续使用问题解决步骤，但治疗师会故意少走一步或走得很快，学生的任务是捕捉治疗师的这种做法。在将步骤应用于社会情境方面，治疗师可以从社会情境清单开始，要求儿童使用问题解决步骤对这些情境做出响应。图25.2给出了9种可能的情境（"一些儿童的典型问题"）。治疗师也可以在练习中自己创建情境。可以将清单中的每一个情境分别写在小纸条上，放到帽子里供治疗师和学生挑选，以便轮流将问题解决步骤应用到不同的情境中。如果有人没有使用问题解决步骤，那么最好首先讨论可能会发生什么，这样学生就可以比较使用和不使用这些步骤的区别。对于治疗师来说，首先示范如何在社会情境中应用这些步骤是很重要的：

你答应妈妈你要开始做家庭作业了，但在你即将开始时有一些朋友来了，希望你和他们一起去看电影。

你在玩跳棋，但你怀疑对方可能在作弊。

你在学校和别的孩子打篮球，但他们从不传球给你。

你妈妈答应放学后来接你，但放学后她没来。你感觉自己开始着急了。

你在课堂上答错了问题，坐在你后面的同学笑了。你觉得很生气。

你早上想吃麦片。但当你下楼吃早餐时，发现你姐姐把所有的麦片都吃光了。

你在休息时跌倒了，有人取笑你。

你正在学校考试，此时你的朋友开始和你说话。

在你好好地请求其他孩子让你加入他们正在玩的游戏时，他们拒绝了。

图25.2 一些儿童的典型问题

注：某些情境改编自 Kendall 和 Braswell(1985)

治疗师：首先，我需要找出问题所在。（阅读纸条上的内容）"你答应妈妈你要开始做家庭作业了，但在你即将开始时有一些朋友来了，希望你和他们一起去看电影。"我的问题是我想和我的朋友出去玩，但我答应了我妈妈。这样的事情会让你有什么感觉？

学生：我可能会感到生气。

治疗师：你怎么知道你生气了？

学生：我开始大叫。

治疗师：我有时也会这样做，但很多时候我会觉得我的肌肉紧张。这是我判断自己正在生气的第一种方法。（可能还要解释一下肌肉"紧张"是什么感觉。）然后，我需要想出不同的方法来解决这个问题。你有什么建议吗？

学生：没有。

治疗师：如果我邀请我所有的朋友来聚会，但在聚会上我们只做家庭作业呢？（温和地与学生开玩笑，从而让他参与讨论）

学生：不（笑）……不管怎样，你可以先去聚会，告诉你妈妈你晚些再做作业。

治疗师：好的，这是一个想法。我们把它作为一个解决方案（写下来）。我也可以告诉我的朋友我去不了……（把想法写下来）。我需要想出至少3种方法……我想我也可以告诉他们我需要先做作业，但我随后会赶上他们的（写下最后一个解决方案）。好的，3个了。让我们把注意力集中在这些事情上（与学生一起练习深呼吸）。好了，下一个步骤是"接下来会发生什么？"如果我采用第一个解决方案接下来会发生什么？

学生：妈妈可能会生气。

治疗师：接下来会发生什么？

学生：我们会吵架。

治疗师：听起来不太好。那么下一个解决方案呢？

治疗师继续与学生一起研究每个方案可能产生的后果。对一些解决方案采用"利弊法"，既能帮助治疗师认识到一些不适应的解决方案的短期优势，同时也能增加学生检查解决方案缺点的意愿。记住，如果学生坚持选择治疗师认为消极的解决方案，那么说服学生放弃他的决定不是治疗师的工作。治疗师的主要工作是：（1）帮助学生对问题进行系统地思考；（2）帮助学生思考每一个决定的利弊。这传达了对学生自主性的尊重，同时减少了不必要的权力斗争。在整个第3次会话中都要重复这个过程，直到学生证明自己有能力想出多种解决方案，并能发现与这些解决方案相关的优势与劣势。在这个例子中需要注意的是，当讨论第一个步骤时，从业人员是如何与学生一起处理情境给学生带来的感受的。这种形式的情感教育通常可以被整合到问题定义技能中，因为学生最初的情绪反应常常是暗示学生存在问题的第一个线索。因此，对于治疗师来说，和学生一起检查这种情境会给他们带来什么样的感受是很重要的，因为许多儿童可能无法给他们的感受命名。图25.2中的一些情境为儿童提供了一个标签（例如愤怒、尴尬），但对于其他没有提供感受的情境来说，学生可以在治疗师的帮助下识别自己的感受。第3次会话的实验与前一次相同——让儿童在至少一种情境下使用问题解决步骤。治疗师应继续与儿童的父母和教师合作，获取儿童出现消极反应或冲动反应的社会情境示例，并开始将这些"真实"的情境整合到会话过程中。

第4次会话的目标与前一次相同，但增加了学生对如何评估可能的解决方案的理解。检查完学生的家庭作业后，治疗师和学生再次轮流从帽子里拿出写有社会情境的纸条。然而，这一次，治疗师会要求学生捕捉治疗师遗漏的步骤。学生每发现一次错误，就会获得额外的代币奖励。考虑到治疗师现在应该更频繁地使用响应成本系统，这一规则的添加可能会有所帮助。治疗师还讨论了如何不出声地而不是低声地使用问题解决步骤。治疗师和学生可能需要想出一个他们可以在会话中使用的信号（例如，学生抚摸他的下巴），以表明他正在使用这些步骤。

一旦证明学生有能力想出多种解决方案并分析这些解决方案的利弊，治疗师就会教给儿童一种更系统的方法，来判断某种解决方案是否会产生积极的结果。Webster-Stratton（1992）提出，在确定一个解决方案是否合适时，应训练学生问自己以下问题：（1）实施这个解决方案是否会使我或其他人心情不好？（2）结果是否公平？（3）结果是否危险？（第104页）。治疗转变为让儿童基于他对这些（或类似）问题的回答来评估解决方案，而不是仅判断在实施选定的解决方案后可能发生什么。理想情况下，治疗师询问学生他如何判断一个解决方案是积极的还是消极的，而前面提到的问题只是一个粗略的指导。这对一些儿童来说可能是困难的，但是，治疗师应该尝试让学生协助完成一个在评估解决方案时使用的问题列表，因为它可能会增加学生在这个过程中的投入程度。

在学生学习应用问题解决步骤的整个过程中，当发现学生正在使用问题解决步骤或按照提示放慢速度时，应鼓励父母和教师表扬学生。如果存在家庭或班级行为计划，则应将这种赞扬纳入其中。在家庭作业方面，学生再次被要求在一周内至少在一种社会情境中使用问题解决步骤。学生也被告知，要想获得奖励就必须能够独立地使用问题解决步骤，而不是仅对教师或家长的"放慢速度"信号做出回应。但是，应该注意的是，如果学生很难自发地放慢速度，可以继续使用信号直到它完全失效。

自我评判（会话5）

当学生能够在会话过程中熟练运用问题解决步骤后，治疗师会对学生的角色扮演过程和问题解决技巧的运用过程进行录像。应向儿童征集信息或基于家长和/或教师提供的信息来确定用于角色扮演的场景。告知学生，在会话期间他将同时担任"演员"和"导演"。治疗师有几个"剧本"，需要使用问题解决步骤来演绎。学生可以扮演他自己，并指导治疗师，治疗师在场景中扮演另一个重要角色。最初，治疗师会帮助学生完成问题解决的步骤，但最终，在整个场景中治疗师几乎不会提供任何指导；在角色扮演之后，治疗师需要和学生一起观看录像，由学生评估自己对步骤的使用。如果学生表现出防御性，治疗师可以选择先对自己生活中的情境进行示范，在这种情境下，治疗师"可以更好地思考事情"（使用临床诊断书来判断什么是适合揭露的）。由于这种练习对学生来说是一种新的体验，因此最初可能需要大量的指导：

治疗师：首先，让我们看看我们的情境清单。其中一个是："在课间休息时，你跌倒了，同学Johnny(真实同学的名字)开心地笑了并喊出了你的名字。"你感觉如何？

学生：尴尬。

治疗师：我能理解。当你感觉尴尬的时候你是怎么察觉到的呢？(治疗师和学生花时间识别"尴尬"的身体线索，并在镜头前表演出这些线索。)你想让我扮演Johnny还是你？

学生：你演Johnny吧。

治疗师：好的，你来当导演。我现在是Johnny。在你跌倒之前Johnny在做什么？

学生：他在和他的朋友聊天。所以，你应该在那边(指向房间的一边)说话。

治疗师：好的，你现在出来休息并跌倒了。记得使用问题解决步骤。这是你的第一次尝试，所以不一定要完美。

学生：好的。开拍。(假装跌倒。)

治疗师：嘿，看看(学生的名字)！干得漂亮！

学生：(对治疗师)我现在该怎么办？

治疗师：第一步是什么？

学生：问题是什么？(举起一根手指。)

治疗师：是的。……问题是什么？

学生：Johnny和他的朋友们在嘲笑我。

治疗师：好的，这就是问题所在，你知道你有问题是因为你的感觉，所以你可以说，"我因为跌倒而感到尴尬"。下一步呢？

学生：我该怎么办？(注意：在治疗过程中，治疗师应该使用儿童陈述步骤的方式。)

治疗师：是的，我们可以通过抚摸下巴来表现出来。(与学生一起做这个动作。)有哪些解决方案呢？

学生：嗯，我可以打Johnny。(笑)

治疗师：是的，这是一个解决方案，但我们需要想出更多方案。还有其他的吗？(治疗师和学生花时间想出多种解决方案)现在让我们来表演一下如果你实施每种解决方案会发生什么。如果你打了Johnny，会发生什么？

学生：老师会发现，我会再次被留校。

治疗师：好的，让我们表演一下。我不需要你真打——只要假装打就行。你想让我当老师还是Johnny？

学生：你可以当老师。……(治疗师和学生继续演出每个解决方案可能出现的结果。)

治疗师：好的，现在让我们集中精力并放松一下。我们应该怎么做呢？(学生开始深呼吸，治疗师也加入。)太棒了。你想选择哪种解决方案？

学生：我想我会忽略Johnny，因为如果我告诉老师(其他解决方案的一种)，所有其他的儿童都会取笑我。

治疗师：好的，听起来是个好计划。让我们把整个场景重演一遍，但这次我们只演你选择的解决方案：忽略Johnny。记得在场景开始时表现出"尴尬"。你准备好的时候就说"开拍"。(从治疗师提醒学生使用无声的步骤开始。)做得好。让我们来看看录像带，看看你是怎么做的，但演下一个场景时，你要告诉我如何使用步骤。

在回看录像带时，治疗师应在每个解决方案演示完后暂停播放，并根据前一次会话中介绍的评估问题或通过检查利弊与学生一起评估解决方案。治疗师还应与学生对一些积极的自我陈述(如果解决方案具有社会效益)或一些应对性陈述(如果解决方案存在社会问题)进行头脑风暴，以供学生使用。

在没有摄像机或者学生不愿意被录像的情况下，也可以进行角色扮演。然而，与学生观看和评论视频不同，在没有可观看回放这一优势的情况下，从业人员需要鼓励学生在角色扮演后对自己的表现进行评论。学生本周的实验是在至少一种过去对他来说存在问题的情境中应用问题解决步骤。因此，在会话结束时，应该花大量的时间为学生制定一些选项供他们选择，并解决可能出现的任何潜在困难。重要的是要向家长或教师传达学生本周的目标，这样他们就可以监督和激励学生完成任务，并在他完成任务时给予奖励。

治疗巩固(会话6)

在最后一次会话中，学生和治疗师继续进行角色扮演，练习重点在于学生觉得很难的技能成分。同时，在这次会话中，要求学生在进行角色扮演时向其他人"讲授"问题解决的步骤。在这个角色扮演过程中，治疗师可以扮演一个不知道步骤的儿童。在这次会话中，治疗师还可以讨论他所看到的学生在应用问题解决步骤进行适当的社会互动方面的能力的进步。应鼓励家长和教师继续表扬学生对问题解决步骤的使用，并在需要时提醒学生使用这些步骤。由于随着时间的推移许多学生很难记得使用这些步骤，因此我们通常建议安排后续会话(会话之间的间隔时间逐渐增加)。

本章思考和其他临床注意事项

在这一章中，我们提出了一种实用的方法来帮助那些在社会情境中表现出冲动、破坏性和/或攻击性的儿童。PSST主要强调一种思维方法，学生可以系统地使用这种方法来解决人际问题和冲突；但是，除该计划中的技能外，可能还需要将其他技能纳入治疗。如前所述，一些儿童可能在确定自己或他人感受方面的能力有限。如果是这样，治疗师可能需要先传授与情感识别相关的技能(相关资源，请参阅 Merrell, 2008)。而有些儿童在开始解决问题之前，可能需要先学习具体的放松方法。尽管在步骤3中提到了深呼吸，但许多学生，特别是那些有被动响应史的学生，需要更多的时间和练习才能掌握这项技能。例如，可以先教学生辨别自己何时感到不安，以此暗示放松策略是必要的。因此，治疗师可能会决定，在学生开始解决问题之前，变换步骤2(解决方案生成)和步骤3(放松)的顺序。此外，许多学生可能需要更多的即时反馈，以便泛化他们正在学习的技能，特别是对这些儿童来说，让家长和/或教师参与治疗计划对成功至关重要。最后，就像大多数认知行为疗法一样，这种疗法假定儿童至少存在部分想要改变的意愿。但是，并非所有儿童都是如此，特别是那些认为自己在被"强迫"接受治疗的儿童，或者那些不认为自己不恰当的社交行为会产生负面结果的儿童。在这些情况下，治疗师可能需要几次会话与学生建立关系，也可能需要考虑实施班级和/或家庭行为管理系统，以确保学生的不恰当行为不会被强化。如前所述，当PSST方法与行为方法(如家长训练和/或课堂行为干预)结合时，产生的变化似乎最大。因此，在大多数情况下，我们提倡将PSST方法作为更广泛的治疗计划的一部分，针对缺乏社会问题解决技能并因此表现出不适当社会行为的青少年。作为问题解决变革的推动者，学校心理学家在确定PSST何时可能是干预措施的有效成分方面处于有利地位。

第 26 章

抑郁和焦虑的认知行为干预

Susan M. Swearer

Jami E. Givens

Lynae J. Frerichs

总的来说，焦虑和抑郁是青少年最常见的心理健康问题。然而，尽管青少年普遍存在内化性障碍，但他们中的大多数还是被转介到了外化性问题的治疗中（Kazdin & Weisz，2003）。严峻的现实是，许多焦虑症和抑郁症仍未得到诊断，或者更糟的是，被误诊了。青少年的抑郁症被称为"隐性流行病"，因为患抑郁症的学生通常安静、孤僻，不会制造任何问题，所以在课堂上经常被忽视。以下是一个来自内布拉斯加大学林肯分校的儿童青少年治疗诊所的案例：一名小学男孩因注意缺陷/多动障碍（ADHD）相关的社会心理问题被转诊；然而，他的父母担心的是他的悲伤情绪。父母双方都存在严重的家族抑郁史。这个男孩表现得很沮丧：他从来不笑，头发遮住眼睛，很少保持眼神交流，他放弃了大部分活动（快感缺失），讲话充满了消极的自我陈述。在一次学校咨询会上，教师说："我不知道John 有抑郁情绪。他是一个很好、很安静的孩子，他从不惹任何麻烦"。虽然 John 的父母（鉴于他们的家族抑郁史）意识到了他的内化性问题，但并不是所有的儿童都如此幸运。抑郁症是影响 John 功能的主要疾病，他也因此接受了认知行为治疗和药物治疗。通过成功的联合治疗，他的学习和社会功能得到了极大地改善。本章的目的是简要概述儿童的抑郁症和焦虑症，介绍基于经验的治疗方案，并描述针对患有这些疾病的学龄青少年的认知行为治疗策略。

学校心理学家在预防和干预抑郁和焦虑中的作用

有效治疗之前必须进行准确的测评。学校心理学家在评估可能患有抑郁症和/或焦虑症的学生时起着重要的作用。在多学科工作开展模式中接受过培训的学校心理学家可以与这些学生及其照料者合作，确定适当的治疗方案。学校心理学家可以在三级工作中制定学校的心理健康计划（Merrell et al.，2006）。初级预防，包括教学生如何表达焦虑、烦躁和/或悲伤的情绪；二级预防，包括帮助辅导员和教师识别那些照料者患有内化性问题的学生和/或生活在多重压力情境下的学生，然后对这些学生进行分组干预；三级预防，包括为患有抑郁症和/或焦虑症的学生提供治疗。在治疗青少年的抑郁症和焦虑症时，我们将增加第四个组成部分，即可持续性，在这一部分中，学校心理学家可以与社区心理健康从业者进行配合，这也有助于促进家庭-学校-社区的联系（Cowan & Swearer，2004）。在以下各节中，我们将简要回顾学龄青少年的抑郁症和焦虑症的患病率和诊断标准。要想成为有效的问题解决专家，首先；需要了解抑郁和焦虑症的患病率和诊断标准；其次，是进行准确的测评（参阅 Miller，本书第11章）；最后，确定有效的治疗方法，而这源于对疾病的准确了解、测评和准确诊断。

学龄青少年的抑郁症

抑郁症是儿童和青少年中最常见的心理疾病之一。儿童的抑郁症患病率约为 1%~2%，青少年的患病率约为 1%~7%（Avenevoli，2008）。根据《精神疾病诊断与统计手册（第四版）》的修订版（DSM-Ⅳ-TR；American Psychiatric Association，2000），可以诊断出三大主要的单相抑郁症：重度抑郁症（major depressive disorder，MDD）、心境恶劣障碍（dysthymic disorder，DD）和非典型性解离障碍（depressive disorder not otherwise specified；DDNOS）。患有抑郁症的青少年的情绪可以被描述为悲伤、抑郁、烦躁、愤怒或这些情绪的组合（American Psychiatric Association，2000；Friedberg & McClure，2002），他们通常表现出一种消极的认知特点，其特征是对自己、世界及其未来充满消极的看法（Beck et al.，1979）。这些儿童和青少年往往忽视积极的事件，而把注意力集中在他们的消极体验上（Beck et al.，1979；Compton et al.，2004；Friedberg & McClure，2002）。此外，患有抑郁症的青少年可能会在人际关系方面表现出问题，并伴随快感缺失，对愉快事件的兴趣和参与度降低。他们可能会出现扭曲思维、问题解决和自我肯定能力差（Compton et al.，2004；Friedberg & McClure，2002）以及食欲减退、失眠、精神运动性激越、疲劳和自杀意念（American Psychiatric Association，2000）。

学龄青少年的焦虑症

焦虑症是在儿童和青少年中诊断出的最普遍的心理疾患（Anderson，1994；Beidel，1991；Costello & Angold，1995）。尽管广泛焦虑症（形式上表现为过度焦虑）、分离焦虑症和特定恐惧症是最常见的焦虑症，但据报道，所有焦虑症的患病率都为 5.8%~17.7%（Silverman & Kurtines，2001）。焦虑是对感知到的身体或情感威胁的适应性情绪反应。然而，如果焦虑是由对个人实际上没有威胁的情况或物体引起时，它就变成了一种非适应性反应（Grills-Taquechel & Ollendick，2007）。焦虑症的特征是焦虑反应的强度、频率和/或持续时间超过一定限度，并且存在影响日常功能的生理、情绪、行为和认知的症状组合。患有焦虑症的青少年可能会因痛苦而出现躯体症状，显得不安与不适。在行为上，这些青少年通常会避开他们认为具有威胁性的环境（例如，学校、社交场合）。在认知上，患有焦虑症的青少年可能会详细描述负面信息，并对自己的应对能力做出灾难性的预测和期望（例如，"我做不到"；"我注定要失败"；Friedberg & McClure，2002）。

DSM-Ⅳ-TR 描述了 9 种儿童和青少年焦虑症的诊断类别。有关这 9 种焦虑症的完整诊断标准，请参阅 DSM-Ⅳ-TR（American Psychiatric Association，2000）。广泛焦虑症（Generalized Anxiety Disorder，GAD）涉及对许多事件或活动的过度且无法控制的焦虑。被诊断为患有 GAD 的儿童和青少年通常对一般生活事件过分担忧，包括他们的过去、现在和未来（American Psychiatric Association，2000）。分离焦虑症（Separation Anxiety Disorder，SAD）的特点是与主要依恋对象分离有关的焦虑感（American Psychiatric Association，2000）。社交恐惧症（Social Phobia，也被称为社交焦虑症）是对可能感到尴尬的社交场合或表现场合的持续恐惧。特定恐惧症（Specific phobia）被定义为对物体或情境的持续恐惧，一旦接触到特定物体或情境就会立即引起焦虑反应，通常表现为惊恐发作（American Psychiatric Association，2000）。当青少年经历了多次不可预见的惊恐发作（American Psychiatric Association，2000）并对惊恐发作伴随的躯体感觉感到恐惧（Albano et al.，1996）时，就可以诊断为患有惊恐障碍（Panic Disorder，PD）。广场恐惧症（Agoraphobia）可共患惊恐障碍，其特点是对处于尴尬或难以逃脱的境地感到焦虑（American Psychiatric Association，2000）。强迫症（Obsessive-compulsive Disorder，OCD）是一种焦虑障碍，其特征是反复发作、耗时且对功能有损害的强迫观念和强迫行为（American Psychiatric Association，2000）。强迫行为与正常的习惯或行为的区别在于，当强迫行为被阻止或打断时，会出现过度的痛苦（Albano et al.，1996）。创伤后应激障碍（Posttraumatic Stress Disorder，

PTSD)是在个体经历、目睹或面对实际的死亡，或受到死亡威胁、重伤威胁后出现的。那些被诊断为PTSD的患者会出现创伤再体验症状，回避与创伤事件有关的场合以及唤醒水平的提高(American Psychiatric Association，2000)。急性应激障碍发生在个体暴露于极度创伤性应激源后的一个月内(American Psychiatric Association，2000)，并被认为是 PTSD 的前兆(Meiser-Stedman et al.，2005)。

抑郁症和焦虑症的共病性

当个体同时存在两种或多种障碍时，就会发生共病。抑郁症和焦虑症很可能同时发生，也可能与其他心理障碍同时发生。遗憾的是，在青少年中，共病患者比那些只患单一障碍的人受损更严重(Lewinsohn et al.，1998)，并遭受更多长期的负性后果(Harrington et al.，1991)。

据估计，抑郁症与其他精神障碍(包括焦虑症和行为障碍)的共病率最高(Schroeder & Gordon，2002)。多数患有抑郁症的青少年可能会出现其他的心理障碍，据估计，多达 3/4 的青少年抑郁症患者符合其他障碍的诊断标准(Mitchell et al.，1988；Nottelmann & Jensen，1995)。

焦虑症最常与其他焦虑障碍同时发生(Kendall，1994)。然而，它们也可能与其他内化性障碍(如抑郁障碍)和外化性障碍(如注意缺陷/多动障碍、对立违抗障碍、品行障碍、药物滥用；Kendall，1994；Silverman & Kurtines，1996)同时发生。研究发现，在临床样本中，有24%~79%的儿童和青少年共患焦虑症和内化性障碍(Last et al.，1987)；在社区样本中这个比例为 18.7%(Lewinsohn et al.，1997)。Kendall(1994)指出，与共患外化性障碍(注意缺陷/多动障碍，15%；对立违抗障碍，13%；品行障碍，2%)相比，焦虑症儿童共患内化性障碍的发生率更高(例如，抑郁障碍，32%；单纯恐惧症，60%)。

抑郁症和焦虑症的共病与治疗

共病会使治疗工作明显复杂化。例如，当存在多种障碍时，选择哪一个作为治疗的首要重点是一件困难的事情(Curry & Murphy，1995)。Curry 和 Murphy(1995)提出了在治疗共病障碍时的 3 个考虑因素。第一，障碍之间的关系。如果将一种障碍视为第二种障碍的原因，那么治疗应该集中在第一种障碍上。第二，治疗的明确性。如果存在针对首要障碍的明确有效的治疗方法，则应将治疗重点放在该障碍上(例如，使用暴露和反应预防法对强迫症进行治疗)。同样，可以选取或组合治疗手册中的特定组成部分，以进行更全面地治疗。第三，根据障碍的性质，将个体功能的总体水平纳入考虑。例如，以 John 为例，他的抑郁症状比他的 ADHD 症状要严重得多。因此，可以先治疗抑郁症，之后再集中精力帮助他克服 ADHD 症状(即组织混乱，作业完成不佳)。

由于抑郁症和焦虑症通常发生在学龄青少年中，因此针对这两种障碍的治疗计划对学校心理学家很有帮助(Merrell，2008)。通过准确掌握学龄青少年中可能发生的抑郁和焦虑障碍、对这些障碍症状进行准确测评(请参阅 Miller，本书第 11 章)并准确掌握治疗的有效策略，学校心理学家可以预防、减少、及早干预并治疗这些障碍。学校心理学家是数据驱动的问题解决的拥护者(Merrell et al.，2006)，他们利用测评和干预知识来治疗存在焦虑和/或抑郁症状的青少年。除了推荐《帮助学生克服抑郁和焦虑》(Merrell，2008)这本书外，在本章的下一节中，我们还将介绍用于治疗学龄青少年抑郁和焦虑的认知行为干预措施。

抑郁症治疗的实证支持

青少年抑郁症治疗研究(treatment for adolescents with depression study，TADS)被认为是所有内化性临床试验中最复杂的(Weisz et al.，2006)。TADS 的参与者包括来自 13 个就诊点的 439 名 12~17 岁被诊断为患有 MDD 的青少年(有关人口统计学和临床信息，请参阅 Treatment for Adolescents with Depression Study，2005)。TADS 是一项随机对照试验，旨在评估通过药物治疗(即氟西汀)、认知行为疗法(cognitive-behavioral therapy，CBT)和氟西汀与 CBT 联合治疗的短期(0~12 周)和长期(0~36 周)效果，最后将这些治疗组中的儿童与安慰剂组中的儿童进行比较。TADS 治疗组的结果总体上是可取的，因为 80%的青少年在其所在治疗组完成了 12 周的治疗(Emslie et al.，2006)。

治疗 12 周之后的 TADS 研究结果(treatment for adolescents with depression study team，2004)表明，与安慰剂组和任何一个积极治疗组相比，氟西汀和 CBT 联合治疗可使抑郁症状明显减轻。单独使用氟西汀组要优于安慰剂组和单独使用 CBT 组，而单独使用 CBT 组并不优于安慰剂组。研究者总结了单独使用 CBT 组响应率低的几个原因，其中之一是，治疗的参与者比先前 CBT 治疗研究中的参与者受损更严重(后者对 CBT 治疗响应积极)。

其他 TADS 研究已经拓展了最初发布的 TADS 研究结果。Emslie 等人(2006)发现联合治疗比单独使用氟西汀更安全。具体而言，所有治疗组的自杀意念都有改善；但是，联合治疗组的改善最大。此外，随着抑郁的改善，参与者报告的身体症状(例如睡眠问题、头痛、胃痛)也减少了。Curry 等人(2006)发现，与年龄较大、损伤较大或被诊断为共病的青少年相比，年龄较小、损伤较小的青少年对短期治疗(12 周)的响应更好。此外，期望治疗能改善症状的青少年在抑郁症状方面的改善明显大于治疗期望较低的青少年。

尽管在第 12 周时的 CBT 治疗效果只和安慰剂一样，这似乎有违直觉，但这些发现应谨慎解释。在权衡抑郁症治疗的风险和益处时，重要的是看长期效果。在学者们的长期研究中，青少年抑郁症治疗研究小组(TADS，2007)发现，CBT 治疗组在治疗中期(第 18 周)的效果与氟西汀治疗组的效果类似，在治疗结束时(第 36 周)的效果已经相当于联合治疗组的效果。另外，在单独接受氟西汀治疗的青少年中，自杀意念持续存在，这或许有助于人们相信 CBT 可以抑制自杀倾向。总之，无论从短期还是长期来看，CBT 和氟西汀的联合治疗似乎优于 CBT 或氟西汀的单独治疗。有关抑郁症药物治疗的完整讨论，请参阅本书第 28 章(DuPaul et al.)。

学龄青少年抑郁症的治疗方案

一些认知行为治疗方案已经被开发用于治疗患有抑郁症的儿童和青少年。基于认知行为模型，这些治疗方法侧重观念、体验和行为之间的联系，鼓励青少年制定具体的策略来改变他们的信念，从而改善他们的情绪和行为。手册引导的综合干预措施可能在学校中尤为重要，因为它们给学校心理学家提供了有用的治疗方案。本章选取了 3 个有实证支持的基于学校的治疗计划，并对其有效性进行了回顾。ACTION 计划(Stark et al.，2008；Stark et al.，2007；Stark et al.，2007；Stark et al.，2007)、应对抑郁症课程(Lewinsohn et al.，1990)，以及抑郁青少年的人际心理治疗(Mufson et al.，1993)将在下一部分中进行介绍。此外，本章后面将详细描述这些计划中使用的许多具体技术。

ACTION 计划

ACTION 治疗计划是针对患有抑郁的 9~13 岁女孩的小团体 CBT 干预，在学校环境中进行。这种手册化治疗遵循结构化治疗师手册和工作手册，适用于女孩及其父母。该计划的早期版本"Taking Action"(Stark & Kendall，1996)对男孩和女孩都适用。

ACTION 治疗计划基于一种自我控制模型，在为期 11 周的 20 次课程中，女孩会学到包含认知行为成分的应对技能(Stark et al.，2008)。该计划包括 4 个部分：(1)情感教育；(2)应对技能训练；(3)问题解决训练；(4)认知重构。在实施时需遵循课程大纲，为参与者提供安全感和对课程结构的了解。每节课都以建立融洽关系的活动开始，治疗师要求女孩评估她们在实现目标方面的进展，展示运用应对技能的有效性；体验一个有趣的活动。ACTION 练习册和家庭作业用于强化治疗成分。该治疗计划可以适用于个人，但 Stark 等人(2008)进行初步调查后发现，某些治疗效果与团体形式有关。

除了学生治疗课程外，ACTION 还包括家长训练，教家长如何辅助儿童习得新技能，并将儿童所学的技能教给家长。家长训练还侧重行为管理和沟通技巧，帮助家长减少冲突、帮助儿童识别并改变消极想法（Stark et al.，2006）。此外，ACTION 计划还包括教师参与，治疗师和教师合作帮助女孩在课堂上运用应对技能。初步结果表明，参与 ACTION 计划的 70% 的女孩在这之后不再出现抑郁症状（Stark et al.，2006）。

青少年应对抑郁症课程

由 Lewinsohn 及其同事（1990）开发的青少年应对抑郁症课程（Adolescent Coping with Depression Course，CWD-A）结合了认知、行为和社会技能来解决抑郁症状并促进改善。这种治疗基于这样一个假设，即患有抑郁症的青少年得不到积极强化，而他们的行为反过来又会导致社会支持的丧失（Lewinsohn et al.，1990）。CWD-A 计划教给青少年应对技能和问题解决技能（Rohde et al.，2005）。该计划为期 8 周，共包括 16 节课程，每节课 2 小时。课程有 7 个组成部分：自信、放松、认知重构、情绪监测、愉快事件规划、沟通和冲突解决。计划中也整合了关于家长的部分（Lewinsohn et al.，1990；Rohde et al.，2005）。

Lewinsohn 等人（1990）评估了 CWD-A 计划在 59 名 14~18 岁青少年中的有效性。参与者共分为 3 组：（1）仅青少年参与；（2）青少年和家长一起参与；（3）对照组。与对照组相比，两个积极治疗组的参与者的抑郁评分在治疗后的 2 年内都表现出了显著改善。Kahn 等人（1990）研究了 CWD-A 计划对 68 名初中生的影响，这些学生被随机分为 4 组：（1）CWD-A 组；（2）放松治疗组（即基本和渐进式放松技巧）；（3）自我示范治疗组（即观察自己表现出的期望行为）；（4）对照组。在减轻抑郁症状方面，所有积极治疗组的效果均优于对照组。

抑郁青少年的人际心理治疗

Mufson 及其同事（1993）开发的抑郁青少年的人际心理治疗（Interpersonal Psychotherapy for Depressed Adolescents，IPT-A）是一种旨在减少抑郁症状和增强人际功能的简短疗法，侧重修复受损的人际关系，特别是家庭关系。该计划是为治疗患有抑郁症但不存在精神病性症状的青少年开发的，其目的不是治疗处于危机中的、有自杀或杀人倾向的青少年，也不是治疗患有双相情感障碍、认知迟缓或药物滥用的青少年（Mufson et al.，1993；Young & Mufson，2008）。IPT-A 是一个三阶段计划，每个阶段有 4 节课程。第一阶段的任务是识别与来访者抑郁相关的人际关系问题。第二阶段的任务是，先解决问题，然后选择、制定和实施治疗方案。治疗师需要持续监测青少年的抑郁状况，如果抑郁症状增加或没有改善，可以考虑转介药物治疗。在这一阶段，治疗师会采用多种技术，这些技术包括：将青少年的抑郁症与他的人际功能联系起来；通过人际交往事件分析青少年沟通的影响；角色扮演和在家练习（Mufson et al.，1993；Young & Mufson，2008）。在第三阶段，治疗师将审查治疗进度，并确定需要进一步解决的领域。在此阶段，来访者已经做好了终止该治疗的准备，并为与他的抑郁症或共病诊断相关的问题做好下一步治疗的准备（Young & Mufson，2008）。

IPT-A 已被证明是治疗抑郁症的有效方法。在社区环境中，Mufson 等人（2004）发现 IPT-A 比常规治疗（支持性的个体咨询）更有益。在一项对接受过 IPT-A 治疗的 12~18 岁门诊患者的研究中，所有人都不再符合抑郁症的诊断标准，并且他们在家庭和学校中的适应能力更强（Mufson et al.，1994）。Mufson 等人（1999）将 IPT-A 与 12 周的临床监测进行了比较。与临床监测组相比，IPT-A 组的抑郁症状和整体功能有显著改善。一项针对波多黎各青少年的研究显示，IPT-A 的抑郁康复率（82%）高于 CBT（52%）（Rosselló & Bernal，1999）。

焦虑症治疗的实证支持

与旨在研究青少年抑郁症治疗的对照试验相比，关注儿童和青少年焦虑症治疗的对照试验较少。但是，有证据支持使用 CBT 来治疗儿童和青少年的焦虑症。在最新发布的针对青少年焦虑症的临床试验中，Walkup 等人（2008）对诊断为中度至重度焦虑症的儿童进行了一项随机对照试验，称为儿童-青少年焦虑多模式研究（Child-Adolescent Anxiety Multimodal Study，CAMS）。参与者为 488 名 7~17 岁的儿童。他们的主要诊断包括 SAD、GAD 和/或社交恐惧症。研究分为两个阶段。第一阶段是为期 12 周的短期治疗，将 3 个治疗组（CBT，舍曲林以及 CBT 结合舍曲林）与安慰剂组进行比较（有关焦虑症的药物治疗的完整讨论，请参阅 DuPaul 等人，本书第 28 章）。对第一阶段的治疗有响应的参与者，在第二阶段将继续接受 6 个月的相同治疗。基于 Kendall（1992）开发的"Coping Cat"计划，CBT 包括 14 节 60 分钟的课程。药物治疗组包括 8 个疗程，参与者对他们的焦虑症状、治疗反应和不良反应进行评分。研究结果表明，联合治疗是减轻焦虑症状最有效的方法。但是 3 种治疗方法（即联合治疗、单独 CBT 治疗和单独舍曲林治疗）均优于安慰剂。针对最常见的儿童和青少年焦虑症的 3 种治疗方案是 Coping Cat 计划（Kendall & Hedtke，2006）、John March 的 OCD 治疗方案（March & Mulle，1998），以及 Anne Marie Albano 的社交焦虑症治疗方案（Albano & DiBartolo，2007）。下一节将对这些方案进行回顾，本章后面将详细介绍许多具体的技术。

学龄青少年焦虑症的治疗方案

Coping Cat 计划

Kendall 及其同事是开发针对儿童和青少年焦虑症的手册化治疗方法（Coping Cat 计划）的先驱（Kendall，1992）。Kendall 及其同事开发的计划基于这样的假设，即患有焦虑症的青少年认为世界是有威胁的。他们开发了 CBT 的灵活应用，包括强调遵循 CBT 的理论基础、儿童发育和精神病理学知识，以及针对有效的 CBT 治疗成分的训练（Albano & Kendall，2002）。

Coping Cat（Kendall，1992；Kendall & Hedtke，2006）是一项认知行为治疗计划，旨在帮助 7~13 岁的儿童和青少年认识并应对他们的焦虑情绪。治疗计划包括 14~18 节课，为期 12~16 周。每节课的时间为 60 分钟。治疗的重点包括学习（前 6~8 节课）和练习（后 8 节课）处理焦虑的新技能。Coping Cat 计划遵循 CBT 的 5 项原则：（1）识别焦虑情绪和躯体焦虑反应；（2）识别不切实际或消极的期待；（3）在假定情境下制定应对焦虑的计划；（4）暴露；（5）表现评估和强化。治疗计划共两个阶段，包括技能发展（例如放松策略、认知重构）和分级暴露。该方案教导青少年提高应对技能，并重新认识他们害怕的情境。治疗师和来访者一起建立应对技能库，包括放松训练、想象、识别和重构适应不良的认知、自我对话、问题解决和强化。通过布置家庭作业将技能泛化和预防复发结合起来。在治疗的整个过程中，家长都会参与进来，因为他们会根据治疗计划和自己的能力为每周更新的课程内容、暴露和指导提供协助。

事实证明，Coping Cat 疗法可有效治疗儿童和青少年的焦虑症，并且适用于家庭或团体形式的治疗以及跨文化治疗（Albano & Kendall，2002）。根据诊断（具体建议请参阅 Grover et al.，2006）和文化背景（Barrett et al.，1996），我们也可以对治疗手册进行修改。为了研究 Coping Cat 计划的有效性，Kendall（1994）将 47 名年龄在 8~13 岁的参与者分为治疗组和对照组。治疗后，治疗组有 64% 的成员不再符合焦虑症的诊断标准，而对照组只有 5%。

CAT 项目（Kendall et al.，2002）与 Coping Cat 计划类似，但 CAT 项目专门为 14~17 岁的青少年设计。该项目也包括 16 节课程。这些手册化的治疗方法（Coping Cat 和 CAT 项目）可从 Workbook Publishing 获得，它不仅提供了单独的练习册以及针对个人、团体和家庭治疗的治疗师手册，还提供了协助治疗的视频和 DVD 指南。

强迫症的治疗

用于治疗 OCD 的 CBT 使用认知策略和行为策略来改变行为，减少令人痛苦的想法和感受。March 和 Mulle（1998）制定了一个 OCD 治疗的分步指南，包括 4 个阶段：（1）心理教育；（2）认知训练；（3）OCD 映射技术；（4）暴露和反应预防。在暴露和反应预防阶段，治疗师会使用恐惧温度计实施自我监测技术，以衡量来访者在暴露过程中的焦虑程度。治疗方案包括 12~20 节课程（加上辅助课程）。March 和 Mulle（1998）提供了治疗师在治疗过程中需要遵循的具体要求，包括目标设定、课程回顾、新材料的介绍、课程练习的协助、家庭作业以及自我监测的规则。家长会在第1、7、12和19节课程中参与。研究者鼓励治疗师在每两节课的中间打电话给来访者，以检查他们在家练习暴露和反应预防的情况。

社交焦虑症的治疗

Albano和DiBartolo（2007）制定了一份用于治疗患有社交焦虑症的13~18岁青少年的治疗师指南。基于CBT技术，将5~7名青少年组成一组，学习如何应对各种社交场合。治疗方案分为两个阶段，即技能培养和暴露。技能培养课程包括认知重构、问题解决、社会技能和自信训练。小组成员系统地完成可能导致恐惧或回避的社会情境的暴露练习。必要时，小组成员的父母也会参与课程，接受有关治疗目标的教育，包括如何改善亲子沟通以及如何为儿童提供更多的支持。治疗师手册概述了每节课程的内容，并提供了对话、角色扮演和家庭作业的示例。Albano和DiBartolo（2007）还在个人治疗背景下提供了针对8~12岁儿童的治疗建议。

学龄青少年抑郁症和焦虑症的治疗

先前讨论的抑郁症和焦虑症的治疗方案包含具体的行为策略和认知策略，强调学习认知技能和行为技能来应对抑郁和焦虑症状。CBT基于这样一个假设：症状是由认知模型的4个方面的缺陷引起或维持的：（1）认知；（2）情绪；（3）行为；（4）环境因素（Reinecke & Ginsburg，2008）。

针对抑郁症的CBT驳斥并重构了儿童或青少年的抑郁认知（"我是无能的"；"我不值得被爱"），并增加了愉快事件的参与度（Beck，1995；Compton et al.，2004）。在针对抑郁症的CBT干预措施中，最常见的认知成分包括问题解决、自我监控、情感教育和认知重构。常见的行为成分包括活动规划、放松训练、行为演练和实验、强化以及示范（Maag & Swearer，2005；Maag et al.，2009）。现有研究发现，行为治疗是有效认知治疗的必要前提（Stark, et al.，2006，1996）。这种先学习行为技术再学习认知技术的顺序有助于儿童和青少年在接受教育之前改善情绪，并帮助他们从认知重构中获益。

焦虑症的治疗机制涉及转变个体逃避威胁性情境的倾向（Rapee et al.，2000）。针对焦虑症的CBT通过暴露和其他技术（例如，思维练习、奖励、表扬和差别强化；Chorpita，2007）促进恐惧的习惯化或消退（Compton et al.，2004）。Chorpita确定了针对焦虑症的CBT中常见的5个成分：（1）心理教育；（2）躯体症状管理；（3）认知重构；（4）暴露；（5）预防复发。最常见的行为成分包括暴露、示范、放松训练、系统脱敏、消退、后效管理、强化和奖励。其他常见的认知成分是自我监控和认知重构。以下是对常用的治疗抑郁症和焦虑症的CBT技术的详细描述。

行为策略

活动规划

被诊断出患有抑郁症的儿童和青少年在面对其他人以及社交场合时倾向退缩，并且不会像在抑郁症发作之前那样愉快地进行活动（Stark，1990）。因此，在治疗初期就开始进行活动规划，可以增加青少年的社交互动并减少其退缩行为（Friedberg & McClure，2002）。活动规划包括有意识地计划愉快的或目标导向的活动，以及有关情绪与行为之间联系的心理教育（Stark，1990）。治疗师向来访者和家长强调参加愉快活动的重要性，并和来访者一起列出一份让来访者感觉愉快的活动清单（Reinecke & Ginsburg，2008；Stark，1990）。最初，抑郁的青少年可能很难进行愉悦的活动。治疗师需要询问他在抑郁发生之前觉得愉快的活动。例如，儿童以前可能喜欢在外面玩。治疗师的作用还在于确保家长或监护人可以帮助儿童进行清单上的活动。治疗师可能还需要创建一系列循序渐进的步骤，以帮助儿童或青少年最终能够进行愉快的活动（Friedberg & McClure，2002）。例如，假设一个儿童曾经跳过芭蕾舞，但她现在不再觉得芭蕾舞课令人愉快。在制定再次参加芭蕾舞课的步骤时，第一步可能是打电话给芭蕾舞教师并报名上课，然后是女孩去上第一堂课，以此类推。

根据来访者抑郁的严重程度，活动规划可能需要非常详细（Stark，1990）。最终，来访者被要求通过评估他在进行愉快活动前后的情绪，从而自我监控参与愉快活动的情况（示例见图 26.1）。这种自我监控技术能够帮助患有抑郁症的青少年在其情绪和行为之间建立联系，并确定情绪变化与他们完成的活动有关（Stark，1990）。

星期一	星期二	星期三	星期四	星期五	星期六	星期日
活动前情绪评级：4 放学后打篮球 活动后情绪评级：6	活动前情绪评级：3 在车库帮爸爸干活 活动后情绪评级：5	活动前情绪评级：5 家庭游戏之夜（纸牌） 活动后情绪评级：7	活动前情绪评级：6 和 Steve 一起玩电子游戏 活动后情绪评级：7	活动前情绪评级：7 野营旅行 活动后情绪评级：8	活动前情绪评级：7 钓鱼和徒步旅行 活动后情绪评级：9	活动前情绪评级：8 离别旅行 活动后情绪评级：6 和朋友打电话聊天 活动后情绪评级：7

（1＝低；10＝高）

图 26.1 带有情绪评级的愉快事件安排的示例

患有抑郁症的青少年也可能会觉得自己不喜欢列出的某一项活动，但是通过自我监控和行为实验，他将意识到自己做出消极预测的倾向，并能够检验这些预测的真实性（Friedberg & McClure，2002）。请思考以下示例：

治疗师：你觉得你会喜欢和我一起玩跳棋吗？

Rob：不太喜欢，如果让我评级的话大概是 3。

治疗师：你对玩跳棋有什么想法？

Rob：我玩游戏水平很差。我赢的唯一办法就是运气好或者别人搞砸了。

治疗师：这些想法让你有什么感觉？

Rob：沮丧。

治疗师：所以，Rob，你预测自己在玩跳棋时不会感到开心，并且你有"我玩游戏水平很差"这样的想法，这让你感到沮丧。如果我们测试一下你的这些想法然后试着玩一会儿呢？（和 Rob 一起玩跳棋。）Rob，我注意到你正在微笑，并且在我们比赛的过程中你有几次笑出了声，所以你刚刚玩跳棋的时候有多开心？

Rob：我猜比我想的要多，可能是 6。

治疗师：6 代表你在玩跳棋时感到的乐趣比你预想的 3 要多。

Rob：嗯，我想是的。

放松

放松技巧对患有抑郁症和焦虑症的青少年很有用。放松训练有助于青少年应对令人厌恶的身体唤醒水平（Stark et al.，1996）。放松训练可以帮助青少年学会注意自己的身体紧张，并认识到这是他所患疾病的一种症状（Weissman et al.，2002）。在课程中应该包括对放松技巧的教学以及练习（Beck，1995）。治疗师使用渐进式肌肉放松法，通过指导儿童或青少年先紧绷每个部位的肌肉，然后放松，来帮助他们达到放松状态。放松策略可以以渐进形式呈现，尤其是对于较年幼的儿童，因为紧绷和放松肌肉对他们来说可能有些难度（Friedberg & McClure，2002；Weissman et al.，2002；Wright et al.，2006）。治疗师应确保自己的放松训练脚本适合儿童的发展水平，并使用隐喻或类比来帮助年幼的儿童理解放松技巧（Chorpita，2007）。例如，治疗师可以教他假装用双手挤压柠檬或用脚踩虫子，而不是直接说让儿童绷紧某一部位的肌肉。有关放松训练的详细脚本，请参阅 Wright 等人（2006）。

系统脱敏法(分级暴露)

系统脱敏法通过逆条件作用减少恐惧感和焦虑感。当青少年逐渐暴露在引起恐惧的情境中时(在此称为暴露等级)，治疗师会教他们放松从而抑制焦虑(Friedberg & McClure, 2002; Wright et al., 2006)。在建立暴露等级(恐惧阶梯)时，第一个目标是与儿童或青少年一起列出恐惧的条目清单。每个步骤中的刺激都应该具体描述，然后根据儿童或青少年的恐惧程度，使用主观痛苦感觉单位量表(subjective units of distress, SUDS; Masters et al., 1987)进行评分(例如 1～100；1～10; Friedberg & McClure, 2002; Wright et al., 2006)。儿童或青少年应该熟悉他的评分系统(例如恐惧温度计)，并在对目标刺激进行排名之前先练习对非目标刺激进行排名(Chorpita, 2007)。在建立恐惧等级时，应当在同一问题或范围内进行(例如，仅限社交恐惧症刺激)。如果需要的话，可以使用一个新的恐惧阶梯来列出其他存在问题的领域。在设置恐惧阶梯时，青少年至少应确定 10 个条目(示例见图 26.2)。治疗师可以使用便签纸在一侧写下每个已确定的刺激，在另一侧写下恐惧等级。然后，按照最不容易引起焦虑到最容易引起焦虑的顺序，将这些恐惧条目进行等级排列。如果确定的刺激少于 10 个，那么在相同的恐惧刺激中寻找衍生刺激可能会有所帮助(Chorpita, 2007)。例如，在一个人面前演讲；在几个人面前演讲；在全班同学面前演讲，都是"担心公开演讲"这一恐惧刺激的不同形式。

邀请某人过来玩电子游戏	10
给同学打电话	10
午餐期间与另一个孩子交谈至少 5 分钟	9
在自助餐厅向陌生人介绍自己	8
在自助餐厅吃午餐	7
给 3 个孩子介绍我正在玩的电子游戏	6
问另一个孩子周末做了什么	5
问另一个孩子："我可以借支铅笔吗?"	5
跟数学课坐在我后面的那个孩子打招呼	4
向我的老师打招呼	3

图 26.2　恐惧阶梯示例

行为演练/实验

行为实验通过验证消极认知的正确性来改变儿童或青少年的行为，从而改变他的思维(Stark et al., 1996)。例如，治疗师可以设计一个实验，来直接验证儿童或青少年对自身任务执行能力或对某一事件的结果做出的消极预测的正确性(Beck, 1995)。在行为任务期间(比如邀请朋友过来玩或填写求职申请表)，治疗师会向青少年提供关于他的行为实验的反馈。治疗师指出与青少年思维模式不一致的信息(Stark, 1990)。在安排课后行为计划之前，治疗师应与青少年进行角色扮演，以确保他能够进行这些活动。治疗师还需要提供反馈、探寻阻碍活动完成的部分并提供指导。青少年应该通过预测他期望的反应来引导角色扮演，然后在各种情况下进行角色扮演(即最佳情况、最坏情况和最有可能的情况; Wright et al., 2006)。对被诊断患有焦虑症的青少年进行的行为实验也被称为暴露。

暴露

暴露程序得到了最多的实证支持(e.g., Foa et al., 2003)，是青少年焦虑干预中的关键治疗成分(Silverman & Kurtines, 2001)。例如，Chorpita 和 Southam-Gerow(2006)发现，在超过 35 项的对照研究中，暴露都可以有效地减少焦虑。基于暴露的焦虑干预包括让儿童或青少年真实地(实景暴露, in vivo)或假想地(想象暴露, in vitro)暴露于令人恐惧的刺激下，以减轻他们对刺激物的焦虑(Chorpita, 2007; Compton et al., 2004)。暴露是在恐惧刺激等级中完成的，因此，来访者首先暴露于引起较少焦虑的刺激，之后再暴露于越来越能够引起焦虑的刺激（Chorpita，2007；Compton et al.，2004）。在想象暴露练习中，治疗师通过描述一个场景，由青少年仔细聆听并想象场景的细节，从而让青少年暴露在恐惧刺激之下。这对不容易实施实景暴露的情况很有帮助（Chorpita，2007）。

暴露和反应预防在 March 和 Mulle（1998）的强迫症治疗方案中起着关键作用。暴露在恐惧刺激下会产生令人厌恶的生理反应；然而，由于反复暴露于恐惧刺激之下，人体最终会重新回到平衡状态。因此，在暴露之后，来访者意识到自己可以面对并克服恐惧的刺激（Wright et al.，2006）。反应预防意味着在实景暴露或想象暴露期间不允许来访者采取习惯性行为或强迫行为（March & Mulle，1998）。

后效管理、强化和奖励

儿童的行为可以通过后效管理、强化和奖励来塑造。治疗师可以通过后效管理（即将重点放在行为的结果上）来使用强化、塑造和消退技巧（Kendall et al.，2000）。照料者和教师在忽略不良行为的同时，需要为青少年的期望行为提供积极强化（Farris & Jouriles，1993；Friedberg & McClure，2002）。父母是儿童将在治疗期间习得的技能泛化到自然环境中的纽带（Stark et al.，1996）。为了逐步塑造期望行为，我们可能需要制定并强化分步步骤或确定期望行为发生的目标时间段。在进行后效管理时，可以使用"如果-那么"（if-then）策略。例如，被诊断为患有社交恐惧症的 Julie 逃避上学，一个可能的后效是："如果 Julie 今天准时上学，那么她可以决定家里的晚饭吃什么。"

对于被诊断为患有焦虑症的青少年，父母和其他家庭成员可能常常无意间强化了儿童的回避行为或减少焦虑的习惯行为。治疗师应实施家庭焦虑管理课程以提高治疗效果（Barrett et al.，1996），并建立一个克服焦虑的团队（March & Mulle，1998）。例如，有一个被诊断为 OCD 的青少年，他因为细菌强迫一直寻求安慰。当他询问父母"这样干净吗？"时，如果父母回答了，他们就在无意中强化了青少年对细菌的恐惧。在家长课程上，治疗师应教导父母学会忽略这些行为（即消退），并强化好的习惯和更期望的行为（例如，青少年触摸他认为可能被污染了的物体）。

示范

示范的基础是 Bandura（1986）的社会学习理论，用于治疗患有抑郁症和焦虑症的青少年。治疗师或成年人通过口头表达他对问题或情况的想法，为儿童或青少年示范其他适应性的想法。当应对思维和问题解决能力被示范出来时，患有抑郁症的青少年将学习到更具适应性的思维方式（Stark，1990）。示范可以通过观察法或替代法来完成，也可以使用视频进行演示。当为患有焦虑症的青少年进行示范时，治疗师可以帮助他们学习如何适应恐惧刺激（Weissman et al.，2008）。例如，在治疗对狗患有恐惧症的 Lydia 时，治疗师首先和 Lydia 一起观看某人与狗嬉戏的视频。在提供示范时，治疗师可以让 Lydia 观察视频中的人示范的恰当的应对方法，也可以大声地说出应对策略。接下来，将示范和暴露结合起来（Chorpita，2007）：将一只狗带入房间，治疗师一边抚摸狗，一边向 Lydia 说出恰当的应对策略。

认知策略

问题解决

问题解决的直接教学和练习可以帮助缺乏技能的青少年有效地解决问题（Beck，1995）。把问题解决的方法教给青少年，有助于扩展他们的思维，为他们提供另一种应对策略，并赋予他们自我帮助的能力（Stark，1990）。问题解决分为多个部分（Kendall et al.，2000；Stark et al.，1996），目的是教青少年如何思考他们遇到的问题和压力情境，而不是告诉他们应该思考什么（Reinecke & Ginsburg，2008）。游戏在传授问题解决模式（例如积木，跳棋）方面特别有用，因为它们提供了一种在课堂上传授问题解决的具体方法。治疗师可以通过游戏传授给学生使用问题解决策略的实际意义，并通过游戏的自然结果（例如，积木块掉落）提供即时反馈。一旦学会了问题解决的步骤，治疗师会先引导青少年思考假想的问题解决情景，然后引导他们解决自己的问题（Stark et al.，1996）。以下是 Kendall 等人（2000）将问题解决分解为多个组成部分的一个示例（另请参阅 Bushman & Gimpel Peacock，本书第 25 章）：（1）问题是什么？（2）我有什么选择？（3）如果我做这些事情会发生什么？（4）哪种解决方案最有效？（5）它是如何起作用的？

情感教育

通过情感教育，来访者学会识别自己的情绪和伴随的躯体特征。例如，在针对抑郁症女孩的ACTION 治疗计划中，来访者被要求通过使用"3 个 B"来识别自己的情绪：身体（body）、大脑（brain）和行为（behavior）。她们被教导要注意自己的身体在做什么、在想什么以及她们是如何表现的（Stark et al.，2008）。情感教育首先是抽象的。治疗师描述他人的情绪，让青少年学会识别愉快和不愉快的情绪。然后治疗师会开展一些活动，来帮助青少年学习识别和标记自己的情绪。儿童或青少年通过图片、杂志、书籍和其他活动来学习识别情绪。使用情感字谜游戏来对他们的情绪和肢体表达进行角色扮演，是一种有效的情感教育活动（Kendall et al.，2000；Stark et al.，1996）。情感字谜游戏可以让青少年学会识别他情感的线索或触发点（Stark et al.，1996）。

自我监控

自我监控指的是有意识地观察自己（Stark et al.，1996）。在 CBT 中，自我监控包括识别自己的想法、感受或行为（Friedberg & McClure，2002；Stark，1990；另请参阅 Hoff & Sawka-Miller，本书第 20章）。在治疗过程中，可以对目标行为进行自我监控，例如参与令人愉快的活动的时间或花费在习惯行为上的时间。自我监控还被用作识别思维模式的一种工具，其目的是最终帮助青少年发展和利用更现实或适应性更强的思维代替适应不良的思维。例如，一个患有抑郁症或焦虑症的青少年可能会被要求用思维记录表写下他的想法、感受和行为（见图 26.3）。自我监控是一项艰巨的任务，因为儿童或青少年可能感到羞耻、恐惧或绝望以至于无法报告自己的想法、感受和行为。如果是这样的话，治疗师必须找出阻碍青少年自我监控的抑郁症状，积极帮助儿童或青少年进行自我监控。例如，如果来访者表示他担心透露自己的想法，则治疗师应质询这些信念（例如，"如果你告诉我你的想法，你会害怕发生什么？"；Friedberg & McClure，2002）。

日期	情境	想法	恐惧评级（1~10）	更实际的想法	恐惧评级（1~10）
11/19	在全班同学面前朗读	我会搞砸的	7	我以前做过，也没那么糟。实际上我做得很好	3

图 26.3　焦虑症青少年的思维记录表样本

儿童自我监控并不像大多数青少年那样直接。Friedberg 和 McClure（2002）提供了自我监控任务，这些任务是儿童学习他们所处情境、想法、感受和行为之间关系的创造性方法（例如，"追踪恐惧"记录表；Friedberg & McClure，2002）。除了监控想法、感觉和行为之外，患有抑郁症的青少年还可以追踪现实生活中发生的积极事件，以便反驳他们的消极信念（Stark et al.，1996）。患有焦虑症的青少年通过使用恐惧温度计（Friedberg & McClure，2002）或 SUDS 评分（Masters et al.，1987；参阅图 26.2）来自我监测他们的恐惧和焦虑程度（例如 1~10、1~100）。

识别自动思维和认知扭曲

教导青少年识别和改变适应不良的思维模式是很重要的，因为这些思维模式强化并加剧了他们的抑郁和焦虑症状。在治疗过程中有时需要激发和识别自动思维（例如，当治疗师注意到治疗过程中的情感变化时）。有关引发自动思维的更详细的技术，请参阅 Beck（1995）。治疗师还应进行引导性发现，使用苏格拉底式提问引导来访者了解其适应不良的思维模式（Reinecke & Ginsburg，2008）。通过使用苏格拉底式提问，青少年了解到他的自动思维是有待检验的假设（例如，"有什么证据可以证明这一点？""如果用 0~100 进行评定，你有多相信这个想法？""如果你的朋友遇到相同的情况，你会对他说什么？"）。

自动思维的特征通常是消极思维偏差或错误，称为认知扭曲（cognitive distortions）。治疗师需要识别来访者的认知扭曲是否符合其发展水平。认知扭曲的例子包括灾难化("我无法完成这项任务")、全或无思维("我必须得 A，否则我就是个彻底的失败者")、个人化("我一定是让她生气了，这就是她不向我招手的原因")、贴标签("我是个坏人")以及低估正性信息("我赢了那场比赛，但只是因为我运气好")。有关认知扭曲的完整列表，请参阅 Beck(1995)。

认知重构

认知重构包括识别扭曲的想法，使用策略来评估并用更理性或适应性更强的想法来代替它们(Chorpita，2007；Weissman et al.，2008)。患有抑郁症的青少年的认知重构有助于识别和改变对自己、他人和周围世界的不切实际的消极想法。患有焦虑症的青少年的认知重构有助于识别与恐惧和威胁感相关的想法和观念(Chorpita，2007；Weissman et al.，2008)。当确定了自动思维的功能不良时，治疗师应评估来访者对自动思维的相信程度。以 Sara 为例，她是一名被诊断为患有抑郁症的 12 岁女生。

治疗师：Sara，我注意到你在描述要转学时，心情有所变化。你在想什么？

Sara：我无法适应新学校。

治疗师：你有多相信"我无法适应新学校"这个想法？

Sara：很相信，评级大概是 7。

治疗师：当你脑海中出现这个想法时，你的感受如何？

Sara：担心，评级在 6 或 7。

因为 Sara 相信自己的想法并为此感到苦恼，所以治疗师继续评估 Sara 的信念。Sara 被告知，她的想法是一个有待检验的假设，并被要求寻找与她的想法一致和不一致的证据。

治疗师：我可以想象，如果你认为自己不能适应新学校，你可能会感到难过。让我们探究一下这个想法，然后看看你是否真的适应不了。

Sara：好的。

治疗师：你有什么证据表明你不能适应新学校？

Sara：我在那里不认识任何人，而他们可能彼此认识很久了。

治疗师：好的，你觉得你适应不了，是因为你不认识新学校的任何人，而他们可能已经认识了一段时间，是吗？

Sara：是的。

治疗师：好的，我们把它写在"支持想法的证据"一栏里。你还有什么其他证据表明你不能适应？

Sara：(停顿)可能就只是这样，我不认识任何人。

治疗师：那么，让我们看看你有什么证据能证明你可以适应新学校。

Sara：也许会有一个很友善的人与我交朋友。

治疗师：好的，让我们在"反驳想法的证据"一栏里写下"可能会有一个友善的人与我成为朋友"。还有什么？

Sara：嗯，这是一个新学年，因此可能会有其他转学生。

治疗师：好，我们也把它加到表格中。Sara，你提到你今年夏天加入了一支新的足球队，并且和队里的女孩是朋友。你认为你交朋友是因为每个人都很好还是你觉得交朋友很容易？

Sara：嗯，一开始并不是团队中的每个人都那么好。我想我很容易结交朋友。我被选为了队长。

治疗师：好的，让我们把它加到表格中。你是否曾经认识新的人并与他们成为朋友？

Sara：我想是遇到住在我家附近的女孩 Trish 和 Rebecca 时。

治疗师：让我们把它加到表格中。在收集了支持和反驳该想法的证据之后，你认为现在"自己不适应新学校"的想法有多少？

Sara：没有那么多了，大概是 2。

治疗师：你现在的心情如何？

Sara：我不再感到担心了。虽然可能需要一些时间，但我知道我可以交到朋友。

如果 Sara 仍然相信自己的想法并为之苦恼，那么治疗师将继续通过询问以下问题对该想法进行合理分析：

1. 支持这个想法的证据是什么？

2. 是否有另一种你未曾想到的看待这种情况的方式？

3. 如果这个想法是正确的，那么最糟糕的情况是什么？你能应对吗？最有可能发生什么？

4. 如果你改变了这种想法，将会发生什么？

5. 你应该如何处理这种情况？

6. 如果是你的朋友处于相同的情境，你会对他说什么？（Beck，1995）

其他认知重构策略包括识别认知错误、重新归因、连续体技术、形成积极的自我陈述、思维阻断以及制定应对计划（Friedberg & McClure，2002；Kendall et al.，2000；Wright et al.，2006）。功能不良思维记录表（dysfunctional thought record，DTR）也可用于帮助青少年评估和应对其自动思维，并且可以作为有效的家庭作业。有关 DTR 示例的信息，请参阅图 26.4（Beck，1995）。此外，请参阅 Beck（1995）中的 DTR 指南。

日期	情境	自动思维	情绪	适应性反应	结果
02/24	转到新学校	我无法适应	担心（6~7）	实际上我很容易交到朋友。这可能需要一点时间，但我知道我可以在这里交朋友	对第一天上学的担心减少了

图 26.4　Sara 的功能不良思维记录表

结论：测评和治疗对学校心理学家的意义

学校心理学家是接受过青少年抑郁症和焦虑症测评、诊断和治疗培训的一线专业人员。正如 Merrell 及其同事（2006）提出的那样，学校心理学家的角色和功能涵盖了预防、降低风险、干预和治疗的各个层面。我们还建议学校心理学家将学校和家庭与社区精神卫生机构和社区治疗提供者联系起来，以便维持治疗效果。认知行为治疗已被证明是有效的，并为学校心理学家提供了用于治疗儿童和青少年的抑郁症和焦虑症的策略。准确的测评会带来准确的诊断，从而为学龄青少年的焦虑和抑郁的有效认知行为治疗提供最佳实践。

第 27 章

应对严重的挑战性行为和暴力行为的策略

Lee Kern

Jaime L. Benson

Nathan H. Clemens

对于教育工作者来说，学生存在严重的问题行为是一个很大的挑战。教师认为他们的主要职责是提供学业上的指导，当学生出现问题行为时，会对教师的日常工作造成困扰。进一步讲，教师和其他学校工作人员通常会觉得自己的知识储备不足，难以对严重问题行为进行干预（e. g. , Elam & Rose, 1995；Fink & Janssen, 1993；Mastropieri & Scruggs, 2002）。如果没有有效的策略来应对这种挑战，儿童的行为问题可能会持续加剧（e. g. , Dunlap et al. , 2006）。

同样令人担忧的是，许多学校过分依赖惩罚性的、消极的甚至是强制性的策略（Gunter & Coutinho, 1997；Gunter et al. , 1993；Shores et al. , 1993）。例如，当学生出现严重的问题行为时，教师通常会启用惩戒性程序，这在师生互动以及学校、地区的政策中都有所体现。一个清晰易懂的案例是排他性策略，这类策略往往在不考虑如何最好地满足学生需求的基础上转嫁责任，例如零容忍和自动停学、开除或将学生转移到临时或替代环境中的相关做法。事实上，这些惩戒策略的频繁使用会导致可用教学时间的缺失，并使学生面临更高的辍学风险（Eckstrom et al. , 1986；Wehlage & Rutter, 1986）。开除一个能力不足以胜任学习的学生，不符合学生或者社会的最大利益。同样地，当学生被安置在一个替代环境中时，尽管成年人完全不熟悉学生的行为和心理需求，但他们有责任区分必要的和有效的支持。这些常规操作虽然有法律支持，但并不能提供有意义的、能够长期解决严重问题行为的干预和支持，事实上，它们往往会加剧学校问题行为（Mayer & Butterworth, 1979）。

虽然存在上述阻碍，但近几年的干预措施已经取得了很大的进展。目前的预防和问题解决模式对于避免和减少即使是最严重的问题也非常有前景。美国的学校已经开始进行系统性的变革，包括通过多级支持，以一种积极的、预防性的方法来解决问题行为（e. g. , Horner et al. , 2005），从而为最有需要的学生提供更多的资源和专业知识。伴随着这些激动人心的变革的出现，学校心理学家成为了指导重要进展的绝佳人选。在本章余下的部分，我们将讲述如何制定能成功解决严重挑战性行为的支持方案。首先，我们概述了暴力行为的本质，其次，对有效干预的关键特征及基本的支持成分进行了介绍，最后，我们就评估进度和结果的重要性进行了讨论。

严重问题行为的复杂性

许多问题行为虽然对环境具有破坏性，但并不严重。Janney 和 Snell（2000）提供了一个有效的启发式系统，可对问题行为的优先级进行排序。分心行为（包括不适当的互动、拍手等）虽然偏离了预期规范，但基本不会干扰学习或日常活动，因此应该被视为干预优先级最低的行为。捣乱行为（例如，拒绝完成作业、大呼小叫等)是第二优先级的行为,这类行为不会对学生或其他人构成直接威胁,但会干扰学习和环境。最后,破坏性行为(例如,攻击性行为、损坏财产、带管制器具去学校、自伤等)应该是干预优先级最高的行为,因为它是有害的,并且会威胁到学生或其他人的安全。严重的行为问题属于最后一类。出于多种原因,这样的行为问题很复杂。首先,它们存在多种形式,比如,可能以攻击行为或损坏财产等形式出现的外显行为。外显行为,顾名思义,是指很容易被观察到的行为。有些时候,严重的问题行为是内隐的,由于时间或者环境的混淆,这些行为不能被轻易观察到。诸如破坏公物、骚扰、偷窃、自伤、滥用药物等行为就经常出现在私人环境中。在干预过程中应用问题解决方法,需要对引发、加剧或强化问题行为的环境事件进行了解。对于内隐行为,相关事件可能从来没有被观察到过,因此,需要采取不同的方法来评估和制定干预措施。可选择的评估程序可能包括模拟评估、自我监控、自我报告和信息提供者报告(Skinner et al.,2000)。干预可能也依赖于额外的社区资源以及与非典型干预人员的合作,比如公共汽车售票员和食堂工作人员,他们可以观察到学生在教室外的行为表现。

除了形式多样以外,严重问题行为的频率也使得测评和干预更加复杂。与开小差、大呼小叫或打断课堂这些更常见、更频繁发生的行为不同,严重的问题行为出现的频率往往较低。一个青少年可能在一年内只偷几次财物,或每几个月参与一次斗殴。与内隐行为一样,低频行为的干预也更困难,因为要确定行为与环境事件之间的关系并不容易。具体来说,由于可获得行为的样本很少,因此,很难确定相关前提事件与结果事件之间的关系。

另一个问题与处理严重挑战性行为所需的资源有关。通常,严重问题行为不会突然出现,而是以温和的形式开始,并随着时间的流逝而加剧(Dunlap et al.,2006)。考虑到这类问题行为在过去也出现过,干预也必须相应加强。此外,严重的问题行为通常是由多种因素共同引起的,其中最常见的是无效的教养方式、生活质量低下、学习成绩差和缺乏沟通技巧。因此,成功的支持必须以适合问题行为的多个领域为目标。这意味着全面干预需要进行跨看护系统的合作与沟通,而这需要时间与规划。包括学校心理学家在内的心理健康服务提供者,很少在时间、人员和专业知识方面分配强化干预所需的资源。

最后一个问题是,严重问题行为的剧烈性会引起其他人的反应,而这些反应可能在无意中促进了问题行为的维持。例如,在面对欺凌或恐吓时,同龄人可能会屈服于有攻击性的学生的要求。同样地,当父母或其他成年人屈服于儿童多次出现的不良行为,使问题行为得到强化时,可能会出现胁迫性的互动循环(e.g.,Patterson,1982 et al.,& Dishion,1992)。在课堂上,教师也可能会避免引发问题的情况,例如要求学生完成他认为困难的作业。久而久之,这些自然的反应会使得问题加剧,因为儿童没有学会以社会适应的方式来适应环境或与他人有效地交往(e.g.,Walker et al.,1995)。而且,妥协情境(如缺乏要求的课堂)的频繁出现,会导致学生缺乏后期取得成功所需的学业技能。

严重行为问题干预的一般特征

数十年的研究使得人们对如何最有效地减少问题行为有了更好的理解。我们从成功和失败的干预中学会了许多。基于研究结果,有几个基本干预成分似乎长期以来都是成功的。其中一个重要的特征是,干预必须个性化。近年来,许多学校、地区甚至整个州都采取了一种多层次的预防性惩戒措施,即全校范围积极行为支持。正如 Ervin 等人在本书第 1 章以及 Hawkins 等人在本书第 2 章所指出的,第 1 层级的干预是发生在学校水平上且面向所有学生的。学校的大部分学生(约 80%)将对这一层级采取的预防策略做出响应。

那些持续表现出明显的问题行为的学生(约 15%)会接受第 2 层级的干预。在这一层级中,干预针对的是小规模学生群体或有问题的特定学校环境。第 2 层级干预措施的例子包括小组社会技能训练、学业技能练习或减少噪音的自助餐厅奖励制度。

当学生对第 1 层级和第 2 层级的干预都没有响应时，则需要进行第 3 层级的干预。另外，对于存在严重问题行为的（例如，暴力行为、自伤）的学生，无论是否使用了较低强度的干预措施，都需要立即进行第 3 层级的干预。这一层级的干预措施是个性化的，可以根据学生的特定缺陷进行调整，并利用他的优势。这类干预措施通常包括预防性策略（例如减少需要完成的学业问题、定期休息）、替代技能教学和响应教学（例如提醒学生申请休息的提示卡、学业技能教学）、响应策略（例如给家里打电话、出现攻击行为就扣分）。

第 3 层级干预的另一个关键特征是它必须基于测评。也就是说，正如 Jones 和 Wickstrom 在本书第 12 章中所介绍的那样，干预应该来自功能性行为测评（functional behavioral assessment；FBA）。FBA 能够生成几种类型的信息，这些信息对制定干预措施非常重要（e.g.，Bambara & Kern，2005）。第一，它分离出了与问题行为相关的直接环境变量，能够识别问题行为的前提事件和结果事件，并在之后进行修改。例如，学生在出现攻击行为或打架之前，可能被同伴嘲笑了；或者自伤行为可能会使一项困难任务被取消。基于这些重要的测评信息，可以设计出具体且有效的干预措施。第二，FBA 能够识别需要干预的技能缺陷。包括社会技能、学业技能或自我控制。第三，FBA 包含检查总体生活质量的措施（e.g.，Sacks & Kern，2008）。有许多品质能够使生活变得有意义，例如对人际关系的满足、定期参加娱乐活动和自我决策。生活质量低下会引发和维持问题行为。

最近几项研究比较了基于功能性测评的干预与不基于功能性测评的干预，说明了 FBA 对制定干预措施的重要性。Newcomer 和 Lewis（2004）以及 Ingram 等人（2005）使用 FBA 对问题行为进行了分析，并制定了与所识别功能相匹配的相关干预措施。将这些干预措施的有效性与匹配了替代功能的干预措施的有效性进行比较后发现，功能干预优于非功能干预。

对严重问题行为进行评估，除了能识别可能导致问题行为发生的环境因素外，还可以识别发生在严重挑战性行为之前的先兆行为。这些先兆行为或许不那么强烈，但它们非常有用，因为它们的发生频率通常比严重问题行为更高。例如，尽管攻击行为发生的频率可能很低，但通常会导致攻击行为的同伴争执出现得非常频繁。以这种方式关注先兆行为，可以帮助我们更轻松地识别出严重问题行为的相关因素。此外，先兆行为可以预示严重问题行为何时可能发生或加剧。当工作人员发现了先兆行为并能稳定地识别它们时，就可以采取测量方法或干预措施来缓和形势或防止问题行为进一步恶化。

严重问题行为的干预也必须长期实施。大多数时候，从业人员会寻求一种快速解决方案，并认为如果干预措施无法使问题行为迅速减少，那它就是无效的。考虑到严重问题行为通常会对个体和环境造成损害，这种做法不足为奇。同时，要记住的是，严重问题行为通常是由较小的问题行为演变而来的，并且可能已经经历了长时间的强化。随着时间的流逝，学生会了解到，特定的行为形式可以有效地获得他很想要的东西或避免他非常讨厌的东西。因此，想让学生很快忘掉这些已习得的东西是不切实际的，必须制定并练习沟通和处理挫折的新方法，而这可能会花费大量时间。同样，发展技能和改善生活质量的过程也可能相对较慢。总体而言，新出现的证据表明，干预支持需要长期适当地实施，并进行适度调整以适应新的环境，例如不同学年的教室变动（e.g.，Kern et al.，2006）。

严重问题行为也需要多成分干预。大量研究清楚地表明，仅对行为进行响应的方法（通常是惩罚，例如停学）只存在短期的效果（e.g.，Mayer & Butterworth，1979；Mayer et al.，1983）。相反，能够长期解决问题行为的干预一定是多成分的，并且一定包含能够防止问题出现的策略、沟通缺陷和其他技能缺陷的教学、不会强化问题的其他响应方法并且能够考虑到生活方式问题。在本章后面会对多成分干预进行更详细地描述。

有效干预的最后一个特征是在多个情境中实施。这个特征之所以重要，有以下几种原因。第一，如果问题行为被准许在一种情境中出现（例如，数学课），却在另一种情境中被禁止（例如，英语课），它们通常会变得更顽固。例如，假设 Oberto 的数学老师为了避免他在做课堂作业时发脾气，允许他在课上玩电子游戏，但他的英语老师要求他完成作业，那么问题行为就更有可能持续存在。更具体地说，因为 Oberto 还不完全清楚何时能通过问题行为得到他想要的（例如，逃避困难任务），他将继续在新的情境中进行测试。

跨情境实施很重要的第二个原因是，当导致问题行为的所有变量都得到处理或消除时，干预才是最有效的。例如，Jenna 在每次被要求完成假期活动时都会出现小的问题行为。在有关活动顺序选择、高赞扬率和任务完成要求的干预措施下，问题行为变得不那么频繁。尽管如此，只要她前一天晚上没有睡好觉，第二天就会出现攻击行为和自伤等严重问题行为。这种情况通常发生在她没有按时睡觉或者熬夜看电视之后。因此，除非在家中和学校都进行干预，否则她的问题行为无法得到充分解决。

跨情境实施干预的第三个原因是，干预成分可以互补。在具有内化性问题的中学生 Tessa 身上，跨情境的干预得到了成功的实施。Tessa 经历了严重的焦虑，并常常伴有自伤行为（抓自己，导致出血和组织损伤），这与她所说的"在课堂上被点名看起来很愚蠢"有关。因此，为了逃避这种情况，在参加可能会被点名回答问题的课程时，她开始逃课并躲在卫生间或学校的图书馆里。在确定了问题的根源之后，我们制定了一套干预方案，其中包括每天在学校实施密集的阅读干预，以提高她的口语阅读流利度。除此之外，Tessa 的每一位任课教师都会给她一份问题清单，这些问题在第二天上课时可能会问到。每天晚上，她的妈妈都会和她一起找出问题的答案并练习回答问题。这种在家里和学校实施的学业补救和预练习干预措施的结合，足以提高她的课堂出勤率，并使她能够像其他同学一样参与学业活动。

严重问题行为的测评

有效的干预是从对行为的测评开始的。为了最有效地解决问题行为，从业人员应采用 FBA 对严重挑战性行为和暴力行为进行测评。有效 FBA 的要素已经在多篇优秀的文章中（Jones & Wickstrom，本书第 12 章；Kern et al.，2005；O'Neill et al.，1997）进行了描述，因此本章不再赘述。但是，如前所述，严重问题行为和暴力行为给测评带来了一些独特的挑战。在测评过程中，教育工作者必须考虑使用新的和不同的方法来收集行为发生率及其周围变量的数据，尤其是行为发生率非常低或行为通常以隐蔽的方式出现时。在下面的章节中，我们描述了在使用 FBA 对严重问题行为和暴力行为进行测评时可能需要考虑的注意事项和适当调整。

数据收集

在测评严重挑战性行为和问题行为时的第一个注意事项是数据收集方法，尤其是当行为发生率很低时。在一些情况下，可能需要对单次行为（例如违规携带管制器具）进行测评。因此，当问题行为发生时，重要的是尽可能多地收集相关信息。使用结构化框架收集几个关键变量的信息，从而系统地记录问题行为的每个实例至关重要。图 27.1 中列出了一个数据收集表的示例。这个表格与典型 FBA 程序中使用的数据收集表不同（e.g.，Kern et al.，2005；O'Neill et al.，1997），但在考虑严重挑战性行为和暴力行为时，它包含了重要的变式。首先，数据收集系统应该记录行为发生的日期、时间和地点。对发生地点（如校车、走廊、餐厅或教室）进行记录，将提供有关问题行为更有可能发生的背景或情境的重要信息。其次，记录学生在严重挑战性行为发生之前的行为（即先兆行为），可以让工作人员收集行为信息，作为学生行为严重程度可能升级的警告信号。这些先兆行为可能是严重挑战性行为的一种不那么强烈的表现形式，也可能是学生在沮丧、不安或有压力时表现出来的行为。

日期	时间	地点/课程		前提事件：刚刚发生了什么？	先兆行为	目标行为	工作人员的即时反应	惩戒措施
	开始：____ 结束：____	□公交车 □年级教室 □体育课 □数学课 □艺术课 □午餐 □其他____	□到校 □阅读课 □科学课 □音乐课 □走廊	□提出要求/指示 □布置学业任务 □同伴冲突 □孤独/低关注度 □拒绝某件物品/ 活动 □其他____	□开小差 □哭泣 □口头威胁 □惹人讨厌 的手势 □其他	描述：__ _____ _____ _____	□忽视 □重新给出指令 □口头训斥 □找学生谈话 □计时隔离 □打电话给家长 □其他：	□放学后留校 □停学 （天数：___） □其他： _____

图 27.1　用于收集有关严重问题行为的数据的表格示例

一个有效且全面的数据收集系统有多种作用。首先，它有助于测评行为，从而制定一个有效的干预计划。对于低频行为，可以对多个行为事件的数据进行集中检查，以识别其共同特征。例如，使用可以描述所有行为发生之前的事件（例如，环境、活动、在场教师及学生、行为的直接先兆）、行为表现以及对行为的响应的前提事件–行为–结果（ABC）表格。精心设计的数据收集系统也可以用于收集有关行为随时间变化的频率或强度的持续信息。这些信息在之后还可以用来确定干预策略是否能够成功地减少这种行为的发生。

访谈

当无法收集到有关行为的直接观察数据时，则可以将重点更多地放在行为访谈上，尤其是对学生的访谈——前提是学生具备提供有意义信息的认知能力和洞察力。可以使用 FBA 方法对学生进行结构化访谈，如学生辅助的功能评估访谈（Student-Assisted Functional Assessment Interview；Kern et al.，1994）和学生完成的功能评估访谈（Student-Completed Functional Assessment Interview；O'Neill et al.，1997）。当使用访谈法对严重问题行为进行测评时，某些因素可能具有高相关性。对于一些学生和某些形式的挑战性行为，其背景事件可能是应激性生活事件。诸如父母离婚、转学或父母滥用药物等生活事件可能会给学生造成情绪压力，并且增加学生在特定情境中表现出严重挑战性行为的可能性。而在其他情况下，学生出现严重问题行为的原因可能是能力不足，难以适当地应对困难情境或环境（例如关系破裂、完成长期项目或家人去世）。因此，通过所有受访者（包括学生）来确定是否存在导致学生问题的重大生活事件是很重要的。

进行学生访谈也有助于处理影响严重问题行为发生与否的心境、焦虑和情绪状态。Carr 等人（2007）指出，具有发育障碍的个人觉得"心情不好"的情境与严重问题行为的发生率高度相关。Merrell（2001）描述了几种评估与特定情境相关的心境或情绪状态的方法。其中一种方法需要向学生呈现一系列不完整的陈述，例如"……时我感到高兴"或"当……时我能得到……"，并要求学生使用他生活中真实的例子来完成每一句陈述。"情绪温度计"是 Merrell 描述的另一种方法，可以帮助识别特定情境下的情绪水平。在这种方法中，从业人员会给学生呈现一只"温度计"，包括不同的等级水平，如低、中或高（年龄较大的学生可以使用划分更细的等级）。然后，从业人员会要求学生识别引发某些情绪（例如，悲伤、害怕、愤怒）的情境，并在温度计上指出在该情境中所体验到的情绪的强度。这些数据收集方法可能有助于识别使学生焦虑或挫折感加剧的情境，而这些信息可在制定干预措施时使用。

除了评估心境或焦虑等变量外，访谈者可能会试着评估学生是否存在敌意归因偏差。敌意归因偏差（hostile attribution bias）是指个体在模棱两可的情境下做出消极意图判断的倾向。存在攻击性行为的儿童通常更多地表现出这种倾向（Dodge，1985）。例如，Gerald 在走廊上被另一个学生撞倒了。他立即猜测这个学生是想和他打架，转身想揍他。而实际上，这次碰撞只是一个意外。在访谈过程中，访谈者可能会向学生列举几种情境，包括假想事件与真实事件，以衡量他的反应。在学生频繁出现敌意归因的情况下，可能需要使用认知行为策略进行干预，以帮助学生准确评估情境和互动（参阅 Bushman

& Gimpel Peacock，本书第 25 章；Merrell，2001）。

进行学生访谈时，有几个重要的注意事项。第一，必须考虑学生的功能水平，因为对认知功能非常低的学生进行访谈可能没有效果。第二，考虑到某些严重的挑战性行为（如斗殴、吸毒和破坏公物）的极端性，学生可能会对讨论这些行为特别敏感，因为他们担心如果承认这些行为可能会导致警察或其他当局的介入。在这些情况下，学生所提供的信息可能并不可靠。为了完成评估，访谈者花时间与学生建立融洽、信任和舒服的关系是很重要的。这也有助于降低访谈过程中问题行为发生的可能性。访谈者必须向学生保证，访谈的目的是为学生提供帮助，以使他们更好地生活。如果问题行为出现了，最好选择稍后再完成访谈。第三，当学生提供的信息表明他可能伤害自己或其他人时，进行访谈的人必须意识到自己作为义务报告人的责任，在这种情况下，后续提问应旨在评估风险（即威胁的严重性和合法性）。具体来说，访谈的问题应该侧重评估学生是否有机会获取管制器具或实施威胁的材料、学生是否有实施威胁的计划以及哪些学生或成人可能面临危险或被卷入危险中。关于评估潜在危险情境的相关访谈问题示例，请参阅图 27.2。向有关当局报告此类信息应优先于遵守保护隐私的专业准则（National Association of School Psychologists，2000）。有关需强制报告的信息，请参考国家指导方针。

- 你是否曾感到活着不值得？
- 事情是否已经到了你想伤害自己的地步？
- 你什么时候开始有这些想法的？
- 描述一下导致这些想法的事件。
- 你多久会出现一次这种想法（包括频率、强迫性、可控性）？
- 你曾经离实施这些想法有多近？
- 你认为你在未来将这些想法付诸行动的可能性有多大？
- 你有计划吗？你是否有机会获得执行该计划所需的工具？
- 哪些事情会使你更可能（或更不可能）试图伤害自己和/或他人？
- 你认为是否有其他人需要对你经历的事情负责（例如，被害的想法、被动的经历）？你是否有过伤害他们的想法？

图 27.2　用于评估潜在危险情境的学生访谈问题示例

注：有关更多问题的列表，请参阅《美国精神病学协会实践指南》（美国精神病协会，2003）。

档案审查

审查学生档案可以为评估严重的挑战性行为和暴力行为提供重要信息。学校档案可能包括与当前问题行为类似的先前事例、事例发生情境或情况以及其他人如何响应的相关报告，从而提供有关可能引发或维持该问题行为的背景事件、前提事件和结果的信息。学校档案也可能包含与学业成绩、潜在障碍或诊断相关的信息，或者包含学生在出现严重挑战性行为或暴力行为时的用药记录。诸如学校档案记录搜索等结构化形式有助于促进档案审查（Walker et al.，1991）。

沟通策略的评估

问题行为可能具有沟通功能，这一观点存在大量的实证支持（Carr & Durand，1985）。一些学生，尤其是那些存在言语障碍的学生，可能缺乏沟通他们的需求和愿望的能力。在这些情况下，儿童可能已经学会通过攻击性行为或自伤行为等严重的挑战性或暴力行为，来获得强化物或逃避厌恶的情境。对于高功能的学生，严重的问题行为也可被视为一种沟通功能，因为其极端性故而很难被成年人忽视，并且可能产生某种类型的环境响应（例如，获得成年人或同龄人的关注）。因此，严重挑战性行为和暴力行为的测评应该包括对儿童沟通其需要和愿望的能力的评估。对于高功能的学生，可以使用自我报告法，但对于低功能学生和年幼的学生，询问家长和教师有关儿童沟通模式有效性的信息是很重要的。

社区变量的评估

在更广泛的背景下考虑严重的挑战性行为和暴力行为，需要了解学生生活的社区。社区变量，例如制度性贫困、帮派和毒品交易，或缺乏吸引年轻人的积极活动或资源，可能不是造成严重挑战性行为或暴力行为的直接原因，但这些变量会使得环境压力加剧。在这样的环境中，严重的问题行为和暴力行为更可能被接受甚至具有功能性。如果怀疑存在社区变量的影响，那么在测评时应确定该学生与谁有联系以及他们从事的活动是什么。当直接被问到时，学生通常会直言不讳地揭发吸毒和其他非法活动，特别是当他们知道获取信息是为了确定支持以改善他们的生活质量的时候。

考虑潜在障碍

在评估严重的挑战性行为和暴力行为时，还应考虑学生可能患有的障碍或精神病学诊断（e. g. , Ervin et al. , 2000）。例如，注意缺陷/多动障碍（ADHD）与冲动和行为抑制有关（Barkley, 2006）。有 ADHD 病史的学生通常难以调节自己的情绪、容易受挫，且比正常同龄人更容易表现出攻击性行为（DuPaul & Stoner, 2003）。ADHD 的诊断证据表明，我们可以通过行为干预和/或药物干预，确保 ADHD 症状得到良好控制，从而制定预防严重的挑战性行为和暴力行为的干预措施。诸如抑郁症、对立违抗障碍和品行障碍等疾病也提出了类似的挑战。目前存在许多针对这些潜在障碍的可用循证干预措施，并且这些措施应该包含在对学生的其他支持中（e. g. , Hilt-Panahon et al. , 2007）。

必要干预成分

预防

也许在每个行为计划中最重要的部分就是制定预防问题行为的策略。考虑到其强度和潜在的危险，对于严重的问题行为来说，预防性策略是最为关键的。为了防止学生在学校出现严重问题行为，通常需要将重心放在校外环境中。学校、家长、社区系统（例如精神卫生机构、少年司法机构）与地方组织之间的合作将使支持的效果最大化。例如，干预措施可以将学生与课后俱乐部或诸如"Big Brothers and Big Sisters"之类的指导项目联系起来。鉴于严重的问题行为可能发生在无人看管的环境中，社区支持有助于提供额外的监督以及学生可参与的校外积极活动。

从更低的水平来讲，由于 FBA 的主要目标是识别行为的功能，因此，防止行为发生的特定策略应根据其传达的信息来制定。例如，如果测评表明学生严重问题行为的功能是逃避厌恶的任务，则干预措施可能包括多种策略，如调整任务以纳入学生喜欢的要素或提供不同的任务完成方式（例如，在电脑上完成、与同伴一起完成）。同样地，如果 FBA 表明学生吸毒主要是为了在放学后避免无聊以及获得同伴的认可，则预防性干预可能包括增加成年人监督并安排学生喜欢的课余活动和事务。

替代行为教学

考虑到存在挑战性行为的学生可能缺乏必要的技能，无法以社会适应的方式影响身边环境中的人，因此，传授替代行为和技能是所有干预措施中的基本成分。替代行为包括学业技能、沟通策略、取代行为和自我控制技能。这些替代行为能够帮助学生学会应对困难情境，从而变得更加独立并且更适应社会。例如，Becca 是一名极难与同龄人相处，并多次因身体冲突而被停课的中学生。午餐和课间收集的数据表明，Becca 总是由于骂人和诬告而引发同伴问题。当 Becca 误以为同伴在走廊上谈论她时，她就会对他们大喊大叫，并叫他们的外号。在记录了导致 Becca 出现不良互动的几类情境后，由她选择的同伴来对替代响应行为进行角色扮演。具体来说，首先描述各种情境，再由 Becca 及其同伴想出适当的响应行为，并进行角色扮演（例如忽略同伴、走近并询问同伴是否有什么问题要问）。此外，Becca 还将学着如何对适当的互动进行自我监控。这种干预措施显著减少了同伴问题和停学问题，并且增加了学生的替代行为。

学业技能教学

具有挑战性行为的儿童和青少年通常存在相关的学业技能缺陷。事实上，研究表明，患有情绪和行为障碍(emotional and behavioral disorders, EBD)的儿童在所有残疾群体中(包括那些在核心学业领域存在缺陷的儿童)学业表现最差(Kauffman, 2001；Wagner et al., 2005)。由于问题行为经常伴随着学业技能问题出现，因此弥补学业缺陷的干预措施至关重要。此外，为患有严重行为障碍的学生提供教学调整，可能会改善他的学业行为与课堂行为(Penno et al., 2000)。一旦解决了相关技能缺陷，问题行为可能也就无关紧要了。例如，在写作课上，当要求 Victor 独立完成写作任务时，他会掐他的同伴并发出刺耳的噪音。FBA 结果表明，问题行为出现的原因是他无法根据故事的开头展开描述。为 Victor 提供故事构思策略的教学可以使他获得完成任务所需的技能。因此，当面对这个曾经让他感到困难的学业活动时，他不再需要表现出问题行为。除此之外，Victor 还可以学习其他适应性技能，例如在任务遇到困难时请求帮助的方法。

确保良好的教学匹配对任何学生来说，都是促进学习的重要方法，特别是对于存在严重挑战性行为的学生。学生应该在适当的水平接受教学，以使他们在受到严峻挑战的同时仍能以较高的准确性取得成功。学业任务和技能水平之间不匹配是学生不良行为的常见诱因(Center et al., 1982；Gettinger & Seibert, 2002)。在适合于学生的教学水平上布置作业是增加课堂上适当行为的重要策略。

沟通策略

由于挑战性行为通常是传达信息的一种方式，因此，学生和教师之间的沟通是对有严重挑战性行为的学生进行干预的另一个重要方面。如果没有适当有效的沟通方法，挑战性行为就更有可能发生。因此，一旦通过 FBA 确定了行为的目的，我们就可以借此判断沟通的侧重点。也就是说，测评信息对于识别需改善的特定沟通领域至关重要。特别重要的是，一定要教给学生能与问题行为产生一致结果的替代技能。例如，存在学业技能缺陷的学生可能不会理解，在他们遇到困难的任务时寻求帮助是一种适应性技能。他们不会举手，取而代之的可能是开小差或表现出破坏性行为，从而干扰教师或同学的活动。为了鼓励学生在课堂上寻求帮助，教师可以为学生设计一个不引人注意的信号。例如，学生可以做一个手势或在桌子上放一张卡片，在不引起他人对自己的过度关注的同时，向教师表明他正在因一项任务而感到困扰。学生应学习如何、在何时以及何地使用这个干预措施，还应有足够的机会在课堂上练习使用干预措施。

同样重要的是，教师和其他人要对学生适当的沟通尝试有规律地做出响应。为了使沟通策略能够取代问题行为，它必须像破坏性行为一样能有效且快速地产生期望的响应。以下 5 条标准是判断响应效用和效率的重要因素：(1)响应所需的努力程度；(2)结果的质量；(3)结果的即时性；(4)结果的一致性；(5)惩罚的可能性(Halle et al., 2005)。例如，如果 Jodi 为了吸引同伴的注意而打了他们，那么在对她进行干预时，必须给她提供另一种方法来吸引同伴的注意力，这种方法要像打人一样容易，并且能很快吸引到同等程度的同伴关注。如果行为对于儿童来说存在多种功能，则必须传授每种功能的替代技能。例如，如果 John 踢桌子既是为了逃避任务，又是为了引起同伴的注意，那么必须向他传授对应的技能，以取代这两个功能。

自我管理

自我管理策略旨在帮助学生改变自己的行为，这是一种在挑战性情境下教学生自我控制的有效方法(Shapiro & Cole, 1994)。自我管理策略已经被证明能够增加适当的行为、减少破坏性行为并提高学生的独立性和自理能力(Shapiro & Cole, 1994)。学生可以学会以单独使用或结合使用的形式，通过目标设定、自我监控和自我评估来管理问题行为、替代技能或适应性行为(Halle et al., 2005)。例如，Leon 上学经常迟到，因为他晚上熬夜看电影，因此闹钟响起时，他太累了起不来床。Leon 会参与一个自我监控计划，以记录他什么时候上床睡觉以及他是否准时到达学校。他的母亲也参与了这个计划，Leon 设定了早睡和准时上学的目标，只要实现了这些目标，他就会获得奖励，例如可以在周末使用的电影票。

社会问题解决是另一种自我管理策略，旨在培养学生的"思考"能力，以纠正问题行为(Shapiro & Cole, 1994)。此程序通常涉及传授通过识别问题来生成可能的解决方案，并考虑每个解决方案的后果，最后选择最佳解决方案来解决问题的标准化方法（Halle et al.，2005）。例如，为了应对同学的取笑，Debra 经常在快餐店和走廊上对同学拳打脚踢，并毁坏财物。在学习了社会问题解决技巧后，Debra 确认了问题是同学的取笑，并列出了可能的解决方案，如告知教师、寻求朋友的支持、走进最近的教室或与同学对质。在确定了这些方案可能的后果之后，Debra 决定选择走进最近的教室并向教师报告这件事（Halle et al.，2005）。在传授社会问题解决技巧时，应向学生提供明确的教学、有效的示范、进行角色扮演和反馈的机会以及在多种情境中进行实践的机会（Shapiro & Cole，1994）。

自我管理策略也可以用于处理诸如抑郁、焦虑和消极情绪等内化性问题。例如，学生可以在全天或在面临巨大挑战的特定情境下监控自己的情绪。当学生发现自己在特定情境下出现情绪高涨时，可以教他们降级策略、寻求帮助或适当地远离当前环境。以这种方式记录内部状态还可以提高教师对学生当前状态的认识，以便进行干预以防止行为恶化。例如，8 岁的 Carl，经历过极度焦虑以至于大便失禁，并且在学校时经常报告自己身体不适（Divatia & Kern，2007）。通过使用情绪温度计，教 Carl 在参与各种活动和事务时，用 1~10 对自己的焦虑程度进行评估和评分。Carl 即将转学是一件与他极度焦虑的高发生率相关的事件。因此，可以采取各种干预措施来减少在这个过渡期出现的厌恶情绪，例如在转学前参观学校、与他的新教师见面，以及告知他新班级的常规要求。在进行了这些活动以及在 Carl 转学之后收集的数据表明，他使用情绪温度计自我报告的焦虑感大大降低了。

应对挑战性行为

制定前瞻性策略和传授替代技能是处理挑战性行为的重要干预成分。然而，鉴于严重问题行为的强烈性和导致这些行为发生的长期学习经历，即使存在强有力的前期干预和密集的技能教学，问题行为仍可能偶尔发生。因此，制定应对挑战性行为的计划也很重要。

在制定应对措施时，一个重要的注意事项是避免强化行为。教育工作者在面临严重的问题行为时，试图通过提示或商量来说服学生采取适当的行为是很常见的。但是，这些应对措施会让学生得到关注，而这可能会无意间维持学生的破坏性行为。另一方面，如果学生的行为产生了他所期望的反应（获得同伴关注或逃避任务），则即使教师试图忽略问题行为也可能并不起作用。除了行为的功能外，制定应对措施时还应考虑到行为升级的可能性和所有长期影响（Kern，2005）。例如，Andrew 经常表现出极具破坏性的课堂行为，包括在教室里跑来跑去、跳到桌子上。他的教师习惯于通过身体约束来控制他。但是，FBA 结果表明，Andrew 行为的功能是引起同伴的注意，在教师对他进行身体约束时，所有人的目光都集中在他身上。相反，如果教师决定清理教室，要求同学们搬到隔壁教室。在没有同伴注意的情况下，Andrew 的问题就会迅速减少，身体约束也就不再需要了。

在发现了挑战性行为的先兆行为之后就可以制定干预计划。当教师能够有效地识别在行为升级周期中较早发生的行为时，问题就更容易被降级，危机也可以得到预防（Kern，2005）。例如，当 Kevin 面对一个较难的数学任务时，他拒绝完成作业。然后开始咒骂教师，并且取笑班上的其他学生。这种行为随后升级为在教室里从一张椅子跳到另一张椅子，口头威胁教师，并殴打同学。因此，在 Kevin 拒绝完成作业时，就可以制定一个干预计划。教师可以让他和同学一起完成作业、使用计算器，或者交替使用简单和困难的问题。

严重的问题行为往往会导致个人或他人面临被伤害的风险或可预见的严重财产损失。在这些情况下，工作人员必须制定危机计划，以确保学生、他人和环境的安全。重要的是，不要将危机计划视为减少严重问题行为的干预措施。相反，危机计划的目的是确保安全和保护。包括父母、教师、其他学校工作人员以及学生（在适当情况下）在内的所有关键人员，都应参与制定和审批危机计划。

在危机计划中，应明确定义启动计划所需的问题行为的特定形式和强度，并说明工作人员应采取的具体行动（Kern，2005）。当观察到先兆行为时，应在计划中加入有效的降级策略，例如使用镇静且平稳的语调、提供有限的选择、积极聆听、避免强迫以及避免重复提问或提出要求（Walker & Walker，1991）。此外，该计划还应介绍与保证环境和相关人员安全相关的措施。Rock（2000）对危机计划的制定进行了精彩的讨论。有关危机管理计划的示例，请参阅图 27.3。

关于危机计划的最后一个注意事项与限制有关。工作人员应慎重思考身体约束在危机计划中的作用。当学生出现问题行为时，教师经常将身体约束作为首要的应对措施。没有研究表明身体约束可以有效地减少问题行为，在某些情况下，它甚至会使问题升级并带来长期的不良副作用（George，2000；Ryan & Peterson，2004）。因此，应尽可能避免身体约束。大多数地区的政策都要求使用限制最少的行为干预措施来解决问题行为。工作人员应严格遵循这些程序，以确保维护学生权利，并使用干扰性最低的干预措施。但在特殊情况下，必须使用限制性程序来防止学生或他人受到身体伤害，监督其使用的学校委员会（例如，最低限度行为干预委员会）应审批特定类型的程序以及可以使用这些程序的情境。此外，如果需要进行人为限制，必须对工作人员进行充分的训练和认证，以确保安全地使用策略。最后，该程序的使用及其适用情境应得到父母的完全同意，并且无论何时使用了这种程序后，都应告知家长其情况。

危机管理计划

姓名： Alina　**日期：** 2008.03.17

制定计划的原因： 避免问题行为升级。当 Alina 的行为变得有攻击性/破坏性时，保证她和其他人的安全。

行为升级的信号： 尖叫、在教室里走来走去

降级策略： 保持镇静，安静地询问 Alina 是否想要到教室后面休息一下，直到冷静下来。每2~3分钟重复一遍。

谁将执行这项计划： Romano 女士（任课教师），Levitt 先生（课堂助手），McDermitt 女士（学校心理学家）

危机处理程序：

1. 如果 Alina 开始出现攻击行为或破坏行为，请留在她身边，清除她可能抛出或破坏的所有物品。为 Alina 提供明确的选择及告知其后果。向 McDermitt 女士寻求帮助。

2. 告诉 Alina，她需要立即去咨询室。如果她不去，就每分钟提醒她一次，同时阻止任何攻击行为或毁坏财物的尝试。

3. 安排两名工作人员分别站在她的两侧，陪同她到咨询室。不要让她独自一人。

4. 忽视破坏性行为，但要阻止她毁坏财物或伤害自己及他人。表扬她所有自我舒缓的尝试（例如"Alina，我喜欢你这样安静地坐着"）。避免其他互动，直到她冷静下来。

5. 一旦 Alina 冷静下来，即能以平静的声音说话、没有激烈的身体动作（如哭泣），并报告说她准备好回到教室，咨询师就可与她一起完成问题解决的步骤。然后，工作人员将她送回教室。如果她还没有冷静下来，请重复步骤4。

图27.3　危机管理计划示例

评估干预结果

一旦实施了行为干预计划，就必须确定其是否有效。工作人员应该构建一个持续的数据收集系统来评估学生的进步。评估学生的进步需要对干预前后的行为进行测量。由于行为可能无法被直接观察到，因此可以使用多种替代方法，例如追踪学生的分数、记录在不同时间发生的关键事件的频率或绘制自我监控数据的图表。在评估结果数据时，要记住的是严重的行为问题通常无法快速解决。因此，我们应该尝试发现行为问题是否减少，而不是是否消失。对于严重的行为问题，应该持续多年观察其行为是否改变，以确保问题得到长期解决（e. g.，Kern et al.，2006）。

评估结果的一个重要因素是对干预完整性的持续评估。如果没有按照规定的程序一致地实施干预，则学生的行为问题可能不会减少。干预完整性有时会下降，这表明我们需要对干预措施进行修改，以适应教师的风格偏好、改善情境适应性，并提高干预的可接受性。在某些情况下，还可能需要额外的训练或提醒以帮助实施干预。工作人员应该定期检查干预措施的完整性数据，以判断对干预措施的修改是否有益。

总结

　　表现出严重暴力行为问题的学生需要立即、全面和深入的支持。幸运的是，近年来，干预得到了很好地发展，并且系统性变革（例如分层支持）有望为那些最需要干预的学生提供必要的资源。成功的干预需要一种包括预防、技能教学和精心计划的应对措施在内的多成分方法。此外，必须在不同背景下为学生提供支持，并且提供支持者必须包括多个负责人和照料者，以及对学生最重要的教育工作者和家庭成员。为有严重问题的学生提供密集的、有效的循证干预措施迫在眉睫。如果不加以干预，学生的严重问题行为将给社会造成巨大的损失。

第 28 章

精神药理学干预

George J. DuPaul
Lisa L. Weyandt
Genery D. Booster

患有行为和社会情感障碍的儿童和青少年在学校中占很大比例。流行病学数据表明，美国有11.7%～15%的儿童和青少年在研究进行的3个月内表现出一种或多种精神疾病的明显症状，约36%的16岁青少年存在障碍（Costello et al.，2003）。16岁以前男生行为障碍的终生患病率为42%，高于女生31%（Costello et al.，2003）。儿科医生报告说，他们的患者中平均有15%患有行为障碍（Williams et al.，2004）。这些儿童中有一些被认为患有严重的情绪障碍，这是第四大特殊教育类别，在接受特殊教育服务的学生中约有8.1%属于这一类别（U.S. Department of Education Office of Special Education Programs，2005）。

尽管这些有行为和社会情感障碍的学生可能会得到一些社会心理和教育方面的干预治疗，但精神药物治疗仍是这个群体中使用得最多的干预方式。事实上，在2002年有3.4%～4.6%的18岁以下儿童接受了精神药物治疗，而这一比例在被寄养的儿童中更高（Safer et al.，2004；Zito et al.，2008）。更直观地说，在美国大约有280万～380万儿童和青少年是通过药物来治疗行为和社会情感障碍的。在过去的几十年里，用于治疗行为和社会情感障碍的精神药物的使用急剧增加，特别是在学龄前儿童群体中（Zito et al.，2000），因此学校心理学家和其他教育专业人士也就不可避免地要为大量接受药物治疗的学生开展工作。

本章旨在回顾对儿童和青少年使用药物治疗干预相关的最关键问题。首先，本文为学校心理学家参与药物治疗提供理论依据。接着，对用于治疗儿童行为障碍的各种精神药物及其药理作用的生理基础进行概述。然后，我们介绍用于治疗两大类精神病理学症状（即外化性障碍和内化性障碍）的药物。最后，描述了学校心理学家在精神药理学干预中的潜在作用，并特别强调：（1）确定学生是否需要药物治疗；（2）监测药物对学生在校功能的影响。本章在基于数据的问题解决模式背景下对这些潜在作用进行讨论。

学校心理学家参与药物干预的理论依据

学校心理学家直接参与药物干预是非常重要的。首先，如前所述，过去数十年来，用于治疗儿童社会情感和行为障碍的药物使用呈指数增长。其次，精神药物对学生的学习、社会和心理功能都有明显的影响，包括积极影响和消极影响。另外，学校是确定药物治疗效果的重要数据来源。最后，学校心理学家接受过测评和干预设计过程的培训，可以帮助医生判断是否需要药物治疗以及药物治疗的有效性。

关键表现领域(例如,教育、社会和心理)可能会受到精神药物治疗的影响。例如,中枢神经系统(central nervous system,CNS)兴奋剂(例如哌醋甲酯)不仅可以减少学生的注意缺陷/多动障碍(ADHD)症状,而且可以提高学生的学习效率,减少与同龄人的消极互动并促进与权威人士的积极关系(American Psychiatric Association,2000;相关综述请参阅 Connor,2006)。另外,用于治疗精神分裂症的抗精神病药物(例如氯氮平)可以减少症状行为,但也可能导致不良副作用,如认知损伤(Weyandt,2006)。考虑到药物对学生在校表现产生积极或者消极影响的可能性,学校心理学家应直接参与评估药物治疗产生的结果。

儿童和青少年大部分时间都在学校里度过,因此,学校是产生学生心理、社会、行为和学业功能相关数据的有效来源。诸如教师行为评定、课堂行为的直接观察、同伴互动,以及学生行为成果(如课堂作业)之类的一些评估措施,在记录药物效果方面的价值可能是不可估量的。这些数据可以在开始用药之前和用药之后收集,以确定初步效果。不断收集这些数据有助于确定药物是否一直有效以及是否有必要调整剂量。

学校心理学家在学业、心理、社会和行为功能测评以及干预设计方面都接受了广泛的培训。因此,他们非常适合协助医生和家庭确定特定学生是否需要药物治疗,以及评估具体药物治疗方案的作用和可能存在的不良副作用。作为学校心理学的工作框架,基于数据的问题解决模式可以充当有关药物治疗的使用和有效性的决策背景。这种工作开展模式为之后讨论学校心理学家在药物治疗中的潜在作用提供了基础。

精神药物概述

精神药物通常用于治疗儿童的多种障碍,包括焦虑障碍、心境障碍和破坏性行为障碍。研究表明,在各个年龄段的儿童,尤其是学龄前儿童中,使用精神药物的人数均有所增加(e. g.,DeBar et al.,2003;Olfson et al.,2002)。用于治疗儿童和青少年的药物类别主要包括中枢兴奋剂、抗焦虑药物、抗抑郁药物、抗精神病药物和心境稳定剂。不太常用的处方药包括降压药和抗痉挛药物。需要注意的是,相对于成人而言,很少有实证文献对儿童使用精神药物(中枢兴奋剂药物除外)治疗的安全性、有效性和长期效果进行研究(Brown et al.,2007;Vitiello & Swedo,2004)。此外,获得治疗效果所需的药物剂量可能存在很大的个体差异,并且其副作用在不同个体之间以及不同药物类型之间也会有所差异(Trenton et al.,2003)。在开处方时,最常使用的是中枢兴奋剂和抗抑郁药物,其次是心境稳定剂(DeBar et al.,2003;Zito et al.,2003)。许多儿童的处方中包括不止一种精神药物(Safer,Zito,& dosReis,2003)。

在下一节中,我们将回顾用于治疗行为障碍和社会情感障碍儿童的主要药物类别,并介绍了每种药物的疗效和作用方式,还提供了使用这些药物的一般疾病患病率的信息。需要指出的是,虽然精神药物在儿童和青少年中的使用率不断增加(Olfson et al.,2002),但这些药物的确切作用方式尚不清楚。我们已知的是,精神药物主要通过影响细胞(即神经元)通讯的化学系统(即神经递质系统)来影响大脑中的细胞通讯。这些药物可分为两大类:促进神经递质作用的中枢兴奋剂和抑制神经递质作用的拮抗剂。了解精神药物确切作用的困难在于:遗传因素、个体差异和药物过敏等变量可能以未知的方式影响细胞通讯(相关综述请参阅 Weyandt,2006)。

中枢兴奋剂

中枢兴奋剂主要用于治疗行为障碍,尤其是 ADHD。据估计,有 3%~7% 的学龄儿童患有 ADHD(American Psychiatric Association;2000)。美国食品药品监督管理局(The Food and Drug Administration,FDA)批准了 3 类可用于治疗 ADHD 的中枢兴奋剂:哌醋甲酯(利他林,专注达)、右旋安非他命(右旋苯异丙胺)和混合苯丙胺化合物(阿德拉)。匹莫林(苯异妥英)已获 FDA 批准,可用于治疗患有 ADHD 的儿童,但由于其潜在的肝毒性,于 2005 年撤出美国市场(Connor,2006)。哌醋甲酯是最常见的用于治疗 ADHD 的中枢兴奋剂，并且被应用于大多数儿童患者中(Safer & Zito，2000)。在 2002 年，FDA 批准了一种非中枢兴奋剂药物——托莫西汀(择思达)用于治疗 ADHD。当儿童共患抑郁症、强迫症或其他疾病时，除中枢兴奋剂外，还需要服用其他药物，此过程称为增强。增加的药可能包括抗抑郁药物，例如氟西汀(百忧解)或丙咪嗪(米帕明)，抗焦虑药物，例如帕罗西汀(赛乐特)或其他类型的药物，具体开何种药物取决于儿童的症状和病史。

中枢兴奋剂改善 ADHD 症状(例如，改善注意力和减少冲动性)的确切机制尚不清楚。研究表明，中枢兴奋剂主要通过影响神经元中的脑化学物质(即神经递质，如多巴胺和去甲肾上腺素)的可用性和功效，来提高中枢神经系统抑制成分的唤醒水平(Chamberlain et al.，2007)。给过度兴奋的人开一种中枢兴奋剂似乎是自相矛盾的；但是，中枢兴奋剂能够激活大脑中促进持续注意和抑制冲动反应的系统。归根结底，中枢兴奋剂有助于强化自我控制和自我调节系统。目前的研究表明，中枢兴奋剂(哌醋甲酯)会通过影响多巴胺的再摄取过程，并在较小程度上影响去甲肾上腺素的再摄取过程，从而改变神经元之间的交流(Grace，2001)。

抗抑郁药物和心境稳定剂

抗抑郁药物最常用于治疗患有心境障碍的儿童，包括抑郁症和双相情感障碍。重性抑郁症是儿童和青少年中最常见的心境障碍类型，0.4%~8%的儿童和青少年患有抑郁症(Lewinsohn et al.，1998)。用于治疗患有重性抑郁症的儿童和青少年的抗抑郁药包括选择性 5-羟色胺再摄取抑制剂(SSRIs)，例如氟西汀(百忧解)、氟伏沙明(兰释)和舍曲林(左洛复)，以及三环类抗抑郁药(例如，氯米帕明，丙咪嗪，阿米替林和地昔帕明)。氟西汀(百忧解)于 2003 年被 FDA 批准用于治疗患有抑郁症的 7~17 岁儿童。但是，这种药物(与其他 SSRIs 一样)带有"黑匣子"标签，可能会增加患者的自杀念头。与这些药物相关的不良反应将在本章稍后讨论。与重性抑郁症相比，双相情感障碍在儿童和青少年中的发生率很低(约为 1%；Lewinsohn et al.，1995)，在对患有双相情感障碍的儿童进行药物治疗时，通常使用心境稳定剂。用于治疗双相情感障碍的心境稳定剂主要包括 3 种：碳酸锂、抗痉挛药物(例如卡马西平、双丙戊酸钠)和抗精神病药物(例如利培酮)。经 FDA 批准，锂可用于治疗 12 岁及以上的儿童，2007 年 FDA 批准使用利培酮(维思通)来治疗患有双相情感障碍的 10~17 岁儿童。

以前，大家普遍认为三环类抗抑郁药(例如丙咪嗪和地昔帕明)能够阻止神经递质去甲肾上腺素的再摄取，并在较小程度上阻止 5-羟色胺的摄取。但是三环类抗抑郁药比新型的非典型抗抑郁药具有更多的不良副作用，因此较少儿童和青少年中使用。新型的非典型抗抑郁药(例如，SSRIs)主要通过阻止 5-羟色胺的再摄取，增加细胞产生的 5-羟色胺的量来影响神经递质 5-羟色胺。

尽管锂在治疗心境障碍方面的历史悠久，但人们对锂影响大脑功能的机制知之甚少。当前研究表明，锂可能具有多种作用：它可能影响细胞的内部过程；改变基因表达或抑制各种细胞过程；导致与双相情感障碍相关的海马和额叶皮层的神经元细胞和神经胶质细胞死亡(Bown et al.，2003；Pardo et al.，2003)。抗痉挛药物的作用方式尚不清楚，但是研究表明，抗痉挛药物可以抑制去甲肾上腺素的再摄取，阻断钠通道，并增强 γ-氨基丁酸的作用(Perrine，1996)。

抗焦虑药物

抗焦虑药物用于治疗儿童和青少年的各种焦虑障碍(例如，广泛焦虑症、强迫症和恐惧症)。据统计，有 12%~20%的儿童患有某种类型的焦虑障碍，并且通常在儿童和青少年中能诊断出特定恐惧症(Albano et al.，2003；King et al.，2004)。焦虑障碍经常并发，并且一些研究表明，女孩患焦虑障碍的比例高于男孩(Verduin & Kendall，2003)。最常用于治疗儿童焦虑障碍的处方药是抗抑郁药，例如 SSRIs 和三环类抗抑郁药氯丙咪嗪(氯米帕明)。苯二氮卓类药物，例如地西泮(安定)、阿普唑仑(佳乐定)，较少用于治疗焦虑障碍(Stein & Seedat，2004；Wittchen，2002)。有时也会使用其他药物治疗儿童的焦虑障碍，包括丁螺环酮(布斯哌隆)、可乐定(氯压定)和苯海拉明(苯那君)，但需要注意的是，这些药物是"超适应症"使用的，目前尚未获得 FDA 的批准。实际上，抗抑郁药物是唯一获得 FDA 批准的用于治疗儿童焦虑障碍的药物。

抗精神病药物

抗精神病药物主要用于治疗儿童的精神障碍(例如精神分裂症)，有时也可用于治疗非精神病性障碍，例如妥瑞症(Gaffney et al.，2002)。虽然精神病性障碍(例如精神分裂症)的儿童患病率尚不确定，但我们认为它是非常低的(<1%；Eggers et al.，2000)。用于治疗儿童精神病性症状的抗精神病药物包括利培酮(维思通)、齐拉西酮(卓乐定)、氯丙嗪(冬眠灵)、氯氮平和氟哌啶醇。唯一获得 FDA 批准的用于治疗儿童精神分裂症的抗精神病药物是利培酮(维思通)。某些抗精神病药物(例如氯丙嗪和氟哌啶醇)最令人不安的副作用之一是迟发性运动障碍，其特征是肌肉的不自主运动，因此，一般在较严重的情况下(患者对其他形式的药物没有反应)才使用这些药物进行治疗。

抗精神病药物主要通过阻断多巴胺的受体位点来影响神经递质多巴胺，从而干扰或减弱多巴胺对细胞的作用。不同的药物类型可对应阻断一种或几种类型的多巴胺受体。例如，氯丙嗪会阻断 D2 受体，而氯氮平会阻断 D4 和 5-羟色胺受体(Strange，2001)。Grunder 等人(2003)指出，抗精神病药物还可以降低神经元合成的多巴胺水平。

用于治疗外化性障碍的药物的效果

中枢兴奋剂

大量的双盲安慰剂对照试验表明，精神性中枢兴奋剂(如哌醋甲酯和右旋安非他命)在治疗 ADHD 方面是有效的(相关综述请参阅 Connor，2006)，使用药物联合行为管理策略进行治疗的方法获得了最佳实践的支持，例如，ADHD 儿童多模式治疗研究合作小组(MTA Cooperative Group，1999)进行的一项随机临床试验，在对 597 名符合 ADHD 诊断标准的 7~9 岁儿童进行了药物治疗(使用哌醋甲酯)、行为矫正、常规社区护理以及三者联合治疗后，比较了这 4 种治疗方案的效果。结果表明，与仅接受行为矫正或社区护理的儿童相比，接受药物治疗或联合治疗的儿童的 ADHD 症状有明显改善。此外，经过24 个月的随访(MTA Cooperative Group，2004)，与行为矫正组和社区护理组相比，接受药物治疗的儿童的 ADHD 症状得到了持续改善。需要注意的是，联合治疗方法在改善与 ADHD 相关的缺陷(例如，社交行为)方面更为优越，尤其是对于那些存在共病情况和焦虑障碍的儿童以及社会经济地位(SES)较低的儿童(Arnold et al.，2003)。

除了传统的中枢兴奋剂(如哌醋甲酯)外，有越来越多的研究也开始支持使用苯丙胺化合物和托莫西汀治疗 ADHD。Kratochvil 等人(2006)进行的元分析汇总了 7 项双盲安慰剂对照研究和 6 项开放标签研究的数据，这些研究检查了托莫西汀在治疗符合 DSM-IV(American Psychiatric Association，2000) ADHD 诊断标准的 6 岁和 7 岁儿童时的有效性。结果表明，根据父母对 ADHD 症状的评分，有 74.4% 的被试的 ADHD 症状至少减少了 25%。但是，有初步证据表明，苯丙胺化合物的治疗效果优于托莫西汀。一项针对 ADHD 儿童的随机双盲强制剂量递增研究发现，与接受托莫西汀治疗的儿童相比，服用苯丙胺化合物(MAS-XR)的儿童在注意力、学业成绩和整体临床功能方面都有更显著的改善(Faraone et al.，2007)。有其他证据表明，哌醋甲酯也可能比托莫西汀更有效。例如，Starr 和 Kemner(2005)进行的一项开放标签研究发现，尽管哌醋甲酯和托莫西汀都可以显著改善儿童的 ADHD 症状，但哌醋甲酯的治疗效果要明显优于托莫西汀。

尽管大多数药理学研究并未直接评估药物对儿童课堂表现的影响，但 Rapport 等人(1994)的研究表明，哌醋甲酯可能对学生的课堂行为产生积极影响。他们使用双盲安慰剂对照研究评估了哌醋甲酯对 76 名符合 DSM-III(American Psychiatric Association，1980) ADHD 诊断标准的儿童的影响，包括注意力、学业功能和日常课堂行为。结果显示，观察到的儿童专注时间、儿童的学习效率(通过正确完成问题的数量来衡量)以及教师对课堂行为的评价，均得到了显著提高。但是，对具有临床意义的治疗效果的评估显示，分别有 76% 和 94% 的学生在注意力和课堂行为方面表现出了改善，但只有 53% 的学生表现出了学业功能的改善。这一发现表明，对于某些学生来说，可能需要针对学业功能实施额外的干预措施(例如直接指导)。最后,应该注意的是,使用中枢兴奋剂药物治疗通常容易出现诸如头痛、失眠、食欲下降、腹痛和抽搐等副作用(Connor, 2006)。

用于治疗破坏性行为障碍的药物

尽管我们尚未发现 FDA 批准的针对攻击行为和行为问题的药物治疗方法,但 Ipser 和 Stein(2007)进行的一项元分析提供了一些支持使用药物对破坏性行为障碍进行治疗的证据。他们分析了 14 项药物试验后发现,锂和利培酮可以有效减轻行为障碍症状。尽管药理学干预会导致更多的不良反应,例如恶心、头晕、乏力和食欲不振,但药物治疗组与安慰剂组儿童的辍学率没有显著差异。

此外,中枢兴奋剂还可用于治疗儿童和青少年的攻击性行为,最常用于 ADHD 共患严重攻击性行为或品行障碍的儿童。哌醋甲酯也可用于治疗自闭症儿童(Parikh et al., 2008)、智力障碍儿童(Aman et al., 1991; Pearson et al., 2003)和没有 ADHD 症状的品行障碍儿童(Klein et al., 1997)的攻击性行为。Pappadopulos 及其同事(2006)对随机安慰剂对照试验进行的一项元分析发现,中枢兴奋剂对攻击性行为具有中等到大的影响(平均效应量=0.78),当剂量增加时则会带来更强的影响。但是,应该指出的是,仅使用中枢兴奋剂可能并不能使所有儿童的症状明显减轻(Barzman & Findling, 2008)。例如, ADHD 儿童多模式治疗研究(MTA)的研究人员发现,接受哌醋甲酯治疗的儿童,有 44%在治疗 14 个月后会继续表现出高水平的攻击性行为(MTA Cooperative Group, 1999; Jensen et al., 2007),所以,这些儿童可能需要额外的干预来强化治疗效果(Barzman & Findling, 2008)。

用于治疗内化性障碍的药物的效果

抗抑郁药物

尽管三环类抗抑郁药物(TCAs)可有效治疗成年人抑郁症,但在治疗患有重性抑郁症的儿童和青少年时,它的治疗效果并不比安慰剂好。一项元分析汇总了 12 项对 6~18 岁儿童进行的 TCAs 安慰剂对照试验后发现,治疗组之间的差异并未达到临床显著性(Hazell et al., 1995)。这些发现已在最新的双盲安慰剂对照试验中得到了证实。在这些试验中,TCAs(如阿米替林)的治疗效果并不优于安慰剂(Birmaher et al., 1998; Keller et al., 2001; Kye et al., 1996),因此,不建议将 TCAs 作为患有重性抑郁症的儿童和青少年的一线治疗药物(Birmaher et al., 1998; Wagner, 2005)。

与检验 TCAs 的研究相反,几项检验 SSRIs 有效性的双盲安慰剂对照研究揭示了氟西汀(Emslie et al., 1997; Emslie et al., 2002; Treatment for Adolescents with Depression Study Team, 2004)、舍曲林(Wagner et al., 2003)和西酞普兰(Wagner et al., 2004)的积极结果。例如,Emslie 及其同事(2002)比较了氟西汀(第 1 周 10 毫克/天,然后连续 8 周 20 毫克/天)和安慰剂在 219 位 8~17 岁符合 DSM-IV 重性抑郁症诊断标准的青少年中的作用。尽管根据研究者预先设定的响应标准(自我报告抑郁症状的减少大于 30%),接受氟西汀治疗的儿童与接受安慰剂治疗的儿童之间无显著差异,但接受氟西汀治疗的儿童的自我报告评分得到了显著提高。此外,与接受安慰剂治疗的儿童相比,在接受氟西汀治疗的儿童中达到缓解标准的人数要多得多。

研究人员还比较了氟西汀与心理治疗干预在治疗儿童抑郁症时的效果。TADS 团队的成员(2004)在一项多中心试验中,比较了不同方法在 439 名符合 DSM-IV 重性抑郁症诊断标准的 12~17 岁青少年门诊患者中的效果,治疗方案包括仅使用氟西汀治疗、氟西汀与认知行为治疗(CBT)相结合、仅使用 CBT 以及使用药片安慰剂。结果显示,尽管根据被试自我报告的抑郁症状来看,仅使用氟西汀的效果优于仅使用 CBT 和使用安慰剂,但同时接受氟西汀和 CBT 的青少年表现出了最大程度的改善。此外,一项较新的研究在检查了 TADS 的数据后发现(Kratochvil, et al., 2006),接受联合治疗的被试比单独接受其中任何一种治疗的被试都见效更快(根据临床医生对总体改善的评价来衡量)。

除抑郁症外,SSRIs 还被用于治疗患有焦虑障碍的儿童和青少年。大多数安慰剂对照试验均对患有强迫症(OCD)的青少年进行了检查,对 13 项 SSRIs 治疗儿童强迫症的研究进行的元分析显示出较小的效应量(0.46),即不同类型的 SSRIs(氟西汀、帕罗西汀、舍曲林和氟伏沙明;Geller et al.,2003)的疗效并没有显著差异。例如,Geller 及其同事(2001)为检查氟西汀的疗效,对 103 名符合 DSM-IV 强迫症诊断标准的 7~17 岁被试进行了一项为期 13 周的双盲安慰剂对照研究(10 毫克/天,持续 2 周,然后 20 毫克/天,持续 11 周)。意向治疗分析结果显示,与安慰剂相比,氟西汀对症状的改善效果更大(通过对强迫症症状的自我报告评分衡量)。另外,治疗组中的副作用发生率并不显著高于安慰剂组。

在研究 SSRIs 治疗患有其他焦虑障碍儿童,例如分离焦虑症(SAD)、社交恐惧症和广泛焦虑症(GAD)的疗效时,由于这些障碍的共病程度很高,通常会将这些儿童归为一组(Reinblatt & Walkup,2005)。例如,Birmaher 及其同事(2003)检查了氟西汀对 74 名符合 GAD、SAD 和/或社交恐惧症的DSM-IV 诊断标准的儿童和青少年的急性治疗效果。意向治疗分析结果显示,氟西汀治疗组中有更多的被试(61%)显示出"明显改善"(基于临床医生对整体改善的评分)。当对所有焦虑障碍患者进行分组分析时,结果均显著。头痛和胃肠道疾病是服用氟西汀唯一明显的副作用。另一项检查 SSRIs 疗效的研究发现,氟伏沙明具有相似的积极结果(Pine et al.,2001)。然而,要注意的是,除了强迫症以外,很少有针对儿童和青少年个体焦虑症的随机临床试验(Reinblatt & Walkup,2005)。

心境稳定剂

用心境稳定剂(例如锂、卡马西平和奥卡西平)进行心理药物治疗通常是双相情感障碍儿童和青少年的一线治疗方法(McIntosh & Trotter,2006;Weckerly,2002)。鉴于大多数检验儿童和青少年使用心境稳定剂和抗精神病药物情况的研究都是个案研究、回顾性的图表总结或开放标签试验,缺乏对照试验对其进行研究,因此难以确定这种治疗方案的疗效。尽管一些开放标签的试验报告显示,在使用了利培酮(Biederman et al.,2005;Pavuluri et al.,2004)、锂(Pavuluri et al.,2004)、双丙戊酸钠(Wagner et al.,2002)和奥氮平(Biederman et al.,2005)进行治疗后,双相情感障碍症状可在短期内得到显著改善,但有些研究比较了几种心境稳定剂与安慰剂的作用,产生了模棱两可的结果(e.g.,Delbello et al.,2005;Kafantaris et al.,2004;Wagner et al.,2006)。

例如,Wagner 及其同事(2006)对 116 名符合 DSM-IV 双相障碍 I 型诊断标准的 7~18 岁门诊患者,进行了双盲随机安慰剂对照多中心试验,研究了奥卡西平的疗效和安全性。治疗 7 周后的结果显示,治疗组与安慰剂组之间的症状改善不存在差异(通过对双相症状的自我报告评分来衡量)。此外,接受奥卡西平治疗的被试由于不良反应(包括头晕、恶心、嗜睡、乏力和皮疹)而终止治疗的人数显著高于安慰剂组。Geller 及其同事(1998)进行的一项早期双盲安慰剂对照研究,检验了锂对患有双相情感障碍共病物质依赖的青少年的治疗效果。经过 6 周的治疗,被随机分配到治疗组的青少年在症状改善方面显著优于安慰剂组(根据临床医生对整体改善的评估),在药物测试中阳性结果也明显较少。然而,在儿童诊断性访谈数据中,没有发现症状的显著差异。此外,治疗组报告的不良副作用明显更多,包括口渴、恶心、呕吐和头晕。

抗焦虑药物

SSRIs 是最常用于治疗儿童焦虑障碍的药物,但苯二氮卓类药物也可作为处方药,虽然其作用于儿童和青少年的功效尚不清楚。例如,Simeon 及其同事(1992)进行了一项双盲安慰剂对照研究,检验了阿普唑仑对 30 例诊断为过度焦虑症或回避型障碍的 8~16 岁的门诊患者的治疗效果。尽管在治疗28 天后的临床整体改善评估显示出有利于阿普唑仑的趋势,但由于安慰剂组也存在高水平的改善,故而结果未达到临床显著性。同样,另一项使用氯硝西泮治疗焦虑症儿童的双盲交叉实验显示出治疗组儿童的临床症状有改善的趋势,但治疗 4 周后的结果与安慰剂组之间没有显著差异(Graae et al.,1994)。然而,样本量小(n=12)可能也是导致结果缺乏统计学意义的原因。

风险与不良反应

最近,使用药物治疗儿童内化性障碍的不良副作用引起了人们的关注。例如,使用心境稳定剂可能引发头晕、恶心、嗜睡、乏力、口渴和皮疹(Wagner et al.,2006)。此外,使用抗抑郁药物可能会引起头痛、恶心、腹痛、失眠、嗜睡、颤抖和躁动。例如,在 TADS 中服用氟西汀的青少年约有 2% 曾报告出现镇静、失眠、呕吐和上腹部疼痛等反应（Emslie et al.，2006）。

尽管 SSRIs 已被证明比 TCAs 具有更少以及更轻微的不良副作用（Wagner，2005），但仍有一些关于服用 SSRIs 的儿童和青少年自杀（自杀想法和尝试）的问题。Rey 和 Martin（2006）进行的一项综述表明，自杀率可能会受到数据收集方法的影响。研究结果显示，当使用一般询问（如"自上次就诊以来您是否出现了任何问题？"）来收集有关不良反应的数据时，SSRIs 可能会提高自杀率。但是当系统地使用问卷收集时，没有发现自杀率的同等上升。青少年抑郁症治疗研究（Emslie et al.，2006）的安全性结果检查了系统使用的评定量表以及单独报告的不良反应。结果显示，服用氟西汀的青少年的自杀相关事件（定义为自杀企图、自杀准备行为、意图不明的自伤行为或自杀想法）要显著多于安慰剂组。然而，应该指出的是，实验期间，在 439 名青少年中只出现了 5 次自杀企图。自杀事件的低基准率基于极大量的研究样本，但目前尚未有学者对如此大量的样本进行研究。总之，现有数据表明，SSRIs 不会增加儿童实施自杀行为的风险，但它可能与自杀想法和自伤行为的发生率有关。出于这些担忧，FDA 要求所有抗抑郁药的制造商更新其产品上的"黑匣子"标签，以提醒使用者该药物可能增加出现自杀想法和自杀行为的风险。

药物治疗对学生在校表现的影响

尽管未进行深入研究，但针对儿童障碍的药物治疗被认为能够影响在学校环境中接受治疗的儿童的学业、行为和社会功能。在某些情况下，药物会带来超出预期效果的关键表现领域的改善。例如，哌醋甲酯和其他精神中枢兴奋剂，已经被证明可以提高许多 ADHD 学生的学习效率和准确性（Rapport et al.，1994）。但是，虽然中枢兴奋剂可以在短期内改善学业成绩，其长期影响却很小甚至不存在（e.g.，MTA Cooperative Group，1999，2004）。在其他情况下，药物可能会导致不良副作用，尽管症状有所减轻，但学生的表现仍会受到不利影响。例如，用于减轻精神分裂症或妥瑞症症状的抗精神病药物（如奥氮平和氟哌啶醇），可能会导致社会退缩和/或对学生认知和学习产生不利影响。

仅将症状减轻作为评判治疗效果的标准是有问题的，因为症状的改变并不一定与在校表现的改善相关。事实上，在一项经典研究中，Sprague 和 Sleator（1977）发现，在服用高剂量中枢兴奋剂的情况下，与 ADHD 相关的注意力和活动困难可得到最佳改善，而在低剂量中枢兴奋剂下认知功能可得到最佳改善。Sprague 和 Sleator（1977）进一步发现，在行为得到最佳改善的剂量水平上，学生在认知任务中的表现会受到损害。因此，对药物治疗效果的综合评估不仅要关注学生的目标症状是否减轻，还必须评估学业、社会以及行为功能的变化。

研究文献的局限性

尽管前面的研究提供了一些证据，表明在儿童精神病理学治疗中某些药物是有效的，但是我们必须考虑到许多文献的局限性。首先，大多数参与研究的被试是加拿大人，并且许多人没有提供社会经济数据。因此，这些研究的结果不能泛化到来自不同种族和/或社会经济背景的人群中。其次，尽管本文所述的实证研究显示药物治疗的效果具有统计学意义，但许多研究并未报告效应量大小，因此这些效果是否具有临床意义尚不清楚。由于在这些药理学研究中，许多使用安慰剂的被试表现出了一些积极的结果，因此在分析中纳入效应量计算将有助于解释结果。关于精神药物治疗对儿童和青少年的长期影响的研究也很少。除了心理功能，纵向研究也可以提供有关不良反应的长期影响的重要信息。最后，必须注意的是，大多数临床试验并没有提供在不同环境下的药物治疗效果的信息。由于儿童和青少年的大部分时间都在学校里度过，并且学业表现是心理健康的重要因素，因此未来的研究应该通过多种方法以及多名信息提供者来评估药物的治疗效果，而不是仅参考父母和临床医生的报告。

学校心理学家在药物治疗中的潜在作用

鉴于精神类药物在治疗儿童社会情感和行为障碍方面的频率越来越高，以及这种治疗对学生学业、社会情感和认知功能方面的潜在影响，学校心理学家有必要发挥两种主要作用（DuPaul & Carlson，2005；Power et al.，2003）。第一，学校心理学家可以与医生、学校工作人员以及家长合作，来判断是否需要将药物治疗作为儿童干预计划中的一部分。尤其是在判断是否需要立即进行药物治疗时，或判断在药物治疗之前是否应该先实施心理社会和/或教育干预时，基于学校的测评数据是很有帮助的。第二，学校心理学家可以收集和解释数据，这些数据可能有助于医生判断特定药物是否有效以及如果有效的话，最优剂量是多少。此外，在治疗慢性疾病（ADHD）时，可能需要随着时间的推移（例如，跨学年）监测药物的安全性和有效性。

确定药物需求

药物治疗过程的第一步是收集有助于确定药物治疗是否确有必要的数据。具体来说，学校心理学家可以向医生提供数据和录入信息，帮助医生确定是否需要开始用药，然后，再由儿童的主治医生和家长做出最终决定。一些州（例如康涅狄格州、犹他州）已颁布相关法律，限制学校工作人员讨论或推荐药物治疗。因此，先了解国家相关法规以及所在学区对这些法律的解释，对于学校心理学家合法地参与药物治疗是很重要的。

与教育和行为干预一样，基于数据的问题解决模式也可以用于判断使用药物来治疗一种或多种特定目标行为的必要性。具体而言，应遵循几个步骤，包括：（1）确定需要转诊接受治疗的目标行为；（2）收集可能受问题行为影响的所有表现领域（例如行为、社会、心理和教育）的相关数据；（3）考虑药物治疗对先前和/或当前干预措施的反应；（4）根据已有的数据和实证支持来描述治疗成分。

潜在干预目标应通过与儿童的父母和/或教师合作进行的问题解决过程来确定（Sheridan et al. 1996）。一旦确定了一种或多种目标行为，就应该收集数据以全面评估学生的表现。除了特定行为外，还应对相关表现领域进行整体评估。在许多情况下，这可能包括完成对行为、学业技能和心理功能的全面评估（参阅 Mash & Barkley，2007，有关学业问题请参阅 Marcotte & Hintze，第 5 章；Burns & Klingbeil，第 6 章；Gansle & Noell，第 7 章；有关破坏性行为，请参阅 Martens & Ardoin，第 10 章；有关内化性问题，请参阅 Miller，第 11 章）。

如果考虑进行药物治疗，则评估数据将有助于做出诊断决策。尽管基于数据的决策过程通常不涉及诊断评估，但是在考虑使用药物治疗时，评估与精神病诊断相关的行为是非常重要的。与各种精神病理障碍行为症状相关的信息，将有助于我们评估儿童的功能达到 DSM-IV-TR 诊断标准（American Psychiatric Association，2000）的程度。当与其他精神健康专业人员（例如临床医生）交流有关学生在校表现的信息时，这一点尤为重要。从医学的角度来看，学生的诊断情况（即严重程度、长期性和是否存在共病），将是决定药物治疗是被作为一线治疗，还是位于治疗过程后期，或是根本不考虑使用药物治疗的关键因素。在某些情况下，学校心理学家将直接参与诊断决策过程，而在另外一些情况下，学校心理学家只负责将有关行为、社会和教育功能的数据在不附加诊断"标签"的基础上传达给医生。最重要的是，学校心理学家和/或其他学校工作人员需提供有关学生在校表现的数据，医生和家长可以使用这些数据来决定是否需要进行药物治疗。

在将学生转介给医生进行药物治疗之前，应收集学生对先前和/或当前干预措施的响应数据。对教师和家长进行访谈有助于了解先前针对目标行为的具体尝试及其成功程度。参考已有干预效果的书面报告或其他文件是非常有效的，尤其当干预措施是作为干预响应模式/分层干预模型的一部分来实施时。在课堂上或其他学校环境中实施干预时，应尽可能地观察学生在有干预或没有干预的情况下的行为。这些数据在确定学生是否需要药物治疗（在大多数情况下，被视为第 3 层级的干预措施）时特别有用。

在某些情况下，转介学生接受药物治疗之前需先对其进行社会心理、行为和/或学业干预。与这一决策相关的因素有以下几种：第一，考虑学生所患障碍的性质以及非药物治疗有效的可能性。例如，行为和心理社会干预在治疗某些疾病（例如，对立违抗障碍、品行障碍）时具有很强的实证支持，但是作为其他疾病（如精神分裂症）的首要治疗方案时的实证支持较少。第二，考虑学生症状的严重程度。一般来说，如果症状严重程度较轻或属于中等，那么很有可能只需要进行心理社会和教育干预。相反，当症状行为相对严重，并且长期频繁期出现时，则需要将药物治疗与非药物治疗策略结合起来作为一线治疗方案。第三，应检查测评数据，以描述可在心理社会或教育干预背景下进行修改的环境因素（例如，前提事件和结果事件，或课程的教学水平）。如果数据表明症状行为与特定的背景和环境因素有关，那么非药物治疗可能更适合作为首要治疗方法。当症状行为在各种情况下都很普遍且与多种环境相关时，则可能需要将药物治疗作为首要治疗方法（Power et al.，2003）。

在商讨过程中，与医生分享评估结果以帮助确定可能的治疗方案以及最终治疗目标是很重要的（American Academy of Pediatrics，2001；HaileMariam et al.，2002；Kainz，2002）。具体来说，学校心理学家可以将学校问题解决过程和/或评估中的关键发现和建议汇总成一份简短的报告，并将报告发给初级保健医生。在发送了此书面报告后，应先打个电话，以强调主要发现并讨论治疗合作过程中的后续步骤。通过电话会议或在医生办公室召开会议，来鼓励医生（或其执业机构的代表）参与以药物治疗为中心的问题解决团队的讨论。团队决策允许医生提出其他治疗方案，并在评估药物效果时进行合作。美国儿科学会（American Academy of Pediatrics，2001）出版的治疗 ADHD 的现行指南中提供了药物治疗决策时的合作方法示例。该报告的主要建议之一，是在确定合适的治疗目标时，主治医生、家长和儿童应该与学校工作人员合作。而且，在进行药物试验之前，应先评估父母和儿童对药物治疗方案的接受程度。尤其需要评估的是，父母是否意识到药物治疗的必要性并且了解药物治疗的潜在作用和副作用。

监测药物效果

一旦医生开出了具体的药物处方，学校心理学家和其他学校工作人员（例如保育员、教师、辅导员）便可以协助收集有助于评估具体药物剂量是否有效的数据。一项针对美国学校心理学家协会（National Association of School Psychologists）成员的调查显示，大多数（55%）学校心理学家都参与了药物治疗的监测，主要对象是患有 ADHD 的学生（Gureasko Moore et al.，2005）。

目前，已存在多种基于学校的药物治疗评估模型（e. g.，Gadow et al.，1991；Power et al.，2003；Volpe et al.，2005）。例如，Volpe 等人（2005）提出了一个基于行为问题解决框架的监测方案。药物治疗评估的敏捷咨询模型（Agile Consultative Model of Medication Evaluation，ACMME）涉及几个步骤。首先，从主要相关人员那里（例如，父母、老师、医生）获得反馈，以事先对各种药物治疗评估要素（例如，行为评定，直接观察）的可接受性和可行性进行评估。接下来，完成商讨型问题解决的两个标准初始阶段（即问题识别和问题分析），以确定是否有必要将药物试验作为所有班级干预或学校干预的辅助治疗方法。然后，在商讨型问题解决的治疗实施和治疗评估阶段进行药物试验。换句话说，该过程与行为或学业干预的问题解决过程相同，但是，在这种情况下，要评估的治疗是药物治疗。对评估成分的可接受性和可行性进行持续评估，并根据可行性和可用性信息对数据收集进行调整。如果某种特定的评估要素（例如观察）无法定期获得，则教师和学校心理学家将一起确定一种更可行的替代评估措施（例如，简明评定量表）。尽管迄今为止，还没有关于此模型的实证研究，但由于它强调可行性和咨询式问题解决，因此可能比其他监测方案更具优势。

大多数已提出的药物监测方案（Gadow et al.，1991；Power et al.，2003；Volpe et al.，2005）具有一些共同的重要特征（见表 28.1）。这些关键特征包括：（1）评估前规定的时间表、程序和措施；（2）用于评估目标表现领域的、简短的、符合心理测量学原理的测量方法；（3）为指导药物治疗和/或剂量决策而获得的数据；（4）在接受药物治疗前后评估的潜在副作用；（5）非药物治疗和药物治疗的数据；（6）以简明的方式将数据传达给医生和父母（Power et al.，2003）。

表 28.1　药物治疗评估程序的重要特征

1. 药物试验是由学校或临床团队与处方医生协商设计的。
2. 提出并商定具体的时间表、措施和程序。
3. 确定需要评估的表现领域(如认知、学业和行为),并使用评估这些领域的测量方法。
4. 客观的、符合心理测量学标准的测量方法(例如,行为评定量表和直接观察)。
5. 确定潜在的不良副作用,并使用评估这些副作用的测量方法。
6. 在非药物治疗和药物治疗期间,都需以尽可能可控的方式收集数据。
7. 通过统计图和/或统计表的形式汇总数据,以便解释。
8. 与孩子的主治医生合作对结果进行解释,并将建议清楚地传达给孩子的父母。

注:摘自 Power, DuPaul, Shapiro, and Kazak(2003)。吉尔福特出版社版权所有(2003)。经许可转载。

Power 及其同事(2003)描述了一个针对 7 岁的二年级学生 Barry 的药物监测方案示例,该学生被安置在一所中等规模的郊区小学的通识教育班级中。一位儿童精神病医生根据 DSM - IV - TR 标准(American Psychiatric Association, 2000)将 Barry 诊断为患有混合型 ADHD。尽管实施了基于学校和家庭的后效管理系统,但 Barry 在作业完成率和准确性以及遵循课堂规则方面仍表现出极大的困难。因此,Barry 的主治医生、父母、教师、学校心理学家和学校的保育员决定评估他对不同剂量安非他命(一种被发现能有效减少 ADHD 症状的精神中枢兴奋剂药物)的响应(Pelham et al., 2000)。

Barry 的团队进行了为期 4 周的评估,在这个过程中,他每周都要服用不同剂量的安非他命(0 毫克、5 毫克、10 毫克和 15 毫克),并且在父母的监督下,每天服用一次药物(在他离开家去上学之前)。药物治疗条件的顺序是随机决定的,并且 Barry 的教师并不知道剂量这一条件。每周,Barry 的父母和老师都要完成 ADHD 评定量表 - IV(DuPaul et al., 1998)以及副作用评定量表(Barkley, 1990)。学校心理学家在常规课堂中的 20 分钟独立作业期间,观察 Barry 的专注行为和活动水平,每周观察两到三次。Barry 的老师收集了他的作业样本,以便团队监测其作业完成率和准确性方面的改善。

与无药物治疗条件相比,Barry 在服用 10 毫克和 15 毫克药物时,他的作业完成率和准确性表现出了具有临床意义的显著提高(见图 28.1)。剂量为 10 毫克时不良副作用(例如,轻度食欲减退和失眠)相对较轻。这位学校心理学家向主治医生建议让 Barry 定期服用 10 毫克的安非他命,并为 Barry 的父母提供了建议,以解决他的轻度食欲减退和入睡困难(例如,当他晚上食欲恢复时,为他准备一顿饭)。

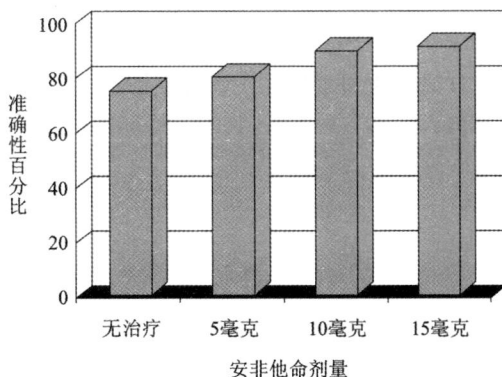

图 28.1　一个 7 岁男孩接受了不同剂量安非他命来治疗 ADHD 后,准确完成作业的百分比

注:摘自 Power, DuPaul, Shapiro 和 Kazak(2003)。The Guilford Press 版权所有(2003)。经许可转载。

正如 Barry 这个案例中显示的,学校心理学家应根据表现领域和可能受到药物影响的特定行为来选择测评措施。因为在整个药物试验期间将以重复的方式(例如,每天或每周)收集测量数据,所以优先选择相对简短的工具。通常,测评措施包括由教师和家长完成的简明行为评定量表,自陈式问卷,对学生课堂和/或操场行为的直接观察以及永久性资料(例如，作业的完成率和准确性)。

用于评估副作用的测量方法(例如，由父母、教师和学生完成的简要评定)也应包括在内，尤其当不良反应(例如，认知功能受损)可能出现在上课期间时，更应对副作用进行评估。一种常见的检测副作用的方法是询问教师、家长或儿童已发现的可能与特定药物相关的生理症状、行为、情绪或认知出现的频率和/或严重性。例如，Barkley(1990)开发了一个简明评定量表，用于评估出于临床和研究目的的中枢兴奋剂药物可能产生的副作用。值得注意的是，报告人不同，在特定情况下副作用的情况可能也会有所不同。DuPaul等人(1996)发现儿童报告的哌醋甲酯的副作用(相对于安慰剂组)比父母或教师报告的更严重。理想的策略是从父母、教师和学生那里各获得一份副作用评定，尽管这并非在所有情况下都可行。如果药物可能对学业或认知功能产生不利影响，则测评措施可能包括简短的认知测试、学业成就测试、基于课程的测量探针或反映这些领域的永久性资料(例如，学生完成的作业)。此外，在药物治疗条件下和无药物治疗条件下都需对副作用进行评估，因为在某些情况下，被解释为"副作用"的行为或症状可能在治疗前就已经出现了。

在基线或无药物治疗条件以及每个有效剂量条件下对数据进行收集也是必要的。此外，在安排数据收集时，必须考虑到药物的时间响应特性。例如，短效中枢兴奋剂(例如，哌醋甲酯)的行为效应通常在服用后30~45分钟之后开始显现，在服用后的1.5~3小时达到峰值。因此，课堂观察应安排在峰值效应的"窗口"期间。与中枢兴奋剂相反，大多数精神药物(例如，氟西汀)需要服用数天或数周才能观察到行为效应(详情请参阅 Brown et al.，2005)，因此评估方案应根据服用药物的类型进行设计。

一旦完成了规定的不同剂量条件下的数据收集，就应该将信息汇总到一张图或表中(即尽可能简明扼要)，以便与医生和家长交流。数据被用于确定药物的最佳剂量，即与最大程度的改善和最少的副作用相关的最低剂量(see Power et al.，2003)。通常，学校心理学家会强调药物治疗在一个或两个关键测量指标中的效果，这些测量方法可能最能反映学业(例如，基于课程的测量探针)和行为(例如，简短的教师行为评定)表现。如果在初始评估试验之后实施了药物治疗，则应通过定期重复收集数据来评估其长期效果。例如，跨学年接受药物治疗的儿童可能会在学年中的某个时间(在学生已经适应了新的班级并且教师熟悉了他的行为之后)再次接受对这种治疗进行的年度评估——通过评估当前的服药剂量以及替代剂量(可能包括不服用药物)。另一种方法是通过对症状行为和在校表现进行持续的短期监测，以更持续的方式评估药物效果。

总结和结论

精神药物被越来越多地用于治疗儿童和青少年出现的各种行为和社会情感障碍。尽管精神药物的神经生理机制尚不完全清楚，但越来越多的文献报告了它们对各种神经递质的影响。已有研究表明，心理药物干预可以成功治疗多种外化性障碍和内化性障碍，其中使用中枢兴奋剂治疗 ADHD 获得了最广泛的证据支持。除了中枢兴奋剂以外，其他精神药物对于学生在校的相关表现，尤其是学业成绩方面的具体影响基本上是未知的。

学校心理学家至少可以从两个方面支持精神药理学干预的有效使用。第一，学校心理学家可以帮助医生和家长确定某些学生是否需要药物治疗，尤其是在可能需要进行其他干预(例如，心理社会和教育)的情况下。第二，学校心理学家可以收集数据以记录特定的药物治疗在改变行为和功能损伤方面是否有效，并确定哪种剂量是最佳的，即能有效改变行为且不良副作用最小。考虑到药物治疗对学生的在校表现有重要影响，因此，从研究和训练的角度来提高对这一问题的关注对于学校心理学领域至关重要。

致谢

本章的编写得到了美国国家精神卫生研究所 R01-MH62941 的部分资金支持。

第

五

部

分

评估干预

第 29 章

基于干预数据的总结、评估和推论

Edward J. Daly Ⅲ

David W. Barnett

Sara Kupzyk

Kristi L. Hofstadter

Elizabeth Barkley

  学校心理学家通过协助学校团队实施问题解决模式，将专业知识融入干预计划中，这是一个需要系列决策的探索过程。决策的信度是指问题解决和数据分析中决策的一致性。决策的效度是指搜集支持专业行动的证据，并根据行动的结果对其进行评估（e.g., Messick, 1995）。本章中讨论的行为训练方法可以通过提高对干预数据的推断水平，从而改进与学生需求有关的决策。合理的计划与不合理计划之间的差异会给儿童以及帮助他们的人带来不同的结果（e.g., Messick, 1995）。有效的计划可以减少甚至消除对更加频繁、个性化、有时带有侮辱性质的、昂贵的服务或安排的需求。计划执行不力或者不奏效，可能会使学生离学习目标越来越远，并且消耗家长或老师等关注者的时间以及对未来干预工作的信心和热情。通过专业地组织和分析足够的干预数据，并提高基于数据的推断水平，就可以解决教学计划和行为计划中的问题。

  行为训练的许多基本理念也是干预响应模式（RTI）的关键特征。RTI 是一项旨在改善学生个人教育决策的工作开展方式，在 2004 年的《残疾人教育法案》中被首次提出（IDEA; see Ervin et al.，本书第 1 章；Hawkins et al.，本书第 2 章）。在 RTI 中，决策的信度和效度是以分层干预和顺序干预为基础，从而排除将缺乏有效教学作为出现特殊学习障碍的原因的替代解释；找到并应用最佳的干预强度以实现儿童表现或行为的预期变化，然后将这些信息作为评估数据（Batsche et al.，2005; Gresham, 2007）。

  行为训练和 RTI 都包括干预计划和评估的逐步法，这些方法需要使用到本章讨论的数据分析方法。以下基本步骤可以作为一个通用模型：（1）通过普遍筛查当前表现，以评估风险状况；（2）制定一个预防或干预方案；（3）组织数据采集以评估特定的预防或干预问题；（4）通过将结果与基线数据及基准进行比较，来评估计划是否成功；（5）根据这些信息来决定接下来的步骤以及所需的资源。即使学生被认为是"有响应的"，团队也希望了解学生是否能够及如何迅速"追上"同龄人，并在某些情境中获得成功。如果数据显示学生缺乏积极响应，则团队可能要评估与学生技能或表现相关的功能假设，即这些学生可能需要不同的教学策略。团队可能会实施若干种干预措施以寻找最有效的一种。在问题解决过程中，团队可以选择、修改或更换干预措施，以最大程度地提高成功率。行为训练和 RTI 共同探讨的基本问题是学生如何对干预做出响应，从而进入下一个决策点或层级。

  干预数据一旦产生，干预的意义就可以通过结果进行判断。这是"问题解决"模型中的解释性任务。这种方法从根本上不同于其他评估形式的解释性任务。例如，在尝试回答儿童状况的某些概念

(如学习障碍)时，由某种心理诊断方法产生的数据与直接测评的数据性质截然不同。在心理诊断评估过程中，重点往往放在一个人是否被及时、正确地分类：这个儿童是否患有学习障碍？另外，在解释干预数据时，应明确指出在其所处的教育环境下的问题解决方法(而不仅仅是确定儿童是否患有疾病)。高质量的干预数据有两个直接的优势：一是团队可以仔细评估问题解决的工作量；二是RTI可以将来自各个层级和问题解决的干预结果数据用作评估数据，以直接进行特殊教育决策。

本章提到的解释性任务以问题解决的步骤为基础，但着眼于学校心理学家开始评估干预措施有效性这一时间点。因此，假定已经存在一个可靠的数据集，可以解释其他章节提到的"选择需要改变的变量"(即目标变量；Hawkins et al.，本书第2章)以及学业和社会干预的具体注意事项(参见本书其他章节)。

本章的目的是提供有关数据解释的指导，并强调那些会增加或降低干预效果的决策的信效度问题，以便学校心理学家提前计划，在出现问题时做出适当反应，并且基于干预数据安排下一步做什么。本章的重点是如何在数据收集之前设计一个实验方案以便解释结果。有了合适的设计和高质量的数据，对干预数据的解释就可以划分为四个问题，以指导后续的专业行动。表29.1陈列了这些问题，揭示了学校心理学家如果想要帮助解决问题就必须重视的不同方面的数据。

表 29.1　解释性任务

---

1. 有效果吗？
2. 是什么产生了效果？
3. 效果的泛化程度如何？
4. 下一步该做什么？

问题 1：有效果吗？

第一个问题是行为是否发生了改变(即产生了效果)，只需要回答"是"或"否"。学校心理学家可以通过查看包含了干预前(被称为基线或控制条件)和干预期间的行为测量数据的图表，来判断行为是否朝着期望的方向改变。但事实上，这个判断可能与实际情况相符，也可能不符；而它正确与否受到许多因素的影响。因此，如果数据不能准确表示实际情况或学校心理学家在"读取"数据时关注了错误的特征，则可能会发生决策错误。决策的准确性可以表示为一个2×2的列联表(见表29.2)。最理想的情况是，在干预确实有效的情况下，"问题解决"团队或RTI团队也正确地做出了"该干预有效"的判断(表29.2中的单元格A)。尽管结果不那么理想，但是团队能在干预确实无效的情况下做出"干预无效"的判断(单元格D)也是十分重要的。这些判断是有效的，并且是之后决策的出发点，而决策包括是否撤销干预、继续干预、以某种方式进行调整或完全更换干预措施(与问题4相关的主题，"下一步该做什么？")。

遗憾的是，在测量社会心理因素并根据这些测量结果做出判断时，错误总会悄然而至。在某些情况下，学校心理学家可能认为干预有作用，但实际上没有发生作用(单元格B，假设检验术语中的I型错误)，或者他或她可能认为没有作用，但实际上发生了作用(单元格C，假设检验中的II型错误)。我们的目的是最大程度地减少这些错误，以便就以下方面做出正确的决定：(1)效果的大小和显著性；(2)产生效果的原因(或没有影响的原因)；(3)产生效果的程度(对跨时间和所有相关情况的效果的概括)；(4)接下来应该做什么。做出不准确、无效和错误的决定会对儿童的受教育机会(以及他们的学习轨迹)产生不利影响，这就是为什么做出有效的决定是至关重要的，而决定的有效性可以通过在采取行动之前仔细遵循既定的解释性指南来实现。

影响决策准确性的两个重要因素是：(1)用于检测行为效应的方案设计；(2)用于估计效果的解释

性方法。设计选择不当会降低发现真正效果的几率，并导致教育工作者不必要地改变或加强干预，而好的选择则会促使教育工作者做出必要的教学调整。因此，一个好的设计应该能够在干预效果真正出现时灵敏地做出反应（Lipsey，1990）。从长远来看，选择一个良好的设计并进行正确的干预甚至可以减少工作量。例如，发现一个简单的干预措施，如家长和他的儿童在家练习阅读是有效的，可以减少对更复杂的干预措施（例如，在课后进行小团体练习）的需要。

表 29.2 决策结果：对行为效应干预数据的正确和错误的解释

解释性结论	真实效应（"事实"）	
	是	否
是	正确 A	错误 （Ⅰ型错误） B
否	错误 （Ⅱ型错误） C	正确 D

设计选择在解释行为效应中的作用

单一被试设计（Bailey & Burch，2002；Kazdin，1982；Kennedy，2005；Sidman，1960）包括 A/B 设计和各种实验设计，特别适合用于在行为效应发生时对其进行检测。当选择了重要的教育和发展行为目标的信效度指标时，重复测量使得学校心理学家可以随着时间的推移，通过维持、更改或撤销干预措施来对数据进行反馈。在下一节中，我们将讨论如何使用这些实验设计来判断是什么导致了效应的发生。我们的目的是检查这些实验设计在确定行为效应是否真正发生时的用途。

单一被试设计的最简单版本是单组前测后测设计，通常称为 A/B 设计，涉及两个阶段。在阶段 A－基线阶段中，重复测量实验处理前的目标行为。在阶段 B 中，引入干预，并再次连续测量目标响应。设置基线阶段的目的是预测在不引入干预的情况下，自然发生的行为过程。除了干预本身之外，它应包含（并控制）干预阶段中出现的所有相同变量。引入干预措施后，干预措施应该是两个阶段之间出现差异的唯一因素。

A/B 设计通常用于实践环境中，因为与证明实验处理能引起行为改变相比，工作人员更关心行为是否发生改变（Miltenberger，2008）。尽管这不是一个真正的研究设计，但它可以承担起"主力军"的基本责任（Bloom et al.，2005）。A/B 设计提供了一种很好的方法来评估根据经验确定的干预是否对个人有用。根据 Bushell 和 Baer（1994）的说法，"可测量的高级教学意味着密切、持续地接触由细心的、有响应的受众提供的结果数据"（第 9 页）。A/B 设计的要求是：随时间推移使用重复测量，并根据结果保证干预条件的系统变化，使得人们能够密切、持续地了解结果数据。团队对结果的关注和响应对于产生更好的教学，以及对社会行为做出有意义的改变至关重要。对结果的响应不应该仅仅是一个反应性和偶然的过程。学校心理学家应借鉴可用的数据解释工具，包括结构化的可视化数据分析指南以及适当的评估效果的统计方法，下面将分别讨论每种方法。

效果的可视化分析

直接在图表上绘制结果可以使教育工作者和相关人员（例如家长）获得原始数据的第一手资料，没有任何中介影响，也不需要理解复杂的统计假设（Bailey & Burch，2002）。可视化分析有重要的步骤和情境化指南，但对于数据解释没有严格的或正式的决策规则（Brossart et al.，2006）。我们应该在阶段内（例如，基线数据是什么样的？）以及跨阶段过程中（例如，干预中的数据与基线相比如何？；Cooper et al.，2007；Parsonson & Baer，1986）检查图表数据的水平、趋势和/或变异性。水平，是指在某一阶段内数据的中心位置，通常表示为均值或中位数（Franklin et al.，1996）。在基线阶段或干预阶段中，通过结果平均值绘制一条水平线通常可以最清楚地描述数据的中心位置（如果数据足够，并且没有一个或多个"异常"数据点）。但是，在解释数据时，我们需要保持谨慎，避免过度解释"水平"，因为数据的趋势和变异性可能是更重要的特征。趋势，是指中心位置在一个阶段内如何随时间变化（Franklin et al.，1996）。当阶段内的数据点出现加速（一致增加）或减速（一致减少）时，就可以很容易看出趋势。通过绘制一条线来表示数据，从而暂时忽略数据点的变异性，如果该线向上（加速）或向下（减速）投射，则表明数据具有趋势。通常使用最小二乘回归法和 Microsoft excel 电子表格来表示图表数据的趋势。变异性，是指高于和低于均值水平的偏差（Franklin et al.，1996）。当数据点接近均值时，相位几乎没有变化。当数据点与平均值的差异以及数据点之间的差异很大时，变异性就成为数据集的主要特性，而目标可能是理解变异性出现的原因（例如，推测为什么在相同条件下孩子会有不一样的表现）。

阶段内数据的特征是我们感兴趣的且重要的。但是干预的目的是通过改变条件来改变行为，这意味着水平、趋势以及在某些情况下的变异性应在各个阶段间朝着期望的方向变化（Cooper et al.，2007）。因此，应该直接比较基线数据和干预数据之间的水平、趋势和变异性（Parsonson & Baer，1992）。对于学业干预，我们希望的是在基线和干预之间看到水平的提高。但是，由于学业干预的目标通常是"随时间推移缓慢增长的熟练行为"，因此干预期间期望的增长趋势通常更为现实。对于某些行为如社会技能也是如此，这些行为通常需要明确的指导。但对于某些已经存在于学生记忆库中、只是在基线阶段没有足够频繁地发生的社会行为，则可能实现更快速的行为改变。在这种情况下，成功的干预将导致不同条件之间水平的变化。有些行为干预以减少不当行为为目标。因为这些行为通常在环境后效的直接控制下，所以强有力的干预应该能够使行为在响应水平上发生相对即时的变化。一些干预措施可能只是产生见效缓慢，随着时间的推移，才能产生朝着期望的行为水平变化的趋势。

阶段内和阶段间的变异性可能是需要处理的数据的突出特征。例如，一种干预措施以某种方式减少了变异性，使得理想水平的行为更加一致地出现，那么这种干预措施被认为是有效的。另一方面，效果较差的干预措施会增加变异性，从而使某些数据点达到或接近理想水平，而其他数据点则明显偏离到不希望的方向上。在出现后一种情况时，团队工作人员应研究行为如此多变的原因（Parsonson & Baer，1992）。发生这种情况的主要原因有：干预执行不一致、测量不可靠以及由于饱和（例如，奖励变得陈旧或无趣）或剥夺（例如，在出现问题之前缺乏注意或刺激）等导致的激励条件的波动。关键是弄清楚为什么干预时而有效，时而无效。多变的数据通常会使事情变得复杂，并且难以解释水平和趋势（Franklin et al.，1996）。理想的情况是在每个阶段都能获得稳定的数据，但这在实践中并不总是能够实现，部分原因是对条件的控制有限（Kennedy，2005）。

通过可视化检查的结构化标准进行统计分析

可视化分析是一种整体性的方法，可以解决以下问题：行为表现是否发生了可靠的变化；行为变化了多少。可视化分析依赖于解释者，解释者需要同时关注趋势、重复模式、延迟或暂时的效果、各个阶段的突然变化以及阶段内变异性、水平和趋势的变化。遗憾的是，可视化分析方法的优点也可能是漏洞的根源。评估者对 A／B 图呈现的干预效果的解释可能不一致，这引发了有关决策可靠性的问题（Franklin et al.，1996；Fisher et al.，2003）。不同的解释者可能会关注数据的不同特征。Fisher 等人在 2003 年开发了一种客观且易于使用的方法，用于确定是否已获得可靠的干预效果，这个方法在控制 I 型错误和 II 型错误方面相当有效。Fisher 等人证明，使用该方法进行训练可以大大提高干预效果决策的一致性和准确性。该方法还具有能在数据中同时解释水平和趋势的优点。分析的结果是关于有效性的统计决策。此方法对数据点要求最低（2 个基线数据点和至少 5 个干预数据点），并且无需满足统计假设。

Fisher 等人的结构化标准的逻辑基于从基线阶段到干预阶段的水平（以平均线计算）和趋势（以最小二乘回归线计算）。其逻辑是，如果干预无效，则从基线阶段到干预阶段的水平和趋势不应改变（等同于假设检验理论框架中的虚无假设（null hypothesis）；Kazdin，1982）。因此，如果行为习得干预（例如，提高口头阅读流利度）的大部分数据点落在这两条线上方，则判定该干预效果显著，因为其水平、趋势（或两者都）偏离基线水平和趋势。对于以"减少不良行为"为目标的干预（例如，减少破坏性行为），如果大部分数据点都落在两条线以下，则认为干预效果显著。如果没有足够数量的数据点高于（习得）或低于（减少）基线水平，则认为干预无效。在这种方法中，达到显著性所需的干预数据点的数量是基于二项抽样分布得出的（当每次试验只有两种可能的结果时，使用二项分布来表示概率分布）——在这种情况下只可能出现数据点高于平均值/趋势线或低于平均值/趋势线的结果。

基于 Fisher 等人的标准来计算是否存在可靠干预效果的程序可以在 Microsoft Excel 软件中获得，该文件可以从 Munroe-Meyer 遗传与康复研究所网站的"行为分析工具"链接下载（www.unmc.edu/dept/mmi/index.cfm? L2_ID = 82 & L1_ID = 29 & L3_ID = 89 & CONREF = 97）。该程序会完成所有的计算，并报告高于或低于两条线且达到有效性标准的干预数据点的数量。它还会显示落在两条线之上或之下的数据点的实际数量，以便做出有关干预效果的决策。此外，它使用 Microsoft Excel 图表来显示结果，其中包含从基线阶段到干预阶段的平均值和趋势线，以便进行可视化检查。根据我们使用该程序的经验，我们发现它趋于保守，但保守主义可能会促使教育工作者努力采取更强有力的干预措施（Parsonson & Baer，1992）。

通过效应量进行统计分析

另一种总结干预效果的基本方法是独立于统计显著性来估计效应量的大小。例如，两种干预可能都会产生统计学上显著的效果，但两者效果（例如，学生能提高多少？）的大小可能会大不相同。效应量大小提供了一个客观的、连续的、跨条件的行为效应指标（Parker & Hagan-Burke，2006）。对于单一被试设计，最常见的计算效应量的方法是将每种情况的均值差（例如干预减去基线）除以一个标准差（基线条件或跨基线和干预阶段的合并），得到类似于 Z 分数的结果（得分和平均值之差除以样本的标准差）。这些类型的效应量被称为标准化均值差异效应（or Cohen's d；Parker & Hagan-Burke，2006）。

在研究文献中已经出现了各种各样以不同的方法、假设和要求来计算效应量的统计方法（Brossart et al.，2006；Busk & Serlin，1992；Busse et al.，1995；Parker et al.，2005；Parker & Hagan-Burke，2006）。尽管计算效应量有助于评估变化的大小和意义，但效应量的使用也有许多限制（Parker et al.，2005；Parker & HaganBurke，2006）。根据使用的公式不同，结果会有很大的差异，这使得我们很难确定效果是否真的显著。干预强度水平、阶段内的时间框架、参与者的类型以及效果测量中增长的可靠性和敏感性指标也会影响结果。根据是否分析了数据的水平和趋势以及是否对趋势进行了统计控制，结果也会发生改变。有些公式所要求的统计假设在实践中通常无法满足，或是需要更多的数据点，而不仅仅是从业人员在评估干预措施时通常可以收集到的（例如，超过 20 个数据点）。最后，干预的解释缺乏清晰客观的准则。因此，在解决研究文献中的这些局限之前，应谨慎比较不同研究的个案数据集的效应量。当使用一致的效应量，且个体间其他条件（例如干预强度和参与者特征）保持恒定时，将其用于描述效果可能更为合理。

变化或目标有多重要？

在处理变化是否可靠和是否产生一定程度的效果方面，我们已经取得了进展。最后的问题是，被干预者的表现或行为有多接近典型的同龄人或显示风险降低的基准。这些最终问题必须由团队解决，以便考虑下一步。从理念上讲，变化可能是可靠的，并且会显示出有意义的效果，但如果没有进一步的计划，儿童仍不能摆脱风险。通用术语具有社会临床意义。处理变化重要性的方法包括使用：（1）设定目标和判断成就的措施或标准；（2）短期和/或长期目标的基准；（3）典型的同辈表现作为比较；（4）教师或其他使用者对目标、方法和结果的判断（Kennedy，2005；Wolf，1978）。

总之，为了回答是否有效果的问题，即使还没有进行任何测量，也需要一种对相关行为变化敏感的设计。我们建议从业人员主要使用可视化分析，并在可能的情况下使用客观的干预效果指标作为辅助。Fisher 等人的结构化可视化检查标准似乎是目前最佳和最容易使用的方法。估计效应量虽然很复杂，但依然被认为是研究中分析和比较干预措施的基本方法。通过在 A／B 设计中添加更多的单一被试设计元素（稍后讨论）可以提高决策的信心，因为它们增加了干预效果的重复次数，同时排除了其他可能的解释。最后一个要点是，必须同时考虑目标的重要性和行为改变的大小。

问题2：是什么产生了效果？

行为效应可能会发生（并且可能被正确检测到），但不一定是干预措施导致的。换句话说，不能仅仅因为行为朝着期望的方向改变，就简单地认为干预是行为改变的原因。而且，许多干预措施是各个成分（更多的训练和更多的强化）的"打包"，其中一些成分可能比其他成分更具影响力。问题2提出了是什么真正改变了行为：是干预？是某种干预成分？还是其他？从根本上讲，这是关于因果关系推断的问题。例如，如果一位教师认为儿童由于服用中枢兴奋剂而提高了学业成绩，而实际上他在同一时间施行了一项新制定的教学策略（例如更多带有反馈和强化性的训练），产生了一种非计划性组合，则教师可能会错误地推断出药物是有效的，并在将来推荐给学生使用，而忽略了这种效果可能是由于教学上的变化或干预措施的混合而产生。

内部效度和有关改变的假设

内部效度的两个重要方面

内部效度指的是，存在证据表明是干预而非其他外在因素导致了行为或表现的改变。表明因果关系存在的证据是在引入干预措施时立即产生水平和/或趋势变化，这些变化在其他类似于所选设计的条件下重复出现。首先，当问题解决团队思考在某种情况下可以使用哪些干预措施时，内部效度就开始发挥作用（e. g. , Horner et al. , 2005）。在许多情况下，最好使用其内部效度有充分实证支持的干预措施（即在已发表的使用实验设计的研究中，被证明会导致行为改变的干预措施）。其次，如果团队想要有力地论证所选择的干预措施对学生个人有效，或者想知道一种新颖的干预措施是否能够"产生"效果，那么具有内部效度的单一被试设计就很重要。

计划的概念基础：结构效度的使用

改变的假设（改变什么，如何改变）来自教育风险的结构，例如学生的学业成绩和社会行为问题。一个完善的结构包括有效的学生风险"工作"模型：什么导致了阅读障碍或社会破坏行为，以及什么能减轻这些问题行为。教育结构的使用也意味着需要做出谨慎的决定，关于如何最好地测量结构的关键特征、选择合适的学生、对行为或表现进行采样、设定目标，并进行干预。因此，结构效度要求团队对所选学生、测量和干预措施进行仔细地调整，并对因果关系进行有意义的分析。通过确保测量与结构、测量与干预之间都有紧密联系，学校心理学家可以从评估和干预结果来改善对构念（高阅读风险，降低的社会风险）的推断。例如，基于课程的测量（CBM）是一种很好的干预测量方案，因为它与阅读成功和干预结果有密切的联系。团队选择的结构测量至少需要在 3 个方面表现出优势：（1）证明与学校风险有紧密的联系；（2）对干预效果表现出敏感性；（3）作为进度监测措施具有可行性。

通过单一被试设计巩固结论

A/B 设计包括一个简单的阶段变化（参见图 29.1 中的模块 A），它是所有版本的单一被试设计的核心，但其主要局限是不能确定是什么导致了行为的变化。设置基线阶段，是估计如果不采取干预措施将会发生什么情况的唯一方法，但它没有解释可能与引入干预措施同时出现的无关变量。提供了适当实验控制的各种单一被试设计可以增加条件的重复性，并改变阶段变化的时间（例如从基线阶段到干预阶段），以排除可能对解释造成的威胁。它们都涉及对数据序列的比较，这些数据序列包含随着时间的推移重复进行的测量。区别在于比较的是同一序列内的数据还是不同序列之间的数据。一些单一被试设计结合了数据序列内部和数据序列之间的比较。读者可以参考一些经典教科书（Bailey & Burch, 2002；Cooper et al. , 2007；Kazdin, 1982；Kennedy, 2005），以全面了解实验设计的可用逻辑、方法及变式。这里讨论了 3 种最常见的设计类型：A/B/A/B 设计、多因素设计和多基线设计。

A/B/A/B 设计包括在不同阶段(基线，干预，基线，干预)干预的引入和去除处理。图 29.1 的模块 B 展示了一个示例。在序列中比较数据，以确定阶段内和阶段间的水平、趋势和/或变异性。当行为在不同阶段发生明显变化，并且在相同条件下的结果一致时，A/B/A/B 设计将提供有力的证明，即干预是行为变化的原因，而不是其他变量。为了使论证具有说服力，在进入下一个阶段之前，每个阶段都要有一个相当稳定的反应状态，以便能够显示出对比。A/B/A/B 设计通常是通过按顺序添加和撤销一个干预措施(例如，赞扬适当的行为)来使用的。A/B/A/B 设计的另一种应用包括顺序事件的逆转。例如，Broussard 和 Northup 发现，被试在基线期间的问题行为是由教师关注维持的(即基线或 A 阶段)。干预包括偶尔地向学生投以注意(即独立于问题行为)，这导致了学生在干预阶段任务完成的增加和破坏性行为的减少(即 B 阶段)。在第二个 A 阶段(倒返条件)中，这种偶然(老师的注意)被逆转了，当学生表现不好时，教师再次向他投以注意。在最后的干预阶段(即第二个 B 阶段)原来的干预效果再次出现。更复杂的版本可以通过添加附加干预或干预组合来创建(附加干预以按顺序排列的字母来表示：干预 C、干预 D 等)。例如，与基线水平相比，从业人员可能对代币制(B)和表现反馈(C)，以及两者的结合(B + C)带来的效果更感兴趣。

虽然 A/B/A/B 设计为推断因果关系提供了坚实的基础，但它仍具有一些局限性。第一，如果目标行为是不可逆的，那么它就不能使用，例如阅读、写作或数学之类的技能行为。尽管持久的改变从临床角度来看是积极的，但是如果我们的目标是表明干预与行为改变之间的函数关系，就会出现问题。因此，从业人员或研究人员在处理不可逆行为时应考虑其他设计。第二，每个阶段必须持续足够长的时间以建立稳定性并得出有关干预效果的结论。第三，当使用这种设计(例如 A/B/C/B/C)比较不同的干预方法时，顺序效应(阶段出现的顺序)可能影响干预阶段的行为。克服这个局限的一种方法是平衡被试之间的阶段(例如，让一个或多个被试的设计顺序为 A/C/B/C/B)。最后，在某些情况下，撤回有效的干预可能在伦理上(例如，行为对个人有害)、社会上或教育上(例如，教学时间的损失)是不恰当的。

比较干预方法的一个常见设计是多因素设计(Ulman & Sulzer-Azaroff，1975)，通常也称为交替处理设计(Barlow & Hayes，1979)。多因素设计包含了不同处理条件的多次重复，以便跨数据序列进行比较，每个数据序列与不同的条件相关联。图 29.1 中的模块 C 提供了一个示例。在该示例中包含了基线条件，尽管这不是多因素设计的必要要求。当基线右侧的干预比较阶段的数据，在不同条件下表现出清晰的差异时(例如，图 29.1 中显示干预 A 比干预 B 更有效)，实验控制就建立了。该设计可以在没有基线和不撤销干预的情况下使用，其目的是在短时间内确定哪种干预对个体最有效(Cooper et al.，2007)。但是，多因素设计也有局限性，它通过快速交替和平衡处理来辨别哪些干预有效，这种方法十分复杂，可能会行不通。此外，不同干预措施的干扰可能会使结果发生混淆：如果单独实施干预(相对于在其他干预措施前后实施)，可能不会产生同样的效果。但是，通过在随访期间采用倒返设计或多基线设计可以对最有效的干预方法进行进一步评估(Wacker et al.，1990)。

多基线设计(Baer et al.，1968)是一种跨多个基线变量连续引入干预的方法。这种设计是最通用的，因为它可以比较不同行为、被试或环境中的表现。多基线设计的基本组成部分在图 29.1 中显示为模块 A、B 和 C 的组合。该设计在同一时间段内至少建立了两个与功能相关的基线，但通常三个或四个更佳。在基线稳定之后，将干预应用于某一行为、被试或环境中，而不应用于其他行为、被试或环境。一旦在第一个响应中看到稳定的变化，就将干预应用于下一个行为、被试或环境等。当行为随着干预的引入而改变但在其他数据序列中保持稳定时，就可以认为该干预是行为效应产生的原因。因此，本设计依赖于数据序列之间的比较。首先，通过查看数据序列来确定行为变化是否发生在阶段变化的时间点上(即从基线到干预)；然后确定行为是否在随后的基线中保持稳定(未经干预的行为、被试或环境)。虽然仅参考一个被试、一种行为或一种环境的数据，效果可能无法令人信服，但一定程度上来说，如果效果重复出现，则干预结果的可信度就会增加。

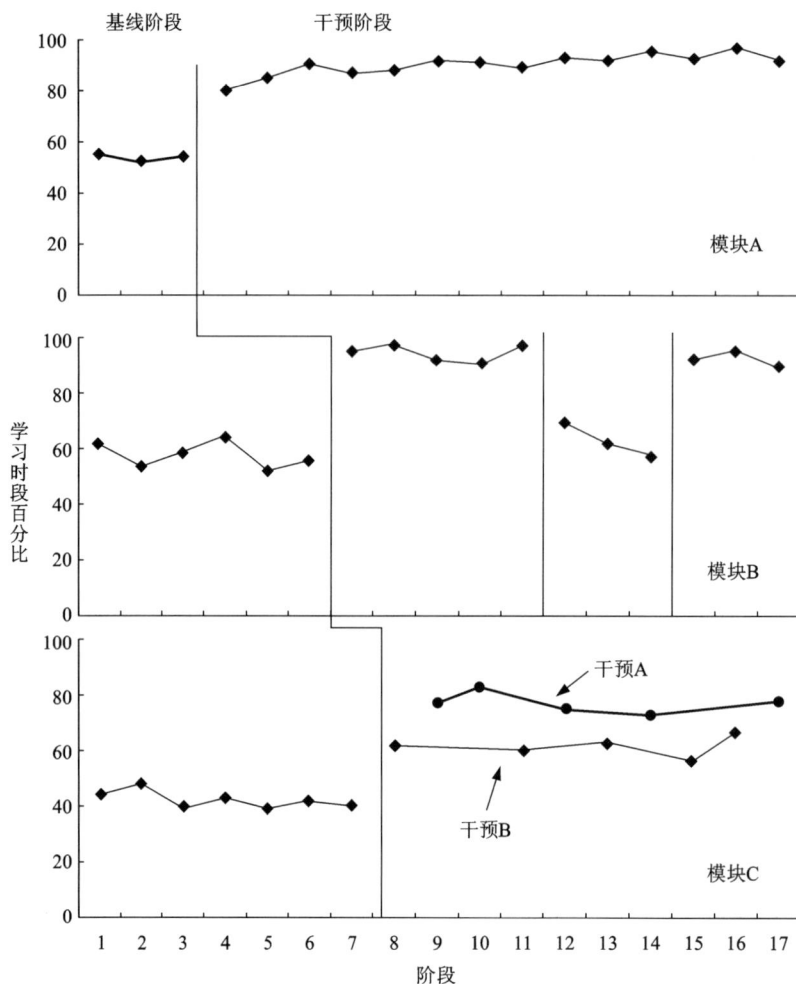

图 29.1　单一被试设计要素示例

　　当行为是不可逆的，或者当行为逆转不可取或不符合伦理时，就要使用多基线设计。此外，行为、被试和环境必须彼此独立，但预测会对相同的处理作出响应。如果目标是相关的，那么第一个目标的改变可能导致第二个目标在实施干预前就发生改变。例如，如果老师表扬学生的数学作业完成情况，那么学生的写作作业完成情况也可能改善，即使老师还没有表扬学生的写作。多基线设计的主要局限是，对某些行为、环境或被试的干预会延迟。另一个局限是，随着时间的推移反复测量行为，可能会导致数据序列中出现变化趋势：朝着理想方向的趋势将使解释复杂化，朝着不良方向的趋势可能表明重复的测量对学生有不利影响。多基线设计的一种变式是多探针设计（Horner & Baer, 1978），它特别适合用于检验教学干预（Wolery et al., 1988）。如果干预的目标是学生的表现稳定，则此设计总体上需要的测量要比连续测量少。通过在干预前和干预后引入强化测量，然后继续使用更简单的探针，可以使多探针设计得到增强。这样节省的不必要测量是相当可观的，并且还会降低学生对重复测试的反应。

问题3：效果的泛化程度如何？

　　问题3假设前两个问题都获得了肯定的回答，即行为效应显著且有意义，以及团队对是什么带来了这种行为效应有高度的自信。在回答问题3时，学校心理学家会思考，儿童的行为改变在多大程度上适用于其他环境(例如,不同课堂)、条件(例如,当教学任务变得更难或将新习得的技能与其他技能结合使用时)、响应(例如,用其他适当的社会性反应替代言语攻击)、时间(例如,学业干预效果的维持时间)和/或行为改变负责人(例如,阅读老师和数学老师)。在思考的这段时间里,如果不制定测量和干预的计划,行为的普遍改善是不可能发生的(Stokes & Baer, 1977)。

Johnston 和 Pennypacker(1993)提出:

行为主义取向的从业人员必须把"将最初的行为变化扩展到其他环境中"视作整个项目必要且不可分割的一部分,在环境设计和安排中,必须得到与环境和行为或主要兴趣同等的重视和注意。……简而言之,要等到所有被试在所有所需的环境下都表现良好后,行为干预者的工作才算完成(第 174-175 页)。

基本观点是,不能仅仅假设所需的行为变化会泛化到所有相关的环境。如果干预措施不适合泛化,那么它就是不完整的,需要增加额外的干预成分或将干预措施扩展到其他环境或条件。

基于对学业和行为问题的研究文献的几篇综述,我们在表 29.3 中列出了一份泛化策略列表(Miltenberger, 2008;Daly et al., 2007;Daly et al., 2009;Stokes & Baer, 1977)。读者可以参考这些综述,以便深入了解每种策略。与预先计划测量一样,应预先选择目标行为和干预成分,以增加行为产生泛化性改善的可能性。评估泛化效果需要在干预前确定泛化的重要领域(例如,泛化所有三年级学生阅读课文的流利度),并制定计划来测量泛化环境中的行为变化(例如,在三年级各种各样的阅读文章中抽样调查阅读流利度)。然后,计划就可以轻而易举地将提高泛化可能性的方法包含在内。

表 29.3　产生泛化效果的干预策略

泛化策略	例子
选择让学生泛化的技能	
讲授那些可以自然强化的技能。	教学生以恰当的方式吸引老师的注意力(老师很可能会自然地关注学生)。
讲授泛化技能。	教学生拆分和组合单词,使得学生更容易理解。
讲授会产生同样的效果的一系列技能。	教学生各种方法来开始与同伴的社会交往。
设计训练情境以促进泛化	
在自然情境中进行训练,或使训练与自然环境尽可能相似;注意人员、相关材料和环境的设置。	在问题第一次发生的地方——餐厅里讲授适当的礼仪。
在单独讲授技能时,让学生也在自然条件下练习技能。	教学生阅读卡片上的单词,然后让学生在相关课文中练习这些词。
结合需要使用技能的各种情境。	在使用各种行为和学业要求时讲授依从性。
提供基本原理并讲授自我管理策略。	教学生用清单自我记录技能的使用;使用自我指导。
循序渐进地进行高流利度的教学。	使用适当的难度等级材料进行教学;使用重复的练习来评估等级;给予表现反馈;在学生达到标准等级之后依次使用较难的材料。
训练情境以外的技能支持	
当学生在训练情境以外使用技能时,对其进行强化。	在技能训练结束后,表扬孩子没有在操场上回应陌生人。
使自然环境更具强化性。	当调皮的学生出现适当的社交行为时,让老师和同学对其进行表扬。
当达到适当的技能水平时,延迟或减少强化的频率。	减少对专注行为的表扬。

在某些情况下,如果问题几乎不引起学校团队的注意,那么泛化可能不是一个重要的问题。例

如，如果目标仅仅是解决学生在数学课上的离座问题，而该行为在其他场合并不构成问题，那么泛化效果就不是一个关注点。另一方面，如果一项干预的目标是减少学生课间在操场上的攻击行为，而我们希望在放学前后操场上的攻击性行为也能减少（如果在此期间也出现了这样的问题），那么，在这3个时间段内都应该对行为进行测量。

问题4：下一步该做什么？

当收集到足够的干预数据以建立可靠趋势时，有5个可能的"下一步"：(1)继续进行干预；(2)将相同或修改后的干预扩展到其他环境或条件中；(3)加强干预措施；(4)通过重新进行问题解决的步骤来完全更换干预措施（和/或目标）；(5)停止干预。选择哪一种方法在很大程度上取决于对前面问题的回答（即问题1、2和3）。

为了决定下一步工作，团队必须评估当前表现水平中的行为变化、变异性（或稳定性），以及干预阶段结束时儿童的表现达到预期的程度（称为目标实现）。无论儿童的行为改变是否已经达到或正在接近行为标准水平（例如，提高阅读流利度，减少自伤行为），抑或是儿童的行为完全没有改变，都会对下一步的建议产生影响。

这个过程对每个儿童都是个性化的。例如，尽管对某个儿童的干预可能是团体干预的一部分（例如，一个二级补充阅读干预），但是，每个接受干预的儿童都是通过单独考虑他们的分数模式选出的。实际上，产生效果的程度（包括接近典型或成功的同龄人的表现变化），可能会在很大程度上影响下一步行动的决策。基于数据的判断在这里起着至关重要的作用，因为目标发生了多少行为变化和干预的可持续性，都要与干预的成本（包括物质和人力资源）进行权衡。平衡的因素包括，团队设法通过改变计划、消除或减少不需要的部分来减少干预的强度，同时仍保持或获得所需的效果（Barnett et al.，2004）。其他特殊的情况包括相关人员的偏好或对干预的反应，这些往往很难在学校或其他应用环境中预测。对于无法持续实施的干预措施，如果要取得较大的初始效果，可能需要团队提供更具创造性和效率的解决方案。在某些情况下，一个很小但可检测到的效应可能是很重要的。

选择下一步（例如，继续进行干预）还取决于团队对行为是否发生了变化的信心（问题2）。如果行为达到或接近期望水平，则有理由相信干预是导致变化的原因；如果团队认为学生在没有干预的情况下不太可能继续成功，那么在大多数情况下最好继续进行干预。如果所有这些情况都是正确的，但是行为没有得到普遍的改善，则建议以某种形式将干预措施扩展到行为改变普遍适用的环境或条件。例如，成功的代币制以及对适当行为和攻击行为的响应成本可以扩展到一天中的其他时间或其他环境。

如果行为的进展不如预期的那么快，但是团队认为干预的某些部分很重要，则现有的干预措施可能会得到加强。例如，学校心理学家或教师如果发现，一个阅读能力差的人在增加阅读练习时进展缓慢，错误率很高，则他们可能会决定在练习之前添加一个错误纠正策略。如果行为的进展不如预期的快，或者行为朝着不希望的方向变化，则他们可能会完全更改干预措施。例如，如果在课堂上有计划的忽视并不能减少课堂中断，那么干预就可能是不相关的，可能是同伴的行为（例如大笑、窃笑）强化了问题行为。在这种情况下，计划的忽视过程没有解决导致问题发生的原因。另一种情况是，干预可以适当地针对行为变化的原因，但行为干预的负责人可能无法恰当地实施。例如，称赞适当的行为和重新导向不适当的行为可能暂时有效，只要教师最初能够保持较高的称赞率；但是当对教师的新要求迫使他或她重新安排上课时间时，教师难以称赞适当的行为，这种干预就可能会失去其有效性。在这种情况下，可以改变干预措施，以奖励永久性资料中任务的精准完成。

如果干预已经达到了预期的效果，并且团队认为自然环境中的行为改变已经不再需要支持，则可以停止干预。例如，一个儿童以前对同伴的攻击性行为被适当的社会互动所取代，他可能不再需要教师的明确支持，因为与同伴的社会互动就可以维持适当的行为。此外，可以通过提高满足标准的要求（完成更多的数学题以获得自由时间）或延长获得奖励之前的时间（提供周末奖励而不是每日奖励）来缩减对儿童的奖励，这一过程称为事件的消退。干预的停止可能会逐步发生，而通过简短的课堂观察和对教师的询问可以确认结果。

表 29.4 解读数据

数据类型	暗含的意义	可采取的下一步措施
在目标日期之前，水平、趋势和变异性接近或超过预期的水平和增长率	达到了预期的效果	持续干预，直到行为一直稳定在预期水平
数据在指定的目标日期或目标日期之前达到预定的水平	干预是有效的	• 将干预扩展到其他情境或条件 或 • 停止干预
数据具有高度变异性	表现不受干预的控制	• 奖励行为依从性 • 提供表现反馈 • 提高干预的完整性 • 检查对奖励的满意程度 和/或 • 检查可能削弱干预效果的外部因素
水平和/或趋势与基线数据几乎重合，或未在指定的目标日期前达到期望的水平	干预是无效的，并且可能与问题的根源无关	对于基于技能的干预措施： • 确保掌握必要的技能 • 添加对正确响应的示范 • 讲授更多技能组合的内容 和/或 • 改变难度水平 对于基于后效的干预措施： • 确保奖励能够真正地激励学生 • 确保奖励针对行为的正确功能 和/或 • 确保对适当行为的奖励与对不适当行为的强化物间存在有效竞争
水平、趋势或变异性朝不希望的方向上变化	干预可能会对行为产生负面影响	• 如果不适当的行为不再被强化，那么考虑可能出现了消退爆发 提高干预的完整性 • 考虑潜在的、令人厌恶的干预成分 • 考虑与问题的其他功能相匹配的干预措施 和/或 • 完全更换干预
在当前训练条件下表现适当，但在其他条件下有不同的表现	学生的技能没有得到泛化	见表 29.3

在回答"下一步该做什么"的问题时，我们的目标是选择适当的干预强度，以确保在不会对现有资源造成过度的负担的情况下，使得行为改变沿着期望的方向继续发生（例如，儿童在数学表现上继续追赶同龄人）或保持在期望的水平上（例如，现在青少年的科学课的随堂测验和考试成绩都处于可接受的水平）。当然，这也是实施干预之前的目标。但是，在问题解决流程中，此时的关键是调整干预措

施，以确保在干预措施的强度和可持续性之间取得适当的平衡。如果行为改变的负责人不能持续地进行干预，那么看似有效的多因素干预就会失去其效用。提高干预强度需要付出资源、精力和时间，而过早地减少干预会重新带来风险。适当增加和降低干预强度都是团队使用的基于数据的重要策略（Barnett et al.，2004）。有时我们很难清楚地判断效果如何以及下一步做什么，如果出现这种情况，则需要收集更多或更好的数据来提高准确性，更好地了解趋势或变异性，或者通过其他解决问题的尝试来改进干预措施的选择。表 29.4 为各种行为结果的解释和下一步的措施提供了建议。

结论

教学设计与评估是学校决策的基本问题。在行为实践和 RTI 中，用于提高教学决策有效性的是一个非常特殊的数据集，而不是一个时间点的测量。这些基础是一个通用模型，包括当前表现的基线和成功的标准。数据包括各种单一被试设计元素，以评估特定的干预问题。实施和评估干预计划，并使用这些信息来决定下一步和所需的资源。这些计划可以在以班级、小规模团体和个人作为分析单位的情况下进行。

同样，RTI 使用预防和干预措施来提高教育决策的准确性。RTI 首先以科学合理的指导为前提，允许团队细化教育决策并逐步展示成果，根据需要逐步提供服务。本章中讨论的单一被试设计可用于提高团队对学生需求的推论和决策的准确性。它们是学校干预支持实践的核心，并且可能适合各层级的一些问题（Kennedy，2005）。例如，这种干预有效吗？哪种干预效果最好？需要哪些教学成分？单一被试设计可用于评估学校团队使用的常见干预措施，也可以用于评估学校紧急预案中的基于功能的有力干预措施。

第 30 章

学校评估与支持性干预的经验与实务问题

George H. Noell

学校心理学家在学校中起着多种作用，包括学生测评、专业咨询、商讨、管理、工作人员发展和项目评估等（Hosp & Reschly，2002）。将学校心理服务描述为"存在于个体–系统和间接–直接两个连续体上"是合理的。第一个连续体是工作在本质上以学生为中心或以系统为中心的程度。学生层面的工作似乎是学校心理学领域传统的主导性焦点。这些工作包括心理教育测评、提供专业咨询和有关教育计划的商讨。《残疾人教育改进法》（IDEIA，1975）的通过，无疑是学校心理工作领域最重要的发展，它为"以学生为中心开展工作"创造了巨大的需求。特别的是，IDEIA 使得学校提供的心理教育测评的数量激增。

与以学生为中心的工作相对的是以系统为中心的工作。系统性工作包括计划制定、计划评估、政策制定、训练和监督之类的活动。以系统为终端的连续体的关键特征是：学校心理工作旨在影响许多学生而不是个别学生。系统级干预的最终目标是在相当长的一段时间内影响多个学校的所有学生。学校改革工作、政策制定和计划制定工作都是系统级干预的例子（e. g. , Shapiro，2006；Sheridan & Gutkin，2000；Stollar et al. , 2006）。虽然二分变量很有吸引力，因为它比连续变量更简单，但在将学校心理工作的直接性和间接性概念化时，以连续的方式来考虑它们可能更有效。例如，在开展单个自闭症学生接受分解式操作教学的相关工作时，可能既需要考虑该学生特有的个体特征，又要考虑针对所有自闭症学生的系统性政策的影响，同时，还要考虑针对所有自闭症学生的系统性政策的影响。与此类似，在课堂中进行与课堂管理相关的干预，从广义上讲不是系统性的，但肯定超出了以个人为中心的范围。

可以用来描述学校心理工作的第二个主要连续体是直接服务和间接服务之间的区别。直接服务是学校心理学家直接提供给学生的那些服务，包括提供专业咨询和心理教育评估。间接服务是学校心理学家与第三方机构合作，目的是让第三方向学生提供服务。间接服务包括与教师和家长的商讨、课程评估工作以及工作人员发展培训。与系统性工作的程度一样，直接服务或间接服务的程度显然也是连续的。例如，关于个别学生的商讨在服务的直接性程度上可能存在很大差异（Barnett et al. , 1997；Noell et al. , 1999）。连续体的一端是简短的商讨，由一名教师征求建议，一名学校心理学家提供建议。在这些简短的非正式联系中，心理学家可能与学生没有任何直接接触，所进行的工作显然是完全间接的。相比之下，当学校心理学家需要就单个学生与教师进行商讨时，常常需要一系列活动，而不仅仅是与教师会面。这些活动通常包括对学生的直接评估、干预材料的准备、学生训练以及与学生就其关注问题的对话（e. g. , Barnett et al. , 1997；Noell et al. , 2005）。在这些情况下，服务将是部分间接（教师对学生的干预）和部分直接的。

在描述学校心理学的发展过程时，我们不妨说它是从主要在连续体个体一端的直接工作（如个人评估和提供专业咨询），逐渐且持续地过渡到在本质上"个体或系统关注程度"有很大不同的间接工作。当然，越来越多人呼吁学校心理学家积极参与政策制定、预防工作和制度变革（Shapiro，2006；Sheridan & Gutkin，2000；Stollar et al.，2006）。在各种情况下，除了系统工作，大部分工作都是间接的。此外，学校心理学的专业文献中，对个人和小规模团体层面咨询的强调日益明显（e.g.，Sheridan et al.，1996）。在学校心理学中对预防、通识教育干预、主流支持、问题解决以及干预响应模型（response-to-intervention，RTI）的普及且日益重视，都导致学校心理学越来越强调将间接服务作为核心要素。

尽管这种从强调针对个别学生的直接服务到强调为学生个人、学生团体和系统提供间接服务的演变，对于学生、学校和心理学家来说可能是有利的，但是它没能清晰和频繁地表达出这种演变对于学校心理学家的实践和准备的重要意义。诸如评估和提供专业咨询之类的直接服务有一个重要的特点就是学校心理学家可以掌控这些工作的实施，因为他们是实施的负责人。但是，在转向商讨、干预、问题解决、RTI、预防和政策层面的干预时，大多数工作会变得越来越倾向间接（Barnett et al.，2004；Sheridan et al.，1996）。在这些活动中，学校心理学家正从服务提供者转变为工作增值者。其理念是，通过提供心理学知识、评估技能和专业的研究知识，学校心理学家可以提高现有资源的有效性，帮助教育工作者以更集中、更高效、更公平的方式使用这些资源。学校能以一种日益高效和公平的方式使用资源，这一点极具吸引力，从学校心理学文献、更广泛的学校改革和高效能学校的文献中都可以清楚地看到（Cook et al.，1997；Kim & Crasco，2006）。

尽管采用能增加所有学生可获得的心理服务的工作模型很有吸引力，这一举动对学校心理学也有着深远的影响，但这一点一直没有得到充分重视，在专业文献中显然也没有得到充分考量。传统的直接服务允许学校心理学家负责所提供的工作，并在他们认为合适的情况下进行调整。例如，在咨询环境中，学校心理学家可以选择采用认知行为框架、情感支持方法或生活技能课程来开展学生工作（Prout & Prout，1998）。学校心理学家可直接控制工作开展的程度，他们的评估可以直接追溯到他们对学生的影响。

相比之下，在诸如问题解决的商讨、RTI或政策咨询等间接工作模型中，学校心理学家对提供给学生的工作几乎没有或完全没有直接控制权（Ardoin et al.，2005；Sheridan et al.，1996）。在这些情况下，向学生提供服务的程度取决于其他教育工作者（通常是教师）实施预期干预的程度。与直接服务相比，间接服务系统的构建要复杂得多。直接服务仅要求学校心理学家确定专业指示的行动方案，实施该方案，然后评估结果。更简单地说，学校心理学家所需要的只是知道要做什么，完成它并且评估它的效果。尽管知道该做什么、拥有所需的技能去完成并评估其效果已经十分不易，但与提供间接服务（例如，商讨）的心理学家所要求的相比，这些要求实际上要简单得多。提供间接服务需要具备与提供直接服务相同的3个基本要素，另外还需要3个在学校心理学中未被充分研究和理解的要素：第一，如何让家长和教育工作者实施预期的干预、创新或系统改变？第二，如何评估家长和教育工作者实施预期的干预、创新或系统改变的程度？第三，如何评估实施水平是否充分？

学校心理学领域的学者已经提出了"关于各种因素如何影响实施"的前沿理论，但对所提出的中介因素和模型进行检验的数据在很大程度上是缺失的（Noell，2008）。同样重要的是，我们必须承认，这些假设在很大程度上是基于这样一种前提：人类的行为主要是理性的。例如，有人认为教师更有可能实施简单和可接受的干预措施（Eckert & Hintze，2000）。然而，这些假设无法解释大量的数据，这表明理性的可接受性和计划的简单性不足以解释人类在其他领域的行为。例如，假设简单性和可接受性是决定行为的关键因素，则表明大多数成年人将拥有大量的储蓄资产来为将来的需求做准备，例如紧急情况、大额支出和退休，因为没有什么比将资金存入储蓄账户更简单了，并且大多数成年人都会报告说，他们不仅可以接受为未来存钱，而且能够做到。尽管存在明显的线性关系，但有大量的资料表明，美国人的储蓄或投资水平并未达到经济学家预期的审慎水平（Farrell，2004）。人的行为比一种基于相对期望和响应成本或努力的简单理性比较的模型所解释的更复杂。事实上，我们可以合理地假设包括干预措施在内的人类行为是一种复杂的、受多重因素影响（例如，生物学、环境、认知和情感因素）的行为，这些因素效应的加总可能被第三方判断为理性的，也可能被第三方判断为不理性的。

本章重点介绍学校心理学家如何影响学生、家长和教育工作者，以实施旨在改善学生表现的干预措施。对于参与商讨、RTI 或系统干预的学校心理学家来说，监督干预实施是一个必须考虑的事情，因为大量的证据表明，如果没有系统地随访，教育工作者很少会坚持干预（Noell et al. , 2005；Noell, 2008）。学校心理学家只能是有效的顾问和系统变革的推动者，在一定程度上，他们可以引导其他成年人发生改变。未实施的干预措施不可能使任何人获益。本章不涉及学校心理学家直接掌控工作的直接工作模式，因为这与我们将要讨论的问题显然无关。总的来说，本章强调的是在商讨之后，对个人或小团体的干预实施，并且有选择地谈及了系统层面的问题。该侧重点反映了学校心理学家在实践中需要处理的大量转介对象往往是个人和班级。

本章的以下各节将讨论有关术语的问题、评估干预实施、支持实施、评估实施以及实践的实际影响。首先，我们必须认识到，与作为学校心理学基础的教学、干预和心理测量学文献相比，检查干预实施的研究还处于起步阶段。若干年前，学校心理学领域才出现在间接服务之后进行咨询等干预措施的有关研究。因此，与我们需要知道的相比，我们已经知道的只是一小部分。但是，确实存在用于识别某些有效干预和无效实践的科学依据。

干预的实施、完整性和精确性

在心理学文献中要对干预实施有一个可靠的理解，其中的一个挑战是理解通常用来描述干预实施的一系列术语。有多种术语被用来描述正在实施的项目，包括治疗、干预、计划、实践和创新。这些词的含义和传统用法在不同类型的文献中有所不同。例如，"治疗"（treatment）最有可能出现在临床和实验环境中，而"干预"（intervention）和"计划"（program）最有可能出现在教育类文献中。许多术语也被用来描述治疗按计划实施的程度，例如完整性、精确性、可靠性、依从性和执行力等（Dusenbury et al. , 2003；Henggeler et al. , 1997；Peterson et al. , 1982）。除了个人偏好之外，没有任何主题能够清楚地说明出现如此多种术语的原因。

在所有的组合可能性中，治疗完整性已成为最常用的术语组合，但由于其实验性根源，它是有问题的。治疗完整性是按照实验设计的方法操纵自变量（independent variable, IV）的程度。这与在学校实施干预的相似之处并不难把握，干预类似于自变量，但它不是自变量。例如，在本章回顾的许多研究中，研究的结果是教师对干预的实施情况。因此，在这些实验研究中，实施干预实际上是因变量（dependent variable, DV）。在学校内的间接服务中，诸如治疗完整性或程序保真度这样的术语太不精确，没有太大的实用价值。它们既可以指商讨过程的执行情况，也可以指在商讨范围内进行实验操作的程度，或由此产生的干预措施的实施程度。

为了在干预、治疗及其实施的讨论中建立一致性，本章采用了 Noell 建议的 3 个术语。治疗完整性是指在实验研究中操纵自变量的准确性，而不是用于描述实践。干预计划实施（intervention plan implementation, IPI）用于描述在商讨过程中制定的干预方案按计划实施的程度。我们选择干预而不是治疗，因为干预是学校中最常用的术语，通常用于描述实践，并且当其作为研究的因变量时常用于描述实施度。最后，Noell（2008）建议使用商讨程序完整性（consultation procedural integrity, CPI）来描述按计划实施商讨程序的程度。这些通用建议将贯穿本章。

测量 IPI

从理念上讲，评估 IPI 与评估其他行为没有太大不同。在数十年来的行为评估文献中，有 3 种常见的行为评估方法被广泛讨论并且被大家接受，它们分别是自我报告法、观察法和评定量表法（Haynes & O'Brien, 2000）。但是，当人们尝试从评估 IPI 的理念转向实际评估时，问题就变得有点复杂了。在准备评估IPI时会出现的一个问题是干预措施的规范水平（Gresham，1989）。人们可能会利用极端离散的行为在非常微观的水平上定义干预。使用这种方法可以得出包括数百个步骤的干预措施的定义。但从实际原因来看，这种解决方案似乎并不可行，并且在研究文献中没有任何体现。另一种替代策略是在相对较高的水平上定义干预步骤，并提供可观察到的结果，例如提供奖励、给作业评分和提供提示（e. g.，Noell et al.，2000）。这显然是在研究文献中占主导地位的定义水平。在一些研究中，这种中等到较高的定义水平也提供了足够的特异性来证明实施和结果之间的关系，并证明实施对实验控制的敏感性（Noell et al.，2000；Noell et al.，2005）。

在实践层面上，重要的是要认识到，能提供详细信息的有利于调试实施问题的微观水平的定义和可实际测量的微观水平的定义之间，总是存在一种紧密联系。笔者建议采用相对严格的策略，以确保干预的主要积极因素是独特的和可测量的。例如，作为班级行为管理策略的一个组成部分，教师可能被要求每天早上回顾课堂规则，以作为一个提醒。一个简单的测评可以将其定义为教师是否回顾了课堂规则。另一种定义可能包括：鼓励学生上课，等学生安静下来并面向教师时再说话，用清晰响亮的声音，依次陈述每一条规则，并以"我希望你们能达到这些期望"来鼓励学生。尽管后一种定义提供了更丰富的行为细节，但由于干预计划中的每一步都是用这种级别的细节定义的，因此测量问题很快就会变得无法解决。我们发现，微观水平的评估通常是有效且充分的（Noell et al.，1997；Noell et al.，2002）。在微观水平的实施数据显示出积极的结果但RTI较差的异常情况下，可能需要进行更细致地分析。

一旦选择了干预措施的定义，剩下的主要任务就是选择一种测量方法。直接观察可能十分具有吸引力，因为它能够产生明确的数据。但是在现实生活中，很少有从业人员会拥有足够多的时间来获得代表性的实施样本，并克服诸如观察性反应等问题（Hintze & Mathews，2004）。值得注意的是，学校范围内的系统干预可能特别适合观察评估。全校范围内的行为管理活动，包括提示、监测和结果策略，可能是进行观察评估的不错的选择。在学校里简单地走一走，在教师中进行瞬时采样，可能就能有效地获取大量信息。

一种直观上吸引人的替代方法是使用自我报告。通过访谈或评定量表简单地询问教师、家长和学生是否实施了干预计划，其优点是实施简单，能够适应一定范围的干预，并且避免了观察法固有的抽样问题。遗憾的是，现存的有限的数据会让某些学校的心理学工作者停止接收学校有关部门有关干预实施程度与进展的报告。研究证据表明，教师报告的实施水平远远高于直接观察或永久性资料的评估，而且教师报告的水平与使用更直接的评估所得到的水平之间几乎没有关系（Noell et al.，2005；Wickstrom et al.，1998）。

评估IPI的第三个选择是使用永久性资料。永久性资料测量意味着评估行为的外显结果。例如，在评估IPI时，咨询师可能会查看学生完成的日常行为监测卡，以进行行为干预，或者查看学生的日常学习工作材料，作为补偿性交互式同伴辅导的一部分，以进行学业干预。永久性资料有明显的优点和缺点。首先，它是一种不显眼的测量策略，产生的反应有限，能够在不需要观察者在场的情况下收集反映一整天情况的数据（Mortenson & Witt，1998；Noell et al.，1997）。此外，永久性资料不像自我报告那样依赖实施者的记忆或自我评估。如果干预参与者在没有实际实施干预的情况下，被诱导表现出已经实施了干预，则永久性资料可能会受到伪造数据的影响。但在实际操作中，我使用了一种量表测评策略，完成或监督了100多个咨询案例，从未出现过伪造数据的问题。对于大多数教师来说，这种不诚实的行为似乎并不吸引人。此外，伪造数据所需的工作量通常几乎与实施干预本身一样大。另外，如果咨询师继续与学生保持联系，伪造数据被发现的几率就会非常高。评定量表数据收集法的最大缺点是无法检测到不产生外显结果的干预因素，比如偶然的表扬。在这些情况下，直接观察和自我报告似乎是目前唯一可行的选择。

在实践中设计IPI评估方法需要考虑手头的资源、干预措施的设计以及评估的目标。在极少数情况下，学校心理学家可能想知道有关实施的所有信息。许多学者建议采用包括观察、永久性资料和自我报告的混合测评(Dusenbury et al., 2003; Gresham, 1989);然而,探讨如何整合这些测量技术的研究文献尚未出现。有限的文献表明,评估实施是确保实施的关键组成部分,仅依靠自我报告是绝对不够的。

增强 IPI

如何支持家长和教师的 IPI 工作是学校心理学家面临的重要挑战之一。鉴于许多学校心理学家都没有接受过该领域的训练,而且人们普遍认为许多事情都可能会影响 IPI,所以这是一个特别艰巨的挑战。重要的是要认识到支持 IPI 的 3 个基本特性。第一,实施干预对家长和教师来说意味着行为的改变,就像其他的行为改变一样。第二,任何行为变化都需要主动内化。第三,监测行为变化的数据收集程度将严重影响行为变化成功的可能性(Fuchs & Fuchs, 1986)。心理学家和教育工作者已经呈现了大量有关行为改变的文献,但很少有数据表明这些因素在支持教育工作者在学校实施教育干预方面有多有效或重要。本节将简要回顾一些作为研究目标的、更具吸引力且更直观的策略。

支持教师改变行为的最明显且广为讨论的策略是,要求他们改变行为并提出可接受且有吸引力的策略。尽管一些研究报告了使用这种策略实施干预的积极结果,但是关于这种行为改变策略的有效性的文献相当少(Noell et al., 1997; Noell et al., 2000; Noell et al., 2005; Witt et al., 1997)。有趣的是,有一项研究使用了相当复杂的语言社会影响策略,并取得了令人振奋的结果(Noell et al., 2005),而这种策略源自于成年人行为改变的文献(e.g., Gonzales et al., 1988; Howard, 1995; Lipsitz et al., 1989)。该程序被描述为强调承诺,其中包括许多关键要素,咨询师讨论了人们没能完成承诺这一现象的普遍性、干预作为对学生及其家长承诺的重要性,以及伴随干预失败而来的信誉丧失。本节还讨论了实施的重要性,以便进行干预评估并制定解决实施障碍的计划。尽管该研究发现,社会影响条件的均值差异高于传统咨询条件,但结果并未达到统计学意义(Noell et al., 2005)。研究者推测,这可能是由于缺乏统计检验力,并且与支持 IPI 的策略(例如表现反馈)相比,社会影响的效应要小得多。

尽管之前提出了一些假设,但研究数据表明,可接受性可能与实施没有密切关系,也可能不足以确保实施(Noell et al., 2005)。令人惊讶的是,IPI 的数据与其他关于行为改变的研究结果一致,这是令人欣慰的,因为仅认同某行为是可取的并不意味着一个人会以这种方式行事。例如,进行定期锻炼通常被认为是一种接受度高的行为,但是个人实际参与锻炼的程度似乎是变量之间复杂交互作用的结果,包括诸如环境、日程安排和社会影响等变量(e.g., Gabriele et al., 2005)。在学校的干预实施可能在几个方面与健康行为相关的文献类似。教师可能会积极地看待对学生的干预措施,并且在商讨过程中有实施这些措施的打算。但是,当他们回到存在现有常规和许多相互竞争的时间需求的课堂时,这个意图可能就无法实现了,因为在课堂要求下,无法开始或持续对新行为(干预)的环境支持。我认为,咨询师的关键作用是提供教育工作者所需的支持,以帮助他们实施新的实践。

教育咨询文献中另一个经常出现的主题是,IPI 不佳可能很大程度上是由于教师在如何实施干预措施方面训练不足(Watson & Robinson, 1996)。例如,已有研究表明,如果在说教式训练程序之后执行计时隔离程序,效果会非常差,但是在广泛的内化训练程序之后,该程序的执行会得到显著地改善(Taylor & Miller, 1997)。在一项干预实施的模拟研究中,也有类似的结果——直接教学优于教导式教学,但我们有充分的理由质疑这项研究的外部效度(Sterling-Turner et al., 2001)。这项研究是在一对一的教学模拟情境下,由研究人员扮演学生,对扮演教师的大学生的表现进行了考察。相反,其他研究表明,包括制定干预措施在内的训练对于其他持续实施的支持可能是不必要的(Noell et al., 1997)。将这些文献与其他现有的关于行为改变的证据并置,并对其进行理性的评估后发现,训练在某些情况下是至关重要的,而在另一些情况下则几乎无关紧要。当教育工作者已经具备实施有针对性的干预或创新所需的技能时,就不需要进行拓展训练。当有针对性的干预或创新包含了他们目前没有的技能时,训练可能是至关重要的。然而,重要的是要认识到,训练可能是必要的,但也可能并不足够。如果没有主动内化，就不能保证训练效果会泛化到实际应用中去（Lentz & Daly，1996）。

迄今为止，为确保学校 IPI，表现反馈是除咨询外被研究得最多的程序。支持表现反馈有效性的研究在目前相当多，并且结果一致表明表现反馈是有效的（Jones et al.，1997；Martens et al.，1997；Mortenson & Witt，1998；Noell et al.，2002；Noell et al.，1997；Noell et al.，2000；Noell et al.，2005；Witt et al.，1997）。表现反馈已被证明在教师、学生、干预者以及相关转介者等不同人群中都是有效的。这些研究表明，相对简单和复杂的干预措施的实施效果都欠佳，而在提供表现反馈时，情况都有所改善（Witt et al.，1997；Noell et al.，2000）。值得注意的是，这一发现表明，简单的干预可能不足以确保实施。研究还表明，表现反馈比不含反馈的简短后续会议更有效，而且反馈工作不需要提供材料和广泛的训练（Noell et al.，1997；Noell et al.，2002）。按照不同的时间表进行表现反馈都被证明是有效的，并且可以在不影响 IPI 或干预效果的情况下系统地消退（e.g.，Noell et al.，2005）。有兴趣更详细地回顾这些研究的读者可以查阅 Noell（2008）。

累积的数据表明，学校心理学家和教师每周开一次简短的会议（通常是 5~10 分钟）就足以支持行为改变，前提是该会议包含若干关键因素。首先，会议需要包括对有关实施的客观数据（观察到的结果或永久性资料的结果）的审查。这些数据最好同时包括学生和教师的行为，并将其绘制成图表来显示行为的时间过程（Noell et al.，2000）。会议应该包括一个简短的讨论：实施过程中哪些部分进展顺利，它对于学生的影响如何，哪些部分进展不佳，这反过来应该引入问题解决程序，以修改干预措施并在需要时支持实施。研究还表明，当后续会议的频率逐渐减少时，干预措施的实施依然可以持续进行。

有些读者读到前面的段落，担心教师会因为他们的行为被测量和反馈而生气。但我们在路易斯安那州立大学的经验表明，这种情况极其罕见。教师一直对提供表现反馈的咨询师给予积极的评价（Noell et al.，2000；Noell et al.，2005），并且会继续提出新的参考。此外，重要的是要注意，与教师会面的方法强调分工合作、支持、对教师的尊重以及对帮助教师和学生成功的明确承诺。收到表现反馈的教师的评论包括：他们感觉到的支持；咨询师对案例有多投入；这种方法和他们习惯的没有系统随访的普通咨询相比有多大优势。

在学校范围内或在年级小组中进行的系统性干预措施，为上述客观评估和反馈的基本实施原则提供了独特的背景。在系统干预中，教师可能既负责实施干预的某些方面，又负责支持另一位教师的干预实施。在这种情况下，除了实施干预措施外，教师还将检查并向同行提供有关其实施情况的反馈。在这种设计中，所有教师不仅是服务提供者，还是支持提供者。这可能有点类似于交互式同伴辅导，在这种辅导中学生也扮演了多重角色。

总之，干预措施的高度可接受性、简单性和实施干预的要求似乎不足以确保一致或持续的实施（Noell et al.，2000；Noell et al.，2005）。相比之下，表现反馈（包括对客观实施数据的回顾和结果的图表）已经被证明在不同的环境、学生和相关转介中是有效的。此外，教师对提供表现反馈的咨询师给予了非常积极的评价。可以肯定的是，尽管表现反馈并不是唯一有效的实施支持策略，但它是唯一已经积累了大量文献基础的策略。

评估 IPI

每位对 IPI 进行监测并试图改进它的心理学家都面临一个问题：实施到什么程度是足够的？遗憾的是，许多最初看似合理的答案都经不起仔细推敲。一个合理的初始响应可能是完美地实现目标。虽然这在理论上是可取的，但它可能会设置实施标准，而这些实施标准对于具有许多其他竞争需求的干预机构来说是无法获得的（Noell & Gresham，1993）。这种策略的效率可能也很低，因为不一定需要完善的实施才能取得有效的成果。事实上，许多研究表明，不完善的实施也会带来积极的干预效果（e.g.，Gansle & McMahon，1997；Holcombe et al.，1994；Vollmer et al.，1999）。如果不完善的实施是有效的，那么对完善实施的要求将疏远一些潜在的使用者，因为它会设定一些无法达到或不必要的繁重目标，并增加向学生提供干预的机会成本，最终导致接受服务的学生人数减少。同样值得注意的是，干预的充分实施标准在个体层面和系统层面有很大差异。一般而言，我们可以合理地预期，对于由全体教师实施的干预措施来说，获得近乎理想的实施效果是比较困难的，而对于许多系统性干预措施来说，这可能并不必要。

一个合乎逻辑的替代方法是认为实现一些总比完全没有要好，所以任何实现都是一件好事。遗憾的是，这个标准也经不起哪怕是有限的实证检验。研究证据很容易就能证明，当实施程度降至足够低时，干预措施的效果将显著减弱，干预就会完全失败（Greenwood et al.，1992；Henggler et al.，1997；Noell et al.，2002）。此外，如果干预是工作的一部分，而这些工作具有保证学生接受正当干预或保护学生公民权利的重任，例如 RTI 或特殊教育工作，那么低 IPI 可能会导致被允诺保护的学生丧失公民权利（Gansle & Noell，2007）。

与前面描述的直观但糟糕的标准相比，一个合理的替代方案是期望 IPI"足够"。遗憾的是，研究基础严重不足，无法确定 IPI 的水平。Noell（2008）认为，由于干预措施的复杂性、实施方式的多样性、嵌入干预措施的环境的异质性以及学生和客户需求的差异，充分的 IPI 的一般先验规范可能是一个无法实现的目标。但是，在实践中，学校心理学家很少需要事先指定 IPI 水平，而是可以根据特定情况下出现的数据临时选择目标。例如，如果一名教师正在实施一项只有 66% 可信度的新的阅读干预，但学生取得了很好的成绩，达到了该干预在已发表的实地调查中获得的水平，那么对于这些学生而言，该干预措施 66% 的可信度就已经足够了。这并不是说改进的实施不会带来额外的益处，而是说没有必要提供固有的教育水平并实现干预目标。

当学生没有取得足够的进步、实施也不完善时，决策过程就会更加复杂。进展缓慢表明存在一些似是而非的假设：如果以更高的准确性实施干预，干预可能是有效的。但是，由于干预过于复杂，或者由于竞争环境对干预负责人的要求过多且突出，接近完美的实施可能是无法实现的目标。例如，教师可能会承诺每天花 10 分钟的时间与转介学生中的一小部分一起培养音素意识，但由于严格的活动日程表和计划外的课堂中断，如不期而至的来访者，现实中的干预实施可能也只是间歇性的。这样的情况也可能出现，即干预是非常有效的，但其中对学生的需求至关重要的一个干预成分尚未实施。例如，省略"强化"这一干预成分可能是特别有问题的（e.g.，Noell et al.，2000）。对于一些学生来说，如果忽略了干预的动机因素，即使实施接近完美也会失败。同样值得注意的是，即使是对大多数学生有效的干预措施，对个别学生也可能会失败。例如，课堂上的相互竞争后效可能会大大削弱干预中的程序性强化。同样，对于许多学生而言有效的同一提示时间表，可能对特定学生而言并不有效（Heckaman et al.，1998）。遗憾的是，在实践中，我们可能并不清楚哪些因素对个别学生来说是关键的，或者哪些具体的干预可能是最有效的。这些实践的事实强调了持续评估实施情况和学生 RTI 的必要性，以便对干预措施进行有针对性地修改。

我们必须认识到，实施方面的问题并不是干预措施产生不良结果的唯一原因。干预措施本身可能设计不当，或者可能与学生的需求不匹配。此外，选择了不够敏感的结果测量或选择了一种间接反映学生行为的指标可能会导致进度监测数据不佳。在实践中，许多学校心理学家将面临干预实施不完善的问题，这些干预措施在设计上不太可能是最优的，而且其效果是通过一种容易获得的措施而不是一种针对目标的理想措施来监测的。如果学生没有取得足够的进步，则需要对现有数据进行解释，以确定需要在哪些方面进行集中改善。这是一项复杂的任务，它的复杂性类似于评估和干预不良的早期阅读。

评估可能涉及到相当多的因素，需要考虑问题的多个方面，但是通过谨慎地分析和数据化通常可以获得有效的解决方案。例如，一个阅读能力差的学生可能会收到包括口语文章预习和重复阅读的干预任务（e.g.，Noell et al.，1998）。如果这名学生没有表现出足够的进步，那么牵涉到的因素可能有很多。这可能是对学生需求的错误干预。这种干预是一种建立流利度的干预，而进一步的评估数据可能会显示，学生有更基本的解码需求，比如字母发音规则和语音技能。进一步的评估检查了不同水平阅读材料的进度监测，可能会发现学生确实在进步，但用于评估进步的等级材料太难了，对他的成长不够敏感。审查实施数据可能会发现，辅导课程只是很少被执行（很不幸的是这样的做法太普遍了）。而另一种情况是，这些课程可能会显示，文章的预读速度太快且跳过了重复阅读，从而"将课程加入繁忙的日程中"。关键是仅认识到学生没有迅速进步只是一个开始，应该启动一个系统的、基于数据的过程，拆分整个干预，看看问题出在哪里。在下一节，笔者提供了一些与IPI相关的解决问题的实用建议。

一些实际的考虑和建议

本节的目的是向读者提供有关评估和支持学校干预措施实施的实用建议。这些建议来自对文献的回顾，以及我作为研究人员、从业人员和训练师的经历，这些经历包括我审查的许多学校干预实施问题的案例。因此，一些建议是基于在学校工作的经验，而不是基于实证检验和同行审查的假设。

开始

尽管我们尚未进行实证检验，但我认为学校心理学家管理咨询记录、项目开发和系统构建的方式在决定这些活动是否成功中起着重要作用。从笔者作为一名导师的经验来看，研究生和职场新人等专业人员最常犯的错误，似乎是低估了自己的角色和对结果过分乐观。认识到教育工作者通常有问题解决的工作经验是很重要的，因此在与他们接触之前我们会抱有相当大的期望。在与新的来访者互动时，重要的是要弄清计划的行动方针是什么，学校心理学家将做出什么贡献，来访者的期望是什么以及预期的结果是什么（Sheridan，Kratochwill，& Bergan，1996）。对此，我的主要实践建议是具体、简短，并且承诺的内容要比您认为可以提供的内容少一点。超出预期总比达到预期或达不到预期要好。

协同工作

教育工作者和家长都很忙，在时间上有许多同时竞争的需求。他们需要的往往不仅是建议，还有帮助。同样地，学校心理学家也是很忙的人，他们有很多同时存在的、相互竞争的时间需求，他们常常不能花很长时间与学生、家长、教师或协助管理人员进行交流。这似乎造成了一个无法解决的问题，但情况可能并非如此。有许多相互竞争需求的教育工作者经常会感谢那些愿意伸出援手的专业人士，即使他们的帮助很小；尤其当意料之外的重要帮助出现时。根据我们在路易斯安那州立大学（Louisiana State University）的经验，学校心理学家的直接帮助而不仅仅是提供建议，对于一些教师来说是一个惊喜。

现实情况是，在大多数以学校为基础的系统性倡议和干预措施中，教师将承担大部分责任和工作。由于学校心理学家不可能整天在课堂上运行响应成本系统或监督同伴辅导，因此，问题是学校心理学家可以提供哪些重要帮助。事实证明，如果我们把帮助实施干预措施作为工作范围和职能的一部分，那么我们可以做很多事情，包括制定干预计划、准备材料、联系家长、进行教师训练（如有需要）以及安排进度监测材料。我建议学校心理学家担任干预措施的准备和支持角色，因为他们不能直接实施大多数干预措施。

测评

笔者在路易斯安那州立大学的研究团队开发了一种咨询方法，该方法要求对所有被转介的学生进行直接评估。在这种情况下，直接评估意味着学校心理学家要评估学生的学业技能，通常是基于课程的测量（ECBM；Shinn，1989），在相关背景下观察学生并采访学生。据此我们得出这样的推论：教师可能在课堂上与大部分学生都能很好地相处，但是他们所转介的学生正是他们也觉得为难的。主要或完全基于教师手头掌握的信息来制定干预计划似乎是不明智的。还有一种情况是，如果学校心理学家没有与学生直接接触的经验，那么他们很难提出有见地的意见，而且他们也没有什么可靠的依据来提出建议或质疑教师对当前问题持续存在的原因假设。因此，我建议学校心理学家在提出任何干预建议之前，应进行常规实践，即至少对被转介的学生进行简短的直接评估。除此之外，有关转介教师如何讲授课程和管理课堂的信息也非常宝贵。

开始干预

设计干预措施和制定系统性举措的过程非常复杂，本章无法充分解决这一问题。但是，本章就如何制定和发起更有可能实施的干预措施，提出了一些一般性建议。想要知道为什么事情会像他们所做的那样，为什么要求他们以特定的方式行事，这是人类行为的普遍现实。为此，制定与评估数据明确相关的干预措施，并让学校心理学家详细说明这些干预措施被指定给该学生的原因，这对于减少最初的阻力和关注来访者的问题非常有帮助。此外，以先前的评估数据为指导的干预措施通常更可能有效。

同样重要的是，要认识到对于任何问题，一系列干预措施通常都是可行的，其范围可能从相对直接、简单的干预措施到极其复杂的干预措施。学校心理学家正试图带来系统变革或支持干预措施的实施，他们面临的一个巨大挑战是：难以判断对个别教师来说，什么是可行的和可接受的。此外，如果有不同需求的新学生加入班级，那么对于教师来说，先前实用的干预也可能会变得不实用。应对这一困境的最合适的方法是直接与教师讨论此问题，承认将干预措施应用到课堂中有时是一个需要修改的迭代过程，并在得出"干预措施合理"的结论之前进行试点测试。试点测试似乎是我们在路易斯安那州立大学所开展的工作中最重要的部分。我们设定了一个开始实施的时间，当教师尝试干预时，学校心理学家在教室里观察并与教师互动（e. g.，Noell et al.，2005）。如果该干预措施是不切实际的，或者教师对如何实施该措施感到困惑，学校心理学家可以立即解决这些问题。尽管每个人的意图都很好，或者是确实在关于如何实施上存在困惑，但等待几天或一周去尝试计划中的干预，是完全不切实际的，这是对时间的严重浪费，也会损害双方的融洽关系。

对于许多因课堂破坏性行为问题而转介到我的团队的儿童，我们制定了一个行为管理干预，其中包括学生对目标行为的自我监控、教师对记录的审查、目标设定、临时奖励等因素。干预的关键要素似乎是：（1）有多少行为可以跟上；（2）将一天分成多少个区块；（3）目标是什么；（4）教师审查记录的频率；（5）学生获得奖励的频率（每天一次、两次或三次）。在观察执行情况并与教师交谈时，我们经常发现，尽管在商讨时听起来很合理，但这些观点却总有一项或多项选择不当。根据这种正在进行的形成性评价的结果，我们通常会对干预措施做出调整，以确保教师能够在实施干预的同时仍然进行教学，并确保学生得到足够的反馈，从而改变他们的行为。

随访与支持

对于支持任意干预或创新的系统实践，所有在职的学校心理学家必须做出的两个基本决定是：（1）随访的频率；（2）随访的形式。尽管最初可能需要较频繁的联系，但研究表明，每周简短的联系，包括对实施过程和结果数据进行结构化审查，通常足以支持干预实施并帮助学生取得积极的成果（Noell et al.，2005）。鉴于这些后续联系通常只持续10分钟，因此它们似乎是一种合理且易于管理的形式。此外，每周的联系有助于防止课堂上正在发生的不良事件的恶化。我们强烈建议来访者和教育工作者在出现意外问题时，能够通过迅速、可靠的方式联系到与他们一起工作的学校心理学家。通常，电话或电子邮件信息联系就足够了。

进行随访时的最后一个问题是，干预效果不可避免地消失。在处理案例时，先预期几乎所有案例迟早都会出现问题，这可能是最有成效的。状况问题会给教师带来实施的困难；对强化物的饱和会削弱干预效果；材料放置不当会扰乱干预；学生的进步会使最初的干预变得不相关或不可行，等等。例如，在以前的一项研究中，当处理一个学习上既不投入又有破坏性的学生时，我和教师设计了一种干预措施，其中包括视觉提示，提醒他举手并参加课堂讨论、自我监测积极参与以及对达到参与标准的奖励。但是，在实施的第一周结束时，这个学生问了很多问题，发表了很多意见，并且非常热衷于课堂讨论，实际上这表现本身就有问题了。随着我们修改干预措施以适应学生的行为改善，干预措施的实施也开始变得无效。令人吃惊的是，这名学生描述了他是多么沮丧，因为他在做自己的工作，而教师"却没有坚持自己的目标"。这一事态发展和由此产生的讨论反过来又导致我们重新执行了一项系统性的计划，以便逐渐减少干预。在实践中切合实际的一个关键方面是，认识到我们不能仅仅把学校的干预和系统变革交给教育工作者的同事，然后离开8周再回来看看它是如何运作的。在这种情况下，我们应该预料到干预会失败。干预和系统变革是一个持续的迭代过程，通常需要学校心理学家的不断努力。

总结和结论

实施有效的干预措施和有价值的系统改革通常要比识别它们困难得多（Foxx，1996；Noell et al.，2004）。这一实际情况是由许多证据演变而来的。洞察力并不一定等于行为改变，它当然不会使行为改变变得容易。学校心理学的特点是，关于如何帮助教师、家长和学校实施有效的干预措施或如何将系统变革从计划转向实施（Noell et al.，2002；Sheridan & Gutkin，2000）的研究文献还远远不够。此外，许多现有的专业文献都在谈论实施，就好像它是由真空中发生的简单理性交换组成的一样。通用的建议似乎是确定一种有效的、可接受的干预，将其告知教师，并假设他们会或应该这样做。有趣的是，鉴于我们在几乎所有其他环境中对人类行为的了解，这似乎是一个非常不现实的方法。尽管存在这些障碍，但初步工作表明，如果学校心理学家在支持性的专业会议上对实施进行测量、绘制图表并与教育工作者共享，就可以获得合理的实施水平，从而提高学生的成绩。将这种通用模式应用于学校范围内的改革，使教育工作者可以在这种改革中互相提供环境支持，这似乎是一种很有前景的做法。尽管我很确定还会发现其他可以支持实施的方法，但这就是迄今为止开发出来的方法。这些关键特性与我们在其他许多情况下对行为变化的了解没有什么实际的不同：定义感兴趣的行为，对其进行测量，并创建环境反馈来强化对感兴趣行为的塑造。关键要认识到，就像学生需要支持来改变行为一样，教师也需要环境的支持来改变行为。

构建支持问题解决模式的系统

第 31 章

跨系统合作对儿童与家庭的支持

Susan M. Sheridan

Katie L. Magee

Carrie A. Blevins

Michelle S. Swanger-Gagné

学校是嵌入社区的社交场所，由许多人共同承担实现一个首要目标的责任——教育学生并使其社会化。事实上，在学校内外，有许多人为儿童的教育、支持和全面照顾做出了贡献。要实现学校的长远目标，最有效的方法是让所有的主要参与者相互合作。

本章介绍了跨系统合作这一重要主题，并提供了有关专业人员如何将合作关系纳入其实践的具体示例。第一，我们概述了跨系统合作的定义特征和优势。第二，我们提出了基于学校的问题解决团队的不同模型，以说明如何实现跨系统合作。第三，我们讨论了具体的关系建立策略，以帮助专业人员构建一个跨系统合作的框架。本文详细描述了一种跨系统合作的模型，即合作式行为主义心理咨询，以说明跨系统合作在问题解决框架中的特点和阶段。第四，我们介绍了在解决跨系统合作的潜在挑战时，专业人员可以使用的策略。

关于合作的介绍

跨系统合作的定义

合作（Collaboration）不是一个新概念，也不是教育学或心理学特有的概念。它有几种定义方式。一般来说，合作是一个结构化的递进过程，在这个过程中，两个或两个以上的人通过共享知识和建立共识，共同朝着一个目标努力（通常是一种脑力活动）（Merriam-Webster's Online Dictionary，2007）。在教育界，合作的定义通常与 Cowan 等人（2004）的观点类似，他们指出合作是"一种交互的动态过程，发生在系统、学校/班级和/或个人（例如，父母、教育工作者、管理人员、心理学家）之间，他们一起为与学生相关的共同目标和解决方案做出决策"（第 201 页）。在实践中，合作使得个人能够集中资源，为儿童建立相互依赖的合作关系，确保提供适当且有效的工作。家庭、教育工作者和专家，为促进学生的学业和社会发展所做出的共同努力（即合作；Merriam-Webster's New Collegiate Dictionary，1981），可能会形成更强大、更综合的支持系统，有助于儿童的学习和发展。

儿童的发展受到许多系统的影响，包括但不限于学校。因此，儿童的适应能力和表现是这些系统内部和系统之间相互作用的产物。影响儿童生活的主要系统（如家庭、学校、卫生系统）之间的合作是有利的，因为这样可以更好地预防、查明并管理儿童的状况（American Academy of Pediatrics（AAP），2000，2001）。我们将跨系统合作（cross-system collaboration）定义为一个过程，通过这个过程，多个系统的支持提供者联合在一起，确定需求，集中资源，并实现改善儿童表现的目标。

在采用跨系统合作的过程中，专业人员和家庭成员都应该认识到，每个人独特的观点和专业知识对儿童的学习有重要的贡献。具体合作行动的先决条件是要有这样的态度和信念，即家庭和其他资源提供者在整个问题解决过程中发挥着重要作用，如果有机会，他们将尽己所能地参与。在合作初期以及整个过程中，以真诚的方式传达这些信念是工作人员的责任。这一点可以通过频繁的、开放的沟通和可预见的、持续的后续行动（例如，通过电话、电子邮件通信、笔记、简短但频繁的会议）来实现，这些都有助于在参与者之间建立信任和关系。家长的参与程度会因具体的合作邀请而提高（Green et al.，2007）。对家长的真诚邀请和联系可以包括他们能够扮演的特定角色的信息和他们可以提供的信息来源。强调他们之前的努力和为儿童采取的积极行动，可以传达出尊重和肯定，并增加家长潜在的认可和信任。本章后面几节对促进参与、建立关系和跨系统（包括家庭和学校系统）实施合作策略进行了详细描述。此外，读者还可以参考 Clarke 等人关于加强学校与家庭关系的建议。

所有对合作的定义都有一个共同点，即合作是交互的、动态的，它是一个过程，而不是一个事件或活动。参与者（即合作伙伴）拥有共同的目标，一起做出决定并解决已识别的问题（Welch & Sheridan，1995）。从许多方面来说，合作是一种方法、一种精神（Phillips & McCullough，1990），或是教育学生的一个总体理念框架。因此，可以采用许多结构或形式开展合作。例如，学校内部的跨学科合作以及系统内和跨系统的咨询。环境、需求和可用资源在很大程度上决定了合作的形式或结构。

无论结构如何，合作都具有共同的特征。合作的特点是参与者之间的关系是相互帮助、相互依赖和相互平等的。从根本上讲，合作既包括地位平等，也包括资源对等。地位平等指的是参与者彼此倾听、互相尊重和互相学习，资源对等指的是参与者之间知识、技能和思想的融合（Welch & Sheridan，1995）。合作要求沟通渠道是开放的和双向的。参与者通过共享和汇集个人资源和专业知识来创建最佳的解决方案，并对正在处理的争议或问题拥有共同所有权。决策是参与者以协商一致的方式共同做出的。总之，合作要求参与者"共同承担责任并享有权利，平等相待，一起为合作过程做出贡献"（Vosler-Hunter，1989，第15页）。

跨系统合作的基本原理

儿童的教育、心理和身体健康的需求，通常需要不同学科的多个专业人员的专业知识（Hoagwood et al.，2000），包括（但不限于）教育工作者、心理学家、医学专家和父母。如果这些专业人士能够共同努力，确定儿童的优势和主要需求，并制定、支持和实施协调一致的治疗计划，那么，儿童治疗计划的潜在有效性就可能实现最大化。跨系统合作支持"监控和评估儿童适应能力的过程……通过将个人观点与学校、家庭和医疗保健背景的信息相结合"（Shapiro & Manz，2004，第60页）。因此，可以以促进更广泛地理解问题和解决方案的方式分享并讨论信息。合作企业、家庭、学校和其他支持系统（例如，卫生、司法、社会系统）的结合，将促进全面的问题解决和共同决策，以满足儿童的需求（Power et al.，2003）。

专业人士和家庭成员之间跨系统合作的优势是多方面的。来自家庭和教育工作者的信息，可以帮助健康专家和精神卫生专家基于对儿童在家和在校表现的了解和观察做出诊断。教育工作者和家庭成员可以监测治疗效果，并报告干预措施对儿童认知、社会和行为功能的影响（Kline & Rubel，2001）。精神卫生专家可以提供有关儿童健康、预后和身体能力的相关信息。所有这些都会直接影响儿童的学业表现和心理健康。事实上，对特定情况的关注将决定一个合作团队的组成（即作为参与者的具体人员）及团队成员最合适的角色。在某些涉及心理健康问题、行为问题或独特的发展问题的情况下，学校心理学家可以通过概述相关问题、汇集多个来源的信息以及基于所有可用数据共享建议来领导团队。在涉及家庭问题的情况下，社会工作者可以承担类似的角色；在涉及沟通迟缓的情况下，言语语言病理学家可能会起主导作用。表31.1概述了合作的优势。

表 31.1　在实践中应用合作的潜在优势

1. 加强学校工作人员和其他支持系统之间的沟通和合作
2. 加强对项目目标的主人翁意识和承诺
3. 加深对复杂情况的理解
4. 对问题进一步概念化
5. 拓展解决方案的范围
6. 专业知识和资源的多样性
7. 生成的解决方案的优越性
8. 有利于计划实施的完整性和治疗效果的维持
9. 有利于创新与变革的成功实施

通过学校团队实现跨系统合作

满足儿童需求的工作往往是通过零碎的工作来实现的。为了给学生提供最好的照顾并在现存的多种工作和支持之间建立连续性,跨系统合作是必要的(Anderson-Butcher & Ashton,2004)。学校采用的基于团队的问题解决方法,为开展工作和实施跨系统合作提供了全面、综合的方法(Gravois & Rosenfield,2006;Rosenfield et al.,2007)。

团队合作可以为主要相关人员创造机会,增强他们对学生问题的理解,并为实现共同目标而努力(Rosenfield et al.,2007)。此外,在设计和实施有效干预措施的过程中,团队合作可以增加专业人员的支持感(Tourse & Sulick,1999)。团队合作模式为专业人士提供了一个理想的框架,让他们能够共同指导问题解决过程,从而更好地满足儿童的需求。

在团队合作中需要特别关注过程要素,才能充分发挥它们的优势。具体地说,团队的发展方式必须包括明确的角色和职责、共同的目标设定、共同的责任和所有权以及定期的沟通。团队的结构要素也很重要。团队的结构特征之一是成员关系。团队成员根据团队的目的和结构而有所不同。学校团队的成员可以包括来自家庭、学校和社区的各界人士。传统的团队合作包括所有参与方共同交流相关信息,以支持儿童的学习、适应或调整。然而,校外的专业人士并不总是能够获得正式成员资格并参加团队会议。在这种情况下,尽管他们无法直接参与,我们仍应该鼓励学校工作人员设法在合作过程中纳入这些专业观点。预先安排通话、网络会议、电子邮件和交互式备忘录都是实现双向信息共享和增加相关参与度的方法。表 31.2 列出了团队合作的各种过程要素和结构要素及其潜在的优势。

表 31.2　有效团队的要素和优势

要素	优势
明确的角色和职责	避免重复工作
共同的目标	定义并推进团队的主要目标
共同的责任和所有权	实现团队工作效率最大化
团队成员之间的定期沟通	在不同学科之间共享信息,从而更好地开展工作
支持性的领导者	给团队成员一种持续支持的感觉

团队在促进跨学科合作上的层次也各不相同。最基本的团队包括来自不同学科的专业人员,他们

对学生进行评估并提供并行工作。团队成员与团队负责人进行单向沟通，然后由团队负责人整合所有信息。在这个层次上，团队通常有内部的正式沟通机制（例如，正式会议、召集外部专业人员来收集信息）。专业人员向团队负责人传递重要的信息和观察结果，而成员之间没有太多的讨论或互动。问题解决过程的每一步都是由特定领域内的专业人员进行的（Friend & Cook，2007）。例如，医生、精神卫生专家和其他社区专业人员可能会提出问题，并就儿童的表现和需求分享有价值的信息，但不会出席学校会议。为了确保能够获得这些信息，团队负责人通常在会议之前从专业人员那里获取信息（例如，通过电子邮件、电话或笔记），并与学校团队分享他们的观点。

下一个层次的团队会采用更具合作性的方法来解决问题并进行决策。所有的团队成员通过合作设计、实施和评估干预措施，对频繁沟通做出郑重承诺。团队成员彼此共享信息，并公开讨论他们的观察结果。但是，对于需要由专门的工作人员提供的服务，是无法进行协同合作的（Friend & Cook，2007）。例如，在为正在接受药物治疗的儿童规划干预措施时，这一层次的合作团队是有用的。医生经常要求学校专业人员在更换药物前后填写行为评定量表和检查表，以了解用药决策。学校心理学家还可以通过进行课堂观察来收集有助于制定治疗计划的有价值的信息，并与儿童健康保育提供者分享这些信息。当学校和医疗专业人员相互沟通治疗的变化、挑战和成功经验时，最佳结果就会产生（Power et al.，2003）。

一种合作性更强的团队合作方式可以让专业人员在整个测评、治疗规划和治疗实施阶段共同承担工作开展的责任。这些活动通常由多个学科的人员同时进行。不同学科之间的重叠领域往往被用作其他联合活动的跳板。这种团队合作方式经常出现在幼儿家访模式中。教师、物理治疗师、职业治疗师、学校心理学家、家长和其他专家组成一个有凝聚力的团队，评估儿童的需求，设计并开展工作。在这种情况下，整个团队都要参与规划每个学科的干预成分，但可能只有一到两名专业人员负责在家访期间开展所有的工作。

最后，在最高层次的合作团队中，没有一个人被认为拥有足够的知识或专业技能来开展所有与学生相关的工作。团队成员在规划和监控所有目标和策略以及干预对象方面共享所有权和责任（Wilcox et al.，1991）。

合作模式为满足儿童的复杂需求和促进跨系统合作提供了一个最佳框架。然而，重要的是，团队要有明确的角色、期望和一致的目标，以最大限度地利用合作过程中的时间和资源。当团队成员感受到支持，并且意识到作为集体的一员需要承担起满足儿童需求的共同责任时，他们的工作效率最高。获得领导的支持、有充足的时间定期召开会议、有效地使用沟通和合作技巧（Wolery & Odom，2000），可以促进有效的跨学科合作。

建立跨系统合作的关系

实现跨系统工作，必须具备某些条件，以促进积极的联系和合作伙伴关系。当参与者参与到促进跨环境关系和伙伴关系的实践中时，这些条件就产生了。下面将介绍建立关系的目标和策略，示例如表31.3所示。

表 31.3　关系建立的目标、策略及其示例

目标	策略	示例
促进并改善跨环境的理解和沟通	传达"重要伙伴"态度	• 强调所有参与者的专业技能 • 引出所有参与者的想法、信息和观点 • 解释并确认信息
	表现出积极的和基于优势的导向	• 总是以积极的信息开始 • 鼓励积极的沟通，比如打电话交流好消息 • 把负面信息转化为积极的信息 • 关注孩子的能力和技能 • 关注团队成员帮助孩子的能力
	提供支持	• 辅导参与者 • 促进支持团体 • 进行训练 • 定期沟通 • 感谢团队成员的努力
	使用常规的通信系统	• 预先安排的通话、笔记、电子邮件 • 使用手册、简讯、文件夹来交换笔记
	使用策略性提问	• 遵循问题解决结构来指导提问 • "他什么时候听从指示？" • "他在课堂上和朋友聊天有什么收获？" • "他开小差之前发生了什么？"？"
	使用澄清性陈述	• "所以，你说的是……"
	总结与解释	• "这听起来像……" • "总而言之，Jon 在数学课上更容易开小差，因为数学对他来说更困难……" • 解释时使用团队成员的话
	使用反馈性陈述和移情性陈述	• "你看起来很沮丧。" • "……这肯定很难"
	使用开放式提问(即不能用一个词(如"是"或"否")来回答的问题)	• "晨间惯例是什么样的？" • "你有什么想法？"
	遵循共同的决策方向	• 阐明合作的基本原理 • 明确团队成员的期望和角色 • 避免"成为专家"，也不要给出未经同意的建议，除非它是以一种高度支持和便利的方式给出的。
促进对儿童成功的共同所有权和共同责任	过程"公开"	• 说明合作的基本原理和期望 • 清楚地描述角色和期望
	强化并鼓励所有参与者的参与	• 解释并确认团队成员的信息 • 口头上鼓励分享，比如"嗯" • 通过肢体语言鼓励分享，比如点头或靠近说话的人 • 组织需要合作的干预措施
	促进联系和伙伴关系	• 指出不同环境的相似之处 • 加强跨环境的问题解决
	邀请其他人分享他们的观点	• "你是怎么想的？"

续表31.3

目标	策略	示例
增加观点采择	使用积极的倾听技巧	• 使用微小的鼓励方式，比如点头、眼神交流等
	口头认可不同的观点	• "我明白你的意思了。" • "这对帮助我们解决问题很重要。"
	强调共同的期望和责任	• 陈述期望 • "我们需要共同努力，帮助 Jon 取得成功，培养他的技能。"
	组织具体的工作来加强关系	• 安排场地，把椅子围成一圈，让成员面对面，以鼓励对话；移除桌子等物理障碍 • 鼓励成员挨着坐 • 用语言来团结群体，如"我们""我们的"
加强系统内部和跨系统的关系	示范积极沟通	• 用"关注点"或"需求"代替"问题" • 在培养技能的过程中，提醒团队成员关注孩子的长处和能力 • 强调全体成员的积极努力 • 指出所有的优点 • 将系统差异视为优势 • 不要责备或挑剔 • 把成功归功于团队成员的努力 • 关注孩子的表现
	重新定义负面信息	• 把"问题"重新定义为成长的机会 • 将"负面评价"重新定义为共同关心的领域
	讨论跨系统的共有经验	• 指出并讨论每个系统的相似之处 • 讨论每种环境下的优势
	创造公开交流的机会	• 关注改善孩子表现的共同目标 • 关注跨环境的共同兴趣 • 共享资源和信息
	指出创造机会让孩子体验成功的重要性	• 强调在不同环境中采取类似干预措施的机会 • 讨论跨环境连续的重要性
最大限度地利用机会满足不同环境下的需求	提供体验一致性和连续性的理由和收获	• 讨论支持一致的目标设定、期望和计划开发的重要性
	强调团队的概念	• 使用包容性语言，比如"我们" • 认可所有成员都贡献了独特的知识和专业技能 • 声明所有成员都有责任做出贡献并寻求其他成员的帮助
增加对目标的共同承诺	让全体成员参与讨论	• 向全体成员提问，征求大家的意见 • 邀请孩子生活中的所有重要成员（例如，照看孩子的祖父母） • 必要时让学生参与进来
	接受所有的想法	• 认可所有成员的干预意见
	强调干预中的共同承诺	• 讨论如何使干预在不同环境中保持一致 • 制定可以在不同环境下成功实施的干预计划

促进并改善跨环境的理解和沟通

跨系统合作的一个关键目标是提高在不同环境下的知识水平、理解能力和沟通能力(Sheridan & Kratochwill, 2008)。在所有环境中，儿童都有学习的机会，当人们在跨情境的干预计划和实施过程中积极合作时，儿童的学习结果会更好。所有参与者的这种"重要伙伴"态度是合作的关键组成部分(Christenson & Sheridan, 2001)。为了达到这个目标，积极的、基于优势的导向有利于提高参与者(包括家长和其他团队成员)的认可度，并使期望的效果最大化。这可以通过强调所有参与者的专业知识、信息获取和为参与者创造机会来分担开展学生工作的责任来实现。此外，提供辅导、训练和家长支持小组是增加信息共享和提供支持的可能机制。例如，在干预实施阶段，团队成员可以在家里指导父母(即观察、提供反馈、示范)，这不仅有助于培养父母的抚养技能，而且还提供了一个跨系统沟通的机会。

沟通是有效合作的基石。定期沟通程序，如预先安排的通话或书面通信(笔记、备忘录、简要进度报告)使得团队成员可以持续地共享信息。使用具体有效的沟通技巧(如使用策略性提问(在结构化问题解决中用于引导参与者的各个问题))、鼓励分享和改善跨系统的沟通(Friend & Cook, 2007; Sheridan & Kratochwill, 2008; 参阅表31.3)，均有助于沟通的顺利进行。开放式问题(即不能用"是"或"否"来回答的问题)是一种策略性的提问形式，它能引出参与者的想法、信息和观点。例如，一个开放式问题("有什么方法可以帮助 Joe 实现他的目标?")会比一个封闭式问题("你有没有什么可以帮助 Joe 实现目标的办法?")引出更多的信息。将负面信息重新组织成积极的信息可以让团队专注于儿童和团队成员的能力和特征(而不仅仅是缺陷)。例如，一个有关儿童社会技能问题的评价可以被重新组织成这样一个陈述，"Jeremy 与同伴相处时精力充沛，这表明他渴望参加集体活动。我想知道我们怎样才能帮助他引导这种能量，以他的同伴能够接受的方式进行社交互动"。

团队成员还可以总结和解释陈述，以检查理解情况、提供结构，并确定在团队会议中需要突出的主题。此外，反馈性陈述(如"听起来你很沮丧")可以通过回应参与者的情绪语调并传达支持来提高参与度。总之，解释、总结和反馈可以让参与者确认沟通的清晰度，从而改善关系。沟通建立技术的其他示例请参阅表31.3。

促进对儿童成功的主人翁意识和共同责任

决策过程中的主人翁意识和团队的共同责任对于儿童的成功至关重要(Sheridan & Kratochwill, 2008)。在整个合作过程中，关于问题解决过程的讨论应该被视为一个共同的决策风险。在合作开始时，阐明合作的基本原理(为什么重要)和对合作的期望(使合作有效的行为)是很有用的。所有参与者的贡献都可以通过解释和确认他们的信息来鼓励(例如，重复关键的想法或短语，强化成员的贡献)。这也有助于找出不同参与者的相似之处、建立凝聚力、口头鼓励分享和开放式交流，并加强跨环境的问题解决(见表31.3)。

增加观点采择

跨系统合作的一个优势是，可以将不同的、独特的视角都放到同一平台上。但是，只有当参与者愿意考虑某一具体问题的多种观点时，这才是一种优势。因此，当将多个系统和专业人员聚集在一起时，营造一个安全的氛围是很重要的，在这种氛围中，团队成员可以表达不同的观点，并分享自己的见解(Sheridan & Kratochwill, 2008)。例如，团队成员可以公开邀请其他人分享他们对相关问题的意见和看法。通过口头认可不同的观点，比如"我明白你的意思了"或"这是一个重要的观点"，可以进一步鼓励观点采择。使用积极的倾听技巧，如微小鼓励(点头，身体向说话的人倾斜，眼神交流; Friend & Cook, 2007)可以促使参与者主动分享信息和意见。

加强系统内部和跨系统的关系

当来自多个系统的、目标不一致的个体聚在一起时，关系可能会变得紧张; 因此，组织具体的工作来加强跨环境的联系是很重要的(Sheridan & Kratochwill, 2008)。一些简单的策略可以培养跨系统的积极关系，如：(1)安排场地进行鼓励式对话（围成一个圆，让参与者面对面）；(2)示范积极沟通（指出参与者的长处并认可他们的想法和努力）；(3)用语言来加强团队建设（说"我们"或"我们的"，而不是"我"或"我的"）。诸如将问题重新定义为成长和发展的机会、将负面评价定义为共同关心的领域等技术，提供了一种以积极和不具威胁性的方式解决问题的方法。有时团队成员没有意识到不同系统之间的相似性。对于团队成员来说，认识和讨论不同环境中的相似性和优势是很重要的，这样可以增强参与者的能力，并为开放式交流创造机会。推进赋权还可以通过承担促进儿童学业成功的共同责任和注重提高儿童成绩的共同目标来实现。这些技巧可能有助于管理跨环境团队会议中潜在的冲突。

最大限度地利用机会满足不同环境下的需求

跨环境的连续性通过建立共同目标和持续实施响应性的、有效的干预措施，来支持儿童的积极适应(Sheridan & Kratochwill, 2008)。通过指出为儿童创造体验成功的机会的重要性，可以最大限度地发挥满足各种环境需求的潜力。此外，由于儿童可能在不同环境中接受类似的干预措施，因此，为儿童提供连续感是很重要的（例如，针对家庭和学校中类似行为的计划，并为两种环境中的积极表现提供一致的奖励）。提供基本原理并解释在家庭和学校之间保持连续性对儿童的益处，将有助于一致的目标设定和计划发展，从而加强与儿童相关的工作开展。

增加对目标的共同承诺

团队成员通常希望儿童获得类似的成功，而保持对一致目标的关注有助于建立凝聚力。对目标的共同承诺促进了团队内部的合作关系(Christenson & Sheridan, 2001; Sheridan & Kratochwill, 2008)。团队成员可以通过使用包容性语言（如"我们"）强调团队概念，并结合每个人拥有的关于儿童的独特知识和专业技能，来增加共同承诺。积极认可参与者对团队工作的独特贡献，使成员之间寻求帮助和相互学习成为可能。例如，家长和教师会知道儿童在各种环境中的行为和兴趣以及可能会带来进步的策略。参与儿童生活的其他家庭成员以及儿童本人也可以被邀请到这个过程中来，从而使小组的专业知识多样化。在制定干预的过程中，对干预实施的想法的开放贡献及其跨环境的一致使用也增加了共同承诺。例如，如果儿童在就寝时间遵守了指令，他也可以在学校的结构化时间内遵守指令。

为了使不同的系统能够有效地合作，必须支持联系并促进伙伴关系。因此，我们建议引导者使用诸如有效沟通和问题解决的策略，并强调小组的共同目标和共同责任，以促使儿童朝着期望的方向进步。

跨系统合作的结构和步骤

系统之间的关系只有在能够改善儿童表现时才有意义。提供跨系统工作的结构化方法是改善儿童表现的必要手段。行为咨询(behavioral consultation)是最早的结构化工作开展模式之一，它利用了问题解决过程，在咨询过程中，咨询师和来访者共同制定并实施干预措施，旨在间接地促进学生行为的改变。在传统的行为咨询中，咨询师指导来访者（即父母或教师）完整实施一个结构化的问题解决过程。行为咨询(Kratochwill & Bergan, 1990)被广泛应用于学校环境中，用来解决儿童的社会–情感、行为和学业问题(Martens & DiGennaro, 2008)。

鉴于儿童的发展和学习是跨系统进行的，并受到许多系统的影响，因此，针对单个来访者进行的咨询会限制工作开展的范围和影响。合作式行为主义心理咨询(conjoint behavioral consultation, CBC)是一种跨系统合作模式。CBC是行为咨询的延伸(Sheridan et al., 1996; Sheridan & Kratochwill, 2008)，旨在阐明基于数据的结构化行为咨询框架内的合作方法。CBC被定义为"一种基于优势的、跨系统的问题解决和决策模式，其中父母、教师和其他照料者或服务提供者作为合作伙伴，共同负责促进与儿童学业、行为和社会–情感发展相关的积极一致的结果"(Sheridan & Kratochwill, 2008, 第25页)。在CBC中，儿童生活中的重要人物需彼此合作。CBC的一个显著特点是家长、教师和其他适当的服务提供者在共同的问题解决和决策过程中发挥积极作用。CBC 在许多小样本实验研究（Sheridan et al.，2008）和元分析（Sheridan et al.，2001）中被发现是有效的，最近，它在更广泛的跨系统（即家庭、学校、儿童健康保育机构）工作中得到了推广（Burt et al.，2008；Power et al.，2003；Sheridan et al.，in press）。CBC 有 3 个主要目标：（1）促进儿童的积极结果；（2）提高家长参与度；（3）建立并巩固伙伴关系（Sheridan & Kratochwill，2008）。表 31.4 列出了这 3 个主要目标及相关子目标。

表 31.4　合作式行为主义心理咨询的总目标和子目标

目标

1. 通过共同的、互助的、跨系统的规划，促进儿童的学业、社会–情感和行为结果。
2. 在发展的、文化敏感的背景下促进父母参与，明确父母的角色、信念和有意义的参与机会。
3. 建立并加强家校伙伴关系，以促进儿童的学习和发展。

结果性目标

1. 在更长时间和不同环境中获得全面实用的数据。
2. 建立跨环境一致的干预方案。
3. 提高各方（即家庭成员、学校人员和儿童本人）的技能、知识或行为。
4. 通过设置跨环境的干预负责人，系统地监测行为对比和副作用。
5. 通过跨资源和跨环境的一致规划，增强干预效果的泛化和维持。
6. 发展技能和能力，以进一步促进家庭和学校人员之间独立的共同问题解决。

过程性目标

1. 增进对家庭、孩子和学校的沟通、认识和理解。
2. 促进共同所有权和问题解决的共同责任。
3. 促进对需求和关注的更好的概念化，增加观点采择。
4. 加强系统内部和系统之间的关系。
5. 最大限度地利用机会来满足跨环境的需求和关注，而不是局限于环境内部。
6. 增加（家长和教师）对教育目标的共同承诺。
7. 增加可用的专业知识和资源的多样性。

注：摘自 Sheridan 和 Kratochwill（2008）。版权归 Springer Science and Business Media 所有（2008）。经许可转载。

家长、教师、其他专业人员和服务提供者都可能是 CBC 流程中的团队成员。CBC 的固有特性（即旨在增加观点采择、关系建立、文化接受和合作式问题解决的实践）允许承认参与者之间的个体差异和文化差异，并阐明他们在儿童的表现中发挥的作用。家庭、学校和医疗系统之间的伙伴关系，是通过 CBC 开放的、允许各方分享相关专业知识的交流渠道促成的。参与者共同负责确定工作的主要焦点和综合干预计划的组成部分，是该模式的另一条基本原则。

作为家庭、学校和医疗系统之间的联络人，CBC 咨询师在建立和维护跨系统的伙伴关系方面发挥着至关重要的作用。学校的 CBC 咨询师处于一个理想的位置，他们既可以教导医疗服务提供者关于教育和学校的问题，又可以教导学校专业人员关于可能影响儿童在校表现的药物和医疗的问题。与医疗专业人员沟通，收集有关用药变化和医疗条件对儿童影响的信息是至关重要的。由于咨询师了解儿童的优势、需求以及目前在家和学校的表现，因此，他们是从医生那里收集医疗问题信息并将其带回团队的最佳人选。咨询师的其他作用包括：在学校、家庭和医疗保健提供者之间传递信息；从多个角度综合重要的病例问题；指导每个系统有关干预或安置变化的问题和计划；参与制定和协调跨系统干预计划；邀请社区专业人士，如治疗师、个案工作者和健康联络员（如护士、医生助理）参加 CBC 会议。CBC 可由家长、教师或咨询师发起（例如，问题行为对学生在校和/或在家表现的干扰情况）。CBC 咨询师通过一个系统的合作问题解决过程来指导所有参与方，这一点在后面会有详细说明。

通过发展跨系统的合作伙伴关系，可以促进服务提供者和家庭之间的一致性，从而促进治疗效果的维持和泛化。在所有阶段，引导者的工作都是构建一个跨教育、医疗、心理和家庭系统的沟通、信息共享和决策的基础设施。要实现跨系统合作的优势，需要一个结构化的问题解决框架，以结构化的、以目标为中心的方式指导多个系统的交互。该框架促进了服务提供者之间的一致性，使得参与者能保持专注，并通过问题解决过程实现确定的共同目标。通过这一结构，咨询师和来访者能够系统地共同识别并确定问题的优先级，建立目标，分析导致问题出现的因素，制定治疗策略，并评估进展。Sheridan 和 Kratochwill（2008）详细描述了构成合作问题解决模式的独特变量，总结如下：

在合作问题解决过程的每个阶段，多个系统的相关人员（例如，家长、教师、心理学家、日托服务提供者、营养学家、物理治疗师）会被邀请到一起参与问题解决。具体问题的性质决定了过程的主要参与者。所有参与者都被鼓励贡献他们独特的专业知识、意见和建议，共同致力于解决儿童的普遍需求。团队引导者对于协调和指导问题解决过程非常重要。引导者（例如，学校心理学家、临床社会工作者、特殊教育协调员）应该能够将不同系统的成员联系起来，并通过组织会议、邀请参与者、指导讨论和总结步骤来促进问题解决过程。

识别问题/确定优先级

首先，参与跨系统合作的成员有必要确定共同的目标。参与者应该对所有环境下与儿童成功相关的首要需求有一个统一的认识。此外，确定儿童及其所处环境的优势也很重要，因为这些优势将有助于成功地识别关键问题。这可以通过询问儿童喜欢做什么，他如何完成某些任务，以及相关的成年人（父母、教师、物理治疗师、护士）如何支持儿童来实现。在所有与会者都分享了他们的问题之后，引导者应该鼓励团队成员优先考虑儿童的确切问题，一次只针对一个目标。首要问题是基于对儿童的最大利益选择的，团队成员应该根据他们收集的数据（通过直接观察、作业样本和永久性资料）、跨环境的儿童目标、行为的严重性以及与其他行为的关联来考虑优先行为。一旦对优先行为达成一致，团队成员就可以通过描述目标问题在典型事例中的"样子"，共同制定一个操作性定义，使用清晰且可测量的术语来确保所有参与者在不同环境下能保持一致理解。

在某些情况下，关于家长、教师和其他团队成员（例如，职业治疗师、言语语言病理学家、阅读专家）所关注问题的数据很容易获得，并可在第一次问题解决会议中使用。在这种情况下，学校心理学家进行直接观察，教师提供作业样本，或者家长提供过往信息。在其他情况下，需要额外的数据，并招募团队成员来收集关于指定目标问题的进一步信息。一个跨系统的框架（即家庭-学校-社区）提供了一种理想的结构，在这种结构中可以全面地了解儿童的行为。它允许使用多种方法（例如，评定量表、直接观察、访谈）向多个环境（例如，家庭、教室、社区）中的信息提供者（例如，父母、教师、同伴、儿童）收集完整的数据。数据可以通过各种方式收集，包括直接观察、测评和永久性资料。团队引导者应确保以最合理、最有效的方式收集数据。这可以通过公开对话来实现。在对话中，引导者和参与者共同确定哪些数据是问题解决过程所必需的，以及哪种数据收集方法最简单、最合适。具体的实施者、方法和环境是根据特定目标行为出现的相关情况（即时间和地点）确定的。例如，儿童的日托服务提供者、教师和家长可以通过一个简单的系统（将代币从一个口袋放到另一个口袋）收集有语言障碍的儿童所说单词数量的数据。无论使用何种系统，数据收集都将是一个持续的过程，在计划实施之前、实施期间和实施之后持续收集，以了解治疗决策并监测目标的进展。

所有观察到目标问题的团队成员应该一起评估可能与问题行为功能相关的环境条件。引导者会让了解儿童行为的团队成员识别直接发生在目标行为前后的环境事件和儿童所处环境中的条件，这些都可能有助于解释目标行为（有关功能性行为测评的详细描述，请参阅 Jones & Wickstrom，本书第12章）。这些信息将为问题行为的相关目的（即功能）提供理论依据，帮助识别干预点（例如，针对行为的前提事件），并改变影响行为的环境条件，以防止问题行为在未来复发。

分析问题

在跨系统收集信息之后，团队准备共同分析数据并制定策略来满足儿童的需求。分析数据包括进行功能性测评和技能测评，以确定可能影响首要问题的环境条件。关注的行为通常是为了特定的目的而选择的，或者它可能表明儿童的技能缺陷。为了更好地理解行为的目的，我们对来自家庭和学校的数据进行评估。引导者应要求每个参与者分享在每个适当环境中观察到的与目标行为相关的环境事件。例如，引导者可以问儿童的教师，"你注意到是什么引起了 John 在操场上打架吗?"或者询问家庭成员，"请描述一下 John 和他的哥哥吵架时发生了什么"。此外，要确定首要问题的出现，是否是由于儿童缺少必要的先决技能来表现出更期望的行为。例如，健康专家可以洞察儿童能力的典型发展趋势以及健康状况，儿童的这些能力会对他进行精细活动或习得某些学业技能产生影响。

在功能性测评和技能测评的基础上，应设计一个将功能假设与具体计划策略直接联系起来的计划。假设生成和计划制定在本质上是协同的，应该满足儿童在多个环境中的需求。引导者应鼓励所有参与者分享关于制定计划的建议。计划的组成部分应该包括针对先前确定的行为功能的循证策略。计划组成部分的可行性和可接受性，以及它们在家庭和学校环境中的执行情况也应该纳入考虑。在制定计划的过程中，团队成员的共同参与将有助于培养主人翁意识，并促进计划策略的成功实施。此外，在家庭、学校和其他治疗环境中实施类似的策略可以促进儿童的一致性，从而获得更大的成功。

实施计划

在合作框架中，参与者继续就计划的步骤进行沟通，并解决计划实施过程中的问题。同样，参与者收集数据的责任使得治疗效果得到初步测评。自我报告、永久性资料或观察性数据通常有助于确定干预计划实施的难易程度。以这种方式监测干预的保真度使得团队成员能够协助家长、教师和其他治疗机构以预想的方式实施设计好的重要策略，以改善儿童的结果，并促进对方案效果的准确解释。

评估计划

最后，在不同环境下评估干预的效果，并评估团队总体目标的进展情况。引导者应该收集所有来源的数据(例如，父母、日托服务提供者)，并绘制问题解决过程各个阶段的结果。干预效果是通过分析治疗期间收集的数据与基线数据的关系来确定的(参阅 Daly et al.，本书第 29 章)。团队需重新考虑与儿童表现有关的共同协商目标，并确定是否达到了这些目标。根据这些信息，参与者应该讨论扩展、修改或终止当前计划的必要性，并制定相应的策略。

儿童生活中重要系统之间的合作和交流，对他们的情感、社会、学业和行为的健康发展至关重要。当确定的行为改变目标已经达到，问题已经解决时，有必要找出继续保持沟通渠道畅通的方法(例如，确定交换信息和进度更新的具体时间和方法)，并在必要时重新参与共同问题解决，以最大限度地维持儿童的成功。

跨系统合作的挑战

尽管在合作互动中结合不同系统对儿童生活有许多潜在的益处，但团队成员在实现他们的共同目标方面面临着许多挑战。常见的阻碍包括：(1)为解决问题而聚在一起的时间；(2)建立不同成员之间的关系；(3)无效沟通；(4)参与者之间不同的观点和期望；(5)系统变量。表 31.5 概述了每一项挑战以及相应的解决策略(Christenson & Sheridan，2001；Johnson et al.，2003；Sheridan & Kratochwill，2008)。下文将更详细地描述这些挑战。

表 31.5　合作面临的挑战以及解决策略

挑战	策略
时间	• 为会议提供多种可供选择的时间 • 在中心位置举行会议 • 保持会议主题集中 • 每天留出特定的时间进行合作互动
受损的关系	• 寻找达成共识的领域 • 强调关系而不是角色 • 避免批判性陈述 • 把人与问题分开 • 关注共同利益 • 根据客观标准看待决策 • 消除"地盘"问题
沟通	• 谈论差异 • 保持开放的沟通渠道 • 鼓励非正式沟通以培养人际关系 • 创造频繁的沟通机会
不同的观点	• 更详细地定义目标 • 从一开始就促进对参与者的权利、角色和责任的共同理解 • 了解合作系统的习惯和任务
系统变量	• 尽早让高层管理人员参与进来，特别是在规划阶段 • 提倡使用财政资源来支持合作

时间

跨系统合作的一个主要挑战是需要安排时间进行有意义的、富有成效的互动（Christenson & Sheridan，2001；Friend & Cook，2007；Johnson et al.，2003；Sheridan & Kratochwill，2008）。合作是一个耗时的过程，因为成员必须为诸如规划和准备、多场会议、出行、数据收集和计划实施等活动腾出时间，以促进儿童的成功。同步众多的日程安排来计划会议妨碍了许多参与者的加入。然而，花费在结构化的、基于数据的问题解决会议上的时间，会使干预得到有效实施，并且最大限度地减少问题，从而减少正在进行的处理未解决问题的工作。因此，从长远来看，对合作过程的投入可能是非常具有时间效益和成本效益的。

利用策略来增加儿童生活中有影响力的成员对合作进程的时间承诺是必要的。Friend 和 Cook（2007）建议会议负责人提供多种可选择的会议时间，在方便所有与会者的中心位置举行会议，并使会议主题集中、议程简洁。此外，与会者应该优先考虑合作，在一天或一周内留出某个时间段进行合作交互（Friend & Cook，2007）。最后，合作交互的成功案例（例如跨系统合作取得成果的"现实"案例）的传播将提高接受度，并增加成员对预防性工作做出时间承诺的可能性（Johnson et al.，2003）。

受损的关系

另一个重要的挑战是，如何将不同意见和性格的人融合到一起建立积极的关系。当多个系统连接在一起时，由于观念障碍、冲突经历和阻抗，可能会发展出各种糟糕的关系。在问题解决团队中，参与者执着于现有关系问题的例子并不少见，而这可能导致系统之间的关系紧张（Christenson & Sheridan，2001）。尽管某些观念可以促进健康的互动，但也有很多观念会对合作关系造成损害，包括：对人、事件、条件或行为的刻板印象；未能将差异视为优势；缺乏对伙伴关系态度的信念；推卸责任；不能进行观点采择（Christenson & Sheridan，2001）。Friend 和 Cook（2007）补充说，冲突也可能来自对儿童结果的不同目标和期望、权力斗争以及冲突应对的变式。此外，有些人可能只是表现出对合作的抵制，表现为拒绝合作、主张变革但不坚持到底、推卸责任、拖延工作，或者依赖过去的做法（Friend & Cook，2007）。

培养牢固的关系是合作的主要目标。因此，应该通过有效利用上述过程变量来改善受损的关系。此外，引导者可以不断地寻找并促使所有团队成员关注存在一致意见和共同利益的领域。这将有助于使讨论集中在共同目标上，防止消极或冲突的互动（Sheridan & Kratochwill，2008）。引导者还应该认可客观的决定，积极地对批判性陈述进行重构，以保持合作性、建设性的基调（Sheridan & Kratochwill，2008）。最后，合作会议应尽可能在中立地点（例如，当地图书馆或社区中心的会议室）举办，以避免可能导致权力失衡的防御性"地盘"问题（Johnson et al.，2003）。

沟通

沟通是合作成功的关键组成部分。然而，在危机或冲突期间进行沟通可能是具有挑战性的（Christenson & Sheridan，2001；Friend & Cook，2007）。频繁沟通是一个耗时的过程，需要大量的会议、电子邮件和电话，尤其是在多个成员和多个系统之间进行时。Johnson 等人（2003）发现，在为残疾儿童及其家庭提供服务的部门和机构的合作中，沟通是最常被报告的问题。无效的沟通（例如，接收的信息不准确、使用的数据系统不一致、使用的语言不同）是导致跨部门合作失败的原因之一（Johnson et al.，2003）。

通过公开讨论环境、团队成员或观点之间的差异，可以加强有效的沟通。例如，分享一个观察结果——一些成员可能在表达意见时犹豫不决，这有助于建立一种鼓励其他成员提问和听取各方意见的规则。引导者应该鼓励所有团队成员通过有目的地安排频繁的日程（通过电子邮件、电话、笔记或其他实用策略）来保持沟通渠道的畅通（Christenson & Sheridan，2001；Johnson et al.，2003）。由于在合作互动中强调建立关系，引导者还应练习和支持非正式沟通以培养关系。

不同的观点

当进行合作的成员来自多个系统时，可能会出现各个成员所持观点不一致的情况。每个参与者的职责可能会有重叠或混淆。当不熟悉的系统聚合在一起时，关于参与者角色和期望的认知可能是错误的或有差异的，从而导致冲突、重复或混淆。此外，缺乏共同的愿景或目标不匹配可能导致合作无效（Johnson et al.，2003）。如果合作的目标有分歧，那么用于解决这些分歧的计划也可能存在不同的意见。

引导者可以通过在合作开始时，澄清和定义参与者的权利、角色和职责，从而促进更统一的观点（Christenson & Sheridan，2001）。公开讨论团队如何才能最好地协同工作，通常是将差异或错误假设最小化的必要条件。此外，与会者必须积极了解彼此的文化、习俗和价值观，以加强并巩固未来的合作关系（Johnson et al.，2003）。

系统变量

最后，更大的系统变量的结构和影响对有效合作提出了挑战。参与者可能会缺乏管理和财务方面的系统支持。组织内部的管理部门可能不支持或不理解耗时的合作努力。此外，跨系统合作通常需要额外的资金来报销工作人员的必要开支，或是与合作相关的费用或其他成本。同样，维持足够的资源渠道也很困难。例如，医疗报销系统（即第三方付款人）可能不支持跨领域使用（Power et al.，2003）。

由于合作互动带来了广泛的益处，那些关心儿童成功的成员有必要申请财政资源来支持多系统合作。如有必要，团队成员应寻找额外的资金来源。此外，在最初的规划阶段让高层管理人员参与进来并传播成功的合作实例是有益的（Johnson et al.，2003）。

团结不同群体来实现一个共同的目标是一项复杂的工作。如果不考虑随之而来的挑战，合作可能会失败；但是，可以采取预防性措施来避免跨系统合作的可能陷阱。适当利用旨在促进关系和共同问题解决以及保持灵活性的过程变量和程序变量，将有助于确保成功的合作体验。

总结与结论

儿童生活在各种各样的系统中，这些系统受到所在环境和其他环境的影响。这些系统内部和跨系统的连续性是促进积极适应的稳定因素。跨系统的跨学科合作为有独特需求的儿童提供了实施协调且连续的干预计划的环境。虽然跨系统合作在教育领域中不是一个新概念，但新的机会和模式值得在专业实践中仔细考虑。重要的过程和结构变量定义了有效的合作实践，强调了关注过程（在提供有效的问题解决工作过程中做了"什么"）和关系（"如何"开展工作以促进整个过程中的积极参与）的重要性。合作模式（包括团队合作和合作式行为主义心理咨询）促成了一种将各方聚集在一起、以综合方式解决儿童需求的结构和过程。尽管它具有潜在的效用，但是合作的挑战仍然存在。通过有意识地促进跨系统的关系、为持续的合作开发功能性结构、解决潜在的障碍，可以使合作的潜力得到充分发挥。

致谢

本章由 Susan M. Sheridan（美国教育部助学金编号 H325D030050 和 R305F05284）提供部分资金支持。本文所表达的意见仅代表笔者个人的见解，并不反映资助机构的立场或政策。

第 32 章

学校心理学家在协助学校工作人员
管理、理解与应用数据的系统中的作用

Elizabeth Schaughency
Brent Alsop
Anna Dawson

《学校心理学：训练与实践的蓝图Ⅲ》（以下简称《蓝图Ⅲ》）一书是基于其前一版本和 2002 年召开的"学校心理学的未来"会议而制定的，目的是为这一行业提供一个框架（Ysseldyke et al., 2006）。《蓝图Ⅲ》明确了学校心理学家在学校工作的两项主要任务：（1）提高所有儿童的能力；（2）优化工作开展系统的能力（Ysseldyke et al., 2006）。基于数据的决策被认为是实现改进的关键，但是它需要系统来管理、解释和使用数据。这在很多层面上都很重要。对于个别学生来说，测评可以支持并促进他们在通识教育（Pellegrino et al., 2001）和特殊教育（Stecker et al., 2005）中的学习。同样，对于组织来说，基于数据的决策是质量持续改进模型的一部分，测评是改进教育工作的一部分（Pellegrino et al., 2001）。基于数据的决策是使用干预响应模式（RTI）确定进一步干预需求的多层次工作开展模型的基础，并已应用于学业（Coyne et al., 2004）和行为目标（Horner et al., 2005）。学校心理学家在这一过程中起着举足轻重的作用。他们是知识的中间人，作为教学、心理健康和系统顾问，将有关使用循证测评和实践（EBPs）的信息传达给教育工作者（Ervin & Schaughency, 2008）。本章讨论了使用数据收集、组织和可用的数据来辅助决策的基本原理，以及用户和背景的特征与进行这些任务的关系。

为什么收集数据？

在应用环境中，数据和结果往往等同于研究或行政活动，而不是专业决策和工作开展。但是，数据可以是功能性的。数据通常以两种方式支持决策制定和工作开展：对持续计划发展的评估；与内部（如家长、教师）、外部（如区域管理人员）相关人员的沟通。这个功能应该传达给用户（Rolfsen & Torvatn, 2005），因为它可以提高个人（Swets et al., 2000）或团队（Barnett et al., 2003）的专业决策能力。

两种类型的评估与提供循证技能构建的能力提高有关。在测评完成并回答"干预计划是否有效"这一问题后进行总结性评价，共有两个目的。首先，总结性评价是用来满足责任制的要求（如"不让一个儿童掉队"法案）。其次，总结性评价形成了实践资料，为选择循证实践提供了依据（请参阅 Stoiber & DeSmet，本书第 13 章）。先前的效果研究的成果指导了关于"什么干预措施可能有效"的假设，因为这些干预措施在过去有效。但是，总结性评价研究的结果是在特定条件、特定环境中得出的，并且结果可能无法推广到当下的情况。

形成性评价是在干预实施过程中进行的。通过形成性评价，教育工作者可以判断干预是否达到了预期效果，从而帮助调整 EBPs 以更好地满足当下的需求（Ervin & Schaughency, 2008；Schaughency &

Ervin，2006）。一般来说，通过形成性评价，专业人员会做出以下 3 种决定中的一种：（1）计划正在生效，问题变成了保持干预的完整性或维持和泛化干预效果（请参见 Noell，本书第 30 章）；（2）计划起到了一部分效果，但进一步的调整可能会更好地解决剩余的需求；（3）计划不起作用，并且表明需要额外的或不同的策略。

如果没有数据和适当的评估设计（请参见 Daly et al.，本书第 29 章），专业人士可能会得出不准确的结论（Dawes，1994）。他们可能会忽略已经发生但尚未达到预期水平的进步。如果学校成绩单数据汇总了所有学生的信息，包括受益于初级阅读计划的较低年级的学生和未参与该计划的较高年级的学生，那么这些数据可能表明，对所有学生来说，总体成绩尚未达到预期水平。如果对这一水平的数据进行审查，专业人士可能会得出这样的结论：初级阅读计划是不成功的，尽管参与该计划的学生确实表现出了进步。然而，这种水平的分析不适合评估一项只针对小部分学生的初级阅读计划的有效性。

专业人士也可能看不到持续发生的问题，因为他们的注意力已经转移到别处了。例如，学校中可能仍存在读写能力的问题，但现在人们注意到了计算问题，干预的重点已转向计算能力，则读写能力的问题就被忽视了。最后，专业人士可能会对问题做出错误的归因。比如，如果实施了反欺凌计划的学校所报告的欺凌水平更高，那么结论可能是反欺凌计划导致了更多的欺凌行为。然而，也有可能是存在欺凌问题的学校更倾向参与反欺凌计划，或者这些计划导致的是对欺凌的更多认知和报告，而不是导致更多的欺凌行为。

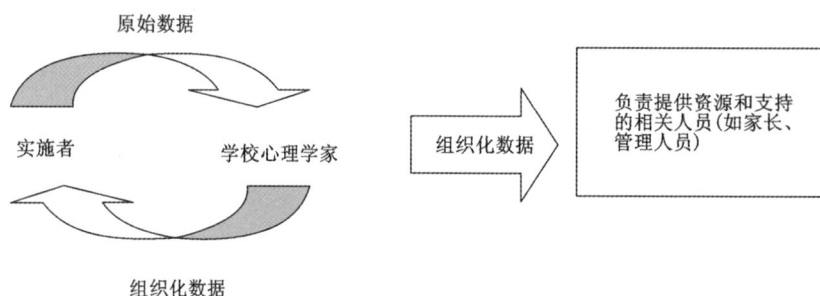

图 32.1　沟通的不同方向和功能

注：程序或干预设计者与实施者之间的沟通尤为重要，因为程序完整性需要合作与警惕；心理学家不仅需要认真执行该程序，还需要关注原始数据的收集。在这种情况下，沟通不仅与信息有关，它还可以对实施者过去的工作提供积极的（我们希望的）反馈，对实施者今后的工作提供支持和鼓励。

评估数据还支持与内部相关人员和外部相关人员的沟通（见图 32.1）。例如，问题解决的初始阶段（即问题识别）的充分性是商讨结果的预测因素（Gresham，2004）。内部相关人员或团队成员（如家长、教师）之间合作讨论，以选择适当的结果测量方法，为解决这个问题提供了一种机制（Noell，本书第 30 章）。实施后，形成性评价数据有助于学校工作人员看到他们的工作成果。当工作人员看到他们的工作正在发挥作用（例如，减少行为问题，提高学业表现），可能会对其产生强化并有利于持续的问题解决（Ervin & Schaughency，2008；Schaughency & Ervin，2006）。最后，评估数据支持与外部相关人员（如地区或各州管理人员）的沟通。这些数据不仅可以满足责任制要求（Gibbons & Silberglitt，2008），而且还可以通过展示学校为实现这些外部机构设定的优先事项而付出的努力，获得对学校计划的资金和政治支持（Ervin & Schaughency，2008）。

挑战：收集并使用数据

仅仅收集数据是不够的。数据的使用是实现改进的积极因素(Stecker et al., 2005)。现成的循证测评信息是必要的，但不足以促进基于数据的决策。遗憾的是，专业人士并不总是有合适的数据可用，也不总是用它来指导他们的决策。

例如，得克萨斯州心理卫生及智力障碍工作部门有意推广注意缺陷/多动障碍(ADHD)儿童的药物干预的最佳实践。他们开发了一种药物算法，以指导在每种药物治疗条件下都需要家长和教师评分的药物剂量决策(Pliszka et al., 2003)。研究人员努力获取适当的数据。但是在治疗条件下，只有61.9%的参与者提供了家长评分数据，并且仅收到了少量的教师评分数据(7名教师提交了基线和治疗条件下的评分；Pliszka et al., 2003)。在Pliszka等人(2003)的讨论中，他们推荐了增加数据收集可能性的策略，包括使用信息技术来减少获取和整理测评结果所需的响应工作。

与这些建议相一致，另一个研究小组创建了一个基于网络的护理协调系统，在该系统中，学生测评信息将进行加密后再提供给家长、教师和医生使用(Evans, Green, & Serpell, 2005)。尽管该网站是根据相关人员的明确要求并与他们合作开发的(Evans, 2007; Evans et al., 2005)，但访问数据表明该系统很少被使用(Evans, 2007)。

为了提高和支持学生的干预结果，测评和测评信息的使用应融入实践中(Ercikan, 2006)。为此，Power等人(2007)与初级保健医师合作开发了标准化的交互式电子方案，其中的测评数据可在与ADHD儿童接触时使用。为了便于在决策中使用这些数据，电子方案中内置了提示，以指导医生在治疗决策中考虑测评结果。这些研究人员还评估了医生是否使用现有的数据来治疗他们的ADHD患者。在学校环境中，类似的调查表明，数据收集和基于数据的决策是改进计划中最困难的部分，例如全校范围积极行为支持(schoolwide positive behavior support, SWPBS; Scott & Martinek, 2006)。

在本书的其他章节中，介绍了与测评方法和评估设计相关的技术问题(请参阅VanDerHeyden，第3章; McIntosh, Reinke, & Herman，第9章; Daly et al.，第29章)。这一章我们从实施的角度进行探讨(Graczyk et al., 2006)。从这个角度来看，以数据为指导的决策是一种创新——学校工作人员的一种新理念或新的工作方式。我们的任务是考虑那些影响采纳(adoption，决定使用创新)、实施(implementation，在该领域使用创新)和可持续性(sustainability，在计划结束时继续使用)的因素，并由此考虑如何促进实施支持系统的发展(see Graczyk et al., 2006)，以促进使用数据进行问题解决。

研究已经确定了影响采纳和实施可能性的因素。这些因素包括创新的特点、用户、背景以及这些因素之间的相互作用(Ervin & Schaughency, 2008)。接下来，我们将讨论每一个因素，因为它们可能适用于促进基于数据的问题解决任务。采纳的可能性似乎与创新是否"适合"或被认为"适合"(Aarons, 2005)实践背景有关(Ervin & Schaughency, 2008)，因此我们特别考虑了这一点。

创新的特点：使用数据进行决策

测评技能一直是学校心理学家专业技能的一部分。为了指导实践，《蓝图Ⅲ》要求学校心理学家使用这些技能为学生开展预防和干预工作，并为学校人员提供技术援助。在本章中，我们仅讨论在收集和解释数据以支持学校的预防和干预计划的制定和评估时需注意的事项，并且我们建议读者参考本书的其他章节，尤其是关注学业测评(VanDerHeyden，第3章)和行为测评(McIntosh et al.，第9章)的章节。

最近，实施研究已经开始识别影响创新(计划、过程或实践)被完整采纳和实施的可能性的相关特征(Ervin & Schaughency, 2008)。识别的成分包括：内容(收集了什么数据)、时间(何时可以收到数据)、结构(如何呈现数据)和剂量(为帮助解释和决策提供了多少支持; Graczyk et al., 2006)。在本节中，我们对"支持"的讨论仅限于物质支持，例如技术资源。而人际支持，例如专业发展和咨询，将在后面讨论。

应该收集什么数据？

在开展相关工作时，需要数据来告知、促进和证明预防和干预策略的有效性，以改善儿童的结果（Shapiro & Elliott，1999），并且需要将测评与干预联系起来的方法。这些方法应该是循证的（Mash & Hunsley，2005；U. S. Department of Health and Human Services，2002），并且存在有效证据支持其在特定场合使用（例如，筛查、教学计划、评估对治疗的响应）。

用于指导预防和干预计划的开发和评估活动的数据有两种：（1）有关学生在所关注的学业或社会领域中表现的信息；（2）与这些领域相关的教学或社会化背景（《蓝图Ⅲ》）。评估学生在重要学业和社会领域的成长的措施应基于发展理论和研究（例如，当前的读写能力和阅读困难）、与重要成果（例如，学业成就）相关、对发展敏感（即显示出随时间的变化或遵循指示）、高效（即考虑对从业者和儿童的时间要求）且对教学有益（即有助于提供教育问题的解决方法；U. S. DHHS，2002）。此外，为了帮助特定背景（例如教室）下的问题解决，所评估的领域应反映自然环境中的表现、考虑课程和背景与所评估领域的一致性（即是否传授了技能）；考虑到可能的技能缺陷（即是否学习过技能）以及表现缺陷（即表现是否受到其他因素的不利影响，如缺乏动机；Shapiro & Elliott，1999）。

关于教学背景的信息对于问题解决和咨询活动至关重要。例如，用于选择行为干预的功能性测评（Jones & Wickstrom，本书第12章）侧重理解背景中的问题，并改善教学环境以支持学生学习。关于教学背景的信息还可以说明受欢迎的教学变化或环境变化是否正在发生（即实施完整性；Noell，本书第30章），这是 RTI 决策和工作开展的基础（Gresham，2004）。此外，关于教学背景的信息可以提供表现反馈，从而支持实施和实践的变革。专业实践中的大多数反馈既不系统也不可靠，许多专业人士可能无法准确感知自己的表现，也无法识别当前实践与期望实践之间的差异（Riemer et al.，2005）。将进度监测与对实施人员（如教师）的表现反馈相结合，可以提高干预的完整性并改善学生的结果（Noell et al.，2005）。

许多专业的决策和问题解决活动都是在工作小组或团队的背景下进行的，无论是针对个人（学生辅助团队）、学生群体（年级团队）还是整个学校（学校改进团队）。致力于促进团队使用数据进行问题解决的系统顾问需要适当的学生表现和相关的环境数据，以及团队使用数据进行决策的信息（Rosenfield et al.，2008）。例如，与年级团队合作采用三级阅读支持方法的系统顾问，可能希望团队考虑适当的学生表现数据和各层的实施完整性数据，并且会鼓励和监督团队在年级会议上使用这些数据进行问题解决。

什么时候应该收集数据并供决策使用？

对于在决策中使用数据的专业人员来说，数据需要在决策时可用。如果学生成绩测试数据在1月份送去处理，结果直到7月份学年结束后才返回，这对于教师的形成性评价是无用的。

什么时候应该收集数据？

何时收集数据取决于数据收集的目的、决策的理想时间范围和可行性问题。正如 VanDerHeyden 在本书第3章中所讨论的，全校范围的筛查是一项艰巨的任务，许多学生应该步入正轨并达到发展期望（Gibbons & Silberglitt，2008）。因此，这种筛查可能相对较少，许多系统建议每年进行3次测评，大致在年初、年中和年底（Gibbons & Silberglitt，2008）。通过这种方式，可以识别在这一年中尚未达到预期发展能力的个别学生或群体。这创造了一个提供教学或课程支持的机会，也使得工作人员可以评估这些工作是否将学生带上了符合预期发展能力的成长轨道。

但是，如果学生的发展偏离了预期，更频繁的测评可以为有关教学修改和支持的决策提供依据。例如，早期基本读写技巧的动态指标（DIBELS；Kaminski et al.，2008）测评系统根据读写能力发展和统计分析将分数划分为不同风险类别。DIBELS 基准的制定使80%达到该表现水平的学生实现了随后的早期读写目标（Kaminski et al.，2008）。划分"强化支持"类别的原因是，只有不到20%的学生达到了随后的读写目标(Kaminski et al.，2008)。然而，DIBELS 还包括一个中间("策略")小组，其中大约50%的学生实现了随后的读写目标，因为它认识到，接近临界值的分数更有可能被错误分类(Ercikan，2006)。可以预期，许多学生将达到基准水平。对这些学生来说，目前的教学似乎是有效的，全校范围的筛查可能就足够了。预计将有较小比例的学生属于结果不确定的"策略"类别，剩下的少数学生似乎不太可能在没有进一步支持的情况下实现读写能力的发展("强化支持"类别)。因为后一类的学生可能有阅读困难的风险，所以需要进行额外的测评和补充的阅读支持(请参阅 Linan-Thompson & Vaughn，本书第 16 章)。

在应用环境中嵌入实践时，组织惯例和可行性都是需要考虑的因素(Ervin & Schaughency，2008；Gibbons & Silberglitt，2008)。对于"策略"类别的学生来说，结果是不确定的，更频繁的监测可以让专业人员了解学生的阅读进度是否能在半学年结束之前步入正轨。在许多学校，学年被分成 4 个评分阶段，自然而然地形成了 4 个关于学生进步的决策点。因此，对于教育工作者来说，掌握关于"策略"类别学生在评分期间的阅读轨迹是很有用的，有助于在下一个评分期间提供额外的支持(如有需要)。例如，每月进行一次阅读探针，可以为教育工作者切实地提供信息，以便在有意义的决策点检查学生阅读能力的增长趋势(Gibbons & Silberglitt，2008)。

对于"强化"类别的学生，需要进行个性化干预(Coyne et al.，2004)，进度监测为判断干预是否满足学生需求提供了依据(Kavale & Forness，1999)。更频繁的审查是必要的，因为这个水平的学生如果不改变他们的阅读轨迹，就不太可能达到发展期望。例如，考虑到惯例和最佳实践，如果学生辅助团队每月举行一次会议，那么每周至少要进行一次进度监测探针，这将使团队能够根据干预工作来检查阅读表现的趋势(Gibbons & Silberglitt，2008)。

如何促进数据的可用性?

要使数据有用，不仅需要收集数据，而且还需要以有利于解释数据的方式提供数据。通过使测评结果一经输入便可访问，DIBELS 和全校信息系统(school-wide information system，SWIS；Todd et al.，2005)等数据库可以使学校人员能够及时访问数据，以便在决策中使用，但前提是将数据输入网络系统。

然而，数据录入给学校带来了不容忽视的挑战。例如，SWIS 是一个基于网络的信息系统，用于监测办公室纪律转介的现行模式(Irvin et al.，2006)，包括问题行为的类型、频率、发生地点和时间，以及被转介的对象。在一项关于学校团队实施 SWPBS 和使用 SWIS 等数据管理系统的研究中，帮助输入数据的请求在大多数学校中是最频繁出现的、也是唯一的 SWPBS 组成部分(Scott & Martinek，2006)。此外，最初手工收集数据的电子管理系统可能会降低效率，因为它会给教师带来额外的步骤(找到电脑、加载软件、输入数据等；Fuchs & Fuchs，2001)。

替代方法是使用低水平的技术选项，例如在准备好的图上手工绘制结果(参见下一节)，或者跳过数据输入的技术资源。计算机可用于学业测评的生成、管理和评分，提高效率和满意度(Fuchs & Fuchs，2001；Stecker et al.，2005)。例如，现在可以通过软件使用掌上电脑管理 DIBELS。测评结果可随后与 DIBELS 数据库同步，提供对解释性信息的即时访问(Wireless Generation，n. d.)。Thomas 和 Grimes(2008，Vol. 5，Section 8)以及 Ysseldyke 和 McLeod(2007)对其他用于进度监测的技术工具进行了回顾。

数据应该如何呈现?

对数据的解释，比如考试成绩，长期以来一直是心理学家的"武器"。然而，并不是每个人都能轻易地解释和使用数据。研究一致发现，高中生在科学推理的两个重要方面存在巨大困难，即解释数据以及根据这些数据生成或修改理论(Mayer，2004)。我们在职前阶段(本科和研究生)和在职阶段都发现了类似的困难。Daly 及其同事(本书第 29 章)对数据分析进行了一些详细的研究，因此在这里，我们重点关注展示数据的方法，以便与内部和外部相关人员进行有效的沟通。

有效的沟通需要一种通用语言。在呈现数据之前，确定受众(内部或外部相关人员)是否熟悉用于报告学业或社会功能的指标很重要。为了说明这一点，作为测量开发工作的一部分，我们会定期向学校工作人员提供反馈。我们很快了解到，学校工作人员并不总是完全理解心理学中基本的统计学概念（如相关性）。为了开发一种通用语言，我们提供了一份读本，涵盖了报告中使用的统计信息（如相关系数），并试图以通俗易懂的方式传达统计信息。例如，我们使用星号表示具有不同关联强度的显著相关性（例如，＊弱，＊＊中等，＊＊＊强），而不是提供大量的相关系数表。这一呈现方式类似于其他常用的指标（如电影评级），而且工作人员似乎很认同并容易理解我们的研究结果。

理解有关数据的问题也有助于交流，这应该反映在数据展示中。心理学研究通常把对评估问题的回答作为一种比较。该问题可能涉及常规性比较（例如，将一名学生的表现与一个小组的表现进行比较）、标准参照的比较（例如，将一名学生的表现与表现标准进行比较）或具体的比较（例如，将一名学生的表现与他随时间推移的表现进行比较，或者作为干预的函数）。这些比较不是互斥的，可以组合使用。例如，形成性评价通常侧重变化的具体问题，但结果的确定可能基于接受教学策略的学生是否达到了一定的常规标准（例如，百分位数）或掌握水平。在展示时标注这些标准有助于解释数据。

对于某些评估，尤其是总结性评价，问题可能仅仅是实施开始和结束之间，学生的表现是否有所不同。在这种情况下，数据呈现可能只是两个数字或一张条形图。然而，即使是这样，有效的沟通也需要谨慎。例如，自实施开始以来，这种变化是以绝对数字（例如，阅读成绩提高了 10 分）来表示更好，还是以百分比变化（例如，阅读成绩提高了 20%）来表示更好？某种程度上来说，阅读计划"将表现提高了 20%"这一表示方法可能更有意义。

在许多评估中，特别是形成性评价中，问题涉及到对表现趋势的理解。换句话说，干预是否使表现朝着正确的方向发展？如果是，它变化的速度有多快？表现的改进趋势会持续下去，还是已经达到了一个平稳阶段？通常在图中比在表格中更容易看到趋势变化。图 32.2 绘制了一些假设数据，首先在基线周内每周收集 3 次数据，然后在干预或计划的 6 周内收集数据。y 轴代表分数（因变量），x 轴代表连续的测量或测评。

图 32.2 中的模块 A 和 B 显示的是最原始的数据。这两个模块只有一个不同之处，即，模块 A 的 y 轴代表的分数范围远比真实的得分范围更大。因此，模块 A 中渐进的进步不如在模块 B 中明显，缩小了 y 轴范围的模块 B 更适合于干预。对模块 B 中的数据呈现进行简单的格式更改，可以提高我们传达结果的能力。模块 A 和模块 B 还说明了在呈现和解释数据时的一个常见问题，即表现的生态变异性（the natural variability of performance）。挑战在于如何突出这种变异性背后的重要表现特征。汇总数据可以减少变异性的影响。例如，我们可以计算多个数据收集周期的平均值或中位数，而不是分别呈现每个收集周期的数据。模块 C 重新绘制了这些数据，以每周的平均分数（平均值）表示。作为教学干预的一种功能，分数的稳步增长对审查者来说是显而易见的。然而，对数据的自然变异性的平滑处理也有其不利的一面。其结果根本无法反映实施者收集到的时好时坏的第一手数据，而相关人员可能会对那些在弯路上走出一条直线的数据持怀疑态度。此外，表现的变异性可能导致学校工作人员寻找学生在某些日子表现好或坏的原因，从而帮助他们进行必要的调整来加强干预计划。在这种情况下，承认表现变异性但同时也表明潜在成功的数据呈现，可能比那些过于平滑的数据呈现更能有效地传达信息。模块 D 试图综合模块 B 和 C 的优点，它不仅显示了原始数据，还加入了周平均值。数据趋势清晰明了，也没有遗漏其固有变异性；关键的一点是选择一种最有效的展示方式，从而为特定受众或实施者传递数据的重要特征。表 32.1 中提供了有关交流数据的一般建议。Hood 和 Dorman（2008）提供了有关数据呈现和使用技术支持数据展示的更多信息。有关其他问题的信息（例如目标设定）可以从其他地方获得（e. g. , Gibbons & Silberglitt, 2008）。

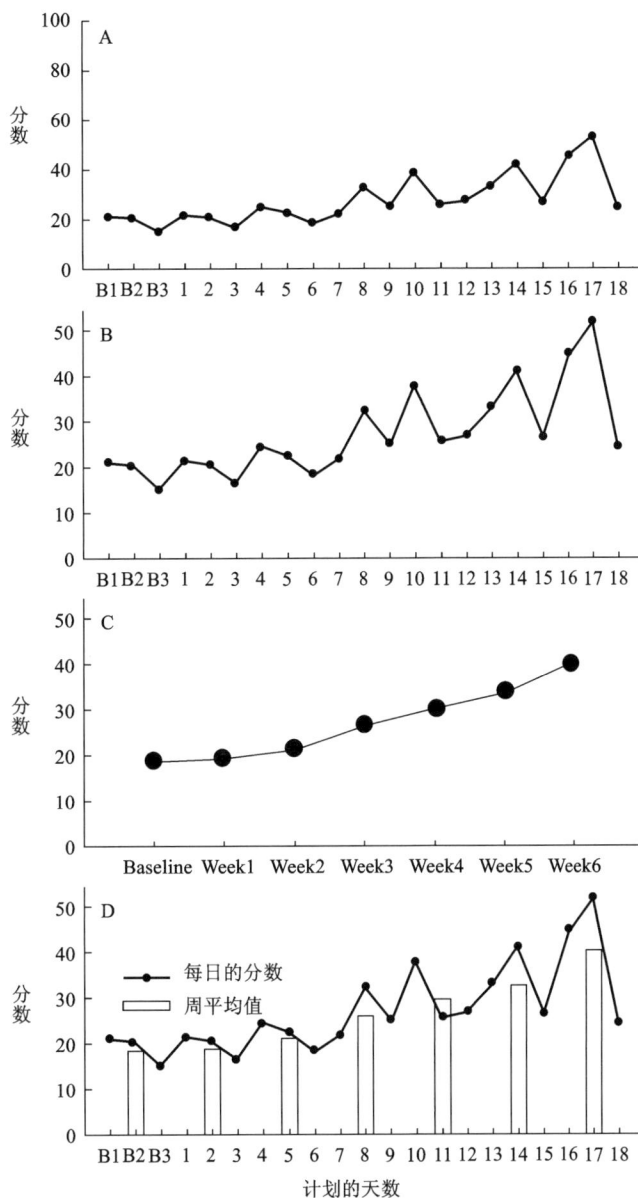

图 32.2 同一假设数据集的不同呈现形式

注：模块 A 和 B 绘制的都是原始数据；但是，模块 B 只描绘了实际分数范围，因此能更好地描述进步。模块 C 和 D 绘制的是每周的汇总数据，用以说明每周平均进步，模块 D 还展示了每日分数的变化和周平均值。

表 32.1 关于交流数据的指南

不要做什么	建议
不要假设每个人都能熟练地解释图表	花点时间来传达所展示的内容。例如，对图表上坐标轴的单位给出一个清晰的解释
不要用专业术语迷惑他们（即避免混淆）	我们的任务是有效地沟通，培养问题解决的能力。思考一下怎样才能最好地传达你想要传达的信息，并传授重要的思想
不要只见树木不见森林（即避免无意义的细节）	通过讨论与此相关的因素，帮助对方理解问题的核心
不要写谋杀悬疑小说（即避免慢慢地展开证据，直到使用逻辑推理和深刻的推论揭示出真相）	先提出你分析的结论，然后用证据来支持它们

需要多少支持来促进在决策中使用数据？

获得高质量的材料和资源(如技术支持)似乎总体上可以促进实施(Graczyk et al., 2006)，尤其是增加教师在决策中使用数据的次数(Stecker et al., 2005)。例如，计算机应用程序，特别是那些有助于数据收集和管理的应用程序(如绘图)；当数据表明有必要进行教学修改来促进教师对数据的使用时，用于解释的决策规则(Stecker et al., 2005)。计算机化的技能分析可以帮助教师识别跨学业领域的具体教学目标，而专业的系统软件可以帮助教师确定某些领域的教学材料的替代策略(如数学；Fuchs & Fuchs, 2001)。然而，仅仅依靠资源和技术不太可能发展出以数据为指导的问题解决能力(Fuchs & Fuchs, 2001; Stecker et al., 2005)。

为方便数据使用者而做出的结论和建议

一般而言，与采纳的可能性和实施完整性相关的特征包括创新的简便性、效率和有效性，以及获得实施所需的高质量材料和资源的渠道(Gresham, 2004; Graczyk et al., 2006)。数据收集和基于数据的决策的潜在阻碍包括时间(例如，数据收集、数据输入、数据整理和反思结果的时间)、实施者因素(如态度和技能)和背景因素(如组织层面的支持)。解决这些阻碍的策略包括努力减少执行这些任务所需的时间(Fuchs & Fuchs, 2001)、提供必要技能的专业的组织发展活动以及支持实施的系统环境。我们将在下一节中讨论后面几种考虑因素。

用户和背景的特征

为了促进创新的实施和专业发展(Salas & CannonBowers, 2001)，应考虑专业背景、组织背景以及创新的特点。与其将如何进行创新的训练视为一项独立的活动，不如将专业发展和对实施的支持整合到组织中(Salas & Cannon-Bowers, 2001)。心理学家可以通过教育与技能建设的专业发展、问题和系统分析以及团队发展等活动来促进组织发展(Ervin & Schaughency, 2008; George, White, & Schlaffer, 2007)。因此，我们将考虑这些组织发展活动，以帮助工作人员使用以下各节中的数据。首先，我们简要回顾了与理解和促进创新实施相关的两个社会背景维度。它们是嵌套的生态系统，认为专业人员和团队存在于更大的系统背景中，在实施过程中承认实践或系统会随着时间的推移发生变化(Ervin & Schaughency, 2008)。

嵌套的生态系统

从系统的角度来看，个体实施者(如教师)在社会背景中工作(Ervin & Schaughency, 2008)。个体，是一个或多个团体或子系统(例如，几个年级教师中的一个，学校团队中的一个成员)中的成员，这些团体或子系统嵌套在更广阔的社会背景或系统中，如学校、地区或州(见图32.3)。个体、微观社会(如人际的和跨职业的)和宏观社会(组织上的)可能是相互关联的，个体特征和组织变量影响着专业实践(Glisson, 2002; Riemer et al., 2005)。

个体 → 班级 → 年级 → 学校 → 学区

图32.3　嵌套生态系统

个体实施者

在个体层面，认知和情感变量会影响新实践的采纳(Ervin & Schaughency, 2008)。有关专业发展的文献将这些变量称为完成任务所需的知识、技能和态度(Salas & Cannon-Bowers, 2001)。

当任务是促进使用数据进行决策时，有几个相关的态度因素。个体参与专业发展、学习新技能或尝试新事物的动机，通常与技能是否习得、保持和应用于工作有关(Aarons, 2005; Salas & Cannon-

Bowers，2001）。专业发展的动机和尝试新的专业活动的意愿是多方面的，受个人（如自我效能、焦虑）和情境特征的影响，包括在专业发展和组织工作方面的经验（Aarons，2005；Salas & Cannon-Bowers，2001）。当"尝试新事物"涉及管理和使用数据时，其他潜在的、相互关联的态度因素可能会起作用：（1）专注于被认为与科学方法和EBPs不一致的哲学或理论方法；（2）对科学方法和证据基础在领域内的潜在贡献了解有限；（3）对数据和技术的担心或反感。

在学校工作时，心理学家应考虑哪些问题阻碍了工作人员的选择，并采取应对策略来解决这些问题。有时可以在需求测评的背景下或在与相关人员进行初步讨论时确定这些潜在问题。在其他情况下，可以在问题解决的协商过程中识别这些问题。在本节中，我们将讨论与使用数据和循证实践相关的潜在因素，以提醒心理学家注意这些问题，并介绍解决这些问题的一般方法。

反对采纳EBPs的思想问题已在其他地方进行了讨论（e.g.，Schaughency & Ervin，2006）。为了促进基于数据的决策，区分因果理论和行动模式非常有用（Graczyk et al.，2006）。因果理论（causative theory）是特定干预策略或方法的基础，例如，应用行为分析是SWPBS的基础（Horner et al.，2005）。行动模式（action model）提供了实施指南。形成性评价和基于数据的决策可以被认为是行动模式的工具，而无需确定具体的因果理论和干预策略。强调循证测评和决策的原则，而不是采用具体的数据系统，使教育工作者在选择干预措施和随着新技术的发展改进实践方面发挥了参与性作用（请参阅本章后面的内容）。这也可能有助于消除一种看法，即这只是以后将要放弃的另一种离散措施（Ervin & Schaughency，2008）。

了解阻抗的原因可以使心理学家寻求与学校工作人员的共同立场。例如，尽管一些从业人员担心EBP是一种规范性的方法，但EBPs和自我决定或授权的原则并不一定是对立的或相互排斥的；它们可以被纳入本地工作开展能力的建设中（Schaughency & Ervin，2006）。为了实现EBPs的目的，形成性评价可以作为一种手段，通过反复调整并改进基于研究的干预措施来满足当地的需要，使工作开展本地化（Schaughency & Ervin，2006）。同样，为了消除数据取向的心理学家不关心儿童的观念，提倡使用数据的心理学家应该传达一个共同的主要关注点，即促进儿童幸福。基于数据的决策是实现这一目标的工具，而不是最终目的（《蓝图Ⅲ》）。

实施者需要知识来实现创新（Ervin & Schaughency，2008；Salas & Cannon-Bowers，2001）。基于数据的决策需要专业内容（例如，阅读发展和阅读困难）、测评策略及其局限性的知识，以及对当前和期望实践之间差异的认识（Riemer et al.，2005）。但是，学校工作人员可能不太了解这些问题，并且高估了他们在某一领域内的知识（Cunningham et al.，2004）。此外，尽管进度监测和表现反馈提供了促进实践变革的手段，但是如果认为数据可信且有价值（Noell et al.，2005），则反馈应该更加有效（Riemer et al.，2005）。最后，新实践与当前实践的差异程度与实践的采纳有关，特别是当现有实践具有积极的情感效价时（Aarons，2005）。

为了解决这些问题，我们应该考虑如何使数据收集和使用适合于当前实践。学校人员可以对最佳教育实践持有坚定的看法，这可能与基于数据的决策过程一致，也可能不一致。一些工作人员可能会认为他们已经在定性观察的基础上做出了明智的决定，因此无需转向其他测评策略。其他人可能会质疑该测评的有效性。例如，提高读写能力的最佳实践一直备受争议，所谓的"阅读战争"就是明证（Stanovich，2000）。在评估读写能力的增长时，一些学者注意到朗读流畅性测试（ORF）作为衡量幼儿阅读能力的一般结果指标的效用（Fuchs，2004；Kame'enui & Simmons，2001）。但是，其他从业者对ORF的有效性产生了质疑（Roberts et al.，2005）。这个问题可以通过使用社会效度的方法来采纳新指标加以解决，在该方法中，工作人员会使用一种新的测量措施（例如，ORF）在本地进行评估，以表明与其他重要人士（如教师）、社会系统（如团队决策）的评价指标或目前用于决策的测量措施（Gresham，2002）的对应关系。例如，在笔者对新西兰DIBELS的初步评估中，除了收集DIBELS数据外，还收集了学校对读写能力进展的关注，以及学校使用的读写能力进展的测量指标（例如，书本等级；Schaughency & Suggate，2008）。随着时间的推移，教师通过观察新测量方法的执行情况，并学习它们与当地使用的测量方法和看法的对应关系，可能会对新测量方法的有效性产生信心，并赞赏其提高的效率。另外，本地数据可用于制定本地常模（Stewart & Silberglitt, 2008）和目标（Gibbons & Silberglitt, 2008）。

最后，由于技巧使用水平存在个体差异，因此需要不同水平的支持（e. g. , Anderson-Inman et al. , 1996；Fuchs & Fuchs, 2001；Scott & Martinek, 2006）。有些工作人员可以随时独立使用技巧，有些人员可能需要诸如提示之类的人际支持，而其他人员可能仍然是该技巧的"不情愿用户"（Anderson-Inman et al. , 1996；Scott & Martinek, 2006）。例如，Scott 和 Martinek（2006）使用多基线跨学科（学校）设计来检验不同辅导行为对 4 所学校输入的数据量的相对影响——每周的电话联系提示数据录入 vs 访问学校、示范并协助学校相关人员进行数据录入。对于一所学校来说，每周的电话联系足以促使数据输入。对于另两所学校，物理指导和示范以及每周的电话联系，都能很好地实现数据输入目标。然而，对于第四所学校来说，所有这些努力都是不够的。在使用数据或技术方面，有限的自我效能感可能导致最后一组人员的使用困难。自我效能感（self-efficacy）是指一个人相信自己能够完成特定的任务和行为，它与这些任务和行为的表现密切相关（Salas & CannonBowers, 2001）。自我效能感还与教师的专业实践有关（Gettinger & Stoiber, 1999），是专业发展技能学习和后续表现的预测因子（Salas & Cannon-Bowers, 2001）。因此，最后一组人员可能受益于更直接的帮助，以发展实施创新的技能和效能。或者，他们可能更愿意使用低水平技术选项来执行这些功能。

团体或组织层面的变量也会影响专业人员采纳新实践的可能性（Ervin & Schaughency, 2008；Ilgen et al. , 2005；Salas & Cannon-Bowers, 2001），这些因素包括：组织中的氛围（指工作环境对工作人员幸福感的积极或消极影响）、文化、行为期望和做事方式（即规则；Glisson et al. , 2006）。因此，下面几节将更详细地讨论这些问题。

与团队合作

学校的工作通常由团队指导（Rosenfield & Gravois, 1999，本书第 31 章），基于学校的指导团队通常在开展多层次工作时实施基于数据的决策（Ervin & Schaughency, 2008）。在与团队合作时，心理学家应该认识到团队是复杂的，它们存在于特定的背景（学校和社区）中，并且随着时间的流逝而适应和变化（Ilgen et al. , 2005）。

在组建团队时，团队有足够能力完成任务的感觉（有时称为"集体效能感"；Ilgen et al. , 2005；Salas & Cannon-Barrows, 2001）与团队表现有关，这说明了专业发展对促进数据使用的重要潜在作用。通过基于团队的专业发展（稍后讨论）收集到的共同意见，加上多学科团队中的专业知识，可以促进团队表现（Ilgen et al. , 2005）。有一种感觉也与团队表现有关，即团队是一个心理安全的环境，在这种环境中，可以提出潜在的问题解决方案或尝试新的专业行为，这一发现与解释和使用数据解决系统性问题这一专业敏感任务有关（Ilgen et al. , 2005）。

团队形成包括制定和维护团队成员之间的角色和交互模式（Ilgen et al. , 2005），确定在管理和使用数据解决系统问题的任务中，谁将做些什么以及他们将如何互相影响。团队是否形成有效的初始行为行动计划似乎是团队成功和存续的关键（Ilgen et al. , 2005）。有效的计划有两个相关但又不同的组成部分（Ilgen et al. , 2005），它们都与本章的重点直接相关。首先，团队需要整理与他们的任务和用户相关的信息。其次，他们必须评估并利用这些信息来制定完成任务的策略。

明确预期干预目标及其结果的分析水平对于多层级的工作开展和问题解决非常重要（Ervin & Schaughency, 2008；Schaughency & Ervin, 2006）。在整理信息时，团队应该考虑为他们的决策层合理地整合数据。例如，个别教师或学生辅助团队可评估个别学生的学习轨迹；年级团队可以跟踪学生在年级中的进步（例如，达到目标的百分比）；学校改进团队可以检查全校范围内的数据（例如，达到更高水平目标的百分比；Gibbons & Silberglitt, 2008；McGlinchey & Goodman, 2008）。

学校人员在考虑解决问题的替代策略时可能会遇到困难（Fuchs & Fuchs, 2001）。心理学家可以帮助团队探索替代解决方案，并担任知识中间人或顾问，协助团队制定行动计划（McGlinchey &

Goodman，2008)。行动计划应适合团队的目标(个别学生、一个年级、整个学校)。它们应该具体说明干预对象的结果，以及如何监测实施的完整性，以便就干预的反应和需要加强的测评或支持做出适当的推断。

随着时间的推移，团队的任务变成了学习如何适应任务条件的变化。为此，团队发展活动应侧重通过解释和使用数据进行形成性评价和系统性问题解决，建立建设性的沟通和互动惯例，以保持融洽感并提高团队表现(Ilgen et al.，2005)。

组织注意事项

背景(创新实施的环境)很重要(Schaughency & Ervin，2006；Salas & Cannon-Bowers，2001)。它会影响实施的动机、期望和态度，并影响专业发展中传授的技能是否在实践中得到应用(Salas & Cannon-Bowers，2001)。实施可能性取决于创新和组织因素之间的一致性，如组织的目标("契合"或一致)、可用资源、制约因素和实施的支持(Ervin & Schaughency，2008；Salas & Cannon-Bowers，2001)。因此，在与工作人员一起建立数据管理和使用系统时，心理学家应该考虑一致性和资源限制，努力提高效率并与组织背景保持一致。

实施过程

实践和系统变革是一个动态的过程，通常用阶段或变化的状态来描述(Ervin & Schaughency，2008)。用来指代这些阶段的术语各不相同，但都指向共同的主题。这个阶段序列不应该被认为是线性的，而应该是重叠和递进的，在这个序列中，经验和形成性评价影响未来的进程。此外，实施过程因组织内的人员或工作单位、组织内的创新而不同。

做好准备

为创新奠定基础是很重要的(Ervin & Schaughency，2008；Salas & Cannon-Bowers，2001)。进行训练需求分析是重要的第一步(Salas & Cannon-Bowers，2001)。与任务分析一样，训练需求分析必须考虑任务的需求(数据收集、输入、整理、解释、问题解决)。它还必须指定谁将执行这些任务(哪些教师、团队或其他专业人员)，可能需要哪些技能发展，以及组织中可能影响这些人员或团队实施的系统级别的组成部分(Salas & Cannon-Bowers，2001)。然后，训练需求分析提供了识别挑战并考虑如何应对这些挑战的机会。

专业发展之前的背景因素，包括计划的制定，会影响动机、学习和技能保持(Salas & Cannon-Bowers，2001)。例如，反馈的情感效价可能影响其有效性(Riemer et al.，2005)。过分强调责任制，特别是在开展计划的初期，可能导致负面反应，对团队氛围产生负面影响，并可能误导决策(Earl & Fullan，2002；Ervin & Schaughency，2008)。相反，我们应该强调形成性评价，把职业发展作为培养问题解决技能的机会，这对学生和工作人员都有益处(Lau et al.，2006)。

传授新的专业技能

一般而言，有效的专业发展包括4个基本原则：(1)提出需要学习的相关信息或概念(例如，解释数据以进行学业问题解决；Gibbons & Silberglitt，2008；本书第29章)；(2)展示需要学习的技能(例如，数据整理、解释)；(3)为工作人员创造技能练习的机会(例如，使用技术、解释数据、基于数据的专业决策)；(4)在练习期间和练习后向工作人员提供反馈(Salas & Cannon-Bowers，2001)。例如，Codding等人(2005)通过使用包括示范、练习和表现反馈在内的教学方法，成功地教会了教育工作者解释测评结果并将测评结果转化为可衡量的目标。

学习过程中的社会条件可以促进学习和记忆。协作训练(其教学方法包括人员之间的互动活动(但不一定要执行团队任务))具有一些潜在的优势，包括：提供观察学习的机会；减少对教学时间、资源和实践的需求。然而，协作训练活动的有效性可能与其他因素(例如，个人特征)相互作用(Salas & BowerCannon，2001)。例如，在一项研究中，在社会交往中感到焦虑的受训者并没有从协作训练方案中获益。因此，团体活动不一定对每个人都有益(Arthur et al.，1996)。在团队训练中，团队成员接受训练以执行团队任务。与一般的专业发展研究一致，在理论指导下，专注于必要的技能，并为学员提供练习和反馈的切实机会的团队最有可能是有效的(Salas & Cannon-Bowers，2001)。提高泛化和技能迁移到工作环境的策略包括：在训练期间整合更具挑战性的任务，并转移到工作环境类似的任务中(Salas & BowerCannon，2001)。

促进实施

训练后发生的事件对于提高技能应用、泛化和维持的可能性非常重要(Salas & Cannon-Bowers，2001)。这些因素包括：应用技能的情景线索，在专业发展后不久便有机会应用技能，来自同事、主管和/或下属的社会支持，以及在工作环境中应用技能的强化(或惩罚)(Salas & Cannon-Bowers，2001)。例如，确保数据审查被纳入相关咨询和团队会议的议程，将为执行任务提供线索；而让相关人员或团队成员轮流负责这项任务，将为练习新技能提供机会(Ilgen et al.，2005)。

提供持续的支持

随着时间的推移，变革推动者的任务从促进实施转向促进创新的持续使用。这包括将创新整合到组织中，并建立持续发展和适应不断变化的环境的能力(Ervin & Schaughency，2008)。可能的策略包括：逐渐减少变革推动者参与基本数据管理、审查和问题解决的活动，并让学校人员在变革推动者的持续沟通和资源支持下承担这些责任(Ervin & Schaughency，2008)。此外，还应包括与学校人员保持联系的基础设施，以便在出现新技术或需求时，为计划开发、干预规划以及数据收集和审查提供支持和技术援助(Fuchs & Fuchs，2001；Spoth et al.，2004；Stecker et al.，2005)。

总结思考和未来方向

组织发展和系统变革研究支持一种广泛的、多方面的方法，可以从组织的社会背景中看待技术和策略变革的工作(Glisson et al.，2006)。促进数据的管理和使用涉及到技术(数据输入、分析)和策略(专业决策)方面。策略可能被认为是一种"软"技术，容易适应(Glisson，2002)。适应可能是积极的，通过重新制定策略更好地满足当地的需求；但是它们也可能会使创新变得无用(Ervin & Schaughency，2008)。在开发支持数据使用的实施系统时，学校心理学家要记住他们有责任优化工作开展系统以提高儿童能力(《蓝图Ⅲ》)，心理学家面临的挑战是如何持续关注学生的表现指标、为实现目标表现而实施的策略以及在问题解决中检查这些数据的系统和惯例之间的关系。

实施科学和在特定环境中改变或引入实践的方法正在涌现(Ervin & Schaughency，2008)。从业人员需要研究来支持他们在管理和使用数据为儿童开展工作方面的努力。Fuchs 和 Fuchs(2001)关于促进教师使用学业表现数据的研究为指导技术研究提供了范例，Rosenfield 等人(2008)的教学咨询研究为引导策略性工作提供了一个模型。在多层次工作开展模型中，需要进一步的工作来解决这些不同水平的问题。心理学家可以通过仔细记录变革过程、实施的完整性、实施中的阻碍、在解决这些实施阻碍过程中的经验教训以及这些工作与学生和系统成果之间的关系来做出贡献。最后，如果心理学家要成为有效的系统顾问，发展基于数据的决策能力，那么他们需要获得职前、实习和在职期间的专业发展机会，以培养监测个人和系统水平成果所需的所有技能，并整合这些信息进行问题解决(《蓝图Ⅲ》；Schaughency & Ervin，2006)。

致谢

本章的部分内容是 Elizabeth Schaughency 在不列颠哥伦比亚大学教育和咨询心理学及特殊教育系(加拿大不列颠哥伦比亚省温哥华市)休假期间起草的。我们在学校的工作得到了心理学系和奥塔哥大学研究资金的支持。我们还要感谢与我们一起工作的学生和学校工作人员。这些年来，他们帮助我们形成了对这些问题的认识。

第 33 章

针对多元文化和语言背景的学生实施 问题解决模式

Robert L. Rhodes

近年来,美国多元文化语言背景(culturally and linguistically diverse, CLD)人口的增长以及不断变化的立法要求,使得 CLD 学生的教育和评估需求直接且不可避免地进入公众视野。美国各州和各个学校正在努力使其教学、干预和评估实践,与联邦政府有关基于研究的干预、学生对干预措施的响应以及非歧视性评估的要求保持一致。出于利他主义动机和每年取得足够进展的愿望,许多州和地区都在仔细评估如何将基于课程的测评方法(例如,问题解决框架内的干预响应模式,RTI)最好地应用于 CLD 学生。

在过去的几年,用基于课程的方法评估学生对干预的响应引起了人们极大的兴趣。由于对普通学生,特别是来自多元文化语言背景的学生来说,使用常模参照的学业成就测量方法存在固有的困难,因此研究人员和从业人员主张使用替代程序来评估儿童通过直接干预或教学获得的技能和能力(e. g., Shinn, 2002; Fuchs & Fuchs, 1997)。鉴于在评估来自多元文化语言背景的学生的学业进步时必须考虑许多因素,因此与传统的评估方法相比,问题解决模式具有一些潜在的优势。

例如,英语学习者(English language learners, ELLs)通常表现出与需要特殊教育干预的障碍和残疾相似但无关的特征和行为。将英语作为第二语言学习的学生在开始任务和完成任务时可能会很慢,而且由于翻译教学内容和指示所需的时间、部分或不完全理解指导和指令以及与语言习得相关的精神疲劳,学生可能会出现注意力不集中、冲动、容易分心、破坏性和无组织性等表现(Ortiz, 2005)。Roseberry-McKibbin(2002)发现了一些与第二语言习得有关的潜在问题,她告诫说,这是"第二语言习得的正常过程……对于英语还不熟练的学生来说,我们需要将其看作是正常的行为"(第 193 页)。如果不进行仔细考虑和评估,表现出这些特征和其他特征的 CLD 学生可能会被不适当地识别为需要特殊教育干预,或者可能被无关的变量掩盖了他们真正需要关注的特征。

CLD 学生群体

CLD 学生群体的教育是国际关注的问题。Wan(2008)在调查了全世界 CLD 学生的教育情况后指出,英国、加拿大、南非、中国、新加坡、澳大利亚和新西兰等国家在教导 CLD 学生时所面临的挑战是独特的,但也有相似之处。例如,美国的 CLD 学生群体包括 400 多种不同语言的使用者(Kindler, 2002)。除英语(77%)以外,大部分学生说的最多的是西班牙语[(National Clearinghouse for English Language Acquisition and Language Instruction Educational Programs(NCELA), 2002]。包括西班牙语在内,越南语(2.3%)、苗语(2.2%)、海地克里奥尔语(1.1%)、韩语(1.1%)、粤语(1.0%)、阿拉伯语(0.9%)、俄语(0.9%)、纳瓦霍语(0.9%)和塔加洛语(0.8%)是美国学生最常说的 10 种语言(NCELA, 2002)。

2001 年的一次美国人口普查(U. S. Census Bureau, 2001)显示,在美国 4870 万学生中,约 1/10

（11%）的学生出生在美国境外，1/5（20%）的学生的父母出生在美国境外。在过去的十年，全国学生总数只增加了 2.6%。同一时期，幼儿园到十二年级的 ELL 学生人数增加了 60.8%（National Clearinghouse for English Language Acquisition and Language Instruction Educational Programs（NCELA），2006）。有趣的是，ELL 学生增长率最高的州，在过去 ELL 学生数量并不多（NCELA，2006）。

Watson 等人（2007）指出，英语熟练程度欠佳的学生数量的增加，使得在转介、评估和识别接受特殊教育工作的 ELL 学生时，必须有一个适当的结构。他们指出，每所学校都应该有完善的转介指南和程序，以及可以从语言、文化和残疾方面来检查学业和行为问题的知识渊博的专业人士。遗憾的是，许多学校缺乏这种必要的结构，无法区分"文化和语言差异"与真正的残疾（Rueda & Windmueller，2006；Sanchez & Brisk，2004）。

区分差异与残疾的过往尝试

区分文化和语言差异与真正的残疾，是一项尝试了数十年的多方面的任务。这个领域最受争议和长期存在的问题之一，是各种特殊教育类别中的 CLD 学生所占比例可能过大（Perez et al.，2008；Artiles et al.，2004；Losen & Orfield，2002；Artiles & Trent，2000）。有残疾和疑似残疾的 CLD 学生通常处在不一致的转介、评估和干预系统中，因此他们是否能够获得所需的工作质量，取决于提供服务的对象和地点。但由于缺乏努力或兴趣，这种意想不到却又非常真实的情况不会发生。许多从业人员、研究人员和理论家都提供了出色的指导方针，并改进了可用于所有学生的评估和干预的方法和模型。

Witt（2002）提出的"筛查以促进公平安置"（Screening to Enhance Equitable Placement，STEEP）模型是改进 CLD 学生评估和干预程序的一个很好的例子。在 STEEP 模型中，问题解决的方法不仅可用于制定干预策略，还可用于筛查学生，以确定是否需要进一步的头脑风暴和评估。在这个模型的结构框架下，那些在筛查过程中就被确定为"有风险"的学生将被转介给基于学校的团队，以确定适当的干预程序。在制定干预计划之后，使用进度监测来调整干预程序和评估干预有效性。Noell 等人（2005）报告说，尽管 STEEP 筛查模型已经在非裔美国人中进行过评估，但是这种评估工作并没有在 ELL 学生中进行。虽然我们显然还需要更多的数据，但这种方法看起来似乎很适合 ELL 和其他 CLD 学生。

迄今为止，将多元文化和语言背景的学生的独特情况和经历考虑在内的方法和模型尚未得到一致和广泛的实施。联邦法律规定的最低实践标准（例如，非歧视性评估程序，对比例失调的监测）虽然有一定帮助，但基本上是保守主义的（旨在纠正或避免重蹈覆辙），而不是一个包含了过去几十年发展起来的广泛知识基础的宏大的实践标准。

随着学校心理学领域的不断发展，建立更合理和更全面的评估与干预模型的机会也随之出现。问题解决模式结合了许多转介前的注意事项、课堂和教学评估策略以及长期以来推荐用于 CLD 学生的替代诊断程序。Merrell 等人（2006）在他们的声明中传达了许多人的期望，即希望问题解决模式从关注儿童内部病理到关注环境、背景、期望结果和资源的转变，能够大大提高学校心理学家对学生、家庭和学校系统做出有效反应的能力。

与非歧视性评估相关的立法史

Fuchs 等人（2003）简要介绍了在公立学校背景下问题解决模式的发展，并指出从 20 世纪 70 年代到 90 年代特殊教育人口的迅速增长引发了人们对以下问题的关注：对不同残疾领域的学生的过度识别；被转介去接受特殊教育评估之前许多学生的教育需求得不到满足。在对学生进行特殊教育转介或"转介前干预"之前，为了满足其个人需求而进行的努力指的是，教师对教学内容或学习环境的其他方面进行调整，以便在正式转介该学生进行测试和可能的特殊教育安置之前更好地容纳一个难以教育的学生（Fuchs et al.，2003，第 160 页）

　　问题解决模式所提供的结构化方法以及强调问题识别和干预的基于课堂的方法，已被许多研究人员和从业人员视为一种针对存在学业困难的 CLD 学生的有效的转介前干预的方法。Tharp 和 Wetzel（1969）、Bergan（1970）、Bergan 和 Kratochwill（1990）认为模型的归纳性是识别和满足学生个人需求的关键特征。他们观察到，模型的支持者认为没有哪种学生的特征（如残疾、种族、社会经济地位）能够预先决定什么样的干预措施会起作用，也没有哪种干预措施会对某一特定群体中的所有人都有效，无论该群体看起来多么同质。相反，教学问题和行为问题的解决方案是通过评估学生对包括问题识别、问题分析、计划实施和问题评估在内的多阶段过程的响应能力来得出的（Fuchs et al.，2003）。

　　最近，允许使用 RTI 方法来识别学习障碍的立法加强了问题解决模式在学校中的应用。在学习障碍识别方面，扩展差异模型（discrepancy model）运动的加剧，在一定程度上是由于人们对在 CLD 学生群体中使用该模型的不满日益增加。接下来，我们概述与非歧视性评估有关的立法。

94-142 公法：《所有残疾儿童教育法》

　　这第一部要求特殊教育工作的联邦法律，提出了有必要区分 CLD 学生与残疾学生之间的差异。94-142 公法免责条款第 4 节规定，如果"儿童能力和成绩之间的差异主要是由于环境、文化或经济劣势造成的"，则不应将其认定为学习障碍（U.S. Department of Education，1977）。尽管可以将具有独特环境、文化或经济情况的学生认定为有学习障碍，但必须确定这些外部因素对其学业表现的影响程度，并且这些因素可能并不是所讨论的表现缺陷的主要原因。

公法 105-17：《残疾人教育法修正案》（IDEA 1997）

　　《特殊教育法》的每一次修订都涉及对疑似残疾的 CLD 学生的适当识别，以及对这些学生的持续错误标记和比例失调的识别。公法 105-17 的结论是"为了防止给少数民族残疾儿童贴错标签之类的问题加剧，我们需要做出更大努力"（601（c）（8）（A）），而且"鉴于少数民族学生在总人口中所占的百分比，继续接受特殊教育的少数民族儿童会比预期的更多"（601（c）（8）（B））。公法 105-17 增加了与缺乏有效教学和英语熟练程度有限相关的条款，为了防范这些问题，法案规定"在根据第 4 款（A）项做出决定时，如果判断儿童残疾的决定因素是缺乏阅读或数学方面的教学或英语熟练程度欠佳，则不得将儿童判定为残疾儿童"（Section 614（b）（5））。在这项法律中，国会进一步要求各州：（1）按残疾类型收集族裔数据；（2）确定是否存在比例失调；（3）通过纠正措施解决问题。

公法 108-446：《残疾人教育促进法》（IDEA 2004）

　　根据 IDEA 2004，各州必须尽力防止按照儿童（包括具有特殊障碍的残疾儿童）的种族和族裔，对儿童进行残疾分类而导致的不适当的过度识别或比例失调（U.S. Department of Education，2007）。公法 108-446 进一步制定了防止按种族和族裔划分导致的比例失调或过度识别的政策和程序，并规定收集和审查关于比例失调的数据。现行立法还概述了审查政策和程序时的要求，并增加了获得技术援助、示范项目、信息传播和实施科学研究的机会。

学校问题解决模式

　　上述立法准则在学校环境中的成功应用取决于 3 个核心假设（Shinn，2002）：（1）问题被情境性地定义为期望与现实之间的差异；（2）每个学校都有一小部分学生与周围学生存在巨大的差异，除非修改他们的课程，否则他们不可能在通识教育中取得成就；（3）有效的教育者必须"在尝试解决问题之前就制定出许多可能的行动计划"（Deno，1989，第 11 页），然后评估真正实施的计划的效果。

　　Canter（2005）将问题解决模式描述为一个广泛序列模型，旨在确定解决学生成就问题所需的教学支持。她指出，问题解决模式包括早期干预成分、通识教育课堂和学校支持、对学生进步的持续评估。只有在这些早期支持未能产生足够的效果时，才能将学生转介到特殊教育评估。

　　Merrell 等人（2006）补充说，问题解决模式的基本原理是：问题不一定是一种病状或障碍。相反，该模型以结果为中心，特定于情境，并由持续的数据收集驱动。其重点在于问题的解决方案或问题的结果，因为问题或可行的解决方案的构成要素可能因环境或背景的不同而有所不同。

在 CLD 学生群体中实施问题解决模式的步骤和建议

问题解决模式中采用的几个阶段旨在识别、确认和分析问题，然后制定、实施和评估可能的干预措施。在此，我们对 Merrell 及其同事（2006）描述的 4 个步骤都进行了总结，并为在 CLD 学生群体中实施问题解决模式提供了相应的建议。

步骤 1：问题识别和确认

在问题识别阶段，问题被定义为学生当前表现与期望表现之间的可量化差异。在问题解决模式中，需要用可观察和可测量的术语来对问题进行描述，并适当地记录问题发生的频率、持续时间、延迟程度和严重程度，在问题发生的环境中直接、反复地对问题进行测量。在本阶段的关键是回答"问题是什么？""儿童在这一功能领域的实际表现与期望表现之间的差距有多大？"

在这一步骤中需要特别注意的是，检查达到期望的表现标准所需的文化和语言要求。教学语言、学生的语言能力、任务的语言要求和测量方法都应该能被清楚地理解和仔细地评估。为 CLD 学生提供服务的学校心理学家，应该了解语言习得及其对"学生对教学和干预的响应"的影响。与只用一种语言的同龄人相比，ELL 学生所经历的语言环境的巨大变化或许能最好地说明这种普遍的担忧。Ortiz（1997）报告说，即使是平均每天练习英语 2~3 小时的英语学习者，到幼儿园时仍将落后于只说英语的同龄人 15000 小时。到五年级时，ELL 学生在英语接触和经验方面平均落后于只说英语的同龄人将近 24000 小时。

Cummins（1984）提出基本人际沟通能力（basic interpersonal communication skills，BICS）和认知学术语言能力（cognitive academic language proficiency，CALP）作为两种不同的语言能力类型。BICS 是会话语言技能的发展，需要 2~3 年的时间才能掌握。CALP 是一种学术语言技能，能够使个体在不受语言习得和熟练程度的影响的情况下，充分理解指令并完成口头和书面工作。CALP 是一个更高级的语言习得水平，需要 5~7 年才能发展起来。

为了解决在评估学业成绩时语言熟练程度的问题，Ochoa（2005）建议评估者在可能的情况下，将问题学生的受教育情况与同年级的 ELL 同学进行比较。如果受教育情况相似并且在 BICS 和 CALP 发展的时间范围内，则母语教学课程的持续时间和语言习得问题可能是影响学生表现的关键因素。但是，如果某位 ELL 学生在不同时间的受教育情况，与在相似的教学环境中受过大致相同年数教育的 ELL 同学的受教育情况明显不同，这可能就是问题所在。

通过回顾这一领域的一些开创性研究，如，Cummins（1983，1984）、Ortiz 和 Polyzoi（1986）、Collier（1987），以及 Thomas and Collier（1996），我们可以熟悉第二语言的习得过程。这些研究和其他研究提供了关于第二语言习得的预期速度、可能影响语言习得的多种因素、基本沟通能力与学术语言能力之间的区别以及第二语言习得对学业成绩的潜在影响的关键信息（Ochoa & Rhodes，2005）。

步骤 2：问题分析

在问题分析阶段，问题将被直接测量，测量的焦点是问题发生在何时、何地、发生时和谁在一起，以及在哪些活动中问题更可能或更不可能发生或加剧。这个阶段的关键是回答"为什么会出现问题"。通过多个来源（学生、教师、家长、档案审查等）收集信息，并检查课堂和教学因素，来确定可以改变哪些因素来促进学习并减少学生当前表现和预期表现之间的差异。

Ochoa 和 Rhodes（2005）讨论了在此阶段为 CLD 学生提供服务时应收集或审查的信息，包括：

受教育情况

应通过档案审查和家长访谈，询问学生在哪个或哪些国家接受过教育、使用的是哪种或哪些教学语言、之前的双语教育工作、结束或退出双语教育工作的原因、重修的年级、就读的学校数量、学业成功的领域以及存在学业困难或问题的领域。如果存在学习困难，则应确定这些困难是在两种语言中都存在，还是仅在要求学生用英语完成学业任务时才表现出来。如果学生只有在被要求用英语完成任务时才会出现学业问题，那么这可能是第二语言习得问题的一种表现，而不是具体的学科知识缺陷或障碍。

语言情况

儿童和家庭的语言情况应通过档案审查和家长访谈来探索。家长访谈中可能会出现的提问包括：目前在家使用的语言是什么？自出生以来，学生在家里用过什么语言？学生最喜欢哪种语言？学生喜欢说什么语言？学生看电视或听音乐时选择的是哪种语言？

双语课程和 ESL 课程参与度

Ochoa 和 Rhodes（2005）指出，在美国有几种不同的教育课程用于教育 ELL 学生，包括纯英语课程、抽离式以英语为第二语言的课程（English as a second language，ESL）、过渡性双语课程、保持性双语课程以及双向或双向双语式双语教育课程。在不同的课程中，使用的英语教学和母语教学的数量相差很大，课程的有效性也是如此。学生参加的课程类型和退出课程的原因是进行准确的问题分析的关键信息。例如，学生是参加了一门只强调英语语言技能发展的课程，还是同时参加了新语言教学和母语教学的课程？这种课程设计的差异将影响学生语言习得的速度以及对两种语言的学术术语和概念的了解。同样，确定学生退出是因为满足了课程的退出标准，还是只因为他将搬离学校，或者是因为该地区的双语和 ESL 课程发生了变动是很重要的。

当前语言的熟练程度

对学生当前的语言熟练程度的评估应通过档案审查、教师访谈，以及正式和非正式测评来进行，不应将学生使用一种特定语言的频率高于另一种作为语言熟练程度的指标，应使用最近实施的（不超过 6 个月）语言能力测试结果来判断学生对两种语言的熟练程度。学生当前的语言熟练程度应作为制定测评策略的起点，该测评策略应包括第一语言（如西班牙语）、第二语言（如英语）和非言语测量方法的适当组合。Ochoa 和 Ortiz 的双语者多维测评模型（Ortiz & Ochoa，2005）提供了一个结构框架，以便在制定测评方法时将这些因素以及单个学生的双语和 ESL 课程参与度考虑在内。

文化适应程度

学生当前的文化适应程度与教学和程序的适当性有关，应加以评估。学生对美国主流社会的适应程度对学生的进步和课堂参与度以及评估中使用的决策和程序有着重大影响，尽管许多学校心理学家都不太能够很乐意且直观地理解这一点（Ortiz，2005）。例如，有关文化适应的信息可以用来评估学生在教学环境中的适应度。学生的英语熟练程度可能足以掌握教学环境中讨论的术语和概念，但他可能不具备在作业或课程目标要求的背景下使用这些信息所需的社会和文化知识。我们建议在认知风格、人格、同一性、态度和文化适应压力等方面对文化适应进行二维测量。对评估文化适应的可用工具的回顾请参见 Kang（2006）。

Rhodes（2005）强调了在问题分析阶段应仔细考虑的其他问题和关注点：

• 班级或科目的课程内容在多大程度上代表了学生的文化背景。必要时应对课程进行增加和调整。

• 疑似/确诊感觉障碍或沟通障碍。

• 接受正规小学和中学教育的数量、类型和地点。例如，移民到美国的学生可能经历过不同国家和不同语言的教学、受教育时间的中断以及接受不同的课程。

• 学生的流动性和参与模式及其对学业进度的潜在影响。

• 除了完成任务或作业所需的目标技能以外的其他技能。对运动技能的评估是否需要理解口头指令？在评估概念理解时是否应考虑诸如响应速度之类的时间因素？

• 支持或阻碍学业成功的校外经历。学生的生活环境是否允许他获得适当的睡眠？学生能够吃饱吗？学生在上学前或放学后需要工作很长时间吗？

在这一阶段，我们建议使用结构化形式来审查"预转介"问题并且对教师、家长和学生进行访谈。结构化方法有助于确保讨论的是关键主题和问题，对双语从业人员和口译员的翻译工作也有帮助。Rhodes 等人（2005）用英语和西班牙语为教师、父母和学生提供了广泛的预转介问题清单和结构化的访谈格式。有关预转介问题的示例，请参见表 33.1。

表 33.1　预转介小组注意事项（与第二语言学习者相关的问题）

通识教育背景

- 儿童已经开始在美国接受正规教育了吗？
- 这个儿童在原籍国上了多少年学？

学龄前经历

- 谁是儿童的主要看护者？每个看护者用什么语言跟儿童交谈？获得每个看护者对儿童说的每种语言所占的比例。
- 儿童是否获得了任何学前教育服务（例如，Head Start 或私人中心）？

学校教育因素

参加双语教育和/或 ESL 课程的注意事项

- 儿童的家庭语言调查表明了什么？
- 双语教育/ESL 课程人员是否对儿童进行了语言能力测试？如果没有，为什么？

双语教育课程要素

- 学校提供的是哪种类型的双语教育和/或 ESL 课程？
- 这所学校在几年级开设双语教育/ESL 课程？

退出双语教育的注意事项

- 儿童退出双语教育/ESL 课程的基础或标准是什么？
- 这些标准是否符合国家关于退出双语教育/ESL 课程学生的准则？

在没有提供双语教育/ESL 课程时需要审查的注意事项

- 没有接受双语教育/ESL 课程对这个学生的语言发展和学业表现有什么影响？
- 学校采用了什么样的替代措施和策略来解决学生的语言需求？

教师因素

- 如果儿童目前处于没有提供双语教育/ESL 课程的通识教育课堂环境中，那么该儿童的通识教育教师有哪些与第二语言学习者相关的专业培训和经验？
- 儿童目前的教师在将学生转介给预转介小组方面的记录如何？换言之，这位教师是很少转介学生，还是每年都会转介大量学生？

评估学生表现

- 在双语教育/ESL 课程教学环境中，学生在各学科和年级水平上的表现如何？根据各年级水平的科目范围审查成绩单上的分数。请注意这些分数是否基于年级水平的材料。
- 如果学生不再参加或从未参加过双语教育/ESL 课程，那么学生在通识教育的各学科和年级水平上的表现如何？根据各年级水平的科目范围审查成绩单上的分数。

语言注意事项

- 是否记录了在儿童母语和英语中每一个具体的疑似困难领域？
- 儿童的母语/第一语言和英语是否达到认知学术语言能力水平（CALP）？

家庭和文化因素

对于移民到美国的家庭

- 家庭的原籍国是什么？
- 这家人为什么移民到美国？如果他们不是一起移民的，则说明移民顺序和每个家庭成员来美国的时间，以及谁留在原籍国（如果有的话）。

　　在问题分析阶段，不让学生或家长说的语言成为充分参与的障碍也很重要。因此，应聘请双语从业人员以确保准确收集和传达了所有必要信息。如果没有双语从业人员，可以聘请训练有素的口译员。Guajardo Alvarado（2003）推荐了一种选择和雇用双语人员的层次结构，旨在帮助学校和从业人员摆脱雇用口译员时经常使用的不加选择的方法：

　　1. 雇用能够流利地使用学生的母语，从而以学生使用的两种语言来实施评估措施的双语评估专家。

2. 如果显然无法以学生使用的两种语言实施评估措施，则应雇用能够流利地使用学生的母语，且可以使用修改后的评估措施、翻译测试或针对非该学生背景的常规人群的测试的双语评估专家。

3. 在训练有素的双语辅助审查员协助下能够使用标准化的评估方法的英语评估专家。

4. 在训练有素的口译员的协助下，能够使用修改后的评估措施、翻译测试或针对非该学生背景的常规人群的测试的英语评估专家。

5. 仅能使用除英语或西班牙语以外的语言，实施非语言或智能评估方法的评估专家。

关于口译员的选择、训练和雇用的讨论，请参见 Rhodes（2000，2005）。

步骤3：干预措施的制定和实施

在干预措施的制定和实施阶段，从业人员利用前两个步骤收集的信息来选择合适的干预策略，并证明其具有实证效度。干预策略的选择基于问题的功能相关性、情境匹配性和成功的可能性。这个阶段的关键是回答"应该怎么做？"。

根据步骤1和步骤2确定的相关信息，选择的干预措施应考虑到学生的受教育情况、语言情况、双语课程和 ESL 课程参与度、语言熟练程度、文化适应程度和其他个人因素。为满足学生的特殊需求而设计的在文化和语言上适当的干预措施，应考虑到是否有数据表明学生可能从这种干预中获益。选择一种具有实证效度或基于证据的干预措施是一个特别的挑战。Ingraham 和 Oka（2006）指出，目前可用于 CLD 学生的循证干预措施非常少，并且能在其他人群中证实有效的模型的普遍性和迁移性尚不清楚。他们就现有干预措施的使用做出了以下结论：

1. 未将多样化人群（干预对象、干预者和研究人员）包括在内的干预措施的有效性仍然未知。

2. 必须使用能够提供有关干预的迁移性、普遍性和文化有效性的数据的设计，来对其他更多样化的群体进行更多的干预研究。

3. 为了设计出对于不同的文化群体和/或在不同的背景下有意义并且能够取得成功的干预措施，进行调整是意料之中的。而这是否会影响干预的结果是一个经验性问题，需要收集和评估数据来判断。

如果很明显许多 CLD 学生需要同一类型的干预以达到他们期望的表现水平，那么干预开发和实施阶段的偶然结果就是系统变革的可能性。在问题解决模式中，对数据的持续监测也使得从业人员能够评估干预措施的个体有效性，并根据需要做出适当的调整。从这种类型的数据收集中形成的明确模式有助于将有效干预措施纳入通识课程。

步骤4：干预评估和追踪

在最后一个阶段，通过持续的数据收集获得客观证据，以确定干预的有效性。该问题应在这个步骤完成之前得到解决。在这一阶段的关键是回答"干预起作用了吗"，单一被试设计经常被用来评估个别学生的干预效果（请参见第 29 章）。

虽然看似敷衍了事，但这一阶段对证明该模型对 CLD 学生的有效性至关重要。干预评估过程应以目标行为表现的客观标准为基础。干预措施的有效性不应取决于记录在案的试验次数和干预过程的调整，而应取决于产生的结果。换句话说，它奏效了吗？如果没奏效，为什么？如果奏效了，它在多大程度上起了作用？把重点放在问题的解决方案和数据收集上是至关重要的。学生失败的客观证据很容易获得、分类和保留。多年来，我们也一直以各种形式或方式这样做。但我们需要知道的是解决方案是否有效，如果不奏效，我们需要坚持不懈地寻找能够将学生的文化、语言和经验背景结合起来的真正的解决方案。

问题解决模式中的多元文化学校咨询

在 CLD 学生中实施问题解决模式的 4 个步骤，要求学校心理学家能够熟练地在多文化和多语言的环境中提供咨询工作。本章的结束部分介绍了一个提供多元文化学校咨询的结构框架，并概述了学校心理学家应该具备的能力。

多元文化学校咨询结构框架

Ingraham(2000)提出了一个多元文化学校咨询(multicultural school consultation，MSC)结构框架，以便在为 CLD 人群提供服务时选择适当的方法。MSC 结构框架是在文化上适合学校实践的指南，可供不同取向(例如行为、生态、教学、心理健康)的校内和校外咨询师使用。MSC 结构框架由 5 个部分组成，旨在帮助引导咨询师完成决策过程：(1)咨询师的学习和发展领域；(2)咨询者的学习和发展领域；(3)咨询师团队的文化差异性；(4)背景和能力的影响；(5)预期能够支持咨询者和来访者成功的方法。通过遵循 MSC 的这种指导性方法，解决双语教育问题的学校咨询师可以更好地：(1)指导咨询过程中问题的概念化；(2)基于文化背景开发咨询方法；(3)确定未来实证研究的各个领域(Ingraham，2000)。

有效咨询所需的能力

Rogers(2000)确定了对 CLD 学生进行有效咨询所需的 6 种能力。这些跨文化能力包括：

● *了解自己和他人的文化*。咨询师需要：(1)审查其自身的文化/族裔/种族遗留和特征，以便对信仰、偏见和假设形成更好的自我意识；(2)了解咨询者和来访者的文化和社会政治背景，以便更好地理解和尊重他们的观点、价值观和压迫史。(Rogers，2000，第416页)

● *培养跨文化沟通和人际交往能力*。咨询师必须培养必要的沟通和人际交往技能，以便以一种文化和跨文化敏感的方式，恰当地传达选择、参与各种双语教育课程的潜在优势和劣势以及推荐理由。

● *审查咨询的文化内涵*。应该根据咨询者或来访者的文化观点的结构框架对咨询过程中的每个步骤进行审视。

● *使用定性方法*。咨询师应具备运用单一被试设计法、自然数据收集技术、人种学和案例研究方法来衡量双语教育课程参与度和相关咨询过程的有效性所需的技能。

● *学习特定文化背景的知识*。咨询师应具备与特定咨询者或来访者相关的特定文化知识，如文化适应、移民、父母在教育中的角色、教师的预期角色以及双语教育工作等相关问题。

● *理解并掌握与口译员合作的技巧*。这项对于学校咨询师来说极其重要的能力在从业人员中往往并不成熟。由于多文化和多语言的学校心理学家数量有限，因此经常需要大量使用口译工作。担任咨询师角色的学校心理学家应审查所推荐的口译员的技能和能力。Lopez(2000，2002)对这一主题进行了深入讨论。

结论

经过数十年理论、研究和立法指导的深思熟虑的应用，正确地实施问题解决模式，能够极大地帮助我们区分文化和语言差异与残疾。以往问题解决模式的实施没有充分考虑文化和语言因素以及它们与现实表现和期望表现之间差异的关系，但它或许可能成为许多模型中最新的一个，这些模型从来没有试图把这些部分完全组合起来，为这个复杂和人数不断增长的人群提供服务。各部分都是一致的，模型是充满可能的：结果取决于我们。

第 34 章

让问题解决取向的学校心理学在学校中发挥作用

W. David Tilly Ⅲ
Bradley C. Niebling
Alecia Rahn-Blakeslee

要让问题解决取向的学校心理学在现实的学校中发挥作用，需要心理学家具备一定的技能，并且有韧性、能够付出。我们已经在位于爱荷华州中部的一家中间工作机构——Heartland 第十一地区教育机构（Heartland Area Education Agency 11），实施了近 20 年的学校心理学问题解决模式（e. g. , Ikeda et al. , 2007），这给学生带来了很多益处。要使问题解决模式真正运用到实处，还必须克服实施过程中的重大挑战。本书的前几部分提供了关于问题解决过程中不同步骤的大量信息，包括测评、分析、干预和评估。在这一章中，我们回顾了启动和实施学校心理学问题解决模式所需的关键组成部分，并着重于将该模型作为一个整体。本章中的关键发现都基于以往的经验、参考之前的研究并且具有实践性。

有许多方法可以描述实施学校心理学问题解决模式所需的组成部分。在这一章中，我们讨论了 5 个主要的组成部分，它们共同支持了问题解决取向的学校心理学工作。第一，我们描述了一种问题解决方法，它包括以下几方面的知识和技能：（1）根据经验和环境定义问题；（2）从功能上分析问题；（3）制定与问题界定和问题分析有直接联系的、实证支持的干预措施；（4）支持干预实施的保真度；（5）监测学生的进步情况；（6）对干预效果进行形成性和总结性分析。第二，我们描述了采用问题解决结构框架的必要性，该结构框架可以构建并支持学校中专业的问题解决程序。第三，我们讨论了在学校成功实施问题解决模式的假设和"思维方式"。第四，我们讨论了问题解决所需的训练和关键技能。第五，我们讨论了在一个问题解决系统中需要建立的基本一致性，以确保该模型能跨时间持续实施。

问题解决取向的学校心理学的系统基础

在学校里实施问题解决模式有两大基本要素。第一是问题解决方法。第二是问题解决结构框架。问题解决方法可确保使用经过验证的过程来解决问题，并且确保负责执行的心理学家在构想问题和解决方案时都拥有可以使用的理论框架。问题解决结构框架在学校中创建了促进和支持问题解决方法应用的结构。这两个基本要素是相互依存的，并且是问题解决取向的学校心理学实践的必要条件。

问题解决方法

从根本上讲，问题解决方法是科学方法在实践中的应用。它需要观察来驱动问题识别和假设生成，进而对假设进行检验并对假设检验进行评估。这些步骤中的每一个步骤在问题解决的实践中都有直接的相似之处，从而形成了一个四步的问题解决方法。

出于实际目的，问题解决方法的 4 个步骤通常以回答问题的过程为指导。如图 34.1 所示，4 个相互关联的问题构成了问题解决方法：这个问题是什么？为什么这个问题会发生？对于目前状况应该做些什么？采取的策略有效吗？接下来将概述为回答问题解决方法的每个问题而采取的行动。

这个问题是什么？

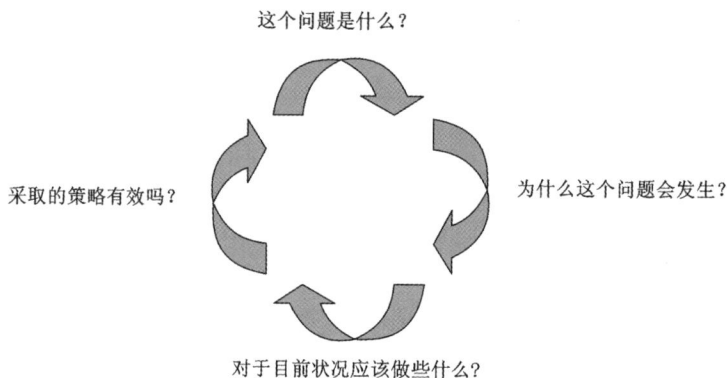

采取的策略有效吗？

为什么这个问题会发生？

对于目前状况应该做些什么？

图 34.1　问题解决方法

●问题1：这个问题是什么？在问题解决的实践中，观察推动问题的识别，就像在科学方法中那样。问题是根据环境定义的，因此可以进行调整和测量。最常见的情况是，问题被界定为对学生表现的期望与现实情况之间的差异。由此产生的差异代表了问题的严重性。为了将问题定义为这种差异，学校心理学家必须擅长：(1)对目标行为进行操作性定义；(2)调整行为的定义以便进行测量，并创建行为测量系统；(3)对行为发生的合理期望进行操作性定义；(4)在有问题的环境和没有问题的环境中直接测量行为是否发生(Upah，2008)。问题是由差异而不是关注的行为来表示的，这一理念很重要。例如，在一个情境中，如果攻击行为没有发生，那么这就不是一个问题。然而，在另一个情境中，如果Javier被期望至少有95%的时间在铃响之前到达数学课教室，但他只能在25%的时间内做到，那么就存在70%的差异，这在大多数高中都是一个严重的问题。将问题定义为差异有几个显著的优势。第一，使用差异这个概念要求所有相关方对问题的性质保持客观。对与问题相关的变量进行检验并使所有相关方就"问题是什么"达成一致，这大大增加了找到有效解决方案的可能性。第二，基于差异的定义为理解"问题何时改善"提供了客观的背景。第三，基于差异的问题定义使得问题大小能够被直接测量。期望与观察到的表现之间的差异越大，问题就越大。第四，基于差异的问题定义通常是建立在自然发生的行为单位之上的，这些单位一般直接用于分析和干预(Tilly，2008)。

●问题2：为什么这个问题会发生？第二步类似于科学方法中的假设生成，在问题解决的文献中被称为"问题分析"。问题解决第二步的成果是一系列关于导致问题的因素的合理假设。第二步也许是最复杂的，但是对解决学生问题至关重要，因为准确的分析将最直接地带来潜在的有效干预。为了能胜任在任何领域进行问题分析的工作，学校心理学家必须具备与该领域相关的重要内容的知识。他们必须在已被循证实践验证过的问题分析框架内工作。问题分析需要进行一系列测评，而心理学家需要对测评的结果进行思考。也就是说，测试结果本身不会决定要做什么。分析过程本身是一个结构化的思考过程，而测试仅用于帮助生成关于有效减少差异（即增加期望行为）的假设。目前存在许多经验证的问题分析框架，包括针对行为的应用行为分析(applied behavior analysis，ABA；Baer et al.，1968；SulzerAzaroff & Mayer，1991)、功能性行为测评(e. g.，Tilly et al.，1998；Tilly et al.，2000；请参见Jones & Wickstrom，本书第 12 章)和针对学业的基于课程的评估(Howell & Nolet，2000；请参见Marcotte & Hintze，本书第 5 章，Burns & Klingbeil，本书第 6 章，Gansle & Noell，本书第 7 章)。无论选择哪种框架进行问题分析，它们都有一系列共同的特征，包括：(1)它们的测评是直接的，并且代表了学生在现实中的表现；(2)它们的测评是低推论性的，因为它们针对的是技能，而不是这些技能或表现可能代表的特征或潜在特征；(3)它们产生了关于维持问题行为的变量的合理假设，这些变量可以在逻辑上和经验上与有效的干预措施相联系，这些干预措施成功的可能性很高。对问题分析策略的深入讨论不在本章范围内,但是有一些不错的资源可以提供更详细的信息和指导(e.g.,Shinn et al.,2002)。此外,本书的前几章提供了关于个人和班级的学业问题以及情绪-行为问题的测评和分析的大量实用信息(请参见第3章至第12章)。

　　●问题3:对于目前状况应该做些什么? 问题解决的这一步类似于科学方法中的假设检验过程。在这一步骤中,我们测试的假设是:问题分析中确定的因素是否具有可操作性,以及操纵这些因素是否能减轻问题的严重程度。更具体地说,在问题分析的指导下,对环境进行一系列有计划的修改,目标是以预先指定的方式改变表现。如果我们的问题分析是准确的,并且选择了有效的干预措施,那么当这些策略得到实施时,问题的严重性就应该降低。干预设计中需要注意一系列组成部分。这些组成部分在表34.1(Tilly,2008)中有详细说明。没有哪种干预措施会包含所有的组成部分。但是,在为学生设计干预措施时应考虑所有因素。在本书的第13~28章中,提供了关于开发针对学业和情感-行为问题的干预措施的实用信息,这些干预措施可以在问题解决结构框架内使用。

表34.1　干预组成部分

●前期干预:为了防止问题发生,可以对环境进行哪些改变?

●替代性技能教学:为了减少问题发生,可以向个人传授什么技能?

●教学结果策略:可以对教学过程进行哪些改变,以加强新技能的习得并减少问题的发生?

●以减少为目的的结果策略:为了减少问题行为的发生,需要采取什么样的结果(如果有的话)?

●长期预防策略:我们还可以支持哪些个人或情境因素来改善个体的表现?

●对团队成员的支持:需要向团队成员提供什么样的支持,以使他们能够以最佳方式为干预做出贡献?

●前期干预:为了防止问题发生,可以对环境进行哪些改变?

　　注:摘自Tilly,Knoster,et al.(1998)。经美国国家特殊教育州主管联合会许可转载。

　　●问题4:采取的策略有效吗? 问题解决过程的最后一步类似于科学方法中对假设检验数据的评估,共有两类数据需要检查。第一类是将一段时间内个人进步的具体数据与基线表现进行比较,确定已取得的进展。第二类是汇总性数据,以期望为参照的数据反映了问题随着时间的推移而减轻的程度。实际上,这一步与初始问题识别过程相似。在这一步中需要使用相同的行为单位,并使用相同或相似的期望标准来衡量干预后问题的严重程度。本书第29章(Daly et al.,)和第30章(Noell)提供了有关问题解决范式中与实施和评估干预措施相关问题的详细信息。

　　近20年来,我们从实施问题解决的实践中吸取了一些重要的经验教训。当我们第一次实施问题解决方法时,我们制定了一个为期5天、共357个步骤的训练计划,内容是如何实施问题解决方法。我们讲授每一项标准的技能(例如,行为定义、绘图、行为测量)。这是一个极其严格的过程,我们希望心理学家在他们研究的每一个案例中都能准确地运用这些技能。但是我们没有考虑到的是,问题解决方法在应用到个案工作时的不同强度。在讲授这357个小步骤的同时,我们遗漏了常规案例的问题解决方法。我们的工作人员学习了流程中的特定技能和步骤。但是在某些情况下,我们忽略了传授可泛化的思维过程,它是所有问题解决方法的基础。有时候,我们的工作人员了解问题解决的"内容",但不了解每个步骤的"原因"以及对整个模型的相对贡献。鉴于这种情况,我们对训练进行了重大修改,做到同时传授方法和思维结构。我们为程序手册编写了一本配套手册,名为《通过基于数据的决策提高儿童的教育成果》,其中阐明并讲授了实施问题解决方法时所需的思维过程。

　　问题解决结构框架

　　实施问题解决所必需的第二个主要组成部分是支持、鼓励和强化问题解决行为的系统框架。在问题解决初期,并没有支持学校中的问题解决的系统结构。相反,这些技能是通过实施咨询和问题解决结构框架而引入学校的(e.g.,Kratochwill & Bergan,1990;Deno,1985;Shinn,1989)。简言之,这些技能是直接进入学校的问题解决方法的个性化实施。运用这些结构框架的专业知识是由技能娴熟且受过专门训练的从业人员带来的，他们在每次处理个案时都将实施问题解决。

在20世纪80年代末和90年代初，Heartland建立了最初的问题解决结构框架，以支持单个学生的问题解决。这种模式一次只处理一个案例，并为在学校中实施问题解决方法提供了一个背景。该模型如图34.2所示。在Heartland问题解决方法中有4个相互关联的迭代过程，在坐标系中表示的强度级别不断增高。横坐标表示学校中可能出现的问题的不同严重程度。纵坐标表示可用于解决基于学校的问题的适当资源数量。

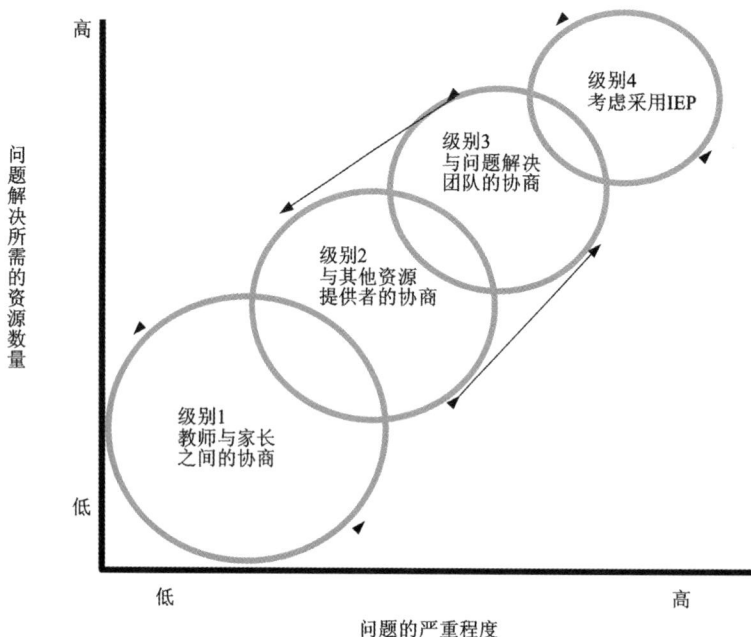

图34.2　Heartland 最初的问题解决结构框架

Heartland问题解决方法不同于其他许多方法。这不是一个封闭的过程，也没有明确规定让学生从一个阶段进入另一个阶段。相反，问题解决逻辑被应用到基于协作决策的个别案例中。关于变更等级的决定包括：学生表现与基于课程的测评的本地教学期望的差异、学生增长率、教学需求的问题。这样就可以根据学生的教育环境中发生的情况，将本地特定资源用于具有不同需求强度的学生，而不是制定与学生的在校日常无关的、僵化的、武断的决策标准。学生在方法中的位置取决于多种因素，我们将在后面进一步详细说明。最后，该方法没有要求学生从第一阶段"开始"，如果问题没有解决再转到下一阶段。相反，该方法的目的是让那些从事学生工作的人检查学生需求的强度，并使得工作开展与这些需求的性质和强度相匹配。

实施问题解决方法的第一阶段是家长和授课教师之间的协商。教师和家长通常具备问题解决逻辑，但是他们的问题识别、问题分析、干预选择和进度监测都是非正式的、基于感知的。如果这些最初的问题解决尝试没有奏效，那么第二阶段就是转介给通识教育建设支持团队（building assistance team, BAT）。这些团队由授课教师组成并基于这样一个理念，即严重的问题行为最好由一群经验丰富的教师为任课教师提供支持来解决。BAT的成员都接受过运用问题解决思维的训练，并且在大多数情况下，他们实施问题解决方法所遵循的步骤是非正式的。如果这些用于纠正学生问题的更深入的尝试都没有成功，那么相关工作人员（例如教育顾问、学校社会工作者或学校心理学家）将介入此个案。这些人员将回顾迄今为止所做的所有工作，并着手更加严格地实施问题解决方法。与教师的正式协商在此阶段开始。学校心理学家（或其他相关工作人员）帮助对问题进行操作性定义，进行正式的问题分析，在课堂上选择并实施经研究验证的干预措施，并进行正式的进度监测。在这一点上需要注意的是，这 3 种问题解决方法都出现在通识教育中。我们不会假定正在处理的问题是一种残疾，因此也不需要转介到特殊教育中。

在合理的实施期限后，我们将评估在问题解决的第三阶段中实施的干预。数据可用于比较学生取得的进步与基线表现水平、环境期望之间的差距。如果干预措施有效并且学生取得了足够的进步，则可以继续进行干预。否则的话，可能需要对干预计划进行修改，并实施另一阶段的干预。又或者可以确定除了通识教育可用的资源外，还需要的额外资源。在这些情况下，问题解决将进入第四阶段。在该阶段中，问题解决仍然是重点，但还需要回答：存在问题的学生是否有残疾以及是否需要专门设计的教学，并接受免费的、合适的公共教育(即学生是否符合接受特殊教育的标准)？以上内容仅对这个非常详细的过程进行了极其有限的描述。想要获得更多的信息，读者可以访问 www.aea11.k12.ia.us/spedresources 找到 Heartland 地区教育机构特殊教育手册的模块。

通过 Heartland 最初的四阶段模型来实施问题解决，对于个体来说是非常有效的。然而，在这个框架内实施问题解决有其固有的局限性。首先，逐案问题解决的效率不太高。个案工作是根据个人情况进行的，并且会针对个别学生制定干预措施，尽管班上往往有许多学生有类似的需求。我们了解到，在大多数情况下，即使是最好的通识教育教师也不能很好地实施两个以上单独的干预措施，并同时为全班学生授课。在这些情况下，从效率和有效性的角度来看，团体层面的干预通常是最合适的。其次，逐案问题解决是被动的。它等待着学校里出现学业或行为问题，然后做出响应。因此，这种方法在定位上并不具有前瞻性和预防性。最后，逐案问题解决因其反应性取向，常被教师视为"让学生接受特殊教育"的新途径，而这从来不是问题解决结构框架的目的。幸运的是，近年来，支持学校问题解决实践的新结构框架已经出现。

系统结构框架

鉴于逐案问题解决中出现的这些局限性，我们开始寻找更有效地解决学生团体问题的方法，而不是针对每种情况一对一地解决问题。对于不太严重的问题，我们开始要求教师识别存在困难的学生群体，而不是个别学生。在这种转变发生的同时，《中小学教育法》于 2002 年被重新授权为《不让一个儿童掉队法案》，许多州和地区开始着手实施作为联邦法律一部分的"阅读优先"计划。3 个"阅读优先"技术援助中心(俄勒冈州、得克萨斯州和佛罗里达州)都拥有处理成绩欠佳的学生的丰富经验，并且都开始支持在学校内部使用的新结构框架(三层模型)。

三层模型使得学校可以根据学生的需要，以合理的方式安排资源(Texas Education Agency, 2003)。该模型如图 34.3 所示。其理念是，学校的资源有限，必须以一种最有利于大部分学生的方式来配置这些资源。三层模型下的实践可以使工作人员分配与学生需求直接相关的资源。该模型假设每个儿童都能精通基本技能，而需要改变的是使他们达到这一水平所需的资源数量和教学强度。该模型中的三个层次反映了满足学生全部需求的不同水平的资源强度，从只需要核心教学就能达到熟练水平的学生，到需要核心教学与补充教学的学生，再到需要密集教学才能达到熟练水平的少数学生。

三层模型遵循的逻辑类似于最初在 Heartland 使用的四层问题解决模式。资源的配置与需求直接相关，但它有许多"工程上的改进"，使其更具吸引力。第一，它是一个涵盖系统中所有儿童(而不仅仅是那些有问题的儿童)的模型。与基于教师转介的系统相比，它可以更早、更客观地发现问题。第二，在这个模型中，存在一种可能性，即可以解决因核心课程设置不当或不匹配而导致的系统问题，而且还可以解决许多过去采用个人问题解决方法处理的问题。第三，由于该模型旨在成为一种通识教育模型，因此授课教师不太可能将其视为让学生接受特殊教育的"新方法"。第四，与 Heartland 最初的问题解决方法类似，尽管该模型在不同层次(或者在这种情况下的层次)中给出了关于学生表现和需求强度的指南，但并没有为学生跨层次流动设定普遍适用的标准。相反，这些指南被用来帮助学校更好地理解如何分配现有资源，或者在某些情况下对现有做法进行修改，以便更准确有效地使教学和支持与学生需求相匹配。

学业系统　　　　　　　　　　　　　　　　　　　行为系统

密集的、个性化的干预　　　　　　　　　　　　　密集的、个性化的干预
•个别学生　　　　　　　　1%~5%　　1%~5%　　•个别牲
•基于测评　　　　　　　　　　　　　　　　　　•基于测评
•高强度　　　　　　　　　　　　　　　　　　　•高强度

目标团体干预　　　　　　　5%~10%　　5%~10%　　目标团体干预
•某些学生(有风险的)　　　　　　　　　　　　　•某些学生(有风险的)
•高效　　　　　　　　　　　　　　　　　　　　•高效
•快速响应　　　　　　　　　　　　　　　　　　•快速响应

普遍干预　　　　　　　　　　　　　　　　　　　普遍干预
•全体学生　　　　　　　80%~90%　　80%~90%　　•所有情境、全体学生
•预防性、前瞻性　　　　　　　　　　　　　　　•预防性、前瞻性

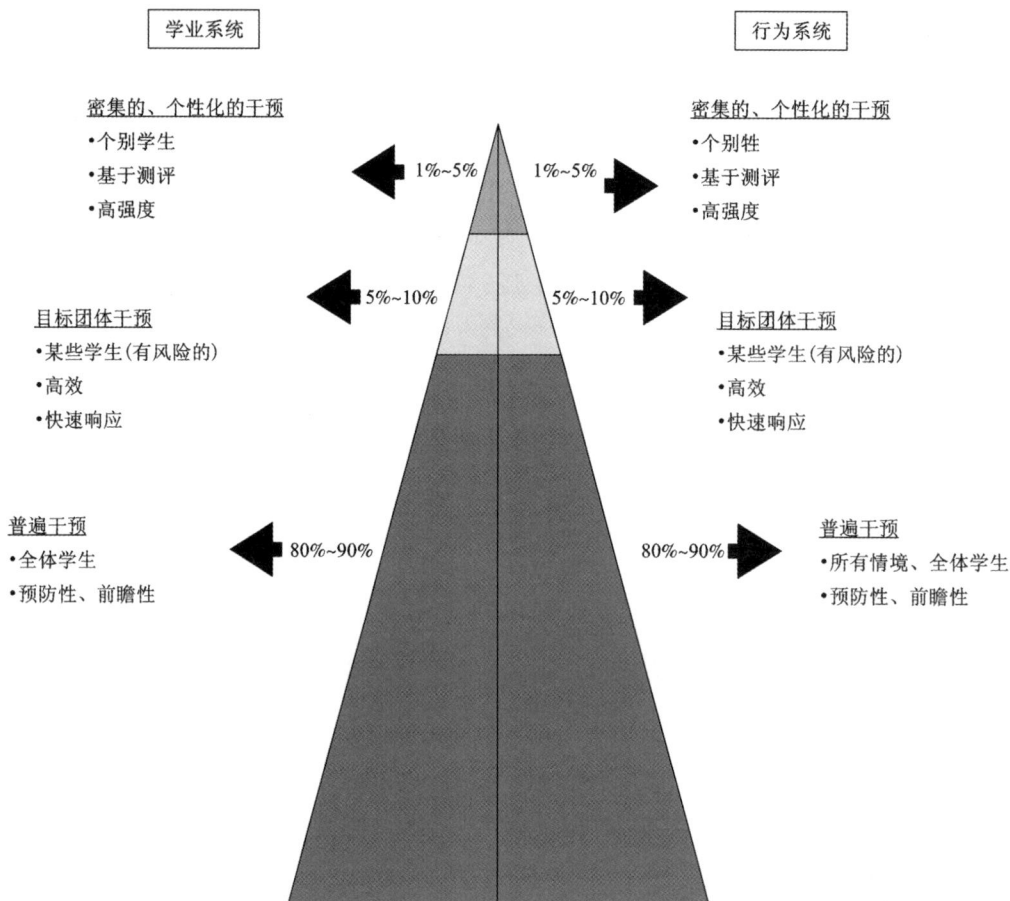

图 34.3　工作开展的三层嵌套模型

成功的问题解决专家的假设/观点

如前所述，问题解决模式的目的是找到最能满足学生需求的教育策略或干预措施。这种工作开展模型基于几个基本假设或观点，这些假设或观点，与测评、干预措施的制定和实施以及学生个人层面和系统层面的评估有关。理解并采纳这些假设和观点对于在实践中应用有效问题解决所需的思维过程至关重要。

我们对许多学校心理学家进行的实施问题解决的培训经验告诉我们，讲授具体的问题解决方法是必要的，但还不够。学校心理学家还必须采用一套关于学校心理学和教育实践的兼容假设（即进行问题解决的目的）。否则，部署的方法将无效。因此，问题解决实践教学的第一步是要讲授实施问题解决所依据的假设和观点。

•假设 1：科学方法指导决策。如前一节所述，致力于应用问题解决的学校心理学家采用科学方法作为决策框架。问题解决是科学方法的一个应用版本；它是一组具有一致逻辑的方法或行动（Deno，2002）。Heartland 的问题解决过程改编自几种不同的问题解决模式，每种模式都有其独有的特点、步骤和语言（e.g.，Barlow et al.，1984；Bergan & Kratochwill，1990；Bransford & Stein，1984；Shinn，1989）。尽管各模式之间存在差异，但本章前面提到的四个有关问题解决的问题将指导对每种模式的思考。一般来说，回答每个问题需要采取的行动包括：（1）在自然环境中观察并测量问题；（2）通过提出并检验假设来分析问题发生的原因；（3）使用问题分析结果设计一个成功概率很高的干预措施；（4）

监测学生的学习进度，以判断教学/干预的有效性，并就问题是否得到解决、是否必须重新分析或是否必须改变干预措施提供反馈。成功运用问题解决思维所需的具体技能将在后面详细阐述。

• 假设 2：直接的功能性测评可为决策提供最佳信息。第二个假设是，测评是在问题解决系统中进行的，用来提供必要的数据，以便就哪些干预措施和资源将为学生提供帮助做出专业决策。换言之，测评的功能性在于，它们旨在回答有关问题行为发生的原因以及最终可以采取哪些措施来改善该问题行为。测评材料是直接的，因为它们是从学生的课程中选取的，需要学生做出产出型的回答（例如，大声朗读、写句子）而不是选择型的回答（例如，指向……或圈出……）。测评的重点应该放在那些可以测量和改变的环境变量上，这些变量可以告诉我们应该教什么（课程）和如何教（教学）。在整个测评过程中，低层次的推理占主导地位。也就是说，推测关于学生的技能，而不是这些技能可能反映的能力。推理的依据是表现和行为，而不是潜在的特征。测评材料和过程是从期望学生在课堂上运用的材料和技能中选择的，因为这些材料和技能与学生学习相关性最高并且生态效度高。一般规则是：如果可以使用低推理的测量方法，则不要使用高推理的。基本说来，推理层次越低，测评结果产生与潜在有效干预措施相关信息的可能就越高。

功能性测评有几个重要特征。第一，功能性测评不是一个全面的筛查或评估；它与已识别的问题相关。也就是说，测评具有很高的教学效用，并且直接测量关注的领域，而不是广泛的结构。第二，功能性测评是直接的和可重复的；它直接使用课程中的材料，从而在收集的数据和要回答的问题之间建立了明确的联系，并允许频繁地进行进度监测，以便进行教学调整或评估整体效果。第三，功能性测评是多维的，可以通过多种方法（记录审查、访谈、观察、测试；records review, interview, observation, tests, RIOT）收集多种信息（教学、课程、环境、学习者特征；instruction, curriculum, environment, learner characteristics, ICEL）。第四，功能性测评数据用于开发高概率干预活动（即可能成功的干预活动），以匹配学生的个人需求而不是特征或缺陷。第五，由于功能性测评是从实际课程中选取的，并与已识别的问题直接相关，因此它们与本地的期望很吻合，所以非常可靠和有效。有关功能性测评的讨论，请参阅《Heartland 决策手册》第 4 单元第 2 章；有关问题分析的讨论，请参阅第 4 单元第 5 章（www.aea11.12.ia.us/spedresources/modulefour.pdf）。

• 假设 3：学习是课程、教学和环境之间的相互作用。第三个假设是学习是课程、教学、环境和学习者之间的相互作用（Howell & Nolet, 2000）。每年都有相当数量的学生无法从通识教育课堂教学中获益（Ysseldyke et al., 2000）。尽管存在许多假定的学业失败原因（例如，学生来自贫穷的家庭环境；学生患有注意缺陷/多动障碍；懒惰），但问题解决系统认为问题是情境性的，不仅是儿童自身的问题（Deno, 1989）。问题被定义为预期与现实之间的差异或不匹配（Shinn, 1989）。例如，一个学生预期要交 90% 的作业，但他却只按时交了 50% 的作业，那么大多数教师和家长都会认为他有问题。由于问题是根据情境来定义的，因此改善问题的重点在于教师可以控制和改变的变量（例如，教学节奏、响应机会的数量、提供纠正性反馈、内容覆盖的深度和广度）。问题分析是一个思维过程，它整合了来自多个来源的信息，以明确并检验有关问题发生的原因假设，在识别那些必须更改的变量中起着重要作用。

在这一点上需要注意的是，从情境角度来构建问题绝不意味着问题解决取向的学校心理学家对个体差异视而不见。相反，在整个测评和干预过程中都会检查个体差异。但是，这些个体差异没有用过于宽泛的名词来标记，并且这些标记也不能用来解释表现或技能问题。更重要的是，没有人尝试用这些标记来规定与可能有效的结果没有明显关系的一般干预措施。

• 假设 4：所有学生都能学习。为了有效地开展学生工作，学校心理学家必须假设所有学生都有能力学习新的技能和行为。如前所述，收集测评数据不是为了诊断残疾，而是为了诊断学生能够学习的条件。我们假设学生能够学习的数量只受学生可以学习的数量的限制。换句话说，除非我们尝试教导该学生并监测该学生的响应，否则我们无法知道每个学生能学多少或不能学多少。

• 假设 5：有效的干预措施可以满足学生的个性化需求。一旦正确识别了行为并收集了合适的功能性测评数据，就可以根据结果将教学与学生的特定需求进行匹配。正确匹配的重要性不言而喻，因为"即使是最好的干预策略，如果应用于定义不当的目标行为，也注定会失败"（Reynolds et al.，1984，第 186 页）。

在所有问题解决方法中，一个基本前提是在可行的范围内实施基于科学的实践。受学校心理学家的强烈影响，循证实践和使用基于研究的程序及策略的关注度日益增加（Ysseldyke et al.，2006）。一系列流程已经被开发和使用，以确定程序和策略在多大程度上是循证的，例如由学校心理学循证实践工作组（The School Psychology Task Force on Evidence-Based Practice）和有效教学策略网（What Works Clearinghouse）提供的流程。尽管小组之间的审查过程和标准不同，但所有这些过程都要求研究人员使用科学方法来检查程序或策略的预期效果和/或实际有效性。Stoiber 和 DeSmet 在本书第 13 章中概述了在选择干预措施时的循证实践。

根据学生的具体需求选择干预措施至关重要。近年来，对循证策略、材料和程序的重视，使得学校心理学家在设计和实施干预措施方面发挥了越来越重要的作用。近期的元分析总结了干预研究并确定了有效的教学实践（e. g.，Swanson，1999；Swanson & Hoskyn，1998）。已证明有效的循证测评和教学实践包括：（1）基于课程的测量（CBM；Deno，1985；Shinn，1989）；（2）早期基本读写技巧的动态指标（DIBELs；Good & Kaminski，1996；Good et al.，2002）；（3）基于课程的评估（Howell & Nolet，2000）；（4）功能性测评和积极行为支持（Horner et al.，2005；Iwata et al.，1982；O'Neill et al.，1997）；（5）直接教学法（Engelmann & Carnine，1982）；（6）明示教学法（Brophy & Good，1986；Berliner，1987）；（7）同伴辅助学习策略（Fuchs & Fuchs，1998）；（8）策略教学（Schumaker et al.，2002）。此外，学校心理学家很容易就能获得学习循证干预策略的资源（e. g.，Shinn et al.，2002）。

尽管教与学在功能上是相关的（即如果学生接受与其需求相匹配的教学，那么学习就会发生），但在实施干预之前，无法确定每种干预措施对每位学生的有效性。事实上，没有一种方法对所有学生都有效（Reschly & Ysseldyke，1995）。因此，无论何时实施干预措施，都必须直接、客观地监测学生的表现，并根据学生的进步对干预措施进行调整。

问题解决技能

尽管成功的问题解决需要一套特定的核心观点，但仅凭这些还不够。广泛的知识和技能也是必要的。这些技能可以围绕前面提到的问题解决的 4 个问题来组织，并进一步细分为问题解决步骤。因此，我们创建了一个分步过程，从而明确地向实施者传授该过程。这些技能可以在职前培训中获得，也可以在工作中学习，就像新入职员工开始在 Heartland 工作时一样。但是，如果没有表 34.2 中列出的每个技能领域中的基本技能，就无法实施有效的问题解决。该表中列出的步骤是在实践中实施问题解决所必需的最少步骤。

基于数据的计划修正模型（e. g.，Deno & Mirkin，1977）和行为咨询模型（e. g.，Bergan，1977）的基础中都包含这些技能，在各种环境和情况下都有应用，包括支持有阅读困难的个别学生和帮助学校建立全校 RTI 决策系统。支持工作人员成功学习和使用问题解决技能需要：（1）工具技能和思维过程方面的训练；（2）收集和使用有关工作人员技能的数据；（3）持续支持实施的系统。

表 34.2 问题解决技能

问题	问题解决步骤	步骤的基本原理	所需技能
这个问题是什么?	筛查	•筛查使评估过程更加有效。并非所有引起关注的问题都会变成重大问题。筛查过程使我们能够以快速、划算的方式收集问题识别的数据样本,以确定是否需要进行额外的评估	•确定并选择要评估的适当领域 •确定可接受表现的标准,并选择收集数据的工具或方法 •实施筛查 •检查数据是否有差异 •讨论结果并确定未来的行动
	问题识别	•问题识别步骤中将情境性问题定义为预期与现实之间的差异	•从筛查数据中找出与教育相关且可改变的行为 •确定一个清晰、客观、完整的行为定义 •收集测量已识别行为的基线数据 ※建立相关的行为维度(例如频率、准确性、持续时间) ※制定可行的测量策略(例如,谁来测、怎么测、测什么) •通过选择比较标准并确定是否存在差异来确认问题 •确定差异的大小(如果存在的话)是否大到足以需要干预
为什么这个问题会发生?	问题分析	•问题分析有助于干预者创建一个合理的假设,将观察到的行为和最可能与行为发生(或不发生)相关的因素联系起来。基于这一假设,可以针对那些被认为与问题最相关的变量选择干预措施。问题分析步骤最关键的方面是将干预与观察情境下的操作变量相匹配	•使用多种来源,如审查、访谈、观察和测试(RIOT),收集有关教学、课程、环境和学习者(ICEL)领域的相关信息 •通过提出假设和预测来找出可能的原因 •必要时可以通过收集额外的信息来验证假设 •利用问题分析的结果来确定具体的教学目标
对于目前状况应该做些什么?	设计干预	•创建一个考虑到可能导致问题发生的多个因素的多成分干预。可能的干预成分包括前期干预、替代性技能教学、教学结果策略、以减少为目的的结果策略、长期预防策略以及对干预实施人员的支持	•为期望的表现水平设定一个可观察、可测量的目标 •制定一个分步干预计划,详细说明问题解决所需的人员和程序(即谁做、做什么、什么时候做、在哪里做、怎么做、多久一次) •制定收集干预完整性数据的计划 •制定与问题识别期间收集基线数据相似或相同的测量策略 •制定决策计划,总结和评估目标实现的进展情况(例如,数据收集的频率、对数据进行解释和决策的规则)
	实施干预	•大多数教育干预措施失败的主要原因是它们没有得到实施,或者没有按计划实施。因此,必须监测干预策略的执行情况,并确保这些策略真正按计划进行	•按照干预计划实施干预 •使用测量策略收集进度监测数据 •按照计划收集干预完整性数据

续表34.2

问题	问题解决步骤	步骤的基本原理	所需技能
我们所做的工作有效吗？	评估	• 以我们目前的科学和知识水平，我们无法在尝试干预之前预测干预措施是否对个人有效。因此，我们必须根据进度监测数据实施、衡量、监督和调整我们的干预措施。这些数据会告诉我们，我们的干预措施是否有效，以及我们是否应该保留或修改我们的干预措施	• 检查形成性测评数据，并使用决策规则确定干预措施是否有效（即形成性评价） • 检查干预完整性数据，以确定干预是否按计划实施 ※使用多种来源的数据确定干预的结果（即总结性评价） ※问题解决了，并确定了有助于学习的条件 ※问题已经解决，但干预不能继续进行，因为在当前情况下无法维持资源供给 ※问题没有解决

训练工具技能和思维过程

如前所述，成功的问题解决始于准确地定义问题。如果没有准确的问题定义，那么所有后续的数据收集和决策都将针对错误的问题。然而，成功的问题解决需要准确地运用所有技能和思维过程。例如，即使将学生的阅读困难准确地定义为口语阅读流利度方面的技能缺陷，不准确的问题分析如果不能揭示这种缺陷是否是由于缺乏教学而导致的，那么当只需要额外练习时，可能会将该学生置于不必要的密集干预中。

为了确保工作人员能够成功地实施问题解决的所有步骤，首先从基本技能和思维过程的训练开始。训练的一个重要组成部分是如何使用问题解决工具（例如，问题分析表、干预计划）。事实证明，提高工具技能可以改善问题解决步骤的实施（Flugum & Reschly, 1994）。虽然工具技能可以提高实施问题解决步骤的保真度，但工具技能是否能够直接促进更好地理解和应用问题解决思维尚不清楚。虽然问题解决可以以相对线性的方式描述并应用，但是在整个过程中也可以做出不同的决策。因此，重要的是，在对问题解决的实施进行训练和监督的同时，还应讨论问题解决的结果。

Heartland 问题解决训练的一个关键特点是没有具体的问题解决训练。相反，在训练中，问题解决能力被整合到成功的学校心理学家所需的其他技能中。例如，所有刚到 Heartland 的学校心理学家都需要接受基于课程的评估（CBE）和个别化教育计划（IEPs）的训练，其中包括问题解决。为工作人员提供的包括问题解决技能的其他训练机会有：学习使用 DIBELS 和在全校范围内实施积极行为支持（PBS）。

收集并使用有关工作人员技能的数据

与收集有关学生学习的数据类似，收集有关工作人员习得和应用问题解决技能的数据至关重要，其目标是让工作人员能够以高水平的保真度和技巧独立地实施整个问题解决过程。美国学校心理学家协会（NASP）最新版本的《训练和实践规划》（Ysseldyke et al., 2006）为理解问题解决技能水平提供了一个有用的框架。Heartland 已为表34.2中列出的每个组成部分开发了一个特定的技能水平连续体。这些技能被称为"创新组合"，它们沿着一个三点连续体来对具体的问题解决行为进行操作化定义：（1）完全可接受的实践；（2）部分可接受的实践；（3）不可接受的实践。

使用这些创新组合收集的数据（如图34.4）为工作人员和管理人员提供了工作人员技能方面的信息。这些数据可用于区分对工作人员的训练和支持，因为他们能不断提高问题解决的技能。在 Heartland，这一点主要是通过个案审查的方法来实现的。具体来说，工作人员会向同事和管理人员提交他们所处理的个案。工作人员和管理人员分别对工作进行评分。这提供了一个基于数据的、反思性对话的机会，不仅针对个案结果，还包括对问题解决技能和思维的应用。然后，这些数据可用于为工作人员提供针对具体需求领域的训练和支持。

步骤或元素	完全可接受的实践	部分可接受的实践	不可接受的实践
步骤 1：实施测量策略	测量策略是作为干预计划的一部分进行制定的。组织了测评材料，指定了责任人，安排了数据收集的时间。	使用的测量策略与干预计划中制定的不同。材料、时间和人员都进行了组织。	未实施测量策略。形成性评价数据是随意收集的，没有组织材料、时间或人员。

图 34.4 创新组合示例

支持实施的系统

如前所述，问题解决技能的训练不足以确保问题解决的成功实施。因此，除了训练之外，Heartland 为工作人员提供了各种支持（例如，辅导、督导会议、计划助理、让心理学家担任领导职位）。在任何给定的时间，Heartland 的所有心理学家都可以快速轻松地获得多种形式的支持。

例如，作为辅导计划的一部分，所有新手心理学工作者都会与一位经验丰富的 Heartland 心理学家配对。导师会提供各种各样的支持，包括回答问题、示范适当的实践、审查工作、观察实践并提供指导反馈。通过这种方法，新入职的 Heartland 心理学家可以根据他们的需求获得不同的支持。每季度一次的督导会议也为 Heartland 的所有学校心理学家提供了支持机会。这些会议为心理学家提供了就广泛的、与工作有关的事项进行相互咨询的机会，包括问题解决。专家级的学校心理学家也在 Heartland 任职，如领导、测评、研究、课程、教学和训练等领域。实习学校心理学家可以在实习生会议、督导会议、委员会和导师制中与这些专家接触，并且可以在任何时候直接联系专家提出问题。

诸如这样的机会为所有学校心理学家提供了工作嵌入式的、自然而然的支持，以提高他们问题解决的技能。训练和持续支持的结合提高了 Heartland 学校心理学家问题解决的能力。在系统功能的更大结构中考虑问题解决的支持也很重要。例如，了解训练需求与工作人员评估系统之间的联系很重要。为确保成功实施问题解决，有必要调整所有系统组成部分和结构，以便在实现问题解决的同时，促进和加强问题解决。

调整系统以确保对专业行为的后效的一致应用

实施问题解决的学校心理学的最后一个关键部分是调整系统的主要元素，以加强期望的专业行为，并确保系统的长期可行性。这一部分需要花费最长的时间来完成（通常需要几年），但是一旦完成，它可以确保问题解决变得像日常事务一样，而不是新鲜事物。在这种情况下，调整指的是使元素明确化的过程（通常以书面形式），并确保每个元素之间在概念和操作上保持一致。下面各节列出了为支持问题解决实践而必须调整的关键系统要素，并对每个要素进行了简要说明，并提供了说明这些部分的爱荷华州的完整文件参考。

确定有效性原则和价值观

最好基于有效性原则进行实践，而不是基于特定的技术或方法。在问题解决系统中，这些原则既考虑到了我们为儿童和家庭工作的基本价值观，又吸纳了研究文献中的发现。举个例子，有效性原则可能是"经常监测进度并根据数据要求进行教学更改"，而不是"采用基于课程的测量（CBM）"。目前，CBM 是可用的、最有效的进度监测技术之一，在 Heartland 学校中也被广泛使用。但是，我们的实践是基于进度监测的原则，而不是技术。随着我们知识库的扩充，这种关注使得实践在时间推移中不断改进。也就是说，尽管我们在系统中广泛使用 CBM，但如果随着时间的推移，用于监测学生表现的更好的技术出现了，那么我们将采用与基本原则一致的技术。爱荷华州在问题解决实践的重大转变中所使用的基本原则可以从 www.aea11.k12.ia.us/spr/RSDSNeedsPrinciples.pdf 网站获得。

使专业实践与效率原则保持一致

一旦制定了有效性原则，下一步要调整的就是具体实践。随着系统从传统系统过渡到问题解决系统，新的假设和原则要求学校里几乎每个人（包括学校心理学家）都采取新的行为。因此，必须讨论哪些行为和专业实践符合系统的有效性原则。这些讨论是困难的，因为尽管过去的做法是以最佳信息和技术为基础的，但现在我们不得不对多年来采取的做法进行批判性的审视。不同的是，我们现在知道得更多，我们有更好的研究，并且可以使用改进的技术来帮助我们进行专业实践。自开始实施问题解决以来，我们都必须利用从教学干预中学到的知识，否则将成为一个问题。爱荷华州地区教育机构（Iowa AEA）特殊教育主任在1994年创建了一个明确定义问题解决实践的例子，读者可访问http://www.aea11.k12.ia.us/spr/ProfPracticesInProbSolving.pd 来查阅名为《专业解决问题》的文件。

使程序手册与预期的行为和原则保持一致

一旦确定了专业实践，将它们纳入机构一级的政策和程序很重要。这一级别的汇编有许多目的。它阐明了期望并明确规定了机构内专业人员的期望行为。如果出现争议，程序手册也可以作为专业实践的标准。Heartland编写了一份内容广泛的程序手册，支持全面的问题解决实践。这些模块可在"特殊教育手册"目录下找到：www.aea11.k12.ia.us/spedresource。

使专业发展和技能指导与程序手册保持一致

当第一次实施问题解决的专业实践时，系统中的每个专业人员都需要发展新的技能和能力。协助这些技能发展的专业发展必须与已制定的程序、实践和原则密切一致。它必须以技能为中心、以表现为基础、使用标准参照。也就是说，它必须包含明确的范围和顺序，必须允许对新技能进行大量练习，必须有辅导和反馈的机会，并且必须有一个对所有工作人员进行训练的绩效标准。设定这一绩效标准的一个有效方法是创建实践档案（Hall & Hord, 2001），以确定可以实施具体技能的不同方式。每一个不同的实施方式都代表着一个不同的能力水平。前面提到的"问题解决的专业实践"文件实质上是作为一套实践概要编写的。将专业发展与实践相结合具有多方面的优势。然而，实践档案主要是向专业人士传达与问题解决相关的技能发展是一个连续体，并且期望技能发展会随着时间的推移而发生。档案可以反映出工作人员所需的具体行为，并为专业人士提供了一种随着技能的增长跨时间评估其进度的方法。

使职位描述与预期行为一致

一旦系统致力于实现问题解决的工作开展模型，那么就必须重新调整职位描述和招聘流程，使之符合新角色的预期能力。随着越来越多的系统朝着问题解决实践的方向发展，聘请精通问题解决实践的学校心理学家将变得越来越有必要。招聘面试中的问题应反映出工作描述中的能力，应聘者回答的评分标准应反映与这些能力相关的知识和技能的变化。Heartland对学校心理学家的工作描述可以在以下网站上找到：www.aea11.k12.ia.us/employment/schoolpsychologist.html。

使强化系统与预期行为一致

众所周知，系统的后效支配着许多专业行为。当心理学家学习新知识和新技能时，领导者必须调整系统中的后效以强化正确的行为。许多学校心理学家的行为受到与遵守联邦和州法律的程序相关的行为后效的制约（例如，评估时间表、向家长提供适当的通知、与合适的参与者举行会议），其中有些是无法避免的，但是，这些并不是与改善学生表现最相关的行为。当过渡到问题解决系统时，必须安排后效来强化改进的专业行为。例如，关注一名工作人员帮助多少学生取得了显著进步，胜过检查他们在给定时间段内完成了多少"测评"；让工作人员向他们的同事介绍正在实施的一些新的实践，比让某家大型测试公司的人进来讨论一种广泛使用的、国家标准化测试的"新版本"要好。一般规则是使强化机会与新系统中预期的行为保持一致，并确保根据所需的专业行为提供强化物。

使专业人员评估过程与预期行为保持一致

支持和促进学校问题解决实践的最后一个组成部分是评估过程，该评估过程基于实践中问题解决过程的成功实施并与之相一致。尽管这是整个系统调整的一个重要组成部分，但它可能是最后一个落实的组成部分。专业人士需要有时间学习、实施和体验问题解决实践，然后才能对这些实践负责。因此，需要先进行几年问题解决的训练和辅导，然后才能调整评估系统，以便让专业人员有足够的时间成长和发展。

总结

在实践中应用问题解决取向的学校心理学知识是一项充满挑战和收获的工作。这需要时间、韧性和毅力。全面开展工作的道路并不平坦。此外，巨大的精力都用在尽力维持"现状"。我们在入门级测量课程中都学习了"均值回归"的概念；每次当我们试图改变均值时，系统都倾向回归到均值。然而，系统可以进行持久地更改。把我们的工作系统转向问题解决取向的、以科学为基础的实践，也为我们服务的学生和家庭带来了巨大的收获。这不就是我们大多数人原本从事学校心理学工作的原因吗？

图书在版编目(CIP)数据

学校心理学实用手册：21 世纪的有效实践／（美）
格雷琴·金佩尔·皮卡可等编；肖晶译. —长沙：中
南大学出版社，2022.3

书名原文：Practical Handbook of School
Psychology：Effective Practices for the 21st
Century

ISBN 978-7-5487-4533-4

Ⅰ. ①学… Ⅱ. ①格… ②肖… Ⅲ. ①教育心理学—
手册 Ⅳ. ①G44-62

中国版本图书馆 CIP 数据核字（2021）第 131641 号

学校心理学实用手册：21 世纪的有效实践

Gretchen Gimpel Peacock，Ruth A. Ervin，Edward J. Daly Ⅲ，Kenneth W. Merrell　编

肖晶　译

□出 版 人	吴湘华
□责任编辑	刘　莉
□封面设计	谢俊平
□责任印制	唐　曦
□出版发行	中南大学出版社
	社址：长沙市麓山南路　　　　邮编：410083
	发行科电话：0731-88876770　　传真：0731-88710482
□印　　装	湖南省众鑫印务有限公司

□开　　本　889 mm×1194 mm　1/16　□印张 26.5　□字数 815 千字
□版　　次　2022 年 3 月第 1 版　　□印次 2022 年 3 月第 1 次印刷
□书　　号　ISBN 978-7-5487-4533-4
□定　　价　198.00 元

图书出现印装问题，请与经销商调换